KB172446

STUDIA
HUMANITATIS

문명텍스트

STUDIA
HUMANITATIS
문명텍스트
❶

孟子師說

맹자사설

황종희 지음 | 이혜경 주해

한길사

STUDIA
HUMANITATIS
문명텍스트
❶

맹자사설

지은이 · 황종희
주　해 · 이혜경
펴낸이 · 김언호
펴낸곳 · (주)도서출판 한길사

등록 · 1976년 12월 24일 제74호
주소 · 413-756 경기도 파주시 교하읍 문발리 520-11
　　　www.hangilsa.co.kr
　　　E-mail: hangilsa@hangilsa.co.kr
전화 · 031-955-2000~3　팩스 · 031-955-2005

상무이사 · 박관순 | 영업이사 · 곽명호
편집 · 박희진 이지은 김세희 정희중 이경애 | 전산 · 한향림
경영기획 · 김관영 | 마케팅 및 제작 · 이경호 박유진
관리 · 이중환 문주상 장비연 김선희

CTP 출력 · 알래스카 커뮤니케이션 | 인쇄 · 네오프린텍(주) | 제본 · 대원바인더리

제1판 제1쇄 2011년 5월 30일

값 28,000원

ISBN 978-89-356-6301-9 94150
ISBN 978-89-356-6308-8 (세트)

● 잘못 만들어진 책은 구입하신 서점에서 바꿔드립니다.

이 도서의 국립중앙도서관 출판시도서목록(CIP)은 e-CIP홈페이지(http://www.nl.go.kr/ecip)와
국가자료공동목록시스템(http://www.nl.go.kr/kolisnet)에서 이용하실 수 있습니다.
(CIP제어번호: CIP2011001916)

이 저서는 2007년 정부(교육과학기술부)의 재원으로
한국연구재단의 지원을 받아 수행된 연구임(NRF-2007-361-AL0016).

『맹자』에 담은 황종희의 정치구상

■ 해제

이혜경 서울대 HK연구교수 · 동양철학

1. 『맹자』와 『맹자사설』

(1) 『맹자』 해석의 역사

『맹자』는 맹자(孟子, 기원전 372~289년)라는 개인의 사상을 담고 있는 책이다. 『맹자』는 맹자가 직접 지은 책이라고 추정하는 사람들도 있고[1] 맹자 사후 제자들이 편집한 책이라고 추정하는 사람들도 있다.[2] 이 두 가지 주장에 따라 책의 성립 시기가 조금 달라지기는 하지만, 그 내용이 맹자가 살았던 전국시대를 배경으로 해서 맹자 개인의 사상을 전개한 것이라는 점은 달라지지 않는다.

맹자는 공자의 제자를 자처하면서 이른바 유학의 '도통'(道統)을 세웠

---

1) 한(漢) 사마천, 『사기』(史記); 후한(後漢) 조기(趙岐), 『맹자장구』(孟子章句); 송(宋) 주희(朱熹), 『수자전서』(朱子全書); 청(淸) 염약거(閻若璩), 『맹자생졸연월고』(孟子生卒年月考) 등.

2) 당(唐) 한유(韓愈), 「답장적서」(答張籍書); 송(宋) 조공무(晁公武), 『군제독서지』(郡齊讀書志) 등.

다. 즉 맹자는 요(堯)임금에서 시작하여 공자에 이르기까지 특정한 '도'(道)가 전승되어왔다고 주장했다. 맹자에 의하면 그 '도'는 '왕도'(王道)이다. '왕도'란 '덕'(德)에 의한 정치이다. 『맹자』는 왕도정치, 즉 '덕치'(德治)에 관한 책이다. 또한 『맹자』는 '덕치'를 가능하게 하는 인간 본성으로서 '선한 본성'(善性)에 대해 역설한 책이기도 하다.

오늘날의 『맹자』를 있게 한 데는 누구보다도 후한(後漢) 사람인 조기(趙岐, 109~201)의 공이 크다. 상하로 나뉜 7편과 261개의 장으로 정리된 『맹자』의 체제는 조기가 수립했다. 『맹자』는 전한의 문제(文帝) 시대(기원전 160년경)에 『논어』 『효경』 『이아』와 함께 사박사(四博士)의 하나로 학관(學官)에 세워진 적이 있었지만, 사박사는 약 20년 뒤인 무제(武帝) 때에 오경박사로 대체되었다. 그때부터 송대에 '사서'(四書)에 편입되기 전까지, 『맹자』는 『노자』나 『한비자』 등과 마찬가지로 '기타 사상가'의 책 가운데 하나였다.

맹자가 죽기 약 10년 전쯤에 태어나 전국시대 말에 활동했던 순자(荀子, 기원전 313?~230?)는 맹자를 비판하면서 자신의 학설을 수립했다. 순자는 순(舜)과 우(禹), 중니(仲尼)와 자궁(子弓)을 자신이 본받을 성인으로 인정하고, 맹자와 『중용』을 지었다는 자사(子思)를 그 길에서 잘못 나온 곁가지로 취급했다.[3] 순자가 맹자를 비판한 핵심은 본성이론에 있었다. 순자는 예(禮)의 학습을 자신이 꿈꾸는 통일왕국 건설의 핵심으로 여겼다. 그런데 맹자의 성선설대로라면 학습은 필요없어진다고 순자는 생각했다.[4] 순자는 "군자와 소인의 성은 한가지"인데 "인위적인 노력

---

3) 『순자』 「비십이자」(非十二子).
4) 『순자』 「성악」.

을 쌓아 예의를 갖춤으로써" 군자는 소인과 달라진다고 주장했다.[5] 이는 『논어』의 "성은 서로 가깝지만 습관에 의해 멀어진다"[6]는 구절에 대한 순자의 해석이라고 할 수 있다. 똑같은 구절을 두고, 맹자라면 타고난 성은 모두 선하지만 후천적으로 그 선한 마음을 잃기 때문에 서로 달라진다고 해석할 것이다. 순자와 맹자는 각자 공자의 후배를 자처했지만 『논어』를 통해 전달된 공자의 사상은 이처럼 다르게 해석될 수도 있었다.

후한(後漢)의 왕충(王充, 27~97?) 역시 『맹자』를 공격했다. 그는 자신의 저서 『논형』(論衡) 안에 '맹자를 비난한다'는 의미의 「자맹」(刺孟) 편을 따로 두어 『맹자』를 비판했다. '천명'을 부정한다든지 맹자의 5백년 순환설을 부정하는 등, 왕충은 현실적이고 실증적인 입장에서 『맹자』의 형이상학적 주장들을 비판했다.

송대에는 사마광(司馬光, 1019~86)이 「의맹」(疑孟)을 지어 맹자를 비판했다. 사마광의 비판 가운데는 맹자가 제나라에게 연나라를 정벌하도록 부추겼다는 의심이나, 진중자(陳仲子)의 '청렴함'을 평가하는 데 인색했던 맹자에게 이의를 제기한 것도 들어 있다. 이는 왕충도 지적하고 비판했던 바였다.[7] 그러나 사마광이 『맹자』를 비판한 핵심은 맹자의 '혁명론'에 있었다. 그는 동성(同姓)의 귀척(貴戚)이라면 무도한 군주를 바꿀 수도 있다는 맹자의 말[8]에 격렬하게 반발했다. 동성이든 이성(異姓)이든 신하는 왕이 간언을 받아들이지 않았을 때 떠나거나 죽을 수는 있

---

5) 『순자』 「성악」.
6) 『논어』 「양화」.
7) 『논형』 「자맹」.
8) 『맹자』 「만장 하」(萬章下) 9.

어도 군주를 바꿀 수 없다는 것이 그의 믿음이었다. 그는 동성이라면 군주를 바꿀 수 있다는 맹자의 말이 군주에게는 귀척의 간언을 차단하는 빌미를 주고 귀척에게는 찬탈의 구실을 줄 뿐이라고 비난했다.[9]

어느 사상에 대해서든 옹호와 비판이 공존하게 마련이다. 그리고 그 옹호와 비판은 그 대상의 성격을 더욱 첨예한 것으로 드러내준다. 앞의 세 사람의 『맹자』 비판 역시 그러하다. 누군가가 비판했던 『맹자』의 성격은 다른 누군가에게는 장점으로 다가갈 수도 있다. 『맹자』의 운명은 송대 이후에는 전혀 다른 것이 되었다. 성선설(性善說)을 중심에 앉히고 인간과 세계를 포괄적으로 설명하는 관념론을 전개했던 송대 정주성리학자들에게 『맹자』는 더없이 좋은 고전적 전거였다. 정이(程頤, 1033~1107)는 『맹자』를 『논어』 『대학』 『중용』과 함께 '사서'의 하나로 묶어 중시했으며, 주희(朱熹, 1130~1200)는 여기에 주석을 달아 『사서집주』를 간행했다. 『맹자』는 『논어』와 어깨를 나란히 하는 유가의 '경'(經)으로 승격된 것이다. 『사서집주』는 원대에 과거시험의 텍스트로 지정되었고(1313년), 반석처럼 단단해진 사서의 입지는 청말 과거시험이 폐지될 때(1905년)까지 흔들리지 않았다.

정주성리학에 의해 이루어진 『맹자』의 신분 상승에 그 서곡을 울린 이는 당의 한유(韓愈, 768~824)였다. 한유는 공자의 도가 순자가 아니라 맹자로 이어졌다고 주장했다. 나아가 한당의 유학을 인정하지 않고 맹자가 죽은 뒤 자신의 시대에 이르기까지 그 도가 전해지지 않았다고 진단했다.[10] 정주성리학의 『맹자』 존숭은 한유의 이러한 선창 위에서 이루어

---

9) 「의맹」(疑孟), 『전가집』(傳家集) 수록.
10) 「원도」(原道), 『오백가주창려문집』(五百家注昌黎文集) 수록.

졌다. 주희는 『맹자』가 세운 유학의 도통에 증자(曾子)와 자사를 추가하고, 이것이 맹자를 거쳐 자신의 스승인 정호(程顥), 정이(程頤)에게 이어진다고 자신의 시대까지 도통을 연장했다.[11]

정주성리학자들이 순자를 배제한 가장 큰 이유는 본성이론 때문이다. 정주성리학자는 순자의 성악설을 부정하고 맹자의 성선설을 유학의 정통으로 세웠다. 물론 정주성리학자들의 성선설은 그들의 이론체계 안에서 다시 해석된 것으로서, 『맹자』그대로의 성선설은 아니었다. 정주성리학은 맹자의 '성선'을 '성즉리'(性卽理)로 해석했다. 즉 정주성리학은 성(性)을 단지 선하다고 한 것이 아니라 우주적 질서를 의미하는 '이'(理)에 필적한다고 선언했다. 그 이론에 의하면, 전 우주에는 이가 관통하고 있으며, 이 이가 있기 때문에 만물이 존재하며 또 일정한 궤도에 따라 운동한다. 그 이는 인간의 본성으로도 존재하고 작용한다. 그것이 이들이 말하는 '성은 선하다'가 갖는 의미이다. 타고난 성이 선하다는 의미를 그 정도까지 확장한 데는 마음을 우주 구성의 주체로 설정한 불교의 영향이 컸다. 불교의 발전을 저지하며 유학의 부흥을 꾀했던 송대의 유학자들은 마음의 위대성을 인정하면서 『맹자』를 떠올렸다. 『맹자』가 말하는 마음은 인륜이라는 질서 구성능력을 가졌으므로 불교에서 말하는 공(空)한 마음과는 다르다고 생각했다. 이 마음은 우주질서의 구성능력이므로 존재 전체를 포괄하면서도, 또한 현실에 땅을 딛고 사는 인간의 마음이라는 점에서 구체적인 것이었다. 다른 면에서 말한다면, 마음은 불완전함을 노정하는 허약한 개체의 주체이지만, 또한 세상의 질서를 실현할 우주적 주체이기도 했다. 그들은 한편에서 『중용』의 도움을 받고 한편에서

---

11) 『중용장구』 「중용장구서」.

는 새로운 개념을 개발해내어, 미발(未發)과 이발(已發), 본연지성(本然之性)과 기질지성(氣質之性) 등의 개념으로 '성선설'을 재단장했다. 이 이론에 의하면, 개인은 적절한 노력을 거쳐 윤리와 정치의 주체로서 인정받는다. 동시에 이 이론은 적절한 노력이 부재하는 여타 인간들을 정치에서 배제할 수 있는 장치로도 작용할 수 있었다.

『맹자』가 중요한 경전으로 자리매김되고 정주성리학이 사회를 지도하는 권위 있는 학문이 되면서는 『맹자』 자체에 대한 비판이 이전같이 대담하지는 않았다. 그러나 주희의 『맹자』 해석에 대한 비판은 이어졌다. 명대 왕수인(王守仁, 1472~1529)의 『맹자』 해석이나 청대 대진(戴震, 1723~77)의 『맹자자의소증』(孟子字義疏證) 등은 각각의 시대정신을 담은 『맹자』 해설이라고 할 수 있다. 이들은 주희가 『맹자』를 오해했으며, 자신들이야말로 『맹자』의 진정한 해석자라고 자처했다. 시기적으로 왕수인과 대진의 가운데 위치한 황종희(黃宗羲, 1610~95)는 이들과 마찬가지로 주희의 해석을 극복하고 『맹자』의 본의를 밝힌다는 포부를 가지고 『맹자』 해석을 내놓았다. 그는 『맹자사설』 「자서」에서 자신이 『맹자』에 대한 해설을 시도하는 이유는 평이하고 친근해야 할 『맹자』가 주희의 전주(轉注) 탓에 오히려 이해하기 어렵게 되었기 때문이라고 밝힌다.

직설적으로 자신의 사상을 개진하는 방법 대신 '경'(經)에 대한 재해석에 자신의 사상을 실어 표현하는 것은 오래된 중국의 전통이다. 황종희의 『맹자』 해석 역시 그 전통 위에 있다. 맹자, 주희, 황종희, 그들은 서로 멀리 떨어진 시대를 살았던 사람들이고, 각자의 현실을 치열하게 고민하며 자신이 속해 있는 사회를 좋은 곳으로 만들기 위해 분투했던 사람들이다.

과연 『맹자』라는 책은 그처럼 시대를 뛰어넘어 좋은 세상을 위한 메시지를 전해줄 수 있었던 것일까? 다른 시대를 살았던 이 사람들은 『맹자』를 통해 어떻게 각자의 다름을 드러냈는가? 분명 『맹자』는 왕도정치라는 유학의 이상을 가장 잘 설명해주는 텍스트이다. 그렇다면 '왕도정치'는 시대를 넘어서는 가치, 혹은 시대에 적응할 수 있는 가치인가로 바꿔 물을 수 있다. 황종희에 의해 『맹자』의 왕도정치는 어떤 모습으로 다시 태어나 그 시대의 고민과 희망을 실어내게 되었는가? 『맹자사설』을 통해 그에 대한 답을 찾을 수 있을 것이다.

(2) 『맹자사설』의 탄생과 의의

『맹자』는 왕도정치와 성선설을 뼈대로 하는 책이지만, 독자에 따라서는 다른 부분이 더 눈에 들어올 수도 있다. 『맹자』는 혁명의 주장을 담고 있는 책이기도 하다. 『맹자』가 유학의 경으로 승격되면서 『맹자』가 옹호하는 혁명의 정당성은 권력자들에게 훨씬 위협적인 것으로 다가갔다. 혁명의 주장을 담고 있는 책으로서 『맹자』가 겪은 고초는 명대에 절정에 달했다. 명태조 주원장(1328~98)에 의해 『맹자』는 금서로 지정되고 한때 맹자의 위패는 공자사당에서 축출되기까지 했다.[12]

흔히 유학은 군주제도하의 엘리트 독재를 정당화하고 그 엘리트 독재의 관리자들을 위한 이념을 제공했다고 평가된다. 도덕성을 존재론적 차원에서 설명한 '성선설,' 현실에서 도덕적으로 우열을 가르는 교육과 수양, 도덕적 능력에 따른 치자와 피치자의 분업 등, 『맹자』는 엘리트 독재

---

12) 『명사』(明史) 권139, 「전당」(錢唐) 참조. 전당의 설득으로 위패를 회복시키고 문제되는 부분을 삭제하여 『맹자절문』(孟子節文)으로 대체하는 일로 일단락되었다.

를 정당화하는 중요한 논리적 틀을 제공했다. 그런데 사마광이나 명태조 처럼『맹자』의 혁명사상 때문에『맹자』를 거북해하는 사람들 역시 유학의 밖에 있는 사람들이 아니었다. 이 사람들은 왕도정치사상에 대해서는 어떤 생각을 가졌던 것일까? 또한『맹자』를 옹호했던 사람들은『맹자』의 혁명사상을 어떻게 받아들였을까?

『맹자』에 대한 옹호와 비판은『맹자』가 제시한 정치이념이 갖는, 일견 대립하는 것 같은 두 가지 성격을 각각 반영한다. 그것은 통치권력에 협력하고 동시에 통치권력을 견제하는 두 역할이다.『맹자』가 제시하는 정치체제는 군주 일인독재를 허용하지 않는다.『맹자』가 주장하는 이상적인 정치는 '왕도'이고 이는 정치주체의 '유덕함'을 요구한다. 정치는 군주와 신하의 협업에 의해 이루어진다. 군주든 신하든 유덕해야 한다. 유덕한 신하를 원한다면 '유덕함'을 자격 조건으로 선발할 수 있다. 그러나 세습되는 군주는 어떤 인격을 가진 자이든 그대로 받아들여야 한다. 경험적으로 군주 세습은 가장 평화적으로 대를 이어가며 안정적으로 정권을 유지하는 방법이었다. 어느 정도의 인격을 갖춘 사람이든지 일단 군주로 인정하고, 유덕한 신하들이 그 군주를 유덕한 통치자로 성장시킨다는 것이『맹자』의 구상이었다. 유덕함 혹은 인격의 성격상, 군주에 대한 교육과 군주의 성장은 군주가 죽을 때까지 끝나지 않는다. 교육을 통해 군주가 백성을 학대하지 못하도록 권력 사용의 길을 안내하고, 동시에 권력남용을 통제하는 유학자 신하의 일은 멈추는 일 없이, 또한 끝나는 일 없이 계속되어야 한다.

'권력의 견제'라는 유학자의 역할이 못마땅할 것이 분명한데도 이 이론체계를 통치이념으로 받아들이는 입장에서, 무엇보다도 유학이 주는 매력은 권력을 경제적으로 사용하도록 해주는 이론과 장치에 있을 것이다. 유학을 국가경영의 이론으로 삼게 되면, 국가는 물리적 공권력을 동원하여 백성을 관리하고 감시하는 대신, 학교를 세워 교육을 통해 백성들에게 유가적 가치를 내면화시킨다. '인의예지'로 상징되는 그 가치는 그대로 사회질서를 담보한다. 아이들은 사물을 분별하기 시작함과 동시에 유가경전에서 말하는 부자유친(父子有親)과 군신유의(君臣有義)를 배우며, 심지어는 그 규범들이 자신들의 본성이라고 생각하며 유학적 질서에 순응한다.

통일제국의 막강한 권력을 가진 한의 황제에게 동중서(董仲舒)는 군주권은 하늘로부터 나왔다는 논리로 절대권력을 원하는 황제의 마음에 영합했다. 그러나 그는 한편에서 재이설(災異說)을 통해 군주권력을 통제하려 했다. 이는 권력에 협력하면서도 권력을 견제하려 했던 맹자의 정신을 이어받은 결과이다. 이후 재상제도와 언관제도는 군주를 보좌하면서 동시에 군주권력의 남용을 저지하려는 장치로서 마련되었다.

그러나 이미 한대부터 부자 사이의 친애함(父子之親)보다 군신 사이의 의(君臣之義)가 더 상위의 가치로 전도되는 일이 생겼다. 사마광처럼 유학자 가운데도 군주와 신하 사이의 분수(君臣之分)를 흔들 수 없는 규범으로 여기는 경우가 드물지 않았다. 황종희는 『맹자사설』 안에서 백이와 숙제가 무왕을 거부하고 수양산에서 굶주리며 살다 죽었다는 『사기』 이래의 설을 극력 비판한다. 이러한 해설 뒤에는 군신 사이의 의를 절대적 규범이라고 생각하는 사람들의 입장이 도사리고 있다고 생각했기 때문이다. 즉 무왕이 신하로서 왕을 죽인 자이기 때문에 백이와 숙제가 그를 용납하지 않았다고 해석하는 것이다. 이는 '왕도'보다는 군주 개인, 혹은 왕조 일가에 대한 충성을 우선시하는 입장이다. 유학자들 사이에서도 이러하니, 홍무제처럼 군주의 입장에서 『맹자』를 탄압한 것은 오히려 이해하기 쉬운 일이다. 『맹자』는 유덕한 군자가 군주의 권력을 사용하여 좋은 세상을 만들기 바라면서, 그 권력이 오용되고 남용되지 않도록 군주를 견제하려 했지만, 군주를 견제하는 일이 쉽지 않았음은 역사가 증명하는 바이다.

황종희는 『명이대방록』에서 명조의 멸망 원인을 분석하는데, 그가 진단한 핵심적인 원인 가운데 하나는 군주의 권력 남용과 오용이다. 『명이대방록』에서 황종희가 가장 고심하면서 해답을 찾고자 했던 문제는 어떻게 군주권력을 통제하여 바람직한 방향으로 권력을 작동하게 할 것인가였다. "군신 사이의 의는 천지 사이에서 벗어날 수 없다고 하며 걸주와 같은 폭군을 탕과 무가 목벤 것도 부당하다고 하는" 선비들을 한심해하면서, 황종희는 제 이익만 채우는 군주는 갈아치워야 한다고 한 "『맹자』는 성인의 말"[13]이라고 상찬한다.

황종희는 자격 없는 인간들의 손에서 권력이 남용되지 않도록 하는 것이 명의 몰락과 같은 비극을 막는 방법이라고 생각했다. 위정자의 권력 남용을 막기 위해 그는 사람보다 법이 중요함을 강조했으며, 위정자 개인의 자의를 막을 수 있는 제도적 장치를 구상했다. 『명이대방록』은 새로운 정치에 대한 구상이다. 권력 견제의 구상을 담고 있는 『명이대방록』은 청말에 반정부 팸플릿으로 사용될 정도로 급진적인 것이었으며, 양계초(梁啓超, 1873~1929)는 『명이대방록』이 루소의 『사회계약론』에 필적한다고 평가하고 황종희를 '동양의 루소'라고 불렀다.

그런데 그처럼 '근대적'인 정치사상을 펼쳤던 황종희는 또한 '선한 본성'을 믿는 맹자의 후예였으며, 윤리와 정치를 분리하지 않는 유학자였

---

13) 『명이대방록』(『황종희전집』 제1책 수록) 「원군」(原君).

다. "인한 사람이 자기 부모를 버리는 일은 없고, 의로운 사람이 자기 군주를 뒷전으로 밀어놓는 일은 없다"는 한 문장으로 그는 『맹자』를 요약한다.[14] 이는 단순히 『맹자』에 대한 문헌학적인 해석이 아니라 황종희 자신이 추구하는 정치이기도 했다. 『명이대방록』에서 보여주는 급진적인 정치와 『맹자』의 후예로서 황종희가 가슴에 품은 '인의의 정치'는 어떻게 공존하는 것일까.

정주성리학이 순자가 아니라 맹자를 유학의 정통으로 엮으면서 '선한 본성'은 유학의 아이덴티티를 형성하는 데 본질적인 부분이 되었다. 이 선한 본성은 인간이 왜 선한 행위를 하는지 설명해준다. 나아가 본래 완전한 본성의 소유자인 인간은 자신의 본성을 회복해야 한다는 명목으로 윤리적 행동을 요구받는다. 인간의 본성은 개인을 넘어서는 윤리적 가치를 획득하고, 이 본성은 개인에게 사회적 가치 추구를 요구하는 근거가 된다. 유학이 성인에 의한 정치를 꿈꿀 수 있는 것은 이 선한 본성의 존재를 믿고 그 선함이 현실에서 발현될 수 있다는 믿음이 있기 때문이다.

그러나 실제 역사를 보면 유학이 주장하는 그 선한 본성의 존재를 의심하게 된다. 누구나 선한 본성을 가졌다면, 그러한 사람들이 엮어내는 역사가 왜 수시로 피로 얼룩지는가. 주희와 왕수인은 모두 선한 본성을 본래 완전한 것으로 설정했다. 인간이 정말 본래 완전하게 선한 본성을 갖고 있다면 이러한 피의 현실은 어떻게 설명할 것인가. 황종희는 '본래 완전한 본성' 이론에 반기를 들었다. 그 선한 본성은 완전한 것이 아니고 성장해야 할 작은 싹과 같으며, 진정 선한 본성으로 만들기 위해서는 자

---

14) 『맹자사설』 1-1, '맹자, 양혜왕을 만나다'(孟子見梁惠王章).

신을 흔들고 가로막는 현실의 환경을 이겨내야 한다고 생각했다.

황종희에 의하면 인간의 선함은 어둠 속의 한 줄기 빛과 같은 정도이다. 태생적으로 과유불급의 운동을 하는 인간의 마음은 늘 실수 속에 노출되어 있다. 한 줄기 빛은 어둠 속에 묻혀버리기 쉽다. 누구라도 자신의 완전한 이성을 자신하면서 독단적으로 행동할 정당성은 황종희의 세상에서는 찾을 수 없다. 그래서 "반드시 순이 학문을 좋아하듯이, 우가 어려운 일을 겪었듯이, 공자가 분발했듯이 노력을 쌓아야 비로소 본래 있던 것을 얻을 수 있다"[15]고 황종희는 말한다. 그러나 순처럼 되고 우처럼 되고 공자처럼 되었다고 해도, 그들이 질적으로 다른 존재가 되는 것은 아니다. 그들 역시 여전히 순간적으로 잘못된 판단을 할 수도 있다. 인간은 누구든 언제라도 완전해질 수 없다.

그래서 협업이 필요하며 법적인 제재도 필요하다. 동시대를 사는 사람은 그 불완전함의 보완을 위해 학교를 만들고 그 학교를 통해 성장을 도모하고, 동시에 자신이 저지를 수 있는 실수를 막기 위해 열린 견제 속에 자신을 내어놓는다. 권력을 가진 자의 독단을 견제하면서 그 견제하는 자들도 끊임없이 서로의 생각을 교환함으로써 그 올바름을 확인한다.

황종희는 주희가 현실초월적인 곳에 진리를 정초시킨 것을 비판했다. 그것이 성장해야 할 인간의 현실을 왜곡하고 나아가 정치에 악영향을 미친다고 생각했다. 그에게 현실의 장은 세대를 넘어 성장해가는 곳이다. 누구나 개인의 노력에 의해, 그리고 사회적인 환경의 조성에 의해 스스로를 성장시켜야 하며, 또한 동시에 동시대인에게 또 후배들에게 좋은 환경을 만들어줘야 할 도의적 책임을 갖는다.

---

15) 『맹자사설』 8-14, '군자, 깊이 탐구하다'(君子深造章).

성장해야 할 선한 마음, 인간의 불완전함 때문에 요청되는 상호성장과 견제, 세대를 넘어서는 협업, 황종희의 『맹자』는 이러한 내용을 담고 있는 책이 되었다. 이는 권력의 발생과 행사, 권력의 견제에 대한 새로운 해석이다.

실제로 『맹자사설』은 그 중요성에도 불구하고, 『명이대방록』이나 『명유학안』 등의 걸출한 업적에 밀려 상대적으로 소홀하게 다뤄져왔다. 그러나 『명이대방록』이 갖는 정치적 의미, 그리고 『명유학안』이 갖는 학술사적인 의미를 보다 분명하게 이해하기 위해서라도 『맹자사설』의 중요성은 더욱 커진다고 할 수 있다. 그의 정치사상과 맞물려 있는 본성론과 윤리론, 그리고 그의 역사관과 학문관을 뒷받침하는 사회사상에 관한 풍부한 정보를 갖고 있는 책이 『맹자사설』이기 때문이다.

(3) 『맹자사설』의 출간과 판본들

『맹자사설』(孟子師說)이라는 제목은 스승 유종주(劉宗周, 1578~1645)가 사서(四書) 가운데 『맹자』에 대한 해설서만 남기지 못했기 때문에 『맹자』에 대한 스승의 해설을 자신이 대신 전한다는 의미에서 붙인 것이다.[16] 형식상으로는 유종주의 생각을 서술하는 것이지만, 실제로 유종주의 말을 인용하는 것은 일부분이고 대부분은 황종희 자신의 글이다. 유종주 사상과 황종희 사상의 동이를 고찰하면 유종주와 차별되는 황종희의 독창성이 드러날 것이지만, 적어도 『맹자사설』을 황종희의 사상으로 보는 데는 무리가 없을 것이다.

『맹자사설』을 언제 탈고했는지 황종희 자신이 명시하지 않았다. 1668

---

16) 『맹자사설』 「자서」.

년을 전후한 작품으로 알려졌으나[17] 그 당시라면 황종희가 보지 않았을 자료들이 포함된 것으로 보아 초고는 1668년에 이루어졌더라도 현재의 모습으로 완성된 것은 1680년 정도이리라 추측하는 사람들도 있다.[18]

『맹자사설』의 판본으로는 현재 7종이 확인된다. 전체를 두 권으로 묶은 경우도 있고 일곱 권으로 묶은 경우도 있는데, 내용상으로는 거의 차이를 보이지 않는다. 7종의 판본은 다음과 같다.

- 사고전서 문연각(文淵閣) 2권본(대만 상무인서관 영인본).
- 사고전서 진본(珍本) 5집 2권본.
- 사고전서 문연각 정씨보초(丁氏補鈔) 7권본.
- 도광(道光) 11년(1831) 요강 왕괴생 간(姚江王槐生刊) 7권본.
- 광서(光緖) 8년(1882) 자계 풍씨 취경각 중간(滋溪馮氏醉經閣重刊) 7권본.
- 민국 4년(1915) 상해 소엽산방(上海掃葉山房) 『이주유저휘간』(梨洲遺著彙刊) 중간(重刊) 왕씨(王氏) 7권본.
- 민국 5년(1916) 오흥 장씨 적원총서 중간(吳興張氏適園叢書重刊) 7권본.

2. 『맹자사설』을 낳은 시대와 사람

(1) 황종희의 시대와 그 개인의 역사[19]

황종희가 태어났을 때 이미 명조는 망국의 징조를 드러내고 있었다.

---

17) 『황종희전집』제1책에 수록된 오광(吳光), 「부록: 황종희유저고」(附錄: 黃宗羲遺著考) 1 참조.

18) 정종의(鄭宗義), 「황종희와 진확의 사상관계 분석」, 『漢學研究』, 臺北, 1996(2).

무능한 황제와 그에 동반한 환관의 전횡 속에 온 나라가 휘청거리고 있었다. 황종희의 아버지 황존소(黃尊素, 1584~1626)는 정치결사인 동림당의 당원으로서 환관의 무리들과 맞서 싸운 정치투사였다. 그러나 황존소는 결국 환관당의 모함으로 투옥되고 곧 처형되었다. 황존소는 43세, 황종희는 17세 때였다.

황종희는 스스로의 일생을 차례로 당인(黨人), 유협(遊俠), 유림(儒林)으로 규정한 적이 있다.[20] 이는 아버지가 죽은 해부터 홍광(弘光) 정권이 멸망할 때까지(1626~45)를 당인으로, 홍광 정권이 무너진 36세부터 영력 정권이 무너질 때까지(1645~62)를 유협으로, 군사투쟁을 접고 산림에 은둔하여 학문에 몰두하던 시기(1662~95)를 유림으로 규정한 것이다.

황존소는 죽음이 임박해오자 아들에게 유종주를 스승으로 삼으라는 유언을 남겼다. 아버지를 여읜 황종희는 유종주를 찾아가 스승으로 모셨으나, 이른바 '당인시기'는 스승의 슬하에서보다는 장강의 남북을 오가며 또래의 젊은이들을 만나면서 성장해간 시기이다. 뒤에 황종희는 "나는 유선생에게서 배웠는데, 그때 뜻은 과거시험에 있었다. 그래서 터득하지 못하고 그럭저럭 즙산 문인의 숫자를 하나 더 채우고 있었을 뿐이다"[21] 라고 회상했다.

---

19) 이 절에서 소개되는 황종희 개인의 역사에 대해 전반적으로 황병후(黃炳垕), 『황이주선생연보』(黃梨洲先生年譜, 『황종희전집』 제11책 수록)와 쉬딩바오, 양휘웅 옮김, 『황종희평전』(돌베개, 2009)을 참고했다.

20) 같은 책, 69쪽.

21) 『남뢰시문집』(南雷詩文集, 『황종희전집』 제10책) 「서류」(序類), '운중승문집서'(惲仲升文集序).

당시 여러 성격의 결사들이 유행했는데, 황종희는 용상(지금의 寧波)과 항주, 남경, 북경 등의 도시를 옮겨다니며 여러 결사의 회원으로 활동했고, 때로는 적극적으로 결사를 조직하기도 했다. 그가 스스로를 '당인'으로 규정한 것은 그러한 의미이다. 특히 24세가 되는 1633년에는 항주의 독서사에 가입했으며, 여러 문사를 합병하여 소주에 복사(復社)를 설립하여 주도적으로 활동했다.

황종희는 14세에 수재가 된 뒤에 21세 이후로 33세(1642년)에 이르기까지 네 차례에 걸쳐 향시를 보지만 결국 합격하지 못했다. 그러나 27세에 이미 두 동생인 종염(宗炎), 종회(宗會)와 문명(文名)을 떨쳐 '동절의 세 황씨'(東浙三黃)로 불렸다고 한다.

이러한 당인의 생활은 숭정제가 자살하고 또 이어서 남경에 성립했던 복왕(福王)의 홍광 정권 역시 1년 만에 무너지면서 끝났다. 청군이 북경에 입성한 뒤, 수천 명을 이끌고 궐기했던 유종주는 복왕 정권도 무너지자 20여 일 동안 절식한 끝에 사망했다. 황종희는 스스로 명조 회복을 위한 무력투쟁에 뛰어들었다. 소흥과 복주에서 차례로 노왕(魯王) 정권과 당왕(唐王) 정권이 건립되었고, 황종희의 '유협' 활동은 남명의 최후 정권이 무너진 해까지 계속되었다. 황종희는 가산을 털어 제자 3백여 명으로 '세충영'(世忠營)이라는 항청 무장세력을 조직하여 노왕 정권을 따랐다.

그러나 1662년(53세) 계왕(桂王)이 오삼계에게 생포되어 교살되고, 이어 노왕도 사망했다. 이로써 명의 유민들은 명왕조 회복의 희망을 상실하고, 황종희도 유협생활에 종말을 고했다. 이 사이 청조정은 황종희를 수배하는 격문을 붙였고 황종희는 집안의 노인과 아이들을 이끌고 고향 일대를 전전하는 생활을 했다. 유협생활을 했던 "이 20여 년 동안 한 해도 피난하지 않은 적이 없고, 피난지도 한 곳뿐이 아니었다"[22]고 그는 술회한다. 초야에 숨은 채 여기저기 옮겨다니는 고달픈 생활을 20여 년간 지속했던 것이다.

53세 되던 1662년을 전후한 시기부터 황종희는 산당에 기거하며 집필에 마음을 쏟기 시작했다. 1661년(52세)에 『역학상수론』을 집필했으며, 1663년(54세)에는 『명이대방록』을 완성했고, 1676년(67세)에는 『명유학안』을 완성했다. 그 뒤에도 그의 집필활동은 왕성하게 이어졌다.

또한 이 시기는 그가 강학을 통해 제자를 키우면서 스스로의 사상도 정리했던 시기였다. 1665년(56세)에는 만사선(萬斯選), 만사대(萬斯大), 만사동(萬斯同), 만언(萬言), 진석하(陳錫嘏) 등을 제자로 맞아들여 용상에서 강학을 시작했다. 용상의 강학은 1667년에 시작하여 1675년까지 10여 년간 중단되지 않았다. 이 용상의 강학은 유종주가 주도했던 증인서원의 강학을 부활시킨 것이었다. 즉 황종희는 이때가 되어서야 유종주 학문의 가치를 깨닫고 그 전파에 힘쓴다. 앞에서 인용한 적이 있는 "즙산 문인의 숫자를 하나 더 채우고 있었을 뿐"이라는 청년시대의 회고는 다음과 같은 장년시대의 회고로 이어진다.

천지가 뒤바뀌자 깊은 산속에서 말라 굶주리다가 장서를 모두 꺼내어 읽었다. 그러자 근 20년간 흉중에 막혔던 것이 풀어지고 분명하게 되었다. 비로소 지난날 스승의 호의를 저버린 것이 속죄할 수 없음을 알게 되었다.[23]

---

22) 『남뢰시문집』 「부류」(賦類), '피지부'(避地賦).
23) 『남뢰시문집』 「서류」, '운중승문집서'.

당시 증인서원의 강의 장소 역할을 했던 백운장은 만태(萬泰)가 용상에 소유한 별장이었으며, 지금까지 황종희의 유적으로 보존되어 있다. 황종희가 용상에서 강학하던 구체적인 정경에 대해 역시 제자였던 이고당(李杲堂)이 상세히 기록한 적이 있다. 이에 의하면, 한 달에 두 번씩 모였으며, 우선 강론할 부분에 대해 배송하고, 이어 담당자의 발제가 있은 뒤 좌석에 앉은 사람들 사이에 격렬한 토론이 전개되었다. 정오의 식사를 끼고 오전에 시작한 강회를 해가 진 뒤에 파하는 강행군이었지만, 열 살 된 아이부터 쇠약하고 병든 자까지, 노소를 불문하고 학구열에 불탄 사람들의 참여를 이끌어낸 인기 강학이었다.

황종희는 이러한 강학활동을 54세 때인 1663년부터 시작해서 71세인 1680년 해녕에서 마무리한 시기까지 총 17~18년 동안 계속했다. 그 사이에 그는 어계, 소흥, 영파, 해녕 등지에서 강석을 맡았다. 1678년(69세)에는 박학홍유(博學鴻儒)로 청조의 부름을 받았지만 노모를 핑계로 출사하지 않았고, 1680년(71세)에는 역사서를 편찬하도록 추천받았지만 늙고 병들었음을 핑계로 역시 나아가지 않았다.

그가 태어났을 때 그의 아버지는 부패로 쓰러져가는 명조를 바로세우기 위해 고투하고 있었다. 그러한 아버지의 상실은 조국의 상실을 알리는 서곡이었다. 멸망의 막바지로 향하는 명나라에서 그의 청춘은 뻗어갈 수 없었다. 20대에 이미 문명을 떨쳤지만 과거에는 실패했다. 북경을 청조에게 내준 뒤에는 몸과 마음과 재산을 바쳐 명조 회복을 위해 일했다. 그러나 이미 무너진 명조를 회복시킬 수는 없었다.

그는 명조의 신민(臣民)으로 살았고 명조의 유민(遺民)으로 일생을 마쳤다. 그러나 그보다 근본적으로는 한 사람의 유학자로서 성인 되기를 희구하는 학도로 살았다. 유학자는 특정한 조정에 충성하는 것을 자신의 임무로 생각하지 않는다. 유학자는 자신들의 도, 즉 왕도에 헌신하는 사람이다. 왕도는 자식을 염려하는 부모의 마음으로 백성을 보살피는 정치이다. 명조가 망했다고 왕도 실현의 의무가 사라지는 것은 아니다. 인의의 정치를 필요로 하는 백성은 그대로 있다. 왕도의 실천이 출사해서 직접 정치하는 것 한 가지로 한정되는 것도 아니다. 맹자의 일생을 상기해보라! 그는 직접 왕도를 실현할 기회는 얻지 못했지만, 『맹자』를 전함으로써 시간과 공간을 넘어 왕도의 실현을 극대화하지 않았던가!

황종희는 자신의 제자가 과거에 응시하러 가는 것을 막지 않았다. 그가 용상에 있을 때 가르치던 고족제자들이 차례로 청왕조의 진사가 되었고 일부는 한림원에 발탁되었다. 자신은 청조정의 부름을 거절했지만 제자인 만사동과 만언이 북경에 가서 국사를 편찬하는 것에는 동의했다. 이후 아들 황백가(黃百家)도 사국에 들어가 청조정의 수사관이 되었다.

유협생활을 하던 순치 연간에 그는 청왕조를 합법적인 정권으로 인정하지 않았다. 『해외통곡기』나 『유서』 등에는 명왕조를 황명(皇明)으로 부르고 청조는 위조(僞朝)로 불렀으며 청조의 만주족을 오랑캐(虜)라고 불렀다. 그러나 강희 연간(1663년부터)에 들어서면서는 청조의 연호를 사용했으며 청조를 국조 또는 본조(本朝)라는 이름으로 불렀다. 나아가 강희제에 대해 "어두운 곳을 밝히는" "성명(聖明)의 천자"라고 부르며 그로 인해 "강상과 명교가 더욱 존중된다"[24]고 말했다. 중화를 이어받으며 백성을 보호하는 왕도로 청조를 인정하게 된 것이다.

황종희의 스승 유종주는 명조의 신하였다. 신하의 연을 맺었다면 신하로서의 의리가 있다. 그래서 유종주는 명조와 함께 죽었다. 황종희는 명

---

24) 『남뢰시문집』 「전장류」(傳狀類), '주절부전'(周節婦傳).

조에서 벼슬한 적이 없다. 그는 자신의 주변에서 벌어진 죽음과 삶에 대해 다음과 같이 말한 적이 있다.

유민(遺民)은 하늘과 땅의 원기와 같은 존재이다. 그러나 선비에게도 각자의 분수가 있는 법이다. 조정에서 중신의 자리에 있지 않았고 황제가 베푸는 연회에도 참석한 적이 없다면 선비의 분수 또한 출사하지 않는 것에 그칠 뿐이다.[25]

중신의 자리에 있은 적도 없고 황제가 베푸는 연회에 참석한 적도 없는 그는 청조에 출사하지 않는 것만으로 유민으로서의 본분을 다한 것이다. 그는 망한 왕조를 대신해 중국의 백성을 다스리는 청조를 중국의 왕조로 인정하지 않을 수 없었다. 그러나 그는 망한 왕조의 유민으로서 자신의 과제를 자각하고 있었고, 그 과제를 다하기 위해 살아남았다. 그것은 권력의 남용에 의한 피의 역사가 되풀이되지 않도록 하는 방법을 찾는 것이었다. 그러기 위해 그는 참된 정치에 대해 고민했고, 인간 본성에 대해 고민했고, 역사에 대해 응시하면서 인간의 가능성과 한계에 대해 고민했다. 그리고 그 고민의 결과는 여러 가지 형태로 지금까지 남아 있다. 책의 형태로 남아 있음은 말할 것도 없고, 학문에 대한 그의 태도는 청조의 고증학 학풍을 열었으며 한편에서는 절동사학이라는 사학파를 열었다.

1695년 7월 86세로 생을 마감하면서 그는 입던 옷 그대로 관곽도 사용하지 말고 바로 다음날 장사지내라고 했다고 한다. 그의 원대로 죽은 다

---

25) 『남뢰시문집』「비지류」(碑誌類), '사시부선생묘지명'(謝時符先生墓誌銘).

음날 입은 옷 그대로 관곽도 없이 땅에 묻혔다.

아버지와 스승, 그리고 또 다른 많은 동지들은 의(義)를 따라 이른 죽음을 맞이했다. 그러나 그는 살아남았다. 살아남은 것이 의라고 판단해서이다. 그러나 죽어서는 빨리 썩기를 바랐기 때문에 관곽도 수의도 물리친 것이라고 그의 제자 전조망(全祖望)은 짐작한다.[26] 그의 생각이 어떤 것이었는지는 짐작만 할 수 있지만, 그의 삶은 다른 이들의 죽음보다 결코 쉬운 것이 아니었다.

(2) 그의 스승들,[27] 그리고 '스스로에게서 얻음'(自得)

유종주는 황존소가 죽은 뒤 황종희를 아들처럼 보살폈다. 그러나 아버지의 사후 불안정해서 위태롭기까지 했던 황종희는 유종주 생전에 직접 그 학문세계를 엿볼 기회는 놓쳤다. 다만 "선생이 돌아가신 후에야 선생의 유서를 통해 그분의 주요 사상을 터득할 수 있었다."[28] 스승의 유서를 읽고 그는 "근 20년간 흉중에 막혔던 것이 풀어지고 분명하게 되었다"[29]고 고백한다. 유종주가 죽은 뒤에야 비로소 황종희는 명실상부한 유종주의 제자가 되었던 것이다.

황종희가 이해한 바에 의하면, 스승의 독창성은 "바로 선생님이 말씀하신 의(意)에 있었다."[30] 유종주는 의(意)를 마음의 우연한 발현으로

---

26) 「이주선생신도비문」(梨洲先生神道碑文), 『황종희전집』 제12책.
27) 이 장에서 논한 유종주와 왕수인, 주희에 대한 설명의 기본 방향은 이규성의 『내재의 철학』(이화여대출판부, 1994)에 의거했다.
28) 『명유학안』(『황종희전집』 제7책) 「자서」.
29) 『남뢰시문집』 「서류」, '운중승문집서'.
30) 『명유학안』 「자서」.

보지 않고, 마음의 본질적인 발현으로 보았다. 그리고 이 의론(意論)은 그대로 황종희의 입장이 되었다. 즉 유종주의 뒤를 이어 황종희는 세계 질서의 원리를 현실을 초월한 곳에 두지 않았다. 황종희가 『맹자사설』 안에서 인용하는 유종주의 말들이 모두 일관되게 그 점을 드러낸다.

유종주와 황종희는 정주성리학이 세계질서의 근거를 초월적인 곳에 두고 있는 점을 비판했다. 황종희가 『맹자사설』의 「자서」에서 『맹자』를 주희의 주석에서 벗어나게 하겠다고 한 것 역시 그 점을 염두에 둔 발언이었다.

황종희는 "천지에 가득한 것은 모두 마음"이라고 말한다. 이는 "마음 밖에 사물이 없다"는 왕수인에게서 온 것이며, 직접적으로는 그의 스승 유종주에게서 온 것이다. 황종희는 양명학의 기본적 입장을 받아들이고 계승했다. 황종희는 스승의 평전을 쓰면서 "(양명학에 대해) 처음에는 의심했지만, 중간에는 믿게 되었고, 결국에는 연구하고 토론하는 것에 여력을 남기지 않았다"라고 하며, 유종주를 양명학의 계승자로 자리매김한다.[31]

정주성리학의 '성즉리'를 '심즉리'로 전환시킴으로써 왕수인은 초월적인 진리를 이 세상의 '마음' 안으로 끌어왔다. 나아가 유종주는 세계의 본체를 기(氣)로 설명하며 이것이 심적인 것이라고 재확인한다. 즉 그는 전통 가치관을 기와 마음(心)의 형이상학에 의거해 정초했고, 특히 그 점에서 유종주는 황종희의 스승이다. 양명학과 다르게 적극적으로 기를 끌어들여 세계를 설명하는 것이 철학적으로, 그리고 실천적으로 어떻게 다른 결과로 이어질지는 이들 각각에 대한 좀더 세밀한 독서를 요구하

---

31) 황종희, 「자유자행장 하」(子劉子行狀下, 『황종희전집』 제1책 수록).

며, 계속적으로 해답을 찾아야 하는 과제이다. 황종희가 그의 스승 유종주와 어떻게 달라지는지에 대해서도 마찬가지이다.

황종희는 완전한 본성을 전제한다는 점에서 왕수인 역시 정주성리학과 마찬가지로 관념론적인 세계관을 가지고 있다고 지적한다. '선한 본성'은 인간이 왜 윤리적인 행동을 하는지에 대한 맹자 이래 유학 전통의 대답이다. 신의 명령 때문도 아니고 이익 계산 때문도 아니고, 본성적으로 인간이 선을 행하도록 생겼다고 이 전통은 대답한다. 황종희 역시 그 전통 위에 있다. 그러나 황종희는 타고난 선한 본성을 '전광석화' 혹은 '한 점의 영명함' 등으로 묘사했다. 즉 그 선천적인 선함은 후천적인 노력 없이는 튼튼한 것으로 유지되지 못하며 어둠 속에 묻혀버릴 수도 있는, 불완전하고 허약하기까지 한 것이었다. 그러므로 그는 그 한 점 영명함을 활활 타는 밝음으로 만들기 위한 여러 가지 후천적인 조건들에 대해 심각하게 고민했다. 그리하여 그에게 '성장'은 중요한 과제가 되었다. 한 줄기 선한 본성을 현실적인 것으로 만들어 평화로운 세상이 되도록 하기 위해서는, 동시대 사람들의 상호성장뿐 아니라 시대를 넘어선 상호성장 역시 필요한 것이라고 그는 생각했다. 학문에 대한 특별한 강조와 역사에 대한 남다른 의식, 학문의 도반에 대한 열정과 학파 형성의 의미에 대한 숙고 등, 황종희를 특징짓는 여러 요소들은 그의 선한 본성관과 연결되어 있다.

이처럼 그는 왕수인과 유종주의 뒤를 이어 자신의 철학을 전개했다. 그런데 우주 구성의 원리를 마음 위에 정초시키고 우주와 마음이 끊임없이 생성하면서도 통일성을 갖는 것이라는 믿음은 정주성리학 이래의 전통이다. 황종희는 자신이 정주성리학의 전통 위에 있음을 부인하지 않았다. 『맹자』의 마지막 장구는 맹자가 엮은 유학의 '도통'이 장식한다. 황종희는『맹자사설』의 그 마지막 장구에서 자신까지 이어지는 그 도통을 새로 정리한다.

　　도는 천지간에 있으며 사람이 모두 구유하고 있으니 깊고 아득하게 그침이 없다. 이는 한 사람의 존망에 의해 증감하는 것이 아니다. 그러므로 상산은 "도는 천지간에 주원회와 육자정이 있다고 늘어나는 것도 아니고 없다고 줄어드는 것도 아니다"라고 했다. 그러나 늘고 주는 것은 없지만 밝고 어두운 것은 있다. 정(貞)과 원(元)이 만날 때는 반드시 등장하여 이 도를 주장하며 천하에 크게 밝히는 자가 있다. …요순은 원(元)이고 탕이 형(亨)이며, 문왕은 이(利)이고 공맹이 정(貞)이다. 만약 후대의 현자들을 논한다면 주돈이와 정씨가 원이고 주희와 육상산이 형이며, 왕양명이 이이고 즙산이 정이다. 정 뒤의 원은 누가 될 것인가.[32]

　　황종희는 정주성리학이 엮은 도통의 궤적[33] 위에 그대로 서서, 그 길을 육구연, 왕수인, 유종주까지 연장하고 있다. 마지막 부분의 "정 뒤의 원은 누가 될 것인가"라는 말은 "하늘이 천하를 평탄하게 하려 한다면 지금 세상에 나 말고 누가 있겠는가"[34]라고 하는 맹자만큼 노골적이지는 않지만, 역시 스스로를 염두에 둔 말이 아니겠는가.
　　황종희는 "학문의 길은 각자가 옳다고 믿고 획득한 것을 진실로 여긴

---

32)『맹자사설』14-38, '요순에서 탕에 이르기까지'(由堯舜至於湯章).
33)『중용장구』「중용장구서」.
34)『맹자』「공손추 하」 13.

다"[35]고 말하는 사람이다. 그는 "주자의 가르침은 사람들이 깊은 생각을 통해 스스로 터득하기를 바란 것이다"[36]라고 말한다. 그에게 중요한 것은 치열한 고민과 '자득'(自得)이었다. 그가 명대 철학의 역사 『명유학안』을 엮으면서 중요하게 생각한 것도 그것이었다. "요점은 그들 모두가 노력을 통해 도달한 것이고, 각기 다른 수만 가지 마음속의 최선을 다한 이후에야 일가를 이루었다는 것이다. 어느 누구도 흐리멍덩한 정신으로 다른 사람들이 배운 찌꺼기를 사칭한 적이 없었다."[37]

'자득'이라는 것은 "밖에서 얻는 것이 아닌"[38] 스스로에게서 얻는 것이다. 모든 가치의 원천은 자신 안에 있다. 그것을 끌어내어 냇물이 되고 강이 되고 바다가 되도록 흐르게 하는 것이다. 자신 안에 있는 것을 어떻게 설명하든, 즉 주희처럼 설명하든 왕수인처럼 설명하든 유종주처럼 설명하든, 말이 달라질 뿐 실제의 그것은 다른 것이 아니다. 그러므로 '자득'했다면 그 마음의 본성상, 즉 맹자가 설명하는 측은지심의 본성상, 그 누구의 마음이라도 밖으로 넘치도록 흐를 것이다. 황종희가 『명유학안』의 「자서」에서 선유들의 이론을 묵수하는 풍토를 비판하면서 "강학은 덕을 쌓은 후에 할 수 있는 것인데 오늘날 사람들은 강학을 하면서도 덕은 쌓지 않기 때문"[39]이라고 당시의 부패한 세태를 진단하는 것도 이 맥락

---

35) 『명유학안』 「범례」(凡例).
36) 『남뢰시문집』 「서류」, '운중승문집서'.
37) 『명유학안』 「자서」.
38) 주희가 편찬한 『맹자정의』 「이부 하」 14, "君子深造之以道, 欲其自得之也" 구절의 해설에 인용된 정호(程顥)의 해석이다. "학문하는 데에는 스스로에게서 얻는 것(自得)이 가장 귀중하다. 밖에서 얻는 것이 아니기 때문에 자득이라고 한다"(學莫貴於自得, 得非外也, 故曰自得).

에서 이해할 수 있다. 요는 자신의 마음을 발견하고 성장시키는 데 있는 것이다.

황종희는 『맹자사설』의 「자서」에서, "세상에서 가장 알기 어려운 것은 한 사람이 찾으면 얻지 못하더라도 천 사람 만 사람이 찾으면 모두 얻을 수 있다. 세상에서 가장 이루기 어려운 일은 한때 힘을 쓰면 이루지 못하더라도 천 년 백 년을 힘쓰면 못 이룰 것이 없다"고 말한다. 그는 정주성리학이 추구하는 유가적 사회와 그것을 실현하는 원천이 될 인간 본성의 존재에 대해 공감했지만, 그들이 통합의 근거로 현실초월적인 가치를 권위로 앉히는 것에는 반대했다. 황종희의 이러한 입장은 현실의 절대적 권력을 부정하는 데로 이어진다. 형이상학을 등에 업은 절대적 권위를 부정하고도 사회통합을 꿈꾼다면, 남는 것은 현실의 인간들 간에 이루어질 합의밖에 없다. 유학자 엘리트로서 황종희가 세상에 대해 갖는 특별한 책임감은 그 시대의 사람으로서 갖는 자각이지만, 인간 개개인의 자득을 촉구하며 자득을 추구하는 인간들이 협력하여 세상이 참담해지지 않도록 해야 한다는 그의 자각은, 유학 안에 갇힐 수 없으며 시대에 갇힐 수도 없는 것이다.

3. 황종희와 『맹자사설』을 이해하는 데 도움이 되는 책들

① 황종희의 다른 글들

『맹자사설』을 이해하는 데 첫 번째로 도움이 될 책은 말할 것도 없이 황종희의 다른 저작들이다. 몇 년에 걸친 작업 끝에 2005년 『황종희전집』(黃宗羲全集) 증정판(增訂版)이 절강고적출판사에서 간행되었다.

---

39) 『명유학안』 「자서」.

② 황종희가 비판한 송·명대의 『맹자』 주석서

황종희가 『맹자사설』의 「자서」에서 주희의 주석 때문에 오히려 『맹자』를 이해하는 데 방해가 되고 있다고 한 그 해당 주석서가 『맹자집주』이다. 『맹자집주』는 등장한 이후 얼마 뒤부터 『맹자』 해석의 교과서와 같은 역할을 했다. 우리나라에서 유통되고 있는 거의 모든 『맹자』 번역이 주희의 해석에 따른 것이라고 할 수 있을 정도로 『맹자집주』의 영향력은 절대적이다. 『맹자사설』 안에서 자주 비판의 대상으로 인용되고 있는 또 다른 해석은 명대에 발간된 『맹자대전』(孟子大全)이다. 이는 성조(成祖) 때 칙명(勅命)에 의해 한림학사였던 호광(胡廣)이 주관하여 편집한 것이다. 주로 주희의 주석에 대한 송대 유학자들의 설을 모은 것으로, 원(元)나라의 예사의(倪士毅)가 쓴 『사서집석』(四書輯釋)을 바탕으로 했다고 한다.

③ 한글로 읽을 수 있는 책들

- 이규성, 『내재의 철학』(이화여대출판부, 1994).
- 황종희 지음, 김덕균 옮김, 『명이대방록』(한길사, 2000).
- 쉬딩바오 지음, 양휘웅 옮김, 『황종희평전』(돌베개, 2009).

이규성의 책은 『명유학안』을 주 텍스트로 하여 명대 철학을 바라보는 황종희의 시각을 바탕으로 그의 철학을 정리한 책이다. 이 책의 미덕은 황종희에 대한 정보 제공보다는 지은이의 철학적 사변이다. 이규성은 주희가 마음의 본체를 현실초월적인 곳에 정초한 데 대해 황종희는 현실의 인간의 마음에 내재하는 것으로 본체를 파악했다고 대비시켰다. 그리하여 이규성은 황종희의 철학을 '내재의 철학'으로 부르며, 내재의 철학이 전개하는 본질과 현상의 평등성, 창조적 활동성으로 규정되는 인성 이론

등은, 오늘날의 형이상학적 논의와 새로운 인간상 형성에 적극적 의의가 있다는 믿음으로, 화려한 문체로 황종희를 살려내고 있다. 쉽게 읽히지는 않지만 철학적 사변을 즐기는 사람들에게는 큰 즐거움을 줄 것이다.

김덕균이 번역한 『명이대방록』은 우리말로 번역된 유일한 황종희의 글이라는 점에서 독보적이다. 『명이대방록』은 청말 열혈 애국청년들에게 '군주제 타도'를 고취하기 위한 팸플릿으로 사용되었을 정도로, 오용되는 권력에 대해 날카롭게 일갈하는 책이다. 황종희의 이상적 정치에 대한 구상뿐 아니라 추상 같은 그의 성격도 엿볼 수 있다.

양휘웅이 옮긴 『황종희평전』은 황종희를 둘러싼 풍부한 정보를 전해주는 책이다. 이 책에 의지하여 황종희라는 사람이 살았던 배경에 대해 큰 그림뿐만 아니라 일상의 세세한 그림까지도 그려볼 수 있다. 지은이뿐만 아니라 옮긴이의 노고도 느껴지는 두툼한 책이다.

권3

권7

일러두기

1. 이 책은 황종회의 『맹자사설』을 완역하고, 주와 해설을 붙인 것이다.
2. 이 책은 『黃宗羲全集』(增訂版: 沈善洪 主編, 吳光 執行主編, 杭州: 浙江古籍出版社, 2005) 제1책에 수록된 『맹자사설』을 저본으로 하였으며, 아래의 책과 비교하며 오자와 탈자를 수정했다. 수정 사항은 각주에 표기했다.
   ―민국 4년(1915) 上海 掃葉山房 『梨洲遺著彙刊』 重刊 王氏 7권본.
   ―吳光 主編, 『劉宗周全集』(浙江古籍出版社, 2007) 제5책에 수록된 『맹자사설』.
3. 각 장의 제목은 황종회가 붙인 그대로이며, 이를 번역하고 원문을 병기했다. 제목 앞에 붙인 일련의 숫자는 주해자가 조기(趙岐) 이래의 장구체제에 맞춰 붙인 것이다. 가령 '3-1'은 「공손추 상」 첫째 장구'라는 의미이다. 비어 있는 장구는 황종회가 비워둔 것이다. 『맹자사설』에는 「공손추 상・하」가 권1로 묶여 있는데, 『맹자』 체제에 따라 주해자가 각 장에 이름을 붙이고 상・하로 나누었다.
4. ●로 시작하는 단락은 해설로, 주해자가 붙인 것이다.
5. 원문의 단락 끊기를 단위로 하여, 차례대로 번역・원문, 해설을 실었다. 원문의 단락 끊기는 기본적으로 『황종회전집』(이하 전집으로 약칭함)본에 따랐으며, 때에 따라 『전집』본을 따르지 않고 『이주유저휘간』본을 따른 경우에는 각주에 밝혔다. 번역문 안에서는 주해자가 단락을 더 나눈 경우도 있다.
6. 『맹자사설』 원문이 해당 『맹자』 장구의 구절을 인용하는 경우에는 별도로 출처를 밝히지 않았다.
7. 사람 맹자와 책 『맹자』를 구분하여 사용했는데, 엄밀히 구분한 것은 아니고 맥락에 맞게 임의로 나눈 것이다.
8. 주에서 인용한 텍스트 가운데 사고전서에 포함되어 있는 것은 디지털사고전서 文淵閣 四庫全書內聯網版(迪志文化出版有限公司, 2004. 2)를 사용했으며, 디지털사고전서의 오자는 원서와 비교하여 수정했다.
9. 본문의 번역은 한글 전용을 원칙으로 했으며 필요한 경우 괄호 안에 한자를 병기했다. 한자를 병기할 때, 한국어 발음과 같은 경우와 다른 경우를 구분하지 않고 ( )로 표기했다.
10. 원문에는 없지만 옮긴이가 내용을 보충하기 위해 넣은 부분은 〔 〕로 표기했다.
11. 인명과 지명은 한자의 한국어 발음으로 표기했다.
12. 황종회가 인용한 글의 지은이는 송명(宋明)대의 학자에 한해 권말 '주요인물 소개'로 정리했다.
13. 『맹자』 원문을 권말에 붙였다. 장구 일련번호와 장구명은 본서, 즉 『맹자사설』 주해에 따랐다. 황종회가 비워놓은 장구 역시 실었으며, 그 경우 장구명은 주해자가 붙였다.

자서

　세상에서 가장 알기 어려운 것은 한 사람이 찾으면 얻지 못하더라도 천 사람 만 사람이 찾으면 모두 얻을 수 있다. 세상에서 가장 이루기 어려운 일은 한때 힘을 쓰면 이루지 못하더라도 천 년 백 년을 힘쓰면 못 이룰 것이 없다. 사서(四書)의 뜻은 평이하고 사람에게 친근한 것이어서 알기 어렵지도 않고 이루기 어렵지도 않다. 또한 그 학문을 배운 것이 천 사람 만 사람에 그치고 천 년 백 년에 그치겠는가. 그런데도 야광의 구슬은 오히려 큰 연못에 잠기고 말아, 이미 스스로 이해하려 해도 귀결될 곳을 알 수 없게 된데다, 또 전주(傳注)를 버리고 오직 남겨진 경(經)만을 취할 수도 없게 되었다. 그 이유를 자세히 생각해보니, 이전의 기성 이론들은 이것도 주희(朱熹)[40]의 이론에 따른 것이며 저것도 주희의 이론에 따른 것이라, 배우는 사람들이 많아질수록 점점 어두워지는 것도 당연한

---

40) 주희(朱熹, 1130~1200). 권말 '주요인물 소개' 참고. 이후 본문에서 '주자,' '회암,' '회옹' 등으로 불리는 주희에 대해서는 새로 주를 달지 않는다.

것이었다.

天下之最難知者, 一人索之而弗獲, 千萬人索之而無弗獲矣. 天下之最難致
者, 一時窮之而未盡, 千百年窮之而無不盡矣. 四子之義, 平易近人, 非難知
難盡也. 學其學者, 詎止千萬人千百年. 而明月之珠, 尚沈於大澤, 旣不能當
身理會, 求其著落, 又不能屛去傳註, 獨取遺經. 精思其故, 成說在前, 此亦一
述朱, 彼亦一述朱, 宜其學者之愈多而愈晦也.

선사(先師) 자유자(子劉子)[41]는 『대학』에 대해서는 『통의』(統義)를 지
었고, 『중용』에 대해서는 『신독의』(愼獨義)를 지었으며, 『논어』에 대해서
는 『학안』(學案)을 지어서,[42] 모두 미언(微言)이 기댈 곳이 되었다. 그런
데 유독 『맹자』에 대해서만 책을 쓰지 않았다. 나는 『유자유서』(劉子遺
書)에 마음을 기울여 수년간 읽고서야 겨우 선사의 종지를 알게 되었다.
그래서 그 뜻을 이어 『맹자사설』 일곱 권을 써서 갖춰지지 않은 것을 채
우고자 했다. 혹 그 내용이 들쭉날쭉한 데가 없지 않으니, 선생님의 학문
을 아는 사람들의 질정을 기다린다.
유문(劉門) 제자 요강(姚江)의 황종희 씀.

先師子劉子於大學有統義, 於中庸有愼獨義, 於論語有學案, 皆其微言所寄,
獨孟子無成書. 義讀劉子遺書, 潛心有年, 龘識先師宗旨所在, 竊取其意, 因
成孟子師說七卷, 以補所未備, 或不能無所出入, 以俟知先生之學者糾其謬云.

---

41) 유종주(劉宗周, 1578~1645). 권말 '주요인물 소개' 참고. 이후 본문에서 '선
   사'(先師), '즙산선생' '즙산' 등으로 불리는 유종주에 대해서는 새로 주를 달
   지 않는다.
42) 『유종주전집』(劉宗周全集), 吳光 主編, 浙江古籍出版社, 2007의 제1책에 『논
   어학안』(論語學案)만 수록되어 있다.

劉門弟子姚江黃宗羲識.

●『맹자사설』을 지은 취지를 드러냈다. 한마디로 주희의 해설 때문에 오히려 이해하기 어려워진 사서의 뜻을 밝히기 위해서라는 것이다. 특히 사서 가운데『맹자』의 해설에 대해서는, 선사 유종주가 미처 완성하지 못한 작업이므로 자신이 맡는다는 포부를 밝혔다. 경험의 축적을 중시하는 첫마디가 인상적이다.

맹자는 "농사의 시기를 어기지 말라"고 한 번 말하고,
또 거듭해서 "백성들의 때를 빼앗지 말라"고 말했다.
이렇게 간곡하게 말한 것은 당시 하루도 전쟁이 없는 날이
없고 백성들의 생활은 휴식도 없이 피폐해졌기 때문이다.
맹자의 뜻은 전쟁을 끝내는 것이 당시 가장 중요한
일이라는 것으로, 이는 『논어』에서 말하는
"때에 맞춰 백성들을 일하게 하라"는
그 주장 이상의 것이다.
• 「천하 막강의 진나라」에서

양혜왕 상

1-1 맹자, 양혜왕을 만나다孟子見梁惠王章

천지는 물(物)을 낳는 것을 마음으로 삼으니, 〔이 마음이〕 '인'(仁)이다. 온갖 것이 변해도 〔천지가〕 유행(流行)하는 순서는 문란해지지 않으니, 〔이 문란하지 않은 것이〕 '의'(義)이다. 인은 건의 덕(乾元)이고 의는 곤의 덕(坤元)이며, 건곤이 어그러지면 천지를 이룰 수가 없다. 그러므로 나라가 다스려지는 근원, 천하가 평탄해지는 근원은 이 인과 의일 뿐, 인과 의 외에 다른 도가 없다. 삼대 이래 춘추시대에 이르기까지 그 사이에 난신적자(亂臣賊子)가 없었던 것은 아니지만, 일을 처리하고 이론을 논의하는 데 대개 인과 의를 골자로 했으므로 길흉 역시 분명해서 어긋나지 않았다.

〔그러나〕 전국시대에 이르러 사람 마음에 기교가 제멋대로 일어나게 되었다. 군주가 강구하는 것, 책사들이 헤아리는 것이 단지 이익과 손해 두 단어에 있었고, 인과 의는 오히려 객이 되었다. 온 세상이 모두 이익과 욕망에 단단히 빠져 있을 때, 맹자가 나타나 우연(虞淵)[1]에서 떨어지

는 해를 건져 올려 정돈했다. 『맹자』 7편은 다음을 요지로 삼는다. 즉 "인한 사람이 자기 부모를 버리는 일은 없고, 의로운 사람이 자기 군주를 뒷전으로 밀어놓는 일은 없다"는 것이다. 이는 인과 의의 공(功)과 쓰임(用)을 말한 것으로, 천지는 이것에 의지해 쉬는 일 없이 언제나 운행하며, 사람의 기강은 이것에 의지해 추락하는 일 없이 이어진다.

　부모를 버리고 임금을 뒷전으로 밀어놓는 것은 인과 의가 아니라는 것이지, "인과 의가 이롭지 않은 적이 없음"을 말한 것이 아니다.[2] 후세의 유학자들이 사공(事功)과 인의의 길을 갈라놓게 되자, 변란을 맞았을 때 지탱할 만한 역량이 부족하게 되었다. 그리하여 나라가 망하려 내부에서 썩어들어가도 내버려둔 채, 자기 몸을 보전하려 해로움을 멀리할 뿐이다. 이것이 바로 부모를 버리고 임금을 뒷전으로 밀어놓는 것이다. 이는 송나라 양공[3]이나 서언왕[4]의 인의이지, 어찌 맹자가 할 일이겠는가.

---

1) '우연'(虞淵)은 해가 지는 곳이라는 전설상의 장소이다.
2) 황종희가 『맹자집주』에서 주희가 정자의 말을 인용하여 해석한 부분을 염두에 두고 비판한 것이다. 『맹자집주』, "군자는 이익을 추구하지 않은 적이 없다. 단지 오직 이익만을 마음에 두면 해롭다는 것이다. 오직 인의만 추구한다면 이익은 구하지 않아도 이롭지 않은 적이 없다"([程子曰] 君子未嘗不欲利, 但專以利爲心, 則有害. 惟仁義則不求利而未嘗不利也).
3) 춘추시대 송(宋)나라 양공(襄公). 송이 정(鄭)나라를 쳤을 때 초(楚)나라가 정나라를 구원하기 위해 대군을 파병했다. 양공은 초나라 군사를 홍수(泓水)에서 맞아 싸우기로 하고 그 강가에 먼저 도착했다. 초군이 강을 건너는 것을 본 부하가 공격의 기회라고 했는데, 양공은 인의를 내세우며 적이 전열을 가다듬은 후 정정당당하게 전쟁해야 한다고 고집을 부렸다. 초나라 군사가 전열을 가다듬은 뒤에 공격 명령을 내렸으나 열세인 송나라 군사는 참패하고 부상을 입은 양공도 이듬해에 죽었다. 대부 자어(子魚)가 다음과 같이 탄식했다고 한다. "싸움이란 승리하는 게 목적이다. 무슨 예의가 필요하다는 말인가. 그럴 바에야 처

天地以生物爲心, 仁也. 其流行次序, 萬變而不紊者, 義也. 仁是乾元, 義
是坤元, 乾坤毁則無以爲天地矣. 故國之所以治, 天下之所以平, 舍仁義更無
他道. 三代以下至於春秋, 其間非無亂臣賊子, 然其行事議論, 大抵以仁義爲
骨子, 而吉凶亦昭然不爽. 及至戰國, 人心機智橫生, 人主之所講求, 策士之
所揣摩, 只在利害二字, 而仁義反爲客矣. 擧世盡在利欲膠漆之中, 孟子出來
取日於虞淵而整頓之. 七篇以此爲頭腦, 未有仁而遺其親者也, 未有義而後其
君者也. 正言仁義功用, 天地賴以常運而不息, 人紀賴以接續而不墜. 遺親後
君便非仁義, 不是言仁義未嘗不利. 自後世儒者, 事功與仁義分途, 於是當變
亂之時, 力量不足以支持, 聽其陸沈魚爛, 全身遠害, 是乃遺親後君者也. 此
是宋襄徐偃之仁義, 而孟子爲之乎.

●『맹자』 첫 장에서 맹자는 양혜왕을 만나 '인의'의 중요성에 대해
말하는데, 황종희는 여기에서 맹자가 말한 '인의'가 『맹자』 전체의 요
지라고 말한다. 즉 "인한 사람이 자기 부모를 버리는 일은 없고, 의로

음부터 싸울 필요도 없이 노예가 되었어야 하지 않는가!"(『사기』史記「송세가」
宋世家).

4) 서주시대 서이족(徐夷族)의 왕. 주(周) 목왕(穆王) 때 지금의 안휘성(安徽省),
강소성(江蘇省)의 회수(淮水) 일대 5백여 리를 점령하고 인의(仁義)로써 나라
를 다스려 백성들의 인심을 샀다. 이어서 주위 30여 제후국의 옹립을 받아 왕이
되었다. 주목왕이 순수를 나가 오랫동안 나라를 비운 틈을 타서 주나라를 공격
하기 위해 구이(九夷)를 거느리고 하수의 강변에 이르렀다. 주목왕이 나라에 변
란이 일어난 것을 전해 듣고 수레를 휘몰고 돌아와 초나라와 연합하여 서언왕을
공격했다. 서언왕은 주나라 군사와의 전투에서 패하고 싸움 중에 죽었다. 『한비
자』「오두」(五蠹)에 "춘추 때 서국(徐國)의 군주로 국세가 비록 강성했지만 오
로지 문덕에만 힘쓰고 무력을 도외시하여 결국은 초(楚) 문왕(文王)에게 나라를
뺏기고 자신은 목숨을 잃었다"고 전한다.

운 사람이 자기 군주를 뒷전으로 밀어놓는 일은 없다"는 것이다. 황종희는 인과 의는 마음에 그치는 것이 아니라 부모와 군주를 위험이나 도탄에 빠뜨리지 않는 행동으로 해석한다. 그 마음이 있다면 자연 그 행동으로 이어진다고 생각하기 때문이다. 그러므로 인하고 의한 사람은 송양이나 서언처럼 전쟁에 지거나 나라를 잃는 무능력한 사람이 아니다. 이 첫 장에서 황종희는 인의는 사공(事功)과 대립하지 않으며, 부모와 군주를 위해 사공이 필요하면 사공에 힘쓰는 것이 인의임을 말하고 있다. 그 의미에서 "부모를 버리고 임금을 뒷전으로 밀어놓는 것은 인과 의가 아니라는 것이지, '인과 의가 이롭지 않은 적이 없음을 말한 것'이 아니다"라는 말은, 주희보다 훨씬 더 적극적인 논리로 '사공'의 중요성을 인정하는 것이다.

1-2 연못가의 양혜왕 王立於沼上章

이는 맹자의 넓고 큰 본령을 보여준다. 만약 후대의 유학자들에게 〔현자의 즐거움에 대해〕 대답하게 한다면, 나라를 다스리는 일에 대해서는 반드시 "근심하면서 삼가고 걱정하면서 애써야지(憂勤惕厲) 어찌 이목의 감각에 따르겠는가" 하고 말할 것이다.[5] 이렇게 되면 속박됨을 느끼지만, 맹자의 말을 본다면 한 줄기 태화(太和)[6]의 기상이 있음을 저절로

---

5) "근심하면서 삼가고 걱정하면서 애써야 한다"(憂勤惕厲)는 말은 주희가 『맹자집주』「이루 하」 20에 붙인 주에 보인다. "이 장은 앞에서 순임금에 대해 한 말을 계속 이어서 여러 성인을 차례로 서술하여, 각기 그 한 가지 일을 들어 근심하면서 삼가고 걱정하면서 애쓰는 뜻을 드러낸 것이다. 천리가 이 때문에 항상 보존되며 인심은 이 때문에 죽지 않는다"(此承上章言舜, 因歷敍群聖以繼之, 而各舉其一事, 而見其憂勤惕厲之意, 蓋天理之所以常存, 而人心之所以不死也).

깨달을 것이다.

> 此見孟子本領闊大處. 若使後之儒者對, 必言治國當憂勤惕厲, 豈宜縱耳目
> 之觀. 如此便覺拘迫. 觀孟子之言, 自覺有一段太和氣象.

●『맹자』의 이 장은 군주가 정원의 좋은 연못이나 누대를 즐길 수
있는 것은 백성과 같이 즐기기 때문이라는 내용이다. 황종희는 '여민
동락'(與民同樂)을 정치의 요체라고 생각하므로, 여기에서 맹자의 큰
본령을 볼 수 있다고 해석했다. 정주성리학자에게 정치를 묻는다면 근
엄하게 국가를 위해 근심하고 염려하는 것이라 대답할 것이다. 그러나
황종희에게 대답하게 한다면, 군주 스스로가 이목의 즐거움을 알아야
백성들의 이목의 즐거움도 미루어 알 수 있고, 정치란 백성들의 이목
의 즐거움을 충족시켜주는 것이라고 말할 것이다.

1-3 양혜왕의 정치寡人之於國也章

양의 혜왕 역시 치우치고 가려진 곳을 보완하고 바로잡아 때에 응하는
임시방편의 계획은 가지고 있었다. 맹자는 근본이 선다면 말류에 기댈
것이 없다고 생각했다. 그래서 말하는 것이 모두 베나 비단, 조나 콩과

---

6) '태화'(太和)는 『주역』에 처음 등장하는 말로, 천지(天地) 사이에 차 있는 온화
   한 기(氣)를 말한다. 『주역』 「건(乾) · 단전(彖傳)」, "건도는 변하고 화하여 각각
   성과 명을 바르게 하여 태화를 보합하니 이롭고 바르다"(乾道變化, 各正性命, 保
   合人和, 乃利貞). 주희의 『본의』(本義)는 "태화는 음양이 모인 맑고 조화로운
   기"(大和, 陰陽會合沖和之氣也)라고 풀었다. 주희보다 앞서 장재(張載)는 『정
   몽』(正蒙) 「태화」(太和)를 통해 우주의 궁극적 본질을 태허(太虛) 또는 태화(太
   和)라고 불렀다.

같이 [의식주에 관계된 것이었고], 농사짓고 전쟁하는 일,[7] 토지이용률을 최대화하는 일[8] 등의 모든 권모와는 달랐다. 혜왕이 절용(節用)하지 못해 민생이 초췌하게 되었으므로 뒷부분에서 그것을 호되게 질책했다.[9] 그러나 혜왕은 오히려 백성을 위할 줄 알았다. 후세의 군주들 가운데 혜왕보다 못한 사람들이 많다.

> 梁惠王亦是補偏救弊權宜一時之計. 孟子以爲根本旣立, 無待末流, 所言皆布帛粟菽, 不似耕戰盡地, 一切權謀. 惠王不能節用, 以至民生憔悴, 故下文痛言之. 然惠王猶知爲民, 後世人主不如惠王者多矣.

● 이 장에서 맹자는 백성이 늘지 않는다고 불평하는 양혜왕에게 왕도정치의 내용에 대해 설명한다. 맹자에 의하면 산 사람을 봉양하고

---

7) '경전'(耕戰)은 병농일치를 의미하는 말로 부국강병을 꾀하던 법가의 기치였다. 『상자』(商子) 「신법」(愼法), "그러므로 내가 교령을 내리면 백성들은 농사가 아니면 이익을 얻을 수 없고 전쟁이 아니면 해를 면할 수 없다. 경계 내의 백성이 농사와 전쟁보다 중요한 것이 없어야 좋아하는 것을 얻을 수 있다"(故吾敎令, 民之欲利者非耕不得, 避害者非戰不免. 境內之民, 莫不先觸耕戰, 而後得其所樂).

8) '토지이용률을 최대화하는 일'은 '진지'(盡地)의 번역으로 역시 법가들이 적극 추진했던 정책이었다. 『관자』(管子) 「소광」(小匡), "황무지를 개간하여 읍을 늘리고 토지를 개척하여 곡식을 증산하고, 백성을 늘려 토지의 이용률을 최대화하는 일은, 신이 영척만 못합니다. 그를 대사전으로 임명하기를 청합니다"(墾草入邑, 辟土聚粟, 多衆盡地之利, 臣不如寧戚, 請立爲大司田).

9) 맹자의 다음과 같은 비난을 가리킨다. "짐승이 사람 먹을 양식을 먹는데도 단속하지 않고, 길에 굶어죽은 시체가 있는데도 창고 문을 열 줄 모르면서, 사람들이 굶어죽었는데 말하기를 '내가 그렇게 한 것이 아니라 올해의 흉년(歲) 때문이다'라고 하니, 사람을 찔러 죽이고도 '내가 그런 것이 아니라 병기 때문이다'라고 하는 것과 무엇이 다르겠습니까?"

죽은 사람을 장사지내는 데 유감없이 하는 것이 왕도정치의 시작이다. 그러기 위해서는 백성들에게 안정된 생업을 마련해주는 것이 가장 근본이다. 맹자는 이 장의 끝에서 굶어죽은 시체가 즐비한데도 창고를 열 줄 모르는 양혜왕을 비난했다. 재미있는 것은, 이 장에서 맹자는 왕도정치가 아니라면 '오십보나 백보'나 마찬가지라고 말하는데, 황종희는 "혜왕은 오히려 백성을 위할 줄 알았다"고 평가한다. 황종희는 백보 도망한 것보다 오십 보 도망한 것은 그래도 낫다고 하는 셈이다.

1-5 천하 막강의 진나라晉國天下莫强章

맹자는 "농사의 시기를 어기지 말라"고 한 번 말하고,[10] 또 거듭해서 "백성들의 때를 빼앗지 말라"고 말했다. 이렇게 간곡하게 말한 것은 당시 하루도 전쟁이 없는 날이 없고 백성들의 생활은 휴식도 없이 피폐해졌기 때문이다. 맹자의 뜻은 전쟁을 끝내는 것이 당시 가장 중요한 일이라는 것으로, 이는 『논어』에서 말하는 "때에 맞춰 백성들을 일하게 하라"[11]는 그 주장 이상의 것이다.

> 孟子一則曰不違農時, 再則曰彼奪其民時, 諄諄言之者, 蓋當時無日不戰爭, 使民不得休息, 故民生凋敝. 孟子之意, 以罷兵爲當時第一事, 不但如論語之使民以時耳.

---

10) 앞의 장, 즉 『맹자』「양혜왕 상」 3에서 말했다.
11) 『논어』「학이」, "선생님이 말씀하셨다. 천승의 나라를 이끄는 일을 다음과 같이 하라. 일을 신중히 하여 백성의 신뢰를 얻고 물자를 적절히 사용하여 백성을 아끼고 때에 맞춰 백성들을 일하게 하라"(子曰, 道千乘之國, 敬事而信, 節用而愛人, 使民以時).

● "농사의 시기를 어기지 말라"는 말은 앞의 장(「양혜왕 상」3)에서 왕도정치에 대해 말하면서 나온 것이다. 앞장에서 이 말을 하고 다시 이 장에서 "백성의 때를 빼앗지 말라"고 한 것이다. 『논어』「학이」에서는 나라를 다스리는 법도에 대해 애기하면서 "때에 맞춰 백성들을 일하게 하라"고 말한다. 황종희는 이들을 연결해서 이야기하는데, 『논어』에서보다 더 강력하게, 맹자는 전쟁을 그치는 것이 당시 백성들의 생업에 가장 중요한 일이라고 주장했다는 것이다.

1-6 양양왕 梁襄王章

소씨(蘇氏)[12]는 "한의 고조, 동한의 광무, 당의 태종, 송의 태조, 이 네 임금이 천하를 통일할 수 있었던 것은 모두 살인을 좋아하지 않았기 때문이다"[13]라고 말했는데, 이 말은 옳다. 그러나 뒤의 원나라와 명나라의 개창자들은 살인을 좋아하지 않았다고 할 수 없는데도, 천하가 위세에 위협을 받아 역시 하나로 통일되었다. 〔원나라와 명나라는〕진나라, 수나라와 다르지 않았는데도 오래도록 대를 이었다. 이에 이르러 천도가 일변하니, 부득불 '역취순수'(逆取順守)[14]설이 있게 되었다. 이런 것들이 상론(尙論)[15]하는 사람의 마음을 아프게 한다.

---

12) 소철(蘇轍, 1039~1112). 권말 '주요인물 소개' 참고.
13) 『맹자집주』에 인용된 소씨(蘇氏)의 주이다.
14) 탕이나 무는 제후로서 무력을 써 왕위를 탈취했으므로 군신의 도에 어긋났기 때문에 '역취'(逆取)라고 하고, 즉위 후에 무력을 쓰지 않고 문화를 닦고 선왕을 본받아 인의를 실천했으므로 왕도에 맞기 때문에 '순수'(順守)라고 했다. 『사기』「역생육고열전」(酈生陸賈列傳), "탕과 무는 신하의 신분으로 정권을 얻었으나 도에 순응해서 지켰다. 문과 무를 함께 쓰는 것이 오래 가는 비결이다"(且湯武逆取而以順守之, 文武幷用, 長久之術也).

蘇氏云, 自漢高祖光武唐太宗及宋太祖四君能一天下者, 皆以不嗜殺人致之. 此言是也. 顧後來元明之開創者, 不可稱不嗜殺人, 而天下爲威勢所刼, 亦就於一, 與秦隋無異, 未常不延世久長. 蓋至此而天道一變矣, 遂不得不有逆取順守之說. 此尙論者之所痛心也.

● 천하는 누구에 의해 통일될까 하는 양양왕의 질문에 맹자가 사람 죽이기를 좋아하지 않는 사람이 천하를 통일하게 될 것이라고 대답한 장이다. 그러나 황종희가 지난 역사를 돌아보니 인한 사람만이 천하를 통일한 것은 아니며, 또한 피로 천하를 통일한 사람들이 오랫동안 정권을 유지하기까지 했다. '역취순수'설은 정권을 잡을 때에는 기존의 군주를 배신한 것이지만 그 뒤에 왕도의 정치를 한다면 인정해준다는 설이다. 맹자가 말한 왕도정치의 이상에서 후퇴해 현실을 고려한 설이기 때문에 마음이 아프다는 황종희의 소감이 붙었다.

1-7 제나라 환공과 진나라 문공의 일齊桓晉文之事章

신안예씨(新安倪氏)[16]는 다음과 같이 말했다. "『자치통감』「신정왕 2년」 '임인년 조'에, 혜왕이 죽고 맹자가 위나라를 떠나 제나라로 갔다고 되어있는데, 이는 양왕을 한 번 본 후에 떠난 것이다."[17] 『맹자주소』에서

---

15) 尙은 上과 같은 뜻으로, 옛날로 거슬러 올라가서 옛사람의 언행이나 인격 등을 논평하는 것이다. 출전은 다음과 같다. 『맹자』「만장 하」 8, "천하의 선한 선비를 벗하는 것도 부족하다고 여겨 옛사람에 대해 상론한다"(以友天下之善士爲未足, 又尙論古之人).

16) 예사의(倪士毅, 약 1330년을 전후해서 활동). 권말 '주요인물 소개' 참고.

17) 명(明) 호광(胡廣) 등 찬수, 『맹자대전』 1-6장의 주에 인용되어 있다.

는 "맹자가 제나라를 떠났는데 늙어서 위나라로 갔다"고 했고,[18] 『사기』
에서도 "선왕이 등용할 수 없자 양나라로 갔다"고 했다.[19] 먼저 제나라
로 갔고 뒤에 양나라로 간 것이 분명한데, 왜 예씨는 잘못 생각했을까?

新安倪氏曰. 按通鑑愼靚王二年壬寅, 惠王卒, 孟子去魏適齊, 是一見襄王
後卽去也. 註疏. 孟子去齊, 老而之魏, 史記亦云, 宣王不能用, 適梁. 其先齊
而後梁, 明矣, 何以有倪氏之誤也.

● 맹자가 제에서 양으로 이동한 경로를 고찰했다. 맹자의 편력 가운
데, 특히 양(梁)나라에 간 연대와 제(齊)나라에 간 시기의 선후 문제를
두고 의견이 분분하다. 제→양의 순서로 이동했다는 조기(趙岐)의 의
견은 『사기』에 따른 것이고, 황종희 역시 이 설에 동의한다.

왕(王)·패(霸)의 구분은 사공(事功)에 있지 않고 심술(心術)에 있다.
〔군주의〕 사공이 심술에 근본을 두고 있다면 〔그 군주는〕 이른바 "인과
의에 근거해 실천하는 것이니" 왕도이며, 단지 겉모습만을 모방한다면
일마다 왕자(王者)의 일이라 해도 이른바 "인과 의를 대상으로 삼아 실
천하는 것"이니[20] 패이다. 꼭 천하의 왕노릇하는 일이 아니어도 한 나라

---

18) 한(漢) 조기(趙岐) 주(注), 송(宋) 손석(孫奭) 소(疏), 『맹자주소』(孟子註疏)
「양혜왕 상」 1에 붙은 조기의 주이다.
19) 『사기』 「맹자순경열전」(孟子荀卿列傳) ; 주희, 『맹자집주』 「서설」.
20) '인과 의에 근거해 실천하는 것'과 '인과 의를 대상으로 삼아 실천하는 것'은
각각 '由仁義行'과 '行仁義'를 번역한 것이다. 이의 출전은 다음의 『맹자』이다.
『맹자』 「이루 하」 19, "순임금은 사물의 이치에 밝았고 인륜을 잘 살펴서 인과
의에 근거해 실천했다. 인과 의를 대상으로 삼아 실천한 것이 아니다"(舜明於
庶物, 察於人倫, 由仁義行, 非行仁義也).

에서 하는 일이 모두 왕과 패가 자연히 다른데, 왜 뒷사람들은 꼭 "천하를 얻어야 비로소 왕이라 할 수 있다"고 하는가. 초목에 비유하면 왕자(王者)는 생의가 발하는 것이고 패자(覇者)는 비단을 오려 꽃을 만드는 것과 같다.

> 王霸之分, 不在事功而在心術. 事功本之心術者, 所謂由仁義行, 王道也.
> 只從迹上模倣, 雖件件是王者之事, 所謂行仁義者, 霸也. 不必說到王天下,
> 卽一國所爲之事, 自有王霸之不同, 奈何後人必欲說得天下方謂之王也. 譬之
> 草木, 王者是生意所發, 霸者是剪綵作花耳.

● 패자의 사업에 대해 묻는 제선왕에게 맹자가 왕도에 대해 이야기하는 구절이다. 맹자는 제선왕의 측은지심을 인정하고 그것을 정치로 확대하라고 독려하는 한편, 백성의 생업을 안정시킨 후 인륜을 가르치는 왕도정치의 내용에 대해 말한다. 황종희는 이 구절에서 왕과 패에 대해 새롭게 규정한다. 맹자가 말한 왕도는 덕에 의해 천하를 통일하고 인의를 베푸는 정치인데, 황종희는 왕도와 패도의 차이는 나라의 규모와 관계없이 인의의 마음으로 정치에 임하는가 여부에 달려 있다고 해석한다. 즉 통치 영역의 크기와는 관계없으므로, 맹자가 말하는 대로 천하를 통일하는 것이 왕도의 필수조건은 아닌 것이다. 왕도는 마음 내부의 인의를 실천하는 정치이며, 패도는 어떤 결과를 목표로 하는 정치이다. 왕·패를 구분하는 기준을 마음가짐으로 삼는다면 인의와 사공은 서로 대립되는 것이 아니다. 인의를 바탕으로 사공을 행한다면 그것은 왕도이다.

"군자는 푸줏간을 멀리한다"는 것은 음식을 일[즉 주제]로 삼은 것이 아니라 "이유 없이 개돼지를 죽이지 않는다"라든지[21] "자른 것이 바르지 않으면 먹지 않았다"[22]와 같은 부류로서, 단지 들고 보지 않아 수저질을 편하게 하려는 것만이 아니다.

君子遠庖廚, 不以飮食爲事, 如無故不殺犬豕, 割不正不食之類, 非但使之 不聞不見, 便可快吾匕箸耳.

● 음식이 주제가 아니라 이 역시 심술(心術)의 문제라는 것이다.

---

21) '이유 없이 개돼지를 죽이지 않는다'는 '無故不殺犬豕'의 번역으로, 다음의 『예기』 구절을 변형한 것이다. 『예기』 「왕제」, "제후는 이유 없이 소를 죽이지 않으며 대부는 이유 없이 양을 죽이지 않는다"(諸侯無故不殺牛, 大夫無故不殺羊).
22) 『논어』 「향당」.

양혜왕 하

2-1 장포, 맹자를 만나다 莊暴見孟子章

천지 사이에는 일기(一氣)가 운행하므로 모두 한몸이다. 어찌 꼭 하나의 막 안에서 아프고 고통을 느끼는 것이 통해야만 한몸이라고 하겠는가. 숨을 내쉬면 바람이 되고 입김을 불면 안개가 되며 침을 뱉으면 습기가 되고 부르면 메아리가 되고 화내면 아픔이 되고 기뻐하면 편안함이 되니, 모두 내 몸의 기이다. 사람의 마음은 인하지 않음이 없으나 일념(一念)의 차로 오로지 혼자서만 즐기려고(獨樂) 한다. 그래서 백기(白起)가 한번 의심을 발하여 40만 명을 벌레처럼 묻어버렸고,[23] 석숭(石崇)은 한번 쾌심을 일으켜 미인들의 목을 풀인형처럼 잘라버렸다.[24] 이

---

23) 백기(白起): 진(秦)나라의 장수로 무안군(武安君)으로 불리며 용병술에 매우 능했다. 장평(長平) 전투에서 조나라의 어린 장수 조괄이 병법만 믿고 항전하자 조군의 병참선을 차단하고 그 군사를 포위하는 전략으로 패퇴시켰다. 이때 항복한 조나라 40만 포로 병사들을 처리하기가 곤란했던 백기는 그들을 생매장해 죽였다. 『사기』「백기왕전열전」(白起王翦列傳) 참조.

사(李斯)는 한번 탐심을 발하여 사해를 시체로 덮었고, 양국충(楊國忠)
은 한번 질투심을 발하여 백 년 동안 그 화가 미쳤다.[25] 전국시대의 군주
들이 사람을 죽여 그 시체가 성을 채우고 들을 채우게 된 것은 단지 혼자
즐기려고 했기 때문이다. 『맹자』를 한자 한자 남김없이 밝혀서 무기가 사
라진 세상에 일월이 더욱 빛나게 하는 것이[26] 진정 철을 다루어 금으로
만드는 수단이다.

> 覆載之間, 一氣所運, 皆同體也. 何必疾痛疴癢, 一膜之通而後爲同耶. 吹
> 爲風, 呵爲霧, 唾爲濕, 呼爲響, 怒爲慘, 喜爲舒, 皆吾身之氣也. 人心無不
> 仁, 一念之差, 惟欲獨樂, 故白起發一疑心, 坑四十萬人如蟻虱, 石崇發一快

24) 석숭(石崇): 서진(西晉) 시대의 문인(文人)이자 관리로 항해와 무역으로 큰 부
자가 되어 매우 사치스러운 생활을 함으로써 중국과 한국 등지에서 후대에도
부자의 대명사로 여겨졌다. 『진서』(晉書)와 『세설신어』(世說新語) 등에는 황제
의 인척인 왕개(王愷)와 부를 다투었다는 이야기가 전해진다. 집에 미녀들을
거느리고 객을 초대해 연회를 베풀었는데, 객이 술잔을 비우지 않으면 그 자리
에서 미녀들의 목을 베었다고 한다.

25) 양국충(楊國忠): 당대(唐代)의 권신으로 양귀비의 6촌오빠이다. 그 권세가 나
라 안팎을 뒤흔들었다. 두 차례 군대를 일으켜 남조(南詔)를 쳤으나 20만의 군
사만 잃었다. 우상(右相)이 되어 40여 개의 관직을 독점하는 한편, 탁지(度支)
와 이부(吏部)를 전횡하고 사당(私黨)을 결성하여 사욕을 채웠다. 공공연히 뇌
물을 수수하고 사적인 친분관계에 따라 관리를 임명했다. 안록산(安祿山)이
'국충 타도'를 명분으로 삼아 반란을 일으키자, 현종을 따라 촉국(蜀國)으로
도피했으나, 병사에게 살해당했다.

26) '무기가 사라진 세상에 일월이 더욱 빛난다'는 구절의 출전은 다음이다. 『전당
시』(全唐詩) 권144 「새하곡사수」(塞下曲四首) 중 첫 번째, "옥백을 조공으로
바치고 돌아오는 길에 장안을 바라보니, 오손은 돌아가 더 이상 왕이라 불리지
않네. 천지에 전운이 걷히고 평온을 되찾았으니, 무기가 사라진 세상에 일월이
더욱 빛난다"(玉帛朝回望帝鄕, 烏孫歸去不稱王. 天涯靜處無征戰, 兵氣銷爲日
月光).

心, 截蛾眉如芻俑, 李斯發一饕心, 橫屍四海, 楊國忠發一疾心, 激禍百年. 戰
國之君, 殺人盈城盈野, 只是欲獨樂耳. 一經孟子點破, 兵氣銷爲日月光, 眞
是點鐵成金手段.

●『맹자』는 제나라 선왕이 음악을 좋아하는 일을 실마리로, '여민동
락'(與民同樂)인가 '독락'(獨樂)인가가 왕도정치 여부를 가른다고 말
한다. 황종희는 천지 사이의 모든 존재가 일기(一氣)의 흐름이므로, 사
람은 다른 사람을 동기(同氣)로 느껴야 마땅한데, 자칫 일념이 엇나가
(一念之差) 이기적인 마음이 된다고 설명한다. 이 어긋난 한 생각이 상
상을 초월하는 비극을 불러온다. 황종희는『맹자』를 읽으면서 '여민동
락'의 즐거움을 알도록 권유한다.

2-2 문왕의 동산 文王之囿章

문왕의 동산 70리는 영대(靈臺)와 영소(靈沼) 이외에는 모두 산림으
로, 정전(井田)으로 편성할 수 없는 곳이었다. 그래서 놀면서 구경할 수
있도록 했기 때문에 이름을 '유'(囿)라고 했다. 제나라왕의 동산은 교외
의 관문 안에 있는 것으로 모두 농지가 될 수 있는 땅이었다. 즉 백성들
에게서 빼앗아 즐기고 노는 곳으로 삼은 것이다. 이처럼 엄청나게 다른
데, 어찌 크고 작은 것을 가지고 논하겠는가.

文王之囿七十里者, 自靈臺靈沼以外, 皆山林不可井田之處, 以寄游觀, 因
名之曰囿耳. 齊王之囿, 則郊關之內皆可以爲田者, 奪之於民, 以爲遨遊之所.
大不相侔, 豈可以小大論哉.

● 제선왕이 자신의 동산 40리와 문왕의 동산 70리를 비교하여 물은

것에 대해 맹자가 대답한 장이다. 『맹자』는 문왕의 동산은 여민동락한 데 비해, 제선왕의 동산은 독락하면서 백성들의 출입을 엄금하고 또 어기면 죄를 묻는 곳이었다고 대답했다. 황종희는 여기에서 나아가 그 땅 자체가 농사지을 수 있는 땅인지 여부가 다르기 때문에 수치만 가지고 단순하게 비교할 수 없다고 말한다.

2-3 이웃나라와 사귀는 방법을 묻다 問交鄰國章

『맹자대전』(孟子大全)에 다음과 같은 말이 있다. "인자(仁者)가 소국에 거하면 본디 지자(智者)의 일을 벗어날 수 없지만, 지자가 대국에 거한다고 반드시 인자의 역량을 다할 수 있는 것은 아니다. 왜인가? 지자는 곡직을 분별하므로, 인자가 하듯이 용인(容忍)하고 비교하지 않는 일을 꼭 할 수 있는 것은 아니기 때문이다."[27]

내 생각에, 작은 나라를 섬기고 큰 나라를 섬기는 것은 시세에 따라 인과 지로 나뉘는 것이지 원래는 우열을 가를 만한 것이 아니다. 그런데도 할 수 있는가 할 수 없는가를 말하니 고루하지 않은가.

> 大全言仁者而居小國, 固不免爲智者之事. 使智者而居大國, 則未必能爲仁者之擧. 何者. 智者分別曲直, 未必能容忍而不與之較如仁者之爲也. 按事小事大, 從時勢上而分爲仁智, 原無所優劣, 而謂其有能不能, 無乃固歟.

● "인자(仁者)만이 대국이면서 소국을 섬길 수 있고" "지자(智者)만이 소국으로서 대국을 섬길 수 있다"는 것이 『맹자』의 요지이다. 이에 대해 정주성리학자들(『사서대전』)은 인자는 소국에 있으면 지자의

27) 호광(胡廣) 등 찬수, 『맹자대전』 「양혜왕 하」 3의 주.

일도 할 수 있고 또 해야 하나, 지자는 대국에 있더라도 반드시 인자의 일을 할 수 있는 것은 아니라고 해석하면서, 인자가 지자보다 우월한 능력이 있다고 보았다. 황종희는 시세(상황)에 따라 달라질 뿐, 우열의 문제는 아니라고 반박한다.

『서경』「주서·태서」에 다음과 같은 말이 있다. "하늘이 백성을 돕기 위해 군주를 만들고 스승을 만들어 상제를 도와 사방을 편안하게 하고자 했다. 죄가 있고 없는 것에 대하여 내가 어찌 그 뜻을 넘겠는가."[28]

이는 맹자가 인용한 것과[29] 다른 글자들이 있고 훈고 역시 다르다.[30] 이것이야말로 『고문상서』가 위작임을 증명하는 것이다. 그런데 요쌍봉[31]은 다음과 같이 말했다. "옛사람의 책은 지금과 많이 다르다. 많은

---

28) 『서경』「주서(周書)·'태서(泰誓)」1.

29) 『맹자』 안의 인용은 다음과 같다. "하늘이 하민을 내시고, 군주와 스승도 만들어 상제를 돕도록 했으며, 상제는 〔그로써〕 백성들을 편안하게 하고자 했다. 〔제후가〕 죄가 있든 없든 내가 있으니 천하가 어찌 〔백성의〕 뜻을 넘겠는가"(天降下民, 作之君, 作之師, 惟曰其助上帝, 寵之四方, 有罪無罪惟我在, 天下曷敢有越厥志). 『상서』(尙書)의 일문(逸文)으로『위고문상서』(僞古文尙書)「태서 상」에 채록되었다.

30) 『맹자대전』에 인용된 쌍봉(雙峯) 요씨(饒氏)에 의하면 그 차이는 다음과 같다. "『서경』의 '총수사방'(寵綏四方)은 임금에 대해 한 말이고『맹자』의 '총지사방'(寵之四方)은 하늘에 대해 한 말이다. 『서경』의 '유죄무죄'(有罪無罪)는 주(紂)에 대해 한 말이고『맹자』의 '유죄무죄'는 제후에 대해 한 말이다. 『서경』의 '월궐지'(越厥志)는 임금에 대해 한 말이고『맹자』의 '월궐지'는 백성에 대해 한 말이다." 이에 따라『서경』을 해석하면 다음과 같다. "하늘이 백성을 돕기 위해 군주를 만들고 스승을 만들어 〔그들로 하여금〕 상제를 도와 사방을 편안하게 하도록 했다. 〔주(紂)가〕 죄가 있든 없든 내가 어찌 임금의 뜻을 넘겠는가." 한편『맹자』를 해석하면 앞의 주 29와 같다.

부분 사람이 기억한 것으로, 사람들이 이 책을 늘 갖고 있었던 것은 아니다."[32] 이 말이 오히려 맹자가 믿을 만하지 않다고 하는 것이라면, 이는 틀렸다.

周書泰誓篇, 天佑下民, 作之君, 作之師, 惟其克相上帝, 寵綏四方, 有罪無罪, 予曷敢有越厥志. 與孟子所引旣異文, 而訓詁亦不同. 此正可以證古文尙書之僞. 顧饒雙峯云, 古人之書, 與今多不同, 多是人記得, 人家不常有此本. 反若謂孟子不足信者, 失之矣.

● 『맹자대전』에 실려 있는 요쌍봉의 주는 『맹자』가 인용한 『서경』의 구절과 현재 남아 있는 『고문상서』의 구절이 다른 것을 비교하고 훈고했는데, 황종희는 이에 대해 만약 요쌍봉이 『맹자』의 기록이 잘못된 것이라는 의도로 그런 말을 했다면 잘못이라고 지적한다. 황종희는 『고문상서』가 위작이라고 생각한다.

2-4 설궁雪宮章

『맹자집주』에서 "제후는 부용국[33]과 현읍의 우두머리이다"[34]라고 했는데, 틀렸다. 앞쪽에서 분명하게 '순수'(巡狩), '술직'(述職)이라고 했으

---

31) 요노(饒魯, 대략 1256년을 전후해서 활동). 권말 '주요인물 소개' 참고.
32) 『맹자대전』에 인용된 주.
33) 천자와 직접 관계를 맺지 못하고 제후국에 부속되어 있는 나라를 말한다. 『맹자』 「만장 하」 2에서 다음과 같이 설명했다. "사방 50리가 되지 않아 천자와 직접 관계를 맺을 수 없어 제후에게 부속되어 있는 나라를 '부용'이라고 한다"(不能五十里, 不達於天子, 附於諸侯, 曰附庸).
34) 주희, 『맹자집주』.

니, 열국의 제후임을 알 수 있다. 오늘날에는 천자가 비록 순수는 하지 않지만, 진(秦)나라, 진(晉)나라, 제(齊)나라, 초(楚)나라와 같은 대국의 군주는 소국을 부리지 않은 적이 없는데 무엇 때문에 부용에 대해 말했겠는가.

註云, 諸侯, 謂附庸之國, 縣邑之長, 非也. 上文明言巡狩述職, 則其爲列國諸侯可知. 至於今時, 天子雖不巡狩, 大國之君如秦晉齊楚, 未常不役使小國, 何必言附庸乎.

● '순수'는 천자의 일이고 '술직'은 제후의 일이다. 이 제후국과 제후에 대해 주희가 '부용국과 현읍의 우두머리'라고 풀이한 것이 잘못되었다고 지적한 것이다.

궁(宮)은 토음(土音)으로 임금이고, 상(商)은 금음(金音)으로 신하이며, 각(角)은 목음(木音)으로 백성이다. 치(徵)는 화음(火音)으로 일(事)이고, 우(羽)는 수음(水音)으로 물(物)이다. 궁(宮)의 현은 81선이고, 거기에서 3분의 1을 덜어내어 치 54선을 낳는다. 치를 3분하고 거기에 3분의 1을 더해 상 72선을 낳는다. 상을 3분하고 거기에서 3분의 1을 덜어내어 우 48선을 낳는다. 우를 3분하고 거기에 3분의 1을 더해 각 64선을 낳는다. 각에 이르러 3분하면 하나가 남으니, 다시 덜어내거나 더할 수 없다. 그래서 음은 다섯에 그친다.[35]

---

35) 원(元) 황진성(黃鎭成)이 편찬한 『상서통고』(尙書通考) 권4에 다음과 같은 설명이 보인다. "黃鐘之數九九八十一, 是爲五聲之本. 三分損一以下生徵, 徵三分益一以上生商, 商三分損一以下生羽, 羽三分益一以上生角, 至角聲之數六十四, 以三分之不盡一, 算數不可行, 此聲之數所以止於五也."

宮, 土音, 爲君. 商, 金音, 爲臣. 角, 木音, 爲民. 徵, 火音, 爲事. 羽, 水音,
爲物. 宮弦八十一絲, 三分損一以生徵五十四絲, 徵三分益一以生商七十二絲,
商三分損一以生羽四十八絲, 羽三分益一以生角六十四絲. 至角而三分之則餘
一, 不復可損益. 故音窮於五.

●『맹자』에 인용된 제나라의 경공(景公)과 안자(晏子)의 대화에 경
공이 태사에게 명하여 군신이 함께 즐길 수 있는 음악을 만들게 했다
는데, 거기에 '치소'(徵招), '각소'(角招)라는 말이 나온다. 황종희가 이
말을 실마리로 해서 '궁상각치우'의 다섯 음이 어떻게 정해졌는가를
설명했다. 이는 '삼분손익법'(三分損益法)에 의한다. 하나의 현을 기초
로 하여 길이를 삼등분한 뒤, 원래의 수에 3분의 1을 더하고, 그 다음
에는 3으로 나눈 뒤 원래의 수에서 3분의 1을 빼는 것이다. 즉 3분의 4
를 곱하고 3분의 2를 곱하는 것을 교대로 반복하여 다섯 음을 얻는 것
이다. '삼분손익법'에 대해 가장 이른 기록을 남기고 있는 책은 『관자』
「지원편」(地員篇)이다.

2-5 명당 明堂章

명당에 관한 논의는 하나가 아니나,[36] 요컨대 정강성(鄭康成)은 명당,

---

36) 명당(明堂)은 주대(周代), 왕자(王者)가 정치적 종교의례를 행하던 장소이다.
'명당'이라는 말은 금문(今文)이나 『서경』『시경』에는 보이지 않는다. 『주례』
「고공기」(考工記), 『예기』「월령」(月令), 『대대례』(大戴禮) 등에 등장한다. 방
의 수(室數: 5인가 9인가), 배치(亞자형인가, 四隅형인가, 方형인가), 소재지
(왕성의 남쪽 어디쯤인가, 태산 밑인가) 등을 둘러싸고 이설이 있으나, 어느 것
이 맞는지 분명하지 않다. 또한 명당과 노침(路寢), 태묘(太廟)가 동제(同制)

태묘(太廟),[37] 노침(路寢)[38]이 실상은 다르지만 체제는 같다고 했는데,[39] 이것은 옳다. 이른바 5실 12당[40]과 '띠 지붕과 쑥대 기둥'(茅茨蒿柱)[41]은 모두 진(秦)나라 사람이 부회한 것이다. 주자는 「명당설」[42]을 지었는데, 그 그림이 진상도(陳祥道)의 『예서』(禮書)[43]와 대략 같다. 다

인가 여(정현 설)·부를 두고서도 이론이 있다. 여기에서 황종희는 정현(鄭玄)의 설에 동의하고 있다.

37) 황제가 황실의 선조를 제사지내는 장소.

38) 천자, 제후가 정치를 하는 정전(正殿). 『시경』(詩經) 「노송(魯頌)·비궁(閟宮)」: "소나무 서까래가 크니 노침이 매우 크도다"(松桷有舃, 路寢孔碩).

39) 한(漢) 정현(鄭玄) 주(注), 당(唐) 가공언(賈公彦) 소(疏), 『주례주소』(周禮注疏) 권41 「동관고공기 하」(冬官考工記下)의 "周人明堂, 度九尺之筵. 東西九筵, 南北七筵, 堂崇一筵, 五室凡室二筵"에 대한 정현의 주, "명당은 정치와 가르침을 밝히는 곳이다. 주의 척도는 연(筵)인데, 왕자마다 고쳤다. 주나라 때 당의 높이는 9척이고 은나라 때는 3척이고 하나라 때는 1척이었다. 서로 그 수를 비교해보면 우(禹)는 궁실을 낮게 짓고, 이것을 1척의 당이라 했다. 이 세 가지를 모두 혹은 종묘라 하고 혹은 왕침이라 하고 혹은 명당이라고 하였다. 서로 바꿔 말하여 같은 제도임을 밝혔다"(明堂者, 明政敎之堂. 周度以筵, 亦王者相改, 周堂高九尺, 殷三尺, 則夏一尺矣. 相殺之數, 禹卑宮室, 謂此一尺之堂, 與此三者, 或擧宗廟, 或擧王寢, 或擧明堂, 互言之以明其同制).

40) 『주례주소』 권26, "閏月詔王居門終月注門謂路寢門也"에 대한 가공언의 소(疏), "명당, 노침, 종묘는 모두 5실 12당이다"(明堂路寢及宗廟, 皆有五室十二堂).

41) 『여씨춘추』(呂氏春秋) 「소류」(召類), "주의 명당은 띠로 지붕을 잇고 쑥대 기둥을 세우며 흙으로 된 계단 셋을 두는데, 절약과 검소함을 보이기 위한 것이다"(周明堂茅茨蒿柱, 土階三等, 以見節儉).

42) 『회암집』(晦庵集) 권68.

43) 『예서』는 진상도(陳祥道, 1053~93)가 천자의 복식(服飾)에서부터 상례(喪禮)에 이르는 여러 예제(禮制)를 모아 논의하고 자신의 견해를 덧붙인 책이다. 원우(元祐, 1086~93) 연간에 『예서』를 완성하여 조정에 바쳤다고 한다. 진상도

만 진상도는 명당, 청양(靑陽),[44] 총장(總章),[45] 현당(玄堂)[46]의 사방에 태묘가 있고 각각 좌개(左个)와 우개(右个)가 있다는 설을 채용했다. 주자는 정전제를 본떠, 이 방(廟)의 왼쪽이 저 방의 오른쪽이 되고 이 방의 오른쪽이 저 방의 왼쪽이 되어, 태묘가 넷이고 좌개, 우개 역시 넷이 된다고 보았다. 만약 태묘, 노침과 같은 체제라면, 동서방(東西房), 동서협(東西夾)에다 또 동서(東序), 서서(西序), 동당(東堂), 서당(西堂)이 있을 뿐이다. 나라 안에 세우는 것은 상제에게 제사지내기 위한 것이고 사악(四岳) 밖에 세우는 것은 산천에 제사지내는 것인데, 이를 조회의 장소로 삼았다.

明堂之論不一, 要以鄭康成明堂太廟路寢, 異實同制, 爲是. 所謂五室十二堂及茅茨蒿柱, 皆秦人之附會也. 朱子有明堂說, 其圖與陳祥道禮書略同, 但陳用之明堂靑陽總章玄堂四方之太廟, 各自有左个右个. 朱子則倣井田之制, 此廟之左, 卽爲彼廟之右, 此廟之右, 卽爲彼廟之左, 太廟四而左右个亦四也. 若同太廟路寢之制, 則東西房東西夾又東序西序東堂西堂而已. 其建於國中者, 以之祀上帝, 建於外之四岳者, 以之祀山川也, 卽以此爲朝會之所.

는 정현의 5묘설(五廟說)을 반대하고 『주례』『공자가어』(孔子家語), 『순자』 『춘추곡량전』(春秋穀梁傳) 등을 인용하여 고대의 천자들은 모두 7묘를 쓴다고 주장하였다. 진상도에 관해서는 권말 '주요인물 소개' 참고.

44) '청양'은 천자 명당의 동쪽 방으로 봄에 머물던 거실이다. 『예기』 「월령」(月令), "1월에 … 천자는 청양좌개에 거한다"(孟春之月 … 天子居靑陽左个).

45) '총장'은 천자 명당의 서쪽 방으로 가을에 머물던 거실이다. 『예기』 「월령」, "7월에 … 천자는 총장좌개에 거한다"(孟秋之月 … 天子居總章左个).

46) '현당'은 천자 명당의 북쪽에 있는 방으로, 천자가 겨울에 머물던 거실이다. 『여씨춘추』「계동」(季冬), "천자는 현당우개에 거한다"(天子居玄堂右个). '고수'(高誘), "현당은 북향의 방이다"(玄堂, 北向堂也).

北

玄堂右个　總章右个　總章大廟　　玄堂太廟　　玄堂左个　青陽左个

西　　總章大廟　　太廟太室　　青陽大廟　　東

總章左个　明堂左个　　明堂太廟　　青陽右个　明堂左个

南

주희의 명당도

●『맹자』의 이 장에서, 명당을 허물어도 되겠느냐고 묻는 제선왕에게 맹자는 왕도정치를 실행할 의지가 있거든 허물지 말라고 대답하며, 왕도정치에 대한 내용을 이어간다. 황종희는 후대 의견이 분분한 '명당설'에 대해 기본적으로 정현의 의견에 동의하면서 그 체제에 대한 정리를 시도한다.

명당의 뜻에 대해서는 오직 송경문(宋景文)⁴⁷⁾이 천고의 누를 씻어냈

---

47) 송경문은 송기(宋祁, 998~1061)이다. 권말 '주요인물 소개' 참고. 「명당노침의」(明堂路寢議)(『경문집』 권42, 「의」)를 지어, 명당과 노침이 이름은 다르지만 그 체제는 한가지임을 논했다.

다. 〔송경문은 다음과 같이 말했다.〕[48] "옛날 주공(周公)은 후직을 교(郊)에서 제사[49]지내 하늘(天)에 짝하게 했고, 문왕을 명당에서 종사(宗祀)[50]해서 상제와 짝하게 했다. 대개 교외(郊)에서 하늘에 제사지내는 것은 넓고 또 넓어 덮지 않은 것이 없고 보이지 않는 것이 없기 때문에 지극한 공경으로 섬기는 〔마음에서〕이다. 교(郊)란 지붕을 안 덮은 곳이다. 그래서 자연의 기에 닿는다. 〔이때〕 땅을 쓸고 제사지내며 그릇은 질그릇과 바가지를 쓰는 것은 사람이 아끼는 것으로는 감히 제사를 지내지 않으려는 이유에서이며, 멀리하여 공경하는 것이다.[51] 사람은 누구나 조종(祖宗)에 근원을 두고 있고 조종은 하나일 뿐이며 가장 존엄한 대상은 둘이 아니다. 그러므로 '의(義)의 〔마음을〕 위로 조상에 이르게 하며, 조상을 높이지만 친애하지는 않는 것,[52] 이것이 하늘에 짝하도록 하는 방

---

48) 황종희가 특별한 인용 표시 없이 서술한 이하의 글은 송기, 『송경문필기』(宋景文筆記) 중권, 「고고」(考古)를 거의 그대로 인용한 것이다. 중간에 몇 구절 생략된 부분이 있을 뿐이다.

49) '교사'(郊祀)로, 천자가 교외에서 하늘과 땅에 지낸 제사이다.

50) 천자의 선조에게 지내는 제사이다.

51) '멀리하여 공경하다'는 '遠而敬之'의 번역인데, 이는 '敬而遠之'의 형태로『논어』에 나오는 말이다. 『논어』「옹야」(雍也), "번지가 지(知)에 대해 묻자 공자는 대답했다. '백성에게 적절한 일을 힘써 행하고 귀신을 공경하되 멀리하면 지라 할 수 있다'"(樊遲問知 子曰 務民之義 敬鬼神而遠之 可謂知矣).

52) '의(義)에 따라 위로 조상에 이르다'와, '높이지만 친애하지는 않는다'는 다음처럼 각각 『예기』의 문맥에서 이해할 수 있다. 즉 가까울수록 인은 두터워지고 의는 엷어진다. 부모가 인이 가장 두텁고 의가 가장 엷은 대상이라면 조상으로 갈수록 인은 엷어지고 의는 두터워진다. 『예기』「대전」(大傳), "인으로 어버이를 따르는 〔마음을〕 점차 위의 조상에 이르게 하는 것을 '가볍게 한다'라고 한다. 의로 조상을 따르는 〔마음을〕 점차 가까운 조상에 이르게 하는 것을 '〔먼 조상에 대해〕 무겁게 한다'라고 한다. 가볍게 하는 것과 무겁게 하는 것을 교차

식'이라고 한다. 주(周)는 후직을 높여 하늘에 짝하게 했으니 지극하게 할 일을 다한 것으로 더 이상 보탤 것이 없다. 주공(周公)이 섭정한 것은 아버지에게 인(仁)을 다한 것이다.[53] [아버지인 문왕을] 교의 제사로써 [하늘에 짝하게 하고자 하면] 조종을 섬기는 일과 어긋나고, 끝내 아무것에도 짝하게 하지 않으려 했다면 아버지에게 품은 인한 마음을 천하에 보일 수가 없었다. 그래서 하늘 대신 상제(上帝)라는 이름으로 [문왕을] 배향한 것이다. 상제는 사람의 이(理)에 가깝다. 사람은 만물과 결국 하나이다. 가령 하늘이 지각이 있다 해도 그것의 재제(宰制)와 생육(生育)은 둥근 머리, 각진 다리, 이목구비[를 갖고] 먹고 숨쉬는 사람 같지는 않다. 지금 이름을 제(帝)라 하고 사람 대하듯 하늘을 섬기는 것은 하늘을 끌어당겨 친근하게 만들어서 친애하는 것이다. 사람이 친애하는 대상은 아버지만한 존재가 없기 때문에 문왕을 상제에 짝하게 했다. 교외에서 제사지낼 수 없었기 때문에 명당 안에서 제사를 지냈다. 명당은 왕에게 가장 존엄한 곳이다. 아버지에게 인하기 때문에 하늘을 친애하는 것이다. 하늘은 제라는 이름을 가지므로 명당에서 제사지내며, [제에 대해서

하는 것은 도리가 그러하기 때문이다"(自仁率親, 等而上之, 至于祖, 名曰輕. 自義率祖, 順而下之, 至于禰, 名曰重. 一輕一重其義然也). 『예기』「표기」(表記), "인에 두터운 자는 의에서는 엷으므로 친애하지만 높이지는 않는다. 의에 두터운 자는 인에서는 엷으므로 높이지만 친애하지는 않는다"(厚於仁者, 薄於義, 親而不尊. 厚於義者, 薄於仁, 尊而不親).

53) 주공은 주를 창건한 무왕(武王)의 동생으로 무왕을 도왔고, 무왕이 죽자 직접 왕권을 장악하라는 주변의 유혹을 뿌리치고 무왕의 어린 아들 성왕(成王)을 보좌하는 길을 택했다. 성왕에게 통치기술을 가르치고 7년 후에는 스스로 물러났다. 그 시기에 주의 정치·사회 제도가 중국 북부 전역에 걸쳐 확고히 수립되었다. 그가 확립한 행정조직은 후대 중국 왕조들의 모범이 되었다.

는) 친애함과 공경함을 겸한다. 누군가 묻는다. '경(經)의 앞에서는 하늘이라 하고 뒤에서는 상제라 하는데, 왜인가?' 대답한다. 하늘이라 하고 상제라 하는 것은 하나인데, 말을 통하게 하지 않으면 흡사 두 존재와 같다. 교외에서는 호천(昊天)이라 하고 명당에서는 호천의 상제라 한 것은 하늘과 사람을 분명하게 나누어, 조종은 명당에서 제사할 수 없고 문왕은 교에서 제사할 수 없음을 분명히 한 것이다.'"

明堂之議, 惟宋景文一洗千古之陋. 昔者周公郊祀后稷以配天, 宗祀文王於明堂以配上帝. 蓋祭天於郊, 以其蕩蕩然, 蒼蒼然, 無乎不覆, 無乎不見, 故以至敬事之. 郊也者, 不屋者也, 達自然之氣也. 掃地而祭, 器尙陶匏, 不敢以人之所愛奉之, 遠而敬之也. 人莫不本乎祖, 祖一而已, 尊無二上, 故曰率義而上至於祖, 祖尊而不親, 是所以配天也. 周推后稷配天, 盡矣至矣, 不可以復加矣. 周公之攝政, 仁乎其父, 欲配之郊, 則抗乎祖, 欲遂無配, 則已有仁父之心, 不能見之於天下, 於是乎名天以上帝而配之. 上帝也者, 近人理者也. 人於萬物乃一物. 假令天若有知, 其宰制生育, 未必圓顱方趾耳鼻食息如人者也. 今名之帝, 以人事天, 引天以自近, 親之也. 人之親者莫若父, 故以文王配上帝. 不可以郊, 故內之明堂. 明堂, 王者最尊處也. 仁乎其父, 故親於天. 天有帝名, 則祭之明堂, 親與敬兼之矣. 或曰, 經前曰天, 後曰上帝, 何也. 曰天, 上帝一耳, 不通言則若兩物然, 故郊曰昊天, 明堂曰昊天上帝, 天人之分明也. 明祖不可以在明堂, 文王不可以配郊矣.

● 이 부분은 송기(宋祁)의 「고고」(考古, 『송경문필기』宋景文筆記 수록)의 일부분을 거의 그대로 인용한 것이다. 황종희는 '명당'에 대해 송기가 설명한 것을 그대로 수용하는 입장이다. 송기의 설명에 의하면, 천자가 교외에서 지내야 하는 제사가 있고 명당에서 지내야 하는

제사가 있다. 교외에서 지내는 제사는 조종에게 지내는 것으로 하늘에 짝한다. 명당에서 지내는 제사는 하늘과 다른 존재가 아니면서 다른 이름을 가진 상제를 기리는 것이다. 그 제사의 구체적 발생을 따지면 주공(周公)이 조종인 후직을 하늘에 짝하게 하고, 아버지인 문왕을 상제에 짝하게 한 것이다. 상제는 하늘에 인격적 성격을 부여한 이름으로 하늘보다 사람에게 더 친근한 존재이다. 하늘에 대한 교사(郊祀)가 '멀리하여 공경하는' 방식이라면, 상제에게 '명당'에서 제사지내는 것은 '공경함과 친애함'을 동시에 보이기 위한 것이다.

『맹자주소』의 「소」에서는 다음과 같이 말한다. "『주례』 「사관」(司關)에 '나라에 흉년이 들거나 질병이 돌면 관문의 세금을 걷지 않았으니 기(譏)와 같다'고 했으며, 「사시」(司市)에는 '나라에 흉년이 들면 시장의 세금을 걷지 않고 시장을 세웠다'고 했다. 또 「택우」(澤虞)에서는 '나라의 연못을 관장하는 정령(政令)으로 그렇게 하는 것을 엄하게 금한다'고 했으며, 「천형」(川衡)에서는 '때에 맞춰 지키고 금령을 어긴 자를 잡아 벌한다'고 했고, 「사려」(司厲)에서는 '남자는 죄예(罪隸)로 들이고 여자는 용고(舂槀)로 들인다'[54]고 했다. 이로써 보면 관(關)과 시(市)에서 세를 걷지 않았던 것이 아니며, 강을 막고 고기를 잡는 데 금지가 없었던 것이 아니며, 죄인의 처자에게까지 미치지 않았던 것이 아니다. 문왕은 분명 〔이들 중〕 어떤 것도 하지 않았는데, 문왕이 일시의 편의를 가늠하

---

54) '죄예'(罪隸)는 죄를 범한 자의 가솔을 노예로 삼았다는 의미를 갖는 말로, 남자는 역소에서 잡일을 하는 노예로 썼고, 여자의 경우 '용고', 즉 절구질로 곡물을 빻는 노예가 되었다.

여 임시로 그렇게 하지 않을 수 없었기 때문이다."[55]

　내 생각에, 〔『맹자주소』의〕 이 말은 『주례』를 믿은 잘못을 범한 것이다. 『주례』는 왕망(王莽), 유흠(劉歆)의 손에서 나온 것으로 태반이 후세에 남아 있던, 백성들을 해치는 관습들이다. 그러므로 하휴(何休)[56]는 여섯 나라[57]의 음모 책이라고 여겼다. 성인의 책이 아닌 것을 쥐고 맹자의 말을 의심하며 많은 말들로 성인을 어지럽히니, 전도된 것이 아니겠는가.

　　疏言, 周禮司關, 國凶札, 則無關門之征, 猶譏. 司市, 國凶荒, 則市無征而作布. 澤虞, 掌國澤之政令, 爲之厲禁. 川衡, 以時舍其守, 犯禁者執而罰之. 司厲, 男子入於罪隸, 女子入於舂稾. 此而推之, 則關市非無征也, 澤梁非無禁也, 罪人非不孥也, 而文王必皆無者, 蓋亦見文王權一時之宜, 不得不然耳. 按此言信周禮之過也. 周禮出自王莽劉歆之手, 大半後世殘民之餘習, 故何休以爲六國陰謀之書. 執非聖之書而疑孟子之言, 衆言淆亂折諸聖, 毋乃倒置乎.

　● 맹자는 문왕의 정치를 왕도정치의 모델로서 제선왕에게 제시했다. 『맹자』에 의하면, 문왕은 관문과 시장은 관리만 하고 세금은 걷지 않았으며, 연못에 들어가는 것을 금하지 않았으며, 죄인은 연좌해서 처벌하지 않았다(關市譏而不征, 澤梁無禁, 罪人不孥). 그런데 『주례』에 의하면, 평소에는 관문과 시장에서 세금을 걷고 연못도 엄하게 금했으며 연좌해서 죄를 물었고 다만 어쩔 수 없는 상황에 일시적으로

---

55) 『맹자주소』, 송(宋) 손석(孫奭)의 소(疏).
56) 하휴(何休, 129~182). 『춘추공양해고』(春秋公羊解詁)를 지어, 후대 공양학의 토대를 만들었다.
57) 전국칠웅 가운데 진(秦)을 뺀 나머지 여섯 나라.

폐지한 일이 있었을 뿐이다. 황종희는『주례』는 위서라고 생각하며 위서를 믿고『맹자』의 말을 의심하는 어리석음에 대해 지적한다.

2-7 오래된 나라故國章

『석거의견』(石渠意見)[58]은〔『맹자』의 이 장에 대해〕다음과 같이 생각했다. "군주가 현자를 쓸 때에는 반드시 귀한 자, 가까운 자 가운데에서 써야 한다. 그런데 간혹 귀한 자와 가까운 자가 꼭 현명한 것은 아니므로, 부득이할 때에는 천한 자, 소원한 자 가운데 현명한 자를 써야 한다. 천한 자가 귀한 자를 넘게 하고 소원한 자가 친한 자를 넘게 하는 것이니 신중해야 하지 않겠는가! 만약 '여부득이'(如不得已)를 '지극히 조심함' (謹之至)으로 푼다면 뒤에 또 '신중해야 하지 않겠는가'(可不愼歟)가 나오니, 글의 이치가 순조롭지 않을 뿐 아니라 중복된다."[59]

이 의견은 옳다. 그러나 선유들이 모두 '여부득이'를 뒤의 문장에 붙여 읽었고, 주자가 이를 바꾼 것이므로,[60]〔'여부득이'를 뒤의 문장에 붙여

---

58)『석거의견』(石渠意見)은 명나라 왕서(王恕, 1416~1508)의 책이다. 왕서에 관해서는 권말 '주요인물 소개' 참고.『명유학안』,「삼원학안」(三原學案)에 '단의 왕석거선생서'(端毅王石渠先生恕) 항목이 있다.

59)『석거의견』(『叢書集成初編』248 수록. 北京: 中華書局, 1985) 권3,「맹자」.

60) 주희,『맹자집주』, "'여부득이'는 지극히 삼감을 말한 것이다. 존귀한 사람을 높이고 가까운 사람을 친애하는 것은 상례이지만, 간혹 존귀한 자나 가까운 자가 반드시 현명하지 않을 수도 있으므로, 반드시 소원한 자 가운데 현명한 사람을 등용해서 써야 한다. 이것은 낮은 자를 존귀한 자 위에 두고 소원한 자를 가까운 자 위에 두는 것으로, 상례는 아니므로 신중히 하지 않을 수 없다"(如不得已, 言謹之至也. 蓋尊尊, 親親, 禮之常也, 然或尊者親者未必賢, 必進疏遠之賢而用之. 是使卑者踰尊, 疎者踰戚, 非禮之常 故不可不謹也).

읽은 것은] 왕종관에게서 비롯된 것이 아니다.

石渠意見以爲, 國君用賢, 當用尊者親者, 然或尊者親者未必賢, 不得已則
用卑者疏者之賢, 將使卑者踰尊, 疏者踰戚, 可不愼歟. 若將如不得已解作謹之
至, 而下文又言可不愼歟, 非唯辭理不順, 且又重複. 此說是也. 然先儒皆以如
不得已連下文, 而朱子改之, 非創於王宗貫也.

●『석거의견』의 저자 왕서(왕종관)는 주희가 '如不得已'를 앞구절
('國君進賢')에 붙이고 '지극히 신중함'으로 풀이하여, "군주가 현자를
등용하는 것을 지극히 신중히 해야 한다"고 해석한 것을 잘못이라고
지적하고, 뒷구절에 붙여 '만약 부득이하면'으로 풀이하여 "군주는 어
진 사람을 등용해야 하는데, 만약 부득이하면 천한 자, 소원한 자 가운
데 어진 사람을 써야 한다. 천한 자를 귀한 자 위에 두고 소원한 자를
친한 자 위에 두는 것이니 신중히 해야 하지 않겠는가!"로 읽어야 한다
고 주장했다. 황종희는 주희 이전에는 모두 이렇게 읽었으며, 단지 주
희가 잘못 바꾼 것이니, 이러한 독법이 왕서의 창견이 아니라고 설명
한다.

'세신'(世臣)은 노나라의 삼환(三桓),[61] 제나라의 고(高)씨와 국(國)
씨, 진(晉)나라의 육경(六卿) 등이다. 유세하는 선비들이 일어난 뒤로 아
침에는 진나라, 저녁에는 초나라 하는 식으로 재상의 도장 쥐기를 잠시
머무는 것처럼 했고, 각 나라도 이를 따르며 세신들을 내쳤다. 이익이

---

61) 계손씨(季孫氏), 맹손씨(孟孫氏), 숙손씨(叔孫氏). 이들은 노나라 16대 왕인
   환공의 후손이다.

있으면 가깝게 지내고 이 나라에서 벼슬을 하면서도 저 나라와 친하게 지내니, [각 나라는] 가깝게 믿는 신하조차도 없었다. 이고(李固)[62]는 "하루는 조회하는 좌우 시중들을 보니 모두 나이들이 젊었다. 고문으로 삼을 만한 오래된 대유(大儒)는 한 사람도 없으니 참으로 한탄스럽다"[63]고 했는데, 역시 이 뜻이다.

世臣[64]者, 如魯之三桓, 齊之高國, 晉之六卿是也. 自游說之士起, 朝秦暮楚, 取相印如寄, 各國效之, 而世臣絀矣. 利之所在則親之, 有仕於此國而親於彼國者, 并親臣而亦無之. 李固云, 一日朝會見諸侍中, 竝皆年少, 無一宿儒大人可顧問者, 誠可嘆息. 亦此意也.

주나라가 쇠하자 현자의 무리는 버려지고 공신(功臣)의 대가 끊어졌다. 그리하여 맹자가 제나라 왕에게 "오래된 나라는 높고 큰 나무가 있는 나라를 말하는 것이 아닙니다. 왕은 가깝게 믿는 신하가 없습니다"라고 한 것은 풍자한 말이다.

周衰, 賢者之類棄, 功臣之世絶, 故孟子告齊王以故國非喬木, 王無親臣矣, 蓋諷之也.

현자를 등용하고 불초한 자를 물러나게 하는 일은, 후대의 군주들도

---

62) 이고(李固, 94~147), 자(字)는 자견(子堅). 동한(東漢)의 명신(名臣)으로, 부패세력과 투쟁하면서 강직하고 용기 있는 정신을 발휘하여 군중의 신뢰와 찬사를 받았다고 한다.
63) 『후한서』(後漢書) 권93, 「이두열전」(李杜列傳) 제53, '이고전'(李固傳).
64) 『전집』본에 '臣'이 '君'으로 잘못되어 있다. 『이주유저휘간』(梨洲遺著彙刊)본에 의거해 고친다.

모두 [누군가에게] 의지하지 않을 수 없다. 현명한 군주라면 여러 대부에
게 의지하고 어리석은 군주라면 측근(左右)에게 의지한다. 그 나라사람
이 현명한지 아닌지에 관한 정보는 측근이 아니면 전달되지 않는다. 말
로는 나라사람이지만 실제로는 여전히 측근의 사람이다. 스스로 '살필'
(察) 수 있다고 생각하는 사람의 경우, 시기와 의심이 심해질수록 측근
이 끼어들기는 더욱 쉬워진다. 그러므로 임금의 정심성의(正心誠意)가
아니라면 현자를 등용하고 불초한 자를 물리치는 권한은 끝내 측근의 손
에서 벗어나지 못한다. 그렇게 되면 여러 대부는 관여할 수 없게 된다.
그러므로 맹자가 말한 '살핀다'는 것은 여러 대부에게 의뢰해 살펴야 하
는 것이다. 이는 맹자가 자세하게 설명하지 못한 부분이다.

> 進賢退不肖, 後之人主皆不能無所寄, 明主則寄之諸大夫, 暗主則寄之左右.
> 國人之賢否, 非左右莫達, 名爲國人, 仍是左右也. 其自以爲能察者, 猜疑愈
> 甚, 則左右中之愈易. 故人君非正心誠意, 進賢去不肖之權, 終不能出於左右,
> 而諸大夫不得與焉. 然則孟子之所謂察者, 亦察之諸大夫而已. 此孟子未盡之
> 意也.

● 적절한 인재를 등용하는 일에 대해 『맹자』는 측근의 말이나 대부
들의 말만 들을 것이 아니라 나라 안 사람이 모두 좋다고 하면 그 뒤에
살펴서(察) 등용하라고 조언한다. 이에 대해 황종희는 나라 안의 여론
이 군주에게 전달되는 것은 측근을 통해서이므로 스스로 잘 판단할 수
있다고 자부하는 군주일수록 측근의 손에서 놀아나기 쉽다고 지적한
다. 황종희의 생각은 "현명한 군주라면 여러 대부에게 의지한다"는 것
이다. 명대 환관의 전횡을 경험했기 때문에 할 수 있는 말일 것이다.
마지막 단계의 '살핀다'는 말은 '대부'에게 자문하라는 것인데, 『맹자』

가 '대부'라고 명확히 표현하지 않은 데 대해 황종희는 아쉬움을 표시
했다.

2-8 걸과 주를 내몰다放桀伐紂章

"송(松)이 사산(梭山)에게 물었다.[65] '맹자는 제후들에게 왕도로써 유
세했는데, 이는 왕도를 행함으로써 주왕실을 존숭하기 위함입니까? 왕
도를 행함으로써 천자 자리를 얻게 하기 위함입니까?' 사산은 '천자 자
리를 얻게 하기 위함이다'라고 대답했다. 송이 물었다. '후세사람들이 맹
자가 제후들에게 찬탈을 가르친 죄가 있다고 의심했는데, 그에 대해 어
떻게 해명해야 합니까?' 사산이 다음과 같이 답했다. '백성이 가장 귀하
고 사직이 그 다음이고 임금은 가볍다.'[66] 〔이 이야기를 듣고〕 상산[67]이
몇 번을 감탄하며 말했다. '형은 평일에 이런 논의를 하지 않는다.' 한참
있다가 또 말했다. '이런 논의는 한번도 들어본 적이 없다.' 송이 말했다.
'백이는 이 이치를 보지 못했습니까?'[68] 상산이 말했다. '복희 이래 모

---

65) 송(松)은 육상산의 문인 엄송년(嚴松年)으로 『상산어록』의 권2를 기록했다.
 사산(梭山)은 육상산의 넷째 형 육구소(陸九韶, ? ~1176)의 호이다. 자는 자미
 (子美)이다.

66) 『맹자』 「진심 하」 14.

67) 육구연(陸九淵, 1139~93). 권말 '주요인물 소개' 참고.

68) 백이는 숙제와 함께 은말(殷末) 사람으로, 변방의 작은 영지인 고죽군의 후계
 자였다. 두 사람은 나라를 양보하고 수양산에 들어가 굶주리며 살았다고 한다.
 통상 『사기』에 근거해서, 백이는 자신이 섬기던 왕인 주(紂)를 죽이고 왕이 된
 무왕(武王)을 비난하며 은둔했다고 전해지므로, 송(松)이 백이의 경우를 물은
 것이다. 『맹자사설』 7-13, '백이, 주를 피하다'(伯夷辟紂章)에서 황종희가 백이
 의 행적에 대해 어떻게 해석하고 있는지 알 수 있다.

두 이 이치를 보았다.'"[69]

내 생각은 다음과 같다. 맹자의 시대에 주왕실은 겨우 하나의 부용에 지나지 않았고 열국은 이미 각자 왕을 자처했다. 제나라와 진나라는 또 한 황제를 칭했으니 주왕실이 어떻게 일어날 수 있었겠는가. 춘추시대의 이론을 전국시대에 적용한다면 이는 힘쓸 바를 모르는 것이다.

> 松問梭山云, 孟子說諸侯以王道, 是行王道以尊周室. 行王道以得天位. 梭山云, 得天位. 松曰, 如何解後世疑孟子敎諸侯簒奪之罪. 梭山曰, 民爲貴, 社稷次之, 君爲輕. 象山再三稱嘆曰, 家兄平日無此議論. 良久曰, 曠古來無此議論. 松曰, 伯夷不見此理. 象山曰, 伏羲以來, 皆見此理. 按, 孟子之時, 周室僅一附庸耳, 列國已各自王, 齊秦且稱帝矣, 周室如何可興. 以春秋之論加於戰國, 此之謂不知務.

●『맹자』의 이 장은 탕왕과 무왕이 걸과 주를 왕위에서 밀어내고 왕이 된 일에 대해 맹자가 혁명의 정당성을 말한 구절이다. 황종희는 육구소와 육구연 형제의 풀이를 인용해 이를 해석했다. 춘추시대와는 달리 전국시대에는 주나라가 천하를 통일하고 천자 자리를 회복할 가능성은 거의 없었다. 공자의 시대처럼 주나라만이 천자의 자격을 갖췄다고 하는 것은 왕도보다 주라는 특정 나라를 존숭하는 것이다. 육구연 형제나 황종희나 모두, 중요한 것은 백성을 위한 왕도의 실현이지 특정한 왕실이 아니라고 생각한다. 그래서 맹자의 '역성혁명'에 대한 문인의 물음에 "백성이 가장 귀하고 사직이 그 다음이고 임금은 가볍다"는 맹자의 말로 육구소가 대답했고, 이 절묘함에 육구연이 감탄한 것이다.

---

69) 『상산어록』 권2.

2-9 집짓기 爲巨室章

맹자가 배운 것은 인과 의였으나, 당시 군주들이 숭상한 것은 공명과 이익이었다. 인과 의를 우원하다 여기고 사정에 어둡다 여기는 것이 "네가 배운 것을 버리고 나를 따르라"는 것이다.

孟子之所學者, 仁義也. 時君之所尙者, 功利也. 以仁義爲迂遠而闊於事情, 是舍所學而從我.

● 집짓는 일은 전문가에게 맡겨야지 군주가 자신의 방식을 고집할 수 없는 것과 마찬가지로, 정치 역시 군주의 방식을 고집할 수 없다는 것이 『맹자』의 내용이다. 황종희는 이에 대해 군주의 방식이란 공명과 이익을 좇는 정치이며, 맹자가 생각한 올바른 정치는 인과 의의 정치라고 설명했다.

2-10 연나라를 치다 伐燕章

『주자어류』에서 다음과 같이 말한다. "'제나라 사람이 연을 정벌했다고 하는데, 이에 대해 『맹자』는 그 제나라 사람을 제선왕으로 보았고 『사기』는 민왕[70]이라고 보았다. 사마온공은 『맹자』를 좋아하지 않았으면서

---

70) 민왕(湣王)은 제나라 선왕의 아들로, 기원전 300년부터 284년까지 재위했다. 재위기간 중, 진(秦) 소왕(昭王)과 함께 제(帝)를 칭하다가 후에 제호(帝號)를 버리고 왕호를 다시 사용했다. 제나라의 강한 군사력에 의지하여 빈번히 주위의 제후국들을 침략하여 남쪽으로는 초나라의 회수(淮水) 이북의 땅을 빼앗고, 서쪽으로는 삼진(三晉)을 공격하여 다시 주나라의 영토를 병합하여 천자가 되려고 시도했다. 군사를 대거 일으켜 송나라를 멸하여 병탄해서 진소왕의 분노를 샀다. 이에 진소왕은 연(燕), 초(楚) 및 삼진과 연합하여 제나라를 공격하기 위해 군사를 일으켜 연나라 장수 악의(樂毅)를 5국 연합군의 대장으로 삼았다.

도[71] 『자치통감』을 저술하면서는 오히려 『사기』를 취하지 않고 유독 『맹자』를 취했는데, 모두 이해할 수 없다. 『순자』 역시 '민왕이 연을 정벌했다'고 했다.[72] 그러니 선왕이 아닌 것은 분명하다. [문인이] 물었다. '『맹자』가 틀린 것입니까?' [주희가] 대답했다. '생각해보면, 이는 민왕이 뒤에 나쁜 일을 많이 했으므로 문인들이 맹자를 위해 숨기느라고 선왕으로 고쳤을 것이다.'"[73]

내 생각은 다음과 같다. 선왕이 연을 정벌했다는 것은 『국책』[74]에도 분

임치(臨淄)에서 악의의 연합군에게 참패하고 거성(莒城)으로 달아났으나 초나라 장수 요치(淖齒)에게 살해되었다.

71) 사마온공(司馬溫公)은 사마광(司馬光, 1019~86)이다. 왕안석(王安石)의 급진적인 개혁에 반대하는 당파인 구법당(舊法黨)을 이끌었다. 그는 단호한 조치보다는 도덕적인 지도력을 통해, 그리고 기존 기구의 활성화를 통해 훌륭한 정부를 만들 것을 주장했다. 죽기 직전 조정에서 신법당(新法黨)을 제거하는 데 성공했으며, 문하시랑(門下侍郎)이 되어 왕안석이 시행한 개혁정책을 대부분 폐지했다. 사마광은 군신의 의리(君臣之義)를 최고 규범으로 절대화하여, 탕왕과 무왕의 혁명을 정당화하는 맹자의 혁명론을 비판하는 「의맹」(疑孟)(『온국문정사마공문집』(溫國文正司馬公文集) 권73)을 지었다. 『자치통감』(資治通鑑)은 사마광이 편찬국 관리들과 함께 편찬한 역사서이다. 기원전 403년~기원후 995년의 중국 역사를 다룬 편년체 역사서이다. 유교적 도덕론의 관점에서 인물·기구를 비평했다. 사마광의 관심은 대부분 정치적 사건에 집중되어 있으나, 제례(祭禮)·음악·천문·지리·경제 등과 같은 다양한 주제들도 다루었다.

72) 『순자』「왕패」(王覇), "권모가 날로 행해지면 나라는 위태함과 침략을 면하지 못하게 되고 결국 망하게 될 것이다. 제나라의 민왕과 설공이 이들이다. … 남으로는 초나라를 무너뜨릴 수 있었고 서쪽으로는 진나라를 굴복시킬 수 있었으며 북쪽으로는 연나라를 패배시킬 수 있었다"(權謀日行, 而國不免危削, 綦之而亡, 齊閔, 薛公是也. … 南足以破楚, 西足以詘秦, 北足以敗燕, …).

73) 『주자어류』 51 : 40.

명히 나와 있는 사실로『맹자』만 그런 것이 아니다.『자치통감』이 의거한 것은『국책』이지『맹자』가 아니다.『사기』에는 앞뒤가 안 맞는 부분이 매우 많다. 가령 '노세가'(魯世家)의 백금(伯禽)에서 혜공(惠公)에 이르는 시기[75]가 그러한데,『사기』에 의하면 〔그 기간이〕 321년에 걸쳐 있고[76] 『한지』에 의하면 382년에 걸쳐 있으니[77] 그 차이가 65년이다. 역가(曆 家)들은 추정할 때『한지』를 채용하고『사기』를 채용하지 않는다.『사기』 를 채용하면 통하지 않기 때문이다. 그 큰 줄기가 이러한데, 구구하게 연 을 정벌한 선후를 따질 것이 뭐 있겠는가. 문인이 맹자를 위해 숨기려고 그랬다는 부분은 정말 이치에 맞지 않는다. 맹자를 위해 숨겼다면『국책』 은 또 누구를 위해 숨겼다는 말인가. 민왕이 난폭해서 맹자가 제를 떠나 면서 오히려 "왕은 아마도 충분히 잘 할 수 있을 것"[78]이라고 했단 말인 가. 맹자가 이처럼 바보란 말인가.

---

74)『전국책』「연일」(燕一), "맹가가 제선왕에게 말했다. '지금 연을 벌(伐)하는 것 은 문왕, 무왕의 때라면 잘못이 아니다'"(孟軻謂齊宣王曰, 今伐燕, 此文武之時 不可失也).

75) 백금(伯禽)은 주공(周公)의 장자(長子)로서 노(魯)나라에 분봉되었으며, 혜공 (惠公)은 백금으로부터 13대 이후이다. 혜공 때에 동천(東遷)하여 동주시대가 시작되며 혜공의 아들 은공 때부터 춘추시대가 시작된다.

76)『사기』에 의하면, 노나라 제1대 군주인 백금의 재위기간은 기원전 1042~997 년이며, 제13대 혜공의 재위기간은 기원전 768~723년이므로, 총 320년이다.

77)『한서』「예문지」권21 하, '율력지(律曆志) 제1 하 · 세경(世經)', "노공 백금은 46년 동안 재위했으며 … 혜공은 46년 동안 재위했고, 그 아들 은공이 뒤를 이 었다. 백금부터 춘추시대에 이르기까지 386년이다"(魯公伯禽, 推位四十六年 … 惠公位四十六年, 子隱公息立, 凡伯禽至春秋, 三百八十六年).

78)『맹자』「공손추 하」12. 맹자가 제나라를 떠나면서 왕이 자신을 붙잡기를 고대 하다가 포기하고 떠나면서 한 말이다.

語類, 齊人伐燕, 孟子以爲齊宣, 史記以爲湣王, 溫公不喜孟子, 及作通鑑, 却不取史記而獨取孟子, 皆不可曉. 荀子亦云湣王伐燕, 然則非宣王明矣. 問, 孟子必不誤. 曰想是湣王後來做得不好, 門人爲孟子諱, 故改爲宣王爾. 按, 宣王之伐燕, 明有國策可據, 不止孟子也. 通鑑之所據, 據國策, 非據孟子也. 史記之牴捂處甚多, 如魯世家自伯禽至惠公. 史記凡三百二十一年, 漢志凡三百八十二年, 較差六十五年, 而歷家上推, 用漢志而不用史記, 用史記則不可通矣. 其大者如此, 何況區區伐燕之先後哉! 至言門人爲孟子諱, 尤爲礙理. 孟子可諱, 國策又誰爲諱之乎. 以湣王之暴, 孟子去齊, 猶曰王由足用爲善, 孟子之暗若此哉.

● 민왕(기원전 300~284년 재위)은 제선왕(기원전 319~301년 재위)의 아들로, 교만한데다 향락을 즐겨 국사를 돌보지 않았다고 한다. 『맹자』에 의하면 제나라가 연나라를 정벌한 것은 '제선왕' 때이다. 그러나 주희는 '민왕' 때였다는 『사기』의 말을 채용했고, 이를 황종희가 반박했다. 황종희는 『사기』가 믿을 만하지 않다고 생각한다. 또한 민왕의 사람됨과 맹자가 제나라를 떠날 때 한 말들을 종합해보면 민왕 때였다는 것은 적절하지 않다고 지적한다.

2-15 소국인 등나라 滕小國章

태왕(太王)[79]이 "너희들은 임금 없는 것을 두려워하는가? 내가 떠나

---

79) 고공단보(古公亶父). 문왕(文王)의 할아버지이다. 무왕(武王)이 천하를 차지한 후에 태왕(大王)으로 추존되었다. 주족(周族)은 은왕조 때 서쪽 변두리의 제후국 가운데 하나였다. 9대 선조 공류(公劉)가 주족을 정착시킨 빈(邠)에 살고 있었으나, 자주 그 주변 이민족들이 침범해 왔다. 그러자 백성들을 희생시킬

겠다"고 했다는 말을 보면, 분명히 나라를 양도하고 떠났고 그 뒤에 빈
(邠) 땅의 사람들이 쫓아간 것은 그가 의도한 바가 아니었다. 설사 아무
도 따라가지 않았다 해도 그는 필부로 일생을 마쳤을 것이다. 대개 나라
가 망하는 것은 내가 어쩔 수 있는 바가 아니다. 일의 형세가 그렇게 되
는 것이니, 선군(先君)에게 자신의 허물없음을 고할 수 있다. 등나라의
형세는 이미 다시 회복할 수 없었다. 만약 죽음으로 지키며 물러나지 않
았다면 반드시 간과 뇌를 땅에 바르고 처참하게 죽었을 것이다.[80] 그래
서 맹자가 태왕의 일을 상세하게 일러준 데에는 뜻이 있었던 것이다.『국
책』에 의하면, 송왕(宋王) 언(偃)이 등나라를 멸망시키고[81] 송이 왕을
칭한 것이 주신정왕(周愼靚王) 3년이었다. 그러므로 등나라가 망한 것은
맹자에게 물었을 때와 그 시간차가 얼마 안 된다.

觀太王二三子何患乎無君, 吾將去之之言, 分明遜國而去, 後來邠人之從,
出於意外, 向使無人從之, 則匹夫終其身而已. 蓋國亡非吾所致, 事勢使然, 可

수 없어 싸움을 하지 않고 빈을 적에게 내어주고 기산(岐山) 밑으로 옮겨가 살
았다. 빈에 있던 사람들이 모두 그를 따라와 그때 비로소 국호를 주(周)라고 정
하고 도읍을 이루고 살았다. 문왕의 아들 무왕에 이르러 당시 민심을 잃었던 은
의 주왕(紂王)을 죽이고, 은왕조에 대신하는 주왕조를 창시하였다.

80) '간과 뇌를 땅에 바르고 처참하게 죽다'는 '肝腦塗地'의 번역어로, 유경(劉敬)
이 한(漢) 고조(高祖)에게 한 말이다. 패권을 위한 잦은 전쟁의 결과 백성들이
참혹한 죽음을 맞는 것을 묘사한 것이다.『사기』「유경열전」(劉敬列傳), "천하
의 백성들이 간과 뇌를 땅에 바르고 아버지와 아들이 들에 해골을 드러낸 일이
이루 헤아릴 수 없다"(使天下之民, 肝腦塗地, 父子暴骨中野, 不可勝數).

81)『전국책』권32,「송위」(宋衛), "대사에게 점을 치게 했는데 대사가 '작은 것이
큰 것을 낳으니 반드시 천하를 제패할 것입니다'라고 했다. 강왕(언왕)은 크게
기뻐하며 등을 멸망시키고 설을 정벌하여 회수의 북부까지 점령하였다"(使史占
之, 曰小而生巨, 必霸天下. 康王大喜, 於是滅滕, 伐薛, 取淮北之地, 乃愈自信).

以告無罪於先君矣. 滕之事勢, 已不可復支, 若效死勿去, 則必至於肝腦塗地. 故孟子以太王之事詳言之意有在矣. 據國策宋王偃滅滕, 宋之稱王, 在周愼靚王三年, 蓋滕之亡於問孟子之時, 相去無幾也.

●태왕은 빈 땅을 떠나면서 "적인(狄人)이 원하는 것은 내 토지이다", "군자는 사람을 기르는 땅 때문에 도리어 사람에게 재앙을 줄 수 없다"고 말했다. 『맹자』에는 이 뒤에 죽음으로 지키라는 사람도 있으니 왕(등문공)이 결정하라는 맹자의 말이 이어진다. 황종희의 생각은 등문공도 태왕처럼 해야 한다는 것이다. "나라가 망하는 것은 내가 어쩔 수 있는 바가 아니다. 일의 형세가 그렇게 되는 것"이라는 말은, 조국 명(明)의 멸망을 목도한 자로서 스스로에게 하는 소리 같기도 하다.

2-16 노나라 평공魯平公章

『사기』「연표」에 의하면, 맹자가 양혜왕을 만난 것이 양혜왕 35년인데, 이때 이미 늙은이라고 불렸으니 60세 이상이었을 것이다. 그로부터 23년 뒤에 노평공(魯平公)이 즉위한다. 〔노평공이 맹자를〕 만나고 싶어한 해를 확정할 수 없지만, 맹자는 이미 90세에 가깝다. 『맹씨가보』[82]에서는 맹자가 주정왕(周定王) 37년 4월 2일(원주ー지금의 2월)에 태어났고, 난왕(赧王) 26년 정월 17일(원주ー지금의 11월)에 죽었다고 하며, 향년 84년이라고 한다. 『사기』에 의하면 정왕은 28년에 붕어했으니[83] 정왕 37

---

82) 맹자를 시조로 하여 엮은 맹씨의 족보.
83) 『사기』 권4, 「주본기」(周本紀), "28년에 정왕이 붕어하고 장자 거질이 즉위하니 이가 애왕이다"(二十八年定王崩, 長子去疾立, 是爲哀王).

년은 없다. '3'은 혹 [2의] 오자인지 모르겠다. [그래서 정왕 27년에 태어 났다고 하면] 고왕(考王) 15년, 위열왕(威烈王) 24년, 안왕(安王) 26년, 열왕(烈王) 7년, 현왕(顯王) 48년, 신정왕(愼靚王) 6년, 난왕(赧王) 26년 이므로, 정왕 27년 기해년에서 난왕 26년 임신년까지 154년이니[84] 의거 할 만하지 못하다. 향년 84년은 틀리지 않을 것이니, 잠정적으로 [죽은 해인] 노평공 원년부터 세어 가면 위로 주안왕 5년 갑신년에 이르러 84 년이다. 그 생졸은 그 사이 근처일 것이니, 양혜왕을 만난 것이 바로 60 세에 해당한다.

按史記年表, 孟子之見梁惠王, 在三十五年, 是時已稱叟, 當六十歲外矣. 後 此二十三年, 而魯平公始立. 其欲見之年, 雖不可定, 孟子亦近九十歲. 孟氏家 譜云, 孟子生於周定王三十七年四月二日(今之二月), 卒於赧王二十六年正月 十五日(今十一月), 年八十四. 按史記, 定王二十八年崩, 無三十七年, 三或傳 寫之誤. 考王十五年, 威烈王二十四年, 安王二十六年, 烈王七年, 顯王四十八 年, 愼靚王六年, 又加赧王二十六年, 自定王二十七年己亥, 至赧王二十七年壬 申, 凡一百五十四年, 是不足爲據. 而年之八十四, 當不爲謬, 姑以魯平公元年 次之, 上距周安王五年甲申則八十四年矣. 其生卒不過前後其間, 而見梁惠王 正當六十歲也.

---

84) 정왕이 재위 28년에 죽고, 두 차례의 왕자의 난[정왕의 장자 애왕(哀王)이 즉 위 3개월 만에 동생 숙(叔), 즉 사왕(思王)에게 살해당했고, 사왕 역시 즉위 5개 월 만에 막내동생 외(嵬), 즉 고왕(考王)에게 살해당했다. 『사기』 「본기」 권4, '주본기' 참조]을 거쳐 고왕이 즉위했다. 『맹씨가보』의 '주정왕 37년' 탄생설 에서 3을 2의 오자라고 생각하고, 정왕 27년부터 난왕 26년까지의 햇수를 세 었다.

●『맹자』의 해당 장에는 노평공이 맹자를 만나려고 했는데 장창이라는 사람이 맹자의 험담을 하면서 말려 성사되지 않은 이야기가 실려 있다. 황종희는 이 사실을 근거로 맹자의 생몰연대를 추정하고 있다. 향년 84년이라는 것은 『맹씨가보』에서 취하고, 양혜왕과 노평공을 모두 만난 것에 근거해서, 주안왕 5년(기원전 397년)에 출생해서 노평공 원년(기원전 314년)에 죽었다고 추정했다. 황종희가 이렇게 추정하게 된 것은, 양혜왕을 만나서 '늙은이'(叟)라고 불렸기 때문에 그때를 60세로 잡은 데서 시작한다. 황종희도 이 연대를 확정한 것이 아니라 그 근처일 것이라고 했는데, 근래에는 두 가지 생몰연대가 유력하다. 하나는 주안왕 17년(기원전 385년)에 출생해서 주난왕 11년(기원전 304년)에 죽었다는 설이고, 또 하나는 주열왕 4년(기원전 372년)에 태어나서 주난왕 26년(기원전 289년)에 죽었다는 설이다. 둘 가운데는 후자가 더 힘을 얻고 있다.

지(志)는 기(氣)가 정밀하고 밝은 것으로,
본래 하나인데 어찌 나누어서
어떤 것은 지(志)요 어떤 것은 기라 할 수 있는가.
'기를 난폭하게 하지 않는 것'(無暴其氣)은
지를 잡는(持其志) 공부이다. 만약 기를 떠나
지를 잡으려고 한다면, 허공을 잡는 것을
면하지 못할 것인데 어떻게 기를 수 있겠는가.
옛사람은 구용(九容)을 말했는데 단지
'기를 난폭하게 하지 않는 것'일 뿐이다.
'기를 난폭하게 하지 않으면'
지가 어떻게 없을 수 있겠는가.
그러니 두 가지로 말할 수 있는 것이 아니다.

• 「호연지기」에서

공손추 상

3-1 제나라에서 벼슬한다면 當路於齊章

맹자가 제나라에서 벼슬할 뜻이 있었음을 여기에서 볼 수 있다. 맹자가 만약 도를 행할 수 있었다면 삼대의 정치를 다시 볼 수 있었을 것이며, 진(秦)나라는 천하를 얻는 뜻을 이룰 수 없었을 것이다. 성왕(聖王)의 도통이 끊어진 것을 돌아보면 고금의 일대 불행이다. 그런데 제나라의 선왕이 맹자를 등용하지는 않았지만 나라의 세력이 강성해서 아직 영향력이 남아 있었다. 그러니 민왕[1]이 잇지만 않았다면 그러한 부진(不振)에 이르지는 않았을 것이다.

> 孟子欲仕於齊之意, 俱見於此. 使孟子得行其道, 則三代之治當復見, 而秦必不得志於天下. 顧聖王之統遂絶者, 古今之一大厄會也. 然宣王雖不用孟子, 而國勢强盛, 未嘗非其濡染之力, 苟非湣王繼之, 何遂至於不振哉.

---

1) 권1의 2-10 '연나라를 치다'(伐燕章)에 붙은 주 70 참조.

●『맹자』의 이 장에서는, 제나라의 요직에 오른다면 어떤 정치를 할 것인가 묻는 공손추의 질문 뒤에 맹자의 답이 이어진다. 맹자는 만 승의 경제력을 가진 제나라라면 왕도정치를 위해 좋은 조건을 갖췄다고 생각했다. 이런 나라가 왕도정치를 한다면 "일은 옛날 사람의 절반만 해도 그 효과는 갑절이 될 것"이라는 말을 했다. 이에 황종희는 맹자가 제나라에서 벼슬할 뜻이 있었다고 풀이했으며, 맹자가 그 기회를 얻었다면 역사가 바뀌었을 것이라고 생각한다.

3-2 호연지기 浩然章

천지 사이에 다만 일기(一氣)가 가득 차서 주유(周遊)하며 사람을 낳고 물(物)을 낳는다. 사람은 이 기를 받아 태어나는데 마음은 기의 영처(靈處)이니, 이른바 "지기(知氣)는 위에 있다"[2]는 것이 이것이다. 심체(心體)가 유행하고 그 유행에 조리(條理)가 있으니 바로 성(性)이다. [심체의 유행은] 사시의 기와 같아서, 온화하면 봄이 되고 온화함이 왕성해서 따뜻해지면 여름이 되며, 따뜻함이 쇠해 서늘해지면 가을이 되고 서늘함이 성해서 추워지면 겨울이 되며, 추위가 쇠하면 다시 봄이 된다. 오랜 세월 동안 이와 같아서, 만약 그 사이에 경계가 있고 유행(流行)이 질서를 잃지 않으면 이것이 바로 이(理)이다. 이는 볼 수 없으나 기에서 볼 수 있고, 성은 볼 수 없으나 마음(心)에서 볼 수 있다. 마음은 기이다(心卽氣). 마음을 기르지 못하면 광란횡일(狂瀾橫溢)하여 유행이 순서를 잃는다. 기를 기르는 것은 바로 마음을 기르는 것이다. 그러나 마음을 기른다고 하면 뭘 잡아야 할지 어렵다고 느끼지만, 기를 기른다고 하면 행동

---

2) 『예기』「예운」, "체백은 아래로 내려가고 지기는 위에 있다"(體魄則降, 知氣在上).

과 예절, 아침저녁의 호흡이 실로 잡아서 따를 만하다. 불교는 '마음을 밝히고 성을 보아도'(明心見性) 기의 활력을 부여할 수는 없다고 생각하고 기의 활력의 근본을 미루어갈 수밖에 없었다. 이른바 '본래면목,'[3] '부모가 낳기 전,'[4] '언어도단 심행노절'(語言道斷, 心行路絶)[5]이 모두 이것들이다. 화두를 참구하는 데 이르러서는 그 기를 막아 유행하지 못하게 한다. 기를 떠나 마음과 성을 구하니, 밝히는 것이 어떤 마음인지, 보는 것이 어떤 성인지 모르겠다.

> 天地間只有一氣充周, 生人生物. 人稟是氣以生, 心卽氣之靈處, 所謂知氣
> 在上也. 心體流行, 其流行而有條理者, 卽性也. 猶四時之氣, 和則爲春, 和盛
> 而溫則爲夏, 溫衰而凉則爲秋, 涼盛而寒則爲冬, 寒衰則復爲春. 萬古如是, 若
> 有界限於間, 流行而不失其序, 是卽理也. 理不可見, 見之於氣, 性不可見, 見
> 之於心. 心卽氣也. 心失其養, 則狂瀾橫溢, 流行而失其序矣. 養氣卽是養心,
> 然言養心猶覺難把捉, 言養氣則動作威儀, 旦晝呼吸, 實可持循也. 佛氏明心見
> 性, 以爲無能生氣, 故必推原於生氣之本, 其所謂本來面目, 父母未生前, 語言
> 道斷, 心行路絶, 皆是也. 至於參話頭則壅遏其氣, 使不流行. 離氣以求心性,
> 吾不知所明者何心, 所見者何性也.

---

3) '본래면목'은 본성(本性)을 의미하는 불교용어이다. 당(唐) 혜능(慧能), 『육조
  단경』(六祖壇經) 「행유품」(行由品), "선도 생각지 말고 악도 생각지 말라. 이러
  한 때 어떤 것이 명상좌 그대의 본래 모습인가?"(不思善, 不思惡, 正與麼時, 那
  个是明上座本來面目).
4) "부모가 낳기 전 당신의 본래 모습은 무엇인가?"(父母未生前, 本來面目)는 선
  가의 유명한 화두이다.
5) '언어도단 심행노절'(語言道斷, 心行路絶): 언어 · 마음 · 행동의 길이 끊어진 상
  태로, 불교가 진리를 체득하는 방법을 묘사한 것이다. 즉 진리는 언어와 사유를
  떠나 체득해야 하는 것으로 설명된다.

● 맹자가 '호연지기'와 '부동심'에 대해 말하는 장이다. 황종희는 여기에서 마음(心)에 대해 존재론적 측면에서 설명하며, 황종희가 설명하는 마음의 성격상 기(氣)와 성(性)에 대한 이야기도 자연스럽게 펼쳐진다. 황종희에 의하면 천지 사이의 모든 것은 일기(一氣)의 운행이다. 그러므로 사람의 마음도 일기의 운행이다(心卽氣). 그런데 사시(四時)와 마음은 불규칙하게 운행하는 것이 아니라 자기 질서를 갖고 있고, 이것이 바로 이(理)이고 성(性)이다. 황종희는 "이는 볼 수 없으나 기에서 볼 수 있고, 성은 볼 수 없으나 마음에서 볼 수 있다"고 한다. 그리하여 도덕성을 키운다는 의미에서 '마음을 기른다'고 할 때, 실제로 기르는 것은 '기'가 된다(養氣卽是養心). 기를 기른다는 것은 기의 운행을 순조롭게 한다는 의미이며, 구체적으로는 기 본연의 질서, 즉 이를 벗어나지 않는 운행이 되도록 하는 것이다.

사람의 몸은 일기의 유행이지만, 유행 가운데는 반드시 주재(主宰)가 있다. 주재는 유행 밖에 있는 것이 아니라 유행이 조리(條理)를 갖는 것이다. 그 변화의 관점에서 보아 유행이라 하고 그 불변의 관점에서 보아 주재라 한다. 기를 기른다는 것은 주재를 상존하게 하는 것이니, 그렇게 되면 혈기가 변해 의리(義理)로 된다. 주재를 잃으면 의리가 변하여 혈기가 되니, 그 차는 호리지간에 있다. 북궁유(北宮黝)가 다른 사람을 이기려 하고 맹시사(孟施舍)가 스스로를 이기려 한 것은, 단지 마음을 움직이지 않도록 하는 데(不動心處) 힘쓴 것뿐이다. 이는 이 마음을 한구석에서 움직이지 않게 하고 유행의 체(體)를 막아버리는 것이다. [그들은] 주재란 원래 움직이지 않는다는 것을 몰랐기 때문에 손과 발을 움직이려고 하지 않은 것이다. 단지 일없음을 행하는 것이 부동심일 뿐이다.

人身雖一氣之流行, 流行之中, 必有主宰. 主宰不在流行之外, 卽流行之有條理者. 自其變者而觀之謂之流行, 自其不變者而觀之謂之主宰. 養氣者使主宰常存, 則血氣化爲義理. 失其主宰, 則義理化爲血氣, 所差在毫釐之間. 黝在勝人, 舍在自勝, 只在不動心處著力. 使此心滯於一隅, 而堵塞其流行之體, 不知其主宰原來不動, 又何容費動手脚也. 只是行所無事, 便是不動心.

● '주재'(主宰)는 기가 갖는 조리이다. 즉 기와 독립한 별개의 존재가 아니라 기가 운동하는 궤도라고 할 수 있다. 앞단락에서 '기를 기른다'(養氣)는 말을 했는데, 황종희는 그에 대해 "기를 기른다는 것은 주재를 상존하게 하는 것"이라고 말한다. 주재는 저절로 상존하는 것이 아니라 '기름'을 필요로 하며, 주재의 상존 여부에 따라 기는 '의리'와 '혈기' 사이를 왕래한다. 황종희는 북궁유나 맹시사는 마음이 유행하는 것을 몰랐기 때문에 그저 마음을 움직이지 않게 하는 것이 부동심이라 생각했으며, 또한 마음의 주재란 움직이는 것이 아니라는 것을 몰랐기 때문에 육체를 움직이는 것에서조차 자유스럽지 못했다고 풀이한다. 즉 마음은 기이기 때문에 움직이는 것이며, 부동심이란 그 주재를 상존하게 하는 것이다. 그 주재는 물론 기름을 필요로 하지만, '주재' 역시 기 본래의 성격이기 때문에 "단지 일없음을 행하는 것이 부동심일 뿐이다"라고 말하게 된다. 그 마음이 주재에 따라 유행하는 것이 부동심이다.

"말(言)에서 얻지 못했다면 마음(心)에서 구하지 말고 마음에서 얻지 못했다면 기(氣)에서 구하지 말라." 이 네 구절은 고자(告子) 평생의 학문이다. '말'이란 세상의 의(義)와 이(理)이다. 고자는 의·이는 천지만

물에 흩어져 있고 마음이 가진 것은 단지 지각이라고 생각했으므로 의·
이를 마음에서 구하지 않았다. 마음이 이미 비어서 가진 것이 없으므로
모든 행동과 일을 나의 기에 의거할 수 없었다. 그러므로 반드시 천지만
물에서 이를 구해야 하므로 기에서 구하지 말라고 한 것이다. 기는 지각
하고 운동한다. 맹자는 의·이가 바로 마음[에 있는 것]이라고 생각했고,
그래서 마음의 주재를 '지'(志)라고 했다. 주재가 있으니 유행하지 않을
것을 걱정하지 않는다. '지지언 기차언'(志至焉, 氣次焉)에서 차(次)란
머무는 곳이다. 『주역』의 '나그네가 숙소에 머물다'(旅卽次),[6] '군대가 후
퇴하여 머물다'(師左次),[7] 『주례』의 '장차'(掌次)[8] 등이 이것이다. 지
(志)가 이르는(至) 곳은 기가 머무는 곳이므로, 기 또한 이·의가 아님이
없다. 고자의 병통은 마음에서 이·의를 구할 줄 몰랐다는 데 있다. 이미
마음에서 구할 줄 모르니, 기에서 구한들 무슨 소용이 있겠는가. 그러므
로 [고자의 두 구절에 대한 맹자의 평가가] 가, 불가로 나뉘었지만,[9] 사
실은 일관된 것으로 둘이 아니다.

> 不得於言, 勿求於心, 不得於心, 勿求於氣. 此四句, 是告子一生學問. 言者,
> 天下之義理也. 告子以爲義理散於天地萬物, 心之所有者惟知覺, 故不以義理
> 求之於心. 心旣空無所有, 則一切行事靠我之氣不得, 須求理於天地萬物, 故

---

6) 『주역』「여(旅)·육이(六二)」, "나그네가 숙소에 머물러 품에 재화를 간직하고
동복의 충직함을 얻도다"(旅卽次, 懷其資, 得童僕貞).
7) 『주역』「사(師)·육사(六四)」, "군대가 후퇴하여 머무니 허물이 없다"(師左次,
无咎).
8) 『주례』「천관총재」(天官冢宰) 제1, "장차는 왕이 머무는 장소의 법도를 관장하
여 장막 치는 일을 대비한다"(掌次, 掌王次之法, 以待張事).
9) '부득어심 물구어기'(不得於心, 勿求於氣)는 가하고, '부득어언 물구어심'(不得
於言, 勿求於心)은 불가하다는 맹자의 평가를 가리킨다.

勿求於氣. 氣者, 知覺運動也. 孟子以爲義理卽心, 而是以心之主宰而言曰志, 有主宰則不患不流行. 志至焉, 氣次焉, 次, 舍也. 易之旅卽次, 師左次, 周禮之掌次, 是也. 志之所至, 氣卽次於其所, 氣亦無非理義矣. 告子病痛, 在不知求義理於心. 心旣不知求, 於氣何益. 故以可不可稍分別之, 其實一貫串, 非兩樣也.

● 이 부분은 고자의 "말에서 얻지 못했다면 마음에서 구하지 말고 마음에서 얻지 못했다면 기에서 구하지 말라"에 대한 황종희의 해석이다. 황종희의 해석에 의하면, 고자의 마음은 지각의 기능만 갖는다. 즉 가치의 근원은 인간 안에 없고 객관세계에 있다. 외부에서 주어지는 이치의 시비가 분명하지 않다면, 마음에 비춰보아도 소용이 없고, 마음으로 판단이 안 되는 것을 기에 물어봐도 소용이 없다. 가치에서 혹은 가치의 기준에서 점점 멀어지기 때문이다. 반면 맹자의 경우 가치 혹은 가치의 기준은 마음에 있다. 그러므로 고자식으로 맹자의 생각을 표현하면 "말에서 얻지 못했으면 기에서 구하고, 기에서 얻지 못했으면 마음에서 구하라", 혹은 "마음에서 얻지 못했으면 기에서 구하지 말고, 기에서 얻지 못했으면 말에서 구하지 말라"가 될 것이다. 그래서 맹자는 고자의 주장에 대해 "말에서 얻지 못했다면 마음에서 구하지 말고"는 '불가'하며 "마음에서 얻지 못했다면 기에서 구하지 말라"는 '가'하다고 했다. 그러나 맹자나 황종희처럼 가치가 마음에 있다고 생각하는 입장이라면, 가치의 근원인 마음의 의의를 몰랐다는 데서 앞구절이나 뒷구절이나 오십보백보이다.

지(志)는 기(氣)가 정밀하고 밝은 것으로, [지와 기는] 본래 하나인데 어찌 나누어서 어떤 것은 지(志)요 어떤 것은 기라 할 수 있는가. '기를 난폭하게 하지 않는 것'(無暴其氣)은 지를 잡는(持其志) 공부이다. 만약 기를 떠나 지를 잡으려고 한다면, 허공을 잡는 것을 면하지 못할 것인데 어떻게 기를 수 있겠는가. 옛사람은 구용(九容)[10]을 말했는데 단지 '기를 난폭하게 하지 않는 것'일 뿐이다. '기를 난폭하게 하지 않으면' 지(志)가 어떻게 없을 수 있겠는가. 그러니 두 가지로 말할 수 있는 것이 아니다.

> 志卽氣之精明者是也, 原是合一, 豈可分如何是志, 如何是氣. 無暴其氣, 便是持志工夫, 若離氣而言持志, 未免捉捏虛空, 如何養得. 古人說九容, 只是無暴其氣. 無暴其氣, 志焉有不在者乎. 更無兩樣之可言.

● '夫志, 氣之帥也, 氣, 體之充也. 夫志至焉, 氣次焉' 부분에 대한 설명이다. '의지'로 번역할 수 있는 '지'(志)는, 그것이 마음의 어떤 부분이든지 '기'라는 존재와 별개의 것일 수 없다. 마음은 존재론적으로 '기'이기 때문이다. 그러므로 '기를 난폭하게 하지 않는 것'이 그대로 마음을 기르는 공부이며 또한 지를 잡는(持其志) 공부가 된다.

---

10) '구용'(九容)은 아홉 가지 몸가짐이란 뜻으로, 그 출전은 다음과 같다. 『예기』 「옥조」(玉藻), "군자의 모습은 편안하고 여유 있지만, 존경해야 할 사람을 보면 공경하고 조심한다. 발의 모습은 무게가 있고, 손의 모습은 공손하며, 눈의 모습은 단정하며, 입의 모습은 멈추어 있고, 소리는 고요하며, 머리의 모습은 곧고, 기운은 엄숙하며, 서 있는 모습은 덕스러우며, 낯빛은 장엄하다"(君子之容舒遲, 見所尊者齊遬. 足容重, 手容恭, 目容端, 口容止, 聲容靜, 頭容直, 氣容肅, 立容德, 色容莊).

'기위기야'(其爲氣也) 이하 두 단락은 뒤의 단락인 '색어천지'(塞於天地)가 되는 근거를 설명한 것이다.[11] 즉 이 기가 스스로 조리를 가질 수 있어 멋대로 흐르지 않는 것을 '도의'라고 하며, 이는 유행 가운데 주재가 있음을 말한 것이다. 만약 이 주재가 없다면 유행하지 않아서 굶주리게 되어 천지와 서로 닮을 수 없으니 어떻게 가득 찰 수 있겠는가. 석거(石渠)는 "만약 의와 도가 없다면 유행하려 해도 기는 저절로 굶주리게 된다"고 했는데[12] 바로 이 뜻이다.

『맹자집주』는 '무시'(無是)의 '시'(是)는 기(氣)를 가리키는 것이라고 풀어,[13] "만약 이 기가 없다면 일시적인 행동이 비록 반드시 도의에서 벗어나는 것은 아니라 할지라도 그 본체에 충만하지 못한 바가 있어, 의심과 두려움을 면하지 못하게 되어 일을 하기에 부족하다"[14]고 했다.

만약 이와 같다면 도의는 도의고 기는 기가 되어 끝내 두 가지가 된다. 주자는 이와 기를 둘이라고 생각했기 때문에 이렇게 풀이한 것이다.

> 其爲氣也兩段, 後段釋所以塞於天地之故, 言此氣自能有條理而不橫溢, 謂之道義, 流行之中有主宰也. 若無此主宰, 便不流行, 則餒而不與天地相似, 豈能充塞哉. 石渠言若無義道, 雖欲行之而氣自餒矣, 是也. 集註以無是之是, 指氣而言, 若無此氣, 則其一時所爲, 雖未必不出於道義, 然其體有所不充, 則亦

---

11) "其爲氣也, 至大至剛, 以直養而無害, 則塞於天地之間"에 대한 해석이다. 황종희의 의도에 따라 이 구절을 해석하면, "그 기는 지극히 크고 강건하므로 올곧게 키워서 해를 입히지 않는다면, 천지 사이를 채운다"가 된다.
12) 석거(石渠)는 왕서(王恕, 1416~1508)이다. 권말 '주요인물 소개' 참고. 이 글의 출전은 『석거의견』(石渠意見) 권3, 「맹자」.
13) "其爲氣也, 配義與道, 無是餒也"의 마지막 구절의 '是'를 말한다. 주희의 해석대로라면 "그 기는 의와 도에 짝하는데, 이 기가 없다면 굶주린다"가 된다.
14) "其爲氣也, 配義與道, 無是餒也"에 대한 『맹자집주』의 주이다.

不免於疑懼, 而不足以有爲矣. 如是則道義是道義, 氣是氣, 終成兩樣, 朱子所以認理氣爲二也.

● 주희에게 이와 기는 세계를 구성하는 별개의 두 요소이다. 황종희는 호연지기를 '주재가 상존하는 기'로 보고 있는데, 주희에게는 호연지기라 해도 기이므로 기 따로 주재(道義 즉 理) 따로이다. 황종희에 의하면, 기가 주재를 잃지 않는다면 그 기는 천지 사이에 가득 찬다. 그러므로 '이것이 굶주리면'(無是餒也)을 '만약 이 주재가 없다면'(若無此主宰)으로 풀었다. 즉 '이것'(是)을 '주재'로 해석했다. 그런데 주희처럼 그 '이것'(是)을 '기'(氣)로 보면, 『맹자집주』에서 말하듯이 "사람이 능히 이 기를 기르면 그 기는 도의에 짝하여 도움이 되어 〔도의를〕 행하는 데 용감하고 결단성 있게 되어 의심하고 꺼리는 바가 없게 된다"(言人能養成此氣 則其氣合乎道義而爲之助 使其行之勇決 無所疑懼)로 해석된다. 즉 주희는 호연지기와 도의를 별개의 것으로 보고 있다.

'집의'(集義)는 일에 응하고 사물에 접하는 것이 모두 심체(心體)의 유행이라는 것이다. 마음은 볼 수 없으나 일에서 볼 수 있다. 일없음을 행하면 일(事)에 즉(卽)하고 의(義)에 즉한다. 마음이 일에 모이는 것이 바로 의에 모이는 것(集於義)이다. 근원이 있는 물, 뿌리가 있는 나무는 그 기가 다하는 일 없이 이어 나온다.

'의가 밖에서 들어온다'(義襲)는 것은 〔하늘은〕 높고 〔땅은〕 낮으며 〔그 사이의 만물은〕 각각 달라[15] 하나의 사물에 하나의 의가 있다고 하

며 자취와 모습을 모방하여 구하는 것이니, 바로 주자가 말한 "일마다 모두 의에 맞게 하고자 한다"[16]는 것이 그것이다. ['의습'(義襲)의 '습'(襲)은] '습구'(襲裘)[17]의 '습'(襲)과 같은 뜻으로, 양이 호랑이 가죽을 쓰고 있듯이[18] 서로 맞지 않는 것이다. 일마다 의에 맞추려 하게 되면, 하나의 일이라도 맞지 않으면 본령이 모두 드러나서 허둥지둥 어찌할 바를 모르게 된다. 고자가 의를 밖에 있는 것으로 여긴 병이 이와 같다. 주자는 [고자의 학문에 대해] "멍하게 깨닫는 바 없으면서 성급해서 돌아보지도 않는다"[19]고 했으니, 이는 어리석고 완고한 세속의 무리들이다. 그러니 맹자가 또한 어떻게 [고자와] 함께 의리를 따질 수 있었겠는가. 그래서 상산이 "[주희를 가리켜] 독서해서 의리를 강구하는 것은 바로 고자의 의외(義外) 공부"라고 한 것이니, 그 병을 대단히 적중해서 짚은 것이다.

주자는 [상산을 가리켜] 고요히 앉아서 마음을 맑게 하는 것(靜坐澄

의 번역인데, 그 출전은 다음과 같다. 『예기』 「악기」(樂記), "하늘은 높고 땅은 아래 있고, [그 가운데] 만물이 흩어져 다르며 예제가 행해지고 있다"(天高地下, 萬物散殊, 而禮制行矣).

16) 『맹자집주』.

17) 고대 성례(盛禮) 때, 상의를 감추어 양가죽을 밖으로 드러내지 않도록 하는 것을 '습구'(襲裘)라고 했다.

18) 다음에서 유래하는 말이다. 한(漢) 양웅(揚雄), 『법언』(法言) 「오자」(吾子), "실질은 양이면서 호랑이 가죽을 쓰고 있었는데, 풀밭을 보고 기뻐하다가 이리를 보자 벌벌 떨며 자신이 호랑이 가죽을 쓰고 있는 걸 잊었다"(羊質而虎皮, 見草而說, 見豺而戰, 忘其皮之虎矣).

19) 『맹자집주』, "고자의 학문은 이와 정반대였다. 그 부동심은 거의 어두워 깨닫는 것이 없으며 성급해서 돌아보지도 않는다"(告子之學, 如此正相反, 其不動心, 殆亦冥然無覺, 悍然不顧而已爾).

心)이 오히려 의를 밖에 있다고 여기는 것이라 했는데,[20] 아마 꼭 그렇지
는 않을 것이다.

集義者, 應事接物, 無非心體之流行. 心不可見, 見之於事, 行所無事, 則卽
事卽義也. 心之集於事者, 是乃集於義矣. 有源之水, 有本之木, 其氣生生不
窮. 義襲者, 高下散殊, 一物有一義, 模倣跡象以求之, 正朱子所謂欲事事皆合
於義也. 襲裘之襲, 羊質虎皮, 不相粘合. 事事合義, 一事不合, 則伎倆全露,
周章無措矣. 告子外義之病如此. 朱子言其冥然無覺, 悍然不顧, 此則世俗頑冥
之徒, 孟子亦何庸與之辨哉. 故象山云, 讀書講求義理, 正是告子外義工夫. 亦
已深中其病. 而朱子謂其靜坐澄心, 却是外義, 恐未必然也.

● 황종희는 '집의'(集義)에 대해서도 기일원(氣一元)의 관점에서
설명한다. 마음은 그침 없이 새로워지는 기의 흐름이고 그 기에 의라
는 주재가 있다. 그러므로 일에 마음을 집중하여 적절하게 처리하는
것이 바로 의에 모이는 일이 된다. 즉 그는 '집의'를 '의에 모임'(集於
義)으로 해석했다. 기의 흐름이 그대로 의의 흐름이 되는 것이다. 이
입장에서 그는 고자를 비판하고 또 주자 역시 고자와 다르지 않다고

---

20) 상산의 말 역시 『주자어류』에서 주희의 입을 통해 인용되고 있다. 상산의 문집
안의 출처는 확인할 수 없었다. 『주자어류』 52: 154, "(주희가 말했다). 고자는
의를 바로 치워서 없애버리고 단지 마음 위에서 이해하려고 했다. 그래서 육자
정이 '독서하면서 의리를 강구하는 것은 바로 고자의 의외(義外) 공부'라고 했
지만, 나는 그렇게 생각하지 않는다. 육자정이 독서하지 않은 것은 의리를 구하
지 않고 단지 정좌징심하는 것이므로 오히려 고자가 의를 밖에 있는 것으로 여
기는 것과 비슷하다(曰 "告子直是將義屛除去, 只就心上理會." 因說 "陸子靜云,
'讀書講求義理, 正是告子義外工夫.' 某以爲不然. 如子靜不讀書, 不求義理, 只靜
坐澄心, 却似告子外義)".

생각한다. 황종희에 의하면 고자와 주자 모두 의가 마음이 아니라 마음 외부에 있다고 여겼기 때문에, 주자 역시 사태 사태마다 의에 맞기를 추구했다. 이는 일과 의와 마음이 각각 분리되어 있음을 전제한다. 주희와 육상산은 서로 상대방이 고자와 닮았다고 비난했다. 육상산의 입장은 주자학이 독서와 격물을 통해 의리를 강구하는 것이 의를 밖에 있는 것으로 여기기 때문이라고 비판했고, 주자는 육상산의 정좌징심이 고자와 같다고 비난했는데, 황종희는 육상산에게 동조한다.

'반드시 일삼음이 있음'(必有事焉)은 바로 보존하고 기르는(存養) 공부로서, 경(敬)을 벗어나지 않는다. 이천(伊川)[21]은 다음과 같이 말했다. "물(物)이 있어야 비로소 기른다고 할 수 있다. 물이 없는데 무엇을 기른다는 말인가. 호연지기는 반드시 하나의 물을 보아야 한다. '탁이'(卓爾), '약여'(躍如)[22]와 같은 것이 이것이다."[23] 이는 명도(明道)의 '식인'(識仁)의 뜻과 합치된다. '정'(正)은 붙잡는 병이며 '망'(忘)은 단절의 병이며 '조'(助)는 급박의 병이다. 그러므로 "방검(防檢)해서도 안 되며 궁색(窮索)[24]해서도 안 된다." "추호의 힘도 쓴 적이 없다"[25]고 하는 것

---

21) 정이(程頤, 1033~1107). 권말 '주요인물 소개' 참고.
22) '탁이'와 '약여'는 모두 성인의 모습을 묘사한 말로, 각각의 출전은 다음과 같다. 『논어』「자한」(子罕), "앞에 우뚝 서 있는 것만 같은데 아무리 뒤쫓아가려 해도 끝내 잡을 수가 없다"(顔淵 喟然歎曰 … 如有所立卓爾. 雖欲從之, 末由也已); 『맹자』「진심 상」41, "군자는 활을 당기고 쏘지 않는데 흡사 쏘려는 것처럼 한다. 중도에 서 있으면 능력 있는 자는 따라온다"(君子引而不發, 躍如也, 中道而立能者從之).
23) 『하남정씨유서』(河南程氏遺書) 권18,「이천선생어」(伊川先生語) 4.
24) 방검(防檢)과 궁색(窮索)은 아래 주에 인용한 정명도의 '식인편'에서도 언급되

듯이 정주성리학자들의 수양 과정에서 등장하는 말이다. 방검은 나쁜 요소를 수세적으로 막는 것이고, 궁색은 좋은 요소를 적극적으로 찾는 것이다.

25) "방검(防檢)해서도 안 되며 궁색(窮索)해서도 안 된다", "추호의 힘도 쓴 적이 없다"의 출전은 『하남정씨유서』(河南程氏遺書) 권2 상, 「이선생어」(二先生語) 2 상, '식인편'(識仁篇)이다. 전문은 다음과 같다. "공부하는 자는 모름지기 인(仁)을 알아야 한다. 인은 물(物)과 혼연하게 한 몸으로, 의·예·지·신이 모두 인이다. 이 이치를 알고 성과 경으로 보존할 뿐이지, 방검해서도 안 되며 궁색해서도 안 된다. 만약 마음이 해이해지면 방검하게 된다. 마음이 해이해지지 않는다면 방검이 왜 있겠는가. 이(理)를 아직 얻지 못했기 때문에 궁색하게 되는 것이다. 보존하기를 오래 하면 저절로 밝아지니 왜 궁색에 기대하겠는가. 이 도는 물(物)과 대(對)를 이루지 않으니, '대'(大)자로는 밝히기 부족하다. 천지의 쓰임은 모두 나의 쓰임이다. 맹자는 '만물이 모두 내게 갖춰져 있'으니 '스스로를 돌아보아 성(誠)하다면' 큰 즐거움이 된다고 했다. 만약 스스로를 돌아보아 성하지 않다면 이 두 물은 대(對)가 된다. 나를 저것에 맞추어 끝내 갖지 못하니 어떻게 즐거움을 얻겠는가. 「정완」(「서명」)의 뜻은 이 체(體)를 갖춰 말하였으니, 이 뜻을 보존한다면 또 무슨 일이 있겠는가. '반드시 일삼음이 있되 기필하지 말고, 마음에 잊지 말고 조장하지도 말라'는 것은 추호의 힘도 쓴 적이 없는 것이다. 이것이 보존하는 도이다. 만약 보존한다면 합할 수 있다. 대개 양지와 양능은 본래 잃어버릴 수 없는 것인데, 과거의 습심이 아직 제거되지 않은 상태라도 이 마음을 보존하고 익히기를 오래 하면 구습을 없앨 수 있다. 이 이는 지극히 간략하므로 오로지 지키지 못할 것을 근심한다. 그러나 이미 체득해서 즐거울 수 있다면 또한 지키지 못할 근심 역시 없다"(學者須先識仁. 仁者, 渾然與物同體, 義·禮·智·信皆仁也. 識得此理, 以誠敬存之而已, 不須防檢, 不須窮索. 若心懈, 則有防. 心苟不懈, 何防之有. 理有未得, 故須窮索, 存久自明, 安待窮索. 此道與物無對, '大'不足以明之. 天地之用, 皆我之用. 孟子言 '萬物皆備于我', 須 '反身而誠', 乃爲大樂. 若反身未誠, 則猶是二物有對, 以己合彼, 終未有之, 又安得樂. 「訂頑」意思, 乃備言此體, 以此意存之, 更有何事. '必有事焉而勿正, 心勿忘, 勿助長', 未嘗致纖毫之力, 此其存之之道. 若存得, 便合有得. 蓋良知良能, 元不喪失. 以昔日習心未除, 卻須存習此心, 久則可奪舊習. 此理至約, 惟患不能守. 旣能體之而樂, 亦不患不能守也).

이다. 대개 잘 보존하면 이것이 바로 성(誠)이고 경(敬)이며, 성하고 경하면 보존된다. 보존하는 것이 바로 '방검'이니 '극기'(克己)가 이것이며, 보존하는 것이 바로 '궁색'이니 '택선'(擇善)이 이것이다. 만약 이 외에 또 '방검'하고 '궁색'한다면 인위가 되니, 〔이렇게 되면서〕 세 가지 병통을 범하지 않은 적이 없다.

必有事焉, 正是存養工夫, 不出於敬. 伊川云, 有物始言養, 無物又養箇甚麼. 浩然之氣, 須是見一箇物, 如卓爾躍如是也. 此與明道識仁之意相合, 正是把捉之病, 忘是間斷之病, 助是急迫之病, 故曰不須防檢, 不須窮索, 未嘗致纖毫之力. 蓋存得好就是誠敬, 誠敬就是存也. 存正是防檢, 克己是也. 存正是窮索, 擇善是也. 若外此而爲防檢窮索, 便是人僞, 未有不犯三者之病也.

● '必有事焉, 而勿正心, 勿忘, 勿助長也' 구절에 대한 해석이다. 구체적인 일(物)을 보아야만 호연지기를 기를 수 있다는 이천의 말이나, 의도적인 탐구(궁색)나 경계(방검)에 의해서가 아니라 자기 마음의 인(仁)을 알고 자연스럽게 그 마음을 실천해나가야 한다는 명도의 말은 모두 『맹자』의 이 구절을 풀이한 말이다. 황종희는 두 정선생의 말을 긍정적으로 인용하여 설명을 대신했다.

'일삼음이 있음'(有事)은 동정어묵(動靜語默)을 불문하고 다만 이 한 가지 일이다. 명도는 "내가 글자를 베껴 쓸 때 대단히 경(敬)했다. 글자를 잘 쓰려는 것이 문제가 아니라 여기에 즉(卽)하는 것이 바로 학문이다"라고 말했다. 그런데 글을 베껴 쓸 때, 학문을 한다는 마음이 안에 있으면 사(事)와 이(理)는 둘이 되어 '정'(正)의 병을 범하게 된다. 그래서 그 다음 말하기를 "'정'이란 글자를 잘 쓰려는 것이다"[26]라고 했다.

有事, 不論動靜語默, 只此一事也. 明道曰, 某寫字時甚敬, 非是要字好, 卽此是學. 雖然, 當寫字時, 橫一爲學之心在內, 則事與理二, 便犯正之爲病, 更轉一語曰, 正是要字好.

● '必有事焉'의 '有事'에 대한 해석이다. '동정어묵'이 '한 가지 일'(一事)이라고 한다면, 이 '일'은 개별적인 일이 아니라 '경'으로도 표현되듯이 전일한 마음 상태, 즉 '일삼음'을 의미할 것이다. 바람직한 마음으로 사태 사태를 맞이하는 것이다. 일에 '즉하는'(卽) 상태라고 황종희가 묘사하는데, 내 앞에 있는 일과 그 일을 대하는 나의 마음이 분리된 것이 아니라, 그 일을 하는 내 마음의 '일삼음'이 '이'에 따르는 상태일 것이다. 그것은 마음의 자연성에서 이루어져야 한다. 가령 글자 쓰는 '일'에서 '잘 쓰겠다'는 의도가 끼어드는 것이 집착의 병, 즉 '정'(正)의 병이다.

'반드시 일삼음이 있음'(必有事)은 '경'(敬)에서 벗어나지 않지만, '경'이라고 하지 않고 '일삼음이 있다'(有事)라고 했다. 〔그 이유는 다음의 정자의 말에서 알 수 있다.〕 정자는 다음과 같이 말했다. "만약 하나의 경을 지키기만 하고 의에 모일(集義) 줄 모른다면 오히려 어떤 일도 없다(無事). 또한 만약 효를 하려고 했는데 제대로 되지 않았다면, 단지 효라는 글자〔즉 이념〕만 〔마음속에서〕 지켰기 때문이다. 어떻게 효의 도를 행할 것인가, 즉 어떻게 모시고 어떻게 추위와 더위에 안락하게 해드려야 할까를 알고 난 뒤라야 효의 도를 다할 수 있다."[27] 대개 일삼음이 있

---

26) 이상 『하남정씨유서』 권3, 「이선생어」 3.

고서야 비로소 하나의 경을 완전히 얻을 수 있다. 성실함이 안에 있으면 겉으로 드러난다. 경은 비고 밝은 체(體)이니 만약 일마다 일삼을 수 없다면 어두워 여전히 불경(不敬)에 속한다. 정자는 "함양은 반드시 경으로써 하고, 진학은 치지에 있다"[28]고 했는데, 이는 일관된 공부이므로 반드시 잘 봐야 한다. 그래서 또 "앎(知)을 다하고도 경에 머물지 않는 자는 없다"[29]고 했다.

必有事, 雖不出於敬, 然不曰敬, 而曰有事者, 程子曰, 若只守一箇敬, 不知
集義, 却是都無事也. 且如欲爲孝, 不成, 只守著一箇孝字. 須是知所以爲孝之
道, 所以侍養當如何, 溫凊當如何, 然後能盡孝道也. 蓋有事而始完得一敬, 誠
中形外, 敬是空明之體, 若不能事事, 則昏暗仍屬不敬. 程子, 涵養須用敬, 進
學在致知, 是一串工夫, 須用善看, 故又曰, 未有能致知而不在敬者.

● 앞의 단락을 이어 '반드시 일삼음이 있음'(必有事)에 대해 설명했다. 여기에서 황종희는 정자의 '경'에 대한 해석을 긍정적으로 인용했다. 한마디로 하면 '일삼음'이란 '경'에 머무는 일이다. 그런데 '경'이 바람직한 마음의 상태를 유지하는 것이라면, 구체적인 상황에서 바람직한 행동을 실천해나가는 것이 '의에 모이는'(集義) 것이다. '일삼음'이란 '경'이기는 한데 '경'이란 단순히 마음의 상태가 아니라 구체적인 일에서 일어나고 유지되는 마음이기 때문에 '일삼음'이라고 표현되었다고 황종희는 생각한다. 즉 "일삼음이 있고서야 비로소 하나의 경을

---

27) 『하남정씨유서』 권18, 「이천선생어」 4.
28) 『하남정씨유서』 권18, 「이천선생어」 4.
29) 『하남정씨유서』 권3, 「이선생어」 3, "人道莫如敬, 未有能致知而不在敬者." 황종희가 인용한 것과 약간의 차이가 있다.

완전히 얻을 수 있다." 그러므로 '함양'과 '치지'는 다른 종류의 작업이
아니다. '함양'뿐만 아니라 '치지' 역시 '일삼음'이고 이를 통해 경에 머
물려는 것이기 때문이다.

고자의 '의를 밖에서 들여옴'(義襲)은[30] 의리의 모양과 자취를 모방하
는 것이다. 밖에서 구하니 안의 마음은 마른 나무처럼 되고, 이는『중용』
의 "비단옷을 입고, 홑겉옷을 걸치었다"(衣錦尙絅)[31]는 것과 상반된다.
고자뿐만이 아니라 세상에 '스스로를 위하는 자'(自爲)나 '타인의 평가
를 바라는 자'(爲人), 즉 양주, 묵적, 순우곤,[32] 신도[33] 같은 무리는 학술

---

30)『맹자』본문 가운데 "(호연지기는) 의가 쌓여 생겨나는 것이지 의가 외부에서
　　와서 내가 취한 것이 아니다"(是集所生者, 非義襲而取之也) 부분에서 따온
　　말이다. 맹자가 '집의'와 연결된다면 고자는 '의습'과 연결된다.
31)『중용』제33장,『시경』에 '비단옷을 입고 홑겉옷을 걸치었다'(衣錦尙絅)고 하
　　였으니, 문채가 드러나는 것을 꺼리기 때문이다. 그러므로 군자의 도는 어두운
　　것 같으면서도 날로 밝아지고 소인의 도는 뚜렷한 것 같으면서도 날로 사그라
　　지는 것이다"(詩曰, 衣錦尙絅, 惡其文之著也. 故君子之道, 闇然而日章, 小人之
　　道, 的然而日亡).
32) 성은 순우(淳于), 이름은 곤(髡)이다. 익살과 다변(多辯)으로 유명했다. 천한
　　신분 출신으로 잡학(雜學)했으나, 기지 넘치는 변설로 제후를 섬겨 사명을 다
　　했다. 초(楚)나라가 제(齊)나라로 쳐들어왔을 때 조(趙)나라의 병사를 이끌
　　고 이를 구했다고도 한다. 그의 변론은『전국책』과『사기』의「골계열전」(滑稽
　　列傳)에 기록되어 있다. 또『맹자』「이루 상」17에 맹자와의 논전이 수록되어
　　있다.
33) 신도(愼到, 기원전 395~315). 조(趙)나라 사람으로, 제선왕 때 직하(稷下)의
　　학사(學士)가 되었다. 법가사상가로 특히 세(勢)를 중시했다. 저서에『신자』
　　(愼子) 12편(한나라 때 42편으로 증가)이 있었는데, 송(宋)나라 때에 없어져
　　현재 5편만 남아 있다.『군서치요』(群書治要)에는 진(晉)나라 때의 주석(註釋)
　　7편이 남아 있다.

은 다르지만 그 외면을 꾸미는 것은 같다. 그래서 "천하에 싹이 자라기를 조장하지 않는 사람은 드물다"라고 했다.

告子義襲, 依倣義理跡象, 求之於外, 而中心枯槁, 與中庸衣錦尚絅相反. 不特告子, 凡天下自爲爲人, 如楊墨淳于愼到之徒, 學術或異, 其致飾於外則同, 故曰天下之不助苗長者寡矣.

●내면의 의를 키우는 맹자의 '집의'와 상대해서 의를 밖에서 취한다는 고자의 '의습'에 대해 논평했다. 황종희는 고자뿐 아니라 개인주의자인 양주, 겸애주의자 묵적, 변론가 순우곤, 법가 신도 등을 모두 '의습', 즉 외적인 것을 중시하는 무리로 묶었다. 이들이 모두 내면의 도덕성이 아니라 외부의 가치를 좇는다는 것을 그 공통점으로 추린 것이다. 맹자나 황종희는 가치의 원천은 인간의 내부, 즉 마음에 있으므로 가치를 확대하려면 마음을 키워야 한다고 생각한다. 그러므로 그들의 눈에 외부의 가치를 따르는 것은 억지로 키우는 일, 즉 '조장'으로 비쳤다.

'지'(知)는 영험한 기(氣)이다. 기가 영험하지 않으면 혼탁한 기일 뿐이다. 기를 기른 뒤에 기는 변해 지가 되고, 안정되어 고요하면 사려할 수 있게 되므로, '지언'(知言)과 '양기'(養氣)는 한 가지 공부이다. 『주역』에서 "장차 모반할 자의 말은 수치스럽고, 마음에 의심을 품고 있는 자의 말은 핵심을 벗어나며, 길한 사람은 말이 적고, 조급한 사람은 말이 많다. 선인을 모함하려는 사람의 말은 들떠 있고 지켜야 할 것을 잃은 자의 말은 굴곡이 있다"고 했다.[34] 이는 모든 세상 사람들에 대해 일반적으로 한 말이다. 맹자의 '피사'(詖辭), '음사'(淫辭), '사사'(邪辭), '둔사'

(遁辭)는 당시 한때의 주장을 펴는 무리를 지적해 그 학술을 깨뜨린 것이다. '피사'는 위험한 말로, "닭은 발이 셋이다",[35] "알에는 털이 있다",[36] "흰말은 말이 아니다"[37]와 같은 부류이다. 이는 명실(名實)에 가려진 것이다. '음사'는 여기저기서 넘치게 끌어들여 인용하는 말이 책을 이루는데, 자세히 살펴보면 귀착되는 곳이 없고, 구덩이에 밀어넣듯이[사람을 함정에] 빠뜨리는 말로서 실제의 바탕이 없다. '사사'는 사악하고 편벽된 말로, 패합(捭闔)이나 비겸(飛箝)[38]과 같이 정도(正道)에서 멀리 떨어져 있다. '둔사'는 지혜와 말이 고기 굽는 꼬치처럼 끊임없이 돌아가지만 하나의 설을 주로 하는 것이 없으니, 사람이 그 말이 끊어지지 않음을 보고는 그 달변이 궁색한 것임은 모른다. '피사'는 공손룡 학파, '음사'는 담천연 학파,[39] '사사'는 귀곡자 학파,[40] '둔사'는 순우곤 학파이니,[41] 모두

---

34) 『주역』「계사전 하」.
35) '닭은 발이 셋이다'(雞三足):『장자』「천하」에 변자(辯者)의 명제로 소개된 것 가운데 하나이다. 공손룡(公孫龍)의 명제이다. 『공손룡사』「통변론」에서 "謂鷄足, 一, 數足, 二, 二而一, 故三"으로 설명한다. 닭다리라는 보편자를 하나로 세고, 거기에 실제의 다리 둘을 더해 셋이라고 하는 것이다.
36) '알에는 털이 있다'(卵有毛):『장자』「천하」에 변자(辯者)의 명제로 소개된 것 가운데 하나이다. 혜시(惠施)의 명제이다. 알은 닭의 모태이다. 닭에 털이 있으면 닭의 전신인 알에도 털이 있을 것이라는 것이다.
37) '흰말은 말이 아니다'(白馬非白): 공손룡의 명제이다. '흰말'과 '말'은 내포와 외연이 다르다는 의미로도 해석되며, 대상과 지시어는 일치하지 않는다는 의미로도 해석된다.
38) 『귀곡자』(鬼谷子)의 제1편이 「패합」(捭闔)이며 제5편이 「비겸」(飛箝)이다. 패합은 열고 닫는다는 뜻이며, 비겸은 상대를 높여 제압하라는 뜻이다. '비'란 칭찬하여 띄운다는 뜻이고 '겸'은 쇠사슬로 묶는다는 말이다. 즉 띄워서 꽉 잡는다는 뜻.
39) 담천연은 음양오행가로 알려진 추연(騶衍)의 별명이다. 막힘 없는 달변가로

당시 사람들이다.

　知者, 氣之靈者也. 氣而不靈, 則昏濁之氣而已. 養氣之後, 則氣化爲知, 定靜而能慮, 故知言養氣, 是一項工夫. 易云, 將叛者其辭慚, 中心疑者其辭枝, 吉人之辭寡, 躁人之辭多, 誣善之人其辭游, 失其守者其辭屈. 此是汎擧世人而言. 孟子之詖淫邪遁, 指一時立言之輩, 破其學術. 詖辭, 危險之辭, 如雞三足, 卵有毛, 白馬非白之類, 是蔽於名實者也. 淫辭, 汎濫援引終日, 言成文典, 及細察之, 則倜然無所歸宿, 陷辭如入於坎窖, 無有實地也. 邪辭, 邪僻之辭, 如捭闔飛箝, 離遠於正道. 遁辭, 炙輠無窮, 不主一說, 人見其不窮, 不知其尙口乃窮也. 詖則公孫龍之家, 淫則談天衍之家, 邪則鬼谷之家, 遁則淳于髡之家, 皆是當時之人也.

● '지언'(知言) 부분에 관한 설명이다. 황종희에 의하면, '지'는 기 가운데 뛰어난 것이므로 '지언'(知言)과 '양기'(養氣)는 한 가지 공부 이다. 황종희는 '피사'(詖辭), '음사'(淫辭), '사사'(邪辭), '둔사'(遁辭) 는, 맹자가 당시의 특정 변론가들을 비판하는 말이었다고 해석하고 각 변론가들을 지목했다.

　'하늘과 대화하는 연'이란 뜻의 '담천연'(談天衍)이란 별명을 얻었다. 『사기』 「맹자순경열전」(孟子荀卿列傳) 참조.
40) 귀곡자는 초(楚)의 사상가이다. 은둔하였기 때문에 귀곡자라는 이름을 얻었다. 전국칠웅이 패권을 다투던 시대에 권모술수의 외교책을 편 종횡가(縱橫家)이 다. 『맹자』 「등문공 하」 2에 등장하는 공손연(公孫衍)과 장의(張儀)도 그의 제 자였다고 한다. 저서로 『귀곡자』가 전해지는데, 위서(僞書)로서 소진(蘇秦)의 가탁(假託)이라는 것이 정평이다.
41) 주 32 참조.

『주자어류』에서는 다음과 같이 말한다. "맹자는 양기(養氣)에 대해 말하면서 먼저 지언(知言)에 대해 말했다. 먼저 많은 이론들을 알아 시비사정(是非邪正)에 의문이 없게 된 후에야 이 기를 기를 수 있다."[42]

그런데 이 말과 정자의 "보존하는 것이 오래되면 저절로 밝아진다"[43]와는 상반된다. 만약 먼저 지언(知言)을 공략한다면 이 가운데 잡을 것이 없는데 어떻게 알아(知) 가겠는가? 일종의 골동품 상자가 되지 않을까? 그러므로 넓게 물리를 궁구하느니, 자신을 돌아보고 덕을 닦는(反身修德) 것이 낫다.[44]

> 語類, 孟子說養氣, 先說知言, 先知得許多說話, 是非邪正都無疑後, 方能養此氣也. 此與程子存久自明之言相反. 若打頭先去知言, 則是中無把柄, 如何去知. 恐成一骨董箱耳. 故汎窮物理, 不若反身修德之爲愈也.

● 주자에게 '지언'은 '격물' 공부에 상응한다. 주자에게 '기'는 육체적인 감각이므로 그에게는 '양기'보다 '지언'이 근본이 된다. 기일원론자인 황종희에게는 보존할 이가 기 밖의 것이 아니다. 만약 이것을 놓친 채로 앎만을 추구한다면 그것은 생명 없는 것이다. 그래서 골동품 상자라는 표현을 했으며, 마지막으로 물리를 궁구하는 것보다는 덕을

---

42) 『주자어류』 52: 50.
43) 『하남정씨유서』 권2 상, 「이선생어」 2 상 '식인편'에 나오는 말. '식인편'은 주 25 참조.
44) 이 구절은 다음의 주희의 주장에 대한 반론이다. 『주자어류』 52: 25, "맹자의 입장은 '지언'할 수 있으면 또한 '양기' 할 수 있고 이러면 자연히 부동심할 수 있다는 것이다. 지언이 근본이고 양기는 보조이다"(孟子則是能知言, 又能養氣, 自然心不動. 蓋知言本也, 養氣助也).

닦는 것이 낫다고 마무리했다. 본래 황종희에게 물리의 궁구와 덕을 닦는 것은 다른 일이 아니지만, 물리의 궁구를 기를 닦고 마음을 닦는 일과 별개의 것으로 취급한다면, '덕을 닦는 일'에 마음을 기울이라고 말하는 것이 오해를 줄일 수 있기 때문이다.

회옹은 다음과 같이 말했다. "호연지기(浩然之氣)는 '청명'(淸明)이라는 말로는 부족하다. '호연'(浩然)이라고 해야 광대하고 강건한 의미를 갖게 되니, 마치 장강(長江)과 대하(大河)가 호연하게 흐르는 것과 같다. '부귀나 빈천, 위무가 옮길 수 없고 굴복시킬 수 없는'[45] [등으로 묘사되는 기(氣)의] 부류는 모두 낮은 단계의 것들이니, 이것들을 가지고 말할 수 없다."[46]

이는 아마도 문인이 잘못 기록한 것이리라. 기는 정밀함과 거침이 혼재하는 하나의 길에서 나오며, 기른 후에야 청명해진다. 찌꺼기가 다 없어진 이후에야 비로소 호연해진다. 그래서 횡거(橫渠)[47]는 "흩어져 달라지면 형상을 이루어 기가 되며, 맑아 통하면 형상을 이룰 수 없어 신묘(神)해진다"[48]고 했다. 신묘함은 기른 뒤의 기로서, 청명이 아니라면 어떻게 광대하고 강건하고 [부귀빈천이] 바꿀 수 없고 [위무에] 굴복되지 않겠는가. 이것이 바로 호연의 실태이니 어떻게 [부귀빈천이 바꿀 수 없

---

45) 『맹자』 「등문공 하」 2에 나오는 말이다. "居天下之廣居, 立天下之正位, 行天下之大道, 得志, 與民由之, 不得志, 獨行其道. 富貴不能淫, 貧賤不能移, 威武不能屈, 此之謂大丈夫."
46) 『주자어류』 52: 62.
47) 장재(張載, 1020~77). 권말 '주요인물 소개' 참고.
48) 『장자전서』(張子全書) 수록, 『정몽』(正蒙) 「태화」(太和).

다거나 위무가 굴복시키지 못한다거나 하는 기의 상태가] 오히려 낮은
단계이겠는가. 이해할 수 없다.

晦翁以浩然之氣, 淸明不足以言之, 纔說浩然, 便有個廣大剛果意思, 如長
江大河, 浩浩然而來也, 富貴貧賤威武不能移屈之類皆低, 不可以語此. 此恐門
人所記之失. 氣自精驫一滾出來, 養之而後能淸明, 渣滓盡去, 始爲浩然. 故橫
渠曰, 散殊而可象爲氣, 淸通而不可象爲神. 神乃是養後之氣也, 非淸明, 何如
廣大 · 剛果 · 不移 · 不屈. 正是浩然體段, 如何反低. 不可解也.

● 주자의 말은 호연지기를 일반의 기와 다른 차원의 것으로 여기는
인상을 준다. 그러나 황종희에게 이 세상에 있는 모든 것은 한 가지 기
이다. 호연지기는 '기른' 뒤의 기이다. 설사 '청명'한 기, 혹은 '부귀빈
천이 움직이지 못하는' 기가 '호연'한 기보다 낮은 상태의 기라고 하더
라도, 근본적으로 서로 다른 기가 아니다.

주자는 다음과 같이 말했다. "'의와 도에 짝한다'(配義與道)는 것은 기
가 와서 도의(道義)를 돕는다는 것을 말할 따름이다. 만약 가볍고 쉽게 입
을 열어 성기(性氣)를 호방하게 하면 객기를 얻는 것을 도울 뿐이다. 사람
이 순수하게 되도록 길러야만 도의를 따라 좋게 되도록 도울 수 있다."[49]
나는 순수하게 되도록 기르면 이것이 바로 도의라고 생각한다. 왜 도
의를 '돕는다'고 말할 필요가 있는가? 주자는 이와 기가 둘이라고 주장
했기 때문에 도의가 있으면 또 기가 와서 붙어 비로소 움직인다고 누누
이 말했다. 이는 공자가 "하루라도 인에 힘을 쓸 수 있는가. 나는 아직 힘

---

49)『주자어류』52: 113.

이 부족한 자를 보지 못했다"[50]는 말과 큰 차이가 있다.[51]

朱子云, 配義與道, 只是說氣會來助道義, 若輕易開口, 胡使性氣, 却只助得客氣, 人纔養得純粹, 便助從道義好處去. 義以爲養得純粹, 便是道義, 何消更說助道義. 朱子主張理氣爲二, 所以累說有了道義, 又要氣來幫貼, 方行得去, 與孔子有能一日用其力於仁矣乎, 吾未見力不足者之言, 似有逕庭.

● '배의여도'(配義與道)에 대한 주희의 해설을 비판하고 있다. 주희의 이기이원론과 황종희의 기일원론의 대립이라 할 수 있다. 주희는 기와 이를 별개의 것으로 생각하므로 기를 돕는 것으로서 기 밖의 도의를 생각한 것이고, 황종희는 기가 순수하게 길러지면 그것이 도의라고 생각한다. 덧붙여 황종희는 주희의 이 생각은 '인은 일상의 실천임'을 얘기한 공자의 것과 차이가 있음을 지적했다.

---

50) 『논어』「이인」6, "나는 인(仁)을 좋아하는 자나 불인(不仁)을 싫어하는 자를 보지 못했다. 인을 좋아한다면 더 이상 보탤 것 없이 좋고, 불인을 싫어한다면 그 인의 실천은 불인한 것이 자신에게 오지 못하도록 하는 것이다. 하루라도 인에 힘을 쓸 수 있는 사람이 있는가? 나는 힘이 부족[해서 못하는] 자는 본 적이 없다"(我未見好仁者, 惡不仁者. 好仁者, 無以尙之, 惡不仁者, 其爲仁矣, 不使不仁者加乎其身. 有能一日用其力於仁矣乎? 我未見力不足者. 蓋有之矣, 我未之見也).

51) '큰 차이가 있다'는 '似有逕庭'의 번역이다. '경정'(逕庭)은 문 앞의 길과 집 안의 뜰을 가리키는 말로, 서로 거리가 있음을 비유한다.『장자』(莊子)「소요유」(逍遙游), "마치 문 밖의 길과 집 안의 뜰처럼 그 차이가 커서 보통 사람의 정서에는 맞지 않았다"(大有逕庭, 不近人情焉). 왕선경,『장자집해』, "'경'은 문 밖의 길이고 '정'은 방 앞의 터이다. '대유'는 서로 거리가 먼 것을 이른다"(逕, 門外路. 庭, 堂外地. 大有, 謂相遠之甚).

주자는 "기는 단지 몸 안의 기이며 도의는 모든 사람이 함께 하는 것이다. 천지의 호연지기는 사람이 얻게 되면 자연히 불완전하게 되어, 반드시 도리로써 호연에 이르도록 길러야 한다"[52]고 했는데, 이 말에는 병통이 있다.

사람이 태어난 이후 호흡 하나하나가 하늘(天)과 통하는데, 단지 사욕이 틈을 만들어 천지의 기를 완전하게 이루지 못할 뿐이다. 어찌 개인의 몸에 이르렀다고 저절로 불완전하겠는가. 뒤에 나정암(羅整庵)은 명각(明覺)과 천지를 둘로 나누었는데,[53] 이것도 모두 [주자의 해석에] 근거

---

52) 『주자어류』 52 : 126.

53) 나정암은 나흠순(羅欽順, 1465~1547). 권말 '주요인물 소개' 참고. 나정암은 기(氣)를 떠난 이(理)는 없다는 이기일체론(理氣一體論)을 제창하는 한편 심즉리(心卽理)를 부정하고 성즉리(性卽理)를 주장하였다. 황종희가 본문에서 나정암이 명각과 천지를 둘로 나눴다고 비판하는 것은, 그의 이기설과 심성설이 서로 모순된다는 뜻이다. 다음의 『명유학안』 참조. 『명유학안』(明儒學案) 「제유학안」(諸儒學案), '문장나정암선생흠순'(文莊羅整菴先生欽順), "그런데 선생의 심성에 대한 논의는 이기에 대한 논의와 자못 모순되는 바가 있었다. … 선생은 천성은 태어난 처음에 받았다고 하고 명각은 이미 태어난 후에 발한다고 하면서, 명각은 마음이지 성이 아니라고 했다. 이 말대로라면 성은 체이고 마음은 용이며 성은 '인생이상'(人生以上)으로 정(靜)이고, 마음은 대상에 응해 움직이는 것으로 동(動)이다. 성은 천지만물의 이로 공적(公的)이고, 마음은 나 혼자 갖는 것으로 사적(私的)이다. 먼저 하나의 성을 분명하게 세워 이를 마음의 주재로 삼았는데, 이렇다면 이가 기를 낳는다는 설과 선생의 이기론은 다를 것이 없다. 그러니 모순되지 않는가. 어떻게 이기는 이기고 심성은 심성으로 둘이 하늘과 사람으로 나뉘어 서로 통하지 않을 수 있는가"(第先生之論心性, 頗與其論理氣, 自相矛盾. … 先生以爲天性正於受生之初, 明覺發於旣生之後, 明覺是心而非性. 信如斯言, 則性體也, 心用也, 性自人生以上, 靜也, 心是感物而動, 動也. 性是天地萬物之理, 公也, 心是一己所有, 私也. 明明先立一性, 以爲此心之主, 與理能生氣之說, 無異於先生理氣之論. 無乃大悖乎. 豈理氣是理氣,

를 둔다.

> 朱子云, 氣只是身中底氣, 道義是衆人公共底. 天地浩然之氣, 到人得之, 便自
> 有不全了, 所以須著將道理, 養到浩然處. 此言有病. 人自有生以後, 一呼一吸, 尙
> 與天通, 只爲私欲隔礙, 全不成天地之氣耳, 豈有到人身上, 便自不全. 後來羅整
> 庵分明覺天地爲二, 皆本於此.

● 주희의 이기론에 의하면 인간의 몸은 한정된 공간에 갇힌 기이다. 그러므로 천지의 호연지기 역시 인간에게서는 몸 안에 한정된다. 주희의 경우, 인간이 자신의 몸을 넘어 천지로 비상할 수 있는 근거는 이(理)이다. 그것이 여기의 인용문에서는 '도의는 모든 사람들이 함께 하는 것'이라고 표현되었다. 그러나 황종희에 의하면, 천지와 사람은 태생적으로 모두 일기(一氣)의 존재이므로 같은 차원에서 유행하고 소통한다.

주자는 "사람이 태어날 때는 호연지기가 없다. 다만 저 혼탁하고 퇴락한 기질의 기만 있다. 이 호연지기는 길러서 얻어 가는 것이다"라고 말했다.[54]
나는 다음과 같이 생각한다. 호연지기가 본래 없다면 어떻게 기르겠는가. 실상은 혼탁하고 퇴락한 기도 모두 하나의 기이다. 기르면 철을 단련하여 금이 되듯이[55] 〔좋아지는〕 것이지, 좋은 기가 와서 이 기를 바꿔치

心性是心性, 二者分天人, 遂不可相通乎).

54) 『주자어류』 52: 137.

55) '點鐵成金'의 번역으로, 옛날 방사들의 술법이라고 전해진다. 뒤에는 송대(宋代)의 시인 황정견(黃庭堅)이 '환골탈태'(換骨脫胎)와 나란히 써서 앞사람의

는 것이 아니다. 주자는 다른 날에 "도리가 있는 인심이 바로 도심이다"[56]라고 했는데 이 말은 맞다.

朱子說, 人生時無浩然之氣, 只是有那氣質昏濁頹塌之氣. 這浩然之氣, 乃是養得恁地. 愚謂浩然之氣非固有, 如何養得. 就其實, 昏濁頹塌之氣, 總是一氣. 養之則點鐵成金, 不是將好氣來, 換却此氣去也. 朱子他日又言, 有道理的人心, 便是道心, 則得之矣.

● 앞구절에 이어 주희의 이기이원론을 비판하고 있다. 이정을 비롯한 북송오자(北宋五子)의 철학을 집대성한 주희에게는, 위에서 황종희가 인용했듯이 서로 모순되는 발언이 공존하는 경우가 있다.

후사성이 기록한 바에 의하면,[57] "'반드시 일삼음이 있어야 하며 기필하는 마음을 갖지 말라'(必有事焉而勿正心)에 대해 이천[58]은 선어(禪語)를 들어 비유해서 말하기를 '일삼음은 없을 수 없으나, 마음으로 헤아리면 어긋난다'고 했는데,"[59] 주자는 그렇게 생각하지 않았다.[60] 그런데 주

시에 변화를 주어 더 훌륭한 시를 만들어낸다는 의미로 사용하였다.

56) 아마도 『주자어류』 78: 189의 다음의 구절인 듯하다. "어떤 사람이 물었다. '인심과 도심은 어떻게 다릅니까?' 대답했다. '하나의 마음일 뿐인데, 지각이 이목의 욕구에 따라 움직이면 이것이 인심이고, 지각이 의리에 따라 움직이면 이것이 도심이다"(或問 "人心·道心"之別. 日: "只是這一箇心, 知覺從耳目之欲上去, 便是人心; 知覺從義理上去, 便是道心).

57) 후사성은 정이(程頤)의 문인으로, 여기에 인용한 부분은 『하남정씨유서』 가운데 후사성이 기록한 부분이다.

58) 정이(程頤, 1033~85). 권말 '주요인물 소개' 참고.

59) 『하남정씨유서』 권1, 「이선생어」(二先生語) 1, "侯世與云, '某年十五六時, 明道

자가 말한 '대략 일깨워줌'(略綽提撕)[61]은 또한 얼마나 이〔이천의〕 말과 합치되는가. 여기에다 힘을 쓸 수도 없고 놓아버릴 수도 없으니, 이것이 '잊지 말고'(勿忘) '조장하지 말라'(勿助)는 것이다. 잊지 않고 조장

先生與某講孟子, 至 '勿正心, 勿忘勿助長'處, 云 '二哥以必有事焉而勿正爲一句, 心勿忘勿助長爲一句, 亦得.' 因擧禪語爲況云, '事則不無, 擬心則差.' 某當時言下有省.'

60) 주자는 다음과 같은 반론을 제기했다. 『주자어류』 52: 181, "… 나는 이 인용이 잘못된 것이 아닐까 의심한다. '반드시 일삼음이 있다'는 것은 반드시 여기에서 일이 있어야 한다는 것이고, '마음에서 기필하지 말라'는 것은 이렇게저렇게 되었으면 좋겠다고 기대하지 않는 것이다. 지금 '마음으로 헤아리면 어긋난다'는 것은 어떤 것인가? 말이란 반드시 헤아린 뒤에 하고, 행동이란 반드시 헤아린 뒤에 움직여야 중절(中節)할 수 있다. 이루지 말고 헤아리지도 말고 의론하지도 말고 단지 이렇게 해나가는 것이라면, 이는 선어(禪語)를 닮았다. 나는 이 말을 정의(精義)라고 생각하지 못하겠다"((侯師聖說 '必有事焉, 而勿正心', 伊川擧禪語爲說曰, '事則不無, 擬心則差.' 當時於此言下有省). 某甚疑此語引得不相似. '必有事,' 是須有事於此, '勿正心,' 是不須恁地等待. 今說 '擬心則差,' 是如何? 言須擬之而後言, 行須擬之而後動, 方可中節. 不成不擬不議, 只恁地去, 此語似禪, 某不敢編入精義.').

61) 『주자어류』 14: 7에 "『대학』의 '재명명덕'(在明明德)이라는 한 구를 항상 일깨워야(提撕) 한다. 이렇게 할 수 있으면 진보하는 바가 있을 것이다. 그 근원은 여기에서 발현한다. 사람은 단지 이 일심(一心)을 근본으로 삼아 이 마음을 보존할 수 있으면 사사물물에서 맥락이 관통하는 곳이 있음을 알 수 있다"(大學 '在明明德'一句, 當常常提撕. 能如此, 便有進步處. 蓋其原自此發見. 人只一心爲本. 存得此心, 於事物方知有脈絡貫通處)"에서 보듯, 잠자고 있는 듯한 본성을 깨어나게 하라는 의미로 '제시'(提撕)라는 개념을 사용했다. 「답반자선」(答潘子善) 5(『주자문집』 권60)에서는 '약작제시'(略綽提撕)의 형태로 사용했다. "다만 이 마음을 비우면 움직일 때나 고요할 때나 어느 때이고 이디에든 계신공구의 힘을 다하지 않음이 없어 자연히 주재는 분명해지고 의리는 밝게 될 것이다. 그러나 '계신공구'라는 네 글자가 이미 무겁게 누르므로, 요컨대 다만 대략 일깨워서 스스로 살피고 깨닫게 하는 것이 바로 공부이다"(只是虛著此心,

하지 않는 사이에 마음속에는 하나의 일(事)도 없게 되는 것, 이를 '일삼음이 있다'(有事)라 한 것이니, 이것이 바로 의(義)이다. 만약 하나의 의가 있음을 의식하여 잊지 않고 조장하지 않음으로써 이 〔의를〕 모은다면 〔내 몸의 기가 갖는〕 찌꺼기는 아직 변화하지 않으니, 이것이 의를 밖에 있다고 여기는 것이다. '단예를 키워낸다'는 백사(白沙)의 설,[62] 고경일(高景逸)의 '정좌,'[63] 즙산이 '진리(正諦)는 다시 인위적인 노력을 일으

隨動隨靜, 無時無處不致其戒謹恐懼之力, 自然主宰分明, 義理昭著矣. 然著箇 '戒愼恐懼'四字, 已是壓得重了, 要之, 只是略綽提撕, 令自省覺, 便是工夫也).

[62] 백사(白沙)는 진헌장(陳獻章, 1428~1500). 권말 '주요인물 소개' 참고. 『명유학안』 「백사학안」(白沙學案)이 있다. 『진백사집』(陳白沙集) 「제요」(提要)에서는 다음과 같이 진백사의 학문을 요약하고 있다. "헌장의 학문은 정(靜)을 주로 삼았고 학생들에게는 단좌징심(端坐澄心)을 가르쳤다. 즉 정 가운데서 단예를 기를 것을 가르쳤다"(獻章爲學, 以靜爲主, 其敎學者, 但令端坐澄心, 于靜中養出端倪). 황종희는 『명유학안』에서 다음과 같이 소개하고 있다. "명대의 학문은 백사에서 비로소 정미한 단계로 들어섰다. 그 공부의 요체는 모두 함양에 있었으니, 희로애락이 발하지 않아도 비어 있지 않으며 만감이 번갈아 모여도 움직이지 않는 것이었다. 〔이 학문은〕 양명에 이른 후 번성했는데, 〔헌장과 양명〕 두 선생의 학문은 대단히 가까운데 양명이 뒤에 〔백사에 대해〕 끝내 언급하지 않은 이유는 무엇일까?"(有明之學, 至白沙始入精微, 其喫緊工夫, 全在涵養, 喜怒未發而非空, 萬感交集而不動, 至陽明而後大. 兩先生之學最近, 陽明後來, 從不說起何也).

[63] 고반룡(高攀龍, 1562~1626). 권말 '주요인물 소개' 참고. 『명유학안』 「동림학안」(東林學案) 1, '충헌고경일선생반룡'(忠憲高景逸先生攀龍) 항목이 있다. '정좌'에 관한 그의 생각은 그의 「정좌설」(靜坐說)에서 엿볼 수 있다. 『고자유서』(高子遺書) 권3, 「설류」(說類) '정좌설'. 정좌의 법은 한 터럭의 안배도 허용하지 않는다. 단지 평평상상(平平常常)하게 조용히 정(靜)할 따름이다. … 정(靜)에 의거해 동(動)하므로 또한 평평상상할 뿐이다. 담박하게 움직여가면 정할 때는 동할 때와 일색(一色)이며 동할 때는 정할 때와 일색이다. 일색이란 것은 평상일 뿐이기 때문이다. 그러므로 동도 없고 정도 없다고 한다. 배우는 자

키지 않으려는 것'[64]이라고 한 것들이 모두 〔 '반드시 일삼음이 있어야 하며 기필하는 마음을 갖지 않는 것'(必有事焉而勿正心)이다.〕.

侯師聖說, 必有事焉, 而勿正心, 伊川擧禪語爲況曰, 事則不無, 擬心則差. 朱子不以爲然. 然朱子言略綽提撕, 又何其與斯言相合也. 此處著力不得, 放倒不得, 此之謂勿忘勿助. 勿忘勿助間, 心中絶無一事, 此之謂有事也, 此卽是義. 若知有一義, 以勿忘勿助集之, 渣滓未化便是外義. 白沙之養出端倪, 高景逸之靜坐, 戢山之正諦, 當時切忌又起爐竈, 皆是物也.

● "반드시 일삼음이 있어야 하며 기필하는 마음을 갖지 말라. 잊지도 말고 조장하지도 말라"(必有事焉而勿正心 勿忘 勿助長也)에 대한 해석이다. '헤아리면 어긋난다'고 말하는 정자나 진백사, 고경일, 유즙산 등이 모두 내 마음을 자연스럽게 발현해나가는 것이 의(義)라고 생각하며, 그것이 또 맹자가 말하는 '일삼음'을 제대로 해석한 것이라고 황종희는 평가한다. 주희는 '헤아리면 어긋난다'는 정이의 말에 이의

들은 정좌를 빌린 가운데 이〔평상〕을 체인하는 것에 불과하다"(靜坐之法, 不用一毫安排, 只平平常常默然靜去. 此平常二字, 不可容易, 看過卽性體也以其淸淨不容一物, 故謂之平常. … 由靜而動, 亦只平平常常, 湛然動去, 靜時與動時一色, 動時與靜時一色, 所以一色者只是一箇平常也. 故曰無動無靜, 學者不過借靜坐中認此).

64) 『유자유서』(劉子遺書) 권2,「학언」(學言) 1, "함양(涵養, 기르기)과 극치(克治, 억제하기)는 인심의 두 바퀴이다. 처음 입문했을 때는 극치에 쏟는 힘이 많고, 진보한 뒤에는 함양에 쏟는 힘이 많다. 수레가 쉬운 길로 들어서서 익숙해지면, 이것이 한 가지인지 두 가지인지 모른다. 진리란 다시 인위적인 노력을 일으키지 않으려는 것이다"(涵養與克治, 是人心雙輪. 入門之始, 克治力居多, 進步之後, 涵養力居多. 及至車輕路熟時, 不知是一是二, 正諦, 當時切忌又起爐竈).

를 제기하는데, 황종희가 보기에 주희가 말한 '대략 (본성을) 일깨운다'(略綽提撕)는 수양법은 정이의 말과 다른 것이 아니다.

주자(周子)[65]는 정(靜)을 주로 삼았다. 정(靜)하면 기는 저절로 유행하게 되지만, 만약 한 번이라도 유행하지 않으면 천지가 닫히고 현인이 숨으며[66] 평지인데도 산천의 험함이 생긴다. 그러므로 [정을 주로 삼는 것은] 산을 밀어내듯이 분노를 억제하고 구덩이를 메우듯이 정욕을 막는 것이므로,[67] 처음에 기르지 못하면 말류가 이처럼 어려워진다.

周子主靜, 靜則氣自流行, 一不流行, 則天地閉, 賢人隱, 平地而有山川之險

---

65) 주돈이(周敦頤, 1017~73). 권말 '주요인물 소개' 참고.

66) 『주역』「곤(坤)·문언(文言)」, "천지가 변화하면 초목이 무성하고 천지가 닫히면 현인이 숨는다"(天地變化, 草木蕃, 天地閉, 賢人隱).

67) 이 부분은 다음의 『주역』에 대해 주희가 해석한 글에서 인용한 것이다. 『주역』「손(損)·상(象)」, "산 아래 연못이 있으니 손실이 있다. 군자는 이를 보고 분노를 억제하고 정욕을 막는다"(山下有澤, 損, 君子以懲忿窒欲). 『주역』「익(益)·상(象)」, "바람 불고 천둥이 치는 것이 이로우니, 군자가 선을 보면 실천하고 허물이 있으면 고친다"(風雷益, 君子以見善則遷, 有過則改). 『주자어류』 72: 84, "묻는다. '산 아래 연못이 있으니 손실이 있다. 군자는 이를 보고 분노를 억제하고 정욕을 막는다고 하고, 바람 불고 천둥이 치는 것이 이로우니, 군자가 선을 보면 실천하고 허물이 있으면 고친다고 한다.' [주희는] 말했다. '이천이 [이 둘을] 합해 설명하려고 했는데 나는 이해하지 못했다. 내가 보기에 사람은 자연히 선을 실천하는 때가 있고 자연히 허물을 고치는 때가 있는 것이지, 꼭 [이 둘이] 한 가지 일인 것은 아니다. 내가 보기에 산을 밀어내듯이 분노를 억제하고 구덩이를 메우듯이 정욕을 막는 것이니, 선을 실천하는 것은 바람처럼 신속하고 허물을 고치는 것이 천둥처럼 열렬하다"(問 '山下有澤, 損, 君子以懲忿·窒慾'; '風雷, 益, 君子以見善則遷, 有過則改'" 曰: "伊川將來相牽合說, 某不曉. 看來人自有遷善時節, 自有改過時節, 不必只是一件事. 某看來, 只是懲忿如摧山, 窒慾如塡壑, 遷善如風之迅, 改過如雷之烈).

矣. 故懲忿如摧山, 窒欲如塡壑, 非養之於初, 則末流之難如此.

● '부동심'의 방식으로 주돈이처럼 정(靜)을 위주로 할 때의 위험에 대해 경고했다. 분노와 정욕은 엄연히 존재하는 것이므로 그것을 일시적으로 막는다고 사라지지 않는다. 황종희라면 그 분노와 정욕을 억제하는 것이 아니라 분노와 정욕이 자신의 이(理)에 따라 운동하도록, 즉 이에 맞게 발하도록 할 것이다.

[누군가] 나근계[68]에게 물었다. "일에 임해 갑자기 급해지면, 마음 안에서 합당한 고요함과 안정됨을 얻을 수 없으니, 기르는 게 아직 이르지 못한 것이 주된 이유인가?" 대답했다. "기르면서 그 방법을 얻지 못했기 때문이다. 먼저 미리 고요하고 안정(靜定)되겠다는 의도(主意)를 가지고 있으면, 뒤에 일이 왔을 때 맞지 않아 서로 어긋나고 갈등을 일으키는 경우가 많다. 그러므로 일에 임하면 충동적으로 움직여서 안정되지 못한다." 묻는다. "고요하고 안정되겠다는 의도가 어떻게 불필요하겠는가? 맹자 또한 부동심을 말했다." 대답한다. "만약 다만 의도와 사려(意思)를 주로 삼는다면 어떻게 부동(不動)할 수 있겠는가? 맹자는 마음으로 일을 맞았는데 지금은 오히려 의도로 일을 맞으니, 의도를 중심으로 삼으면 천 년 백 년을 길러도 끝내 움직일 것이다."[69]

有問羅近溪, 臨事輒至倉皇, 心中更不得安貼靜定, 多因養之未至. 曰此養

---

[68] 나여방(羅汝芳, 1515~88). 권말 '주요인물 소개' 참고. 『명유학안』 「태주학안」 (泰州學案) 3에 '참정나근계선생여방'(參政羅近溪先生汝芳) 항목이 있다.
[69] 『명유학안』 「태주학안」 3, '참정나근계선생여방'.

之不得其法. 因先時預有箇要靜定之主意, 後面事來, 多合他不著, 以致相違相競, 故臨事衝動不寧也. 曰靜定之意如何不要. 孟子亦說不動心. 曰若只意思作主, 如何能得不動. 孟子是以心當事, 今却以主意當事, 以主意爲心, 則雖養千百年終是要動也.

● 태주학파 나여방의 부동심에 관한 말을 긍정적으로 인용했다. 앞에서 설명한 바에 따르면, 황종희가 생각하는 부동심이란 마음이 주재에 따라 움직이는 것이다. 그러므로 마음 기르기는 마음의 주재를 단단하게 하는 것이며, 그것이 곧 부동심을 위한 공부가 될 것이다. 즉 의도를 가질 것이 아니라 마음의 주재를 기를 일이다. 마음의 주재를 기르는 일은 의도를 갖는 일보다 더 근원적인 일로, 자신의 본성을 자연 그대로 살리는 일이다.

마음은 스스로 무궁한데, 일단 움직이면 서로 벌어지고 막혀 야자 열매에 지나지 않게 된다. 〔이리 되면〕 어떤 물(物)도 나보다 크지 않은 것은 없으니, 이른바 '천한 자가 귀한 자를 능멸'하고, '작은 것이 큰 것을 능멸'[70] 하는 형국이다.[71]

---

70) '천한 자가 귀한 자를 능멸'함과 '작은 것이 큰 것을 능멸'함은 각각 '賤妨貴,' '小加大'의 번역으로 출전은 다음과 같다. 춘추시대 위(衛)나라의 장공(莊公)이 비합리적 정국 운영으로 나라를 혼란에 빠뜨리자, 대부 석작(石碏)이 여섯 가지의 순리를 어기는 것을 멈춰야 한다고 직언했다. '천방귀,' '소가대'는 그 가운데 둘이다. 『춘추좌전』 「은공」(隱公) '3년조', "'천방귀'(賤妨貴)는 아랫사람이 윗사람을 능멸하는 것, '소능장'(少陵長)은 젊은이가 경륜 있는 자를 능멸하는 것, '원간친'(遠間親)은 멀리해야 할 사람들의 말을 듣고 가까운 사람을 멀리하는 것, '신간구'(新間舊)는 새로운 세대가 구세대를 배척하는 것, '소가

心自無窮, 一動則相阻隔, 不過椰子而已. 無物不大於我, 所謂賤妨貴, 小加大.

● 부동심을 잃었을 때의 상황을 묘사했다. 부동심을 잃는다는 것은 마음이 주재를 잃는 것을 의미한다. 그리되면 그 마음은 몸 밖으로 뻗어가지 못하니, 한 덩어리 야자 열매처럼 살덩어리 심장에 불과한 것이 된다. 뻗어가면 무궁해서 온 우주를 가득 채울 것인데, 그 가치를 발휘하지 못하면 이처럼 하찮은 물건으로 전락해버릴 것이라고 말한다.

〔누군가〕 묻는다. "호연지기가 천지를 채우고 있는데 어디에서 볼 수 있는가?" 해문(海門)72)이 답한다. "어디선들 못 보겠는가. 이것이 '솔개가 날고 물고기가 뛰놀며, 아래위로 드러난다'(鳶飛魚躍, 察乎上下)73)는 뜻이다."
그러나 '잊지 않고 조장하지 않음'이 아니라면 활발발함을 어떻게 보겠는가.

대'(小加大)는 작은 집단이 큰 집단을 능멸하는 것, '음파의'(淫破義)는 음란한 일로 의로운 일을 능멸하는 것이다"(且夫賤妨貴, 少陵長, 遠間親, 新間舊, 小加大, 淫破義, 所謂六逆也).
71) 이 단락은 『전집』본에서는 앞단락에 붙어 있다. 『이주유저휘간』(梨洲遺著彙刊)본에 따라 독립된 단락으로 둔다.
72) 주여등(周汝登, 1547~1629). 권말 '주요인물 소개' 참고. 『명유학안』「태주학안」5에 '상보주해문선생여등'(尙寶周海門先生汝登) 항목이 있다.
73) 『중용』12장, "『시』에 '솔개는 하늘에서 날고 물고기는 연못에서 뛰고 있다'고 했으니 위아래로 드러남을 말한 것이다. 군자의 도는 필부필부에서 시작하나 그 지극함에 이르러서는 천지에 드러난다"(詩鳶飛戾天, 魚躍于淵, 言其上下察也. 君子之道, 造端乎夫婦, 及其至也, 察乎天地).

有問, 浩然之氣塞乎天地, 何處見得. 海門曰何處見不得. 此卽鳶飛魚躍, 察乎上下之意. 然非勿忘勿助, 活潑潑地, 如何見之.

● 앞의 나근계에 이어 역시 태주학파의 한 사람인 주여등(周汝登)의 글을 인용했다. '솔개가 날고 물고기가 뛰논다'(鳶飛魚躍)가 의미하는 것은 일상에 가득 찬 도의 모습이다. 황종희에게 말하라고 한다면, 일상의 모든 것이 기의 전개이고 마음의 전개이다. '잊지 않고 조장하지 않는' 마음을 기를 수 있다면 세상은 활발발하면서도 그 도를 벗어나지 않는 평화로운 모습이 될 것이다.

돌아가신 충단공[74]은 다음과 같이 말했다. "맹자의 '지언'(知言)이란 전체적으로 자기 마음의 근원을 여러 형적에서 인증하는 것이다. 내 마음은 단지 하나만 있는데, 보통 사람들은 스스로 여러 갈래로 나눈다. 이러한 작은 길들은 모두 항상된 마음(常心)에서 변하여 나오는 허다한 요괴들의 모습이다. '지언'이란 항상된 마음을 증거로 삼아, [요괴들의] 탈바꿈이 모두 충분히 폭로되도록 하는 것이다. 타인의 마음을 알 수 있는 것은 또한 자신의 마음을 알 수 있기 때문이다. 여러 마음의 변화를 알 수 있는 것은 또한 내 마음의 항상됨을 키울 수 있었기 때문이다."[75]
사람의 마음은 집착하는 바가 없을 수 없으니, 잊으면 공(空)에 집착하는 것이고, 조장하면 경(境)에 집착하는 것이다. 잊지 않고 조장하지

---

74) 황존소(黃尊素, 1584~1626). 권말 '주요인물 소개' 참고. 『명유학안』 「동림학안」(東林學案) 4에 '충단황백안선생존소'(忠端黃白安先生尊素) 항목이 있다.
75) 『명유학안』 「동림학안」 4, '충단황백안선생존소'.

않으면 집착하는 곳이 없으니, 유(有)와 무(無)의 양극단으로 떨어지지 않는다.

> 先忠端公云, 孟子知言, 全將自已心源, 印證群迹. 吾心止有一, 常人自去分
> 門立戶. 這些蹊徑, 都從常心中變出許多鬼魅魍魎相. 知言者, 但把常心照證,
> 變態無不剖露. 知得人心, 亦只知得自己心. 知得群心之變, 亦只養得吾心之
> 常. 人心不能無所著, 忘則著於空, 助則著於境, 勿忘勿助, 則一無所著, 不墮
> 有無二邊.

● 황종희가 아버지 황존소의 '지언' 해설을 인용하고 자신의 생각을 덧붙였다. 황존소는 '나의' '항상된 마음'을 키우는 것이 바로 '지언'인데, 이것이 타인의 마음을 아는 길이고, 나아가 여러 마음의 변화를 아는 길이라고 말한다. "맹자의 '지언'(知言)이란 전체적으로 자기 마음의 근원을 여러 형적에서 인증하는 것이다"라고 생각하기 때문이다. 이는 사람 마음의 변화는 너나 할 것 없이 하나의 뿌리라고 생각하는 입장에서 나왔을 것이다. 황종희의 말로 표현하자면, 마음이 유행하는 길인 이와 성이 그것이다. 그 항상된 길을 지키고 있다면 다른 사람의 마음이 어디에서 갈라져 나온 것인지 어렵지 않게 알 것이다. 그래서 결국 '지언'도 '양기'(養氣), '양심'(養心)과 다른 것이 아니게 된다.

3-5 빼어난 사람이 합당한 자리에 있음 俊傑在位章

'시전'(市廛)은 장사꾼들이 머무는 곳이다. '전이부정'(廛而不征)이란 물품에 대해서 세를 받지 않는 것이다. '법이부전'(法而不廛)이란 담당자가 다스리지만 그 집에 대해서는 세를 받지 않는 것이다. '거주지(廛)에 대해 세(夫里之布)를 받지 않는다'(廛無夫里之布)에서 〔'거주지'란〕 5묘의 주택이 2묘 반은 농지에 있고 2묘 반은 읍내에 있다는, 농부가 머무는 그 '거주지'이다. '부리'(夫里)란 한 남자가 거하는 마을이라는 뜻으로, 그에게 돈(錢)을 내게 했는데 당시 〔그 세를〕 이 이름으로 불렀다. 그런데 이 역시 세를 매기지 않아야 한다는 것이고, 이로써 농부에게든 장사꾼에게든 한결같이 거둬들이는 것이 없게 하려는 것이었다.

『맹자주소』와 『맹자집주』〔의 풀이〕는 모두 『주례』의 잘못 때문이다.[76] 또한 『석거의견』은 다음과 같이 말했다. "'시전이부정'(市廛而不征)은 단지 시택의 세만 받고 물품의 세는 받지 않는다는 것이며, '법이부전'(法而不廛)은 시전 사람 가운데 법을 어긴 자가 있을 때, 처벌해야 할 재화가 시택의 세보다 무거울 경우에는 그 재화만 취하고 시택의 세는 받지 않는다는 것이다."[77] 〔『석거의견』의 이 해석은〕 더더욱 견강부회이다.

市廛, 商賈所居. 廛而不征者, 不稅其貨也. 法而不廛者, 有司者治之耳, 不稅其屋也. 廛, 無夫里之布者, 五畝之宅, 二畝半在田, 二畝半在邑, 農夫所居之廛也. 夫里, 一夫所居之里, 令之出錢, 當時有此名也. 亦不稅之, 是於農商一無所取. 注疏 · 集註, 皆爲周禮所誤, 而石渠意見以爲市廛而不征, 止取市宅之稅, 而不取貨物之稅, 法而不廛, 市廛之人有犯法者, 該罰之物, 若重於市宅

---

76) 『맹자주소』는 『주례』「재사」(載師)의 "택(宅) 가운데 농사짓지 않는 땅에는 이포(里布)가 있으며, 농지 가운데 농사짓지 않는 땅에는 옥속(屋粟)이 있다. 백성 가운데 직업이 없는 사람에게는 부가(夫家)의 세를 매긴다(凡宅不毛者, 有里布, 凡田不耕者, 出屋粟, 凡民無職事者, 出夫家之征)"는 말을 인용하여, 맹자의 뜻은 독부(獨夫)에게서 이포를 덜어주면 백성들이 기뻐하리라는 것이라고 해석했다. 즉 '이포'와 '부가'의 세금을 각각으로 해석하고, 맹자의 뜻은 '부가'의 세금은 그대로 두고 '이포'만 없애라는 것이라고 해석했다. 『맹자집주』 역시 『주례』를 인용했다.

77) 왕서, 『석거의견』「보결(補缺) · 맹자(孟子)」.

之稅, 止取該罰之物, 而不取市宅之稅, 尤爲穿鑿.

● 맹자가 왕도정치의 세제도에 대해 말한 부분이다. 특히 '부리지
포'(夫里之布)에 관한 해석에 대해 황종희는 『맹자주소』와 『맹자집주』
의 해석을 비판하는데, 이 주석들은 『주례』를 따르고 있다. 『주례』는
'부리지포'를 직업 없는 사람에게 부포(夫布)를 물게 하고, 농사짓지
않는 땅에 이포(里布)를 매긴 것이라고 해석했다. 그리하여 『맹자주
소』와 『맹자집주』는 맹자의 주장을, 부포는 그대로 두고 이포만 없애
야 한다는 것으로 해석했다. 황종희는 이포 외에 부포가 달리 있다는
해석을 비판했다. 그래서 "농부에게든 장사꾼에게든 한결같이 거둬들
이는 것이 없게 하려는 것이었다"고 정리한다.

3-6 사람은 모두 불인의 마음을 갖고 있다 人皆有不忍人之心章

즙산선생은 다음과 같이 말했다. "맹자가 성에 대해 논한 것은 단지 가
장 가까운 곳을 지적한 것이다. 가령 측은지심이라면 똑같은 측은이라도
과와 불급이 있으나 그 차이가 심하지 않기 때문에 측은이라고 해도 무
리가 없다. 수오지심의 경우도 똑같은 수오라도 과와 불급이 있는데 또
한 서로 가깝기 때문에 수오라고 해도 된다. 측은이 과하면 수오가 줄어
들고, 수오가 과하면 측은이 손상된다. 심체(心體)가 점차 손상되면 금
수와의 거리가 가까워진다. 그러나 양심(良心)은 여전히 있어, 평소에
살인을 하고 위협적인 행동을 하는 사람이라도 어린아이가 우물에 빠지
려는 것을 문득 보면 이 마음이 솟아나오니, 어찌 밖에서 녹아든 것이겠
는가."[78]
이에 대해 나는 말한다. 『통서』에서 "성은 강유선악(剛柔善惡)의 중

(中)일 뿐"이라고 했다.[79] 강(剛)과 유(柔)는 모두 선인데 과와 불급이 있으면 흘러 악으로 된다. 그러니 인심에는 악이라 할 만한 것이 없고 단지 과와 불급이 있을 뿐이다. 이 과와 불급 또한 성에서 온 것이다. 그래서 정자(程子)[80]는 악 역시 성이라 하지 않을 수 없다고 했으니,[81] 그래도 여전히 성이 선하다고 하는 데 장애가 되지 않는다.

> 戴山先師云, 孟子論性, 只就最近處指點. 如惻隱之心, 同是惻隱, 有過有不及, 相去亦無多, 不害其爲惻隱也. 如羞惡之心, 同是羞惡, 有過有不及, 相近亦然, 不害其爲羞惡也. 過於惻隱, 則羞惡便減, 過於羞惡, 則惻隱便傷. 心體次第受虧, 幾於禽獸不遠. 然良心仍在, 平日殺人行劫, 忽然見孺子入井, 此心便露出來, 豈從外鑠者. 義曰, 通書云, 性者, 剛柔善惡中而已矣. 剛柔皆善, 有過不及, 則流而爲惡, 是則人心無所爲惡, 止有過不及而已. 此過不及亦從性來. 故程子言惡亦不可不謂之性也, 仍不礙性之爲善.

● 인간이 타고난 착한 본성에 대해 황종희가 어떻게 생각하고 있는지 알 수 있는 중요한 구절이다. 본성이 착하다고 하지만, 그것은 대략적인 평가이다. 즉 순전하게 착하지는 않다. 착한 본성은 기의 흐름이므로 과불급의 운동 속에 있다. 과불급의 운동을 하는 성격 역시 본성

---

78) 『유자유서』(劉子遺書) 권4, 「학언」(學言) 3.
79) 주돈이, 『통서』(通書) 「사」(師) 7(『성리대전서』性理大全書 권2 수록). 주돈이(周敦頤, 1017~73)에 대해서는 권말 '주요인물 소개' 참고.
80) 정호와 정이 형제 가운데 누구의 말인지 불분명한 경우 '정자'로 호칭한 듯하다.
81) 『이정유서』(二程遺書) 권1, "선은 본디 성이지만 악 또한 성이라 하지 않을 수 없다"(善固性也, 然惡亦不可不謂之性也).

적인 것이므로, 인간의 본성은 착하다 할지라도 늘 불완전함을 면할
수 없다.

〔즙산선생은〕 또 다음과 같이 말했다. "측은지심은 인이며,[82] 측은지
심은 인의 단이다. 혹자는 단서(端緖)는 밖으로 보이는 것일 뿐 이 가운
데에서 저절로 나오는 것이 아니므로, '인'이라고 할 때하고는 어의가 조
금 다르다고 말한다. 그러나 이는 '사람이 모두 불인지심을 가지고 있
다'는 것은 단지 인의 일단(一端)을 말함을 모르는 것이다. 인으로부터
의·예·지를 유추해가므로 '사단'이라고 하니, 사지가 그러한 것과 같
다. 맹자는 가장 분명하게 설명했는데, 뒷사람들이 잘못 이해한데다 또
인을 왜곡했다. 이는 『중용』에서 말하는 〔'미발·이발'에 대해〕 맹자가
'미발(未發)은 성(性)이고 이발(已發)은 정(情)이라 설명한 것으로, 제
멋대로 해석을 했기 때문이다.[83] 입은 석 자나 돼서 〔잘도 떠들어대지
만〕[84] 도대체 누구에게 말하는 것인가?"[85] 즙산선생은 다음과 같은 말

---

82) 『맹자』「고자 상」6.
83) 『맹자』를 제멋대로 해석한 사람은 주희를 가리킨다. 『중용』의 "희로애락이 아
   직 발하지 않은 것을 중이라 하고 발한 것이 모두 절도에 맞는 것을 화라 한다"
   (喜怒哀樂之未發, 謂之中, 發而皆中節, 謂之和)에 대해, 주희는 "희로애락은 정
   이며 그것이 아직 발하지 않았을 때는 성이다"(喜怒哀樂 情也, 其未發則性也)
   라고 주를 달았다(『중용집주』). 즉 『중용』의 '미발'을 『맹자』의 '성'(性)과 연결
   시킨 것이다.
84) '입은 석 자나 돼서 〔잘도 떠들어대지만〕'은 '훼장삼척'(喙長三尺)의 번역이다.
   '喙長三尺'은 주둥이가 석 자나 길다는 의미로, 크게 허풍을 떨거나 말을 매우
   잘 함을 비유하는 말이다. 그러나 『장자』「서무귀」(徐無鬼)에서처럼, 말을 잘
   해도 변명할 수 없다는 부정의 뜻으로 많이 사용된다.
85) 『유자유서』 권4,「학언」3.

도 했다. "뱃속을 가득 채우고 있는 것은 모두 측은지심이니, 사람 몸의 8만 4천 개의 털구멍으로 곳곳에서 영묘하게 그 통증과 가려움을 아는 것이 바로 측은지심이다. 문득 [물에 빠지려는] 어린아이를 보고 느껴 움직이는 마음은 모두 영묘하게 통증과 가려움을 아는 이 마음 하나에서 나오는 것이다. 주자는 '통증을 아는 것은 인심이고 측은은 도심'[86]이라고 했는데, 너무 나눈 것이다. 측은이 바로 통증을 아는 것의 다른 이름이다."[87]

> 又曰, 惻隱之心, 仁也. 惻隱之心, 仁之端也. 說者以爲端緖見外耳, 此中仍自不出來, 與仁也語意稍傷, 不知人皆有不忍人之心, 只說得仁的一端. 因就仁推義禮智去, 故曰四端, 如四體判下一般. 孟子最說得分明, 後人錯看了, 又以誣仁也, 因以孟子誣中庸未發爲性, 已發爲情, 雖喙長三尺, 向誰說. 又曰滿腔子皆惻隱之心, 以人身八萬四千毫竅, 在在靈通知痛痒心, 便是惻隱之心. 凡乍見孺子感動之心, 皆從知痛痒心一體分出來. 朱子云 '知痛是人心, 惻隱是道心, 太分晰. 惻隱是知痛表德.

● 타고난 착한 본성에 대해 정주성리학은 완전한 이이고 성이고 인이라고 하지만, 황종희나 유종주의 생각에는 타고난 선한 본성은 완전

---

86) 주희의 글 가운데 이 구절은 찾지 못했다. 명대의 정주성리학자인 호거인(胡居仁, 1434~84)의 『거업록』(居業錄)에는 이 구절이 특별한 인용 표시 없이 실려 있다. 『거업록』 권1, 「심성」(心性) 1, "뱃속을 가득 채우고 있는 것이 측은지심이니 몸을 채운 것은 모두 이 마음이다. 찌르면 통증을 느끼는 것이 이 마음이 아니라면 무엇이겠는가. 그러나 통증을 아는 것은 인심이고 측은은 도심이다"(滿腔子是惻隱之心, 則滿身都是心也. 如刺着便痛, 非心而何. 然知痛是人心, 惻隱是道心).

87) 『유자유서』 권4, 「학언」 3.

한 것이 아니라 작은 싹일 뿐이다. 그러므로 유종주는 맹자가 측은지심은 '인'이라고 할 때의 의미나 '인의 단'이라고 할 때의 의미는 다르지 않다고 해석한다. 인이 측은지심과 다른 차원의 어떤 것이 아니라고 생각하기 때문이다. 현재 내가 타인의 불행에 대해 느끼는 아픔이 바로 측은지심이고 인이다. 즉 이 감각이 바로 측은지심이고 인이다.

[즙산선생은] 또 다음과 같이 말했다. "측은은 마음이 움직이는 모습으로, 성(性)이 가진 생의 기틀(生機)이다. 그러므로 기쁨에 속하지 애상이 아니다. 사양은 마음이 질서 있는 모습으로, 성이 갖는 성장하는 기틀(長機)이다. 그러므로 즐거움에 속하지 엄숙이 아니다. 수오는 마음이 이겨내는 모습으로, 성이 갖는 거두는 기틀(收機)이다. 그러므로 노여움에 속하는 것이지 분발이 아니다. 시비는 마음이 맑은 모습으로, 성이 갖는 저장하는 기틀(藏機)이다. 그러므로 슬픔에 속하는 것이지 분별이 아니다. 사덕은 서로 표리를 이루므로, 낳음(生) 가운데 이김이 있고 이김(克) 가운데 낳음이 있다. 발하는 가운데 저장함이 있고 저장하는 가운데 발함이 있다."[88]

사람의 초념(初念)은 가장 진실하니, 생각하지 않고 사려하지 않는 곳에서 나오는 것이 바로 성의 자연(天)이며, 조금이라도 생각이 구르면(轉念) 이것은 의식(神識)이 작용한 것이다. '문득 보는 것'(乍見)이란 초념이다. 아래 셋은 [모두 사려가 끼어든 마음, 즉] 구른 마음(轉念)이다.[89]

---

88) 『유자유서』 권3, 「학언」 2.
89) "아이의 부모와 사귀려는 마음." "동네 사람들에게 칭찬받고자 하는 마음."

又曰惻隱, 心動貌, 卽性之生機, 故屬喜, 非哀傷也. 辭讓, 心秩貌, 卽性之長機, 故屬樂, 非嚴肅也. 羞惡, 心克貌, 卽性之收機, 故屬怒, 非奮發也. 是非, 心湛貌, 卽性之藏機, 故屬哀, 非分辨也. 四德相爲表裏, 生中有克, 克中有生, 發中有藏, 藏中有發. 人之初念最眞, 從不思不慮而來, 卽是性天, 稍一轉念, 便屬識神用事. 乍見者, 初念也. 下三者皆是轉念.

● 인-예-의-지를 전통적으로 춘하추동에 배당해왔는데,[90] 유종주는 여기에 덧붙여 인-예-의-지를 '희로애락'의 감정에 연결해서 설명했다. 또한 황종희는 우물에 빠지려는 어린아이를 보았을 때 즉각적으로 느끼는 측은지심과, 그 뒤에 끼어들 수 있는 여러 사념들(아이의 부모와 사귀려는 마음 등등)을, 각각 초념과 전념으로 설명했다.

손기욱(孫淇澳)[91]은 다음과 같이 말했다. "맹자가 '사람은 모두 불인지심을 갖고 있다'(人皆有不忍人之心)고 한 것은 사람으로 하여금 마음을 깨닫게 하기 위한 것이었으므로, [현실에서 경험하는] 측은지심을 가리켜 인의 단(端)이라고 한 것이지, 인이 안에 있고 측은지심이 오히려 그 단이라고 한 것이 아니다. 맹자는 또 '인의예지는 마음에 뿌리를 두고

"[구해주지 않았을 때] 비난을 듣지 않으려는 마음"을 가리킨다.

90) 가령 주희는 다음과 같이 말했다.『주자어류』6: 87, "인하면 곧 예가 생긴다. 그래서 인은 봄에 짝하고 예는 여름에 짝한다. 의는 구분하여 결단하는 것이며 지에 이르면 완료된다. 그래서 [각각] 가을과 겨울에 짝한다"(才仁, 便生出禮, 所以仁配春, 禮配夏; 義是裁制, 到得智便了, 所以配秋, 配冬).

91) 손신행(孫愼行, 1565~1636). 권말 '주요인물 소개' 참고.『명유학안』「동림학안」2에 '문개손기욱선생신행'(文介孫淇澳先生愼行) 항목이 있다.

있다'(仁義禮智根於心)[92]고 했는데, 만약 인이 안에 있고 측은지심이 오히려 그 단이라면, '마음이 덕에 뿌리를 두고 있다'(心根於德)고 했어야 하지 '덕이 마음에 뿌리를 두고 있다'(德根於心)고 해서는 안 된다. 만약 '마음이 덕에 뿌리를 두고 있다'면 백방에서 덕을 구해도 마음은 아마도 진실하지 않은 때가 있을 것이다. 오직 '덕이 마음에 뿌리를 두고 있'어야 한결같이 마음을 구하면 덕은 저절로 진실하지 않은 곳이 없게 된다. 그러므로 '학문의 도는 다른 것이 없다. 놓아버린 마음을 찾는 것이다'[93]라고 했다. 〔다음과 같은 질문이 있을 수 있다.〕 『맹자』라는 책은 오로지 성선설을 위한 것이다. 그렇다면 인의예지를 성이라고 할 수 없는가?' 대답한다. 『중용』에서 '성의 덕'(性之德)이라고 했으니[94] 〔인의예지가〕 덕이라고 하면 되지만, 〔인의예지가〕 '바로 성'(卽性)이라고 하면 안 된다. 글자의 구성상 태어나면서 갖는 마음(生心)이 성(性)이다. 성이 선하므로 마음이 선하고 마음이 선하므로 발하는 곳마다 선하지 않음이 없고 사단(四端)이 있는 것이다. 단(端)이란 어린 싹(倪)이다. 단예(端倪)가 있으므로 분량(分量)을 다 발휘하지 않을 수 없다. 그러므로 넓히고 채워야(擴充) 한다. 따라서 '그 마음을 다하는 사람은 그 성을 안다'(盡其心者知其性也)[95]라고 했다. 넓히고 채우면 이것이 마음을 다하는 것

---

92) 『맹자』「진심 상」 21.
93) 『맹자』「고자 상」 11.
94) 『중용』 25장, "성이 자신을 이루는 것에 그치는 것이 아닌 이유는 사물을 이루는 것이기도 하기 때문이다. 자신을 이루는 것은 인이고 사물을 이루는 것은 지이다. 성의 덕은 내외를 합하는 도이므로 때에 합당한 마땅함을 얻는다"(誠者, 非自成己而已也, 所以成物也. 成己, 仁也, 成物, 知也, 性之德也, 合內外之道也, 故時措之宜也).
95) 『맹자』「진심 상」 1.

(盡心)이며, 인의예지가 마음에 뿌리를 두고 있음을 아는 것이 성을 아는 것(知性)이다. 만약 인이 안에 있고 측은지심이 오히려 그 단이라면 이는 '돌이켜 구한다'(反求)고 해야지 넓히고 채운다(擴充)고 해서는 안 된다."[96]

孫淇澳曰, 孟子說人皆有不忍人之心, 欲人識心, 故將惻隱之心指爲仁之端, 非仁在中而惻隱之心反爲端也. 孟子又說, 仁義禮智根於心, 若仁在中而惻隱之心反爲端, 是應言心根於德, 不應言德根於心也. 若心根於德, 則百方求德, 心恐有不眞之時, 唯德根於心, 則一味求心, 德自無不眞之處. 故曰學問之道無他, 求其放心而已矣. 孟子一書, 專爲性善說也. 然則仁義禮智, 可謂非性乎. 曰中庸言性之德也, 謂之德則可, 謂之卽性則不可. 於文生心爲性, 唯性善故心善, 心善故隨所發無不善, 而有四端. 端者, 倪也, 有端倪不可不窮分量, 故須擴充, 故曰盡其心者知其性也. 擴而充之, 便是盡心. 知仁義禮智之根於心, 便是知性. 若仁在中而惻隱之心反爲端, 是應言反求, 不應言擴充也.

● 인의예지를 이(理)이고 성(性)이고 덕(德)이라고 하는 정주성리학에 대한 손신행(孫愼行)의 비판글을 긍정적으로 인용했다. 정주성리학에 의하면 인의예지는 덕이면서 성이다. 덕이든 성이든 정주성리학에서는 완전한 것, 즉 이이다. 황종희의 입장은 인의예지는 덕이지만 성은 아니다. 그에게 성은 원초적인 착한 마음이다. 그것이 넓고 커져서 덕이 되는 것이다. 그러므로 성은 덕을 이루어갈 수 있는 시초이다. 즉 싹과 같은 착한 마음이 근원이 되어 인의예지의 덕으로 자라난다.

---

96) 『명유학안』 「동림학안」 2, '문개손기욱선생신행'.

이견라(李見羅)[97]는 『도성선편』(道性善編)을 지어, "단순히 측은지심을 비롯한 네 가지 마음을 끝내 성이라 할 수 없으니, 성은 안에 감추어져 있다"고 했다.[98] 선유들의 구설은 모두 이렇다. 그리하여 성을 구하는 자는 반드시 사람의 삶을 초월한 곳(人生以上)에서 구해 '마음의 길이 끊어진' 후에야 멈추게 되니, 깨달음(悟)을 극칙(極則)이라고 하지 않을 수 없게 되었다. 주자의 "일단 툭 트여 관통한다"(一旦豁然貫通)는 주장[99] 역시 이러한 지름길로 떨어지는 것을 면하지 못한다. 불자(佛者)는 "하나의 물(物)이 천지에 앞서 있으며, 모습이 없이 본래 텅 비어 고요하므로, 만상의 주인이 되어 사시에 따라 조락하지 않는다"[100]고 했는데, 이 뜻과 흡사하다.

이것이 유교와 불교의 경계가 불분명한 이유이다. 사단 외에 어디에서 성을 볼 것인가? 인의예지라는 이름은 사단이 있고 난 뒤에 있는 것이지, 사단에 앞서 먼저 인의예지가 안에 있는 것이 아니다. '닭은 다리가

---

97) 이재(李材). 권말 '주요인물 소개' 참고. 『명유학안』 「지수학안」(止修學案)에 '중승이견라선생재'(中丞李見羅先生材) 항목이 있다.

98) 『도성선편』(道性善編). 실물을 구하지 못해, 구체적인 출처를 확인하지 못했다.

99) 『대학』의 "(此謂知本), 此謂知之至也"에 붙은 주희의 주이다. 『대학집주』, "힘을 쓰기를 오래 하면 일단 툭 트여 관통하게 되어, 모든 존재의 표리정조에 이르지 않음이 없고, 내 마음의 전체대용이 밝아지지 않음이 없다. 이를 격물이라 하며 지의 지극함이라 한다"(至於用力之久而一旦豁然貫通焉, 則衆物之表裏精粗, 無不到, 而吾心之全體大用, 無不明矣. 此謂物格, 此謂知之至也).

100) 부대사(傅人上)로 알려진 선혜(善慧)보살(497~?)이 지은 게송이다. 북송의 승려 수애(壽涯)가 주렴계(周濂溪)에게 준 것이기도 하다. 『주자어류』 126: 43에서 주희가 법안종(法眼宗)의 이론으로 인용하면서, 유가와 비슷하다고 논평하고 있다.

셋이다'.[101] '노비는 귀가 셋이다'[102]라는 언명은 실제 다리 둘과 실제 귀 둘에다, 그것을 작용하게 하는 것을 더해 셋이라 하는 것이다. 사단 외에 허공에서 하나의 사물을 구해 이를 주로 삼으면 또한 이들 [궤변들과] 무엇이 다른가!

李見羅著道性善編, 單言惻隱之心四者, 不可竟謂之性, 性是藏之於中者. 先儒之舊說皆如此. 故求性者, 必求之人生以上, 至於心行路絶而後已, 不得不以悟爲極則, 卽朱子之一旦豁然貫通, 亦未免墮此蹊徑. 佛者云, 有物先天地, 無形本寂寥, 能爲萬象主, 不逐四時凋, 恰是此意, 此儒佛之界限所以不淸也. 不知舍四端之外何從見性. 仁義禮智之名, 因四端而後有, 非四端之前先有一仁義禮智之在中也. 雞三足, 臧三耳, 謂二足二耳有運而行之者, 則爲三矣. 四端之外, 懸空求一物以主之, 亦何以異於是哉.

● 정주성리학이 인을 측은지심과 다른 차원의 존재로 설정하는 것을 비판했다. 황종희는 이들이 인의예지를 현실과 다른 차원의 존재로 간주하는 것은 공손룡이 보편자를 실재하는 것으로 여기는 것과 같다고 비판한다. 공손룡은 "닭은 다리가 셋이다"라고 말한다. 이는 실제의 다리 둘 외에 보편자로서의 다리까지 셈에 넣은 것이다. 정주성리학의 입장이라면 인은 측은지심과 다른 존재이지만, 황종희에게 인은 측은

---

101) '계삼족'(雞三足):『장자』「천하」에 변자(辯者)의 명제로 소개된 것 가운데 하나로, 공손룡(公孫龍)의 명제이다.『공손룡사』「통변론」에서 "謂鷄足, 一, 數足, 二, 二而一, 故三"으로 설명한다. 닭다리라는 보편자를 하나로 세고, 거기에 실제의 다리 둘을 더해 셋이라고 하는 것.

102) '장삼이'(臧三耳):『여씨춘추』「음사」(淫辭)에 실린 공손룡의 명제이다. '계삼족'과 마찬가지로 실제의 귀 둘에 귀라는 보편자를 더한 것이다.

지심 외에 다른 것이 아니다. 황종희에게 닭다리는 두 개인 것이다.

뱃속을 가득 채우고 있는 것이 측은지심이며,[103] 이 [측은의] 뜻(意)이 두루 흘러 단절이 없는 것이 미발의 희로애락이다. 감촉이 있게 되면 [이 측은의 마음은] 홀연히 솟구쳐 나오므로 안과 밖으로 나눠서 말할 수 없다. 선유들이 측은[의 마음]에 근원이 있다고 말한 것은 모두 이 뜻이다. 그러나 발하는 것이 정(情)이고 보존되어 있는 것이 성(性)이라고 말할 수는 없다. 확충의 도는 이 마음을 보존하고 키우는 것(存養)이며, [이 마음을] 두루 흘러 그치지 않게 하면 정치를 하여 인을 베풀게 되는 것이니, 여기에 하나라도 불인지심 아닌 것이 없다.

> 滿腔子是惻隱之心, 此意周流而無間斷, 即未發之喜怒哀樂是也. 遇有感觸, 忽然迸出來, 無內外之可言也. 先儒言惻隱之有根源, 未嘗不是, 但不可言發者是情, 存者是性耳. 擴充之道, 存養此心, 使之周流不息, 則發政施仁, 無一非不忍人之心矣.

● 황종희에게 미발의 영역은 '성'이라는 실재로서 보존되어 있는 것이 아니라, 이미 유동하는 마음이다. 감촉 이전부터 이 마음은 유행하고 있다. 보존해야 할 것도 이 마음이며 확충해서 정치로 뻗어가는 것도 이 마음이다. 측은지심의 확충이란 그 마음의 유행이 끊어지지 않도록 보존하면서 현실에서 그 영향력을 넓혀가는 것일 뿐이다.

고충헌(高忠憲)[104]은 「허경암[105]에게 보내는 편지」에서 다음과 같이

---

103) 『이정유서』 권3, 「사현도기억평일어」(謝顯道記憶平日語).

말했다. "환하게 늘 밝은 이 마음이 도심으로서, 오로지 배울 줄 아는 자만이 갖고 어리석은 백성들은 갖지 않는 거라고, 저는 평소에 생각했습니다. 평단지기(平旦之氣)가 아주 미미할 때는[106] 사물의 감촉에 따라 갑자기 밝아지다 또 갑자기 어두워지므로, 마치 광석 속의 금과 같이 광석이라고는 할 수 있지만 금이라고는 할 수 없습니다. 물이 얼어 얼음이 되면 얼음이라고는 할 수 있으나 물이라고 할 수 없는 것과 마찬가지입니다. 선생이 이에 대해 '하인들이 일하는데 절도에 들어맞는 것이 모두 도심이다'라고 말씀하셨습니다. 저는 처음에 심히 의심했는데, 이윽고 체인(體認)을 통해 평소에 말한 '환하게 늘 밝은 마음'을 깨닫는 것이 오히려 꽉 잡아 놓치지 않으려는(把捉) 의도이며, 어리석은 백성들은 '솔개가 날고 물고기가 뛰놀듯이'(鳶飛魚躍)[107] 하늘에 맡기는 편안함에서 나와 부지불식지간에 하늘의 법칙에 맞지만,[108] 다만 그들은 날마다 쓰

---

104) 고반룡(高攀龍, 1562~1626). 권말 '주요인물 소개' 참고. 『명유학안』 「동림학안」 1에 '충헌고경일선생반룡'(忠憲高景逸先生攀龍) 항목이 있다.

105) 허부원(許孚遠, 1535~1604). 권말 '주요인물 소개' 참고. 『명유학안』 「감천학안」 5에 '시랑허경암선생부원'(侍郎許敬菴先生孚遠) 항목이 있다.

106) 『맹자』 「고자 상」 8의 다음의 구절에 등장하는 말로 '평단지기'(平旦之氣)와 '미미한 것' 둘 다 타고난 선한 마음을 가리킨다. "밤낮으로 자란 [선한 마음과] 평단지기에서 [드러나는] 사람들이 비슷하게 공유하는 그 마음은 아주 미미하므로, 낮에 저지르는 [나쁜] 행동에 의해 달아나버리는 일이 있다"(其日夜之所息, 平旦之氣, 其好惡與人相近也者幾希, 則其旦晝之所爲, 有梏亡之矣).

107) 『중용』 12장, "『시』에 '솔개는 하늘에서 날고 물고기는 연못에서 뛰고 있다'고 했으니 위아래로 드러남을 말한 것이다. 군자의 도는 필부필부에서 시작하나 그 지극함에 이르러서는 천지에 드러난다"(詩鳶飛戾天, 魚躍于淵, 言其上下察也. 君子之道, 造端乎夫婦, 及其至也, 察乎天地).

108) 『시경』 「문왕지십(文王之什)·황의(皇矣)」, "알지 못하는 사이에 하늘의 법에 따르고 있다"(不識不知, 順帝之則).

면서도 알지 못하는 것[109]일 뿐임을 홀연히 깨닫게 되었습니다. 그렇다면 깨달음이 없는 것도 잘못이요, 의도를 가짐도 잘못이니, 반드시 양심의 스스로 그러함을 참된 것으로 여겨야 할 것입니다. 조금이라도 안배가 섞이면 본래의 모습이 아니겠지요."[110]

내 생각에 충헌이 말하는 '꽉 잡음'(把捉)은 '지를 잡는 것'(持其志)[111]이다. 명도가 '지를 잡는 것'에 대해 논하면서 "단지 이것이라면 이는 사사로움이다. 그러나 학자들은 이렇게 하지 않으면 얻을 수 없다"[112]고 말했다. 그러니 착수 단계의 공부에서는 꽉 잡아 놓치지 않을(把捉) 수 없지만, 오래되어 익으면 자연히 '솔개가 날고 물고기가 뛰노는' 것과 같아져서 불인지심(不忍之心)의 유행 아님이 없게 된다. 대개 홀연한 느낌은 보통 사람들이 알 수 없는 것으로, 배우는 자들이 꽉 잡는 것 역시 인을 지키는 공부이다. 잡는 것이 이미 지나가면 이것이 "자기 안에 갖는 것을 신(信)이라 한다"[113]는 바로 그것이 된다.

---

109) 『주역』「계사전」, "어진 자는 이것을 보고 인이라 하고 지혜로운 자는 이것을 보고 지라 하며 백성은 날마다 사용하지만 알지 못한다. 그래서 군자의 도는 드물다"(仁者見之謂之仁, 知者見之謂之知, 百姓日用不知, 故君子之道鮮矣).

110) 『고자유서』권8 상, '서'(書) '여허경암선생'(與許敬菴先生); 『명유학안』「동림학안」1, '충헌고경일선생반룡'.

111) 『맹자』「공손추 상」2에서 '호연지기'를 설명하면서 나오는 구절이다. '지를 단단히 잡다'라는 의미이다. "지(志)는 기를 통솔하며 기는 몸을 채운다. 지가 이르는 곳에는 기도 거기에 있다. 그래서 그 지를 〔단단히〕잡고 기를 난폭하게 하지 말라고 하는 것이다"(夫志, 氣之帥也, 氣, 體之充也. 夫志至焉, 氣次焉, 故曰, '持其志, 無暴其氣).

112) 『이정외서』(二程外書) 권8, 「유씨본습유」(游氏本拾遺), "因論持其志, 先生曰只這箇也是私, 然學者不恁地不得."

113) 『맹자』「진심 하」25, "원할 만한 것을 선이라 하며, 자기 안에 갖는 것을 신이

高忠憲與許敬庵書云, 平昔自認, 以此心惺然常明者爲道心, 惟知學者有之, 蚩蚩之民無有也. 即其平旦幾希, 因物感觸, 倏明倏晦, 如金在鑛, 但可謂之鑛, 不可謂之金, 如水凝氷, 但可謂之氷, 不可謂之水. 而先生乃曰, 童僕之服役中節者, 皆道心也. 初甚疑之, 已而體認, 忽覺平日所謂惺然常明之心, 還是把捉之意, 而蚩蚩之民有如鳶飛魚躍, 出於任天之便者, 反有合於不識不知之帝則, 特彼日用不知耳. 然則無覺非也, 有意亦非也, 必以良心之自然者爲眞, 稍涉安排, 即非本色矣. 按, 忠憲所謂把捉, 即持其志也. 明道論持其志曰, 只這箇也是私, 然學者不恁地不得. 然則起手工夫, 不得不把捉, 久之而熟, 自然鳶飛魚躍, 無非不忍之流行矣. 蓋忽然之感, 常人不能知及, 學者之把捉, 亦是仁守工夫, 逮夫把持旣去, 斯有諸己之爲信耳.

● '솔개가 날고 물고기가 뛰놀다'(鳶飛魚躍)가 상징하는 것은 일상에 밀착된 도이다. 황종희가 생각하는 유학의 도는 일상에서 출발하고 또 끝까지 일상을 떠나지 않는다. 마음을 키우는 공부가 쌓이면 마음을 키운다는 의식도 노력도 필요없는 경지까지 가겠지만, 보통 사람이 공부하는 데는 의식적인 노력을 배제할 수 없다. 고반룡은 깨달으려는 평소의 마음이 바로 '꽉 잡으려는 의도'였다고 반성한다. 그러나 황종희는 의식적인 노력, 즉 '꽉 잡음'(把捉)의 의의를 인정한다. 즉 상식적인 공부 방법을 인정한다. 보통 사람들은 처음에 이러한 의도적인 공부를 통해 시작해서 자연스러움으로 이행해가야 한다는 것이다.

라 하며, 채워 열매를 맺는 것을 아름다움이라 하며, 채워 열매를 맺어 빛나는 것을 큼이라 하며, 크게 변화하는 것을 성이라 한다. 성하면서 예측할 수 없는 것을 신이라 한다"(可欲之謂善, 有諸己之謂信, 充實之謂美, 充實而有光輝之謂大, 大而化之之謂聖, 聖而不可知之之謂神).

충헌은 또 "인심에 담연하게 하나의 사물도 없을 때 이것이 곧 인의예지이다"[114]라고 말했다. 나는 '사견'(乍見)의 때에 일물(一物)도 드러나지 않으므로 이것이 바로 담연한 것이라고 생각한다. 만약 공연히 이 마음을 지키고 본체를 보기를 구한다면 이것은 선학(禪學)이다.

忠憲又云, 人心湛然無一物時, 乃是仁義禮智也. 義以爲乍見之頃, 一物不著, 正是湛然. 若空守此心, 求見本體, 便是禪學矣.

● 사견(乍見)은 『맹자』의, 우물에 빠지려 하는 어린아이를 보는 그 순간을 말한다. 『맹자』에서 그 아이의 부모와 사귀려는 마음도 아니고, 동네 사람들에게 칭찬을 들으려는 마음도 아닌, 사려가 개입하기 이전의 마음이라고 설명한다.

나근계[115]는 생사득실이 갈렸을 때 마음이 움직이지 않았다고 안산농[116]에게 자술했다. 산농은 말했다. "이는 욕망을 억제한 것이지 인(仁)을 체득하는 것이 아니다." 그러자 근계가 물었다. "내 몸의 사사로움을 이기고 천리를 회복하는 것인데, 욕망을 억제하지 않는다면 어떻게 인을 체득할 수 있습니까?" 산농은 대답했다. "그대는 맹자가 사단을 논한 것을 보지 못했는가. '다 넓히고 채울 줄 알면 불이 처음 타듯, 샘이 처음 솟듯 한다.' 이처럼 인을 체득하니 얼마나 직접적인가. 그러므로 그대는

---

114) 『고자유서』 권3, 「위선설」(爲善說); 『명유학안』 「동림학안」 1 '충헌고경일선생반룡'.
115) 나여방(羅汝芳, 1515~88). 권말 '주요인물 소개' 참고.
116) 안균(顏鈞, 1504~96). 권말 '주요인물 소개' 참고.

지금 날마다 사용하지만 알지 못하는 눈앞의 것[117]을 근심해야 할 뿐, 천성의 생생함이 혹 그칠까 망령되이 의심하지 말라."[118] 이 역시 충헌의 뜻과 부합한다.

羅近溪自述其不動心於生死得失之故於顏山農. 山農曰, 是制欲, 非體仁也. 近溪曰, 克去自私, 復還天理, 非制欲安能體仁. 山農曰, 子不觀孟子之論四端乎. 知皆擴而充之, 若火之始然, 泉之始達, 如此體仁, 何等直截. 故子患當下日用而不知, 勿妄疑天性生生之或息也. 此亦與忠憲之意相符.

● 나근계와 안산농의 대화를 통해 '욕망의 억제'와 '직접적인 인의 체득'을 대비시켜 설명하고 있다. '욕망을 억제'하는 활동에서는 '나'와 '나의 욕망'이 분리되고 있다. 안산농은 '인의 체득'이란 '날마다 사용하는 눈앞의 것'과 분리되지 않음을 강조하고 있다.

3-8 자로의 허물을 말해주다 子路人告之以有過章

'선한 일을 남과 함께 한다'(善與人同)는 한 구절이 전체의 뜻이다. '자기를 버리고 남을 따른다'(舍己從人)는 구절 이하 '남에게서 취하지 않는 것이 없었다'(無非取於人者)에 이르는 부분은 이를 풀이한 것이다.

---

117) '날마다 사용하지만 알지 못한다'의 출전은 다음과 같다. 『주역』 「계사전」, "인자는 이것을 보고 인이라 하고 지자는 이것을 보고 지라 하며 백성은 날마다 사용하지만 알지 못한다. 그래서 군자의 도는 드물다"(仁者見之謂之仁, 知者見之謂之知, 百姓日用不知, 故君子之道鮮矣).

118) "선생은 생사득실이 갈릴 때의 부동심에 대해 말했다"(先生自述其不動心於生死得失之故)에서 "천성의 생생함이 혹 그칠까 망령되이 의심하지 말라"(勿妄疑天性生生之或息也)까지 모두 『명유학안』 「태주학안」 3, '참정나근계선생여방'에 실려 있다.

'이는 남과 함께 선을 실천하는 것이다'(是與人爲善者也)는 구절은 '선한 일을 남과 함께 한다'는 구절로 마무리되는데, 사람들이 선을 행하는 데 피차(彼此)를 나누지 않음을 말했다.

『맹자집주』에서는 "저 사람의 선을 취해 나에게 행하니 저 사람은 더욱 선의 실천에 권면하게 된다. 이는 내가 그 선의 실천을 돕는 것이다"[119] 라고 했다. 이는 형적을 너무 나누어 오히려 깨달음이 작아진 해석이다.

추남고(鄒南臯)[120]는 다음과 같이 풀었다. "'선한 일을 남과 함께 한다'는 것은 〔나의〕선으로 타인을 동화시키는 것도 아니고, 또한 타인의 선으로 나를 동화시키는 것도 아니다. 사람마다 본래 가지고 있는 것으로 각각이 원만하게 이루는 것이니, 물고기가 물에서 놀듯 새가 연못 위에서 날듯, 어떤 것도 틈을 만들 수 없다."[121]

善與人同一句是總意. 舍己從人以下至無非取於人者是釋文. 是與人爲善者也, 結善與人同句, 猶言大家爲善, 不分彼此也. 集註, 取彼之善而爲之於我, 則彼益勸於爲善矣, 是我助其爲善也, 形跡太分, 反覺小了. 鄒南臯曰, 善與人同, 不是將善去同人, 亦不是將人善來同我, 人人本有, 箇箇圓成, 魚游於水, 鳥翔於淵, 無一物能間之也.

● 황종희의 의도를 정리해보면 다음과 같다. 즉 "자신을 버리고 타인을 따르며 타인에게서 취해 선을 행하는 것을 즐긴다. 밭 갈고 곡식

---

119) 『맹자집주』.
120) 추원표(鄒元標, 1551~1624). 권말 '주요인물 소개' 참고. 『명유학안』「강우상전학안」8, '충개추남고선생원표'(忠介鄒南臯先生元標).
121) 『명유학안』「강우상전학안」8, '충개추남고선생원표'.

심고 그릇 굽고 고기 잡을 때부터 황제가 되었을 때까지 모두 타인에
게서 취했다"(捨己從人, 樂取於人以爲善. 自耕稼陶漁, 以至爲帝, 無非
取於人者)는 구절이 "타인과 함께 선을 실천한다"(善與人同)에 대한
설명이라는 것이다. 이어 황종희는 타인과 함께 선을 행한다는 것은
각자 자신의 자연대로 사는 것이라고 해석한 추남고의 글로 설명을 대
신했다. 각자 자신이 타고난 자연성을 실현하면 그것이 저절로 순조로
운 전체의 흐름 속에 있게 된다는 것이다.

3-9 백이伯夷章

맹자가 백이(伯夷)와 유하혜(柳下惠)를 유독 나란히 일컬어 논한 것
은, 종래에는 본디 이 두 종류의 학문이 있었기 때문이다. 저(沮), 익
(溺),[122] 장인(丈人)[123] 등의 부류는 백이 쪽이고, 안영(晏嬰),[124] 숙손
착(叔孫婼)[125] 등의 부류는 유하혜에 가깝다. 후세에 엄자릉(嚴子
陵),[126] 적인걸(狄仁傑)[127] 등은 각각 앞사람(先人)의 설을 근본으로 하

---

122) 장저(長沮)와 걸익(桀溺). 은자로서, 공자를 헛된 노력을 하는 사람이라 비웃
　　었다는 이야기가 『논어』 「미자」(微子)에 실려 있다.
123) '장인'(丈人)은 늙은이를 가리키는 말인데, 역시 공자와 동시대를 살았던 은
　　자로, 공자가 손발 근면하게 놀리지 않고 오곡도 분별하지 못하는 사람이라고
　　비판했다는 이야기가 『논어』 「미자」에 실려 있다.
124) 중국 춘추시대 제나라의 정치가(?~기원전 500). 자는 평중(平仲)이다. 영공
　　(靈公) · 장공(莊公) · 경공(景公)의 3대를 섬기면서 재상을 지냈다. 『맹자』
　　「양혜왕 하」 4에 제나라 경공에게 순수(巡狩)와 술직(述職)에 대해 말한 에피
　　소드가 실려 있다. 『안자춘추』는 그의 언행을 후세의 사람이 기록한 것이다.
125) 시호는 소자(昭子)로, 춘추시대 노(魯)나라 대부(大夫) 숙손목자(叔孫穆子)
　　의 서자(庶子)이다.
126) 엄광(嚴光). 자릉(子陵)은 자이다. 광무제(光武帝) 유수(劉秀)와 동문수학한

여 그 뜻을 편 것으로, 〔맹자가〕 대충 말한 것이 아님을 알 수 있다.

> 伯夷柳下惠, 孟子獨立擧以言之者, 蓋從來原有此兩種學問. 沮溺丈人之流,
> 近伯夷一邊, 晏嬰叔孫婼之流, 近柳下惠一邊. 後世如嚴子陵狄仁傑, 皆各有
> 祖述. 故知非汎汎言之也.

● 6-9 '말하기 좋아함'(好辨章)에서 황종희는 이익을 추구하는 학
문을 '스스로를 위하는'(自爲) 학문과 '타인의 평가를 바라는'(爲人)
학문으로 나누고 양주와 묵적을 그 발원처로 생각하고 있음을 피력했
다. 그 분류에 의하면, 이 장에서 등장하는 백이와 유하혜는 각각 '스
스로를 위하는' 학문과 '타인의 평가를 바라는' 학문을 한 사람이다.
황종희는 '인의의 학문'이 아닌 것은 이 둘 중의 하나라고 정리한다.
마지막에 〔맹자가〕 대충 말한 것이 아니다'라는 것은, 맹자가 유학 아
닌 학문, 즉 '이단'의 학문을 자신이 지금 밝히듯이 계통적으로 파악하
고 있었다는 뜻이다.

사이이다. 광무제가 즉위한 뒤, 그의 권력에 대한 욕심을 한탄하면서 벼슬을
준다는 것을 뿌리치고 은자가 되었다. 『후한서』 권113, 「일민열전」(逸民列傳)
73, '엄광전'(嚴光傳) 참고.
127) 적인걸(狄仁傑, 630~700)은 당나라 때 재상을 지냈던 사람이다. 당나라 3대
황제인 고종(高宗)의 황후였던 측천무후(則天武后)는 고종이 죽은 뒤 친아들
인 중종(中宗, 4대)과 예종(叡宗, 5대)을 세웠으나 곧 폐하고, 67세 때(690
년) 스스로 제위에 올라 국호를 주(周, 690~705)라고 했다. 적인걸은 이때의
재상이다. 청렴강직하고 식견이 높았다고 한다. 더없이 잔인하고 명석한 무후
를 직간(直諫) 보필하여 어지러웠던 정치를 바로잡고 민생을 안정시켰을 뿐
아니라, 유능한 선비를 추천하여 벼슬길에 나아가게 했다. 조야(朝野)로부터
존경을 받았다.

공손추 하

4-1 하늘의 때와 땅의 이로움天時不如地利章

맹자는 또한 전국시대의 시세(時勢)에 근거해 말한 것이다. 후세에 말하는 '하늘의 때'(天時)란 군웅이 할거하는 대란의 때이다. 이른바 '땅의 이로움'(地利)은 당(唐)나라가 하북(河北)을 잃어 망하고 송(宋)나라가 임안(臨安)으로 도읍을 옮기고 약해진 것과 같은 것이다. '사람의 화합'(人和)으로 말하자면 만고불변인데, 장순(張巡), 허원(許遠)[128]이 죽음으로 지키자 그 아래 한 사람도 배반한 자가 없고 버리고 간 사람도 없었다는 일과 같은 것 역시 사람의 화합이라 할 수 있다. 그러나 하늘의 때와 땅의 이로움을 모두 잃으면 사람의 화합에 누를 미치지 않을 수

---

128) 허원과 장순은 당나라 현종(玄宗)·숙종(肅宗) 때의 충신이다. 안록산(安祿山)의 난 때 적장 윤자기(尹子琦)가 10만 대군을 거느리고 수양(睢陽)을 공격해 오자, 수양 태수로 있던 허원이 자신의 재주가 장순에게 미치지 못한다는 이유로 그 권한을 넘기고 그의 수하로 들어가 군량과 병기만 관장하였다. 『신당서』(新唐書) 권192, 「장순전」(張巡傳) 참고.

없다.

孟子亦以戰國時勢而言. 後世之所謂天時, 當群雄競起大亂之時是也. 所謂
地利, 如唐失河北而亡, 宋都臨安而弱是也. 至於人和, 則萬古不易, 然如張巡
許遠之死守, 其下無一人叛者, 未嘗委而去之, 亦可謂之人和矣, 而天時地利皆
失, 不能不累及人和也.

●『맹자』의 요지는 "하늘의 때는 땅의 이로움만 못하고 땅의 이로움
은 사람의 화합만 못하다"는 것이다. 황종희는 하늘의 때와 땅의 이로
움은 시세에 따라 다르지만 사람의 화합은 만고불변의 진리라고 하면
서도, 하늘의 때와 땅의 이로움이라는 객관적 상황이 모두 나쁘면 사
람의 화합에도 영향을 미치지 않을 수 없다고 덧붙인다. 맹자보다 현
실적이라고 할 수 있다.

4-2 맹자, 제나라 왕을 만나려 하다 孟子將朝王章

맹중자(孟仲子)가 〔맹자를 배려할 생각으로 한〕 행동이나 경추씨(景丑
氏)가 왕을 공경하는 자세[129]는 모두 당시 세상의 실정이었다. 후세에는
마침내 그것을 당연한 예로 여기게 되었고 굳어져 좀처럼 깨지지 않았
다. 이 때문에 천자가 신하를 가축 기르듯 했으며 신하는 스스로 노예처
럼 처신했다. 그 행동이 모두 환관이나 궁첩의 일이라 군신의 예는 거의
끊어졌다. 그러나 당시 제후들이 사람들에게 교만을 부렸던 것은 〔너의〕

---

129) 『맹자』 본문에서 보듯이, 맹중자와 경추씨는 "임금이 부르면 수레에 말을 맬
때를 기다리지 말고 달려가야 한다"는 입장이었다. 그래서 맹중자는 맹자를
위해 왕을 만나러 갔다고 거짓말을 해주었고, 경추씨는 맹자에게 왕에 대한
공경이 부족하다고 충고했다.

부귀빈천을 바꿀 수 있는 권한이 내게 있다는 그런 정도에 불과했다. 그러므로 [저들의 부귀보다 자신의 인의가 못하지 않다는] 증자의 말[130]을 인용해서 그것을 논파한 것이지, 정말로 정색하고 비교한 것은 아니다.[131] 맹자의 뜻은 신하 된 자들은 모두 스스로를 중요한 존재로 여겨야 한다는 것으로, 간사하게 영합하는 길로 뛰어들면 안 되는 것은 빈사(賓師)[132]뿐만 아니라는 것이다.

孟仲子之周旋, 景丑氏之敬王, 皆一切世情, 後世遂以爲禮之當然, 牢不可破. 由是, 天子而豢畜其臣下, 人臣而自治以傭隷, 其所行者皆宦官宮妾之事, 君臣之禮, 幾於絶矣. 然當時諸侯之所以驕於人者, 不過以富貴貧賤, 可以顚倒之權在我, 故引曾子之言以破之也, 豈眞絜絜較量乎. 孟子之意, 以爲凡爲臣者皆當自重, 不趨於詭隨一途, 不獨賓師爲然也.

● 좋은 신하는 인과 의를 실천하는 자라는 자존심을 갖고 권력에 아부해서는 안 된다는, 황종희의 신하관을 엿볼 수 있다.

4-3 진진陳臻章

군자의 교제는 모두 의(義)의 유행(流行)으로, 하나의 물(物)이 있음

---

130) 『맹자』에 인용된 증자의 다음 말을 가리킨다. "진나라와 초나라의 부유함에는 내가 미치지 못한다. 그러나 저들에게 부유함이 있다면 내게는 인(仁)이 있고, 저들에게 작위가 있다면 내게는 의(義)가 있다. 내게 무엇이 저들보다 부속하겠는가."

131) 즉 제후들이 갖고 있는 '부귀빈천을 바꿀 수 있는 권한'과 증자나 맹자가 자부하는 '인과 의'의 경중을 다투려는 것이 아니라는 뜻이다.

132) 빈사(賓師)는 관직에 있지 않으면서 군주의 존경을 받는 사람이다.

도 보지 않는다. 의에 비추어 편안하지 않은 바가 있다면 뇌물의 성격이 있음을 본 것이다. 그러므로 "뇌물을 취한다"(貨取)라고 했으니 '취하는 것'(取)은 내게 달려 있다.

손주(孫註)[133]는 "뇌물을 내게 보내는 것은 나로 하여금 은혜를 품게 하려는 것이다"[134]라고 했는데, 여기서 '취'(取)자는 '보내다'(餽)는 뜻이다. 그리고 주자가 이것을 따랐다.[135]

만약 이렇다면[이 해석대로라면] 교제하면서 이익을 따지는 마음으로 일처리를 하지 않겠는가! 피차 상대의 속마음을 예측하고 [결과를 유도하는 것은] 군자의 도가 아니다.

> 君子之交際, 一切是義之流行, 不見有一物在, 於義有所不安, 則見有貨矣, 故曰貨取, 取字在我. 孫註云, 是以貨財取我, 欲使我懷惠也, 取字屬餽者. 朱子因之. 若是則交際之間, 無乃機心用事, 彼此億逆, 非君子之道矣.

●『맹자』의 이 장은 제후들에게 노잣돈을 받고 안 받는 차이가 무엇인지에 대한 내용을 담고 있다. 황종희는 여기에서 특히 "군자가 어떻게 '화취'(貨取)하겠는가?"(焉有君子而可以貨取乎?)의 '取'자에 대한 해석을 시도하고 있다.『맹자주소』나 주희는 타인이 내게 뇌물을 '보내는' 것이라고 해석했는데, 황종희는 이를 부정하면서 마음에 불편한 바가 있어서 내가 '취하지' 않는 것이라고 해석했다.『맹자주소』나 주

---

133) 실제로는『맹자주소』의 조기 주를 인용한 것이다. '손주'(孫註)는 '조주'(趙註)의 잘못이다.『유종주전집』에서는 '조주'로 고쳐놓았다.
134) 한(漢) 조기(趙岐), 송(宋) 손석(孫奭),『맹자주소』(孟子注疏)의 조주(趙注).
135) 주희는『맹자집주』에서 "'取'는 '이르다'와 같다"(取猶致也)라고 풀었다. 즉 보낸 물건이 온다는 뜻.

희의 해석대로라면, 늘 상대방이 내게 한 행동의 의도를 짐작하는 일이 필요하다. 황종희에 의하면 그러한 행동은 군자의 것이 아니다. 군자라면 스스로 그것을 취하는 것이 적절한지 그렇지 않은지를 판단한다는 것이다.

4-4 맹자, 평륙에 가다 孟子之平陸章

'대오를 이탈한다는 것'(失伍)은 지금 점호하는 데 없는 것이다. '가게 한다'(去之)는 것은 내쫓는 것이다. 『맹자집주』에서는 '죽인다'고 풀이했는데[136] 그렇지 않은 것 같다. 주자는 〔『주자어류』에서〕 "'왕의 도(都)란 『주례』에서 '도성(都)과 지방(鄙)'이라고 할 때의 '도성'으로, 네 현이 도성(四縣爲都)"이라고 했는데,[137] 이는 의심할 바가 없다. 그런데 『맹자집주』에서는 오히려 "선군(先君)의 묘가 있는 읍을 도(都)"라고 풀었다.[137] 그러나 『맹자』 본문의 "왕의 도를 다스리는 자 가운데 나는 다섯 명을 압니다"(王之爲都者臣知五人焉)의 구절에 의거하면, 제나라의 도는 다섯에 그치지 않는다. 만약 각 도에 선군의 묘를 세우게 한다면 타(鮀)도 〔종묘에서〕 기원하는 직무를 다 감당할 수 없었을 것이다.[139] 이는 『맹자주소』를 따른 잘못이다.[140]

---

136) 『맹자집주』, "去之, 殺之也".
137) 『주자어류』 54: 5, "又曰: "'王之爲都', 又恐是周禮所謂 '都鄙'之 '都'. 周禮, '四縣爲都.'"
138) 『맹자집주』, "爲都治邑也, 邑有先君之廟曰都".
139) 축(祝)은 종묘(宗廟)의 일을 맡는 관명(官名)이고 타(鮀)는 위(衛) 대부(大夫)로 자(字)는 자어(子魚)이다. 말주변이 좋은 것으로 이름났으며, 그에 얽힌 일화가 『논어』 「옹야」에 등장한다.
140) 조기 주, 손석 소, 『맹자주소』의 조기 주에 "邑有先君之廟曰都"라고 되어 있다.

失伍, 如今點卯不到也. 去之, 黜去之也. 集註謂殺之, 恐不然. 朱子云, 王之爲都, 是周禮都鄙之都, 四縣爲都. 此可無疑. 而集註却用邑有先君之廟曰都, 據本文王之爲都者臣知五人焉, 是齊之爲都不止五也, 使各立先君之廟, 鮀不勝祝矣. 此沿註疏之失.

● 글자풀이, 특히 '도'(都)의 글자풀이를 중점적으로 다루었다. 황종희는 지방과 대비되는 도성의 의미라고 생각했다. 주희는 『주자어류』에서는 '도성'이라고 풀이했는데, 『맹자집주』에서는 '선군의 묘가 있는 읍'이라고 풀이했다.

4-6 등나라에 문상가다 出弔於滕章

정자(程子)는 "음식, 언어의 도를 다하면 나아가고 물러나는 도를 다할 수 있고, 나아가고 물러나는 도를 다하면 삶과 죽음의 도를 다할 수 있다. 음식, 언어, 나아가고 물러남, 삶과 죽음, 이들 크고 작은 일들의 세(勢)는 모두 한가지이다"라고 말했다.[141] "이미 다스리는 사람이 있는데, 내가 무슨 말을 하겠는가"(夫旣或治之, 予何言哉)는 언어의 도를 다한 것이다. 왕환(王驩)은 제나라 폐대부(嬖大夫)이다. '폐'(嬖)는 '비'(鄙)와 통하는 말로, 〔폐대부는〕 외딴 변경지대(邊鄙)의 대부이다. 뒷사람들이 '폐'자를 가지고 많은 의론을 했다.

程子曰, 能盡飮食言語之道, 則可以盡去就之道. 能盡去就之道, 則可以盡死生之道. 飮食言語去就死生小大之勢一也. 夫旣或治之, 予何言哉. 此盡言語之道也. 王驩, 齊之嬖大夫, 嬖與鄙通, 乃邊鄙之大夫. 後人因嬖之一字, 遂生

多少議論.

●맹자가 왕환을 대하는 태도를 '언어의 도'라는 관점에서 풀었다. 왕환과의 이 일과 관련해서 황종희는 "성현은 다른 사람들을 대할 때, [구체적인] 일에 임해서 그 이의 당연함을 논할 뿐이다. 가령 등(滕)에 조문하는 왕환을 대할 때는 말을 걸면 안 된다는 것만 말할" 뿐이라는 (8-27, '공행자' 公行子章) 말을 했다.

4-7 맹자, 노나라에서 장례를 치르다孟子自齊葬於魯章

학중여(郝仲興)[142]는 다음과 같이 말했다. "맹자가 어머니를 봉양할 때 제나라에서 벼슬하고 있었다. 어머니가 돌아가시자 왕은 경(卿)의 예로 염하게 했다.[143] 노나라에 돌아가서 3개월 있다가 장사를 치렀다. '제로 돌아온 것'은 임금이 준 것에 인사하기 위해서였다. '영(嬴)에서 멈춘 것'은 왜인가? 예에 의하면 상복을 입은(衰絰) 채로 궁궐 문(公門)에 들어가지 못하기 때문에, 제나라 경계에 이르러 제단과 자리(壇位)를 만들고 영에서 예를 끝낸 뒤 노나라로 돌아간 것이다."[144]

---

142) 학경(郝敬, 1558~1639). 권말 '주요인물 소개' 참고. 『명유학안』 「제유학안 하」 3 '급사학초망선생경'(給事郝楚望先生敬) 항목이 있다.

143) '염하다'는 '함수(含襚)의 번역. 다음의 『주례주소』 정현(鄭玄) 주(註) 참조. "『춘추전』에서 말하기를 '입을 채우는 것을 함이라 하고 의복을 입히는 것을 수라 한다'"(春秋傳曰 '口實曰含, 衣服曰襚').

144) 학경의 이 말은 청(淸) 염약거(閻若璩)의 『사서석지』(四書釋地)에 인용되어 있다. "孟子奉母仕于齊. 母卒, 王以卿禮含襚. 及歸魯, 三月而葬, 反於齊, 拜君賜也. 其止於嬴何也? 禮, 衰絰不入公門, 大夫去國踰竟, 爲壇位鄉國而哭, 此喪禮也. 故自魯越國, 至齊境上, 爲壇位成禮於嬴畢, 將遂反也."

"천하를 위하느라 자기 부모를 검소하게 대우하지 않는다"(不以天下儉其親)는 구절은 살아 있을 때의 봉양과 죽었을 때의 장사를 겸해 한 말이지, 장사에만 해당하는 말이 아니다. 주자의 뜻은 이 구를 앞의 내용을 증명하는 구절로 삼은 것인데,[145] 아닌 것 같다.

> 郝仲輿曰, 孟子奉母仕於齊. 母卒, 王以卿禮含襚. 及歸魯, 三月而葬. 反於齊, 拜君賜也. 其止於嬴何也. 禮, 衰絰不入公門, 故至齊境上, 爲壇位, 成禮於嬴畢, 復歸魯也. 不以天下儉其親, 此句兼養生送死, 不專以送終言也. 朱子之意, 欲以此句證上文, 似不然.

●『맹자』의 이 장에는 맹자가 어머니의 장사를 치른 것과 관련하여 제자와 문답한 것이 실려 있다. 제자가 너무 후하지 않은가 라고 묻자, 맹자가 부모를 생각하며 재물을 아끼지 않는 것이 자식의 마음이라고 대답했다. 황종희는 학중여의 말을 인용하여, 제나라에서 객경을 지낸 맹자가 초상을 치르고 난 뒤에 제나라와 노나라, 그리고 영 지방 사이에 있었던 행보를 설명하고, 끝에서는 "부모를 검소하게 대우하지 않는다"를 장사의 일로 풀이한 주희의 주를 비판했다.

4-8 제나라, 연나라를 정벌하다 齊人伐燕章

『맹자집주』에서 양씨(楊氏)[146]는 "'연나라 사람이 배반하자 맹자의 조

---

145) 『맹자』의 "吾聞之也, 君子不以天下儉其親"에 대해 주희는 『맹자집주』에서 "마지막을 보내는 예는 마땅히 할 수 있는 일인데도 다하지 못한다면, 이는 천하를 위해 이 물건을 아껴 내 부모에게 박하게 대하는 것이다"(送終之禮, 所當得爲而不自盡, 是爲天下愛惜此物, 而薄於吾親也)라고 주를 달았다. 즉 장사에 대한 것으로만 해석했다.

언을 허물했다"고 했는데[147] 이는 옳지 않다. 『국책』에 의하면, 맹가가 제선왕에게 "지금 연을 정벌하는 것은 문왕, 무왕의 때라면 잘못이 아니다"라고 했다.[148] 이를 보고 잘못 생각해서 이런 말이 생긴 것이다. 어째서 『맹자』 본문을 가지고 증명하지 않는가? 만약 당시 맹자에게 허물을 돌리는 말이 있었다면 "나는 맹자에게 심히 부끄럽다"는 선왕의 말[149]은 당치 않다.

> 集註楊氏云燕人畔, 以是歸咎孟子之言, 非也. 此因國策有孟軻謂齊宣王曰 今伐燕, 此文武之時, 不可失也, 從而誤信之, 故有此議. 何不以孟子本文證 之. 若當時有歸咎孟子之言, 則宣王不當云, 吾甚慙於孟子矣.

● 이 장구에서 제나라가 연나라를 정벌한 뒤에 맹자가 한 말은(즉 선생이 제나라에게 연나라를 치도록 권했다고 하는데 사실인가 하는 물음에 대한 대답ー맹자는 정벌할 수 있다고는 했지만 질문 당사자인 심동이나 제나라가 정벌해도 좋다는 말은 아니었다고 해명했다.) 변명으로 들릴 수 있다. 양시와 주희 역시 맹자가 제나라로부터 비난을

---

146) 양씨는 양시(楊時, 1053~1135)이다. 권말 '주요인물 소개' 참고.

147) 『맹자집주』, "양씨는 다음과 같이 말했다. '연은 정벌할 만했기 때문에 맹자가 정벌해도 좋다고 말한 것이다. 만약 제왕이 그 임금을 목베고 백성들을 위로한다면 안 될 이유가 없었다. 그러나 부형을 목베고 자제를 포로로 잡은 뒤에 연나라 사람들이 배반한 것이므로, 맹자의 조언을 허물하면 잘못이다'"(楊氏曰, 燕固可伐矣, 故孟子曰, 可. 使齊王, 能誅其君弔其民, 何不可之有. 乃殺其父兄, 虜其子弟而後, 燕人畔之, 乃以是歸咎孟子之言, 則誤矣).

148) 『전국책』 권29, 「연일」(燕一).

149) 『맹자』의 본 장구(「공손추 하」 8)에 이어지는 다음 장구, 즉 「공손추 하」 9에 실려 있는 제선왕의 말이다.

당한 사실이 있다고 해석했다. 황종희는 이에 반대하면서 양시나 주희가 『전국책』을 오독하여 잘못 해석한 것이라고 말한다. 제나라가 맹자를 원망하는 입장이었다면, 『맹자』 「공손추 하」 9에 실려 있듯이 제나라의 선왕이 "나는 맹자에게 심히 부끄럽다"고 말할 리 없기 때문이다.

4-9 연나라 사람들, 반란을 일으키다 燕人畔章

옛사람들이 변명하면서 책임에서 벗어나려는 것을 보면, 〔이는〕 옛날부터 소인들의 일상적인 모습이다. 진가(陳賈)가 하는 말을 보면 천 년의 세월이 하루 같다.

> 說到古人以自解脫, 從來小人常態, 觀陳賈之言, 千古如一日也.

●『맹자』에서 제나라 대부인 진가(陳賈)가 연나라의 배반을 초래하고 부끄러워하는 제왕에게 변명성 궤변을 늘어놓다가 맹자에게 면박당하는 내용이 나온다. "진가가 하는 말을 보면 천 년의 세월이 하루 같다"는 말은 황종희 당대에 여전히 진가처럼 잘못을 저지르고 변명성 궤변을 늘어놓는 사람이 많다는 의미일 것이다.

학중여[150]는 다음과 같이 말했다. "주공이 성왕을 도왔을 때 관숙은 공을 폄훼하는 말을 퍼뜨렸고, 왕이 의심하자 공은 피해서 동토에 머물렀다. '관숙이 은나라 유민을 이끌고 반란을 일으켰을 때'(管叔以殷畔) 성

---

150) 학경(郝敬, 1558~1639). 권말 '주요인물 소개' 참고. 『명유학안』 「정유학안 하」 3, '급사학초망선생경' 항목이 있다.

왕은 두 공[151]과 관내에 있었고, 관숙을 잡아 죽인 것을 주공은 몰랐다. 주공의 잘못은 관숙을 잘못 임용한 것에 있으니 선견지명이 없었던 것이다. 주공이 형을 죽인 일이 없다는 것은,「금등」,「대고」,[152]「빈풍」,「소아」[153] 등에서 증명할 수 있다. 주공이 형을 죽였다는 설은『서경』의「채중지명」(蔡仲之命)에서 비롯한 것으로, 옛날부터 있던 이야기가 아니라, 소문으로 전해지다 사실처럼 정착된 것이다.[154] 노의 성계(成季)는 형 숙아(叔牙)를 죽이고도 세훈(世勳)으로 추대되고,[155] 진(晉)의 숙향(叔

---

151) 두 공은 태공(太公)과 소공(召公)이다. 태공은 강태공(姜太公)으로, 뒤의 여상(呂尙)이다. 태공은 문왕이 은의 주왕을 멸하고 천하를 얻는 것을 도왔고, 그 공으로 제(齊)를 분봉받아 제의 시조가 되었다. 소공의 이름은 석(奭)으로, 문왕의 아들이자 무왕의 아우이다. 성왕(成王)을 도와 주(周)나라의 기초를 닦았다.

152) '금등'(金縢)과 '대고'(大誥)는 각각『상서』「주서」(周書)의 편명이다.

153) '빈풍'(豳風)은『시경』「국풍」(國風) 가운데 하나이고, '소아'(小雅) 역시『시경』안의 노래이다.

154)『상서』「채중지명」(蔡仲之命).『금문상서』에는 없고『고문상서』에만 수록되어 있다.『고문상서』가 위작이라는 것은 주희 이래 제기되어온 문제로, 황종희 역시 이것이 위작이라고 생각한다.「채중지명」의 앞부분만 인용하면 다음과 같다. "[무왕(武王)이 돌아가시고] 주공(周公)이 총재(冢宰)로 있으면서 백관(百官)을 바로잡자, [성왕(成王)의] 여러 숙부(叔父)들이 유언비어를 퍼뜨렸다. 이에 각기 그 죄의 경중에 따라 관숙(管叔)은 상(商)나라에서 죽이고 채숙(蔡叔)은 곽린(郭隣)이라는 곳에 가두되 수레 일곱 대를 따르게 해주고, 곽숙(郭叔)은 서인(庶人)으로 강등시켜 3년 동안 벼슬자리에 끼어들지 못하게 하였다. 채숙의 아들 채중(蔡仲)은 능히 떳떳이 덕을 공경하므로 주공이 경사(卿士)로 삼았는데, 그후 채숙이 죽자 왕에게 청하여 채중이 채나라를 소유하게 하였다"(惟周公位冢宰, 正百工, 群叔流言. 乃致辟管叔於商, 蔡叔於郭隣, 以車七乘, 降霍叔於庶人, 三年不齒. 蔡仲克庸只德, 周公以爲卿士. 叔卒, 乃命諸王邦之蔡).

向)은 형 숙어(叔魚)를 죽이고도 유직(遺直)[156]이라 칭송되고,[157] 당태
종은 형 건성(建成)과 원길(元吉)을 죽이고도 영명한 임금으로 불렸
다.[158] 골육상잔을 벌이고는 모두 '대의를 내세워 친족을 없애는 것이
주공에서 비롯했다'고 말하지만, 친족을 죽이는 것에 어떤 대의가 있겠
는가!"

郝仲輿曰, 周公相成王, 管叔流言毁公, 王疑, 公遂避居東土. 管叔以殷畔,

成王與二公在內, 執管叔殺之, 周公不知也. 周公之過, 在誤使管叔, 無先見之

---

155) 숙아는 장공의 둘째 동생이고, 성계(成季), 즉 계우(季友)는 장공의 셋째 동
생이다. 후계 문제를 둘러싸고 성계가 숙아를 죽였다. 『춘추좌전』 「장공」(莊
公) '32년조' 참조.

156) 옛 사람의 유풍에 따라 바르고 곧은 도리를 지키는 사람.

157) 숙어가 땅을 둘러싼 송사를 처리하면서 한쪽에게 뇌물을 먹고 불공정한 판결
을 하자 그 피해자가 그를 살해하였다. 숙향이 그 연루자들의 죄를 평하면서
세 사람의 죄 모두 시생류사(施生戮死, 산 사람은 죽여 시체를 전시하고 죽은
자의 시체 역시 늘어놓는 것)에 해당한다고 주장했다. 『춘추좌전』 「소공」(召
公) '14년조' 참고. 이 책에서는 이 이야기 뒤에 숙향을 '유직'(遺直)이라고
칭찬하는 중니(仲尼)의 말이 기록되어 있다.

158) 태종(太宗, 이세민)은 당(唐)의 제2대 군주로, 626~649년 사이에 재위했다.
고조(高祖) 이연(李淵)의 차남이다. 수(隋)나라 양제(煬帝)의 폭정으로 내란
의 양상이 짙어지자, 수나라 타도의 뜻을 품고 태원(太原) 유수(留守)인 아버
지를 설득하여 군사를 일으켜, 4개월 만에 장안(長安)을 함락시키고 당나라
를 수립했다. 이연이 즉위하자 진왕(秦王)에 책봉되고 상서령(尙書令)이 되
었다. 황태자(皇太子) 이건성(李建成), 제왕(齊王) 이원길(李元吉)과 후계자
싸움을 벌여 626년 장안 현무문(玄武門)에서 건성과 원길을 살해했다. 이를
'현무문의 변'(變)이라 부른다. 아버지 이연을 유폐하고 즉위하여 정관(貞觀)
으로 연호를 고쳤다. 방현령(房玄齡), 두여회(杜如晦)를 비롯해 널리 인재를
모으고 적재적소에 배치했으며, 3성(省) 6부(部)의 관제를 정비했다. 그의 치
세는 후세에 '정관(貞觀)의 치(治)'라고 칭송된다.

明. 周公無殺兄之事, 金縢大誥豳風小雅, 俱可徵也. 其說起於孔書蔡仲之命,
非古也. 耳食相傳, 以爲常談. 魯成季殺兄叔牙, 而推爲世勳. 晉叔向殺兄叔
魚, 而許爲遺直. 唐太宗殺兄建成元吉, 號爲英主. 骨肉相殘, 咸曰, 大義滅親,
自周公始. 夫爲滅親矣, 何大義之有.

● 주공이 반란을 일으킨 형을 죽인 일이 없음을 학중여의 글을 인용
해서 밝혔다. 형제 사이의 살인은 어떻게 해도 정당화될 수 없다는 황
종희의 생각을 엿볼 수 있다.

4-10 맹자, 객경에서 물러나다 孟子致爲臣章

제나라 왕은 군주의 예로 자처할 수 없었기 때문에 "같은 조정에서 모
실 수 있었다"(得侍同朝)라고 했다.

신안진씨[159]는 "현자를 모실 수 있게 되어 같은 조정에 있는 사람들이
모두 대단히 기뻐했다"[160]고 했는데, 잘못이다.

齊王不敢以君禮自居, 故曰得侍同朝. 新安陳氏以爲, 得侍賢者 同朝者皆甚
喜, 非.

●『맹자대전』의 풀이에 반대하여, 황종희는 맹자가 당시 제나라의
왕과 군신의 예를 맺지 않았다고 해석한다.

제왕은 맹자가 녹을 받지 않으리라는 것을 알고 "만종으로 제자를 키

---

159) 진력(陳櫟, 1252~1334). 권말 '주요인물 소개' 참고.
160) 『맹자대전』에 인용된 신안진씨의 주.

우라"는 명분에 의탁했으나 여전히 받아들일 수 없는 명분이었다. 그 정
성의 세세함이 이와 같으니, 또한 한때의 현군이다. 맹자를 등용하고 싶
어하지 않은 것은 아니나, 다만 당시 사회를 구할 급무가 아니라고 의심
했기 때문에 맹자가 그 간격을 참작해주기를 바란 것이다. 맹자는 따르
려 하지 않았기 때문에 끝내 맞추지 못하고 떠났다.

> 齊王知孟子不肯受祿, 故托言養弟子以萬鍾, 仍使不居受之名, 其至誠委曲
> 如此, 亦一時之賢君也. 蓋非不欲用孟子, 第疑其非救時之急務, 意欲孟子參
> 酌其間. 而孟子不肯殉之, 故終不合而去.

● 이상은 왕도정치이지만, 왕도가 아니면 모두 옳지 않다는 사고는
황종희에게 없다. 당시의 제왕이 맹자를 등용해서 그의 이상을 나눌
정도는 아니었지만 한때의 현군이라고 인정한다.

4-11 주읍에서 머무르다 宿於晝章

맹자가 떠나는 것은 제나라에는 큰일이었다. 〔맹자는〕 당시 제나라왕
은 〔자신을〕 붙잡고 싶어했지만 조정사람들의 의론이 분분하다고 생각
했다. 그래서 〔자사를 객경으로 모셨던〕 노목공(魯繆公)의 일을 끌어와
고하면서, 제왕의 곁에 〔맹자를 두는가〕 맹자 곁에 〔사람을 두는가〕의 문
제에 대해 말했다.[161] 즉 붙잡으려는 사람들의 생각이 모두 범범해서 정
해진 의견이 없었고, 이는 맹자를 생각하는 것이 자사(子思)를 생각하는
것만 못한 것이다.

---

161) 즉 노목공은 자사 곁에 사람을 두지 않으면 자사를 편안하게 할 수 없다고 생
각했다.

『맹자집주』에 "제왕이 그대를 보낸 것이 아니라 그대 스스로가 왕을 위해 나를 붙잡는 것"[162]이라고 풀이했는데, 아닐 것이다. 객을 부르면서 어떻게 왕명을 받들지 않고 올 수 있겠는가.

孟子之去, 是齊國一大事. 想當時齊王欲留, 而在朝之人議論參差, 故援魯繆公之事以告之, 言在齊王之側, 及孟子之側, 卽欲留者皆汎汎然無有定見, 是爲我慮不及子思也. 集註言齊王不使子來, 而子自欲爲王留我, 恐不然. 客之來, 豈有不奉王命者乎.

●『맹자』 본문에서 맹자는 자신이 제나라를 떠나는 것을 말리는 사람에게 노목공의 얘기를 하면서, 자신을 붙잡는 제나라 사람의 뜻이 부족하다고 말한다. 노목공은 자사 옆에 사람을 두지 않으면 자사를 편안하게 하지 못할 것이라 생각했으며, 노목공 때의 현인인 설류와 신상은 목공 옆에 자사가 없으면 자신들이 편안할 수 없었다고 한다. 제왕과 맹자의 이야기로 바꾼다면, 제왕이 맹자를 위해 맹자 옆에 사람을 두고자 하는 것인가, 아니면 제왕의 신하가 제왕을 위해 제왕 옆에 맹자를 두고자 하는 것인가의 문제이다. 이 두 경우 모두 맹자와 같은 현인을 대접하는 방식인데, 맹자의 판단에, 제나라 사람이 맹자를 대하는 것은 그 어떤 경우도 아니었다는 것이다.

4-13 충우, 길에서 묻다 充虞路問章

『맹자집주』는 "하늘의 뜻을 알지 못하나 그 도구가 또한 내게 있으니 내가 왜 기쁘지 않겠는가. 그러니 맹사가 만약 기쁘지 않은 빛이 있더라

---

162) 『맹자집주』.

도 실제로는 기쁘지 않은 적이 없었다"고 풀었다.[163]

내 생각에 글의 세(勢)는 다음과 같다. '하늘이 아직 천하가 다스려지기를 원하지 않는다'는 것이 내가 기쁘지 않은 이유이다. '만약 천하가 다스려지기를 원한다면' '내가 왜 기쁘지 않겠는가.' 이렇게 되어야 나는 비로소 기쁘겠다. 지금 어떻게 기쁘겠는가!

> 集註, 天意未可知, 而其具又在我, 我何爲不豫哉. 然則孟子雖若有不豫然者, 而實未常不豫也. 愚按文勢言, 天未欲平治天下也, 此我之所以不豫, 如欲平治天下, 吾何爲不豫哉, 必如此而吾方可豫, 今焉得而豫乎.

● 『맹자』 본문에는 제나라를 떠나는 맹자에게 안색이 안 좋아 보인다고 말하는 제자를 향해, 하늘은 5백 년마다 훌륭한 임금을 내었는데 하늘이 지금 세상을 평탄하게 할 뜻이 있다면 그 임무는 자신의 것이라고 자부하는 맹자의 대답이 실려 있다. 황종희는 여기에서 '天未欲平治天下也' 부분의 해석에 대해 주희와 다른 의견을 제시한다. 주희의 해석에 의하면, "하늘이 아직 천하를 평화롭게 하려는 마음이 있는지 없는지 모르겠지만"이 되고, 황종희의 해석에 의하면, "[내가 기쁘지 않은 것은] 하늘이 아직 천하를 평화롭게 하려는 마음이 없기 때문이다"가 된다.

---

163) 『맹자집주』.

지금 양세법(兩稅法)은 모두 공법(貢法)이다.
그것이 백성을 힘들게 한 데 대해서는 말이 필요없지만,
백성 역시 이를 병으로 여길 겨를이 없었다.
만약 10분의 1세로 돌려놓는다면 백성 역시
어려움에서 풀려날 것이다. 우리 동절(東浙)의 농지는
척박하고 소금기 있는 것으로 하중하(下下)이므로,
1묘에서 거둬들이는 것이 좋은 경우라도
쌀 8두에 못 미친다. … 옛날 농지는 위로부터 받고
세는 10분의 1에 불과했는데, 지금의 농지는
백성이 스스로 소유하는데도 세는 절반에 이르니,
백성들은 얼마나 불행한가.

• 「등문공, 정치에 대해 묻다」에서

등문공 상

5-1 성이 선함을 말하다 道性善章

"『주역』에서 '이어지는 것이 선'(繼善)[1]이라고 한 것은 태어나기 전을 가리킨 것이며, 맹자가 '성은 선하다'(性善)고 한 것은 이미 태어난 후를 가리킨 것이다"라고 주자는 말했는데,[2] 이 말은 대단히 설득력 있고 분명하다. 음과 양이 갈마드는(一陰一陽) 유행왕래(流行往來)에는 반드시 과불급이 있는데, 가지런하게 할 수 있는 이(理)가 있겠는가. 그러나 모두 한 덩어리의 생기(生氣)이다. 그 생기가 모이면 자연히 복과 화, 선함과 음란함(福善禍淫)이 있으니 한순간도 이와 같고 끝내 이와 같다. 그렇지 않다면 생생의 이(生理)는 끊어질 것이다. 이 가지런하지 않은 만유가운데 한 점 참된 주재(主宰)가 있으니, 그것을 '지극한 선'(至善)이라

---

1) 아래 황종희의 의도대로 「계사전」의 글을 해석하면 다음과 같다. 『주역』「계사전상」(繫辭傳上), "음과 양이 갈마드는 것을 도라 하며, 계속 이어지는 것은 선이며 〔개체로〕 이루어진 것은 성이다"(一陰一陽之謂道, 繼之者善也, 成之者性也).
2) 『주자어류』 74: 125.

고 한다. 그러므로 '이어지는 것은 선'(繼之者善也)이라고 한 것이다. '계'(繼)라는 것은 계속된다는 뜻으로, 이른바 '그침이 없다'(於穆不已)[3]는 뜻이다. 이루어져서 성이 되기에 이르면, 만유가 가지런하지 않으니, 사람은 사람의 성을 갖고 동물은 동물의 성을 갖고 초목은 초목의 성을 갖고 금석은 금석의 성을 갖는다. 하나의 근본이면서 만 가지로 달라져서(一本而萬殊), 독풀과 짐새가 갖는 독과 악 역시 성이라 하지 않을 수 없다. 맹자가 "성은 선하다"고 한 것은 사람의 경우만 말한 것이다. 태어나면서 맑은 것을 받거나 태어나면서 탁한 것을 받으므로, 맑은 것은 성이고 탁한 것은 성이 아니라고 말할 수 없다. 그러나 지극히 탁한 가운데에도 한 점 참된 마음은 매몰될 수 없으니, 그렇기 때문에 사람을 만물 가운데 영험한 것이라고 한다. 맹자는 자주 '선'(善)자를 입에 올렸는데, 고자(告子)는 단지 성이 천에 근거를 둔 것이라고만 알았을 뿐, 사람과 동물을 함께 다루었기 때문에 더 이상 미루어갈 수 없었다.

朱子云, 易言繼善, 是指未生之前, 孟子言性善, 是指已生之後. 此語極說得分明. 蓋一陰一陽之流行往來, 必有過有不及, 寧有可齊之理. 然全是一團生氣, 其生氣所聚, 自然福善禍淫, 一息如是, 終古如是, 不然則生理滅息矣. 此萬有不齊中, 一點眞主宰, 謂之至善, 故曰繼之者善也. 繼是繼續, 所謂於穆不已. 及到成之而爲性, 則萬有不齊, 人有人之性, 物有物之性, 草木有草木之性, 金石有金石之性, 一本而萬殊, 如野葛鴆鳥之毒惡, 亦不可不謂之性. 孟子性善, 單就人分上說. 生而稟於淸, 生而稟於濁, 不可言淸者是性, 濁者非性. 然雖至濁之中, 一點眞心埋沒不得, 故人爲萬物之靈也. 孟子破口道出善字, 告

---

3) 『시경』 「주송(周頌) · 청묘지십(淸廟之什)」, '유천지명(維天之命), "하늘의 명이여, 끊이지 않고 이어지는구나"(維天之命, 於穆不已).

子只知性原於天, 合人物而言之, 所以更推不去.

● '성선'에 대한 황종희의 독특한 해석이 잘 드러나고 있는 부분이다. 「계사전」의 '繼之者善也'에 대해, 일기의 운행 가운데 끊이지 않고 계속 이어지는 것이 선이며, 그것이 운행의 참된 주재라고 해석했다. 그 참된 주재가 인간 개체 안에 들어가면 성(性)이 된다. 그러나 성은 기(氣)에서 독립한 존재가 아니라 기의 주재이다. 인간, 짐승, 식물 등 종적 존재는 자신들의 기에 의해 각각 다른 성을 갖고, 그 가운데 그 기의 주재를 보존하고 있는 존재는 인간밖에 없다. 그 맥락에서 "'이어지는 것이 선'(繼善)이라고 한 것은 태어나기 전을 가리킨 것이며, 맹자가 '성이 선'(性善)이라 한 것은 이미 태어난 후를 가리킨 것"이라고 한 주희의 말이 옳다고 긍정한 것이다.

선사(先師) 즙산은 다음과 같이 말했다. "옛사람이 성(性)에 대해 말한 것은 모두 후천(後天)을 주로 했으니, 필경 기질(氣質)을 떠나서는 성이라고 할 만한 것이 없다. 탁하게 태어나면 탁하고 맑게 태어나면 맑은 것이지, 물(水)이 본래 맑은데 질(質)의 제약을 받아 탁해지는 것이 아니다. [물이 본래 맑은데 질의 제약을 받아 탁해지는 것이라면] [본래의] 물과, [질의 제약을 받는] 물이 종국에는 두 가지가 되는데, 성과 마음을 둘로 나눌 수 있겠는가. 내가 물이라고 하는 것은 마음이고, 맑음이라고 하는 것은 성이다. 어떤 때는 탁하지만 [그때에도] 맑음을 떠난 것이 아니므로, [성의 맑고 탁함은] 서로 가깝다. 끝내 탁함에 고착되는 것은 습(習)의 죄이다."[4]

先師蕺山曰, 古人言性, 皆主後天, 畢竟離氣質無所謂性者. 生而濁則濁, 生

而淸則淸, 非水本淸, 而受制於質, 故濁也. 水與受水者, 終屬兩事, 性與心可
分兩事乎. 予謂水, 心也, 而淸者, 其性也, 有時而濁, 未離乎淸也, 相近者也.
其終錮於濁, 則習之罪也.

● 유종주나 황종희에 의하면, 물의 맑음이 물의 성질이듯 성은 마음
의 성질이지, 마음 이전에 선천적으로 주어진 실체가 아니다. 그러므
로 "기질을 떠나서는 성이라고 할 만한 것이 없다".

〔즙산은〕 또 말했다. "정자는 '악 또한 성이라 하지 않을 수 없다'[5]고
했는데, 가령 기린이나 봉황, 〔태어나면서 어미를 먹는다는〕 효(梟)라는
새, 〔태어나면서 아비를 먹는다는〕 경(獍)이라는 짐승 등의 성이 인하거
나 포악한 것은 모두 태어나면서 갖는 것이다. 만약 서로 바꿀 수 있는
것이라면 성이 아닌 것이다. 물이 맑으면 밝은데, 〔밝은 것은〕 맑음의 성
이다. 물이 탁하면 어두운데, 〔어두운 것은〕 탁함의 성이다. 오랜 세월 성
의 학문이 밝혀지지 않은 채 하나의 좋은 제목(題目)을 만들어서 볼 뿐
이므로, 혹은 한 구역에 구애되고 혹은 한 때에 구애되어 〔만물에〕 통하
지 못하고 만물의 실정을 분류하지 못하여,[6] 맹자가 '성이 선하다'고 한

---

4) 『유자유서』 권4, 「학언」 3.
5) 『이정유서』 권1, "선은 본디 성이지만 악 또한 성이라 하지 않을 수 없다"(善固
性也, 然惡亦不可不謂之性也).
6) 『주역』 「계사전 하」의 다음 구절의 변용이다. "옛날 복희씨가 천하의 왕이었을
때, 위로는 하늘의 상을 관찰하고 아래로는 땅의 법칙을 관찰하여 … 신명의 덕
에 통하고 만물의 실정을 분류하셨다"(古者包犧氏之王天下也, 仰則觀象於天, 俯
則觀法於地, … 以通神明之德, 以類萬物之情).

종지를 오히려 이해하기 어려운 것으로 만들었다."[7]

又曰, 程子言惡亦不可不謂之性, 如麟鳳梟獍, 其性之仁暴, 皆生而有之, 假令相易, 則併非其性矣. 水清則明, 清之性也. 水濁則暗, 濁之性也. 千古性學不明, 只是將做一好題目看, 故或拘於一處, 或限於一時, 不能相通以類萬物之情, 使孟子性善之旨反晦.

● 유종주가 생각하는 성은 기와 독립한, 나아가 기보다 앞서는 이가 아니라, 기의 주재성이므로 성은 기를 떠날 수 없다. 즉 기의 성질에서 벗어날 수 없다. 또한 성이란 개체를 이룬 뒤의 것을 말하므로, 개체 각각이 갖는 기질의 차 역시 태생적인 성이다.

〔즙산은〕 또 말했다. "주자는 미발(未發)을 성이라고 했는데, 이는 공(空)을 좇으며 환상에 떨어진 견해이다. 성이란 태어나면서 갖게 되는 이(理)로서, 어디인들 없을 수 없다. 마음의 경우, 생각할 수 있는 것이 마음의 성이다. 귀가 들을 수 있는 것이 귀의 성이다. 눈이 볼 수 있는 것이 눈의 성이다."[8]

又曰, 朱子以未發言性, 仍是逃空墮幻之見. 性者生而有之之理, 無處無之. 如心能思, 心之性也. 耳能聽, 耳之性也. 目能視, 目之性也.

● 유종주와 황종희에게 이(理)는 존재가 아니다. 이는 운행하는 존재인 기가 갖는 질서이다. 마음의 운행이 질서 있게 이루어지면 생각

---

7) 『명유학안』 「즙산학안」(蕺山學案) '충단유염태선생종주'(忠端劉念台先生宗周).
8) 『유자유서』 권3, 「학언」 2.

하는 능력이 무리 없이 발휘된다. 귀의 경우에는 듣는 일, 눈의 경우에는 보는 일이 그러하다. 성은 이처럼 현실의 움직임 속에 있는 것이므로, 유종주는 성을 '미발'이라고 한 주자를 비판했다.

학중여(郝仲輿)[9]는 다음과 같이 말했다. "만사만물의 이는 모두 천연으로, 사단오상만 그런 것이 아니다. 인력으로 배워서 가능한 것은 천연으로 이루어지는 부분에 비교하면 만분의 일도 되지 않으므로, '도의 큰 근원은 하늘(天)에서 나온다'[10]고 한다. 만약 사람의 성에 본래 이러한 도가 없다면 배워도 할 수 없을 것이다. 태고부터 지금까지 몇억만 년이 지났는지 모르지만, 습속에 물들고 도끼에 잘리면서도 이 이는 늘 새로웠다. 성이 선한 것이 아니라면 배움이 끊어져 전해지지 않은 지 오래되었을 터이니, 서책이 어떻게 오래도록 남아 있을 수 있었겠는가. 배워서 할 수 있는 만 가지는 천생의 하나를 당할 수 없다. 그러나 배우지 않아서 파괴되는 것 한 가지가 하늘에서 타고난 만 가지를 잃게 한다. 그러므로 배움이 중요하다."[11]

> 郝仲輿曰, 萬事萬物, 理皆天然, 不獨四端五常. 其人力可學而能者, 較天成分數, 萬不及一, 故曰道之大原出於天, 假使人性本無此道, 雖學亦不能矣. 鴻荒至今, 不知幾億萬載, 習俗緣染, 斧斤戕伐, 此理常新. 苟非性善, 絶學無傳久矣, 豈書冊所得而留哉. 由學而能者, 萬不敵天生之一. 由不學而壞者, 一喪

---

9) 학경(郝敬, 1558~1639). 권말 '주요인물 소개' 참고.
10) 동중서의 「현량대책」(賢良對策)에 나오는 구절이다. "도의 큰 근원은 하늘(天)에서 나오므로, 하늘은 변하지 않고 도 역시 변하지 않는다"(道之大原出於天, 天不變, 道亦不變).
11) 『명유학안』 「제유학안 하」 3의 '급사학초망선생경'.

其天生之萬, 故學爲要也.

● 선한 성은 미미한 것이라도, 그것이 있으므로 사람이 배워서 성장하고 또 그 성장을 세대를 넘어서는 것으로 만든다. 그런데 인간이 배움의 노력을 포기한다면 선한 성의 존재를 무의미하게 하므로, 선한 성이 중요한 만큼 인간의 후천적 노력인 배움 역시 중요하다.

당일암(唐一庵)[12]은 다음과 같이 말했다. "성에는 본연과 기질의 구별이 없다. 천지지성은 형체를 갖춘 이후에 갖는 중절함이다. 하늘이 부여한 것은 원래 저절로 순수지선하다. 기질은 맑고 탁함, 순수하고 잡박함의 차이가 있지만, 맑은 것과 순수한 것은 본연으로서 망가지지 않는다. 탁한 것과 잡박한 것이라도 맑고 순수한 체는 완전히 변한 적은 없으며, 그 완전히는 변하지 않은 곳에 곧 본성이 있다. 이것〔맑고 순수한 본성〕이 잘 돌이키게 하는 촉매[13]이다."[14]

> 唐一庵曰, 性無本然氣質之別. 天地之性, 卽在形而後有之中. 天之所賦, 原自純粹至善, 氣質有淸濁純駁不同, 其淸與純, 本然不壞, 雖濁者駁者, 而淸純之體未常全變, 其未全變處, 便是本性存焉. 此是能善反的丹頭.

● 인간이 타고난 착한 마음, 그것이 사라질 수 없는 것임을 당추(唐樞)의 말을 인용해 강조했다. "천지지성은 형체를 갖춘 이후에 갖는 중

---

12) 당추(唐樞, 1497~1574). 권말 '주요인물 소개' 참고. 『명유학안』「감천학안」4의 '주정당일암선생추'(主政唐一菴先生樞)란에 소개되었다.
13) 촉매는 단두(丹頭)의 번역. 단두는 도교에서 수련을 돕는 촉매제이다.
14) 『명유학안』「감천학안」4 '주정당일암선생추'.

절함"이라는 당추의 해석은 천지지성을 형이전의 성이라고 주장하는
정주성리학을 부정하는 것이다.

즙산은 다음과 같이 말했다. "공자가 성에 대해 말한 것을[15] 이해하면
비로소 함께 성을 다 발휘할 수 있다. 후인들은 모두 성으로써 성을 구하
니, 가리킬 수 있는 하나의 물(物)이 있다고 망령되이 생각하고 종국에
는 그 본모습을 놓쳤다. 맹자가 '성이 선함을 말했다'(道性善)고 한 것
역시 〔공자의 성론에 대해〕 각주를 단 것이다."[16]

> 蕺山曰, 識得夫子言性處, 方可與盡性. 後人皆以性求性, 妄意有一物可指,
> 終失面目, 卽孟子道性善, 亦是下了註脚.

● 황종희가 인용한 글 바로 앞에서 즙산은 '공자의 성'에 대해 개괄
했다. 즙산이 해석한 공자의 뜻은 "가까운 곳(즉 '성상근'(性相近)의
선)에 나아가 회복하고, 먼 곳(즉 '습상원'(習相遠)의 불선)에 나아가

---

15) 즙산은 이 인용문 앞에서 다음과 같이『논어』의 성론에 대해 개괄했다. "'성상
근'(性相近)은 태어날 때부터 선한 것을 주로 한 것이고, '습상원'(習相遠)은
불선한 것에 물든 것을 주로 한 것이다. '상지하우불이'(上智下愚不移)는 하우
(下愚)에 대해 가슴아파한 것이다"(性相近, 以生而善者爲主, 習相遠, 以習於不
善者爲主. 上智下愚不移, 則痛下愚也).『논어』20편은 말마다 '성'(性)에 대해
얘기했는데, 모두 가까운 곳(즉 성상근의 선)에 나아가 회복하고, 먼 곳(즉 습
상원의 불선)에 나아가 공부하라는 것이다. 그래서 '부자가 성과 천도에 대해
얘기하는 것을 들을 수 없었다'고 한 것은 '보통 정도 이하와는 높은 도리에 대
해 말할 수 없기' 때문이다"(論語二十篇, 語語言性, 皆要人就近處復, 仍就遠者
下工夫. 故曰夫子之言性與天道, 不可得而聞也. 蓋曰, 中人以下不可以語上云
爾):『유자유서』권4,「학언」3.
16)『유자유서』권4,「학언」3.

공부하라는 것이다."(주 15 참조) 나아가 즙산은 맹자의 성선설 역시
공자의 성론을 풀이한 것이라고 말한다.

즙산은 또 말했다. "마음에는 선도 없고 악도 없다(心是無善無惡). 그
러나 움직이면 호오(好惡)가 생긴다. 좋아하는 것이 반드시 선이고 미워
하는 것이 반드시 악인 것이, 불이 뜨겁고 물이 차듯이 결코 어긋나지 않
으면 그 선함을 볼 수 있다. 맹자의 성선설은 여기에 근거를 둔다."[17]

又曰, 心是無善無惡. 其如動而爲好惡, 好必善, 惡必惡, 如火之熱, 水之寒,
斷斷不爽, 乃見其所爲善. 孟子性善之說本此.

● 즙산은 여기에 인용된 글 앞에 "선도 없고 악도 없는 것은 이(理)
의 고요함이고, 선도 있고 악도 있는 것은 의(意)의 움직임"(無善無惡
者, 理之靜, 有善有惡者, 意之動)이라는 양명의 말을 인용하고 이에 대
해 "이에는 동정이 없고 기에는 적감이 있다. 기를 떠나서는 이는 없으
니 동정유무는 하나이지 둘이 아니"(理無動靜, 氣有寂感, 離氣無理, 動
靜有無, 通一無二)라는 논평을 붙였다. 그 뒤에 황종희가 인용한 앞의
말이 이어지고, 이 말 뒤에 맹자의 본성론에서 가장 중요한 것은 "새
벽녘의 맑고 고요한 기에서 〔드러나는〕 사람들이 비슷하게 공유하는
그 호오의 마음은 아주 미미하다"(平旦之氣其好惡與人相近也者幾希
此)는 이 말이라고 소개한다. 앞단락의 인용문과 함께 이해하면 이것
이 즙산이 해석하고 황종희가 이어받는 공자의 "성은 서로 가까우나
습 때문에 서로 멀어진다"(性相近, 習相遠)의 뜻이며 맹자 '성선설'의

---

17) 『유자유서』 권4, 「학언」 3.

핵심이라고 할 수 있다. 착한 본성은 기(氣)가 갖는 성질로서, 자연스러운 감정으로 나타난다. 기이고 감정이므로, 경험 이전의 보편적 선 따위는 없다.

『주자어류』는 다음과 같이 말했다. "맹자가 처음 등나라의 세자를 만났을 때, 아마도 그 자질이 좋은 것을 보고 그 본원 일체에 나아가 그를 위해 계도했다. 만약 세자가 그 짐을 감당할 수 있는 때였다면 〔맹자가 얘기해준 대로〕 그처럼 했을 것이다. 다시 맹자를 만났을 때, 맹자는 그가 아직 깨닫지 못했음을 보고 다시 얘기하지 않고 단지 그의 의지를 계발했다. 왜냐하면 여기에서 힘쓸 수 있다면 저기에도 이를 수 있을 것이라고 여겼기 때문이다. 만약 다시 말했다면 쓸데없는 누설이었을 것이다."[18]

　내 생각에는 세자가 〔맹자를〕 다시 만난 것은 바로 짐을 감당한다는 뜻이었고, 〔맹자는〕 빈말을 덧붙이고 싶어하지 않은 것이다. 맹자가 세 사람의 말을 인용해서 그 의지를 단단하게 했고, 그 뒤에 세자는 맹자가 말한 큰 얼개를 실천했다. 전국시대에 이러한 인물은 정말 얻을 수 없었다. 『국책』에 〔등나라가〕 송나라에게 멸망당한 이야기가 실려 있는데,[19] 언왕(偃王)이 패(霸)를 자칭할 당시는 주신정왕 원년과 그 이듬해 사이였다. 등문공에 이르러 망하였으므로, 누가 〔등문공의〕 시호를 지었는지 알지 못한다. 〔등문공은〕 아마도 일의 형세가 급박하다고 생각하여 태왕[20]

---

18) 『주자어류』 55 : 11.
19) 『전국책』 「송위책」(宋衛策)에, 송(宋) 강왕(康王) 때 "천하를 제패하리라"는 점괘를 믿고 등나라를 멸망시키고 설읍(薛邑)을 쳐서 회수(淮水) 북쪽까지 점령했다는 이야기가 실려 있다.
20) 문왕(文王)의 할아버지로, 뒤에 태왕으로 추존되었다. 빈(邠)이 자주 이민족들

이 나라를 떠난 것을 본받았으니, 현군이라 하지 않을 수 없다.

語類, 孟子初見滕世子, 想是見其資質好, 邃卽其本原一切爲他啓迪了. 世子若是負荷得時, 便只是如此了. 及其復見孟子, 孟子見其領略未得, 更不說了, 只是發他志, 但得於此勉之, 亦可以至彼, 若更說便逗漏了. 愚以爲世子之復見, 正是他負荷的意思, 不欲付之空言. 孟子引三人之言以堅其志, 其後世子將孟子所言大段設施. 戰國時有此人物, 眞不可得. 國策載其爲宋所滅, 在偃王稱霸之時, 當是周愼靚王元二之間, 滕文公及身而亡, 不知誰爲作謚, 想是迫於事勢, 效太王之避去, 要不可不謂之賢君也.

● 맹자는 등문공을 처음 만났을 때 요순의 이야기를 하면서 "성선에 대해 말했고"(道性善), 두 번째 만났을 때 "세자는 내 말을 의심하십니까?"라고 운을 떼고 성간, 안연, 공명의의 일화를 소개했다. 이 일을 두고 주희는, 처음에는 기대를 했기 때문에 왕도의 핵심에 대해 얘기했고 뒤에는 실망했기 때문에, 그러나 그러면서도 일말의 기대를 갖고 세 사람의 이야기를 했다고 풀이했다. 황종희의 생각에는 맹자가 등문공에게 실망한 일은 없으며 등문공 역시 자신이 할 수 있는 일을 다 한 현군이다.

송의 심작철(沈作喆)[21]은 다음과 같이 말했다. "원만한 깨달음(圓覺)은 스스로 [독립된] 성(性)이지만 성은 원만한 깨달음이 아니다. 원만한

에게 침범을 당하자, 그는 백성들을 희생시킬 수 없어 싸움을 하지 않고 빈을 적에게 내어주고 기산(岐山) 밑으로 옮겨가 살았다고 한다.
21) 심작철(沈作喆, 약 1147년 전후 활동). 권말 '주요인물 소개' 참고.

깨달음은 성이 가진 바이므로, ‘원만한 깨달음을 성이라 하면 옳지만 성
을 원만한 깨달음이라 하면 하나에 집착해 백 가지를 폐하는 것이다. 성
은 없는 곳이 없으므로, 맹자가 ‘성은 선이라고 말한 것’(道性善)은 ‘선
은 자연히 성이나 성은 선이 아니며, 선은 성이 가진 바’라는 의미이다.
원만한 깨달음과 선으로 어떻게 성을 다 포괄하겠는가.”[22]

　이 설은 사이비이니, 필경 선도 없고 악도 없는 데 이르러야 그칠 것이
다. 우리들이 일상에서 늘 하는 행동이 어디인들 선(善)의 충만이 아니
겠으며, 언제인들 성(性)의 유행이 아니겠는가. 선 외에 또 무엇을 말할
수 있겠는가.

> 宋沈作喆曰, 圓覺自性也, 而性非圓覺也. 圓覺性所有也, 謂圓覺爲性則可,
> 謂性爲圓覺則執一而廢百矣. 性無所不在也, 孟子道性善, 善自性也, 而性非
> 善也, 善性所有也. 圓覺與善, 豈足以盡性哉. 此說似是而非, 畢竟到無善無
> 惡而止. 吾人日用常行, 何處非善之充滿, 卽何時非性之流行, 舍善之外, 更何
> 可言.

　● 심작철의 말은 “불교에서 말하는 ‘원각자성 비성성유’(圓覺自性,
非性性有: 통상 ‘원각자성’은 〔실체로서의〕 본성은 아니지만 본성과
같은 것으로서 있다’로 번역된다)는 무슨 뜻인가?”(佛云圓覺自性, 非
性性有, 何也)에 대한 대답이다. 심작철은 성을 실체로 해석하고 ‘원
각’을 성이 가진 성격의 일부라고 해석했다. ‘선(善)은 성이다’의 명제
에서 ‘선’을 ‘원만한 깨달음’(圓覺)이라는 불교용어로 바꾸면 심작철
의 명제인 ‘원각은 성이다’가 된다. 성에는 선 외에도 다른 성격이 있

22) 『우간』(寓簡) 권7.

으므로 '선을 성이다' 라고 하면 옳지만 '성을 선이다' 라고 하면 옳지 않다는 것이다. 심작철은 이것이 『맹자』가 '성은 선이다' 라고 한 의도라고 해석했다. 그러나 황종희에 의하면 '성'은 '선'보다 포괄적인 개념이 아니다. 그에게 '성'은 마음이 갖는 '조리'(條理)로서 '선'일 뿐이다. 그러므로 '성'은 '선'이고 '선'은 '성'이다.

5-3 등문공, 정치에 대해 묻다 滕文公問爲國章

옛날 주척(周尺)은 6척(尺)을 1보(步)로 하고 1백 보를 1묘(畝)라 했다. 지금 관척(官尺)은 5척을 1보로 하고, 240보를 1묘라 한다. 주척은 지금 절척(浙尺)[23]의 7촌 4분이다. 지금 절척은 지금 관척(官尺)의 1척 1촌 3분이다. 절장보단(絶長補短)하면 옛날의 1백 묘는 지금이라면 동전(東田) 33묘가 조금 넘는다. 만약 지금의 1백 묘라면 한 사람의 농부가 경작할 수 있는 넓이가 아니다. 은(殷)의 척은 주(周)의 척보다 길었고, 하(夏)의 척은 은의 척보다 길었다. 50묘, 70묘의 차이가 있다 해도 모두 주의 1백 묘이다. 다만 척의 장단 때문이지 농지가 늘어나거나 줄어든 것은 아니다. 정전(井田)은 한 시대의 제도가 아니다. 당우 이래 성제명왕(聖帝明王)이 대대로 운영한 것으로 새로 경작지를 넓히지 않고 모두 옛 제도를 이어받았다. 만약 변경이 있었다면, 주자가 의심한 대로 백성을 수고롭게 만들고 많은 사람을 동원한 것이 될 것이다.[24] 구설(舊說)대로

---

23) 절강지방에서 통용되던 지역성을 가진 척도이다. 당대 이후 사용되었다고 한다.
24) 『사서혹문』(四書或問) 권30, 「맹자」, "삼대에 각각 경작하기 위해 받은 농지의 넓이가 다른 이유는 무엇인가 하고 묻는다. 대답한다. 장자도 일찍이 이에 대해 대답한 적이 있고 진씨와 서씨 역시 대답한 적이 있다. 그러나 이런 의심을 하는 것은, 대개 전제가 이미 정해지면 도랑과 밭두둑의 경계 역시 반드시 일정해

라면 하후씨 시대에 할당받은 농지는 60묘가 조금 넘을 뿐이었다. 공(貢)과 부(賦)를 제외한다면, 〔그것으로는〕 상농부(上農夫)라도 세 사람이 먹고살기에 부족할 것인데, 어떻게 위로는 섬기고 아래로 교육시키겠는가. 10분의 1세법은 삼대가 똑같았다. 하후씨의 공 역시 정전으로서, 공전과 사전을 나누지 않고 10분의 1 분량을 백성들에게 공으로 내게 했다. 은의 조(助)는 1은 공전이고 8은 사전으로 여덟 가구가 함께 공전을 경작하고 공전의 수입은 위에 바친 것으로, 〔공전의〕 수확의 많고 적음이 8가구와는 관계없었다. 주의 철(徹)은 공전이 있었지만 8가구가 힘을 합해 일하고, 수렴 때에 9등분을 해서 그 1을 위에 바치는 것이므로, 풍년이면 그 양이 많고 흉년이면 줄었다. 그러므로 위는 수고롭더라도 백성은 곤궁하지 않았다. 그런데 어쩌다 폭군오리를 만나면 용자(龍子)가 말한 것처럼[25] 되므로 좋지 않았다.

古者以周尺六尺爲步, 步百爲畝, 今以官尺五尺爲步, 二百四十步爲畝. 周尺當今浙尺七寸四分. 今之浙尺當今官尺一尺一寸三分. 絶長補短, 則古者百畝, 當今東田三十三畝有奇. 若如今之百畝, 則非一夫之力所能耕矣. 殷之尺長於周, 夏之尺長於殷, 雖有五十七十之異, 皆當周之百畝也, 特因尺有長短, 非田有贏縮也. 蓋井田非一代之制, 自唐虞以來, 聖帝明王, 世世經理, 不開阡

져서 바뀔 수 없기 때문이다. 지금 왕조가 바뀌면서 제도를 변경해 매번 증가했다면 백성들을 수고롭게 하며 많은 사람들을 동원했다는 것이다"(曰三代授田之多少不同, 何也. 曰張子嘗言之矣, 陳氏徐氏亦有說焉. 然皆若有可疑者. 蓋田制旣定, 則其溝涂畛域, 亦必有一定, 而不可易者. 今以易代更制, 每有增加, 則其勞民動衆).

25) 『맹자』 본문 안에서 한 말. "용자는 '땅을 관리하는 제도 가운데 조(助)법이 가장 좋고 공(貢)법이 가장 나쁘다'고 했다"(龍子曰, '治地莫善於助, 莫不善於貢').

陌, 都仍舊貫. 苟有變更, 朱子所以疑其勞民動衆也. 若如舊說, 則夏后氏所授
之田, 止十六畝有奇而已. 貢賦之外, 雖上農夫不滿三人之食, 何以仰事俯育
哉. 什一之法, 三代皆然. 夏后氏之貢, 亦是井田, 但不分公私, 以什一之額,
使民上貢. 殷人之助, 一爲公田, 八爲私田, 八家共耕公田, 公田所入則歸之
上, 隨其豐歉, 於八家無與. 周人之徹, 雖有公田, 而八家通力合作, 收斂之時,
派爲九分, 以其一歸之上, 豐則分多, 歉則分寡. 助與徹雖有什一之額, 而增減
隨於豐歉, 民無所事事, 貢則當其盛時, 豐年如額, 凶年遞減, 上雖勞而民不
困. 一遇暴君汙吏, 則如龍子之所云. 故不善也.

●『맹자』의 이 장은 맹자가 등문공에게 왕도의 기본으로서 생업(恒
産) 마련의 중요성을 일깨우고 그 방법으로서 정전법에 대해 설명하는
부분이다. 『맹자』 본문에서는 "하후씨 때에는 50묘를 주고 공법을 시
행했으며 은대에는 70묘를 주고 조법을 시행했으며 주대에는 1백 묘
를 주고 철법을 시행했는데 모두 10분의 1을 세로 내는 것이다"(夏后
氏五十而貢, 殷人七十而助, 周人百畝而徹, 其實皆什一也)라고 했다. 황
종희는 한 가구에 배당된 농지가 각각 50묘, 70묘, 1백 묘로 다르지만,
척도의 장단만 달라졌을 뿐 실제로 토지의 면적은 다르지 않다고 논증
했다. 삼대가 세율이 같았을 뿐 아니라 각 가구가 받았던 면적도 같았
다는 것이다.

지금의 양세법(兩稅法)[26]은 모두 공법(貢法)이다. 그것이 백성을 병들

---

26) 780년 재상인 양염(楊炎, 727~781)의 건의에 따라 개혁된 세제(稅制)이다.
그 요점은 토착민인가 이주민인가에 관계없이 현거주지의 자산에 따라 징수하

게 한 데 대해서는 말이 필요없지만, 백성 역시 이를 병으로 여길 겨를이 없었다. 만약 10분의 1세로 돌려놓는다면 백성 역시 어려움에서 풀려날 것이다. 우리 동절(東浙)²⁷⁾의 농지는 척박하고 소금기 있는 것으로 하중하(下下)이므로, 1묘에서 거둬들이는 것이 좋은 경우라도 쌀 8두에 못 미친다. 쌀 가격 8전에 은미(銀米)²⁸⁾와 화모(火耗)²⁹⁾에 해당하는 쌀을 2전 넘게 합하면, 열 가운데 셋을 취하는 것이다. 삼오(三吳)³⁰⁾의 농지는 조금 나아, 그 조량(漕糧)³¹⁾과 은미가 대략 10 가운데 5~6을 점하는데, 역역(力役)은 별도이다. 옛날 농지는 위로부터 받고 세는 10분의 1에 불과했는데, 지금의 농지는 백성이 스스로 소유하는데도 세는 절반에 이르

며, 요역을 폐지하고 전납(錢納)을 원칙으로 하며, 국가의 지출 총액에서 과세 액을 산출하였다. 여름(6월)과 가을(11월), 두 번으로 나누어 징수한 데서 양 세라는 이름이 유래한다. 이후 16세기 후반 명나라가 일조편법(一條鞭法)을 실시할 때까지 역대 세법의 원칙이 되었다. 일조편법은 은(銀)의 유통이 일반 화됨에 따라 세목(稅目)이 지세와 정세(丁稅, 즉 인두세)의 둘로 통합되어 그 것을 모두 은으로 납부하게 한 것이다.

27) '동절'(東浙)은 황종희의 고향인 절강성 동쪽이다.
28) '은미'(銀米)는 징수한 세를 운반하는 사람들을 위한 세이다.
29) '화모'(火耗)는 은을 녹여서 만들 때 생기는 손실을 보충한다는 구실로 만든 부 가세이다.
30) '삼오'(三吳)는 옛날의 지역 이름인데, 시대에 따라 지칭되는 지역이 다르다. 『수경주』(水經注)에 의하면 오군(吳郡) · 오흥(吳興) · 오회(吳會)가 삼오(三 吳)이며, 『통전』(通典), 『원화군현지』(元和郡縣志)에 의하면 오군(吳郡) · 오 흥(吳興) · 단양(丹陽)이 삼오이다. 송(宋)대의 『역대지리지장도』(歷代地理指 掌圖)에 의하면 소주(蘇州) · 상주(常州) · 호주(湖州)가 삼오이다. 넓게는 장 강(長江) 하류 일대를 가리키기도 한다.
31) '조량'(漕糧)은 중앙의 군대와 관료를 부양하기 위한 세금으로, 동남지역(산 동 · 하남 · 호남 · 호북 · 강서 · 강소 · 안휘 · 절강)에서 현물로 징수했다.

니, 백성들은 얼마나 불행한가. 진(秦)이 경계를 새로 해서 정전이 모두 폐기되었으니, 이것이 일변(一變)이다. 진 이후 당(唐)에 이르기까지 백성에게 취한 것은 곡식과 비단이었을 뿐인데, 양염(楊炎)이 양세법을 시행하고 비로소 고쳐 전(錢)을 징수하기에 이르렀으니, 이것이 또한 일변이다. 명(明) 이래 전을 폐하고 은을 징수했으니 구하는 것〔즉 은〕이 소출된 것이 아니었다. 황하 이북에서는 풍년이 들어도 곡식의 가치가 낮아 백성은 구렁텅이에 빠졌으니 이것이 또한 일변이다. 이 세 번의 변화를 거쳐 민생은 거의 희망이 없어졌다.

> 今之兩稅, 皆貢法也. 其病民不待言, 然民亦無暇以此爲病矣. 苟還什一之稅, 民亦解倒顚也. 我東浙之田, 斥鹵下下, 一畝所收, 上者不過米八斗, 米價八錢, 其徵銀米火耗二錢有奇, 則十而取三矣. 三吳之田稍優, 其漕糧銀米, 大略十取五六, 而力役不與焉. 古之田自上授之, 而稅止什一, 今之田民所自有, 而稅且至半, 何不幸而爲今之民也. 秦開仟佰, 井田盡廢, 此一變也. 自秦以至於唐, 取於民者, 粟帛而已, 楊炎兩稅之法行, 始改而徵錢, 此又一變也. 自明以來, 又廢錢而徵銀, 所求非其所出, 黃河以北, 年豊穀賤, 而民轉溝壑, 又一變也. 經此三變, 民生無幾矣.

● 정전법 이후 황종희 당시까지 조세제도의 변천에 대해 얘기하고, 그 세제가 백성들에게 얼마나 가혹한 것인지 설명했다.

정전의 제도는 맹자가 본래 분명하게 드러내었으나, 『주례』와는 오히려 서로 어긋나는 게 많았다.[32] 주자는 "반드시 『주례』를 근본으로 삼아

---

32) 예를 들어 『주례』에서는 다음과 같이 묘사하고 있다. 『주례』 「지관사도」(地官司

야 하며, 맹자, 반고(班固),[33] 하휴(何休)[34]의 설을 참작하여 교정해야
한다"[35]고 했는데, 아마도 이는 전도된 말이다. 당시 등나라는 구석의 작
은 나라였는데, 어떻게 향·수(鄕遂),[36] 도성·지방(都鄙)의 구획이 있
었겠는가.[37] 그래서 맹자는 다만 '야'와 '국중'을 말했다.

> 井田之制, 孟子本是明顯, 郤爲周禮, 反多葛藤. 朱子云, 須以周禮爲本, 而
>
> 參取孟子班固何休諸說訂之. 恐是倒說了. 當時滕國編小, 豈有鄕遂都鄙之分

徒), '소사도'(小司徒), "토지를 경영하는데 그 전야(田野)를 정(井)과 목(牧)
으로 한다. 9부(夫)로 정(井)을 만들고 4정으로 읍(邑)을 만들고 4읍으로 구
(丘)를 만든다. 4구로 전(甸)을 만들고 4전으로 현(縣)을 만든다. 4현이 도
(都)가 된다"(乃經土地, 而井牧其田野. 九夫爲井, 四井爲邑, 四邑爲丘, 四丘爲
甸, 四甸爲縣, 四縣爲都).

33) 반고(班固, 32?~92)는 한(漢) 제국이 일어난 뒤부터 왕망(王莽)이 기원후 9
년 신(新)나라를 세울 때까지의 시기를 다룬 포괄적인 역사기록『한서』(漢書)
를 편찬했다.

34) 하휴(何休, 129~182)는 후한(後漢)의 춘추학자로 자는 소공(邵公)이다. '당
고의 금'(黨錮之禁)을 만나 은퇴하고 저술에 전념하여『춘추공양해고』(春秋公
羊解詁)를 지었다. 이 외에 고전에 대한 풍부한 지식을 바탕으로『효경』『논어』
에 대한 주를 남겼다.

35)『회암집』(晦庵集) 권58,「서」(書) '답장인숙의'(答張仁叔毅).

36) 향·수(鄕遂)는 주(周)의 제도로서, 왕기(王畿) 교내(郊內)에 육향(六鄕)을
두고 교외(郊外)에 육수(六遂)를 두었다. 제후(諸侯) 나라에도 각각 향과 수를
두었는데, 그 수는 나라의 크기에 따라 달랐다. 후에는 도성 밖의 지역을 범칭
하게 되었다.

37) 주희『맹자집주』의 다음을 염두에 둔 비판이다. "한 가장이 토지 1백 묘를 받는
데 향·수(鄕遂)에서는 공(貢)법을 써서 열 사람마다 구(溝)가 있고, 도·비
(都鄙)에서는 조(助)법을 써서 여덟 가구가 정(井)을 함께 했다. 경작은 힘을
합하여 하고 수확은 이랑수를 계산하여 나누었다"(一夫授田百畝, 鄕遂用貢法,
十夫有溝, 都鄙用助法, 八家同井, 耕則通力而作, 收則計畝而分).

畵, 故孟子只言野與國中.

●『맹자』의 이 장은 등문공을 상대로 정전제에 대해 설명하는 내용
이다. 정전제는 은나라를 이어 주나라에서도 시행되었고『주례』는 주
나라의 제도에 대해 기록한 책이므로, 후대의『맹자』보다『주례』가 더
믿을 만하다고 생각할 수 있다. 주희 역시 그렇게 판단했으나, 황종희
는『주례』는 후대 사람의 위작이라고 생각한다.

5-4 허행許行章

『노사』(路史)[38]에서는 다음과 같이 말했다. "우는 아홉 개의 물길을
열었는데, 제의 위공이 그 여덟을 막았다.[39] 물길을 트는 것은 이때부터
시작되었다."

　　路史云, 禹疏九河, 齊威公塞其八, 河決始此.

●『맹자』의 '우가 아홉 개의 물길을 열었다'(禹疏九河)는 구절에 대
한 보충설명이다. 아홉 개의 물길은 지금 남아 있지 않은데, 제의 위공
이 그 물길을 하나로 합했다고 한다.

---

38) 송(宋)의 나필(羅泌)이 편찬한 책. 상고 이래의 역사 · 지리 · 풍속 · 씨족 등 잡
　　다한 분야에 대한 전설과 사적을 모아 편집했다.『노사』(路史)라는 서명의 뜻
　　은 중국 역사문화의 '대사'(大史)라는 의미이다.
39) 소식(蘇軾) 찬(撰),『서전』(書傳) 권5,「하서」(夏書), "정래가 말하기를 제위공
　　이 막아서 하나의 물길로 했다. 지금 하천 사이가 활처럼 높고 동쪽으로 평원에
　　이르며 고진에 왕왕 옛날 흔적이 남아 있다. 여덟 줄기를 막아 도해 하나로 합
　　한 것이다"(鄭萊云, 齊威公塞之, 同爲一河, 今河間弓高, 以東至平原, 高津往往
　　有其遺處, 蓋塞其八枝, 并使歸於徒駭也).

장남헌(張南軒)[40]은 다음과 같이 말했다. "등문공 역시 현군이라 할 수 있다. 그러나 끝내 맹자의 이론을 쓸 수 없었다. 〔등문공에 관해〕 뒷소식을 들을 수 없는 것은, 혹 〔등문공이〕 허행의 이론에 마음을 빼앗겨서일지도 모른다."[41] 이 말은 너무 엄하고 각박한 말이다. 허행의 말은 거칠고 서툴러서 실행할 수 없는 것인데 등문공이 어떻게 혹했겠는가. 당시 문공은 이미 일의 형세가 지탱할 수 없음을 알고 있었지만, 오히려 대담하게 세상 사람들이 하지 않는 일을 했으니, 이는 곧 '올바름을 얻고 죽은 것'[42]이다.

張南軒云, 滕文亦可謂賢君矣, 而不克終用孟子之說, 寂然無聞於後, 意者許行之言有以奪之也. 此說可謂深文矣. 許行之言, 鹵疎不可行, 滕文公豈受惑哉. 當時文公已知事勢不可支持, 猶慨然擧世所不爲者而爲之, 乃是得正而斃也.

● 『맹자사설』 5-1 '성이 선함을 말하다'(道性善章)에서 황종희는 등문공에 대해 "아마도 일의 형세가 급박하다고 생각하여 태왕이 나라를 떠난 것을 본받았으니, 현군이라 하지 않을 수 없다"고 평가했다. 즉 황종희는 등문공이 백성을 전쟁의 소용돌이로 밀어넣지 않기 위해 혼

---

40) 장식(張栻, 1133~80). 권말 '주요인물 소개' 참고.
41) 장식(張栻), 『계사맹자설』(癸巳孟子說) 권3.
42) '올바름을 얻고 죽었다'는 '得正而斃'의 번역으로, 출전은 다음과 같다. 『예기』 「단궁 상」(檀弓上), "군자가 사람을 사랑하는 것은 덕으로써 하고 소인(細人)이 사람을 사랑하는 것은 고식지책으로 한다. 나는 무엇을 구할 것인가? 바른 것을 얻고 죽겠다. 이것을 원할 뿐이다"(君子之愛人也, 以德, 細人之愛人也, 以姑息, 吾何求哉. 吾得正而斃焉, 斯已矣).

자 나라를 떠났다고 추측한다.

"다른 날, 자하, 자장, 자유가 유약이 성인과 닮았다고 여겨 공자를 섬기던 것처럼 섬기고자 했다"는 부분은 앞의 거상(居喪) 부분에 이어지는 말이다. '다른 날'은 거상 날이다. '공자를 섬기던 것처럼 섬긴다'는 것은 제사할 때 시동(尸)이 되는 것과 같다. 증자가 말한 부분은[43] 선생님이 비록 죽었지만 마치 위에 있고 좌우에 있는 것처럼 〔그 영향이〕 한없이 넓으므로 시동을 통해 선생님을 볼 필요가 없다는 것이다. 만약 평상시에 〔유약을 공자처럼〕 섬긴다면 성문(聖門)에 이러한 어리석은 일이 없다.

他日, 子夏子張子游以有若似聖人, 欲以所事孔子事之, 此承上居喪而言. 他日者, 居喪之日也. 以所事孔子事之者, 如祭祀之爲尸也. 曾子云云, 言夫子雖亡, 洋洋乎如在其上, 如在其左右, 不必以尸而見夫子也. 若以平時事之, 聖門無此呆事.

● 이 부분에 대한 이전의 해석은 황종희가 마지막에 비판했듯이 자하를 비롯한 제자들이 평상시에 유약을 공자처럼 모시려고 했다는 것이었다. 황종희는 상례를 치를 때 유약을 시동으로 삼으려는 것이었다고 해석한다.

허행(許行)의 학문은 묵자에서 나왔다. 순경은 "묵자는 쓰임에 가려서

---

43) 『맹자』 본문의 다음과 같은 증자의 말. "안 된다. 〔선생님은〕 강한의 물로 씻는 듯하며 추양의 볕을 쪼이는 듯하여, 더 이상 보탤 수 없이 눈부시다"(不可, 江漢以濯之, 秋陽以暴之, 皜皜乎不可尙已).

문화를 몰랐다"[44]고 평했다. 〔묵자는〕 상하로 하여금 허벅지와 정강이에 털이 나지 않을 정도로 힘들게 일하도록 했고, 귀천등급의 문식을 몰랐다. 맹자가 이를 물리쳤으니, 이것이 '벽양묵'(闢楊墨)[45]이다.

許行之學出於墨子. 荀卿言墨子蔽於用而不知文, 欲使上下勤力, 股無胈, 脛無毛, 而不知貴賤等級之文飾也. 孟子闢之, 卽是闢楊墨.

● 통상 허행은 계급 구분 없이 모두 직접 농사를 지어야 한다고 주장하는 농가학파로 분류된다. '실용'을 중시함으로써 '문화'를 무시했다는 점에서, 황종희는 허행을 묵가의 지류로 분류했다.

5-5 묵가 이지墨者夷之章

묵자의 저서에는 「상동」(尙同), 「겸애」(兼愛), 「비악」(非樂), 「상검」(尙儉), 「박장」(薄葬)이 있다. 맹자는 나머지들을 내버려두고 단지 '박장' 한 절만을 들어 측은지심을 드러냈으니, 이른바 틈을 공격하면 단단한 것은 스스로 무너진다는 것이다. 왕도는 화기(和氣)를 띤 봄바람과 같아서 만물을 어루만진다. 묵자의 고된 노동과 검약은 순전히 한 덩어리의 음기이다. 순자는 "하늘이 거듭 재앙을 내리자, 사람들이 죽는 환란이 더욱 많아지고 백성의 말에는 칭찬이 없으니, 일찍이 누구도 이를 막지 못하는도다"[46]라는 시를 인용해 풍자했는데,[47] 그 병을 깊이 지적한

---

44) 『순자』 「해폐」(解蔽).
45) 양주와 묵적을 물리친다는 의미로, 맹자가 이 일을 자신의 필생 과제로 삼았다. 『맹자』 「등문공 하」 9 참조.
46) 『시경』 「소아(小雅)·절남산지십(節南山之什)」, 『순자』 「부국」(富國)에 인용되어 있다.

것이다.

墨子著書, 有尙同兼愛非樂尙儉薄葬, 孟子置其餘者, 單就薄葬一節, 發其
惻隱之心, 所謂攻其瑕則堅者自破. 王道如春風和氣, 披拂萬物, 墨者之憔勞瘠
毃, 純是一團陰氣. 荀子引詩天方薦瘥, 喪亂弘多, 民言無嘉, 憯莫懲嗟以刺
之, 深中其病.

● 순자가 묵자를 비판한 논리를 그대로 인용했다.

"사랑에는 차등이 없으나 베푸는 일은 어버이에서 시작한다"(愛無差
等, 施由親始)는 [이지의 말은] 묻지 않은 것에 대한 대답처럼 보인다. 이
지는 후장(厚葬)한 이유에 대해서는 오히려 말하지 않고 다만 "베푸는
일은 어버이에서 시작한다"라고만 했으니, 박하게 하는 것을 어버이에서
시작한다는 것인가, 두텁게 하는 것을 어버이에서 시작한다는 것인가.
이지의 말은 자신은 어버이를 후하게 장사지냈고 또 세상 사람도 각자의
부모를 후하게 장사지내기를 바라므로, 묵자 박장의 제도에는 조금 변통
을 가한 것이나 여전히 '사랑에는 차등이 없다'는 뜻을 잃은 것이 아니라
는 말이니, 이렇게 풀이하면 통한다.

愛無差等, 施由親始, 似乎所對非所問, 夷之却不言其厚葬之故, 只言施由

47) 『순자』 「부국」에서 다음과 같이 묵자를 비판하면서 위의 시를 인용했다. "그러
므로 묵가의 방식이 성행한다면 천하는 검소함을 숭상하지만 더욱 가난해지고,
싸우려 하지 않는데도 날마다 다투며, 노고하며 괴로움을 겪어도 공은 더욱 없
어지며, 핼쑥한 얼굴로 걱정하고 슬퍼하며 음악을 폐해도 날마다 화합하지 못
한다"(故墨術誠行, 則天下尙儉而彌貧, 非鬪而日爭, 勞苦頓萃而愈無功, 愀然憂
戚非樂而日不和).

親始, 以薄者從親始乎. 厚者從親始乎. 蓋夷之之意, 吾厚葬其親, 亦欲天下人

之皆厚其親, 於墨子薄葬之制, 稍爲變通, 仍不失夫愛無差等之義, 如此乃通.

● 박장을 귀하게 여기는 묵가가 부모를 후장한 이유가 무엇인가 하
는 맹자의 물음에, 이지는 "사랑에는 차등이 없으나 베푸는 일은 어버
이에서 시작한다"(愛無差等, 施由親始)는 대답을 했다. 동문서답인 듯
한데, 황종희가 뜻이 통하도록 이지의 의도를 짐작해 본 것이다. 황종
희의 풀이에 의하면, 이지는 묵자의 박장의 의도는 받아들이지 않고
평등한 사랑만 받아들인 것이 된다.

등문공 하

6-1 진대陳代章

의(義)가 있는 곳은 일의 크고 작음과 〔관계있는 것이〕 아니라 다만 곧은가 굽은가〔와 관계있을〕 뿐이다. 치(尋)든 자(尺)든[48] 모두 계산하고 비교하는 사사로움이다. 일단 계산하고 비교하는 데로 떨어지면 소인이다. 주자가 어떤 사람에게 주는 편지에서 "세상에서 의에 밝은 자는 반드시 군자가 되고 이익에 밝은 자는 반드시 소인이 된다. 근래에 일종의 의론이 있다. 즉 〔군자와 소인〕 둘 사이에서 왔다갔다 하면서 굽은 것들을 변호하는 데에 그 마음과 기지를 다 소진하고, 결국에는 군자가 되지 못하며 소인이 되는 데에도 솔직하지 못하다. 또한 그 마음을 잘못 사용한 것이라 할 수 있다"고 했다.[49] 진대(陳代)의 치와 자의 논의는 바로 그 둘 사이에서 왔다갔다 하는 것이다.

---

48) 8자(尺)가 한 치(尋)이다.
49) 『회암집』 권29, 「여양자직서」(與楊子直書).

義之所在, 事無大小, 止有枉直, 爲尋爲尺, 皆是計較之私. 一落計較, 便成小人. 朱子與人書云, 世間喩於義者必爲君子, 喩於利者必爲小人. 而近年一種議論, 乃欲周旋於二者之間, 回護委曲, 費盡心機, 卒不可得爲君子, 而其爲小人亦不索性, 亦可爲誤用其心矣. 陳代之論尋尺, 正是周旋於二者之間也.

●『맹자』의 이 장에서 이야기를 이끌고 있는 진대(陳代)는 맹자의 제자이다. 그는 "한 자를 굽혀서 한 치를 편다면 할 만한 일이 아닌가"라는 질문을 던지며, 도를 조금 굽히더라도 맹자가 제후들과 보다 적극적으로 교류하면서 정치적 영향력을 행사하는 것이 옳지 않은가라는 생각을 내비쳤다. 맹자는 "자신을 굽히고 남을 바로잡는 사람을 본적이 없다"고 대답했다. 황종희는 맹자와 마찬가지로, 계산하는 마음, 그래서 효과의 크기를 가지고 사물을 판단하는 태도 자체를 받아들이지 않는다. 그러므로 효과를 계산해서 군자의 사업을 이루겠다는 진대의 생각을 군자와 소인 사이에서 왔다갔다 하는 당시의 의론에 빗대었다.

6-2 경춘景春章

상대를 칭찬하여 제압하거나 공포감을 조성하여 제압하는[50] 유세가들은, 우리 속에 갇힌 군주가 군주 자신을 규준으로 삼아 정치를 하겠다며 자신을 따르지 않을 수 없게 만들면, 그 뜻이 과연 무엇인지 알아볼 줄도

---

50) '飛箝恐愒'의 번역이다. 비겸은 칭찬하여 제압한다는 뜻으로『귀곡자』의 한 편명이다. 공할(恐愒)은 공갈(恐喝) 또는 공갈(恐猲)과 같은 의미로, 공포를 조성하여 위협한다는 뜻이다.

모르고 거기에 영합하는 사람인 것 같다. 이른바 췌마(揣摩)[51]라는 것은 군주의 뜻을 헤아리고 결국 스스로의 뜻은 세운 적이 없는 것이다. '순'(順)이라는 한 글자를 꼭 집어 말하자면, 마치 [그 군주의] 폐와 간을 보는 것처럼[52] 종일 떨어지지 못하고 그 이욕 가운데 있는 것이므로, '넓게 거하는'(廣居) 것과 상반된다. 장부가 부녀자와 같은 짓을 하는 것은[53] '올바른 자리'(正位)와 상반된다. 하는 일이 간사하고 애매한 것은 '큰 도'(大道)와 상반된다.

> 遊說之士, 飛箝恐愒, 似乎牢籠人主, 以我爲政, 使之不得不從, 殊不知窺伺其意, 從而逢迎之. 所謂揣摩者, 揣摩人主之意耳, 究竟未常自立一意也. 點出一順字, 如見其肺肝然, 終日在膠漆利欲中, 與廣居相反. 以丈夫而下同巾幗, 與正位相反, 所行者奸邪曖昧之事, 與大道相反.

---

51) '췌마'(揣摩) 역시 『귀곡자』의 한 편명이다. '췌'(揣)는 추측하는 것이고 '마'(摩)는 만져보는 것이다. 즉 제후의 의중을 헤아려 거기에 영합하여 설득하는 술이다.

52) 『중용』의 다음 구절에서 나오는 말이다. "소인은 혼자 있으면 안하는 짓 없이 나쁜 짓을 한다. 그러다가 군자를 만나게 되면 자기의 나쁜 짓을 가리고 자기의 착함을 드러내 보이려 한다. 남이 자기를 보는 것이 마치 폐나 간을 들여다보듯 하는데, [감추는 것이] 무슨 보람이 있겠는가? 이런 것을 일러 마음속에서 성실하면 그것이 밖으로 나타난다고 하는 것이다. 그러므로 군자는 반드시 홀로 있을 때에 신중해야 한다"(小人閒居爲不善, 無所不至, 見君子而后厭然, 揜其不善, 而著其善. 人之視己 如見其肺肝然, 則何益矣. 此謂誠於中, 形於外. 故君子, 必愼其獨也).

53) '장부가 부녀자와 같은 짓을 하다'는 '以丈夫而下同巾幗'의 번역이다. 건귁(巾幗)은 부녀자들이 머리에 쓰는 수건과 장식물이다. 제갈량이 사마위(司馬魏)를 모욕할 목적으로 건귁을 보낸 뒤로 부녀자를 상징적으로 표현하는 말이 되었다.

●『맹자』의 이 장구에는 전국시대 합종연횡책(合縱連橫策)으로 영향력을 행사했던 종횡가(縱橫家)들 이야기가 실려 있다. 경춘(景春)이라는 자가 종횡가들은 그 재주로 제후들을 좌지우지하니 대장부가 아닌가라고 맹자에게 묻자, 맹자는 제후의 뜻에 맞춰 자신을 파는 그들은 대장부가 아니라 부녀자와 같다고 폄하한다. 맹자에 의하면, 대장부는 천하라는 넓은 곳에 거하며(廣居), 천하의 올바른 자리(正位)에서 천하의 대도(大道)를 실천하는 사람이다. 황종희는 맹자의 의도를 부연해서 설명했다.

6-4 팽경彭更章

맹자가 옮겨다니면서 제후들에게 식사를 제공받는 것은 반드시 공이 있기 때문이 아니다. 다만 국(國)과 가(家)에 어진 이를 존경하고 선비를 기르는 기풍이 없으면 나라로 성립하지 못하므로, 이 마음으로 〔내게〕 온다면 이를 받아들일 뿐이다. 맹자 역시 언제 공이 있고 없고를 계산한 적이 있겠는가. "공이 있어서 먹인다"는 〔맹자의〕 말은 "먹을 뜻이 있기 때문에 먹인다"는 팽경(彭更)의 말로 인해 끝까지 따져 물은 것이다. 그러나 당시 열국이 높이고 중요하게 여긴 것이 어찌 밥먹기를 구하는 사람이 아닌 적이 있겠는가! 직하(稷下) 사람들이 모두 이와 같았다.

孟子傳食諸侯, 原未必有功, 但國家而無尊賢養士之風, 便不成爲國, 苟以是心至, 斯受之而已, 孟子亦何常計其有功無功哉. 食功之言, 因彭更食志而窮之也. 然當時列國之所隆重者, 何嘗非求食之人, 如稷下諸人皆是也.

●『맹자』의 이 장은 유학자들의 사회적 공에 대한 이야기이다. 팽경이라는 자는 맹자가 실질적으로 공이 없는데 제후에게 대접을 받는 것

이 과하다고 생각했다. 맹자는 자신의 일은 효제(孝悌)라는 인간의 기본 도리를 실천하고 이것을 확대함으로써 세상에 도를 실천하는 것이라고 자임했고, 이 일의 공은 농사짓거나 물건을 만드는 일에 비할 바가 아니라고 생각했다. 맹자는 팽경과의 논쟁 끝에, 상대의 먹을 의지에 따라 먹을 것을 주는 것이 아니라 상대가 먹을 만한 공이 있기 때문에 먹을 것을 준다고 말했지만, 황종희는 이는 논리적인 다툼 끝에 나온 말이지 맹자의 본의는 아니라고 해석한다. 맹자의 입장은 상대 제후가 현자를 대접하고 선비를 중시하는 마음으로 대하면 받아들일 뿐이라는 것이다. 제후에게 대접받은 선비의 자세는 맹자와 같아야 하는 것임에도 불구하고, 실제로 많은 선비들이 밥먹기를 구했고 밥먹기를 구하는 사람을 제후들이 대접했다고, 황종희는 끝에서 전국시대 말의 세태를 비판했다. 즉 제후와 선비 모두 '공'을 따져 교제했다는 것이다.

고경양[54]은 오늘날의 강학을 "허리띠를 맨 사람들〔벼슬하는 사람들〕은 단지 '명철보신'[55]이라는 한 구절을 두고 하고, 포의를 입은 사람들〔벼슬하지 않는 사람들〕은 단지 '제후에게 식사를 제공받는다'(傳食諸侯)는 한 구절을 두고 할 뿐이다"[56]라고 했다. 때가 다르고 형세가 다르

---

54) 고헌성(顧憲成, 1550~1612). 권말 '주요인물 소개' 참고. 『명유학안』 「동림학안」 1, '단문고경양선생헌성'(端文顧涇陽先生憲成)이 있다.

55) 『시경』 「대아(大雅)·증민(烝民)」, "밝음과 분별력으로 자기 몸을 보진하며 아침저녁으로 게으름피우지 않고 한 사람을 섬긴다"(旣明且哲, 以保其身, 夙夜匪解, 以事一人).

56) 『명유학안』 「동림학안」 3, '주사고경범선생윤성'(主事顧涇凡先生允成) 항목이

니, 맹자를 본보기로 삼을 수 없다.

顧涇陽謂今之講學者, 在縉紳, 只講得明哲保身一句, 在布衣, 只講得傳食
諸侯一句. 時異勢殊, 要不可以孟子爲例也.

●여기에서 인용된 말은 고헌성(顧憲成)과 그의 동생 사이에서 당시의 강학 풍조를 비판하면서 나온 말이다. 양명학자들의 강학이 '보신'이나 '벼슬하기'에 집중되어 실제 강학의 목적이어야 할 구세제민과 멀어지고 있음을 한탄했다. 맹자가 이 장에서 말하고 있는 것은, 인의의 도를 행하는 일은 제후에게 대우받는 것을 당연히 여길 만큼 절대적으로 중요한 일이라는 것이었다. 끝에서 황종희가 시대가 달라지면 맹자의 말을 본보기로 삼을 수 없다고 덧붙인 것은, 맹자의 말이 당시 사람들에게 보신이라든지 벼슬하는 것이 당연하다고 말하는 것으로 받아들여질까 경계한 것이다.

6-5 소국 송나라 宋小國也章

『사기』에 의하면, 언왕은 무도(無道)해서 제후들은 그를 걸송(桀宋)이

있다. 고윤성(顧允成)은 고헌성의 동생이다. 『명유학안』 '주사고경범선생윤성'에 의하면 고헌성의 말이 아니라 고윤성의 말이다. "경양이 말했다. '무엇을 한탄하고 있는가?' 대답했다. '오늘날 강학하는 자들이 하늘이 갈라지고 땅이 무너진다 해도 상관하지 않고 오로지 강학에만 관여하는 것을 한탄합니다.' 경양이 말했다. '그렇다면 강학하는 것은 어떤 것인가?' 대답했다. '허리띠를 맨 사람은 명철보신 한 구절에 관해서이고, 포의를 입은 사람은 돌아다니며 제후에게 밥먹는 일 한 구절에 관해서입니다.' 경양이 그 때문에 개탄했다"(涇陽曰何嘆也. 曰吾嘆夫今之講學者恁是天分地陷, 他也不管, 只管講學耳. 涇陽曰然則所講何事. 曰在縉紳只明哲保身一句, 在布衣只傳食諸侯一句. 涇陽爲之慨然).

라고 불렀다.[57]『전국책』역시 그가 저지른 무도한 일을 기록했다.

그러나 만장(萬章)이 "장차 왕정을 행하려고 한다"(將行王政)라고 한 걸 보면, 언왕의 무도함이 그렇게 심했을 것 같진 않다. 왕정을 실행하지 못했다는 거야 말할 필요도 없지만, 그 악함은 꼭『사기』가 말하듯이 심하진 않았을지도 모른다.

송의 당열재(唐說齋)[58]는 "송이 왕을 자칭한 것은 언 자신이 세운 것이며, 망국의 군주가 되었는데도 맹자는 또 그 경이 되었다"고 했는데, 이는 무슨 근거로 말하는지 모르겠다. 맹자의 말을 보면 따져보지 않아도 망언임을 알겠다.

> 據史記, 偃王無道, 諸侯稱爲桀宋, 戰國策亦載其無道之事, 萬章乃稱其將
> 行王政, 何不倫至此. 其不行王政, 固無待言, 恐其惡亦未必如史之甚也. 宋唐
> 說齋言, 宋之稱王, 乃偃之自立, 亡國之君也, 而孟子且爲卿焉. 此不知何據.
> 觀孟子之言, 不問而知爲妄說矣.

●『사기』나『전국책』은 송의 마지막 왕이 걸송이라 불릴 만큼 포악

---

57)『사기』(史記)「송미자세가」(宋微子世家) 8, "언왕 11년에 스스로 왕을 칭했다. … 술과 여자로 음란한 생활을 하자 여러 신하들이 간했는데 그들을 활로 쏘아 죽였다. 그래서 제후들이 모두 '걸송'이라 부르며 송은 걸이 했던 짓을 다시 하니 죽이지 않을 수 없다고 생각하고 제나라에게 송을 정벌할 것을 부탁했다. 언왕 47년에 제민왕과 위초왕이 송을 정벌하고 언왕을 죽였다. 송을 멸망시키고 그 땅을 삼분했다"(君偃十一年, 自立爲王. … 淫於酒婦人. 群臣諫者輒射之. 於是諸侯皆曰 '桀宋.' '宋其復爲紂所爲, 不可不誅.' 告齊伐宋. 王偃立四十七年, 齊湣王與魏楚伐宋, 殺王偃, 遂滅宋而三分其地).

58) 당중우(唐仲友, 1136~88). 권말 '주요인물 소개' 참고.『송원학안』(宋元學案)에「열재학안」(說齋學案)이 있다.

했다고 기록했는데, 『맹자』에 의하면, 그는 "왕도정치를 실행"하려고 하면서 제나라와 초나라의 공격을 두려워한 사람이다. 황종희는『맹자』에 의거해 그 역사서들의 신빙성을 의심한다.

6-7 제후를 만나지 않는 이유不見諸侯何義章

"이를 보면 군자가 기르는 것이 무엇인지 알 수 있다"는『맹자』구절에 대해『맹자집주』는 "『맹자』에 나오는 [이 두 사람의] 말을 보면 두 선생이 기르는 것을 알 수 있으니, 반드시 그 예가 지극하지 않으면 만나러 가지 않음을 말한 것이다"라고 했다.[59] 그러나 내 생각에 '군자'는 광범위하게 사람을 가리키는 것이지 두 사람이 아니다.

由是觀之, 則君子之所養可知已矣, 集註孟子言由此二言觀之, 則二子之所養可知, 必不肯不俟其禮之至而輒往見之也. 愚謂君子, 汎指夫人而言, 非二子也.

● 『맹자』본문에 등장한 두 선생은 증자와 자로이다. 증자는 "어깨를 움츠리고 아첨하며 웃는 것이 여름에 밭에서 일하는 것보다 힘들다"고 했고 자로는 "뜻이 같지 않은데 영합해서 억지로 웃는 자의 얼굴빛을 보면 무안하여 붉어져 있다"고 했다. 이 두 예화 뒤에『맹자』는 "이로 보건대 군자가 기르는 것을 알 수 있다"고 했다. 주희가 이 문장의 군자를 앞에 등장했던 두 선생으로 해석한 데 대해 황종희가 군자 일반을 가리키는 것이라고 이의를 제기했다.

---

59)『맹자집주』.

6-8 대영지戴盈之章

길은 두 가지로, 인(仁)과 불인(不仁)일 뿐,[60] 그 사이에는 머물 곳이 없다. 대영지(戴盈之)의 말 같은 것이 후세에까지 이어져 드디어 타협하여 가운데 선다는 학풍(調停中立之學)이 생겼으니, 즉 호광(胡廣)의 '중용'이다.[61]

> 道二, 仁與不仁而已, 中間更無住足處. 如盈之之言, 沿至後世, 遂有調停中立之學, 爲胡廣之中庸矣.

● 송나라의 대부였던 대영지가 송에서 시행하던 세금제도가 잘못된 줄 알면서도 유예를 했다 1년 뒤에 그만두겠다고 한 데 대해, 맹자는 나쁜 일이라면 바로 그만두어야 한다고 충고했다. 이를 실마리로 황종희는 잘못 이해되고 이용되는 '중용'에 대해 경계하고 있다.

6-9 말하기 좋아함好辨章

인의(仁義)는 하고자 함이 없는 실천이다. '양주는 나를 위하는'(爲我)주의이고 '묵적은 겸애'(兼愛)주의인데, 순우곤이 "명예와 공적을 앞세우는 사람은 타인의 평가를 바라는 것(爲人)이고 명예와 공적을 뒤로 하

---

60) 『맹자』「이루 상」 2.
61) 한(漢)의 호광(胡廣)을 말한다. 자(字)는 백시(伯始)이다. 경학(經學)에 능통하였고, 나라의 원로로서 삼공(三公)의 지위에 있으면서 모든 정무를 잘 처리하였으므로 당시 사람들이 "모든 일이 처리되지 않거든 백시에게 물어라. 천하의 중용(中庸)은 호공(胡公)에게 있다"고 하였다. 그러나 왕씨가 나라를 빼앗았는데도 바로잡을 생각을 하지 않고 몸만 보전하자, 후세에는 이를 '호광의 중용'이라고 기록하였다.

는 사람은 스스로를 위하는 것(爲己)이다"[62]라고 한 것이 이 각각에 해당한다. 전국시대의 장의(張儀), 소진(蘇秦),[63] 귀곡(鬼谷)[64]과 같은 자들이 공리에 대해 말하는 것은 모두 이 두 가지 길에서 벗어나지 않는다. 양주와 묵적이 본래 그 발원처이다. 그래서 맹자가 "세상의 이론이 양주의 것이 아니면 묵적의 것이다"라고 말했고, 이들 때문에 전국의 난이 생겼다. '일에 해를 입힌다'는 것은 개인들의 행동을 말한 것이고 '정치에 해가 된다'는 것은 각 나라의 행동을 말한 것이다. 만약 그 유폐를 밀고 나간다면 그 뒤에 올 것이 〔그들의〕 "말이 천하에 가득한" 데 그치지 않을 것이다. "아버지도 없고 임금도 없는" 화는 당시의 일을 가리킨 것이다.

주자는 "'임금이 없는 것'은 단지 자신만을 깨끗이 하고 고상하게 하는 것이니, 천하의 일과 가르침을 누가 이해할 것이며, '아버지가 없다'는 것은 초췌하게 마를 정도로 욕심이 없으니, 효의 도에 문제가 있는 것이다"[65]라고 했다. 이 말에 근거하면 역시 한 몸, 한 집안의 문제일 뿐인데, 그렇다면 맹자가 이처럼 통절해했겠는가. 양자운(楊子雲)[66]은 "옛날

---

62) 『맹자』「고자 하」6.

63) '장의, 소진'은 '儀秦'의 번역이다. 종횡가인 장의와 소진을 당시에 이렇게 불렀다. 양웅(揚雄), 『법언』(法言)「연건」(淵騫), "난을 해결하지 못하면 자공이 부끄러워했고 유세해서 부귀하게 해주지 못하면 장의와 소진이 부끄러워했다"(亂而不解, 子貢 恥之, 說而不富貴, 儀秦恥之).

64) 초(楚)의 사상가. 은둔하였기 때문에 귀곡자라는 이름을 얻었다. 전국칠웅이 패권을 다투던 시대에 권모술수의 외교책을 편 종횡가(縱橫家)이다. 『맹자』「등문공 하」2에 등장하는 공손연(公孫衍)과 장의(張儀)도 그의 제자였다고 한다. 저서로 『귀곡자』가 전해지는데, 위서(僞書)로서 소진의 가탁(假託)이라는 것이 정평이다.

65) 『주자어류』55: 58.

66) 양웅(揚雄, 기원전 53~기원후 18). 중국 한나라의 문인이자 학자. 자(字)는

양묵이 길을 막자 맹자가 말로 이를 물리쳐서 넓어졌다"고 했는데, 정말 잠꼬대 같은 소리이다. 양묵의 도는 지금도 끊이지 않았다. 정자는 "양묵의 해는 신불해, 한비자보다 심하고 불교, 노장의 해는 양주, 묵적보다 심하다. 불교, 노장의 언설이 이(理)에 가까우니 또한 양묵에 비할 바가 아니다"[67]라고 했다.

내 생각에, 불교가 생사문제에서 사려를 일으킨 것은 단지 '스스로를 위하는 것'(自爲) 한 가지 일일 뿐이며, 중생구제의 발원 역시 일종의 '타인의 평가를 바라는'(爲人) 한 가지 일일 뿐이다. 이처럼 그 설이 현묘하지만 결국에는 두 길을 벗어나지 않는다. 이른바 여래선(如來禪)이라는 것은 단지 한 점 정혼(精魂)을 지키는 것이니 스스로를 위하는 것(自爲)이 아니겠는가. 이른바 조사선(祖師禪)이라는 것은 순수하게 작용에 맡기는 것이니 타인의 평가를 바라는 것(爲人)이 아니겠는가. 그러므로 불교는 양묵보다 심한 자이지, 어찌 양묵의 소굴을 떠난 적이 있겠는가.[68] 어찌 불교뿐이겠는가. 과거학(科擧學)이 일어난 이후 유학의 일도

자운(子雲). 청년시절 동향의 선배인 사마상여(司馬相如)의 작품을 통해 배운 문장력을 인정받아, 성제(成帝) 때 궁정문인의 한 사람이 되었다. 학자로서 각 지방의 언어를 집성한 『방언』(方言), 『역경』(易經)에 기본을 둔 철학서 『태현경』(太玄經), 『논어』의 문체를 모방한 수상록 『법언』(法言) 등을 저술하였다. 왕망(王莽)이 정권을 찬탈한 뒤 새 정권을 찬미하는 문장을 썼고 그 정권에 협조했기 때문에, 송학(宋學) 이후에는 지조가 없는 사람이라고 비난의 대상이 되기도 하였다.

67) 『맹자집주』 「등문공 하」 9에 인용되어 있다.
68) 즉 황종희는 여래선(如來禪)과 조사선(祖師禪)을 각각 '유체무용'(有體無用)과 '유용무체'(有用無體)의 입장이라고 정리한다. 체용의 범주에서 볼 때 여래선은 아직 체에 중심을 두고 있고, 그리하여 개별적인 것을 보편적인 진리에 합치시키는 수행이 필요하다고 본다. 반면 조사선은 작용 그대로를 체의 작용으

오로지 스스로를 위하고 타인의 평가를 바라는 것이 아닌가. 예부터 지금까지 오직 양묵의 해였을 뿐 다른 해는 없었다. 지금 사람들은 불교의 내막을 알지 못한 채 양묵을 논외로 하고 있고, 그래서 불교를 물리치는 일 또한 정치의 방법과는 무관하게 되고 다만 표면을 따라 일어날 뿐이다. 단순히 정혼을 지키는 자들은 깊은 산의 목석(木石)이나 큰 연못의 사룡(蛇龍)에 불과해서 물리칠 필요가 없다. 오로지 작용에만 맡겨 일체가 흘러 거짓과 술책이 되게 하는 자들이 바야흐로 천지에 가득 찼으니, 양묵의 도가 바야흐로 번성하여 그칠 줄 모른다.

주자는 "맹자는 자신의 시대에 뜻을 얻지 못했으나, 양묵의 해는 이 이후로 사라졌으므로, 군신간의 도, 부자간의 도가 타락하지 않은 것 또한 한 번의 다스림(一治)이다"라고 했다.[69]

그러나 어찌 그렇겠는가. 맹자가 〔양묵의 해를〕 사라지게 하지 못한 것을 통절히 여겨 어쩔 수 없이 말과 이론으로 싸운 것이니, 이른바 "하늘이 아직 천하를 평탄하게 하려는 생각이 없"[70]었던 것이다. 후인 가운데 "양묵을 물리치자고 말할 수 있는 사람"을 기대한 것은 곧 오랜 난세가 다스려지지 않았음을 말한 것이니, 슬픈 일이다.

仁義者, 無所爲而爲之者也. 楊氏爲我, 墨氏兼愛, 淳于髡先名實者爲人, 後名實者爲己, 卽此也. 戰國儀秦鬼谷, 凡言功利者, 莫不出此二途. 楊墨自其發源處. 故孟子言天下之言不歸楊則歸墨, 所以遂成戰國之亂. 害事謂凡人所行,

---

로 보기 때문에 어떠한 인위적인 노력도 인정하지 않는, 작위 없는 작용을 강조한다. 조사선의 입장에서 '평상심이 곧 도'라는 주장이 나오지만, 여래선은 이(理)와 사(事)의 구분에 주목한다.

69) 『맹자집주』 「등문공 하」 9.

70) 『맹자』 「공손추 하」 13; 『맹자사설』 4-13, '충우, 길에서 묻다' (充虞路問章).

害政謂各國所爲, 若是推其流弊, 恐其後來, 何以言盈天下乎. 無父無君之禍,
正是指當時而言也. 朱子言無君只是潔身自高, 天下事教誰理會, 無父, 以其枯
槁澹泊, 其孝不周. 據如此言, 卽有之亦是一身一家之事, 孟子何至痛切如此.
楊子雲謂古者楊墨塞路, 孟子辭而闢之, 廓如也. 眞是夢語. 楊墨之道, 至今未
熄. 程子曰, 楊墨之害甚於申韓, 佛老之害甚於楊墨. 佛老其言近理, 又非楊墨
之比. 愚以爲佛氏從生死起念, 只是一箇自爲, 其發願度衆生, 亦只是一箇爲
人. 恁他說玄說妙, 究竟不出此二途. 其所謂如來禪者, 單守一點精魂, 豈不是
自爲. 其所謂祖師禪者, 純任作用, 豈不是爲人? 故佛氏者, 楊墨而深焉者也,
何曾離得楊墨窠臼. 豈惟佛氏, 自科擧之學興, 儒門那一件不是自爲爲人. 自
古至今, 只有楊墨之害, 更無他害. 今人不識佛氏底蘊, 將楊墨置之不道, 故其
闢佛氏, 亦無關治亂之數, 但從門面起見耳. 彼單守精魂者, 不過深山之木石,
大澤之蛇龍, 無庸闢之, 其純任作用一切流爲機械變詐者, 方今彌天漫地, 楊墨
之道, 方張未艾. 朱子言孟子雖不得志於時, 然楊墨之害自是減息, 而君臣父子
之道賴以不墜, 是亦一治也. 豈其然哉. 蓋孟子方痛其不能減息, 不得已而以口
舌爭之, 所謂夫天未欲平治天下也. 庶幾望之, 後人之能言距楊墨者, 正是言其
久亂而不治也, 悲夫.

● 황종희는 양주의 '위아주의'를 '스스로를 위하는(自爲) 주의'의 원
조로, 묵적의 '겸애주의'를 '타인의 평가를 바라는(爲人) 주의'의 원조
로 보고, 이후 이단의 해가 모두 이 둘에서 연유한다고 진단했다. 황종
희에 의하면 "예부터 지금까지 오직 양묵의 해였을 뿐 다른 해는 없었
다". 특히 황종희 당시에는 불교, 그 가운데서도 선(禪)의 성행이 이
두 파의 존속과 부활이라고 생각했다. 그 가운데에서도 '작용'에 맡기
면서 '타인의 평가를 바라는' 유파로 분류되는 '조사선'을 경계하고 있

다. 이 유파가 종국에는 정치에 해를 미친다고 생각하기 때문에 황종 희가 갖는 위기의식은 심각하다. 더구나 불교가 양묵의 흐름인 줄을 모르는 점이 그 심각성을 더한다고 생각했다. 불교의 정체에 대해 파 악하지 못한다면 그 심각성도 알 수 없을뿐더러, 근원적인 차원에서 그것을 막는 일을 할 수 없기 때문이다.

"물이 땅 가운데로 흐르게 했다"(水由地中行)는 한 구는 이미 치수의 기술을 다한 것이다. 후세 치수하는 자들은 대개 막는 것을 일로 삼았는 데, 이는 물이 땅 위로 흐르게 하는 것이기 때문에 아무리 터주어도 끝이 안 난다.

> 水由地中行一句, 已盡治水之術. 後世治水者, 大槪以隄防爲事, 是水由地 上行, 所以累決而不已也.

● 우임금이 홍수가 났을 때 땅을 파서 그 가운데 골로 흐르게 한 것 이 치수의 최고 기술이라고 칭찬하고, 후대에 물길을 만들어주는 대신 둑을 만드는 일의 어리석음을 비판했다.

6-10 진중자 陳仲子章

상산(象山)[71]은 "인정·사세·물리상에서 공부한다"고 했다.[72] 중자

---

71) 육구연(陸九淵, 1139~93). 권말 '주요인물 소개' 참고.
72) 『육구연집』(陸九淵集) 권34, 「어록 상」, "인정·물리·사세상에서 공부한다.
   … 물가의 등락이나 대상의 미추·진위를 판단하는 일 같은 것은 유능하다고
   말하지 않을 수 없으나, 내가 말하는 공부는 그런 것이 아니다"(在人情·物
   理·事勢上做工夫.…若知物價之低昂, 與夫辨物之美惡眞僞, 則吾不可不謂之

는 형을 피하고 어머니를 떠난 죄가 없을 수 없다. 일찍이 어떤 게송을 들은 적이 있다. "가는 곳은 단지 인간의 길이지만 득실은 천양지차로 갈라지는 것을 누가 알리오"라는 것이다. 〔맹자는 중자가〕 인간의 길을 버리고 가지 않기 때문에 지렁이에 비유한 것이다. 중자가 꼭 위선적이라고는 할 수 없고, 단지 그 속이 좁은 것이다. 소요부(邵堯夫)[73]가 이천에게 "눈앞의 길이 좁으면 넓혀야 한다. 길이 좁으면 자신의 몸을 둘 곳도 없다"[74]고 말한 적이 있다.

象山云, 在人情事勢物理上做工夫. 仲子卽無避兄離母之罪, 亦使不得. 曾聞一偈云, 其行只是人間路, 得失誰知天壤分. 顧舍人間路而不行, 所以有蚓之喩也. 仲子未必是僞, 只是胸中窄狹. 堯夫謂伊川曰, 面前路徑須令寬, 路窄則自無著身處.

● 문단 끝에서 황종희가 인용한 소옹의 말은 "(자기 몸 둘 곳도 없는데) 다른 사람을 어떻게 다니게 하겠는가"(自無著身處況能使人行也)로 이어진다. 길이란 인간 사이를 이어주는 것이다. 사방으로 열린 길 위에 있는 것이 인간이다. 그 길을 여는 것은 측은지심을 비롯한 나의 마음이다. 그 길 만들기를 포기하는 것은 인간의 삶을 포기하는 것이나 마찬가지이다. 그 맥락에서 중자를 비판했다.

能, 然吾之所謂做工夫, 非此之謂也).
73) 소옹(邵雍, 1011~77). 권말 '주요인물 소개' 참고.
74) 『송명신언행록』(宋名臣言行錄) 「외집」 권5.

권4

이루 상·하

내 마음을 변화시키고 마름질해가는데
그 세세한 부분들(曲折)을 '예'(禮)라 하고,
그 타당한 바를 '의'(義)라 하니,
원래 만들어져 있는 자취는 없다.
지금 이(理)가 사물에 있다고 하면서
이미 있는 자취를 흉내 내는데,
이것이 '예가 아닌 예'이며 '의가 아닌 의'이다.
대개 성현의 말과 행동은 성현의 마음이
융결(融結)된 것이므로, 내가 그 마음을
얻지 못하면 모두 찌꺼기이다.
예의가 찌꺼기 속에 있겠는가.

• 「예 아닌 예」에서

이루 상

7-1 이루離婁章

육경(六經)은 모두 선왕의 법이다. 세상에 전해진 그것은 한 성인의 생각이 아니며 또한 한 성인의 가르침도 아니다. 〔성인들은〕백성의 배고픔을 걱정해서 정전(井田)을 만들고, 백성에게 교육이 없음을 걱정해서 학교를 만들고, 백성이 서로 침범하는 것을 걱정해서 병거(兵車)를 만들고, 백성에게 통치가 없음을 걱정해서 봉건제를 시행했다. 초상과 장례를 만든 것은 죽음을 싫어할까 걱정해서이며, 제사를 만든 것은 멀리 있는 존재를 잊을까 걱정해서이다. 예를 만들어 친소(親疏)를 구별하게 하고, 음악을 만들어 울분을 풀게 하고, 시로 풍속을 두텁게 하고, 형벌로 능욕을 방지했다. 성인은 멀리 밝게 보고 깊이 근심하니, 더 이상 보탤 것이 없다. 그러므로 후세의 왕은 다만 손익(損益)할 뿐인데, 어찌 후세 사람들은 한 시대에는 한 시대의 제도가 있다고 생각하는가. 한대(漢代)에는 패도를 섞어 쓰는 것으로 자임했고,[1] 진(晉)나라 사람은 관화(寬和)를 근본으로 삼았다. 당(唐)나라는 사람에게 맡기고 송(宋)나라는 법에 맡겼다. [이들은] 이른바 선왕의 법은 모두 폐기하고 쓰지 않았다. 사람들은 이들이 나라를 유지하며 구차한 안정을 누리는 것만을 보고, 마침내는 여기에 힘쓸 것이 없다고 한다. 그러나 고작 한 집안의 부귀는 지키지만, 사해의 곤궁은 극히 성대한 세상에도 면할 수가 없었다. 어찌 '차마 하지 못하는 정치'(不忍人之政)이겠는가. 그러므로 "삼대의 다스림으로 다스리지 않는 것은 모두 구차할 뿐"[2]이라고 하는 것이다.

六經皆先王之法也. 其垂世者, 非一聖人之心思, 亦非一聖人之竭也. 慮民之饑也, 爲之井田. 慮民之無敎也, 爲之學校. 慮民之相侵也, 爲之兵車. 慮民之無統也, 爲之封建. 爲之喪葬, 恐其惡死也. 爲之祭祀, 恐其忘遠也. 爲之禮以別其親疏, 爲之樂以宣其湮鬱, 詩以厚其風俗, 刑以防其凌奪. 聖人明見遠, 慮患深, 蓋不可以復加矣. 後王第因而損益之而已, 奈何後世以爲一代有一代之制度. 漢世以雜霸自名, 晉人以寬和爲本, 唐任人, 宋任法. 所謂先王之法, 皆廢而不用, 人徒見其享國苟安, 遂謂無所事此, 幸而保守一家之富貴, 其四海之困窮, 雖當極盛之世, 未之能免也. 豈不忍人之政哉. 故曰, 不以三代之治爲治者, 皆苟焉而已.

● 『맹자』의 이 장은 "한갓 선한 마음만으로 정치하기에 부족하고,

---

1) 『전한서』(前漢書) 권9, 「원제기」(元帝紀), "한 조정은 스스로의 제도를 가졌는데 근본적으로 패도와 왕도를 섞어 썼다. 어찌 순수하게 덕교에 맡겨 주나라 정치를 했겠는가"(漢家自有制度, 本以霸王道雜之, 奈何純任德敎, 用周政乎).

2) 『송사』(宋使) 권427, 「도학열전」(道學列傳) '장재'(張裁) 항목에 나오는 말로 장재가 정치에 대해 묻는 신종(神宗)에게 한 말이다. 정확하게는 다음과 같다. "나라를 다스리면서 삼대를 본받지 않는다면, 결국 구차한 도이다"(爲政不法三代者, 終苟道也).

한갓 법만 있어도 스스로 행해지지 않는다"는 한 구절로 요약할 수 있다. 황종희는 "육경이 모두 선왕의 법"이라고 말한다. 그 의미는 백성의 삶을 윤택하고 인간답게 하려는 노력, 즉 육경에 실려 있는 모든 내용이 법이라는 것이다. 그 정신은 시대가 변해도 달라지지 않을 것이므로, 시대에 따라 손익이 있을 뿐 그 뼈대 자체는 언제고 적용될 수 있다는 것이다. 특히 황종희는 육경이 어느 특정한 시대 특정인이 아니라 수많은 성인들의 손에 의해 이루어졌음을 첫머리에서부터 강조함으로써, 그것이 역사의 축적 속에서 이루어졌음을 드러낸다.

'규구'(規矩)란 상고(商高)가 주공에게 대답한 것에 의하면 다음과 같다. "수(數)의 법(法)은 원형(圓)과 사각형(方)에서 나온다. 원은 사각형에서 나오고 사각형은 직각자(矩)에서 나온다. 직각자는 9×9=81에서 나온 것이다. 그러므로 직각(矩)을 접어서 밑변(勾)의 폭을 3, 높이(股)를 4로 하면, 빗변은 5가 된다. 그 삼각형의 밖에 한 변이 직각자의 2분의 1이 되도록 직각을 그린다.* 〔밑변, 높이, 빗변의〕 둘레를 돌아가며 〔각각의 변을 한 변으로 하는 정사각형을〕 그리면 〔세 변의 길이가 각각〕 3, 4, 5인 〔삼각형을〕 얻는다.** 직각의 두 변, 즉 밑변과 높이를 각각 〔제곱하여 그 수를〕 합한(兩勾共長) 것이 25이고, 이것을 넓이(積矩)라고

---

 * (원주) 밑변과 높이를 각각 제곱하면 3×3=9, 4×4=16이고, 이 둘을 더하면 빗변을 제곱한 몫(면적)인 25가 된다. 빗변〔을 한 변으로 한 사각형의〕 넓이에서 밑변〔을 한 변으로 한 사각형의〕 넓이를 빼면 16이 되고, 빗변〔을 한 변으로 한 사각형의〕 면적에서 높이〔를 한 변으로 한 사각형의 면적〕을 빼면 9가 된다. 그래서 한 변이 직각자의 2분의 1이 되도록 직각을 그린다고 한 것이다.
** (원주) 한 면의 제곱근을 구하라는 것이다. 그래서 3, 4, 5를 얻는다고 한다.

한다.*3) '준승'(準繩)의 '준'(準)은 막대기(表)이다.『주비산경』은 8척의 막대기를 사용했고『수시력』4)은 4장(丈)이나 되는 막대기를 사용했으니, 즉 8척 길이가 다섯이나 되었다.5) 막대기 꼭대기에 '먹줄'(繩)을 묶고 그것을 땅까지 늘어뜨려, 북극을 바라보면서 28개의 별자리를 찾는다. '주비'(周髀)의 방식6)에서 시작된 것이, 뒤이어는 '호시할원'(弧矢割圓)의 방법7)으로 원을 측량했고 '삼각법'(三角法)에 이르렀으니, 뒤로 갈수록 정밀해졌다.

規矩者, 商高答周公曰, 數之法出於圓方. 圓出於方, 方出於矩. 矩出於九九八十一, 故折矩以爲勾廣三, 股修四, 徑隅五, 旣方之外, 半其一矩, (勾股各自乘, 三三如九, 四四一十六, 并爲弦自乘之實二十五, 減勾於弦爲股之實十六,

---

* (원주) '양구'(兩勾)란 밑변과 높이를 각각 제곱한 넓이이고, '공장'(共長)은 넓이의 수를 합하는 것이다.

3)『주비산경』(周髀算經) 권상1. '원주'는 황종희가『주비산경』곳곳에서 찾아다 붙인 글귀이다.

4) 원대(元代) 1281년부터 시행한 역법으로서, 허형(許衡), 왕순(王恂), 곽수경(郭守敬) 등이 1276년부터 5년의 준비기간을 두고 정밀한 천문 관측을 하는 한편 역대의 역법을 참고하여 완성했다.

5) 1장(丈)은 10척(尺)이므로 4장이면 8척 길이가 다섯이 된다.

6)『주비산경』에서 사용한 천문 관측의 방식을 말한다. '주'(周)는 '주공'(周公)에서 온 것이며 '비'(髀)는 '고'(股), 즉 높이를 의미한다. 8척의 막대를 높이로 삼고 막대의 그림자를 밑변(勾)으로 삼았다.

7) 호는 활모양의 원주, 시는 그 활모양의 밑을 직선으로 연결해서 그 바닥으로부터 원주까지의 높이를 의미한다. 삼국시대 위나라의 유휘(劉徽)라는 사람이 263년에『구장산술』(九章算術)의 주석을 썼는데, 이 책의 1권「방전」(方田)의 31번과 32번 문제에 대한 주석에서 원주율을 구하는 일반적인 방법을 제시했다. 원을 정다각형으로 세분하여 원의 넓이를 계산하였는데, 이 방법이 뒤에 '할원술'(割圓術)로 불렸다.

減股於弦爲勾之實九, 故曰半其一矩). 環而共盤, 得成三四五, (謂開方除之其
一面, 故曰得成三四五). 兩矩共長二十有五, 是謂積矩. (兩矩者勾股各自乘之
實, 共長者幷實之數). 準繩者, 準是表, 周髀用八尺表, 授時曆用表長四丈, 爲
八尺者五, 繩繫表顚, 引之至地, 以望北極, 以候二十八宿, 始於周髀, 繼以弧
矢割圓測圓, 至於三角, 後來愈密矣.

●『맹자』의 "규구가 아니면 사각형과 원을 그릴 수 없고"(不以規矩,
不能成方圓), "성인이 힘을 다해 눈의 능력을 사용하고 이어 규구준승
을 이용하면 사각형, 원, 수평, 수직이 다 쓸 수 없을 정도로 넉넉할 것
이다"(聖人旣竭目力焉, 繼之以規矩準繩, 以爲方員平直, 不可勝用也)라
는 구절에 대한 황종희의 주석이다.

사마천의 「율서」에서는 "황종[8]은 9촌, 즉 81분"[9]이라 했고, 『여람』에
서는 "황종은 3촌 9분"[10]이라 했다. 이렇게 다른 것은 매율마다 각각 음

---

8) 황종은 12율(律) 가운데 첫 번째, 즉 기본율이다. 12율에 대해서는 아래 주 참고.
9) 황종희가 인용한 글이 『사기』의 글자 그대로는 아니다. 『사기』 권25, 「율서」에
   "황종은 길이가 8촌(寸)+1/10촌(寸), 즉 81분(分)으로 궁성(宮聲)이다"(黃鐘,
   長八寸十分一, 宮)이고 여기에 당(唐) 사마정(司馬貞)이 다음과 같은 '색은'(索
   隱)을 붙였다. "앞의 글에서 율은 9×9=81이라고 했기 때문에 길이는 8촌 1분
   이라 했다. 그런데 『한서』에서 '황종의 길이는 9촌'이라고 한 것은, 9분이 1촌
   (寸)인 촌이다. 유흠이나 정원 등은 모두 길이를 9촌이라고 했는데 여기에서는
   10분이 1촌(寸)인 촌인데, 여기에 의거하지 않은 것이다"(案上文云律九九八十
   一, 故云長八寸十分一, 而漢書云黃鐘長九寸者, 九分之寸也. 劉歆, 鄭元等, 皆以
   長九寸, 卽十分之寸, 不依此法也). 즉 황종희가 인용한 『사기』가 글자 그대로는
   아니지만 '구분지촌'(九分之寸)의 의미로 '9촌, 즉 81분'(九寸八十一分)이라고
   한 것이다.

양을 갖기 때문이다. 한대의 유학은 황종의 양(陽)을 전했고 진대의 유학은 황종의 음(陰)을 전했다.[11] 39분에 81분을 더하면 [120분, 즉] 1척(尺) 2촌(寸)을 얻어[12] 열두 달의 정률(正律)이 된다. 9촌은 절기를 점치기 위한 관(候氣之管)이고[13] 39분은 불기 위한 관(所吹之管)이다. 그래서 12율의 길이는 모두 1척 3촌 9분을 기본 도수(度)로 한다. 1척 2촌은 12월의 정기에 따르며 9분은 윤월(閏月)의 기를 따르고, 나머지 1촌은 부는 데 쓰지 않는 남는 곳이다. 매관마다 1촌 아래에 구멍을 내어 부는데, 3촌 9분을 제하면 황종의 율이 되고, 그 나머지 9촌은 관을 채워서 불지는 않는 곳이다. 이는 땅 밑으로 절기를 예측하기 위해 묻는 9촌에 대응한다. 지기(地氣)는 아래에서 위로 올라가고 인기(人氣)는 위에서 아래로 내려가니, 그 수가 모두 상응한다. 1촌의 아래로 9촌을 제하면 유

---

10) 『여씨춘추』(呂氏春秋)를 『여람』(呂覽)이라고도 한다. 『여씨춘추』 권5, 「오월기」(五月紀), "그 길이는 3촌 9분이고 내쉬면 황도의 궁성(宮聲)이 된다"(其長 三寸九分, 而吹之以爲黃鍾之宮).

11) 『여씨춘추』는 중국 진(秦)나라의 재상 여불위(呂不韋, ?~기원전 235)가 선진(先秦)시대의 여러 학설과 사실(史實)·설화를 모아 편찬한 책이므로 진의 책이고, 『사기』는 전한(前漢)시대를 산 사마천(司馬遷)이 편찬한 책이다. 그러므로 각각 진대와 한대를 대표한다고 할 수 있다.

12) 황종희가 『사기』 「율서」의 글이라고 인용한 첫 문장의 '9촌 즉 81분'으로 약간 혼란이 있으나, 기본적으로 도(度)의 단위는 다음과 같다. 10분(分)이 1촌(寸), 10촌이 1척(尺), 10척은 1장(丈), 10장은 1인(引)이다. 『한서』 권21 상, 「율력지 상」(律曆志上) 참조.

13) '후기'(候氣)는 절기의 변화를 알아내는 방법이다. 갈대를 태운 재를 율관 안에 넣어두면, 새로운 절기가 돌아올 때마다 그 재가 상응하는 변주로 날아갔다고 한다. 그래서 이에 근거하여 절기의 변화를 예측할 수 있었다고 한다. 『후한서』 「율력지 상」 참조.

빈(蕤賓)의 율이 되며, 그 나머지 3촌 9분은 관을 채워서 불지 않고, 이 3
촌 9분은 땅 밑에서 절기를 예측하기 위한 3촌 9분에 대응하는 수이다.
길게는 9촌에 이르고 짧게는 3촌 9분에 이르는데, 모두 음양이 오르고
내리는 궁극의 수이다. 〔황종과 유빈〕 사이가 4촌 5분이면 대려(大呂)의
〔율〕이 되고, 5촌 4분이면 태주(太簇)의 〔율〕이 된다. 6촌 4분이면 협종
(夾鐘)의 〔율〕이 되며, 7촌 2분이면 고선(姑洗)의 〔율〕이 된다. 8촌 2분
이면 중려(仲呂)의 〔율〕이 된다. 변율(變律)은 9분이 기본 도수가 되는
데, 이는 모두 취율(吹律)의 관이다.[14] 취율을 제외하면 그 나머지는 관
을 채워서 불지 않는 곳, 즉 절기를 관측하기 위한 관의 수이다. 동지에
양기가 점차 싹트면 땅에 들어간 9촌을 비로소 얻을 수 있으므로 황종의
후관(候管)의 길이가 9촌이다. 축월(丑月) 8촌 1분, 인월(寅月) 7촌 2분,

---

14) 12율은 한 옥타브를 12개의 음정으로 구분하여 각 음 사이를 반음 정도의 음정
차로 율을 정한 것이다. 각 율은 황종을 기본음으로 하여 삼분손익법(三分損益
法)에 의해 음정을 구하는데, 양률과 음률로 구성된다. 양(陽)인 율(律)이 음
(陰)인 여(呂)와 교합하여 아들을 낳는다는 뜻으로, 즉 삼분손익의 법칙에 따
라, 양률이 음률을 낳을 때는 하생(下生)이라 하여 3분의 1을 덜어주고, 음률이
양률을 낳을 때는 상생(上生)이라 하여 3분의 1을 더해준다. 예를 들면 황종
(黃鐘)의 길이가 9촌인 경우, 황종이 임종(林鐘)을 낳는 것은 하생이 되어 임
종의 길이가 6촌이 되고, 임종이 태주(太簇)를 낳는 것은 상생이 되어 태주의
길이가 8촌이 되는 유로써 서로 생(生)하는 것을 말한다. 양을 상징하는 황
종·태주·고선·유빈·이칙·무역 등 홀수의 여섯을 육률(六律)이라 하고 양
성(陽聲), 양률(陽律), 6시(六始) 등으로 부른다. 음을 상징하는 대려·협종·
중려·임종·남려·응종 등 짝수의 여섯을 육려(六呂), 음성(陰聲), 음려(陰
呂) 등으로 부른다. 저음부터 순서대로 하면 다음과 같다. 황종(黃鐘, C), 대려
(大呂, C#), 태주(太簇, D), 협종(夾鐘, D#), 고선(姑洗, E), 중려(仲呂, F),
유빈(蕤賓, F#), 임종(林鐘, G), 이칙(夷則, G#), 남려(南呂, A), 무역(無射,
A#), 응종(應鐘, B).

묘월(卯月) 6촌 3분, 진월(辰月) 5촌 4분, 사월(巳月) 4촌 5분, 오월(午月) 3촌 9분, 미월(未月)은 또 4촌 8분, 신월(申月) 5촌 7분, 유월(酉月) 6촌 6분, 술월(戌月) 7촌 5분, 해월(亥月) 8촌 4분이다.[15] 동지 이후에는 양기가 점차 상승하고 하지 이후에는 양기가 점차 하강한다. 상승하면 땅에서 점점 멀어진다. 그러나 취율 아래의 1촌은 불지 않는 곳이고, 후율(候律) 또한 1촌을 공제하여 비스듬히 기대어 서 있는 부분을 보충하는데, 사율(斜律) 1척이면 직률(直律) 9촌에 그친다. 이것은 곱셈·나눗셈의 법이다.

司馬遷律書, 黃鐘九寸八十一分, 呂覽, 黃鐘三寸九分, 蓋每律各有陰陽也. 漢儒傳黃鐘之陽, 秦儒傳黃鐘之陰. 以三十九分, 合八十一, 得一尺二寸, 爲十二月之正律. 九寸者候氣之管, 三十九分者所吹之管, 是故十二律之長, 皆以一尺三寸九分爲度. 一尺二寸者, 按十二月之正氣, 九分者, 按閏月之氣, 餘一寸爲剩餘不吹之處. 每管一寸之下, 始竅而吹之, 除三寸九分, 爲黃鐘之律, 其餘九寸爲實管不吹, 應地下候氣九寸之數也. 地氣自下而上, 人氣自上而下, 其數皆相應也. 一寸之下, 除九寸, 爲蕤賓之律, 其餘三寸九分爲實管不吹, 三寸九分者, 應地下候氣三寸九分之數也. 長至九寸, 短至三寸九分, 皆陰陽升降之極數也. 中間四寸五分爲大呂, 五寸四分爲太簇, 六寸四分爲夾鐘, 七寸二分爲姑洗, 八寸二分爲仲呂, 變律以九分爲度, 此皆吹律之管也. 除吹律之外, 其餘實管不吹之處, 卽候氣之數也. 冬至陽氣潛萌, 入地九寸始得之, 故黃鐘候管長九寸. 丑月八寸一分, 寅月七寸二分, 卯月六寸三分, 辰月五寸四分, 巳月四寸五

15) 음력으로 1월은 인월(寅月), 2월은 묘월(卯月), 3월은 진월(辰月), 4월은 사월(巳月), 5월은 오월(午月), 6월은 미월(未月), 7월은 신월(申月), 8월은 유월(酉月), 9월은 술월(戌月), 10월은 해월(亥月), 11월은 자월(子月), 12월은 축월(丑月)이다.

分, 午月三寸九分, 未月又四寸八分, 申月五寸七分, 酉月六寸六分, 戌月七寸五分, 亥月八寸四分. 自冬至以後, 陽氣漸升. 夏至以後, 陽氣漸降. 升則出地漸遠. 然吹律之下一寸, 爲不吹之處, 候律亦空餘一寸, 爲斜倚補數, 如斜律一尺, 止比直律九寸, 此則乘除之法也.

● 『맹자』의 "사광의 눈밝음이 있어도 육률을 쓰지 않으면 오음을 바르게 할 수 없다"(師曠之聰, 不以六律, 不能正五音) 부분에 붙인 황종희의 주석이다.

불인지심(不忍之心)은 사람이면 누구나 갖고 있다. 다만 확충할 줄 모를 뿐이다.[16] "선왕의 도를 행하라"는 것이 바로 확충의 법을 가르치는 것이다.

不忍人之心人皆有之, 但不能擴充之耳. 行先王之道, 正敎以擴充之法.

● 불인지심을 확충하는 것은 선왕의 도를 행하는 것처럼 실천의 폭을 넓히는 것이라고 해석했다.

"조정은 도를 신뢰하지 않는다"(朝不信道)는 구절은 "윗사람이 도로 헤아리지 않는다"(上無道揆)는 구절을 풀이한 것이고, "기술자들이 도의 준칙을 신뢰하지 않는다"(工不信度)는 구절은 "아랫사람이 법을 지키지 않는다"(下無法守)는 구절을 풀이한 것이다. 『맹자집주』는 〔군자는〕 "의를 어긴다"(犯義)와 〔소인은〕 "형법을 어긴다"(犯刑)는 구절까지 합해

---

16) 『맹자』 「공손추 상」 6.

여섯이라고 했는데,[17] 아마도 그렇지 않다.[18] "도를 신뢰하지 않는다"는 것은 도를 우원하고 실정에 절실하지 않다고 여기는 것으로, 〔이 경우〕 행하는 것이 모두 부국강병의 일이 된다. 헤아리는 것을 도에 의거하지 않고 일에 의거해서 하니, 이는 민자마(閔子馬)[19]가 말하는 "배움을 좋아하지 않는 것"이다.[20] 도(度)는 도(道)의 준칙이다. 자산(子産)은 "정치는 농사에 힘쓰는 것과 같아서 밤낮으로 생각해야 한다. 그 시작부터 잘 생각하여 좋은 끝을 얻는 것이다. 아침저녁으로 행하되, 행한 것이 생

---

17) 『맹자집주』, "'위에서 도로 헤아리지 않기' 때문에 '아래에서 법을 지키지 않는' 것이다. 도로 헤아리지 않으면 '조정은 도를 신뢰하지 않고' '군자는 의를 범한다.' 법을 지키지 않으면 '기술자는 도량형의 표준을 지키지 않고' '소인은 형법을 어긴다.' 이 여섯이 모두 있으면 그 나라는 반드시 망한다. 망하지 않는 것은 요행일 뿐이다"(由上無道揆, 故下無法守, 無道揆, 則朝不信道, 而君子犯義, 無法守, 則工不信度, 而小人犯刑. 有此六者 其國 必亡 其不亡者 僥倖而已). 주희가 말하는 여섯은 작은따옴표로 묶은 여섯 가지를 말한다.

18) 황종희의 의도대로 『맹자』 본문을 해석하면 다음과 같다. 즉 "위에서 도로 헤아리지 않기 때문에 아래에서 법을 지키지 않는다. 위에서 도로 헤아리지 않는다는 것은 조정에서 도를 믿지 않고 군자가 의를 범한다는 것이다. 아래에서 법을 지키지 않는다는 것은 기술자가 도량형의 표준을 지키지 않고 소인은 형법을 어긴다는 것이다." 그러므로 주희처럼 여섯 가지의 일이 아니라, 굳이 말하자면 첫 문장의 두 가지이거나 두 번째 문장의 네 가지이다.

19) 『전집』 본에는 민자건(閔子騫)으로 잘못 인쇄되어 있다. 『이주유저휘간』 본에 의거해 바로잡는다.

20) '불열학'(不悅學)과 관련된 민자마(閔子馬, 앞의 주 참고)의 이야기는 『춘추좌전』 「소공」 '18년조'에 실려 있는 다음의 내용이다. 조(曹)나라 평공(平公)의 장례식에 참석했던 노나라 사람이 주(周)의 대부 원백노(原伯魯)를 만나 이야기를 나누다가 그가 학문을 좋아하지 않는다는 것을 알게 되었다. 노나라에 돌아와 이를 대부 민자마에게 말하자, 민자마는 배우기 좋아하지 않는 사람이 많아지면 주나라는 곧 어지러워지고 망하게 될 것이라고 말했다.

각을 넘지 않는다. 마치 농사지으면서 농지의 경계(畔)를 넘지 않도록 하는 것과 같으니, 이처럼 하면 잘못이 드물다"고 했다.[21] 이것이 "도의 준칙을 지키는 것"(信度)이다.

朝不信道, 釋上無道揆, 工不信度, 釋下無法守. 集註, 兼犯義, 犯刑, 謂之六者, 恐未然. 不信道, 以道爲迂遠而不切事情, 所行皆富國强兵之事. 其所揆度者不以道而以事, 閔子馬之所謂不悅學也. 度者, 道之則也. 子産曰, 政如農功, 日夜思之. 思其始而成其終, 朝夕而行之, 行無越思, 如農之有畔, 其過鮮矣. 此信度也.

● 『맹자』의 "上無道揆也, 下無法守也, 朝不信道, 工不信度, 君子犯義, 小人犯刑, 國之所存者幸也" 부분에 대한 해설이다. 황종희의 해석에 의거해 번역하면 다음과 같다. "윗사람은 도로 헤아리지 않고 아랫사람은 법을 지키지 않는다. 즉 조정은 도를 신뢰하지 않고 기술자들은 도의 준칙을 신뢰하지 않는다. 〔이처럼〕 군자가 의에 역행하고 소인이 법을 거스리고도 나라가 보존된다면 요행일 뿐이다." 즉 주희가 이 항목들을 여섯으로 셈한 데 반해 황종희는 상하 두 영역에서 일어나는 일로 해석했다.

7-2 자와 컴퍼스는 네모와 원의 극치이다 規矩方員之至章

요(堯)임금과 순(舜)임금은 중(中)을 잡았는데, 무형무상(無形無象)이 아니라 인륜의 지극한 곳에서 중용을 실천한 것이다. 인륜에는 불가해(不可解)한 부분이 있는데, 이것이 지극한 것이며, 오륜이 모두 그러

---

21) 『춘추좌전』 「양공」(襄公) '25년조'.

하다. 신안진씨는[22] 군신의 윤리가 인륜 가운데 가장 크다고 했지만[23] 이는 틀렸다. "성인은 인륜의 지극함이다"(聖人, 人倫之至也)라는 한 구절은 오륜을 모두 포괄해서 한 말이며, 뒷부분에서야 비로소 군신을 뽑아 말했다. '임금을 섬기고'(事君), '백성을 다스리는'(治民) 일은 반드시 요순을 따르는 것으로 시작해야 비로소 본령을 얻는다. 지금 사람들은 단지 진한 이래의 견식으로 자질구레하게 보충하고 긁어모으며, 세태에 따라 머리를 내밀었다 집어넣었다 하며 세상에 영합한다.[24]

> 堯舜執中, 不是無形無象, 在人倫之至處爲中. 人倫有一段不可解處卽爲至, 五倫無不皆然. 新安陳氏以爲君臣之倫, 於人倫爲尤大, 非也. 聖人, 人倫之至也一句, 總五倫而言, 後始抽出君臣. 事君治民, 須從堯舜以上來, 方有本領. 今人只將秦漢以來見識, 零星補湊, 所以頭出頭沒.

● 『맹자』는 성인이 인륜의 지극함을 실현한 것이라고 말하면서 요순의 일을 언급하여 "임금이 되려면 임금의 도를 다해야 하고 신하가 되려면 신하의 도를 다해야 한다"는 예를 들고 있다. 이에 대해 진력(陳櫟)은 오륜 가운데 '군신의 윤리'가 가장 중요하기 때문이라고 풀이했는데, 황종희는 이에 대해 반박했다. 황종희에 의하면, 군신간의

---

22) 진력(陳櫟, 1252~1334). 권말 '주요인물 소개' 참고.
23) 『맹자대전』 7-2의 주.
24) '세태에 따라 머리를 내밀었다 집어넣었다 하며 세상에 영합한다'는 '頭出頭沒'의 번역이다. 세속에 영합한다는 뜻으로 선어(禪語)에서 유래하며(『오등화원』「投子同禪師法嗣·濠州思明禪師」), 다음과 같은 용례가 있다. (명)원굉도(袁宏道), 『광장』(廣莊)「제물론」(齊物論), "천하 사람들이 머리를 내놓았다가 넣었다가 하며 [세상에 영합하면서] 시시비비 가운데서 마른 나무에 붙었다 썩은 나무에 붙었다 하는구나"(天下之人, 頭出頭沒, 于是是非非之中, 倚枯附朽).

윤리가 가장 크다는 진력의 의견과 같은 것이 진한 이래의 작은 견식들이고 황종희 당시에도 융성한, 세태에 영합하려는 생각들이다. 이러한 생각 때문에 백성을 해치는 일을 하면서 권력 있는 군주에게 아부하는 일을 주업으로 삼는 신하들이 존재하게 된다는 것이다.

"백대가 지나도 고칠 수 없는"(百世不能改) 상황은 진실로 "효자(孝子)와 효손(慈孫)"이 통탄하는 바이다. 나는 일찍이 조부가 소인이어서 그 자손이 군자를 원수로 삼는 것을 효도(慈孝)의 덕으로 여기는 것을 봤다. 이것이 바로 조부가 뿌린 악 때문에 불효하고 자애롭지 않음이 심해지는 것이다.

> 百世不能改, 眞是孝子慈孫痛心處. 余嘗見有祖父爲小人, 其子孫因仇君子以爲慈孝者, 適以播祖父之惡, 爲不孝不慈甚矣.

●『맹자』 본문은 군주가 백성에게 포악하게 굴면 군주 자신은 시해되고 나라는 망하게 되며, 나아가 어리석고 잔인하다는 정평이 나면 효성스러운 자식이 나오더라도 백대가 지나도 그 정평을 고치기 어렵다는 내용을 담고 있다. 황종희는 더 나아가, 조상이 나쁜 짓을 하면 자손 역시 군자를 등지며 나쁜 짓을 하기 쉽다고 경고했다.

7-3 삼대의 천하 三代之得天下章

천지가 만물을 낳는 것이 '인'(仁)이며, 제왕이 만민을 키우는 것이 '인'이다. 우주의 한 덩어리 생기가 한 사람에게 모이므로 천하가 그리로 귀의하는 것이니, 이것이 상리(常理)이다. 삼대 이후 왕왕 '불인'(不仁)으로 천하를 얻은 사람이 있었다. 이는 곧 일식이나 지진과 같이 기화운행(氣化運行)이 과불급처(過不及處)를 만난 것이며, 불인한 자는 거기에 응한다. 그러나 오래되면 천운은 다시 항상됨(常)으로 복귀하고, 불인한 자는 스스로 멸망을 맞고 "대대로 제왕가에 태어나는 일이 없기를 기원하게"[25] 되니, 혹독한 고통이 이와 같다. 반표의 『왕명론』(王命論)[26]은 단지 명(命)을 가지고 이야기했지만, 세속을 떠난 적이 없다.

> 天地之生萬物, 仁也. 帝王之養萬民, 仁也. 宇宙一團生氣, 聚於一人, 故天
> 下歸之, 此是常理. 自三代以後, 往往有以不仁得天下者, 乃是氣化運行, 當其
> 過不及處, 如日食地震, 而不仁者應之, 久之而天運復常, 不仁者自遭隕滅. 願
> 世世無生帝王家, 酷痛如此. 班彪王命論, 止以命言, 猶未離於世俗.

●『맹자』는 인으로 천하를 얻고 불인으로 천하를 잃는 일에 대해 말했다. 황종희는 실제로는 불인으로 천하를 얻은 일도 있다는 것을 안

---

25) 남조(南朝) 유송(劉宋)의 마지막 군주인 송순제(宋順帝) 유준(劉準, 469~479)이 한 말이라고 한다. 내란에서 공을 세운 뒤 중령군장군(中領軍將軍)으로 승진하고 중앙군을 장악한 소도성(蕭道成, 427~482)이 후폐제(後廢帝)를 죽이고 유준을 등극시켰지만, 곧 폐위하고 제나라(南齊)를 세웠다. 이때 유준이 한 말이 "대대로 다시 태어나면 제왕가에 태어나는 일이 없기를 기원한다"(願後身世世, 勿復生帝王家)라고 한다. 소도성은 즉위 후 여음왕(汝陰王)으로 봉하고 단양(丹陽)에 거하게 했는데, 479년 5월 유준을 감시하던 병사가 문밖의 말발굽소리가 어지러운 것이 변란이 발생한 것이라고 오해하여 유준을 살해했다. 열 살을 겨우 넘긴 나이였다. 『자치통감』(資治通鑑) 권135, 「제기」(齊紀) 1 참조.

26) 반표(班彪, 3~54)의 나이 20세에 왕망의 반란이 있었다. 반표는 이에 천하는 다시 유씨, 즉 유방의 후손에게로 돌아가야 한다는 생각에서 『왕명론』을 지었다. 그 논지는 천하의 패권을 잡는 데는 타고난 운명이 필요하며 유씨야말로 그러한 사람이라는 것인데, 이를 천인감응론(天人感應論), 상서설(祥瑞說) 등에 의거해서 주장했다.

다. 그에 대해 황종희는 운행이 본래의 궤도를 잃고 과불급의 상태에 있게 되면 불인한 자가 천하를 얻는 일도 있다고 설명했다.

7-4 자신의 인을 돌아보라愛人不親反其仁章

왕심재(王心齋)[27]는 다음과 같이 말했다. "나의 몸은 하나의 직각자(矩)이다. 천하국가는 하나의 네모이다. 직각자를 대고 그렸는데 네모가 바르지 않다면, 직각자가 바르지 않기 때문이다. 그러므로 직각자를 바르게 할 뿐이지, 네모를 어쩌려고 하지 않는다. 직각자가 바르면 네모도 바르게 된다. 직각자가 바르면 바름을 이룬다. 그러므로 '물이 바르게 된다'(物格)라고 한다. 〔누군가〕 자신을 돌이켜보는 것(反己)이 '격물'(格物)인지 물어서 다음과 같이 대답했다. '물격·지지'(物格知至)는 근본을 아는 것이며, '성의·정심·수신'(誠意正心修身)은 근본을 세우는 것이다. 본말은 일관되어 있다. 그러므로 사람을 사랑하고 사람을 다스리고 사람을 예로 대하는 것이 격물이며, 친애하지 않고 다스려지지도 않고 〔예에 대한〕 응답도 없는 경우, 이때 '실천했는데 마음에는 얻은 게 없다면 스스로에게 돌이켜보라'고 하는 것이다. 격물한 뒤에 스스로를 돌아볼 수 있게 되므로, 스스로를 돌아보는 것이 격물의 공부이다. 어떻게 돌아보는가? 자기를 바르게 할 뿐이다. 나의 인(仁)·지(智)·경(敬)을 돌아보는 것이 나를 바르게 하는 것이다. '그 몸이 바르면 천하가 귀의한다'(其身正而天下歸之)는 말은, 나를 바르게 하여 사물이 바르게 되는 것이다."[28]

---

27) 왕간(王艮, 1483~1541). 권말 '주요인물 소개' 참고. 『명유학안』「태주학안」1, '처사왕심재선생간'(處士王心齋先生艮) 항목이 있다.

王心齋曰, 吾身是箇矩, 天下國家是個方, 絜矩則知方之不正, 由矩之不正也. 是以只去正矩, 却不在方上求. 矩正則方正矣, 方正則成格矣, 故曰物格. 問反已是格物否, 曰, 物格知至, 知本也. 誠意正心修身, 立本也. 本末一貫, 是故愛人治人禮人也, 格物也, 不親不治不答, 是謂行有不得於心, 然後反已也. 格物然後知反已, 反已是格物的工夫. 反之如何. 正己而已矣. 反其仁智敬正己也. 其身正而天下歸之, 此正己而物正也.

● '격물'(格物)에 대한 왕간(王艮)의 입장을 긍정적으로 인용했다. 태주학파의 대표인 왕간은 왕수인처럼 '격'(格)을 단순히 '바르게 한다'(正)라고 풀이하지 않았다. 격은 격식의 격으로, 법칙에 의거하여 추측한다는 의미가 있으며, 따라서 사물의 올바름을 얻는다는 뜻이 있다. 물(物)이란『대학』에서 "사물에는 본과 말이 있다"(物有本末)고 할 때의 '물'로, 내 몸과 천하·가(家)·국(國)의 사람들을 말한다. 그렇다면 '격물'이란 자기 자신에 의거하여 추측함으로써 천하와 가·국의 사람들을 헤아리고 바로잡는 것이므로, 사물을 처리하는 도는 내 몸을 돌이켜보는 방법에 의해 저절로 충족된다.

요쌍봉(饒雙峯)[29]은 "앞의 세 구절로 다 포괄하지 못해서 뒤에서 또 '모두 스스로를 돌아봐야 한다'고 말했다. '모두'(皆)는 포괄적인 말로, 앞의 셋만을 가리키지 않는다"고 했다.[30]

---

28)『명유학안』「태주학안」1, '처사왕심재선생간'.
29) 요노(饒魯, 대략 1256년경 전후에 활동). 권말 '주요인물 소개' 참고.『송원학안』「쌍봉학안」(雙峯學案) 항목이 있다.
30)『맹자대전』의 주에 인용되어 있다.

'실천했는데 얻지 못했다'(行有不得者)는 구절은 셋을 포괄해 말한 것
이라고 나는 생각한다. 인(仁)·지(智)·경(敬)을 버리고 다시 어떤 일
이 있어서 다 포괄하지 못했다고 하는가.

> 饒雙峯曰, 上面三句, 包括未盡, 所以下面又說皆當反諸己. 皆字說得闊, 不
> 特說上面三者而已. 愚以爲行有不得者句, 蓋合三者而言之, 舍仁智敬之外, 更
> 有何事而謂包括未盡哉.

● 요쌍봉이 말하는 앞의 세 구절이란, 『맹자』 본문의 "사람을 사랑
했는데 그가 나를 친애하지 않으면 자신의 인을 돌아보고, 사람을 다
스리는데 다스려지지 않으면 자신의 지혜를 돌아보고, 다른 사람을 예
로 대하는데도 그에 상응하는 예가 없으면 자신의 경을 돌아봐야 한
다"는 구절 가운데, '자신의 인을 돌아보고'(反其仁) '자신의 지혜를
돌아보고'(反其智) '자신의 경을 돌아본다'(反其敬)는 세 가지이다. 요
쌍봉은 이것으로는 할 말을 다 못했기 때문에 맹자가 "스스로를 돌아
본다"(反諸己)는 말을 덧붙였어야 했다고 풀이했다. 황종희는 그 세
가지 일을 다시 한 번 요약해서, "실천했는데 〔마음에서〕 얻은 것이 없
으면 스스로를 돌아봐야 한다"라고 해석했다. 스스로의 '인'·'지'·
'경' 외에 또 다른 '나'(己)가 어디 있겠느냐는 생각이다.

7-6 정치는 어렵지 않다 爲政不難章

'영향력 있는 가문'(巨室)이란 진(晉)나라의 육경,[31] 노(魯)나라의 삼

---

31) 춘추시대 진(晉)을 육분(六分)했던 가문이다. 지씨(智氏), 범씨(范氏), 중항씨
　　(中行氏), 한씨(韓氏), 위씨(魏氏), 조씨(調氏)이다. 그래서 당시에는 육진(六

환32) 등이다. 진나라의 영공은 조씨에게 죄를 지어 죽었고,33) 노나라의 소공은 계씨에게 죄를 지어 죽었다.34) 대개 유풍(流風)과 좋은 정치(善政)는 오래된 가문에 있으므로, [오래된 가문을] 홀시할 수 없다. 진나라의 왕(王)씨 가문과 사(謝)씨 가문에는35) 오히려 이러한 유풍이 있었다. 당(唐)나라는 비록 씨족을 중시했으나, 과거(科擧)를 압도할 수 없었기 때문에 이러한 뜻이 없어졌다.

> 巨室, 如晉之六卿, 魯之三桓是也. 晉靈公得罪於趙氏而弑, 魯昭公得罪於季氏而亡. 蓋流風善政, 存於故家, 不可忽也. 晉之王謝, 尚有此風. 唐雖重氏族, 然不能勝科擧, 而此意蕩然矣.

7-7 천하에 도가 있다 天下有道章

제경공이 "눈물을 흘리며 딸을 오나라로 시집보낸" 것은 명을 받는 일을 부끄러워한 것이다. 맹자는 이를 인용해서 '명을 받는 것을 부끄러워한다'는 증거로 삼은 것이지, 하늘에 순종할 수 있었음을 말하려는 것이

晉)이라는 말이 있었다고 한다.

32) 춘추시대 노(魯)나라의 세 세도 가문. 맹손씨(孟孫氏), 숙손씨(叔孫氏), 계손씨(季孫氏). 모두 노환공(魯桓公)의 후손이다.

33) 진영공은 기원전 620년 어린 나이에 즉위해서 방탕한 생활과 무도한 살생을 일삼았다. 대신이었던 조순(趙盾)이 여러 차례 간했지만 반감을 갖고 조순을 몇 번이나 살해하려 했다. 기원전 607년 조순은 2백여 명의 병사를 이끌고 영공을 죽이고 공자 흑둔(黑臀)을 왕으로 옹립하니 이가 진성공(晉成公)이다.

34) 노(魯)나라 24대 군주이다. 기원전 542년 즉위했고, 기원전 517년 계손씨(季孫氏)를 공격했으나 대패하고 제나라로 도망가서 기원전 510년에 죽었다.

35) 사씨(謝氏)와 왕씨(王氏)는 육조(六朝)시대 가장 흥성했던 권문세가로 세상에서 '왕사'(王謝)라고 붙여서 불렀다.

아니다. 『맹자집주』는 '하늘에 순종한 일'로 해석한 듯한데,[36] 틀렸다. '지금 천하에 적이 없고자 한다면'의 구절은 앞의 '대국 5년, 소국 7년'을 보고 판단하건대 대소를 겸해서 말한 것이다. 『맹자집주』에서는 대국에게 명을 받는 일을 부끄러워하는 것은 천하에 적이 없고자 하는 것이라면서 단지 소국만을 가리켜 말했는데,[37] 역시 틀렸다.

> 齊景公涕出而女於吳, 恥受命也. 孟子引以爲恥受命之證, 非言其能順天也, 集註似取以爲順天之事, 非. 今也欲無敵於天下, 觀上文大國五年, 小國七年, 是兼大小而言也, 集註恥受命於大國, 是欲無敵於天下也, 單指小國而言, 亦非.

●『맹자집주』의 두 가지 해석에 대해 지적했다. 제경공이 울면서 오나라에 딸을 시집보낸 일을 주희는 소국이 대국을 섬기는 일례로 해석했는데, 황종희는 소국이면서 대국에게 명령 듣기를 부끄러워한 일례라고 해석한 것이 그 하나이다. 또 하나는 다음의 내용이다. 『맹자』본문에서는 "문왕을 본받으면 큰 나라는 5년, 작은 나라는 7년이면 반드시 천하에 군림해 정치를 하게 될 것이다"라고 했으며, 마지막에서 "천하에 대적할 자가 없기를 바라면서 인정을 행하지 않으면" 안된다는

---

36) 『맹자집주』, "오는 오랑캐의 나라여서 경공이 그와 혼인하는 것을 부끄러워하면서도, 그 강함을 두려워했기 때문에 울면서 시집보냈다"(吳蠻夷之國也, 景公羞與爲昏, 而畏其强, 故涕泣而以女與之).

37) 『맹자집주』, "대국에게 명령받기를 부끄러워함은 천하에 대적할 자가 없기를 바라는 것이며, 강대국을 본받으면서 문왕을 본받지 않는 것은 인정을 행하지 않는 것이다"(恥受命於大國, 是欲無敵於天下也, 乃師大國而不師文王, 是不以仁也).

말로 마무리했다. 이에 대해 주희의 『맹자집주』는 "대국에게 명령받기를 부끄러워함은 천하에 대적할 자가 없기를 바라는 것이며, 강대국을 본받으면서 문왕을 본받지 않는 것은 인정을 행하지 않는 것"이라고 풀었다. 즉 소국이기 때문에 '강대국을 본받는' 것이라고 해석된다. 이에 대해 황종희는 맹자의 마지막 말은 소국과 대국 모두를 통틀어 하는 말이라고 해석했다.

7-8 어질지 못한 사람과 함께 이야기할 수 없다 不仁者可與言哉章

'어질지 못한 자'는 당시의 유세지사(游說之士)를 가리키는 것으로, 그들의 주장은 군사를 일으키고 원수를 맺는 일에서 벗어나지 않았다. 그러므로 "위태로움을 편히 여기고" "재앙을 이롭게 여기고" "망하는 것은 즐긴다"고 한 것이다. 〔그의 위태로움, 그의 재앙, 그의 망함〕의 '그'(其)는 당시의 제후를 말한 것으로, 모두 제후가 좋아하는 것에 〔영합해서〕 더불어 이야기했으므로, 이 때문에 패망의 화가 있었다. '어린아이'(孺子) 이하는 제후가 큰 것을 좋아하고 공적을 좋아하기 때문에 〔유세지사가〕 그러한 말을 할 수 있음을 말한 것이다.[38] 인주(人主)의 심지가 청명하다면 선한 말이 쉽게 들어가고 심지가 혼탁하다면 사악한 말이 저절로 온다. 창랑지수(滄浪之水)의 비유처럼 스스로 영예나 오욕을 취하는 것은 유세지사가 할 수 있는 바가 아니다. '스스로 업신여긴다'(自侮)

---

38) '어린아이'(孺子) 이하의 이야기는 "사람은 반드시 스스로 업신여긴 뒤에 남이 업신여기며, 집안은 반드시 스스로 패가한 뒤에 남이 패가시키며, 나라는 반드시 스스로 공격한 뒤에 남이 공격하는 법이다"(夫人必自侮, 然後人侮之, 家必自毀, 而後人毀之, 國必自伐, 而後人伐之)라는 맹자의 말로 요약할 수 있다.

이하는 확대해서 말하자면, 그렇지 않은 것이 없다.

不仁者, 指當時游說之士也. 其言無非興兵搆怨之事. 故言安危利菑樂亡. 其者, 謂當時之諸侯也, 皆因諸侯喜與之言, 由是有敗亡之禍. 孺子以下, 言諸侯好大喜功, 故彼得進其說. 若人主心地淸明, 則善言易入. 心地昏濁, 則邪說自來. 猶之滄浪之水, 自取其榮辱, 非說士之能也. 自侮以下, 推廣言之, 無不皆然也.

● 맹자는 유세지사, 즉 종횡가인 장의와 공손연을 부녀자에 비유한 적이 있는데(「등문공 하」 2), 그 비유의 의미는 여기에서 황종희가 말하듯이 "스스로 영예나 오욕을 취하는 것은 유세지사가 할 수 있는 바"가 아니라는 것이다. 그들은 제후의 이해에 영합해 움직이는 자들이다. "스스로 업신여긴 뒤에 남이 업신여긴다"는 『맹자』의 이야기에 황종희가 유세지사의 이야기를 접목시킨 것은 이들이 대표적으로 '스스로를 업신여기는 사람'이라고 생각했기 때문일 것이다.

7-9 걸과 주, 천하를 잃다 桀紂之失天下章

천하는 비록 크고 만민은 비록 많지만, 단지 '원하는 것'과 '싫어하는 것'이 있을 뿐이다. 그러므로 군주 된 자가 잡는 것은 매우 간략한 것이어야 하니, 이른바 "쉽고 간략하여야 천하의 이(理)를 얻는다."[39] 이 '원하는 것'과 '싫어하는 것'은 "예쁜 모습을 좋아하고 악취를 싫어하는"[40]

---

39) 『주역』 「계사전 상」.
40) 『대학』, "이른바 그 '의'(意)를 성실하게 한다는 것은 스스로를 속이지 않는 것이다. 악취를 싫어하듯이 예쁜 모습을 좋아하듯이 하니, 이를 '스스로 흡족함'(自謙)이라고 한다. 그래서 군자는 반드시 혼자 있을 때에 신중히 한다"(所謂

나의 [성정]에서 오는 것이므로, 나의 호오로 헤아려 천하의 호오로 삼는 것이다. 즉 서(恕)이며 인(仁)이다. [원하는 것을] '모아주고' [싫어하는 것을] '행하지 않는 것'은, '차마 견디지 못하는 마음'(不忍人之心)으로 '차마 견디지 못하는 정치'(不忍人之政)를 행하는 것이다.[41]

天下雖大, 萬民雖衆, 只有欲惡而已. 故爲君者, 所操甚約, 所謂易簡而天下之理得矣. 此欲惡卽從吾如好好色, 如惡惡臭來, 以我之好惡, 絜而爲天下之好惡, 恕也, 仁也. 聚之 · 勿施, 以不忍人之心, 行不忍人之政也.

● 『맹자』는 백성들의 마음을 얻는 것에 대해 말한다. 이에 대해 황종희는 위정자 자신의 호오의 감정을 근거로 백성의 욕구를 충족시켜주는 것이 인의 정치라고 해석했다.

맹자가 인을 말할 때는 반드시 의를 겸해서 말했다. 의를 말하지 않는 경우에는 [원하는 것을] '모아주고' [싫어하는 것을] '행하지 않는 것'과 같은 유가 바로 의이다. [인의에 대한 맹자의 말은] 허공에서 인이라는 하나의 실체를 깨닫는 것이 아니니, 후대 유학자들의 말과 다르다.

孟子言仁, 必兼義而言, 其不言義處, 如聚之勿施之類卽是義也, 更無懸空理會一仁體者, 與後儒之言不同.

● "인은 사람의 마음이라면 의는 사람이 다니는 길이다"(仁人心也,

誠其意者 毋自欺也 如惡惡臭 如好好色 此之謂自謙 故君子必愼其獨也).

41) '불인인지심'(不忍人之心)으로 '불인인지정'(不忍人之政)을 행한다는 말은 『맹자』「공손추 하」6에 나오는 말이다.

義人路也(「고자 상」). 즉 의는 인의 마음을 타인에게 미치도록 하는 구체적인 방법이라고 할 수 있다. '원하는 것을 모아주고 싫어하는 것을 행하지 않는 것'이 나의 인한 마음을 실천하는 구체적인 방식, 즉 의라고 할 수 있다.

7-10 스스로에게 난폭하게 구는 자 自暴者章

'스스로에게 난폭하게 구는'(自暴) 〔사람〕과 '스스로를 버리는'(自棄) 〔사람〕은 두 종류의 사람이 아니다. 그 말에 대해 말할 때는 '난폭하게 군다'(暴)라고 하고, 그 행동에 대해 말할 때는 '버린다'(棄)라고 한다. 말이 비루한 자는 그 행위 또한 반드시 구차하다. 행동이 지리멸렬한 자는 그 말 또한 반드시 들뜨고 과장되어 있다. 〔말과 행동〕 둘은 서로 원인이 된다.

> 自暴自棄, 不是兩樣人. 自其言而言之謂之暴, 自其行而言之謂之棄. 大凡言之龖鄙者, 其行事必苟且. 行之滅裂者, 其出言必浮誇. 二者相因.

● 자포(自暴)와 자기(自棄)를 언어의 무도(無道)함과 행위의 무도함으로 해석하고, 통상 이 두 가지 일은 서로 원인이 되어 동시에 한 사람에게 있는 것이라고 해석했다.

'말하는 것이 예와 의가 아니다'(言非禮義)라는 것은 입이 충성과 신의의 말을 하지 않는 것이다. '인에 거할 수 없고 의에 근거할 수 없다'(不能居仁由義)는 것은 제멋대로 망동하는 것이다. 그러므로 "함께 말할 수 없으며"(不可與有言) "함께 일할 수 없다"(不可與有爲). '편안한 집'(安宅)이란 몸이 편안하고 나라와 가문이 보존되는 곳이다. '바른 길'(正

路)은 〔순리에 맞는 일이기 때문에〕 일삼음이 없이 행한다.

言非禮義, 口不道忠信之言也, 不能居仁由義, 肆意妄行也, 故不可與有言, 不可與有爲. 安宅者, 身安而國家可保也. 正路者, 行所無事也.

'인'(仁)은 사람의 마음이다. 보통 사람의 마음은 몸 안에 있어 머무는 곳이 피와 살의 안이니 어떻게 편안할 수 있겠는가. 인(仁)한 사람은 몸이 마음 안에 있어 몸을 은밀한 곳에 감추므로, 재앙과 근심이 이르지 않는다. 그러므로 〔마음이〕 '편안한 집'(安宅)이 된다. 의는 오로지 한 길로서 다른 갈림길이 없다. 보는 것이 길뿐이면 천 개의 길 만 개의 길이 있고, 보는 것이 의뿐이면 대지에 한 치의 빈 땅도 없이 〔의로 가득 찰 것이다.〕[42] 그러므로 '바른 길'(正路)이 된다.

仁, 人心也. 常人心在身中, 所居血肉之內, 如何得安. 仁者身在心中, 藏身於密, 禍患不至, 故爲安宅. 義唯一條, 更無他岐, 所見唯路, 則千蹊萬徑, 所見唯義, 大地無寸土矣, 故爲正路.

● '인은 사람이 머무는 편안한 집이고 의는 사람이 다니는 편안한 길이다'(仁, 人之安宅也, 義, 人之安路也)에 대한 해석이다. 인과 의는 마음의 자연이고 마음이 뻗어가는 길이다. 황종희는 "인한 사람의 몸은 마음 안에 있다"는 특이한 표현을 한다. 인이든 의든 성장해야 할 사람의 마음이고, 그 마음이 자기 한 몸을 넘어 세상을 감싸게 되면 몸

---

42) '보는 것이 의뿐이면 대지에 한 치의 빈 땅도 없이 〔의로 가득 찰 것이다〕'는 '所見唯義, 大地無寸土矣'의 번역인데, 이는 '有人識得心, 大地無寸土'라는 선어(禪語)의 패러디이다. 이 선어는 『주자어류』(권126)에도 인용되고 있다. 깨달으면 온 세상이 한 치의 빈틈도 없이 마음으로 가득 찰 것이라는 뜻이다.

보다 마음이 훨씬 크게 될 것이다.

7-11 도는 가까이 있다 道在邇章

나근계[43]에게 물었다. "오늘날의 세상에 살면서 어떻게 해야 사람마다 어버이를 친애하고 웃어른을 공경하게 할 수 있겠는가?"〔나근계가〕 대답했다. "사람들에게 책임을 돌리면 안 된다. 오늘날 천하의 가가호호 누구에겐들 어버이를 친애하고 웃어른을 공경하는 도가 없겠는가. 다만 윗사람의 경우에는 〔어버이를 친애하고 웃어른을 공경한다는〕 그 말이 바로 대도라는 것을 깨닫지 못하고, 아랫사람의 경우에도 마찬가지로 마음을 편안히 할 곳이 여기임을 깨닫지 못한 채 일생을 마치니, 매번 일만 많을 뿐이다."

有問羅近溪, 居今之世, 如何都得人人親親長長耶. 曰却不要苛責了人. 今天下家家戶戶, 誰無親長之道. 但上之人不曉喩他說卽此便是大道, 而下之人亦不曉得安心在此處, 了結一生, 故每每多事.

● '도는 가까이 있다'는 『맹자』의 말을, 도는 내 앞에 여기 있어 매일 사용하고 있다는 나근계의 말을 인용하여 풀이했다. 자신의 본성을 실천하는 것이 도임을 모른다면 다른 곳에서 찾을 것이므로 "매번 일이 많"지 않을 수 없을 것이다.

백 가지 이치가 모두 평이하게 펼쳐져 있는데, 다만 사람들을 의식해 일을 억지로 만들어내므로[44] 평지에 풍파가 일어 일마다 어려워지고 도

---

43) 나여방(羅汝芳, 1515~88). 권말 '주요인물 소개' 참고.

에서는 점점 멀어진다. 만약 그 저절로 그러함으로 돌아갈 수 있다면 친애할 사람은 마땅히 친애하고 공경할 사람은 마땅히 공경할 것이니 다시 무슨 일삼을 것이 있겠는가.

> 百理具在平鋪放着, 只爲人起爐作竈, 平地風波, 所以事事艱難, 去道愈遠.
> 若還其自然, 親者當親, 長者當長, 更何所事.

● 가까이 있는 도를 '멀리서 구하는' 현상에 대한 설명이다. 일상의 자연을 실천하면 그것이 바로 도인데, 작위적인 도 찾기가 문제가 된다는 설명이다.

7-12 아랫자리에 처함居下位章

손기욱(孫淇澳)[45]은 다음과 같이 말했다. "천하의 대본(大本)을 가리켜 부를 이름이 없자 유학자들은 결국 주정설(主靜說)을 갖게 되었다. 주정(主靜)이라는 것은 전부터 엄연히 있던 것에 대해 달리 이름을 생각해낸 것인데, 심중(中心)의 고요함(靜)을 어떻게 '주'로 삼는단 말인가. '상성성'(常惺惺)을 하나의 법이라 여겨[46] 공허하게 귀착할 곳 없는 곳

---

44) '일을 억지로 만들어내다'는 '起爐作竈'의 번역으로, 글자 그대로는 부엌을 만들고 화덕불을 일으킨다는 뜻이다. 다음의 인용에서처럼 육상산이 '마음대로 설을 만들어낸다' 혹은 '쓸데없이 작위적인 일을 한다'는 의미로 썼는데, 황종회 역시 육상산과 가까운 의미로 자주 사용했다. 『상산선생전집』(象山先生全集) 권35. 「어록 하」(語錄下), "이가 분명하게 이해되지 않으면 차라리 내버려둘 것이지, 마음대로 설을 만들어내면 안 된다"(見理未明, 寧是放過去, 不要起爐作竈).

45) 손신행(孫愼行, 1565~1636). 권말 '주요인물 소개' 참고. 『명유학안』 「동림학안」 2에 '문개손기욱선생신행' 항목이 있다.

으로 들어서는 것이 아닌가. '자신을 성실하게 하는데 도가 있으니'(誠身有道), '선을 밝혀야'(明善) 입문할 수 있다. '선을 밝히는 것'이란 전체가 밝아지는 것이지 부분적 지혜(偏智)가 밝아지는 것이 아니다. '자신을 성실하게 하는 것'이란 전체의 덕이 성실해지는 것이지, 부분적인 믿음(偏信)이 성실해지는 것이 아니다. 성인은 성실로써 도와 합치하지 않은 적이 없으므로 밝음(明)이 성실(誠)과 합치하지 않은 적이 없다. 군자가 경계하고 두려워하면(戒懼) 부지런히 넓게 배우고 깊이 묻고 신중하게 생각하고 밝게 변별하고 도탑게 실천하는데,[47] 이는 모두 작용(用)을 밝히려는 것이다. 그러므로 공허하여 귀착할 곳 없는 마음을 잡아 '상성성'이라고 부르는 것과는 큰 간극이 있지 않은가. 하물며 '성성'(惺惺)이란 또한 지각 일변인데, 어떻게 확실하게 선을 밝힐 수 있겠는가. 천연의 명각(明覺)은 반드시 갈고 닦은 명각을 따라 열리고, 실제로 천연의 명각으로 인해 융화되니, 이것이 선을 밝히는 것이 되고 이것이 바로 '몸을 성실하게 하는 것'이 된다."[48]

孫淇澳曰, 天下之大本無可指名, 儒者遂有主靜之說. 夫主靜者, 依然存想別名耳, 而於中心之靜如何主也. 以爲常惺惺是一法, 毋乃涉於空虛無著乎. 誠身有道, 明善纔是入門. 明善者, 全體爲明, 非偏智之明也. 誠身者, 全德爲誠, 非偏信之誠也. 夫聖人未有不以誠合道者也, 則未有不以明合誠者也. 君子戒

---

46) '상성성'(常惺惺)은 불교용어로 항상 깨어 있으라는 뜻이다. 송(宋) 사량좌(謝良佐)가 '경'(敬)의 수련 방법으로 '상성성'을 제시하면서 정주성리학에 유입되었다. 『상재선생어록』(上蔡先生語錄) 권중(卷中), "경은 상성성의 법이다"(敬是常惺惺法).
47) 『중용』20, "博學之, 審問之, 愼思之, 明辨之, 篤行之."
48) 『명유학안』「동림학안」, '문개손기욱선생신행'.

懼, 卽勤勤學問思辨行, 總爲求明用, 其與抱一空虛無著之心, 而號爲常惺惺者, 不大有間乎. 況惺惺亦知覺一邊, 則何如明善之爲確也. 天然之明覺, 定從研窮之明覺而開, 實由天然之明覺而融, 是爲明善, 是卽爲誠身.

●『맹자』의 이 장은 자신을 성실하게 하고(誠身), 선을 밝혀서(明善) 어버이를 기쁘게 하고 친구에게 신의 있고 윗사람에게 인정받아 정치에 임하는, 일련의 자기수련과 사회생활의 확대에 대해 말하고 있다. 황종희는 손기욱의 말을 인용하는 것으로 설명을 대신하고 있다. 양명학자인 손기욱은 주자학을 비판하면서 특히 '상성성'으로 상징되는 미발의 본체, 그를 위한 정적인 공부를 비판한다. 손기욱에 의하면 '선을 밝히는 것'은 전체의 선을 밝히는 것이며 '자신을 성실하게 하는 것'(誠身)은 전체의 덕을 성실하게 하는 것이다. 그것은 '정'(靜) 혹은 '상성성'과 같은 공허한 것을 잡는 것이 아니라, "넓게 배우고 깊이 묻고 신중하게 생각하고 밝게 변별하고 도탑게 실천하는" 등의, 일련의 일상적인 노력을 통해 정진해가는 일이다. '선을 밝히는 것'과 '자신을 성실하게 하는 것'은 결국 선한 명각을 발휘하는 것이고, 이는 천연의 명각과 그 명각을 갈고 닦는 노력이 결합되어야 성취되는 일이다. 마지막 부분이 손기욱의 인용문 전체를 요약하고 있다. "천연의 명각은 반드시 갈고 닦은 명각을 따라 열리고 실제로 천연의 명각으로 인해 융화되니, 이것이 선을 밝히는 것이 되고, 이것이 바로 몸을 성실하게 하는 것이 된다."

태허(太虛)[49]의 안은 하늘과 땅이 깊고 넓으며 사시가 어그러지지 않으며 만물이 생겨나고 살아간다. 이 모든 것이 실리(實理)이니, 이것이

'천도의 성실함'(誠)이다. 사람은 이 기를 받아 태어나 원래 이 실리를 갖추고 있으나, 어그러지고 모자란 바가 있어 이것이 불성실함(不誠)이 되어 건곤이 훼손된다. 배우고 묻고 생각하고 변별하고 실천하는 것(學問思辨行)[50]은 돌을 빚어서 하늘의 구멍을 때우는 것이다.[51] 선(善)은 바로 이 성실함이며, '선을 밝히는 것'(明善)이 그 성실함을 밝히는 방법이다. 나의 희로애락은 하늘의 바람·비·이슬·우뢰이다. 세상에 희로애락이 없는 사람은 없으니, 일기(一氣)가 움직이고 흔들리는데 어찌 움직이지 않겠는가. 만약 이 이를 훼손하고 없애버린다면 천지와 닮지 않게 되고, 이렇게 되면 기는 서로 통하지 않으니 어떻게 움직일 수 있겠는가.

> 太虛之中, 昆侖旁薄, 四時不忒, 萬物發生, 無非實理, 此天道之誠也. 人稟
> 是氣以生, 原具此實理, 有所虧欠, 便是不誠, 而乾坤毀矣. 學問思辨行, 鍊石
> 以補天也. 善卽是誠, 明善所以明其誠者耳. 吾之喜怒哀樂, 卽天之風雨露雷

---

49) 태허(太虛)가 보이는 가장 이른 문헌은 『장자』「지북유」(知北遊)이다. 이때는 천공(天空)이라는 큰 공간을 의미하는 말이었는데, 북송(北宋)의 장재(張載)에 의해 공간적 의미를 떠나 형이상학적 본체로서의 의미를 갖게 되었다. 장재는 만물의 생성과 소멸을 기(氣)의 취산(聚散)으로 설명했는데, 기가 모이면 만물이 되고 흩어지면 태허가 된다. 즉 장재에게 태허는 기의 원초적 존재, 만물의 근원적 존재를 의미한다. 황종희가 태허 개념을 중요 개념으로 반복하여 사용하지는 않으므로, 장재의 태허 의미를 그대로 이어받고 있는지는 분명치 않다.

50) 『중용』 20의 "博學之, 審問之, 愼思之, 明辨之, 篤行之"를 가리킨다.

51) "돌을 갈아서 하늘을 보충한다"는 '鍊石補天'의 번역으로, 고내의 신화전설이다. 무너진 하늘을 여와(女媧)가 오색(五色)의 돌을 빚어서 기웠다고 한다. 『회남자』(淮南子)「남명훈」(覽冥訓)에 실려 있다. 이후로 힘을 다해 결함을 만회하려는 노력을 표현하는 말로 쓰인다.

也. 天下無無喜怒哀樂之人, 一氣之鼓盪, 豈有不動. 苟虧欠是理, 則與天地不相似, 是氣不相貫通, 如何能動.

● "성실함은 하늘의 도이고 성실하려고 생각하는 것은 사람의 도이다. 지극한 성실을 다해 움직이지 않은 적이 없고, 성실하지 않으면서 움직인 적이 없다"(是故誠者, 天之道也, 思誠者, 人之道也. 至誠而不動者, 未之有也, 不誠, 未有能動者也)는 『맹자』 구절에 대한 해석이다. 황종희는 이 '성실함'(誠)이 바로 '선'(善)이라고 말한다. 이 '선'은 천성적으로 갖는 '한 점 영명함'이므로 이 '선'은 성장해야 한다. 이 '선'을 성장시키기 위한 "넓게 배우고 자세히 묻고 신중히 생각하고 밝게 변별하며 도탑게 실천하는"(博學之, 審問之, 愼思之, 明辨之, 篤行之) 노력이 '선을 밝히는 것'(明善)이고 '성실하려고 생각하는 것'(思誠)이 된다.

"정밀하게 하고 한결같이 한다"(惟精惟一)[52]고 하는데, 밝히는 것(明)은 정밀하게 하는 것(精)이고 선(善)은 한결같은 것(一)이다. 선에 밝지 않으면 이랬다저랬다 변덕이 심해,[53] 이 몸은 내가 가진 것이 아니게 된다. 그러나 선을 밝히는 것이 가장 어렵다. 왕당남(王塘南)[54]이 학

---

52) 『서경』 「우서(虞書)·대우모(大禹謨)」, "인심은 위험하고 도심은 은미하니 정밀하게 하고 한결같이 하여 그 중을 잡아라"(人心惟危, 道心惟微, 惟精惟一, 允執厥中).

53) "이랬다저랬다 변덕이 심하다" '二三其德'의 번역으로 출전은 『시경』 「소아(小雅)·도인사지십(都人士之什)」 「백화(白華)」이다. "그대가 선량하지 못하여 그 덕(德)을 이랬다저랬다 하는구나"(之子無良, 二三其德).

문한 일생을 보면, 『대승지관』을 보고서는 "성은 거울처럼 비어서 예쁜 것이 오면 예쁘게 보이고 어리석은 것이 오면 어리석게 비춘다"고 했었고, 이에 대해 반성하면서는 다음과 같이 말했다. "그렇다면 성 역시 비고 고요하여 대상에 따라 선과 악이 갈리는가? 이 설은 도에 큰 해가 된다. 그러니 맹자의 성선설이 마침내 온당함을 알겠다. 만약 성 가운데 본래 인의가 없다면, 측은 · 수오는 어디에서 나오는가? 우리가 일에 응하고 사람과 교제하면서 이렇게 하면 편안하고 이렇게 하지 않으면 편안하지 않으니, 이것이 선이 아니고 무엇이겠는가. 이로써 미루어본다면, '무선무악'(無善無惡)의 설이 틀렸을 뿐만 아니라, '성 가운데 다만 하나의 성이 있을 뿐이니, 어찌 일찍이 인의가 있은 적이 있겠는가'[55]라고 하는 이 설 역시 온당하지 않다."[56]

> 惟精惟一, 明是精, 善是一. 不明乎善, 則二三其德, 此身非我所有. 然明善最難, 以王塘南之學問一生, 直至看大乘止觀, 謂性空如鏡, 姸來姸見, 蚩來蚩見, 因省曰, 然則性亦空寂, 隨物善惡乎. 此說大害道. 乃知孟子性善之說, 終是穩當. 向使性中本無仁義, 則惻隱羞惡從何處出來. 吾人應事處人, 如此則安, 不如此則不安, 此非善而何. 由此推之, 不但無善無惡之說非,[57] 卽謂性中

---

54) 왕시괴(王時槐, 1522~1605). 권말 '주요인물 소개' 참고.

55) 『이정유서』(二程遺書) 권18에 다음과 같은 말이 있다. "인은 성이고 효제는 작용이다. 성 가운데에는 인의예지의 넷만 있으니 언제 효제가 있은 적이 있겠는가"(仁是性也, 孝弟是用也. 性中只有仁義禮智四者, 幾曾有孝弟來). 왕시괴의 말은 이 글의 패러디로서 선험적인 도덕성의 존재를 부정하는 입장을 비판하는 말로 보인다.

56) 『명유학안』「강우상전학안」(江右相傳學案) 5, '태상왕당남선생시괴'(太常王塘南先生時槐).

57) 『명유학안』에서 왕시괴의 이 부분을 인용한 곳은 '不但無善無惡之說'로 되어

只有一箇性而已, 何嘗有仁義來, 此說亦不穩.

● '정밀하게 하고 한결같이 한다'를 "선을 한결같이 정밀하게 하는 것"이라고 설명하면서, 이어 왕수인의 재전제자인 왕당남의 말을 인용하여 '선을 밝히는 일'에 대해 설명했다. 요컨대 선의 근거는 내 안에 있지만, 그것은 '하나의 성'이라고 할 수 있는 완성된 물건 같은 것이 아니다.

7-13 백이, 주를 피하다 伯夷辟紂章

왕개보(王介甫)[58]는 다음과 같이 말했다. "사마천이 전하기를, '무왕이 주(紂)를 정벌하자 백이가 〔무왕의〕 말고삐를 잡고 간언했고, 천하가 주(周)나라를 종주국으로 삼는 것을 부끄러워해 의에 비추어 주나라 곡식을 먹지 않으며 고사리 캐는 노래를 불렀다'고 했다.[59] 또 한유(韓愈)는 〔백이와 숙제를〕 위해 역시 노래를 지어 '두 선생이 아니었으면 후세에 난신적자가 뒤를 이어 일어났을 것이다'라고 했는데,[60] 이는 크게 잘못됐다. 상(商)나라가 쇠락하고 주(紂)가 불인으로 천하를 잔혹하게 대하자 천하사람 누구라도 주 때문에 괴로워했고 백이는 더욱 그랬다. 일

있는데 『맹자사설』에는 '不但無善無惡之說非'로 되어 있다. 즉 '비'(非)가 첨가되어 있다. 첨가하는 쪽이 어의상으로는 맞는다. 황종희가 인용했을 왕시괴의 책은 확인하지 못했다.

58) 왕안석(王安石, 1021~86). 권말 '주요인물 소개' 참고.

59) 『사기』 권61, 「백이열전」(伯夷列傳) 1.

60) 한유(韓愈), 『창려선생집』(昌黎先生集) 권12, '백이송'(伯夷頌). 한유는 이 노래를 통해, 타인의 시비평가를 돌아보지 않는 의로운 정신을 가진 사람으로 백이를 칭송하면서 당시 세속에 편승하는 선비들을 비평했다.

찍이 태공[61]은 서백[62]이 노인을 잘 봉양한다는 소리를 듣고 가서 귀의했다. 당시에 〔모두〕 주를 평정하고 싶어했는데, 두 사람의 마음이라고 달랐겠는가. 무왕이 〔주를〕 정벌하고 〔상나라를〕 빼앗을 때 태공이 도왔는데 백이가 함께하지 않은 것은 무엇 때문인가? 두 사람 모두 천하의 대로(大老)로서 80여 세로 이미 많은 나이였다. 바닷가에서 문왕의 도읍까지 가려면 수천 리의 거리이고, 문왕이 일어나서부터 무왕의 세상이 될 때까지 또 십수 년이 넘는다. 왜 백이가 서백에게 귀의하려고 했는데 뜻을 이루지 못하고 북해에서 죽었겠는가? 아니면 가다가 길에서 죽었겠는가? 아니면 문왕의 도읍에는 왔지만 무왕의 시대까지 살지 못하고 죽었겠는가?"[63]

王介甫曰, 司馬遷以爲武王伐紂, 伯夷叩馬而諫, 天下宗周而恥之, 義不食周粟, 而爲采薇之歌. 韓子因之, 亦爲之頌, 以爲微二子, 亂臣賊子接迹於後世. 是大不然也. 夫商衰而紂以不仁殘天下, 天下孰不病紂, 而尤者伯夷也. 嘗與太公聞西伯善養老, 則往歸焉. 當是之時, 欲夷紂者, 二人之心, 豈有異耶. 及武王一奮, 太公相之, 伯夷乃不與, 何哉. 蓋二老所謂天下之大老, 行年八十餘, 而春秋固已高矣. 自海濱而趨文王之都, 計亦數千里之遙, 文王之興, 以至武王之世, 歲亦不下十數, 豈伯夷欲歸西伯, 而志不遂, 乃死於北海耶. 抑來而死於道路耶? 抑其至於文王之都, 而不足以及武王之世而死耶.

---

61) 강태공(姜太公), 뒤의 여상(呂尙)이다. 호는 태공망(太公望)이다. 문왕이 은의 주왕을 멸하고 천하를 얻는 것을 도왔고, 그 공으로 제(齊)를 분봉받아 제의 시조가 되었다.
62) 문왕을 가리킨다. 이름은 희창(姬昌). 상(商)나라 말에 서방(西方) 제후의 장이었기 때문에 서백창(西伯昌)이라 불렸다.
63) 『임천문집』(臨川文集) 권63, '백이'(伯夷).

『논어』에서는 백이와 숙제가 수양산 기슭에서 굶주리며 살자 사람들은 당시까지도 그들을 칭찬한다고 했다.[64] 두 사람은 나라를 양보하고 수양산에 가서 굶주리며 살았다. 사람들이 칭찬하는 것은 나라를 양보한 그 고고한 풍모 때문이다. 사마천은 이 일을 [무왕이] 주(紂)를 정벌한 이후의 일로 옮기고 심지어는 굶어죽었다고 했다. 공자의 책,[65] 맹자의 책[66]을 합해 보면 당연히 나라를 양보하고 수양산에서 굶주리며 살았다. 문왕이 노인을 잘 봉양한다는 소리를 들었을 때는 아마도 숙제는 이미 죽었고, 그래서 [백이는] 혼자 가서 귀의했다. 문왕은 분명 우공(寓公)[67]으로 대우했을 것이고, [백이는] 늙어서 죽을 때까지 주를 정벌하는 일은 보지 못했을 것이다. 만약 북해에서 죽거나 도로에서 죽었다면 맹자가 왜 "천하의 아버지들이 귀의했으니, 그 아들들이 어디로 갔겠는가"라는 말을 했겠는가.

論語稱伯夷叔齊餓於首陽之下, 民到於今稱之. 蓋二子遜國而至首陽, 故餓也. 民稱之者, 稱其遜國之高風也. 司馬遷因此, 遂移於伐紂之後, 甚之爲餓死. 合孔孟之書觀之, 當是以遜國餓首陽. 及聞文王養老, 想叔齊已死, 故獨往歸之, 文王必以寓公待之, 老而遂卒, 不及見伐紂之事也. 若死於北海, 死於道路, 則孟子豈云 '天下之父歸之, 其子焉往乎.

● 황종희의 정리에 의하면, 백이와 숙제는 서로 왕위를 양보하다 수

---

64)『논어』「계씨」(季氏) 12, "백이와 숙제는 수양산 기슭에서 굶주리며 살았고, 백성들은 지금도 그들을 칭송한다"(伯夷叔齊, 餓于首陽之下, 民到于今稱之).

65)『논어』「술이」(述而) 14; 「미자」(微子) 8.

66)「공손추 상」2; 「이루 상」13; 「만장 하」1; 「진심 상」22.

67) 우공(寓公)은 나라를 잃고 타국에 망명기식하는 임금을 말한다.

양산에 들어가서 굶주리며 살았다. 그러다 소문을 듣고 문왕에게 귀의했다. 다만 그때 숙제는 이미 죽었을 것이고, 백이는 연로한 상태였다. 백이 역시 무왕이 주를 정벌하기 전에 죽었을 것이다. 그러므로 백이가 무왕을 비난하고 수양산에서 굶어죽었다고 하는 『사기』의 「백이열전」은 시간을 도치시킨 허구의 이야기이다. 백이는 무왕의 시대 이전에 이미 죽었으며, 만약 그 시대를 만났다면 태공처럼 기꺼이 무왕에게 귀의했을 것이라는 것이 황종희의 생각이다. 앞단락에서 인용한 왕안석의 글 역시 『사기』의 허구성에 대해 반박하는 것이다. 황종희가 백이와 숙제에 관해 주장하려는 것은 그들이 무왕을 비난하고 거부한 일은 없었다는 것이다. 여기에는 군신지의(君臣之義)를 절대적 규범이라고 생각하는 사람들이 무왕은 신하로서 왕을 죽인 자이기 때문에 백이와 숙제가 그를 용납하지 않았다고 해석했다는 황종희의 진단이 깔려있다. 황종희는 군신지의를 절대적 규범이라 생각하지 않으며 『맹자』의 역성혁명의 주장을 "성인의 말"이라고 극찬한다.(『명이대방록』「원군」 참조).

7-14 염구, 계씨의 재상이 되다 求也爲季氏宰章

맹자가 살았던 시대를 전국(戰國)이라 부른다. 당시의 제후는 모두 무리해서 싸우는 것을 일삼았다. 백성이 도탄에 빠지고 들판이 사람의 시체로 가득 차고 하천과 계곡에 사람의 피가 흐르게 된 것은 모두 '전쟁을 잘하는 자들'이 초래한 것이었다. 맹자는 제후에게 인과 의에 대해 이야기했지만, 누구도 이 살인의 계획을 멈추려고 하지 않았다. 그래서 이렇게 통절하게 말한 것이다. '제후를 연합한다'는 것은 종으로는 제후를 연합해서 진(秦)나라에 대항하고 횡으로는 제후를 연합해서 진나라를 섬기려는 것이다. '풀밭을 개간해서 토지를 맡긴다'(辟草萊任土地)는 것은 다음과 같다. 정전법이라면 9백 묘 가운데 공전이 1백 묘이고 8백 묘는 전혀 세가 없는데, '토지를 맡긴다'(任)는 것은 9백 묘 모두에 세를 매기는 것이다. 지금의 양세법[68]하에서는 조그만 토지도 모두 공전이다. 군량이 부족하면 여기에서 공출하지 않을 수 없으니 정말 눈물을 흘리며 통곡할 만하다.

孟子之時, 號爲戰國. 當時之諸侯, 無不以强戰爲事, 至使生民塗炭, 原野厭人之肉, 川谷流人之血, 皆是善戰者導之. 孟子與諸侯言仁義, 無非欲息此殺機, 故於此痛切言之. 連諸侯者, 從者連諸侯以擯秦, 橫者連諸侯以事秦是也. 辟草萊任土地者, 井田之法, 九百畝之中, 爲公田者百畝而已, 其八百畝, 一無所稅也. 任土地, 則九百畝皆有稅. 如今兩稅所行, 則尺寸之土地, 盡爲公田矣. 兵食不足, 不得不出於此, 可爲痛哭流涕者也.

● 『명이대방록』「전제」(田制) 3에서 황종희는 명대 양세법이 백성

---

[68] 양세법(兩稅法) 이전의 세법은 조용조(租庸調)제도였는데, 이는 동일한 토지를 받아 동일한 세액을 납부하는 균전(均田)과 제민(齊民)을 근간으로 한다. 그러나 대토지 소유자가 생기고 농민에게 지세(地稅)와 호세(戶稅)가 가중되는 등, 조용조제도는 더 이상 제대로 된 기능을 못하게 되었다. 8세기 조용조법의 개혁을 주장한 양염(楊炎, 727~781)은 "호적에 기재된 사람이 경지를 경작하지 않고 있으며, 경지의 넓이나 집의 빈부를 나타내는 호등이 호적과는 달라 실정과 일치하지 않는다"고 묘사했다. 당(唐) 황실(皇室)은 이 주장을 받아들여 양세법을 실시하게 되었다. 양세법이란 여름과 가을에 한 번씩 세를 거두는 것으로, 기본적으로 호를 기준으로 하며 재산의 정도에 따라 그 부과량을 달리하였다. 이로써 당 황실은 빈부의 차를 인정하게 된 셈인데, 그럼으로써 대토지 사유가 가능해졌고, 넓은 땅을 가진 지주와 그 지주에게서 땅을 빌려 경작하는 전호로 구성된 지주-전호제가 확산되었다.

들에게 얼마나 부담이 되고 있는지 설명한다. 그에 의하면 그 이전의
세법은 조(租: 토지세)·용(庸: 부역)·조(調: 가업세) 법이었다. 이
를 대신한 양세법은 호를 기준으로 하여 빈부에 따라 차별을 두어 부
과량을 달리한 것으로, 조·용·조를 겸한 것이라 할 수 있다. 그런데
송대(宋代)에 들어와 거기에 덧붙여 부역세(丁身)를 매겼으니 벌써 중
복해서 거둔 것이다. 명대에 들어와서는 양세법에 덧붙여 부역 동원
(力差), 부역을 대신한 은의 납부(銀差) 등이 추가로 요구되었다. 그
이후로도 온갖 잡다한 세가 양세법에 덧붙여 부가되었다. 여기에서 황
종희가 "지금의 양세법하에서는 작은 토지도 모두 공전이다. 병사와
식량이 부족한 현상이 이로부터 나오지 않을 수 없다"고 한 것은, 실제
로 공전이 아니라 정부가 온갖 명목으로 징세하니 백성의 입장에서는
사전의 이점이 없다는 의미인 것 같다.

7-15 사람에게 있는 것 存乎人者章

선사(先師)는 말했다. "용모와 말의 기세는 모두 한마음의 묘용이며,
한 줄기 한 구멍의 새는 곳, 한 틈 한 구석의 결함은, 모두 독체(獨體)[69]
가 가장 잘 드러나고 가장 잘 나타나는 곳이다.[70] 만약 여기에 위장하여

---

69) 유종주에게 '독체'(獨體)란 동정(動靜)과 어묵(語默)이 하나가 된 마음의 본체
    이다. 다음을 참조하라. 『유자유서』(劉子遺書) 권3, 「학언」 2, "성실함은 하늘
    의 도이고 독(獨)의 체(體)이다. 성실하려고 하는 것은 사람의 도이고 신독의
    공이다. 맹자는 성실하려고 생각하는 것은 사람의 도라고 했는데, '생각한다'
    (思)는 글자는 신독의 뜻을 더욱 분명하게 한다. 생각은 밝은 것이며, 독체가
    다시 밝아지는 길이다"(誠者, 天之道也, 獨之體也, 誠之者, 人之道也, 愼獨之
    功也. 孟子曰, 思誠者, 人之道也. 思字, 於愼獨之義更分明, 思曰睿, 獨體還明之
    路也).

감추려는 의도를 덧붙인다면 도적을 집으로 끌어들이는 것과 같으며, 일단 그리되면 영원히 제거할 수 없다."[71]

> 先師曰, 容貌辭氣, 皆一心之妙用, 一絲一竇漏, 一隙一缺陷, 正是獨體之莫見莫顯處, 若於此更加裝點意思, 一似引賊入室, 永難破除.

● 『맹자』 본문은 사람의 눈동자가 내면을 드러낸다는 내용이다. 유종주의 '독체' 개념은 맹자가 말하는 선한 본성에 상응한다. 이것이 사람의 근원이 되어 얼굴빛과 말투로 드러난다. 선한 낯빛과 선한 눈빛을 원한다면 이 마음을 선하게 해야 한다. 유종주는 이 마음을 외면하고 겉모습을 꾸미려고 하면, 다시는 내쫓기 어려운 도둑을 집으로 들이는 것이라고 경고한다.

사람은 밖을 수식하면서 타인을 속일 수 있을 것이라 생각한다. 그러나 부지불식간에 이미 밖으로 드러난다. 마음은 사람이 사용하기 때문에 거짓으로 꾸밀 수 있다. 눈은 하늘이 사용하기 때문에 조금의 인위도 붙일 수 없다. 그래서 '좋다'(良)[72]라고 했다. 말은 거짓으로 꾸밀 수 있지만, 거짓으로 꾸민 말은 필경 파탄난다. 오직 밝은 사람만이 그것을 알아

---

70) '독체(獨體)가 가장 잘 드러나고 가장 잘 나타나는 곳'은 '獨體之莫見莫顯處'을 번역한 것이다. 『중용』의 '신독(愼獨)과 상통하는 맥락에서 사용되었다. "(도)는 은미한 곳에서보다 더 잘 드러나는 일이 없고 미미한 곳에서 더 잘 나타나는 일이 없다. 그래서 군자는 홀로 있을 때 삼간다"(莫見乎隱, 莫顯乎微, 故君子愼其獨也).

71) 『유자유서』 권3, 「학언」 2.

72) 『맹자』 본문의 "사람에게 있는 것 가운데 눈동자보다 더 좋은(良) 것이 없다"(存乎人者, 莫良於眸子)의 '좋음'(良)을 말한다.

챌 수 있다.

凡人致飾於外, 以爲人可欺也, 然不知不覺, 已露於外. 心以人用, 故可僞. 目以天用, 著不得一毫人爲, 故曰良. 言雖可僞爲, 而僞爲之言, 畢竟破綻, 唯明者能察之耳.

● "마음은 사람이 사용하기 때문에 거짓될 수 있다. 눈은 하늘이 사용하기 때문에 조금의 인위도 붙일 수 없다"는 말은, 마음은 인위적으로 조작할 수 있지만 눈은 그럴 수 없다고 말하는 것이다.

7-16 공손한 사람은 남을 업신여기지 않는다 恭者不侮人章

'오직 따르지 못할까 두려워한다'(惟恐不順)는 것은, 소리 내어 말하고 웃는 모습을 보일 때, 타인에게 영합하는 것을 주로 해서 오로지 자신이 타인을 거스를까 염려하는 것이다. 만약 타인이 내게 순종하지 않을까 걱정하는 것이라면,[73] 말소리와 웃는 모습이 이미 사람을 막는 것일 테니 꾸미는 것도 없을 것이다. 그러므로 [그렇게 해석할 경우, '오직 따르지 못할까 두려워한다'(惟恐不順)는 구절은 '소리나 웃는 모습으로 연출한다'(以聲音笑貌爲哉)는] 아래 문장과 호응하지 않는다.[74]

---

73) 주희의 해석을 염두에 두고 한 말이다. 『맹자집주』, "'유공불순'(惟恐不順)이란 타인이 내게 순종하지 않을까 두려워함을 말한 것이다. '성음소모'(聲音笑貌) 는 밖으로 보이게 거짓으로 꾸미는 것이다"(惟恐不順, 言恐人之不順己. 聲音笑貌, 僞爲於外也).

74) 『맹자』 본문에서 '유공불순언'(惟恐不順焉) 뒤에 "어떻게 공검(恭儉)할 수 있겠는가. 공검이 어떻게 소리나 웃는 모습으로 연출할 수 있겠는가"(惡得爲恭儉? 恭儉豈可以聲音笑貌爲哉?) 하는 말이 이어진다.

惟恐不順者, 聲音笑貌之間, 以逢迎人爲主, 唯恐己之不順於人也. 若言恐
人之不順己, 則聲音笑貌, 已是拒人, 并其僞者而無之矣, 與下文不相應.

● 주희의 『맹자집주』는 다른 사람을 업신여기고 남의 것을 빼앗는
군주는 타인이 자신에게 순종하지 않을까 두려워한다고 해석했다. 황
종희는 다른 사람을 업신여기고 남의 것을 빼앗는 군주는 자신이 타인
의 마음에 영합하지 못할까 걱정한다고 해석했다. 영합할 것만을 생각
하니 공손함이나 검소함은 가질 수 없다. 그리고 그 공손함이나 검소
함은 목소리나 웃는 모습으로 꾸밀 수 있는 것이 아니다. 황종희의 의
도대로 『맹자』 본문을 해석하면 다음과 같다. "공손한 사람은 남을 업
신여기지 않고 검소한 사람은 남의 것을 빼앗지 않는다. 남을 업신여
기고 남의 것을 빼앗는 군주는 오직 타인의 마음에 영합하지 못할까
걱정할 뿐이니, 어떻게 공손하고 검소할 수 있겠는가. 공손함과 검소
함을 어떻게 목소리와 웃는 모습으로 꾸밀 수 있겠는가." 한편 주희의
해석에 따르면 다음과 같다. "공손한 사람은 남을 업신여기지 않고 검
소한 사람은 남의 것을 빼앗지 않는다. 남을 업신여기고 남의 것을 빼
앗는 군주는 오직 남이 자신에게 순종하지 않을까 걱정할 뿐이니 어떻
게 공손하고 검소할 수 있겠는가. 공손함과 검소함을 어떻게 목소리나
웃는 모습으로 꾸밀 수 있겠는가!" 황종희에 의하면, 주희의 해석대로
타인이 자신에게 순종하지 않을 것만을 걱정하는 군주라면 무엇 때문
에 목소리와 웃는 모습으로 공손함과 검소함을 꾸미겠느냐는 것이다.

7-17 물에 빠진 형수를 손으로 잡아 건짐 男女授受章

맹자는 양주와 묵적을 물리치면서 성선(性善)에 대해 말하고, 〔도에

의거하지 않고는〕 제후를 만나지 않았으며[75] 소인과 말하지 않았다. 이를 통해 백세 뒤의 사람들도 공리(功利)의 잘못을 알고 인의의 실천을 절대로 그만둘 수 없음을 알게 했다. 이것이 바로 '도로써 천하를 구하는 것이고' 천하의 인심이 〔불의에〕 빠지는 것을 잡아 건지는 것이다. 그러므로 맹자는 하루도 잡아 건지지 않은 날이 없다.

孟子距楊墨, 道性善, 不見諸侯, 不與小人言, 使百世之下, 知功利之非, 仁義之必不可已, 正是以道援天下, 援天下人心之溺耳. 故孟子無日而不援者也.

●『맹자』에서, 천하가 물에 빠졌는데 왜 건지지 않느냐는 순우곤의 말에 맹자는 "천하가 물에 빠졌을 때는 도로써 잡아 건져야 한다"고 대답했다. 황종희는 도로써 천하를 건지기 위해 맹자가 한 일은 당시의 권력과 타협하지 않고 인의의 정신을 길이 전해, 결국은 백대 뒤의 사람까지도 계도한 데에 있다고 설명했다. 맹자가 천하를 구원한 방식으로 본다면 순우곤의 비아냥과는 달리 맹자는 날이면 날마다, 그리고 자신의 세대를 넘어 장구한 세월 동안 도탄에 빠진 천하를 구원한 것이다.

순우곤은 맹자가 반드시 벼슬에 나가 관직에 있으면서 하나의 왕조나 제후를 도와 천하를 통일할 수 있기를 바랐기 때문에 '잡아 건진다'라는 말을 썼다.

이처럼 잡아 건진다면 이는 '손으로 천하를 구하는 것'이어서, 함께 빠

---

75) "〔도에 의거하지 않고는〕 제후를 만나지 않았다"는 일에 대해서는 『맹자』「등문공 하」 첫 번째와 여덟 번째 장구에 구체적인 이야기가 실려 있다.

질 뿐이다.[76]

淳于髡必欲使孟子出而在位, 輔佐一王朝諸侯而有天下, 乃謂之援. 如此而
援, 是手援天下也, 載胥及溺而已.

● 순우곤은 변론가이며 『맹자사설』의 3-2 '호연지기'(浩然章)나
12-6 '명실을 앞세움'(先名實章)에서도 언급되는데, 황종희는 그를 긍
정적으로 서술한 적이 없다. 여기에서 황종희가 순우곤에 대해 "맹자
가 반드시 벼슬에 나가 관직에 있으면서 하나의 왕조나 제후를 도와
천하를 통일할 수 있기를 바랐"다고 해석한 것은, "물에 빠진 백성을
왜 건지지 않는가"라는 순우곤의 질문을 순수한 의도에서 나온 것이라
고 받아들였기 때문인 듯하다.

7-18 군자는 자식을 직접 가르치지 않음 君子之不敎子章

자식은 부모와 본래 하나의 몸이었으며, 분리된 이후에도 혈맥이 서로
통하지 않은 적이 없다. 그래서 어머니의 손을 깨물면 아들의 가슴이 아
프고[77] 죽은 조상의 뼈에 부은 자손의 피는 스며든다.[78] 오강(吳綱)이

---

76) '함께 빠질 뿐이다'는 '載胥及溺'의 번역이다. 『시경』「대아·탕지십」, '상유'
(桑柔)의 한 구절이며, 『맹자』 7-9에도 인용되어 있다. "누가 뜨거운 물건을 쥐
고 손을 씻으러 가지 않겠는가. 누가 선할 수 있는가, 함께 빠질 뿐이다"(誰能
執熱, 逝不以濯, 其何能淑, 載胥及溺).
77) 춘추시대 증삼(曾參)의 어머니가 나무하러 간 아들을 부르기 위해 자신의 손가
락을 깨물었다고 한다. 부모 자식의 혈맥이 통하기 때문이다. 증삼의 이 이야기
는 중국 성인들의 효에 관한 고사를 엮은 '24효' 가운데 하나이다.
78) 『남사』(南史) 양(梁) 「예장왕종전」(豫章王宗傳)에 실려 있는 전설에 의하면,
살아 있는 사람의 피를 죽은 사람의 마른 뼈에 부었을 때 피가 뼛속으로 스며들

장사왕(長沙王)과 닮은 것,[79] 소영사(蕭穎士)가 파양(鄱陽)을 닮은 것[80] 등의 이야기들이 끊인 적이 없다. 불효한 자식은 지(志)와 기(氣)가 어그러져 날이 갈수록 〔부모와〕 멀어진다. 부모 자식 사이에서[81] 시비를 헤아리고 한몸이 나뉘어 연나라와 월나라[82]처럼 멀어지니, 이렇게 되면 남일 뿐이다. 그러므로 아버지의 행동이 반드시 모두 옳은 도를 다한 것은 아니지만 효자가 보기에는 모두 옳은 도를 다한 것이니, 이른바 "천하에 옳지 않은 부모는 없다".[83] 〔부모와 자식의 관계가〕 정말로 이와 같아서,

---

어가면 혈연관계이고 그렇지 않으면 남남이라고 한다.

79) 『삼국지』(三國志) 권28, 「위서」(魏書)에 실려 있는 고사. 한 노인이 오강(吳綱)을 보고 장사왕(長沙王)이었던 오예(吳芮)를 닮았다고 하자, 오강은 오예가 4백 년 전에 죽은 조상이라 대답했다. 그 노인은 40년 전 오예의 무덤을 팠을 때 관 속에 누워 있던 그를 기억하고 있었는데, 그 얼굴이 그 후손인 오강과 대단히 닮았다는 고사이다.

80) 소영사(蕭穎士)는 당나라 사람으로 다음과 같은 일화가 전해진다. 그가 유람하다가 한 노인을 만났는데, 그 노인은 소영사를 아는 양 한참 보았다. 소영사가 연유를 묻자 그는 소영사가 제(齊)의 파양왕(鄱陽王)을 닮았기 때문이라고 했다. 제의 파양왕은 소영사의 8대 선조였다. 그 노인은 파양왕 재위시절 총애받던 신하였는데, 난을 맞아 그 산속으로 도망해 연명해왔다고 한다. 이 이야기는 『태평광기』(太平廣記) 권42, 「신선」(神仙) 42 '소영사'(蕭穎士)에 실려 있다.

81) '부모 자식 사이'는 '屬毛'를 번역한 것이다. '屬毛'는 『시경』 「소아·소반」에 나오는 말로 부모와 자식이 밀접함을 말한다. "아버지를 바라보지 않은 때가 없고 어머니를 의지하지 않은 때가 없도다. 어느 하나 부모의 피부털에 속하지 않으며 어느 하나 부모 속에서 떨어져 있으랴"(靡瞻匪父, 靡依匪母. 不屬于毛, 不離于裏).

82) 연(燕)은 북에 있고 월(越)은 남에 있는 나라로, 서로 밀리 떨어진 땅을 일컫는 말.

83) 『회암집』(晦菴集) 권32, "나선생(羅從彦)이 말한 것은 세상에 옳지 않은 부모는 없다는 것인데 이 말은 옳다"(羅先生云, 只爲天下無不是底父母, 此說得之).

세속의 부모는 [자식에게 무르게] 오냐오냐하거나 아니면 냉혹할 정도로 엄하지만,[84] 이는 자식에게 바라는 것이 너무 절실하거나 근심과 걱정이 지나치게 깊기 때문일 뿐, 본래 옳지 않은 바가 없다. 일찍이 부모를 버리고 달리 이른바 성현을 구하는 일은 없었다. 과거에 아버지와 임금을 시해한 자는 임금과 아버지가 옳지 않은 것만을 보고 거기에 이른 것이다. "아버지는 내게 올바름을 가르치지만 아버지는 올바르게 행동하지 않는다"는 이 두 구절은 난신적자의 시작이니, 집에서 일상적으로 쓰는 말이어서는 결코 안 된다.

> 人子於父母原是一人之身, 旣分以後, 血脉未嘗不貫通, 故嚙指心痛, 滴血沁骨. 吳綱之類長沙, 蕭穎士之肖鄱陽, 未嘗有間也. 不孝之子, 志氣乖戾, 日遠日疏, 較是非於屬毛, 分一身爲燕越, 則路人而已矣. 故父行未必盡是道, 在孝子看來, 則盡是道, 所謂天下無不是底父母. 實實如此, 就如世俗之父母, 嘻嘻嗃嗃, 非是望我太切, 則是慮患過深, 原無有不是處. 未有舍父母而別求所謂聖賢者, 從來弑父與君, 只見得君父不是, 遂至於此. 夫子敎我以正, 夫子未出於正, 此兩言乃亂賊張本, 切莫置爲家常話也.

● 부모 자식 사이의 사랑은 모든 사랑의 근원이므로 이는 옳고 그름보다 더 중요하다. 사회를 이루는 힘인 측은지심이 가장 먼저 발현되고 자라는 관계이기 때문이다. 그러나 이는 부모가 흠 없이 도덕적인

---

84) '오냐오냐하다'와 '냉혹하다'는 각각 '嘻嘻'와 '嗃嗃'를 번역한 것이다. '嘻嘻'는 시시덕거리는 모양이고, '嗃嗃'는 가혹하고 냉엄한 모양으로, 모두 부모가 자식을 대하는 태도를 묘사한 것이다. 『주역』 「풍화가인(風火家人)·구삼(九三)」, "가인이 엄숙하면 지나침을 후회하나 길하고, 부녀자가 시시덕거리면 마침내 인색하리라"(家人嗃嗃, 悔厲吉, 婦子嘻嘻終吝).

존재이기 때문에 성립하는 것이 아니다. 황종희는 여기에서 '효자'의 심술(心術)에 대해 말한다. 자연히 과불급을 범할 수 있는 부모의 행동도 모두 자식을 생각하는 마음을 벗어나서 그런 것은 아니므로, 효자라면 그러한 마음을 보아야 한다. 그런 의미에서 효자의 눈에 "옳지 않은 부모는 없다". 자식이 부모의 잘잘못을 따지기 시작한다면 유학이 생각하는 인륜의 사회는 성립할 수 없다.

7-19 위대한 섬김 事孰爲大章

'지킨다'(守)는 성(城)을 지킨다고 할 때의 지킨다는 뜻이다. 부모가 나를 낳으면 '하늘이 내려준 올바른'(降衷) 이(理)를 완전하게 내게 맡긴다. 〔그러나〕 출생한 이후 사랑과 미움, 진정과 거짓의 온갖 것들이 일제히 공격해올 때[85] 내가 〔그 하늘이 내려준 올바른 이를〕 지킬 수 없으면 망가뜨리고 잃어버리기에 이른다. 그러므로 외로운 성(城)을 지키기 위해 피를 흘리며 싸워야 하고, 죽어서 부모에게 인계하여 돌려보낸 다음에야 비로소 〔부모에게서 받은 하늘이 내려준 올바른 이를〕 "온전하게 돌려보낸다"라고 한다.[86] 그러니 몸과 털과 피부만이 부모에게서 받은

---

85) '사랑과 미움,' '진정과 거짓'이 공격한다는 말은 다음의 『주역』을 인용한 말이다. 『주역』「계사전 하」, "사랑과 미움이 서로 공격하면 길흉이 생기고, 멀고 가까운 것을 서로 취해 뉘우침과 부끄러움이 생기고, 진정과 거짓이 서로 감통해 이익과 손해가 생긴다"(愛惡相攻而吉凶生, 遠近相取而悔吝生, 情僞相感而利害生).

86) '온전하게 돌려보낸다'는 구절의 출전은 『논어』「태백」의 다음 구절에 정자가 붙인 해석이다. "증자가 병이 나자 문하의 제자들을 불러 다음과 같이 말했다. '내 다리를 펴보아라. 『시』에 깊은 연못을 앞에 둔 것처럼 얇은 얼음을 밟는 것처럼 전전긍긍하라는 말이 있는데 나는 이제야 여기에서 면하겠구나, 애들아!'

것이 아니다.

守如城守之守. 父母生我, 將此降衷之理, 完全付我. 墮地以後, 愛惡情僞,
百端交攻, 我不能守, 便至喪敗. 故須血戰孤城, 待得夕死, 交割還與父母, 始
謂之全歸, 不特身體髮膚, 受之父母而已也.

●『맹자』는 '섬기는 일'과 '지키는 일'에 대해 말하고 있다. 어버이
는 섬기는 일이 가장 중요한 일이고 스스로를 지키는 것이 또한 가장
중요한 것이라는 내용이다. 황종희는 『논어』「태백」에 단 정자의 주를
끌어와, 섬기는 일과 지키는 일을 연결하여 설명한다. 증자는 부모에
게서 받은 몸을 지키기 위해 평생 전전긍긍했고 죽으면서 비로소 그
짐에서 벗어났다고 하는데, 이에 대해 정자는 "온전히 돌려보냄으로
써" "효의 일을 마치는 것"이라고 풀었다. 황종희는 부모에게서 받아
온전히 지켜야 하는 것에는 몸만이 아니라 착한 마음도 있다고 말한
다. 그러므로 마음을 지키기 위해 피흘리며 성을 지키듯 노력해야 한
다고 말한다.

"누군들 섬기지 않겠는가만, 어버이를 섬기는 것이 섬김의 근본"이라
는 것은 일생의 힘을 조금이라도 부모를 위해 쓰지 않음이 없다는 것이
다. 임금을 섬기고 웃어른을 섬기는 일이 모두 부모를 섬기는 데 빼놓을

(曾子有疾, 召門弟子曰, '啓予足!' 詩云, '戰戰兢兢, 如臨深淵, 如履薄氷.' 而今
而後, 吾知免夫! 小子!) "군자가 그 몸을 보존하여 죽는 것은 〔효의〕 일을 마치
기 위해서이다. 그래서 온전히 돌려보냄으로써 면했다고 하는 것이다"(君子保
其身以歿, 爲終其事也, 故以全歸爲免矣).『정씨경설』(程氏經說) 권7,「논어설
(論語說)·태백(泰伯)」.

수 없는 일인 것이지, [부모를 섬기는] 이 마음을 옮겨서 섬기는 것이 아
니다.[87] 후세 사람들은 충과 효를 둘 다 온전히 발휘할 수는 없다고 하는
데, 초나라의 기질(棄疾)[88]이나 한나라의 조포(趙苞)[89] 같은 이는 모두
어버이를 해친 자식(賊子)으로, 한번 죽는다고 해도 책임을 면하기에 부
족할 것이다.

> 孰不爲事, 事親, 事之本者, 一生之力, 無一毫不爲父母用, 其事君事長, 皆
> 事父母所不可缺之事, 非移此心以事之也. 後世謂忠孝不能兩盡, 如楚棄疾漢
> 趙苞, 皆賊子也, 一死何足塞責哉.

● 황종희에게 효는 가장 중요한 덕목이다. 심지어 임금을 섬기고 웃
어른을 섬기는 일도 효에 포함되는 일이라고 해석한다. 불효한 죄는
죽음으로도 면하지 못할 일이므로, 충과 효를 양립시킬 수 없다는 고

---

87) 주희의 해석을 부정한 것이다. 『맹자집주』, "부모를 효로 섬기면 충을 임금에게
옮길 수 있고 순종을 웃어른에게 옮길 수 있다. 몸이 바르면 집안(家)이 가지런
해지고 나라(國)가 다스려지며 천하가 평탄해진다"(事親孝, 則忠可移於君, 順
可移於長. 身正, 則家齊國治而天下平).
88) 『춘추좌전』 「소공」(昭公) '11~13년조' 참조. 초나라 공자였던 기질은 아버지
와 형을 죽이고 초평왕이 되었다.
89) 이곡(李穀), 『동문선』(東文選) 권99, 「조포충효론」(趙苞忠孝論) 참조. 선비족
이 한나라 조포(趙苞)의 어머니와 처자(妻子)를 인질로 삼고 그를 공격했다.
조포는 "옛날은 어머니의 아들이었습니다만 지금은 임금의 신하가 되었으므
로, 의리상 개인의 은혜와 정의를 돌보아 충성과 의리를 파괴할 수 없습니다"
라고 하며 나아가 싸웠고, 어머니와 처자는 적에게 살해되었다. 조포는 돌아와
서 장사지낸 뒤, "나라의 녹을 먹으며 어려운 시기를 피하는 것은 충신이 아니
요, 어머니를 죽여가며 의(義)를 온전히 하였으니 효자가 아니다"라고 말하며
스스로 목숨을 끊었다.

민은 황종희에게 없을 듯하다. 그에게는 충보다 단연 효가 먼저이다. 기질이나 조포는 충의 관점에서 보면 문제가 없을지 모르지만, 효의 관점에서 보면 패륜아이다. 조포가 불효를 속죄하기 위해 스스로 목숨을 끊었다 해도 그 죄를 씻을 수 없다고 황종희는 단호하게 말한다.

'뜻을 기른다'(養志)는 것은 〔아버지의 뜻을 아들이 잇는 것이다.〕 어버이가 아들을 갖는 것은 나의 뜻을 잇기 바라는 마음에서이며, 나의 모자란 부분을 아들이 채우고 내가 못한 일을 아들이 하기를 바라면서 이를 아들 가진 즐거움으로 삼는다. 대개 몸은 유한하지만 뜻은 무궁하다. 『대대례기』(大戴禮記)에서, "황제(黃帝)는 3백 년을 살았으니" 살아서는 사람들이 그 이득을 본 것이 백 년이고, 죽어서 사람들이 그 정신을 두려워한 것이 백 년이며, 죽은 뒤에 사람들이 그 가르침을 쓴 것이 백 년이다"라고 했다.[90] 황제뿐만이 아니다. 그 어버이의 뜻을 이어 끊어지지 않게 하는 일이 모두 아들의 일이다. 뜻을 이을 수 없으면 이는 어버이를 죽게 하는 것이다. 그러므로 아버지에게서 아들은 소리 없는 소리를 듣고 형태 없는 모습을 보니, 이른바 "아버지가 살아 있을 때에는 그 뜻을 본다"는 것이다.[91] 지금 『논어』를 오해해서 "아버지가 살아 있을 때 아들은 스스로의 마음대로 할 수 없기 때문에 〔아들의 행동은 볼 수 없고〕 다만 〔아들의〕 뜻을 알 수 있을 뿐"이라고 했는데,[92] 이는 잘못이다.

90) 『대대례기』(大戴禮記) 「오제덕」(五帝德), "生而民得其利百年, 死而民畏其神百年, 亡而民用其敎百年, 故曰三百年."
91) 『논어』 「학이」, "아버지가 살아 있을 때는 그 뜻을 보고 아버지가 죽으면 그 행동을 본다. 3년 동안 아버지의 도를 바꾸지 않으면 효라고 할 수 있다"(父在, 觀其志, 父沒, 觀其行. 三年無改於父之道, 可謂孝矣).

"아버지가 죽으면 그 행동을 보라"는 것은 아버지가 평생 했던 일과 행동을 보라는 것이다. "3년 동안 고치지 않는다"는 것은 3년이란 긴 시간 동안 고치지 않았으므로 종신토록 고치지 않을 것이란 뜻이다. 후대의 유학자들은 도가 아닌 것으로써 그 부모를 지키려 했을 뿐이다. 불교의 교리 가운데 중음·중원⁹³⁾에 부모가 반드시 지옥에 있을 거라 생각해서 밖으로 불러내려는 것이 있는데, [이것과 후대 유학자들의] 뜻이 대략 같다. 증자는 [부모의] 뜻을 기르는 것을 효를 실천하는 방법이라 생각했다. 후세에 사마천이 사마담의 뜻을 이어 『사기』를 쓴 것, 반고가 반표의 뜻을 이어 『한서』를 쓴 것, 소자첨(蘇子瞻)이 노천(老泉)을 이어 『서경』과 『주역』에 관한 책을 지은 것이⁹⁴⁾ 모두 그 뜻을 본 일이다. 윤화정⁹⁵⁾이 과거에 응시하지 않겠다고 하자 이천은 "그대의 어머니가 살아 계시니, 이 [일] 또한 [어머니의] 뜻을 [이어] 기를 뿐이다"⁹⁶⁾라고 했다.

---

92) 주회의 해석을 지적한 것이다. 『논어집주』, "아버지가 있을 때 아들은 자기 마음대로 할 수 없지만 그 뜻은 알 수 있다"(父在, 子不得自專, 而志則可知).

93) 음력 7월 15일은 일년 365일 중 중간이 되는 날로 중원(中元)이라고 하며, 불교에서는 고통받는 중생과 새 인연을 얻지 못하고 우주를 배회하는 혼이 법락(法樂)을 얻게 하는 우란분재일(盂蘭盆齋日)이라고 한다. 중음(中陰)은 혹은 중유(中有)라고도 해서 사람이 죽은 후 49일 동안을 일컫는데, 죽은 뒤에 다음 생을 받을 때까지의 기간이다.

94) 자첨은 소식(蘇軾, 1037~1101)의 자이며, 노천은 그의 아버지 소순(蘇洵, 1009~66)의 호이다. 소식은 아버지의 유업을 이어 『동파역전』(東坡易傳)과 『서전』(書傳)을 완성했다.

95) 윤돈(尹焞). 정이천의 문인으로 자는 언명(彦明), 호는 화정(和靖).

96) 『송사』(宋史) 「도학열전」(道學列傳) '열전 187 도학 2(정씨문인)' 참조. 이천이 과거에 응시하지 않겠다는 화정에게 "그대의 어머니가 계시지 않는가" 하고 말했다. 화정이 어머니에게 말하니, 어머니는 작록으로 자신을 부양하기를 원

養志者, 父之有子, 原欲使其繼我之志, 我之所未盡而子盡之, 我之所未爲
而子爲之, 以是樂有子也. 蓋身有限而志無窮, 大戴禮言, 黃帝三百年, 生而人
得其利百年, 死而人畏其神百年, 亡而人用其敎百年. 不特黃帝也, 凡人能使其
父之志流長不盡者, 皆子之事也, 不能繼志, 便是死其親矣. 故子之於父, 聽於
無聲, 視於無形, 所謂父在觀其志也. 今人將論語錯解, 以爲父在子不得自專,
唯有志可見, 非也. 父歿觀其行, 謂父之平生事實也. 三年無改, 三年之久而不
改, 則終身不改矣. 後儒只以非道防其父母, 此如浮屠之敎, 以爲中陰中元, 父
母必在地獄, 號而出之之意略同. 此曾子養志所以爲孝, 後世如遷之因談而成
史記, 固之因彪而續漢書, 蘇子瞻緣老泉而著書易, 皆觀志之事也. 尹和靖欲不
應擧, 伊川曰子有母在, 是亦養志而已矣.

● 황종희는 증자가 아버지를 섬기면서 실천했다는 '뜻을 기른다'(養
志)를 부모의 뜻을 길이 이어받는다는 의미로 해석한다. 이 뜻을 미루
어 『논어』 「학이」의 "아버지가 살아 있을 때는 그 뜻을 보고 아버지가
죽으면 그 행동을 본다"(父在, 觀其志, 父沒, 觀其行)에 대해서 주희와
다른 해석을 제시했다. 주희는 "[타인이 그 아들을 평가할 때] 아버지
가 살아 있을 때 아들은 아버지의 명에 따라 행동하므로 그 아들의 뜻
이 어떤지를 보고, 아버지가 죽어서야 그 아들이 어떤 행동을 하는지
본다"(父在, 子不得自專, 而志則可知, 父沒然後其行可見)고 해석했다.
황종희의 해석에 따라 번역하면 "[자식은] 아버지가 살아 있을 때는
아버지의 뜻을 보고, 아버지가 죽으면 아버지의 평생 행동이 남긴 그
흔적을 보아 그 뜻을 계속 이으라"가 된다.

하지 않는다고 대답했다.

7-20 사람의 잘못을 일일이 지적할 수 없다 人不足與適章

성현의 도는 근원에서 일어나지 않은 적이 없다.[97] 그러므로 평천하 (平天下)는 반드시 덕을 밝게 하는 일(明德)에서 시작한다. 이는 황하가 적석(積石)에서 시작하고[98] 양자강이 민산(岷山)에서 시작하는 것과 같 다.[99] 그런 연후에야 그 힘차게 흐르는 물을 막을 수가 없게 된다. 임금 의 마음은 적석이나 민산과 같아서, 이곳이 막히면 제멋대로 흘러 범람 한다. 무후(武侯)[100]는 궁궐과 관리의 일을 뒤의 군주가 경계하도록 했 고,[101] 선공(宣公)은 덕종에게 성실함을 미루어가라고 권면했는데,[102]

---

97) '근원'은 '源頭'를 번역한 것인데, '덕을 밝히는 일'(明德)에서 시작한다는 문 맥을 보면 그 근원이란 '마음' 특히 '선한 마음'을 의미한다.

98) 적석은 산의 이름으로 황하가 발원하는 곳이다. 『상서』 「하서(夏書)・우공(禹 貢)」에 "황하의 물길을 인도하는데 적석에서 시작해서 용문에 이르렀다"(導 河積石, 至于龍門)는 구절이 있다.

99) 민산은 양자강의 발원지이다. 『상서』 「하서・우공」의 "민산에서 양자강의 물 길을 이끌어 동쪽으로 갈래를 내어 타수가 되었다"(岷山導江, 東別爲沱)는 구 절에 연원한다.

100) 제갈량(諸葛亮)이다. 유비(劉備)가 촉한을 창건하는 데 이바지했다. 뒤에 무 향후(武鄕侯: 무향은 지금의 한중시漢中市 무향진武鄕鎭)에 봉해졌으므로, 사 람들이 무후(武侯)라고 불렀다.

101) 제갈량(諸葛亮)이 후주(後主), 즉 유비(劉備)의 후계자 유선(劉禪)에게 올린 유명한 「출사표」에서 '궁과 관리'에 대해 조언한 부분을 말한다. "궁과 관리가 모두 일체가 되어 벌을 주고 상을 내림에 차별이 있어서는 안 됩니다"(宮中府 中, 俱爲一體, 陟罰臧否, 不宜異同).

102) 선공(宣公)은 당(唐)의 문신이었던 육지(陸贄, 754~805). 자(字)는 경여(敬 輿)이고, 시호(諡號)가 선(宣)이다. 후대 사람들이 '육선공'(陸宣公)이라고 불렀다. 명(明) 양사기(楊士奇) 등이 편찬한 『역대명신주의』(歷代名臣奏議), 권201, 「청언」(聽言)에 육지가 덕종(德宗)에게 올린 다음의 소가 실려 있다. "성(誠)은 물(物)의 처음과 끝으로 성하지 않으면 물이 없습니다. 물이란 일

모두 이 뜻이다. 일찍이 선사(先師)가 열황(烈皇)[103]에게 고한 것은 언제나 덕화를 근본으로 삼으라는 것으로 귀결되었다.[104] 열황은 그것을 우원하다고 생각했고 세상 사람들 또한 우원하다고 생각했다. 그러나 열황은 매번 스승의 말을 기억해내어, 내보내고는 다시 부르고 다시 불러 놓고는 내보내곤 했다. 이는 역시 때로는 '마음을 바로잡는'(格心) 부분이 있었기 때문이지만, 마치 하루 햇볕에 열흘 추운 것과 같아서,[105] 천하의 일은 이미 떠나버렸다. 임금을 섬기는 자들은 모두 이와 같아야 하기에, 사람을 쓰고 정치를 하는 일에서 [임금의] 잘못에 대해 간언하는 것을 [신하는] 이 뜻으로 행하지 않은 적이 없다. 임금의 마음이 스스로

입니다. 말이 성하지 않으면 다시 어떤 일도 없습니다. 필부도 성하지 않으면 일이 없는데, 하물며 왕은 타인의 성에 의지해서 스스로 단단해져야 하는 사람이니 어떻게 타인에게 성하지 않을 수 있습니까"(又曰, 誠者物之終始, 不誠無物, 物者事也, 言不誠, 則無復有事矣. 匹夫不誠, 無復有事, 況王者賴人之誠以自固, 而可不誠於人乎).

103) 열황은 숭정제(崇禎帝, 재위 1628~44)를 말한다. 섬서성에서 거병한 이자성(李自成, 1606~45)이 북경으로 육박해오자, 고립무원이 된 숭정제는 자결했다. 산해관(山海關)에서 방어하던 명나라 장군 오삼계(吳三桂)의 선도로 북경에 입성한 청나라군은 대의명분을 가진 중국의 새 지배자로 자임하면서 숭정제에게 장렬제(莊烈帝)라는 이름을 올렸다.

104) 『유종주전집』 제3책 「문편 상」(文編上)에 유종주가 숭정제에게 올린 약 60여 편의 소가 수록되어 있다.

105) 『맹자』 「고자 상」 9의 다음 구절에서 온 말이다. "세상에 아무리 쉽게 자라는 식물이라도 하루 햇볕을 쬐어주고 열흘 추운 데 두면 어떤 것도 살지 못한다. 내가 [임금을] 보는 것은 드물고 내가 물러나면 [왕을] 차갑게 하는 사람들이 가까이 있으니, [왕에게 선한 마음의] 싹이 있다 한들 내가 어쩌겠는가"(雖有天下易生之物也, 一日暴之, 十日寒之, 未有能生者也. 吾見, 亦罕矣, 吾退而寒之者, 至矣, 吾如有萌焉, 何哉).

깨닫게 하도록 간언하는 사람에게 어찌 다른 길이 있다고 할 것인가! 경원〔보씨〕의 설은 비루하다.[106]

聖賢之道, 未有不從源頭做起. 故平天下必始於明德, 如導河自積石, 導江自岷山, 然後沛然莫之能禦. 君心猶積石岷山也, 此處不通, 則橫流汎濫矣. 武侯誡後主以宮府, 宣公勸德宗以推誠, 皆此意也. 嘗見先師之告烈皇, 必歸本德化. 烈皇以爲迂, 世人亦以爲迂, 然烈皇每每憶先師之言, 罷而召, 召而罷, 亦時有格心之處, 其如一暴十寒, 天下事已去矣. 此蓋凡爲事君者皆當如此, 卽言用人行政之失, 未嘗不以此意行之, 令君心自悟, 豈謂諫爭者別有一道, 慶源之說陋矣.

● "임금의 마음을 바르게 하는 것"은 평천하의 시작이므로 이보다 더 급하고 중요한 일은 없다. 그러므로 간언의 책임을 맡은 신하의 중요성은 말할 필요도 없다. 『맹자대전』에 인용되어 있는 경원보씨(慶源輔氏)는 자격 없는 신하가 이러한 구실로 임금에게 간언해서는 안 된다는 취지의 말을 했다. 이는 신하의 발언을 제한해야 한다는 뜻이므로 황종희는 이를 비루한 의견이라고 비판했다. 현실적으로는 '하루

---

106) 『맹자대전』에 인용되어 있는 경원보씨(慶源輔氏)의 주를 가리킨다. "경원보씨는 다음과 같이 말했다. "『맹자집주』는 격(格)자의 뜻을 분명하게 밝혀놓았다. 이른바 대인(大人)이란 도와 덕이 완전하게 갖추어져, 그 명예와 인망은 사심(邪心)을 족히 막을 수 있으며, 그 용모와 안색은 초탈하려는 마음을 족히 없앨 수 있으니, 말재주를 부리고 간쟁할 때뿐만이 아니다. 그러나 대인의 덕과 학문이 없는 사람으로서 간언의 책임을 맡고 있는 자는 이를 핑계로 사용할 수 없다"(慶源輔氏曰, 集註解得格字義分曉. 所謂大人者, 道全德備, 譽望足以弭其邪心, 容色足以消其逸志, 非但取辦於煩舌之間諫爭之際而已也. 然無大人之德與學, 而有言責者, 則又不可以是藉口).

햇볕과 열흘 추위'처럼 강직한 신하의 의견이 위력을 발휘하는 것은 어려운 일이어서, 그 부작용을 걱정할 만하지 않기 때문이다. 경원보 씨의 걱정은 본말을 전도시킨 것이다.

7-21 예상하지 못한 칭찬 有不虞之譽章

〔이 장은〕 비난과 칭찬이 진실을 잃었다는 데 대해 맹자가 한 시대를 염두에 두고 말한 것이다. 그런데 후대에도 일반적으로 그렇다. 가령 정주(程朱)의 문인들은 용렬한데도 〔사람들이 그들을〕 대단하게 칭찬하지 않는 일이 없고, 상산이나 양명에 대해서는 지금까지도 비난이 끊이지 않으며, 역사서에서는 그 혼동이 더욱더 심하다. 사람에 대한 평가는 죽은 뒤에나 바르게 된다고[107] 사람들은 말하지만, 군자에 대한 평가, 그 비난과 칭찬은 바로잡힌 적이 없다.

> 毀譽失眞, 孟子雖爲一時言之, 而後世大抵皆然, 如程朱之門人儘有庸下, 而無不多譽, 象山陽明, 至今毀者不已, 至於靑史其淆彌甚. 人言蓋棺論定, 君子之論定, 毀譽之論未始有定也.

● 사람이 죽은 뒤라 할지라도 인물 평가는 시세에 휘둘릴 수 있다는 것을, 정주성리학과 양명학에 대한 평가를 예로 들어 말했다. 즉 황종희는 정주성리학에 대한 긍정적 평가와 양명학에 대한 부정적 평가가 진실을 잃은 것이라고 생각한다.

---

107) '사람에 대한 평가는 죽은 뒤에나 바르게 된다'는 '蓋棺論定'의 번역이다. 죽어서 관을 덮은 뒤에야 그 사람에 대한 평가를 내릴 수 있다는 뜻이다.

7-22 쉽게 하는 말 人之易其言章

책임지지 않아도 되면, 천하에 하지 못할 일이 없는 것처럼 생각해서 쉽게 말한다. 선사(先師)〔유종주가〕기둥에 써둔 문구에 "옛날 일을 멀리서 보고 이야기하는 것은 이처럼 쉽고, 지금 내가 하는 일에서 실증하는 것은 비교적 어렵다"고 했는데, 이것을 말한 것이다.

> 不當責任, 則視天下之事無不可爲, 故言之易. 先師楹署云, 遠觀古事談何易, 實証今身做較難, 此之謂也.

●『맹자』의 "사람들이 말을 쉽게 하는 것은 책임지지 않아도 되기 때문이다"에 대한 해석이다. 황종희는 유종주가 기둥에 새겨놓았던 글 역시 같은 뜻이라고 풀었다. 유종주의 "지금 내가 하는 일에서 실증하는 것"이 바로 내가 "책임지는" 일에 해당한다.

7-23 사람의 근심 人之患章

「단궁」(檀弓)에서 "스승을 섬길 때에는 〔간하면서〕 거스르지도 않고 허물을 덮지도 않는다. 좌우에 나아가 섬기되 일정한 한도가 없으며, 스승이 죽을 때까지 힘든 일을 마다 않고, 〔스승이 죽으면〕 마음으로 삼년상을 치른다"[108]고 했으니, 스승은 이처럼 중요하다. '남의 스승 되기를 좋아한다'는 것은, 인의의 도로는 사람을 감동시키기에 부족하다고 생각하고 각자 이상한 이론을 만드는 것이다. 가령 '모욕당해도 모욕으로 여기지 않는다', '성인은 자신을 사랑하지 않는다', '도둑을 죽이는 것은 사람을 죽이는 것이 아니다',[109] '산과 연못은 평평하다', 〔사람의〕 정욕은

---

108) 『예기』 「단궁 상」.

적다', '소나 돼지고기는 더 맛있지 않다', '큰 종소리는 더 즐겁지 않
다',[110] '기둥에 맨 소는 소가 아니다', '말은 말이 아니다'[111] 등의 언설
은 세상을 놀라게 한다. 사람들 또한 바람에 쏠리듯 쫓아가 스승으로 삼
으니, 인의를 막아 천하의 근심거리가 되었다. 한유는 "스승은 도를 전하
고 의혹을 풀어주는 자"라고 했다.[112] 그러나 전해진 것이 도가 아니면
의혹은 점점 심해지고, 이로부터 세상이 스승을 가벼이 여긴다. 송의 하
북산(何北山)은 후학이 북면(北面)하는 것을 내버려둔 적이 없다.[113] 북

---

109) 이상은 『순자』(荀子) 「정명」(正名)을 그대로 옮겨놓은 것이다. "見侮不辱, 聖
人不愛己, 殺盜非殺人也, 此惑於用名以亂名者也." '見侮不辱'은 평화주의자
송견(宋鈃, 즉 『맹자』 「고자 하」 4의 송경(宋牼)과 동일 인물)의 주장이며,
'聖人不愛己'는 누구의 주장인지 불명이다. '殺盜非殺人也'는 『묵자』 「소취」
(小取)의 말이다. 순자는 이 부류들은 "이름의 사용에 빠져서 이름을 어지럽
히는 것들"이라고 평했다.

110) 이상은 『순자』 「정명」의 일부분을 옮겨놓은 것이다. "山淵平, 情欲寡, 芻豢不
加甘, 大鐘不加樂, 此惑於用實以亂名者也." '山淵平'은 『장자』 「천하」에 기록
되어 있는 혜시(惠施)의 명제이며, '情欲寡'는 『순자』 「정론」(正論)에 등장하
는 송견(宋鈃)의 명제이다. 그 뒤의 두 명제는 누구의 것인지 확실치 않다. 순
자는 이들에 대해 "실제 대상(실)의 사용에 빠져 이름을 어지럽히는 경우"라
고 평했다.

111) 이상은 『순자』 「정명」을 옮겨놓은 것이다. "非而謁, 楹有牛, 馬非馬, 此惑於用
名以亂實者也." '非而謁, 楹有牛'은 의미 불명이며, '馬非馬'는 공손룡(公孫龍)
의 명제이다. 순자는 이들에 대해 "이름의 사용에 빠져 실제를 어지럽히는 경
우"라고 평했다.

112) 한유의 「사설」(師說, 『오백가주창려문집』(五百家注昌黎文集) 권12 수록),
"(古之學者, 必有師,) 師者, 所以傳道受業解惑也." 밑줄친 부분은 황종희가 인
용한 데서 빠져 있다.

113) 하북산은 하기(何基, 1188~1269)이다. 자(字)는 자공(子恭)이며 학자들은
북산선생(北山先生)으로 불렀다. 평생 과거 공부를 하지 않았고 봉록을 받지

산의 뜻은 정말 그만한 덕 있는 사람이 없다면 차라리 그 자리를 비워두고 뒤의 학자를 기다려, 스승의 도가 자신 때문에 망가지지 않게 하려는 것이었다.

檀弓曰, 事師無犯無隱, 左右就養無方, 服勤至死, 心喪三年. 師之重如此. 好爲人師者, 以仁義之道不足動人, 於是各立異說, 如見侮不辱, 聖人不愛己, 殺盜非殺人, 山淵平, 情欲寡. 芻豢不加甘, 大鐘不加樂, 非而謁楹有牛, 馬非馬之類, 驚世駭俗. 人亦靡然從而師之, 充塞仁義, 以爲天下之患. 韓子謂師者, 傳道解惑者也, 顧所傳非道, 爲惑愈甚, 由是而師, 爲世所輕矣. 宋何北山之於來學, 未嘗受其北面, 北山之意, 以爲苟無其德, 寧虛其位, 以待後之學者, 不可使師道自我而壞也.

●『맹자』 본문의 남의 스승 되기를 좋아하는 것이 큰일이라는 글을, 황종희는 이설(異說)과 관련시켰다. '이설'이란 단순히 '다른 주장'을 의미할 수도 있는데, 황종희가 그 구체적인 예를 늘어놓은 것을 보면 상식에서 어긋난 궤변들이다. 인의의 정도는 걷지 못하면서 사람들의 섬김을 받고 싶어하는 사람들이 남의 스승 되기를 좋아하는 사람이고 그들이 결국은 이상한 이론들을 만들어낸다고 해석했다.

않았다. 고향에 서당을 열어 학생들을 가르쳤는데, 스스로를 스승으로 자처하지 않고 겸허하게 학생들의 질의와 토론을 허용하여 세상 사람들의 존경을 받았다. 학생들의 '북면'을 내버려둔 적이 없다는 소리는 스승으로 자처하지 않았기 때문에 스승의 자리에 서지 않았다는 뜻이다. 즉 남쪽을 보는 자리에 앉지 않았다는 의미이다.

7-24 악정자, 자오를 따라오다 樂正子從於子敖章

악정자(樂正子)가 자오(子敖)를 따라온 것은 보통 사람들이 보기에는 본래 긴요한 일은 없이 단지 일시적인 편의를 취한 것이다. 그러나 군자에게는 구차한 일이 되므로 공경하고 삼가는 마음이 한 줄기 새는 것을 면하지 못했다. 그런데 맹자는 자잘한 일[도착한 당일 인사하러 오지 않은 것]을 생략하지 않고 꾸짖었고, 그 말 역시 조금 가혹한 것 같다.[114] 남헌[115]은 "이미 자오의 집에 머물게 되었으므로, 자오에게 제약되지 않을 수 없다"[116]고 해석했는데, 이는 너무 심하게 추리한 것이다.

樂正子之從子敖, 常人視之原無緊要, 但取其一時之便, 然在君子, 則爲苟且, 于敬愼之心, 未免一絲逗漏. 而孟子不以細故略之, 其言亦似稍苟, 至南軒云, 旣館于子敖, 則未免制于子敖, 此推原太過矣.

● 자오(子敖)는 등나라로 조문가는 데 동행하면서도 맹자가 행사(行事)에 대해 한 마디 말도 섞지 않았다는 왕환(王驩)이다(「공손추하」 6). 악정자는 그 왕환을 따라 맹자가 머물고 있는 제나라에 왔고, 도착한 다음날 맹자에게 인사하러 왔다가 인사가 늦었다고 꾸지람을 들었다. 황종희는 악정자가 군자로서 구차한 행동을 했고, 공경하는 마

---

114) 『맹자』에는, 숙소가 정해지지 않았다는 이유로 도착 당일 맹자에게 인사오지 않고 그 다음날 인사온 자오를 꾸짖는 내용만이 실려 있다.

115) 장식(張栻, 1133~80). 권말 '주요인물 소개' 참고.

116) 『맹자대전』에 인용되어 있는 장식(張栻)의 주이다. "남헌장씨는 다음과 같이 말했다. 극(악정자)이 이미 자오의 집에 머물렀으므로 자오의 제약에서 벗어날 수 없었다. 그래서 숙소가 정해진 뒤에야 비로소 스승을 만나볼 수 있었다" (南軒張氏曰, 克旣館於子敖, 則未免制於子敖, 故舍館定, 始得見其師).

음에 조금 틈이 생겼다고 하면서도, 맹자의 꾸짖음이 다소 가혹했다고 논평한다. 상식적으로 그 잘못이 그리 큰 것은 아니기 때문인 듯하다.

7-26 세 가지 불효不孝有三章

혼례는 어느 경우에나 아버지가 친영(親迎)을 명하면 아버지가 아들에게 초례하고 보내는 것이지, 아들이 스스로 그 일을 주관하는 경우는 없다. 순(舜)〔의 혼사〕 당시에는 고수가 혼사를 주관하려 하지 않을 것이라 생각해서 요(堯)가 대신 주관을 한 것이니, 이른바 임금의 명으로 임한 것이다. 그래서 "고하지 않고 처를 맞이했다"고 했으며, 끝내 고수에게 알리려 하지 않은 것이 아니다. 만약 요가 주선인이 되지 않고 순이 스스로 주선했다면 이는 아버지에게 알리지 않은 것이니 그 불효는 후사가 없는 것보다 훨씬 크다.

> 昏禮皆父命親迎, 則父醮子而遣之, 無有子自主其事者. 舜之當時, 想瞽瞍不肯主婚, 堯代爲之主, 所謂以君命臨之, 故云不告而娶, 非竟不使瞽瞍聞之也. 若非堯爲主人而舜自主之, 使父不與聞, 其不孝大於無後矣.

● 순이 아버지에게 고하지 않고 아내를 맞이한 것은 후사가 없는 더 큰 불효를 저지르지 않기 위해서라는 것이 『맹자』의 내용이다. 황종희는 순이 스스로 주관해서 결혼한 것이 아니라 군주인 요가 순의 아버지를 대신해 주관한 것이라고 풀이했다.

7-27 인의 실제仁之實章

인·의·예·지·악은 모두 빈 이름(虛名)이다. 사람이 태어나 세상에 나오면 부모형제가 있을 뿐이고, 이 한 줄기 불가해(不可解)한 정을 태어나면서 함께 갖추게 되니, 이것을 '실'(實)이라 한다. 이에 비로소 인·의의 이름이 있게 된다. '이 둘을 알아 떠나지 않는다'(知斯二者而弗去)는 것은, 지혜가 미치고 인으로 지키는 것(知及仁守)[117]의 실이 내게 달려 있으며, 이에 비로소 지(智)의 이름이 있게 된다는 것이다. 부모를 섬기고 형을 따르는 때에 임해서 저절로 조리와 세세한 행동 방침이 있어 일을 행하는 실제(實)에서 드러나고, 이에 비로소 예(禮)의 이름이 있게 된다. 억지로 하는 작위를 기다리지 않아도, 이렇게 하면 편안하고 이렇게 하지 않으면 편치 않으니, 이에 비로소 악(樂)의 이름이 있다. 태어난 후에는 효제가 넘치지 않음이 없으며, 건(乾)인 아버지와 곤(坤)인 어머니 모두 이 불가해한 일념을 떠나지 않는다.

선유는 많이들 성(性) 가운데 어떻게 효제가 있은 적이 있겠는가 생각하고,[118] 이에 인의가 먼저 있고 그 뒤에 효제가 있다고 했다. 그래서 "효제를 인을 실천하는 근본"이라 했으니,[119] 이는 이름을 앞세우고 실

---

117) 『논어』「위령공」(衛靈公) 32, "공자가 말씀하셨다. '지혜가 미치더라도 인으로 지키지 못하면 얻더라도 반드시 잃을 것이다. 지혜가 미치고 인으로 지킬 수 있더라도 장엄함으로 임하지 않으면 백성이 공경하지 않는다. 지혜가 미치고 인으로 지킬 수 있으면서 장엄함으로 임하더라도 예에 의해 움직이지 않으면 선하지 못하다'"(子曰, 知及之, 仁不能守之, 雖得之, 必失之. 知及之, 仁能守之, 不莊以涖之則民不敬. 知及之, 仁能守之, 莊以涖之, 動之不以禮, 未善也).

119) 『이정유서』(二程遺書) 권18에 다음과 같은 말이 있다. "인은 성이고 효제는 용이다. 성 가운데에는 인의예지의 넷만 있으니 어디에 효제가 있어서 나오겠는가"(仁是性也, 孝弟是用也. 性中只有仁義禮智四者, 幾曾有孝弟來).

119) 『논어집주』「위령공」 32의 주. "有子, 以孝弟, 爲爲仁之本.";『논어』「학이」 2의 "孝弟也者, 其爲仁之本與"에 대한 집주, "(정자왈) 효제는 인 가운데 한 가지 일이다. 그래서 인을 실천하는 근본이라고 하면 옳지만 인의 근본이라고는 할 수 없다. 인은 성(性)이고 효제는 용(用)이다"(孝弟, 是仁之一事, 謂之行仁

을 뒤로 한 것이 아니겠는가. 양명은 "천리에 순수한 마음이 어버이를 섬기는 데 발휘되면 효이고, 임금을 섬기는 데 발휘되면 충이며"[120] "이 마음에서 인욕을 없애고 천리를 보존하는(存天理) 데 힘쓰면 된다"[121]라고 했으니, 역시 맹자의 말과 비슷하지 않다.

대개 어린아이의 마음은, 어버이를 보면 자연히 사랑할 줄 알고, 형을 보면 자연히 공경할 줄 아니, 이것이 천리의 근원처이다. 어찌 천리를 보존한 이후에 그것을 부모 섬기는 데에서 발하도록 할 필요가 있겠는가. 왕심재[122]의 아버지가 부역에 나가기 위해 추운 날 일어나 찬물에 씻었다. 왕심재는 이를 보고 "아들이 되어 부모를 이처럼 만들다니 어찌 사람이라 하겠는가!"라고 통곡했다.[123] 이에 일이 있으면 자신이 대신했다. 이 통곡의 일념은 공부로 도달할 바가 아니다. 이 사태를 만나 여기에서 [천리를] 구하면 천리는 다 사용할 수 없을 만큼 [넘친다]. 선유는 왕왕 말을 전도시켰으니, 이 때문에 이와 기가 둘이 되었다.

仁義禮智樂, 俱是虛名. 人生墮地, 只有父母兄弟, 此一段不可解之情, 與生俱來, 此之謂實, 於是而始有仁義之名. 知斯二者而弗去, 所謂知及仁守實有諸己, 於是而始有智之名. 當其事親從兄之際, 自有條理委曲, 見之行事之實, 於是而始有禮之名. 不待於勉強作爲, 如此而安, 不如此則不安, 於是而始有樂之名. 到得生之之後, 無非是孝弟之洋溢, 而乾父坤母, 總不離此不可解之一念也. 先儒多以性中曷嘗有孝弟來, 於是先有仁義而後有孝弟, 故孝弟爲爲仁之

之本則可, 謂是仁之本則不可. 蓋仁, 是性也, 孝弟, 是用也).

120) 『전습록』(傳習錄) 상.

121) 『전습록』 상.

122) 왕간(王艮, 1483~1541). 권말 '주요인물 소개' 참고.

123) 『명유학안』「태주학안」 1, '처사왕심재선생간'.

本, 無乃先名而後實歟. 卽如陽明言以此純乎天理之心, 發之事父便是孝, 發之事君便是忠, 只在此心去人欲存天理上用功便是, 亦與孟子之言不相似. 蓋赤子之心, 見父自然知愛, 見兄自然知敬, 此是天理源頭, 何消去存天理而後發之爲事父乎. 如王心齋見父赴役, 天寒起鹽冷水, 見之痛哭曰, 爲人子而令親如此, 尙得爲人乎. 於是有事則身代之. 此痛哭一念, 不是工夫所到. 當此處而求之, 則天理不可勝用矣. 先儒往往倒說了, 理氣所以爲二也.

● 인의예지는 감정 이전에 이(理)로 있다는 정주성리학을 비판했는데, 왕양명의 '존천리'(存天理) 역시도 비판의 대상이 되었다. '존천리'라는 말은 이미 기성의 것으로 존재하는 이를 전제하기 때문이다. 황종희는 인의예지는 '나'라는 구체적 존재가 구체적 상황을 만나 천성의 한 줄기 감정을 발휘하면서 생기는 가치라고 설명한다. 그 천성의 마음이 구체적으로 발휘되는 것이 실(實)이며 인의예지는 그 실이 있은 뒤에 붙은 이름이다.

주자는 다음과 말했다. "'실'(實)자는 '명'(名)과 상대해서 말할 때는, 명실(名實)의 실이라고 한다. 이(理)와 상대해서 말할 때는 사실(事實)의 실이라고 한다. 꽃과 상대해서 말할 때는 꽃과 열매(華實)의 실(열매)이라고 한다. 지금 이 '실'자는 바로 열매의 실이다. '인의 실'(仁之實)은 본래 단지 어버이를 섬기는 것일 뿐이고, 미루어 넓혀가면(推廣) 사람을 사랑하고 만물을 이롭게 하는 것이 모두 인이다. '의의 실'(義之實)은 본래 형을 따르는 것일 뿐이고, 넓혀가면 웃어른에게 공손하고 군주에게 충성하는 것이 모두 의이다. 어버이를 섬기고 형을 따르는 것이 인과 의의 실이고, 넓혀가는 것이 바로 인과 의의 화려한 꽃이다."[124)

내 생각에 이 '실'은 허실(虛實)의 실이지 화실(華實)의 실이 아니다. 인의는 빈 것이고 어버이를 섬기고 형을 따르는 것은 실제(實)이다. 인의는 볼 수 없으나 어버이를 섬기고 형을 따르는 데에서야 비로소 볼 수 있다. 맹자가 이렇게 말한 것은, 인의가 비로소 붙을 곳이 있게 되어 모호한 상상으로 떨어지지 않도록 한 것이고, 이는 인의를 추구하는 자가 손을 댈 곳이 없을까 걱정해서 지금 여기에서 체험하면 그것이 바로 인의라는 것을 밝힌 것이니, 이보다 더 절실하게 밝힌 적은 없었다. '즐거운 〔마음이〕 일어나야' 비로소 '미루어 넓힌다'고 말할 만한 것이 있다. 그러나 그 역시 미루어 넓히는 것이 아니라 이 실제의 것을 온전하게 하는 것에 불과하다. 어디에 화려한 꽃이 있겠는가.

> 朱子曰, 實字有對名而言者, 謂名實之實, 有對理而言者, 謂事實之實, 有對華而言者, 謂華實之實. 今這實字, 正是華實之實. 仁之實本只是事親, 推廣之愛人利物, 無非是仁. 義之實本只是從兄, 推廣之弟長忠君, 無非是義. 事親從兄, 便是仁義之實, 推廣出去者, 乃是仁義之華采. 愚按, 此實字乃是虛實之實, 非華實也. 蓋仁義是虛, 事親從兄是實, 仁義不可見, 事親從兄始可見. 孟子言此, 則仁義始有著落, 不墮於恍惚想像耳, 正恐求仁義者, 無從下手, 驗之當下卽是, 未有明切於此者也. 樂則生矣, 始有推廣可言, 然亦非推廣, 不過完全此實. 何華采之有.

●『맹자』의 "인(仁)의 실은 어버이를 섬기는 것이고, 의(義)의 실은 형을 따르는 것이다"(仁之實, 事親是也, 義之實, 從兄是也)로 시작되는 장구에 대한 해석이다. 황종희는 '실'(實)에 대한 주희의 해석을 비판

---

124) 『주자어류』 56: 38.

하고 자신의 해석을 제시했다. 주희는 '실'을 '열매'로 해석해서, 어버이를 섬기고 형을 따르는 것은 각각 인과 의의 열매이며, 그 인과 의를 가족을 넘어 확충한 것이 인과 의의 꽃이라고 풀이했다. 열매와 꽃의 비유는 분명하게 이해되지 않는 점이 있지만, 주희 해석의 핵심은 '인의'라는 원형의 덕이 있고 그것을 확충해가면 '사람을 사랑하고 만물을 이롭게 하는' 데 이른다는 것에 있다. 그러나 황종희는 '실'을 '허'와 상대한 '실제'라고 해석한다. 인의는 빈 이름(虛名)이고 부모를 사랑하고 웃어른을 따르는 것이 실제라는 뜻이다. 주희는 부모를 넘어 '타인을 사랑하는'(愛人) 일이 인의 확충이라고 했지만, 황종희에 의하면, 확충은 인의의 마음을 즐겁게 느낀 뒤에야 비로소 말할 수 있다. 그것은 부모를 사랑하는 마음을 근거로 하여 그 마음을 확충한다는 뜻이 아니다. 실제 그러한 마음을 경험하고 그것을 즐거움으로 느낀다면 그 마음을 더욱 단단히 하고 더욱 큰 것으로 키운다는 것이다. 그 확충이 어디까지 진행되었던지, 어버이를 사랑하는 일이 있어야 그것을 인이라 부르고, 백성을 사랑하는 마음이 있고 나서 그것을 인이라 부르는 것이며, 자신의 그 인의 마음을 즐거움으로 느끼게 되면 그 마음은 더욱 강렬해질 것이므로, 그 마음이 넓어지고 채워졌다고 할 수 있다는 것이다.

7-28 천하가 크게 기뻐하다 天下大悅章

선사(先師)는 다음과 같이 말했다. "나는 일찍이 순의 아버지가 〔순에게 창고를 고치게 하고는〕 창고에 불을 지르거나, 〔우물을 파게 하고는〕 우물을 막아버린 일은 결코 없었으며, 다만 〔상이 자기 형인 순에게〕 '임금을 몹시 그리워했다'[125]고 한 말은 전해지는 사실이라고 단정했다. 이로 미루어보면 당시 형제의 대체(大體)는 여전히 남아 있었음을 알 수 있다. 그러나 상이 〔그리웠다고 한〕 말은 거짓이었고 순이 〔자신을 도와 백성들을 다스리라고 한〕 대답[126]은 진심이었다. 여기가 성인과 광인 (狂)이 나뉘는 곳이다. 당시에 부모형제는 모두 보통 사람들의 범위에 있었다. 그 부모와 동생에게서 볼 수 있는 일이 이미 이와 같은데도 〔그 부모와 동생은〕 내게는 본래 옳지 않은 구석이 없다〔고 생각하고〕, 순에게서 볼 수 있는 일이 이미 이와 같은데도 〔순은〕 내게도 반드시 옳지 않은 구석이 있다〔고 생각했다〕. '옳지 않은 구석이 없다'고 생각하며 갈수록 하락하면 결국 보통 사람이 된다. '옳지 않은 구석이 있다'고 생각하고 갈수록 상승하면 이것이 성인이다. 요컨대 〔보통 사람과 성인의 갈라짐이〕 일어나는 곳은 단지 이러할 뿐이다. 고수가 마음을 열고 허락한 날 이미 '옳지 않은 구석'이 있다고 깨달은 것이니, 단지 순과 앞뒤 순서만 다투었을 뿐이다."[127]

先師曰, 予嘗斷焚廩浚井爲必無之事, 只鬱陶思君一語, 相傳是實. 由此推之, 可見當時弟兄, 依舊存却大體在, 但象語是僞, 舜答是眞, 這是分聖狂處也. 當時父母兄弟, 都坐在庸人局內, 其父母與弟見得事已如此, 我原無不是處, 舜見得事已如此, 我必有不是處. 纔認無不是處, 愈流愈下, 終成凡夫, 纔認有不是處, 愈達愈上, 便是聖人. 要之起脚處, 只是一些子也, 及瞽瞍允若之日, 已是認得有不是處矣, 只與舜爭先後之間耳.'

125)『맹자』「만장 상」2.
126)『맹자』「만장 상」2.
127)『유자유서』권2,「학언」1.

● 마음이 기(氣)의 유행이라는 점에서 모든 사람의 마음은 선악을 왕래한다. 고수나 상과 같은 사람도 보통의 마음을 가졌을 뿐이다. 그러나 차이는 보통 사람의 마음에 깃드는 선하지 않은 마음을 주시하고 그것을 극복하려는 노력을 하는가 여부에서 발생한다. 자신의 불선함을 깨닫지 못하고 선으로의 성장을 방기하면 그것이 보통 사람이다. 순과 같이 성인이 된 사람은, 타인에게 책임을 돌리지 않고 자기 안의 한 줄기 부족함에 대해서도 인정하고 그것을 바로잡음으로써 나쁜 상황을 타개한 사람이다. 유종주는 고수 역시 시기적으로 늦기는 했지만 순과 마찬가지로 성인을 향한 길로 들어섰다고 평가했다.

여심오(呂心吾)[128]가 말했다. "효자는 부모에게 하루 종일 쉬지 않고 힘쓴다. 오직 조금이라도 불쾌한 일이 부모의 마음에 닿을까 염려하여, 빈천부귀, 항상된 일과 특이한 일, 순종하고 거스르는 모든 일에서 단지 부모를 기쁘게 하는 일을 주로 삼는다. '기쁘게 한다'(悅)라는 글자는 부모를 섬기면서 마음을 전하는 제일의 비결이다(傳心口訣)."[129]

呂心吾曰, 孝子之於親也, 終日乾乾, 惟恐有一毫不快事, 到父母心頭, 無論貧賤富貴常變順逆, 只是悅親爲主. 蓋悅之一字, 乃事親第一傳心口訣.

고수가 기뻐하기 이전에 순은 천지와 같았고, 기뻐한 이후에도 또한 천지와 같았다. 그래서 군자는 명(命)이라고 하지 않는다.[130]

---

128) 여곤(呂坤, 1536~1618). 권말 '주요인물 소개' 참고.
129) 『명유학안』「재유학안 하」2, '시랑여심오선생곤'(侍郎呂心吾先生坤).
130) 『맹자』「진심 하」24, "부자 사이의 인, 군신 사이의 의, 빈주 사이의 예, 현자의 지혜, 성인의 천도 등은 명이지만 성적인 요소도 있으므로 군자는 명이라

瞽瞍未底豫以前, 舜是一天地, 底豫以後, 又是一天地. 故君子不謂命也.

● 고수의 마음을 얻기 이전과 이후, 순의 마음은 한결같았다는 이야
기를 하는데, 그 뒤에 붙는 "그러므로 군자는 명이라고 하지 않는다"는
무슨 의미일까? "군자는 명이라고 하지 않는다"의 의미는 「진심 하」
24의 맥락에서 나왔을 것이다. 이에 의거해서 짐작해보면, 부자 사이
의 인을 비롯한 덕은 하늘에서 받은 사명의 요소가 있지만, 군자는 이
목구비의 천성처럼 자연스럽게 실천한다.

고 하지 않는다"(仁之於父子也, 義之於君臣也, 禮之於賓主也, 智之於賢者也,
聖人之於天道也, 命也, 有性焉, 君子不謂命也)에서 유래한다.

이루 하

8-1 순, 제풍에서 태어나다 舜生於諸馮章

상산이 말했다. "우주는 내 마음이고 내 마음은 우주이다. 동해에 성인이 나와도 이 마음이 같고 이 이(理)도 같다. 서해에 성인이 나와도 이 마음이 같고 이 이도 같다. 남해와 북해에 성인이 나와도 이 마음이 같고 이 이도 같다. 천대 백대 이전부터 천대 백대 이후까지 성인이 나와도 이 마음이 이는 모두 같다."[131]

象山曰, 宇宙便是吾心, 吾心便是宇宙. 東海有聖人出焉, 此心同也, 此理同也. 西海有聖人出焉, 此心同也, 此理同也. 南海北海有聖人出焉, 此心同也, 此理同也. 千百世之上, 至千百世之下, 有聖人出焉, 此心此理, 亦莫不同也.

●『맹자』의 "서로 천여 리나 떨어져 있고 천여 년이나 떨어진 시간이어도 … 앞선 성인과 뒤의 성인의 법도(揆)는 한가지였다"는 구절에

---

131) 『육구연집』(陸九淵集) 권22.

대해, 황종희는 육상산의 글을 인용하는 것으로 해설을 대신했다. 천년 전의 성인과 천 년 후의 성인이 부절을 맞춘 듯 그 법도가 같은 이유는 이 '마음,' 이 '이치'(理) 때문이라고 생각하는 육상산에 황종희가 동의하기 때문이다.

『사기』에 의하면, 순은 기주(冀州) 사람이고 역산(歷山)에서 농사를 지었으며 뇌택(雷澤)에서 고기를 잡고 하빈(河濱)에서 그릇을 구웠다. 수구(壽丘)에서 여러 일용기구를 만들고 때때로 부하(負夏)에 갔다.[132] 기주는 지금의 북경(北京)과 산서(山西)의 접경지역이다. 역산은 진(晉)나라의 땅이고 뇌택은 조(曹)나라의 땅이며 부하는 위(衛)나라의 땅으로 모두 중원이다.

〔그렇다면〕 맹자가 왜 '동이'(東夷)라고 했겠는가? 이는 『사기』가 믿기 어렵다는 증거이다. 지금의 여요(餘姚)와 상우(上虞)의 두 현에는 순으로 인해 붙은 이름들이 있다. 여요를 가로지르는 물은 요강(姚江)인데 또 순강(舜江)이라고도 하며, 상우를 가로지르는 물은 백관강(百官江)이라고 한다. 여요에는 역산(歷山)이 있고 상우에는 악등산(握登山)이 있다. 〔악등산은〕 순모산(舜母山)이라고도 불린다. 무지개가 뜬 날 악등산에서 무지개를 보고 감응해서 〔순을〕 낳았기 때문이다. 〔또〕 상전(象田)이 있는데, 그 토지에서 밭을 가는 사람들은 왕왕 옛날 도기를 얻는다. 순의 고적은 이 두 현에 가장 많다. 그래서 『회계구기』(會稽舊記)[133]에

---

132) 『사기』(史記) 권1, 「오제본기」(五帝本紀).
133) 진대(晉代)의 하순(賀循)이 편찬한 『회계기』(會稽記)를 말한다. 본책은 일실되었고 뒤에 『회계군고서잡집』(會稽郡故書雜集)에 수록되었다.

서 "순은 상우 사람이다. 우에서 30리 떨어진 곳에 요구(姚丘)라고 있는데 이곳이 순이 태어난 곳이다"라고 했다. 주처(周處)[134]의 『풍토기』(風土記)[135]에서는 "순은 동이 사람이고 요구에서 태어났다"고 되어 있다. 이는 모두 『맹자』의 말과 들어맞는다.

고야왕(顧野王)[136]은 "여요는 순의 후손들이 봉토를 받았던 곳"이라고 했는데, 이는 『사기』에 부회한 것인데도 후세 사람들은 오히려 이것을 사실이라고 믿었다.

대략 순은 여요·상우에서 태어났기 때문에 '동이 사람'이라고 한 것이다. 부하로 옮긴 것이 처음 중원에 있게 된 것이다. '명조(鳴條)에서 죽었다'는데, 『사기』에서는 "남쪽을 순수하다가 창오(蒼梧)의 들에서 죽어 강남의 구의산(九疑山)에서 장사지냈다"[137]고 했다. 이는 영릉(零陵)으로 지금의 호광(湖廣) 영주(永州) 영원현(寧遠縣)이다. 『죽서기년』(竹書記年)[138]에는 "50년에 순이 명조로 갔다"고 되어 있는데, 명조는 옛날

---

134) 주처(周處, 236~297). 자(字)는 자은(子隱)이다. 오(吳)나라 사람으로 태어났으나 오나라가 망한 뒤 진(晉)나라에서 벼슬했다. 젊었을 때 난폭하여 남산(南山)의 흰눈썹 호랑이(白額虎), 장교(長橋) 아래의 교룡과 함께 세 가지 해악으로 불렸다. 뒤에 그가 호랑이와 교룡을 죽였을 때 마을 사람들은 그도 함께 죽은 줄 알고 기뻐했다. 그 사실을 안 주처는 자신이 세 가지 해악 중 하나였음을 알고 마음을 고쳐먹고 학문에 정진하여 충신이 되었다고 한다. '주처 제삼해'(周處除三害)의 전설이 그것이다.

135) 『풍토기』는 지방의 풍속을 기술한 주처의 명저로, 단오·칠석·중양 등의 습속에 관한 것들이 실려 있다.

136) 고야왕(顧野王)의 자(字)는 희빙(希馮)으로 남조(南朝) 양(梁)·진(陳)시대 사람이다. 『옥편』(玉篇), 『여지지』(輿地志)를 비롯해 다수의 책을 남겼다.

137) 『사기』 권1, 「오제본기」.

138) 『죽서기년』(竹書紀年)은 『급총기년』(汲冢紀年)이다. 원래 이름을 갖지 않은

해주(海州)에 있던 지방으로, 지금의 산동 내주부(萊州府) 교주(膠州)의 경계이다. 그 땅에는 창오산(蒼梧山)이 있으니, 맹자가 말하는 것과 부합한다. 영주에는 명조가 없으니, 거기에서 죽은 것이 아님을 알 수 있다. 기주(岐周)는 지금의 봉상(鳳翔) 기산현(岐山縣)이다. 영(郢)은 지금의 형주부(荊州府)이다. 『맹자주소』[139]에 "영은 옛날 초나라의 도읍으로 남군에 있다"고 했으니, 필(畢)이 영의 땅임을 알 수 있다. 그래서 '필영'(畢郢)이라 한 것이다. 〔이 필영은〕 문왕을 장사지낸 필이 아니라, 위수 북쪽(渭北)의 함양(咸陽)에 있는 곳이다.

按史記, 舜冀州人, 耕於歷山, 漁於雷澤, 陶於河濱, 作什器於壽丘, 就時於負夏. 冀州今北京山西境. 歷山, 晉地. 雷澤, 曹地. 負夏, 衛地. 皆中土也. 孟子何以云東夷乎. 是史記不足憑也. 今餘姚上虞兩縣, 皆以舜得名, 其水之經餘姚者曰姚江, 亦曰舜江. 其水之經上虞者, 曰百官江. 餘姚有歷山. 上虞有握登山, 舜母之名也. 有虹漾, 握登見大虹, 意感而生. 有象田, 其土中耕者往往得古陶器. 舜之古蹟, 在此兩縣爲最多. 故會稽舊記云, 舜, 上虞人, 去虞三十里有姚丘, 卽舜所生也. 周處風土記云, 舜, 東夷之人, 生姚丘. 此皆與孟子之言相合. 顧野王云, 餘姚, 舜後支庶所封之地, 是乃附會史記, 而後人反信以爲實. 然大槪舜之生在餘姚上虞, 故曰東夷之人. 遷於負夏, 始在中土耳.

책이었으므로 죽간(竹簡)으로 되어 있던 것을 따 『죽서』(竹書)라 불렀다. 기록하고 있는 내용이 편년체 역사여서 『기년』(紀年)이라고도 불리고 지금은 일반적으로 『죽서기년』으로 통칭되고 있다. 이 책의 일부는 서진(西晉)의 태강(太康) 2년(281년) 도굴 중에 발견되었다. 전설시대인 하(夏)왕조에서 위(魏)의 양왕(襄王: 일설에는 위魏의 애왕哀王) 사이의 역사적 사건을 기록했다.

139) 조기 주, 손석 소, 『맹자주소』권8 상.

卒於鳴條, 史記云, 南巡狩, 崩於蒼梧之野, 葬於江南九疑. 是爲零陵, 今湖廣
永州寧遠縣是也. 按竹書記年云, 五十年舜陟鳴條, 鳴條, 在古之海州, 今山
東萊州府膠州境, 其地有蒼梧山, 與孟子言合. 永州無鳴條, 則知非卒於彼矣.
岐周, 今鳳翔岐山縣. 郢, 今荊州府. 疏云, 郢, 故楚都, 在南郡, 則知畢在郢
之地, 故曰畢郢. 非葬文王之畢, 在渭北咸陽也.

●『맹자』에서 말하는 대로 순이 여요 · 상우에서 태어났으며, 순이
기주에서 태어났다고 하는『사기』의 설이 허구임을, 여러 군적지를 인
용해서 증명했다.

8-2 자산, 정나라의 정사를 맡다 子産聽鄭國之政章

자산이 출행했을 때, 물을 건너기 어려워하는 사람을 보고 순간 가여
운 마음이 들어 타고 있던 수레로 건네준 일이 있다. 이는 또한 우연한
일이었는데, 뒤에 어떤 사람이 이 일을 가지고 자산이 정치를 잘했다고
회고했다. 무릇 정치에는 자연히 대체(大體)가 있으며, 번영(繁纓)〔의
예는〕작은 것이지만 공부자는 중요하게 여겼다.[140] 대부는 걸어서 행차

---

140) 번영(繁纓)은 제후가 사용하는 말 장식으로 '번영'(樊纓)이라고도 하는데, 지
위에 맞는 소소한 예법을 상징한다. 출전은 다음의『자치통감』으로, 작은 예
법이나 정명과 같이 사람들이 보기에 사소한 것이 사실은 정치의 근본이라는
의미이다.『자치통감』권1,「주기」(周紀) 1, "위의 군주가 공자를 모시고 정치
를 하고자 했는데 공자는 먼저 이름을 바로잡고자 했다. 이름이 바르지 않으
면 백성들이 수족 둘 곳이 없다고 생각했기 때문이다. 번영 같은 예법은 작은
것이지만 공자는 중요하게 생각했다. 이름을 바로 하는 것은 세세한 일이지만
진정 호명(呼名)과 복제, 의례 등이 문란해지면 위아래는 서로 보존할 수가
없기 때문이다"(衛君待孔子而爲政, 孔子欲先正名, 以爲名不正則民無所措手

할 수 없다. 이는 상하 신분의 등급과 위엄을 〔지키기 위해〕 소소한 인(仁)을 희생하는 것이므로 맹자는 "행차하면서 사람을 물러나게 한다"(行辟人)는 말을 했다. 대개 '사람이 건너는 다리'(徒杠)나 '수레가 건너는 다리'(輿梁)를 만드는 것은 정치가의 일이다. 한 사람에 대한 일시적인 은혜는 심하게 자잘하니, 진평(陳平)이 형사사건의 판결(決獄)이나 돈과 곡식(錢穀)에 관한 물음에 대답하지 않은 것[141] 역시 이런 뜻이 있다. 어찌 자산이 정말로 정치를 몰랐겠는가.

> 子産出行, 見有病涉者, 一時不忍, 遂以所乘之輿濟之, 此亦偶然之事, 後人顧以此美子産之政. 夫爲政自有大體, 繁纓小物也, 而夫子惜之. 大夫不可徒行, 此上下之等威也, 而以殉其煦煦之仁, 故孟子以行辟人言之. 蓋徒杠輿梁, 乃爲政者之事. 一人一朝之惠, 其細已甚, 陳平不對決獄錢穀之問, 亦此意也. 豈子産眞不知爲政哉.

● 자산에 대한 맹자의 품평은 특수한 사정, 즉 자산이 동네 사람을 자기 수레로 건네준 것이 잘한 정치라고 칭찬하는 사람이 있었기 때문에 나온 것일 뿐이며, 정말 자산이 정치를 모르는 사람은 아니었다고 황종희는 변호한다. 그러한 일은 자산의 인한 성품으로 인해 우연히 있을 수는 있지만 정치의 요체는 아니다. 당시 그것이 정치의 요체인

足. 夫繁纓小物也, 而孔子惜之, 正名細務也, 而孔子先之, 誠以名器旣亂, 則上下無以相保故也).

141) 『한서』(漢書) 권40, 「장진왕주전」(張陳王周傳) 10 참조. 전한(前漢)의 문제(文帝)가 좌승상이었던 진평(陳平)에게 옥사와 돈과 곡식에 대해 묻자 진평이 대답하지 않았다. 진평의 뜻은, 각자 맡은 임무가 있는데 그러한 일은 군주의 일이 아니라는 것이었다.

것처럼 실제로 오해하는 일이 있었기 때문에, 그에 대해 밝히기 위해 맹자가 이러한 말을 하게 되었다고 풀이했다.

8-3 임금이 신하를 대하는 태도 君之視臣章

"임금은 신하를 예로써 부리고 신하는 임금을 충으로써 섬긴다"[142]는 〔공자의〕 말은 임금과 신하의 정도(正道)로서, 처음부터 받은 것을 갚는 다는 마음이 있는 것은 아니다. 맹자의 말은[143] 대개 일의 형세가 이와 같음을 논한 것이기 때문에 공자가 정공에게 했던 〔앞의〕 말과 다른 것이 지, 마땅히 그래야 한다는 것은 아니다. 반홍사(潘興嗣)[144]는 이것이 성 인과 현인이 다른 점이라고 했지만,[145] 옳지 않다. 그러나 후대에 임금은 교만하고 신하는 아첨하는 것이 습관이 되고 고착되어, 대략 신하 보기 를 개나 말처럼 하고 임금 보기를 상관없는 사람 보듯 하는 것이 열에 일 곱 여덟이 되었다. 생각해보면, 또한 〔군주가〕 신하를 흙이나 지푸라기처 럼 보는데 임금을 자신의 심장이나 내장처럼 보는 사람도 군자 가운데는

---

142) 『논어』 「팔일」(八佾), "정공이 물었다. '군주가 신하를 부리고 신하가 군주를 섬기는 것은 어떠해야 합니까?' 공자가 대답했다. '군주는 신하를 예로써 부 리고 신하는 군주를 충으로써 섬깁니다'(定公問, 君使臣, 臣事君, 如之何? 孔 子對曰, 君使臣以禮, 臣事君以忠).

143) 『맹자』 해당 장구에서 말한 군신관계에 대해 맹자가 말한 것이다. 요컨대 군 신간의 관계는 상대적인 것이라서 군주가 신하를 어떻게 대하는가에 따라 신 하가 군주를 어떻게 대하는가도 달라진다는 내용이다.

144) 반홍사(潘興嗣, 약 1023~1100). 권말 '주요인물 소개' 참고.

145) 『맹자집주』, "반홍사는 다음과 같이 말했다. '맹자가 제왕에게 한 말은 공자가 정공에게 한 말과 그 뜻이 같다. 그러나 그 말에 자취가 있어 공자의 혼연함만 같지 못하니, 성인과 현인의 차가 이와 같다'(孟子告齊王之言, 猶孔子對定公 之意也, 而其言有迹, 不若孔子之渾然也. 蓋聖賢之別, 如此).

많다. 이를테면 황석재(黃石齋)나[146] 성원승(成元升)[147] 등과 같은 사람들이다. 또한 신하를 수족처럼 보는데 신하는 임금을 원수처럼 보는 경우도 있으니, 소인들이 이런 경우가 많다. 진연(陳演)[148]이나 마사영(馬士英)[149] 같은 사람들 또한 평상적인 인간들은 아니다.

> 君使臣以禮, 臣事君以忠, 爲君臣之正道, 初非有心於報施也. 孟子之言,
> 大槪論其事勢如此, 與孔子之語定公者不同, 非謂其當然也. 潘興嗣以此爲聖
> 賢之別, 非矣. 然後世君驕臣諂, 習而成故, 大略視臣如犬馬, 視君如國人者,
> 居其七八. 顧亦有視之如土芥, 而視君如腹心者, 君子多出於是, 如黃石齋成
> 元升之類. 有視之如手足, 而視君如寇讐者, 小人多出於是, 如陳演馬士英之
> 流, 又一變局也.

---

146) 황도주(黃道周, 1585~1646). 자(字)는 유현(幼玄) 또는 유평(幼平), 호(號)는 석재(石齋). 석재선생(石齋先生)이라고 불렸다. 전용석(錢龍錫)을 지지하는 상소를 연서하여 올렸는데, 그것이 숭정제(崇禎帝)를 대로하게 하였다. 황도주는 강직한 성격으로 개인의 득실을 돌보지 않고 직간하는 상소를 열세 번에 걸쳐 올려 결국에는 파관·면직되고 투옥되었다.

147) 어떤 인물인지 확인할 수 없었다.

148) 명(明) 숭정(崇禎) 시기의 사람이다. 1644년 이자성이 북경을 함락했을 때 가산이 너무 많아 북경을 떠나지 못했다. 이자성이 군수물자 조달정책을 시행했을 때 은 4만 냥을 자진 납부했는데, 집 지하에 은 수만 냥을 감추고 있다가 집안의 종복에 의해 고발당해 모두 몰수당하고 참수당했다.

149) 마사영(馬士英, ?~1646). 자(字)는 요초(瑤草)이고, 귀주(貴州) 귀양(貴陽) 사람이다. 본래 성은 이(李)였는데 다섯 살 때 마(馬)씨 집안에 입양되었다. 숭정제(崇禎帝)가 죽은 뒤 어떤 번왕을 옹립할지 의견이 분분할 때, 마사영은 선수를 쳐 남경에 입성하고 복왕(福王)을 홍광제(弘光帝)로 옹립한다. 그는 조각하면서 숭정제 때 자신이 추천하여 명이 빨리 기우는 데 일조했던 완대성(阮大成)을 복귀시키는 한편, 엄당(閹黨)의 명예를 회복시키고 동림당과 복사의 세력을 억압했다. 백성의 고혈을 짜내고 온갖 악행을 저질렀으며, 거의 매일 자신에게 반대하는 사람을 죽였다고 한다.

● 군신 사이의 관계에서는 『논어』에서 말하듯 '예'와 '충'이 근본적인 덕이 되어야 한다. 군신간의 관계는 상대적인 것이라서 군주가 신하를 어떻게 대하는가에 따라 신하가 군주를 어떻게 대하는가도 달라진다는 『맹자』의 이야기는, 원칙이 아니라 일의 형세(事勢)를 말한 것이라고 황종희는 구별했다. 즉 실제로 군신 사이에서 일어날 수 있는 일이라는 뜻이다. 뒷부분에 『맹자』에서 말한 것과는 다른 방식으로 행동하는 사람들의 예를 덧붙였다.

8-4 죄 없는 선비를 죽임 無罪而殺士章

천계 연간에,[150] 강우의 만충정(萬忠貞)[151]이 장형(杖刑)으로 죽자 선친 충단공[152]이 양충렬(楊忠烈)[153]에게 "공은 떠나시오, 왕문(王文)[154]이 유근(劉瑾)[155]으로 인한 재앙을 피할 수 있었던 것은 떠났기 때문이

---

150) 천계(天啓)는 명(明)의 제16대 황제 희종(熹宗)의 재위기간에 사용된 연호이다. 1621~27년.

151) 만경(萬燝, ?~1624). 자(字)는 암부(暗夫)이며 남창(南昌) 사람이다. 충정(忠貞)은 시호이다. 14세에 진사가 되어 관직을 역임하는 중, 공부낭중(工部郎中)으로서 위충현(魏忠賢)을 탄핵하는 상소문을 올린 후, 곤장을 맞고 상처가 덧나 며칠 만에 죽었다.

152) 황종희의 아버지 황존소(黃尊素)로 충단(忠端)은 시호이다. 권말 '주요인물 소개' 참고.

153) 양련(楊漣, 1572~1625), 자(字)는 문유(文孺), 호(號)는 대홍(大洪)으로, 동림당인(東林黨人)이다. 저서에 『양대홍집』(楊大洪集)이 있다. 황존소가 중앙정부에서 감찰어사로 근무할 때 좌부도어사(左副都御史)였다. 동림당 세력을 보존하려는 의도를 가진 황존소의 만류에도 불구하고, 1624년 천계 연간에 위충현(魏忠賢)의 24대죄(大罪)를 탄핵하는 상소를 올렸고, 오히려 역공을 당해 체포되어 옥사했다.

154) 왕문성(王文成), 즉 왕수인(王守仁)의 오기인 듯하다.

오"라고 말했다. 충렬은 그러겠다고 했지만 결심할 수 없었다. 다른날 〔양충렬은〕 이충의(李忠毅)[156]를 선친에게 보내 다시 떠날 것인지 머물 것인지 상담했다. 선친은 "진퇴는 자신이 결정해야 하는 것이지, 다른 사람과 상담하면 정해지지 않는다"고 했다.[157] 충렬은 옮기기를 미루다 마침내 난을 당했으니, 이는 맹자의 말에 어긋난다.

天啓時, 江右萬忠貞被杖死, 先忠端公謂楊忠烈曰, 公可以去矣, 王文之得免於劉瑾, 以其去也. 忠烈然之而不能決, 他日使李忠毅過先公再商去留, 先公曰, 進退當決諸己, 與人相商, 定是不成. 忠烈卒遷延以及難, 此違孟子之言也.

● 대부와 선비는 백성과 선비를 살육하는 조정에서 떠나야 한다는 『맹자』의 이야기에, 황종희는 자신의 시대에 일어난 일을 예로 들어 설명했다.

---

155) 유근(劉瑾, ?~1510). 명대(明代) 중기 무종(武宗) 때의 환관이다. 홍치(弘治) 연간(효종 재위시)에 입궁하여 동궁(東宮)에서 태자(뒤의 무종)의 총애를 입었다. 효종(孝宗)이 죽고 무종이 즉위한 뒤 궁궐 안의 실세가 되어 권력을 농단하였다. 결국에는 황제의 자리를 찬탈하려다가 실패하여 6천 번의 칼질로 능지처참에 처해졌다고 한다. 왕양명이 귀주(貴州)의 용장(龍場)으로 유배간 것도 정치 비판을 하다 유근의 노여움을 샀기 때문이었다.

156) 이중달(李仲達)로 황존소와 동시대인이다. 황종희의 『사구록』(思舊錄, 『황종희전집』 제1책 수록)에 그의 아들 '이손지'(李孫之) 항목이 있다.

157) 『황씨가록』(黃氏家錄) 「충단공황존소」(忠端公黃尊素, 『황종희전집』 제1책 수록).

8-6 예 아닌 예非禮之禮章

내 마음을 변화시키고 마름질해가는데[158] 그 세세한 부분들(曲折)을 '예'(禮)라 하고, 그 타당한 바를 '의'(義)라 하니, 원래 만들어져 있는 자취는 없다. 지금 이(理)가 사물에 있다고 하면서 이미 있는 자취를 흉내 내는데, 이것이 '예가 아닌 예'이며 '의가 아닌 의'이다. 대개 성현의 말과 행동은[159] 성현의 마음이 융결(融結)된 것이므로, 내가 그 마음을 얻지 못하면 모두 찌꺼기이다. 예의가 찌꺼기 속에 있겠는가.

> 吾心之化裁, 其曲折處謂之禮, 其安貼處謂之義. 原無成迹. 今以爲理在事物, 依做成迹而爲之, 便是非禮之禮, 非義之義. 蓋前言往行, 皆聖賢心所融結, 吾不得其心, 則皆糟粕也, 曾是禮義而在糟粕乎.

● 황종희의 설명에 의하면, '예 아닌 예', '의 아닌 의'는 스스로의 마음에서 길어내지 못한 예와 의이다. 황종희가 구체적으로 지적하는 것은 이가 사물에 있다고 하고 그 외적인 규범을 흉내내는 정주성리학이다.

---

158) '변화시키고 마름질한다'는 '化裁'의 번역어로서, 이는 '化而裁之'의 형태로 『주역』「계사전 상」에 나오는 말이다. "형이상자를 도(道)라 하고 형이하자를 기(器)라 한다. 변화시키고 마름질하는 것을 변(變)이라 하고 미루어나가 행하는 것을 통(通)이라 한다. 들어서 천하 백성들 사이에 베푸는 것을 사업(事業)이라 한다"(是故 形而上者 謂之道, 形而下者 謂之器, 化而裁之 謂之變, 推而行之 謂之通, 擧而措之天下之民 謂之事業).

159) '성현의 말과 행동'은 '前言往行'의 번역으로, 『주역』「대축(大畜)·상(象)」의 말이다. 옛 성현들의 말과 행동이라는 뜻이다. "하늘이 산 가운데 있으니 크게 쌓인 것으로, 군자는 이로써 앞사람의 말과 행동을 많이 알아 그 덕을 쌓는다"(天在山中, 大畜, 君子以多識前言往行, 以畜其德).

8-7 중용의 사람이 그렇지 못한 사람을 기름中也養不中章

부자와 형제 사이에는 순수하게 한 덩어리의 천성이 있어 감정 내키는 대로 제멋대로 행동하는 것[160]을 용납하지 않는다. 아들이나 동생이 중절하지 못하고(不中) 재능이 없는 것(不才)은 아버지와 형이 중절하지 못하고 재능이 없는 것과 마찬가지이다. 요와 순은 아들의 불초를 스스로의 유감으로 생각하지 않은 적이 없다. 〔요의 아들〕 단주(丹朱)와 〔순의 아들〕 상균(商均)을 마침내 요와 순이 변화시켰기 때문에 나라를 세울 때 대략 내치는 데까지 이르지는 않았다. 만약 버렸다면 길거리의 남과 마찬가지이다. 이렇다면 어떻게 성(性)을 다한 것이겠는가. 일찍이 어떤 유명한 아버지를 둔 아들을 본 일이 있다. 〔아버지가 아들의〕 기거 동작과 식사예절을 〔단속하기를〕 조금의 가차도 없이 하니, 아들이 아버지 보기를 정말로 엄한 임금 보듯 했다. 그러나 일단 아버지 옆을 떠나게 되자 안하는 짓 없이 다하게 되니, 오히려 시정과 동네의 배우지 못한 아이보다도 못했다. 부자의 정이 서로 통하지 못하면, 잠시 눌러놓더라도 감춰진 흠은 더욱 심해진다. 그래서 맹자는 '기른다'(養)는 글자로 말했으니, 온화한 기[161]로 서서히 변화시키면(薰蒸) 융화하지 않음이 없다.

父子兄弟之間, 純是一團天性, 不容直情徑行. 子弟之不中不才, 卽是父兄

---

160) '감정 내키는 대로 제멋대로 행동하는 것'은 '直情徑行'의 번역으로 출전은 『예기』이다. 『예기』「단궁 하」 29, "감정 내키는 대로 제멋대로 행동하는 것은 오랑캐의 도이다"(有直情徑行者 戎狄之道也).

161) '온화한 기'는 '太和'의 번역으로, '태화'는 『주역』에 처음 등장한다. 천지(天地) 사이에 차 있는 온화한 기(氣)를 말한다. 『주역』「건(乾)·단(彖)」, "건도는 변하고 화하여 각각 성과 명을 바르게 하여 태화를 보합하니 이롭고 바르다"(乾道變化, 各正性命, 保合大和, 乃利貞).

之不中不才. 堯舜之子不肖, 堯舜未嘗不自以爲憾, 丹朱商均終是堯舜化之, 故
其立國不至大段放倒, 棄之則爲路人矣. 如何盡性. 嘗見有名父之子, 起居飮食
之際, 不稍假借, 子視其父眞如嚴君. 而一離父側, 便無所不爲, 反不如市井閭
閻不敎之子. 蓋以父子之情不能相通, 片時拘束, 藏垢愈深, 故孟子以養字言
之, 太和薰烝, 無不融洽.

● 현명한 부형이 있는 것이 좋은 이유는 그들로부터 '기름'(養)을 받
을 수 있기 때문이라는 것이 『맹자』의 내용이다. 황종희는 이에 덧붙여
'기름'이란 무조건 억제하고 길들이는 것이 아니라 "온화한 기로써 서
서히 변화시키는 것"(太和薰烝)이라고 설명했다.

8-8 하지 않는 일 人有不爲章

사람이 오직 '사공'(事功)에만 뜻을 두면 학문에 근본이 없다. [이러한
사람은] 천하를 얻을 수 있다면 불의한 짓을 하고 무고한 사람을 죽이는
일도 하니,[162] 그 성취가 정말 얕다. '하지 않는 것'은 세상을 잊는 것이
아니라, 물러나 은밀한 곳에 숨은 뒤 '신무불살'(神武不殺)[163]의 경지에
이르는 것이다. 엽수심(葉水心)[164]이 진동보(陳同甫)[165]와 왕도보(王道

---

162) 출전은 『맹자』 「공손추 상」 2이다. "한 가지라도 불의를 행하고 한 사람이라도
　　죄없는 이를 죽이는 것은 천하를 얻는다 해도, [백이, 이윤, 공자] 모두 하지
　　않을 것이다"(行一不義, 殺一不辜, 而得天下, 皆不爲也).
163) '神武不殺'은 '신묘한 무술은 죽이는 일이 없다'는 뜻이다. 출전은 『주역』 「계
　　사전 상」 11, "옛날의 총명하고 예지 있는 사람은 신의 경지에 이른 무도를 갖
　　지만 죽이지 않는 자이다"(古之聰明叡知, 神武而不殺者夫).
164) 엽적(葉適, 1150~1223). 권말 '주요인물 소개' 참고.
165) 진량(陳亮, 1143~94). 권말 '주요인물 소개' 참고.

甫)[166]를 위해 쓴 「묘지」(墓誌)에서 다음과 같이 말했다. "윗사람은 〔사람을〕 구해서 쓰고, 나는 〔윗사람이〕 구하는 것을 기다린 뒤에 쓰이는 사람이다. 나를 쓰지 않는다면 소리를 감추고 고요히 있어서 남이 나를 엿볼 수 없도록 하고, 나를 반드시 쓴다면 지혜와 기술을 펼쳐 사람들이 방해하지 못하도록 해야 한다. 만약 급하게 부른 뒤에 구하거나 〔써달라는〕 말을 넣은 뒤에 쓰이는 경우라면, 본래 거스르는 것이 많고 순조로운 것이 적으며 거스르기는 쉽고 화합하기는 어려운 법이다. 두 사람의 처세에 나는 유감이 있다."[167] 〔맹자의 '하지 않는 것'이〕 바로 이 뜻이다.

人唯志在事功, 則學無原本, 苟可以得天下, 則行一不義殺一不辜, 亦且爲之矣, 其成就甚淺. 不爲者, 非忘世也, 退藏於密, 而後神武不殺. 葉水心之誌陳同甫, 王道甫曰, 上求而用之者也, 我待求而後用者也. 不我用則聲藏景寂, 而人不能窺, 必我用則智運術展, 而衆不能間. 若夫疾呼而後求, 納說而後用者, 固常多逆而少順, 易忤而難合也. 二公之自處, 余則有憾矣. 正是此意.

●『맹자』의 이 장의 전문은 "사람은 하지 않는 것이 있은 뒤에야 할 수 있는 일이 있다"(人有不爲也, 而後可以有爲)이다. 황종희는 '하지 않는 것'을 '물러남'으로 풀이했다. 진량과 왕자중은 북쪽에서 송을 압박하던 금에 대해 강력한 정책을 주장하며 조정의 타락을 비판하던 열혈지사였다. 이 두 사람은 황제에게 조정의 쇄신과 정책의 전환을 제언하는 상소를 자주 올렸지만, 그들의 주장이 채택되는 일은 없이 오히려 권력자들의 미움을 사 모함으로 수차례 투옥을 당했을 뿐이다.

---

166) 왕자중(王自中, 1140~99). 도보(道甫)는 자(字)이다.
167) 『수심집』(水心集) 권24, 「진동보왕도보묘지명」(陳同甫王道甫墓誌銘).

행적이 비슷했기 때문에 엽적은 이 두 사람의 묘지명을 함께 썼다. 엽
적은 "궁색한 지방의 포의지사(布衣之士)로서 백년 복수의 책임을 자
임한 사람은 두 사람뿐이라고 나는 말한다"(以窮鄕素士, 任百年復讎之
責, 余固謂止於二公而已: 「진동보왕도보묘지명」陳同甫王道甫墓誌銘)고
그 사람들의 가치를 인정하면서도, 위에서 인용했듯이 그들의 처세에
는 유감이 있다고 피력했다. 황종희는 이들이 결과를 추구하는 사공학
파였기 때문에 그처럼 무리한 처세를 했다고 생각했고, 그래서 맹자가
말한 '하지 않는 것'의 일례로 그 행적을 들었다.

8-9 남의 험담言人之不善章

마원(馬援)[168]은 아들에게 "남의 허물에 대해 들으면 부모의 이름을
듣는 것처럼 해라. 귀로는 들을 수 있지만 입으로는 말하지 말라"[169]고
훈계했다. 이는 충실하고 두터운 도이다. 신안진씨(新安陳氏)[170]는 "관
리가 되어 직무를 수행하는데, 간특한 일이 있으면 마땅히 말해야 한다.
후환을 염려해서 입을 다물면 안 된다"[171]고 했다. 이는 맹자가 한 말의
언외의 뜻을 보충한 것이다. 그런데 그렇지 않은 경우도 있으니, 예전에
반역자 환관(逆奄)[172]이 위광미(魏廣微)와 표리를 이루어[173] 〔나쁜 짓을

---

168) 중국 후한 때의 무장·정치가(기원전 14~기원후 49). 자는 문연(文淵). 광무
제 때 강족(羌族)을 평정하였으며, 교지(交趾)의 난을 진압하고 흉노족을 쳐
서 공을 세웠다. 후에 남방의 무릉만(武陵蠻) 토벌 중 병사하였다.

169) 『후한서』「마원열전」(馬援列傳).

170) 진력(陳櫟, 1252~1334). 권말 '주요인물 소개' 참고.

171) 『맹자대전』에 인용된 진력의 주.

172) 환관 위충현(魏忠賢)을 말한다.

173) 위광미(魏廣微)는 천계(天啓) 초에 동향인인 위충현(魏忠賢)에 붙어서 예부

했을 때] 위충절(魏忠節)[174]이 위광미를 탄핵했다. 선친 충단공은 말리면서 다음과 같이 말했다. "군자와 소인의 이름을 너무 쓸데없이 분별하지 마라. 소인으로 하여금 염치의 마음을 품게 하여 그 화를 줄일 수 있도록 해야 한다. 일단 그 죄를 늘어놓고 나면 부끄러운 마음 품기를 기대할 수 없으니, 군자와 함께하기가 훨씬 어려워진다. 〔그렇게 되면〕 저들 풀에 의지하고 나무에 붙은[175] 혼령이 공공연히 맑은 하늘 대낮의 도깨비가 된다."[176] 그러나 충절은 그 말을 듣지 않았고 광미는 환관들을 이끌고 나쁜 짓을 일삼아서 몇 번이나 제위[177]를 움직였으니, 어찌 후환이 아닌가. 그런데도 관리가 되면 뒤를 돌아보지 말고 〔남의 불선(不善)을

상서·이부상서 등을 지냈다. 위충현을 등에 지고 온갖 악행을 일삼아 당시 사람들이 위충현을 내위공(內魏公), 위광미를 외위공(外魏公)이라고 불렀다. 위충현과 위광미가 표리를 이루었다는 것은 이 뜻이다.

174) 위충절은 위대중(魏大中, 1575~1625)으로 충절(忠節)은 시호이다. 자(字)는 공시(孔時)이고, 호(號)는 곽원(廓園)이다. 동림당이었으며 위충현을 탄핵하였다. 1625년 위충현에 의해 뇌물수수죄의 모함을 당했고, 투옥되어 옥사하였다.

175) '풀에 의지하고 나무에 붙는'은 '依草附木'의 번역으로, 본래는 귀신이 어딘가에 의탁해서 위세를 부린다는 뜻이다. 뒤에는 타인의 세력을 빌려서 나쁜 일을 하거나, 자립할 능력이 없이 타인에게 의존하는 사람을 비유하게 되었다.

176) 『명유학안』「동림학안」 4, '충단황백안선생존소'.

177) '제위'는 '龜鼎'의 번역으로 원구(元龜)와 구정(九鼎)을 말한다. 고대국가의 중요한 기물로서 비유적으로 제위를 의미한다. 신종(神宗) 만력제(萬曆帝, 1573~1620 재위) 사후 대를 이은 광종(光宗) 태창제(泰昌帝)가 한 달 만에 죽고, 어린 왕 희종(熹宗) 천계제(天啓帝, 1620~27 재위)가 즉위하자 위충현 일당은 이 어린 황제의 뒤에서 전권을 휘두르기 시작했다. '제위를 옮겼다'는 것은 만력제 이후 환관 일파가 황위 계승에 관여하여 농간을 부린 일을 말한다.

말하라]고 할 수 있는가.

馬援戒子云, 聞人之惡, 如聞父母之名, 耳可得聞, 口不可得言也. 此固忠厚
之道. 新安陳氏以爲當官而行, 有姦慝當言又不可顧後患而緘默也, 亦是補孟
子言外之意. 然有不然者, 昔逆奄與魏廣微將爲表裏之時, 魏忠節劾廣微, 先忠
端公止之曰, 君子小人之名, 無徒過爲分別, 使小人各懷廉恥之心, 其禍可以
少衰, 一經論列, 不可望其包羞, 顯與君子爲難, 彼依草附木之精魂, 公然爲靑
天白日之魑魅矣. 忠節不聽, 廣微遂導奄爲惡, 幾移龜鼎, 豈非後患也, 而謂當
官不可顧乎.

● 타인의 불선함에 대해 함부로 말하지 말라는 것이 『맹자』의 내용
인데, 황종희는 당시의 위충현 세력과 동림당의 투쟁에서 있었던 일을
예로 들어 말했다. 특히 아버지 황존소에 얽힌 일화를 인용했다. 황존
소는 남의 불선함에 대해 함부로 말하지 않아야 하는 이유를 "군자와
소인을 너무 나누기보다는" "소인에게 부끄러운 마음을 품게 해 화를
줄이는 것이 중요"하기 때문이라고 말했다. 소인의 불선함을 모두 드
러내버리면, 한 줄기 품고 있던 부끄러움까지도 없애버려 대놓고 나쁜
짓을 하는 계기를 만들어주는 것일 수 있기 때문이다.

8-10 중니는 너무 심한 것은 하지 않았다 仲尼不爲已甚章

마음에 한 가지 일이 없으면, 약간의 [생각들이] 일어나 [이것들이] 너
무 심해진다. 너무 심한 일이라고 해도 약간의 것들에서 변해 나타나는
것이다. '너무 심하게 되지 않는 것'(不爲已甚)은 중(中)의 체(體)이다.

心無一事, 纔惹些子, 便爲已甚. 已甚之事, 但從些子變現出來. 不爲已甚,
乃是中體.

●『맹자』의 이 장 전문은 "중니는 너무 심한 것은 하지 않았다"(仲尼不爲已甚者)이다. 황종희의 해석 가운데 "마음에 한 가지 일이 없다"는 말은 3-2 '호연지기'(浩然章)에서 '일삼음이 있음'(有事)에 대해 "동정어묵(動靜語默)을 불문하고 다만 이 한 가지 일"이라고 한 그 '일,' 즉 그 '일삼음'이 없다는 의미일 것이다. '일삼음'이란 마음이 경(敬)한 상태를 유지하는 것이다. '너무 심한 일'은 그 일삼음을 유지하지 못하는 상태에서 일어나는 것이고, 사소하게 일어나지만 이윽고 '너무 심해지는' 데에 이른다는 것으로 이해된다.

8-11 반드시 타인의 믿음을 기대하지 않는다言不必信章

사람이 단지 언행을 기준으로 비춰보기 때문에 〔타인의〕 믿음을 기필하고 결과를 기필하니, 이렇다면 '의가 밖에 있다'(義外)[178]고 여기는 고자의 입장이다. 대인(大人)이라면 마음에서 세차게 흘러나온 것이 언행의 규구를 넘지 않으니, 이른바 '의에 모이는 것'(集義)[179]이다. 큰 덕은 두텁게 교화시키고 작은 덕은 자연히 개울물처럼 흐른다.[180]

　　人只於言行上照管, 故必信必果, 是告子之義外也. 大人沛然從心而出, 不

---

178)『맹자』「고자 상」4.

179) '의에 모이는 것'(集義)은『맹자』「공손추 상」2에서, '호연지기'를 이야기하면서 나오는 말이다. 황종희는 '集義'를 '集於義'로 해석한다. 3-2 '호연지기'(浩然章) 참조.

180) "큰 덕은 두텁게 교화시키고 작은 덕은 개울물처럼 흐른다"는 말의 순서는 바뀌었지만『중용』의 말이다.『중용』30, "만물은 함께 자라며 서로 해치지 않으며 도는 함께 행해지며 서로 어그러지지 않는다. 작은 덕은 개울물처럼 흐르고 큰 덕은 두텁게 교화한다. 이것이 천지가 큰 이유이다"(萬物並育而不相害, 道並行而不相悖, 小德川流, 大德敦化, 此天地之所以爲大也).

踐言行之矩, 所謂集義者也. 大德敦化, 則小德自然川流矣.

● 황종희는 "말하면서 반드시 타인이 믿도록 하고 행동하면서 반드시 그 결과를 보려고 하는" 태도는 밖으로 드러나는 언행을 추구하는 것이라고 해석한다. 그리고 그러한 태도는 가치가 인간 외부에 있다고 생각하는 고자와 다르지 않다고 생각한다. 내면의 인의를 키우는 대인이라면 타인의 반응이나 결과를 염려하지 않을 것이기 때문이다.

8-12 어린아이의 마음을 잃지 않음不失赤子之心章

갓난아이의 마음은 단지 자기 부모만 알 뿐이며, 그 시청언동이 마음과 하나이다. 시청언동이 여기에 있으면 마음이 여기에 있으니, 밖에서 섞여 들어온 것이 없다. 비록 한 가지도 아는 것이 없고 한 가지도 할 수 있는 일이 없어도, 오히려 이것이 앎과 능함의 본연의 체(體)이다. 후대에 오면 세상의 흔적이(世故) 날로 깊어져, 습속의 앎과 능함으로 본연의 앎과 능함을 바꾸니, 이것이 어린아이의 마음을 잃는 것이다. 대인은 알지 못하는 것이 없고 능하지 못한 것이 없는데, 이는 본연의 앎과 능함을 그 극한까지 확충한 것에 불과하고, 그 체는 여전히 움직인 적이 없고, 그리하여 잃지 않았다. 공부자가 "아는 것을 안다고 하고, 모르는 것을 모른다고 하는 것이 앎이다"[181]라고 했듯이, 아는 것이 있고 모르는 것이 있는 것이 지(知)의 양(量)이다. 안다고 생각하고 모른다고 생각하는 것이 지의 체(體)이다. 사람들은 사사물물(事事物物)을 모두 강구해야 하는데 어떻게 갓난아이의 마음으로 포괄할 수 있겠는가 말하지만,

---

181) 『논어』 「위정」.

이는 갓난아이의 마음이 근원처임을 모르기 때문이다. 근원처에서 사물을 강구하면 갖가지 아름다운 빛깔의 꽃들이 모두 뿌리를 떠나지 않는다. 만약 근원처를 잃는다면, 단지 사물에서 강구하게 되고, 이렇다면 종이를 오려 꽃을 만드는 것처럼 끝내 생의(生意)가 없다.

赤子之心, 只知一箇父母, 其視聽言動, 與心爲一. 視聽言動在此, 心便在此, 無有外來擾和, 雖一無所知, 一無所能, 却是知能本然之體. 逮其後來, 世故日深, 將習俗之知能, 換了本然之知能, 便失赤子之心. 大人無所不知, 無所不能, 不過將本然之知能, 擴充至乎其極, 其體仍然不動, 故爲不失, 猶夫子云, 知之爲知之, 不知爲不知, 是知也. 有知之, 有不知, 知之量也. 以爲知之, 以爲不知, 知之體也. 人以爲事事物物, 皆須講求, 豈赤子之心所能包括, 不知赤子之心是箇源頭. 從源頭上講求事物, 則千紫萬紅, 總不離根, 若失却源頭, 只在事物上講求, 則剪綵作花, 終無生意.

●『맹자』의 이 장의 전문은 "대인은 어린아이의 마음을 잃지 않은 사람이다"(大人者, 不失其赤子之心者也)이다. 황종희는 선한 마음을 체(體)와 양(量)의 방면에서 설명한다. 사람은 양지(良知)·양능(良能)의 능력을 타고났고, 황종희는 이를 마음의 체(體)라고 표현한다. 이 체는 사람이 갖고 태어난, 타인을 알고 사랑하는 능력이다. 어린아이가 실제로 그 능력으로 할 줄 아는 것은 부모를 사랑하는 것뿐이다. 양지양능의 양이 아직 적기 때문이다. 바람직하게 성장하는 사람이라면 그 양지양능의 양을 늘려간다. "대인은 알지 못하는 것이 없고 능하지 못한 것이 없는데, 이는 본연의 앎과 능함을 그 극한까지 확충한 것에 불과하고, 그 체는 여전히 움직인 적이 없고, 그리하여 잃지 않았다."

8-13 산 사람을 부양함 養生章

성인이 예를 제정하면서 흉례(凶禮)에 대해 특히 상세하게 다뤘는데, 이는 죽은 사람을 보내는 일을 큰일로 여겼기 때문이다. 순자는 다음과 같이 말했다. "산 사람은 후하게 모시면서 죽은 사람은 박하게 보내는 것은 지각이 있으면 공경하고 지각이 없으면 가볍게 여기는 것인데, 이는 간사한 사람의 도이고 사리에 어긋나는 마음이다. 군자는 사리에 어긋나는 마음으로 종복을 대하는 것도 부끄러워하는데, 하물며 자신이 높이던 부모를 그런 마음으로 대하는 것은 어떻겠는가. 죽은 사람을 보내는 일은 한 번뿐으로 다시 되풀이할 수 없으니, 신하가 자기 임금을 중히 여기는 길, 아들이 자기 어버이를 중히 여기는 길이 여기에서 극진해진다."[182]

> 聖人制禮, 於凶禮特詳, 以送死之爲大事也. 荀子曰, 厚其生而薄其死, 是敬其有知而慢其無知也, 是姦人之道而倍叛之心也. 君子以倍叛之心接臧穀, 猶且羞之, 而況以事其所隆親乎. 故死之爲道也, 一而不可得再復也. 臣之所以致重其君, 子之所以致重其親, 於是盡矣.

아들들은 부모를 섬기면서 [부모의] 바로 곁에서 부모를 즐겁게 하는데, 섬기는 일 가운데 이보다 더 큰 대사(大事)는 없으나, [맹자는] 이것을 바로 '대사를 감당하는 것'(當大事)이라고 하지 않았다. 죽은 사람을 보내면서 산 사람을 봉양하는 일 역시 여기에서 극진해지니, 아들 된 자의 대사는 비로소 끝나고, 비로소 대사를 감당했다고 할 수 있다. 죽은 사람을 보내는 데 유감이 없지만 산 사람을 봉양한 일에서는 유감이 있

---

182) 『순자』 「예론」.

다면 여전히 대사를 감당한다고 하기에 부족하다.

人子之事親, 承歡膝下, 事更無大於此者, 顧不卽以當大事許之, 至於送死
之時, 則養生自此而盡, 人子之大事始畢, 始可謂之當大事. 卽送死無憾, 養生
有憾, 仍是不足以當大事也.

● "죽은 사람을 보내는 일이어야 대사를 감당한다고 할 수 있다"는
『맹자』의 말에 대해, 이 '대사를 감당한다'고 하는 말의 의미는 장사(葬
事)뿐 아니라 산 사람을 봉양하는 일도 포함되어 있음을 강조했다. 즉
맹자의 뜻은 "산 사람을 봉양하는 일뿐 아니라 죽은 사람을 보내는 일
까지 잘해야 대사를 감당했다고 할 수 있다"는 것이다.

8-14 군자, 깊이 탐구하다 君子深造章

도는 내가 본디 갖고 있는 것이므로 원래는 현재 모두 갖춰져 있어서
닦는(修) 일에 기대지 않아도 된다. 그러나 깊이 나아가지 않으면 대략
겉모습만 엿보고 완롱하는 것이 되어, 벌이 종이창을 건드리지만 끝내
밖으로 나오지 못하는 것과 같아진다. 그러므로 반드시 순이 학문을 좋
아하듯이, 우가 어려운 일을 이겨냈듯이, 공자가 분발했듯이, 노력을 쌓
아야 비로소 본래 있던 것을 얻을 수 있다. 진정 스스로에게서 얻지(自
得) 않는다면 일상의 공간에서 도리를 안배하는 것에 불과하다. 〔이렇다
면〕 세태에 따르면서 혈기를 종횡으로 뻗게 하니, 심체는 귀숙할 곳이 없
게 되어 거하는 것이 불안해진다. '의거하는 것이 깊다'(資之深)란 그것
에 의거해 만사에 응하는데, 〔그로부터〕 나오는 것이 무궁하니 또한 깊은
것이 아니겠는가. '좌우에서 그 근원을 만난다'(左右逢其源)는 것은 마
음과 일이 융회하여 밖으로는 사람을 보지 않고 안으로는 자신을 보지

않으니, 혼연하게 지극한 선 가운데에 만물은 하나의 태극을 이루는 것이다. 그리하여 어디든 큰 덕의 두터운 교화가 아닌 것이 없다.

道者, 吾之所固有, 本是見在具足, 不假修爲, 然非深造, 略窺光影以爲玩弄, 則如蜂觸紙窗, 終不能出. 故必如舜之好問, 禹之克艱, 孔之發憤, 臘盡春回, 始能得其固有. 苟非自得, 則日用之間, 不過是安排道理, 打貼世情, 血氣縱橫, 心體無所歸宿, 居之不安也. 資之深者, 資之以應萬事, 其出無窮, 不亦深乎. 左右逢其源者, 心與事融, 外不見人, 內不見己, 渾然至善之中, 萬物一太極也, 蓋無處非大德之敦化矣.

● 이미 자신에게 있는 것을 얻는 것, 즉 자득(自得)에 대해 말하면서도 그러기 위한 노력을 강조한다.

8-15 넓게 배움博學章

나눠진 측면에서 보면 천지만물이 각각 하나의 이(理)이니 얼마나 넓은가. 합해진 측면에서 보면 천지만물이 하나의 이(理)이고, 이 또한 이가 없으니[183] 얼마나 간략한가. 천지만물의 이를 널리 궁구하면 돌이켜 간략하게(約) 하는 것이 대단히 어렵다. 흩어져 각각인 것은 하나의 근본(一本) 아닌 것이 없으니, 내 마음이 바로 그것이다. 위아래로 관찰하면 내 심체의 유행 아닌 것이 없으니 이른바 "돌이켜 간략함을 말하는"(反說約) 것이다. 만약 내 마음으로 사물을 받든다면 이는 완물상지(玩

---

183) '이 또한 이가 없다'는 것은 '理亦無理也'의 번역이다. '이가 없다'고 할 때의 이는 정주성리학적인 의미에서 '실체'로서 실재하는 '이'를 의미한다. 황종희가 말하는 '이'('이 또한 이가 없다'의 앞의 '이')는 기의 조리이므로 존재성이 없다.

物喪志)이다.

自其分者而觀之, 天地萬物各一理也, 何其博也, 自其合者而觀之, 天地萬物一理也, 理亦無理也, 何其約也. 汎窮天地萬物之理, 則反之約也甚難. 散殊者無非一本, 吾心是也. 仰觀俯察, 無非使吾心體之流行, 所謂反說約也. 若以吾心陪奉於事物, 便是玩物喪志矣.

● 이(理)는 사물이 아니라 내 마음에 있다는 관점에서 "돌이켜 간략함을 말한다"(反說約)는 구절을 해석했다. 이 세상에 가득한 것은 나의 마음이다. "흩어져 각각인 것은 '하나의 근본'(一本) 아닌 것이 없으니, 내 마음이 바로 그것이다." 그러므로 "이를 궁구한다는 것은 이 마음의 수만 가지 변화를 연구하는 것이지, 만물의 차이를 연구하는 것이 아니다"(故窮理者, 窮此心之萬殊, 非窮萬物之萬殊也 : 『명유학안』 「자서」)

8-16 선으로 타인을 복종시킴 以善服人章

두 '선'(善)자의 의미가 같지 않다. '사람을 복종시킬' 때의 '선'〔즉 '이선복인'(以善服人)의 '善'〕은 일을 하면서 〔선의〕 명색(名色)을 빌려오는 것에 불과하다. '사람을 기를' 때의 선〔즉 '이선양인'(以善養人)의 '善'〕은 천하가 모두 그 혜택을 입는 〔선〕으로, 그 세찬 기운을 막을 수 없다. 이는 맹자가 삼대의 일을 근거로 해서 말한 것이니, 후대 사람이 천하를 얻은 것이 어떻게 모두 마음이 복종한 것이겠는가. 그러므로 천하를 얻는 것은 쉽지만 천하의 왕이 되는 것은 어렵다.

兩善字不同, 服人之善, 不過事爲之際假其名色耳, 養人之善, 天下皆被其澤, 沛然莫之能禦也. 此亦孟子據三代之事言之, 後世之得天下者, 豈皆心服哉. 故得天下易而王天下難也.

● 맹자는 선으로 사람을 길러준 사람만이 천하를 얻을 수 있었다고 한 데 대해, 맹자보다 2천 년 후의 인물인 황종희는 그렇지 않은 사람들도 천하를 얻었음을 알고 있다. 그래서 "천하를 얻는 것은 쉽지만 천하의 왕이 되는 것은 어렵다"고 덧붙였다.

8-18 중니, 자주 물을 찬미하다 仲尼亟稱於水章

순(舜)이 '인과 의에 근거해 실천했다'(由仁義行)[184]는 것은 원천이 있는 물이고, 고자가 '의를 밖에 있다고 여긴 것'(義外)[185]은 빗물이 모인 물이다.

상산은 다음과 같이 말했다. "졸졸 흐르는 물이 모여 강하를 이룬다. 원천이 바야흐로 움직이면 단지 졸졸 흐르는 작은 물이어도 강하는 멀리까지 흐르니, 강하를 이루는 이치가 있기 때문이다. 만약 아침저녁으로 쉬지 않고 샘솟을 수 있다면, 지금은 구덩이를 채우지 않아도 장차 자연히 채울 것이고, 지금은 사해까지 닿지 않아도 장차 자연히 사해까지 닿을 것이고, 지금은 유극(有極)에 모여 유극으로 돌아가지 못해도, 장차는 유극에 모여 유극으로 돌아갈 수 있을 것이다.[186] 그러나 배우는 자들은 스스로를 믿을 수 없어서, 표면적으로 융성한 것을 보고 조급해하며

---

184) 『맹자』「이루 하」19.

185) 『맹자』「고자 상」4.

186) 출전은 『서경』「홍범」, "그 유극에 모여 그 유극으로 돌아가리라"(會其有極, 歸其有極). '유극'(有極)은 '지극한 도(道)'라는 의미이다.

졸졸 흐르는 것을 버리고 달려가니, 오히려 스스로 망치는 것이다. 졸졸 흐르는 나의 물이 미미할지라도 오히려 참이라는 것을 알지 못하고, 저 융성한 표면이 비록 많으나 거짓이라는 것을 알지 못한다. 〔그러나 표면만 융성한 저 물은〕 마치 처마물이 떨어지는 것과 비슷해서, 그것이 마르는 것을 서서 기다릴 수 있을 정도이다."[187] 그래서 상산선생은 그 큰 것을 먼저 세웠으니, 근본이 없을까 두려워했기 때문이다.

『맹자집주』는 실행을 가지고 말했는데,[188] 이는 근본을 아는 학문이 아니다.

> 舜之由仁義行, 原泉之水也. 告子之義外, 雨集之水也. 象山曰, 涓涓之流, 積成江河, 源泉方動, 雖只有涓涓之微, 去江河尙遠, 却有成江河之理. 若能混混不舍晝夜, 如今雖未盈科, 將來自盈科, 如今雖未放乎四海, 將來自放乎四海, 如今雖未會其有極歸其有極, 將來自會其有極歸其有極. 然學者不能自信, 見夫標末之盛者, 便自荒忙舍其涓涓而趨之, 却自壞了. 曾不知吾之涓涓雖微, 却是眞, 彼之標末雖多, 却是僞, 恰如檐水來相似, 其涸可立而待也. 故象山先先立乎其大者, 正恐無本. 集註以實行言之, 非知本之學也.

● 바다로 가는 물은 원천이 있는 물이다. 육상산이나 황종희에게 그

---

187) 『상산집』 「상산어록」 권1.
188) 『맹자』의 "原泉混混, 不舍晝夜, 盈科而後進, 放乎四海, 有本者如是" 부분에 대해 주희는 다음의 주를 달았다. 『맹자집주』, "물에 근원이 있으면 그치지 않고 점차 나아가 바다에 이른다. 마치 사람이 실행을 하면 그치지 않고 점점 앞으로 나아가 지극한 곳에 이르는 것과 같다"(水有原本, 不已而漸進, 以至于海, 如人有實行 則亦不已而漸進 以至于極也). 즉 '근원이 있음'의 '근원'을 '실행'으로 풀이했다.

것은 마음이다. 천성적으로 갖게 된, 작지만 망가지지 않는 마음의 '양'을 늘리는 일이 이 마음을 온 세상으로 확대시키는 일이 된다. 주자가 말하는 실행은 원천이 될 수 없다. 마음이 있으면 실행은 저절로 나오지만, 마음이 없이도 실행은 연출할 수 있다. 이 물의 원천은 상산이 말하듯이 처음에는 졸졸 흐를 뿐이다. 그러나 화려한 표면에 이끌려 이것을 외면한다면 끝내 원천을 가지지 못한다고 상산은 경계한다.

8-19 사람이 금수와 다른 점人之所以異章

하늘(天)은 기의 변화와 유행(氣化流行)을 통해 사람을 낳고 동물을 낳는데, 〔이 하늘은〕 순수하게 한 덩어리의 화기(和氣)이다. 사람과 동물이 〔이 기를〕 얻으면 지각이 되는데, 지각이 정밀한 것은 영명하여 사람이 되고, 지각이 조잡한 것은 혼탁하여 동물이 된다. 사람의 영명함은 측은·수오·사양·시비를 본래부터 갖추어 형기(形氣) 안에 갇히지 않는다. 금수의 혼탁함은 아는 것, 느끼는 것이 음식과 암수를 벗어나지 않으니, 형기에 갇혀 있다. 이처럼 〔사람과 동물은〕 원래 판연히 분별되니, 불교(佛氏)가 사람과 동물을 섞어 한 길에서 함께 윤회하며 기거한다고 하는 것과 같지 않다. 〔같은 사람이라도 개인과 개인의〕 그 거리는 비록 멀지만, 〔사람에게는 모두〕 한 점 영명함이 있으니, 이른바 "도심은 은미하다"(道心惟微).[189] 천지가 위대한 것은 넓고 깊기 때문이 아니라 갈대 재에 깃드는 양기(陽氣)[190] 때문이며, 인도(人道)가 위대한 것은 세상을

---

189) 『서경』「우서(虞書)·대우모(大禹謨)」, "人心惟危, 道心惟微, 惟正惟一, 允執厥中."

190) 동짓날에 양기(陽氣)가 동하는 것을 보기 위해 땅에 갈대 태운 재(葭灰)를 묻어두고 그 기운이 동하는 것을 본다고 한다.

경영하면서 세상의 화육에 참여하기(經綸參贊) 때문이 아니라 작은 마음의 허명함(空隙之虛明) 때문이다. '작고 희미하다'(幾希)고 한 것은 이 때문이다.

天以氣化流行而生人物, 純是一團和氣. 人物稟之, 卽爲知覺, 知覺之精者靈明而爲人, 知覺之麤者昏濁而爲物. 人之靈明, 惻隱羞惡辭讓是非, 合下具足, 不囿於形氣之內. 禽獸之昏濁, 所知所覺, 不出於飮食牡牝之間, 爲形氣所錮. 原是截然分別, 非如佛氏渾人物爲一途, 共一輪迴托舍也. 其相去雖遠, 然一點靈明, 所謂道心惟微也. 天地之大, 不在崑崙旁薄, 而在葭灰之微陽, 人道之大, 不在經綸參贊, 而在空隙之虛明. 其爲幾希者此也.

● '작은 마음의 허명함'(空隙之虛明), '도심은 은미하다'(道心惟微), '작고 희미함'(幾希), 이것이 모두 인간의 지각이 갖는 한 점 영명함이고, 인간이 동물과 다른 이유이다. 짐승을 비롯한 다른 존재와 구별되는 인간만이 갖는 특징을 표현하는 말들이다. 짐승과 다른 '작고 희미한' 그것은 결국 인간의 지각이 갖는 특징이다. 인간의 지각은 측은·수오·사양·시비의 능력을 본래 갖추고 있으므로, 즉 인간의 기 자체가 그 능력을 갖추고 있으므로 인간은 형기 안에 갇히지 않는다.

'군자'는 성인과 현인을 겸해 말하는 것으로, 순, 우, 탕, 문, 무, 주공이 모두 군자이다. '보존한다'(存之)는 것은 이 마음을 잃지 않음을 대략 말한 것으로, 아직 공부를 한 것은 아니다. 서민과 군자는 모두 이 체(體)를 갖추고 있는데, 습관과 오염에 의해 망가지면 그 영명함이 혈기와 육체에서 벗어나지 않게 되어 금수와 마찬가지로 혼탁하게 된다. 〔맹자 본문의〕 뒤의 단락은 '군자가 보존하는' 일들[191]을 비로소 열거한 것이다.

君子兼該聖賢而言, 舜禹湯文武周皆君子也. 存之者, 大槪言不失此心, 未
曾及工夫也. 庶民與君子, 同具此體, 爲習染所壞, 其靈明不出於血肉, 則與禽
獸同其昏濁矣. 下文始歷擧君子存之之事也.

● 정주성리학에서 '보존'은 공부의 중요한 뼈대이다. 완전한 것이
이미 있다고 생각하기 때문이다. 그러나 황종희에게 '보존'은 타고난
한 점 영명함을 간직하는 것이고, 아직 공부를 더한 것은 아니다.

진서산(眞西山)[192]은 "사람과 동물은 모두 한마음을 가졌다. 그러나
사람은 보존할 수 있고 동물은 보존할 수 없으니, 다른 것은 이것일 뿐이
다"[193]라고 했다.

내 생각에, 군자가 보존하는 것은 이 지각 가운데 영명함이고, 지각은
보존할 필요가 없다. 동물이 하늘(天)로부터 받은 것에는 지각은 있지만
영명함은 없으니, 처음부터 저절로 사람과 달랐다. 동물이 보존할 수 있
다면 무엇을 보존한단 말인가.

眞西山曰, 人物均有一心, 然人能存而物不能存, 所不同者惟此而已. 愚謂
君子所存, 存此知覺中之靈明耳, 其知覺不待存也. 物所受於天者, 有知覺而無
靈明, 合下自與人不同. 物卽能存, 存個怎麼.

---

191) 즉 뭇 사물[의 이치]에 밝고, 인륜을 살피고, 인과 의를 대상으로 삼아 실천하
  는 것이 아니라 인과 의에 근거해 실천하는 것(舜明於庶物, 察於人倫, 由仁義
  行, 非行仁義也).
192) 진덕수(眞德秀, 1178~1235). 권말 '주요인물 소개' 참고.
193) 진덕수,『대학연의』(大學衍義) 권12,『맹자』「이루 하」 19에 대한 주.

●주희를 사숙한 진서산, 즉 진덕수(眞德秀)는 완전한 본성이 이미 마음속에 있으며 그것은 모든 존재에게 동일한 것이라고 생각한다. 그러나 황종희의 생각에는 인간과 동물이 공유하는 보편적 본성은 없다. 황종희가 생각하는 인간의 본성이란 인간의 지각인데, 이것은 영명함을 갖는다는 점에서 처음부터 동물의 것과 다르다. 동물이 갖는 지각의 능력이란 보존할 필요 없이 살아 있는 한 유지되는 것이다. 동물에게는 '보존할 수 있다' 혹은 '없다'는 말 자체가 의미가 없다.

〔'순이 서물에 밝다'(舜明於庶物)고 할 때의〕 '서물'(庶物)이란 천지만물의 이(理)이다. 〔'인륜을 살핀다'(察於人倫)고 할 때의〕 '인륜'(人倫)이란 일용의 범상한 일이다. '밝고'(明) '살핀다'(察)는 것은 이 영명함이 관통하여 널리 퍼지는 것이다. 순이 밝게 보는 일은 천지만물에 대해 남김없이 이루어져서, 모든 것이 오묘하고 담연한 영명함 가운데에 있게 되니, 기와나 조약돌, 피부 등 어느 하나 빠진 것이 없었다. 이에 의거하여 세상을 경영하고 변화시키고 마름질해가니, 인과 의의 유행 아닌 것이 없었다. 이는 예로부터 이루어진 자취를 모방해서 행하는 것이 아니다. '인과 의에 근거해 실천한다'(由仁義行)는 것은 원래 인과 의가 없는데 사람이 보고 인과 의라고 하는 것이다. '인과 의를 대상으로 삼아 실천한다'(行仁義)는 것은 먼저 인과 의가 있고 뒤에 행동이 있는 것이니, 이는 본연의 덕성이 아니다. 여기에 성실함과 거짓의 나뉨이 있으니, 군자가 보존하는 것은 바로 이 '인과 의에 근거한'(由仁義) 그 본연을 보존하는 것으로, 밖을 돌아볼 필요가 없다.

『맹자집주』의 뜻은 '인과 의를 대상으로 삼아 실천한다'(行仁義)를 '군자가 보존하는'(君子存之) 일이라고 풀이한 것인데,[194] 아마도 고자의 '의외'(義外)가 스며든 듯하다. 등급을 여럿으로 나누어, 성인, 군자, 서민을 두고, 순임금을 떼어내서 군자 밖으로 끌어냈기 때문에 그 주장이 계속 얽히는 것이다.

庶物者, 天地萬物之理. 人倫者, 日用尋常之事. 明察者, 卽此靈明之貫通光被者也. 舜之明察, 盡天地萬物, 皆在妙湛靈明之中, 瓦礫皮膚, 更無一物. 由此而經綸化裁, 無非仁義之流行, 不是古來成迹, 依倣而行之者也. 由仁義行者, 原無仁義, 人見之爲仁義. 行仁義者, 先有一仁義, 而後有行, 則非本然之德性也, 此處有誠僞之分, 君子之存, 正存此由仁義之本然, 不假於外顧. 集註之意, 以行仁義爲君子存之之事, 恐告子之外義得竄入之矣. 只緣多分等級, 有聖人, 有君子, 有庶民, 將舜溝而出之君子之外, 所以其說之繚繞也.

---

194) 『맹자집주』, "순은 나면서 안 사람으로 인과 의에 근거해 실천했지 인과 의를 대상으로 삼아 실천하지 않았다. 즉 인과 의는 마음에 뿌리를 두고 있어 행동이 모두 이로부터 나온 것으로, 인과 의를 아름답다고 여긴 후에 노력해서 실천한 것이 아니다. 이른바 편안히 여겨 실천한 것이다. 이는 성인의 일로 보존하지 않아도 보존되지 않는 것이 없다. ○윤씨는 다음과 같이 말했다. '보존하는 것은 군자의 일이며, 보존된 것은 성인의 일이다. 군자가 보존하는 것은 천리를 보존하는 것이다. 인과 의에 근거해 실천하는 것은 보존된 자여야 할 수 있다'"(在舜則皆生而知之也, 由仁義行, 非行仁義, 則仁義已根於心, 而所行, 皆從此出, 非以仁義爲美而後, 勉强行之 所謂安而行之也. 此則聖人之事, 不待存之而無不存矣. ○ 尹氏曰, 存之者, 君子也, 存者, 聖人也. 君子所存, 存天理也. 由仁義行, 存者能之).
즉 '인과 의에 근거해 행동함'(由仁義行)을 성인의 일로서 '보존함'(存之)의 노력이 필요없는 최상등급으로 두고, 그 아래 군자의 일이 '보존함'(存之)의 노력을 필요로 하는 것이라고 보았다. 황종희가 지적하듯이 '인과 의를 대상으로 여겨 실천함'(行仁義)을 성인 아래 등급 군자의 일로 보았다고 해석할 여지가 있다.

● 황종희가 생각하는 이는 기의 조리이다. 성인이란 천지만물의 조리와 일용의 범상한 일들에 대해 잘 아는 사람이다. 잘 안다는 것은 각각의 대상을 적절하게 대하는 것이다. 즉 바람직한 마음으로 대상과 바람직한 관계를 맺는 것이고, 이것이 가능한 것은 천성적으로 그러한 능력, 즉 그 마음을 타고 났기 때문이다. 천성의 선한 마음으로 세상의 일들을 대하게 되면 그것이 결과적으로 인이 되고 의가 된다.

'인과 의를 대상으로 삼아 실천한다'(行仁義)는 것은 안배에 따라 〔인과 의를 행하는 것이므로〕 파편적인 성과만을 얻으니, 작은 덕 속에서 흐름을 따라 바다로 갈 뿐이다.[195] 이처럼 근본 없는 학문은 그 사이가 끊어졌다 이어졌다 하지 않을 수 없어서, 불성실함에 떨어지고 만다. 선사(先師)는 다음과 같이 말했다. "학문은 성실함과 거짓됨을 분별하는 것보다 먼저 할 것이 없다. 진실로 성실함 위에 입각하지 않는다면 천 번만 번을 수양해도 단지 금수의 길을 가는 사람이 될 뿐이다."[196]

行仁義者, 恁是安排得成片段, 不過在小德中沿流赴海而已. 此無本之學, 其間不能不斷續, 便墮不誠. 先師云, 爲學莫先於辨誠僞. 苟不於誠上立脚, 千修萬修, 只做得禽獸路上人.

---

195) "在小德中, 沿流赴海而已"는 황도주(黃道周, 1585~1646)의 『용단문업』(榕壇問業) 권14에 실리고, 황종희도 『명유학안』 「제유학안 하」 4, '충렬황석재선생도주'(忠烈黃石齋先生道周)에 인용하고 있는 구절이다. "사람이 중니와 같을 수 없다면 모두 작은 덕(德) 속에서 흐름을 따라 바다로 갈 뿐이다"(人不能如仲尼, 都在小德中, 沿流赴海而已).

196) 『명유학안』 「즙산학안」, '충단유염태선생종주'(忠端劉念台先生宗周).

● '인과 의에 근거해 실천한다'(由仁義行)는 것은 내면의 샘을 갖는다는 것이다. 내면에서 솟아나온 마음이 물이 넘치듯 자연스럽게 실천으로 옮아가는 것이다. 그러나 '인과 의를 대상으로 삼아 실천한다'(行仁義)는 것은 의도적인 노력에 의해 외부의 가치인 인과 의를 얻는 것이다. 의도가 없어진다든지 몸이 따라가지 못한다든지 하는 조건에 따라 나타나지 않을 수도 있는 행동이다. 즉 원천 없는 물과 같으므로 언제라도 끊어질 수 있다.

8-20 우임금, 맛있는 술을 싫어하다 禹惡旨酒章

수많은 성인이 서로 전한 것은 마음인데, 마음은 제멋대로 내버려둘 수 없으니, 정자(程子)가 '경'(敬)자를 제출한 것은 바로 기사회생의 단약이었다. 우, 탕, 문, 무, 주공의 다섯 군자는 그 '공업'(功業)이 천지를 덮는다. 맹자는 〔그들의 공업에 대해〕 말하지 않고 단지 한 점 근심하면서 삼가고 걱정하면서 애쓰는 마음[197]을 묘사했는데, 이른바 '작고 희미한 것'(幾希)[198]이다. 천지를 덮는 것은 단지 경일 뿐이니, 천지가 넓고 산만해도 사시와 주야는 조금도 어그러지지 않는다. 그 사이에 귀신이 화와 복의 사이에서 늠름하게 왕래하니, 이것이 '작고 희미한 것'이 주재가

---

197) '근심하면서 삼가고 걱정하면서 애쓰는 마음'은 '憂勤惕慮'를 번역한 것인데, 이 말은『맹자집주』가 이 장에 붙인 주에 보인다. "이 장은 앞에서 순임금에 대해 한 말에 이어서 여러 성인을 차례로 서술하여, 각기 그 한 가지 일을 들어 근심하면서 삼가고 걱정하면서 애쓰는 뜻을 드러낸 것이다. 천리가 이 때문에 항상 보존되며 인심은 이 때문에 죽지 않는다"(此承上章言舜, 因歷敍群聖以繼之, 而各擧其一事, 而見其憂勤惕厲之意, 蓋天理之所以常存, 而人心之所以不死也).

198)『맹자』「이루 하」19.

된 것이 아니겠는가. 사람이 이를 얻어 마음으로 삼으면 벌레, 물고기, 풀, 나무, 돌, 기와가 모두 귀신처럼 움직이고(動) 안정할(定) 것이다.

千聖相傳者心也, 心放他自由不得, 程子提出敬字, 直是起死回生丹藥. 禹湯文武周公五君子, 其功業蓋天地. 孟子不言, 單就一點憂勤惕慮之心爲之描出, 所謂幾希也. 蓋天地也只是箇敬, 天地雖寬廣散漫, 而四時晝夜, 不敢稍有踰越, 其間鬼神往來, 凜凜於禍福之間, 非此幾希爲之主宰乎. 人得此以爲心, 則虫魚草木瓦石, 都作鬼神動定矣.

요쌍봉[199]은 다음과 같이 말했다. "일에 응하기 이전에 미발의 중(中)을 어떻게 잡을 수 있는가? 모름지기 일이 면전에 이르러야 비로소 어디가 과하고 어디가 불급인가를 헤아려, 바야흐로 [중을] 잡아 쓸 수 있으니, 이는 사물상에서 잡는 것이다. … 만약 먼저 이 중을 잡고 사물이 오기를 기다리면 이는 [고정된] 하나를 잡는 것으로 이는 '자막이 중을 잡았다'(子莫執中)[200]는 그 중이 된다."[201]

내 생각에 미발시에 신독(愼獨)하는 것이 바로 중을 잡는 것으로(執中), 사마군실[202]이 생각하듯이 하나의 '중'자를 잡는 것[203]과는 같지 않

199) 요노(饒魯, 대략 1256년경 전후에 활동). 권말 '주요인물 소개' 참고. 『송원학안』 권83, 「쌍봉학안」이 있다.
200) 『맹자』 「진심 상」 26.
201) 『맹자대전』 8-20, 雙峯饒氏曰, 未應事以前, 未發之中, 如何執得, 須是事到面前, 方始量度何處是過, 何處是不及, 方可執而用之, 是就事物上執. (擇善固執, 也是就事物上擇而執之,) 若先執定這中, 待事物來, 便是執一, 是子莫執中了. 황종희가 ( ) 안의 구절은 생략하고 인용했으며, 번역문에서 […]로 처리했다.
202) 사마광(司馬光). 북송(北宋) 때 구법당(舊法黨)의 영수. 군실(君實)은 자(字). 사마광은 왕안석(王安石)의 신법(新法)과 그의 개혁정치에 반대해 벼

다. '그 중을 잡으라',[204] '그 양단을 잡으라',[205] '선을 택해 잡으라'[206] 라고 하니, 성현이 언제 '잡는' 일을 꺼린 적이 있는가. 만약 사물이 온 뒤 비로소 그 과불급을 헤아려 잡는다면, 이는 먼저 원과 네모를 그린 뒤에 컴퍼스와 직각자를 대는 것이지, 컴퍼스와 직각자로 원과 네모를 그리는 것이 아니다. 이것이 바로 '자막이 중을 잡은 것'이다. 후대 사람들의 모호하고 어중간한 설들은 모두 여기에서 나왔다.

> 饒雙峯曰, 未應事以前, 未發之中, 如何執得, 須是事到面前, 方始量度何處
> 是過, 何處是不及, 方可執而用之, 是就事物上執. 若先執定這中, 待事物來,
> 便是執一, 是子莫執中了. 愚謂未發之前愼獨, 便是執中, 非如司馬君實念一中
> 字之爲執也. 允執厥中, 執其兩端, 擇善固執, 聖賢何嘗諱執. 若事物之來, 方
> 始較量其過不及而執之, 則是先方圓而後規矩, 非規矩以爲方圓也, 正是子莫
> 之執中. 後世模棱調停之說, 皆出於此.

슬을 버리고 낙양(洛陽)으로 내려가 독락원(獨樂園)을 짓고 은거했다.

203) 사마광의 『전가집』(傳家集) 권64에 실려 있는 「중화론」(中和論)에서 그의 '중용'론을 엿볼 수 있다. 그는 구도(求道)의 요령은 마음에 있고 마음을 다스리는 근본 방법은 '집중'(執中)이라고 생각했다. 그에게 '집중'이란 '중을 항상되게 하는 것'(以中爲常)이다. 미발시(未發時)에는 "중에서 보존하고"(存乎中) 이발시(已發時)에는 "중으로 제어하는"(制之以中) 것이 '중'으로 일관시키는 구체적인 방법으로 제시된다. 즉 사마광에게 '중'은 불변의 기준으로 인식된 듯하며, 황종희가 비판하는 점도 여기에 있는 듯하다.

204) 『서경』「우서·대우모」.

205) 『중용』 6.

206) 『중용』 20, "성실함은 하늘의 도이고 성실하고자 하는 것은 사람의 도이다. 성실함은 노력하지 않아도 중절하고 생각하지 않아도 얻으며 자연스럽게 도에 맞는 것으로, 성인의 일이다. 성실하고자 하는 것은 선을 택해 굳게 잡는 것이다"(誠者, 天之道也, 誠之者, 人之道也. 誠者, 不勉而中, 不思而得, 從容中道, 聖人也. 誠之者, 擇善而固執之者也).

● 황종희의 비유를 그대로 사용한다면 컴퍼스나 직각자에 해당하는 것은 나의 마음이다. 그러므로 일이 면전에 이른 뒤에야 과불급을 헤아린다면, 네모나 원을 그린 뒤에 컴퍼스나 직각자를 대보는 것이다. 그러므로 사물을 만나기 전에 컴퍼스나 직각자를 바르게 해야 하고, 그것이 '미발시에 중을 잡는' 것에 해당한다.

요순은 겨울날의 혹독한 추위와 여름날의 비에 백성들의 신음이 하루도 그치지 않는 것을 마음 아파했다. 문왕의 '상처 입은 사람 보듯 하는 마음' 역시 하루라도 그쳤겠는가. 도는 끝없이 펼쳐지니 나의 노력 역시 끝없이 날로 진보한다. 〔도가〕 이미 이르렀다는 마음을 갖는다면 도에서는 날로 멀어진다.

『맹자집주』는 "백성이 이미 편안한데 마치 아직 상처 입은 사람이 있는 것처럼 보는 것이다. 도는 이미 이르렀는데 아직 보지 못한 것처럼 바라보는 것이다"[207]라고 했는데, 틀렸다.

> 堯舜猶病祁寒暑雨, 民之呻吟未有一日息也. 文王如傷之心, 亦豈能一日已乎. 道無窮盡, 吾之工夫亦日進無疆, 纔操已至之心便去道日遠. 註云, 民已安矣, 而視之猶若有傷, 道已至矣, 而望之猶若未見. 非是.

● '도는 끝없이 펼쳐진다'는 것은 이 세상이 끝없이 지속된다는 것이고, 백성을 비롯한 만물이 계속 이어 산다는 것이다. 내 마음 역시 생생하는 그 세상과 계속 새로운 관계를 맺어야 하므로, 올바른 관계를 위한 마음의 공부 역시 계속되어야 한다. 주희는 "문왕은 백성 보기

---

207) 본장에 붙은 주희 『맹자집주』의 주이다.

를 상처 입은 사람 보듯 했으며 도를 바라보면서도 아직 보지 못한 듯 했다"(文王視民如傷, 望道而未之見)는 구절에 대해, 요순이 겸양으로 말했을 뿐, 요순과 같은 성인에게는 도가 완벽하게 갖춰져 있을 것이라 생각했다. 이를 황종희는 틀렸다고 하는데, 그에게는 완성된 인격이란 없기 때문이다. 또한 백성들의 일용은 나날이 새롭게 펼쳐지는 것이므로, 성인일지라도 백성을 위하는 마음은 늘 새로워져야 하는 것이기 때문이다.

8-21 왕의 자취가 사라지다 王者之迹熄章

『맹자집주』에서는 "평왕(平王)이 동천하고 정교와 명령은 천하에 미치지 못했다. '시가 없어졌다'는 것은 '서리'(黍離)[208]가 강등되어 '국풍'(國風)이 되고 '아'(雅)가 없어졌음을 말한다"[209]고 했다.

내가 보기에 풍(風)과 아(雅)는 체제가 다르며 음절 역시 다르다. '서리'를 '아'로 승격시키는 것은 도리에 맞지 않는데, 어떤 근거로 강등이라고 하겠는가.[210] 또한 제(齊), 노(魯), 한(韓)의 삼가(三家)의 시는[211]

---

208) 서주가 멸망한 뒤, 옛 수도 호경의 황폐함을 개탄한 노래로 현재『시경』권4, 「왕풍」(王風)에 실려 있다.

209) 주희,『맹자집주』. 또 주희는『시경집전』「왕풍」(王風)의 주에서 다음과 같이 말하기도 했다. "평왕이 수도를 동쪽의 왕성으로 옮긴 뒤, 왕실은 제후와 다름없이 낮아졌으며 그리하여 시 역시 '아'라 하지 않고 '풍'이라고 하였다"(是爲平王徙居東都王城, 於是王室遂卑, 與諸侯無異, 故其詩不爲雅而爲風). 즉 주희는 아(雅)는 천자가 향연하거나 조회할 때의 음악이고, 풍(風)은 제후국의 민요라고 생각했다.

210) 황종희는 풍과 아가 각각 다른 장르라고 생각했으므로, 그 사이에 승격이니 강등이니 하는 방식으로 연결시킬 수 없다.

각각 설이 다르다. '관저'(關雎), '갈담'(葛覃), '권이'(卷耳),[212] '채번'(采繁), '채빈'(采蘋), '추우'(騶虞),[213] '녹명'(鹿鳴), '사모'(四牡), '황황자화'(皇皇者華)[214] 등은 모두 강왕(康王)[215]의 시이다. 왕풍(王風)[216]은 노(魯)나라의 시이고 고종(鼓鐘)[217]은 소왕(昭王)[218]의 시이다. '서리'를 왕풍이라고 한 것은 『모시』뿐이다. 왕풍은 아직 정해지지 않았는데 강등된 것인지 아닌지를 어떻게 알겠는가. 만약 계찰(季札)이 주의 음악을 들으면서 '왕풍'의 연주도 들었다면, 이는 공자가 아직 시를 산정하기 전인데도 공자가 산정한 것과 대략 같은 것이 되니, 어떻게 좌씨의 부회가 아님을 알겠는가.[219] 맹자는 "시가 없어졌다"고 했는데, 이는 풍과 아

---

211) 한초(漢初)에 신배공(申培公), 원고생(轅固生), 한영(韓嬰)이라는 사람이 각각 금문으로 된 『시』를 전했는데 이를 각각 노시(魯詩)·제시(齊詩)·한시(韓詩)라고 한다. 이들은 곧 일실되었고(노시는 서진(西晉)시대에, 제시는 위대(魏代)에, 한시는 당대(唐代)에 없어졌으며, 한시 『외전』(外傳) 10권은 전해진다). 현재 『시경』으로 남아 있는 것은 『모시』(毛詩)로서, 유일하게 고문(古文)으로 모공(毛公)이라는 조(趙)나라 사람이 전한 것이다. 정현이 『모시전』(毛詩箋)을 썼고 송대(宋代)에 이르러 『시경』이라는 이름으로 정착되었다.

212) 관저, 갈담, 권이는 『모시』, 즉 『시경』에는 「국풍(國風)·주남(周南)」에 묶여 있다.

213) 채번, 채빈, 추우는 『모시』, 즉 『시경』에는 「국풍·소남(召南)」에 묶여 있다.

214) 녹명, 사모, 황황자화는 『모시』, 즉 『시경』에는 「소아(小雅)·녹명지십(鹿鳴之什)」에 묶여 있다.

215) 주(周) 성왕(成王)의 아들로 성왕 사후 왕위를 이어 26년 재위한 뒤 병사했다. 재위시기에는 국력도 안정되어 있었고 경제·문화·사회 등의 방면에서 융성기였다. 성왕 말년의 치세와 함께 '성강지치'(成康之治)로 불린다. 『서경』 「주서」(周書)에 '강왕지고'(康王之誥)가 있다.

216) 『시경』 권4, 「왕풍」(王風).

217) 『시경』 권13, 「소아(小雅)·북산지십(北山之什)」 안의 시이다.

218) 주소왕(周昭王), 즉 성왕의 손자이고 강왕의 아들이다.

와 송이 모두 없어졌다는 것이지, 유독 아만 없어졌다고 한 것이겠는가. 선유가 [아가 없어지고 국풍이 되었다고] 말한 것은, 국풍은 대부분 동천 (東遷) 이후의 시이고, 이아(二雅)[220]는 유왕 때에 한정되므로, '아가 없어졌다'고 한 것이다. 그러나 「왕제」에 "천자는 5년마다 한 번 순수를 하는데, 태사에게 시를 읊게 해 민풍을 본다"[221]고 되어 있다. 이아(二雅)는 연향(宴享), 정행(征行), 술조(述祖), 자상(刺上)[222]을 위한 것으로, 천자가 민풍을 보는 것과는 관계가 없다. 천자의 직할지(畿甸) 안에서 아가 없어졌는지 아닌지는 시를 읊게 해서 알 수 있는 것이 아니다. 동천한 이후의 시에서야말로 민풍(民風)을 볼 수 있었는데 '없어졌다'고 한 것은, 선왕이 [시를 읊게 해] 민풍을 아는 것뿐 아니라, 그 사이에서 상벌을 행함으로써 그에 의거해 풍속을 바꾸는 일도 했었기 때문이다. [그런데 더 이상] 예악과 정벌이 천자에서 나오지 않고, 전해지는 시는 시를 정리한 사람이 채집한 것이므로 징계하고 권면하는 법은 없어졌기 때문에 "시가 없어졌다"고 한 것이다.

> 集註謂, 平王東遷, 政敎號令不及於天下, 詩亡, 謂黍離降爲國風而雅亡也.
> 愚謂風雅體製不同, 音節亦異, 以黍離而進之於雅, 是謂不倫, 孰從而降之耶.
> 且齊魯韓三家之詩, 爲說不同, 以關雎, 葛覃, 卷耳, 采蘩, 采蘋, 騶虞, 鹿鳴,

---

219) 『춘추좌전』「양공」(襄公) '29년조'에, 오(吳)의 공자(公子)인 계찰(季札)이 노양공에게 주왕실의 춤과 음악을 들려주기를 청하여, '왕풍'(王風)을 비롯하여 각 나라의 풍(風), 아(雅), 송(頌)을 듣고 논평한 이야기가 실려 있다.

220) 『시경』의 「대아」(大雅)와 「소아」(小雅)를 말한다.

221) 『예기』「왕제」.

222) '연향'(宴享)은 국빈을 대접하는 잔치이며, '정행'(征行)은 먼 길을 떠나거나 출정(出征)하는 것을 말한다. '술조'(述祖)는 조상의 덕을 기리는 것이며, '자상'(刺上)은 윗사람을 비판하는 것이다.

四牡, 皇皇者華之類, 皆康王詩. 王風爲魯詩, 鼓鐘爲昭王詩. 以黍離爲王風
者, 獨毛詩耳. 其爲王風, 尙未可定, 安知其降不降耶. 若以季札觀周樂, 有歌
王風, 此在孔子未刪詩之前, 却與孔子所刪大同, 焉知非左氏之附會乎. 孟子言
詩亡, 是風雅頌俱亡也, 何得單指爲雅亡乎. 先儒之爲此說者, 以國風多東遷以
後之詩, 而二雅止於幽王, 故云雅亡, 然王制云, 天子五年一巡狩, 命太師陳詩
以觀民風. 夫二雅爲宴享征行述祖刺上, 其於天下之民風無與也. 畿甸之中, 雅
之亡不亡, 非陳詩所及顧. 東遷後之詩, 正可以觀民風, 而謂之亡者, 蓋先王之
民風不徒知之而已, 賞罰行於其間, 藉以爲移風易俗之事. 今禮樂征伐不出於
天子, 而所傳之詩, 乃刪詩者之所捃拾, 則懲勸之法亡矣, 故曰詩亡.

● 주희는 이아(二雅)는 천자와 관련된 노래이고 풍(風)은 제후국과
관련된 노래이므로, 주가 동천한 이후 천자국의 지위를 잃었으니 아가
없어졌다고 해석했다. 황종희는 아와 풍은 형식과 쓰임 자체가 다른
음악이라고 생각한다. 즉 아가 연향(宴享), 정행(征行), 술조(述祖),
자상(刺上)을 위한 것이라면, 풍은 천자가 민풍을 엿보기 위한 것이라
고 분류한다. 황종희는『맹자』에서 "시가 없어졌다"고 한 것은 아와 풍
이 모두 없어진 것이라고 해석한다. 천자의 정행과 술조가 없을 것이
므로 아도 사라지겠고, 풍은 천자가 민풍을 엿보고 그를 통해 교화하
려는 기능이 없어졌다는 의미에서 역시 없어졌다고 할 수 있다.

선유는 공부자가『춘추』를 지을 때, 노나라 역사서의 구문(舊文)을 가
지고 거기에 덧붙이거나 삭제했다고 했는데,[223] 그렇지 않다.

---

223) 선유의 의견은 구체적으로 주희의『맹자집주』를 가리킨다. "『춘추』는 노나라

맹자가 "진나라의 『승』(乘), 초나라의 『도올』(檮杌), 노나라의 『춘추』"라고 한 것을 보면, 이 세 책을 합해 이룬 것이다. 노나라 역사서는 본국의 일을 기록한 것으로, 제후가 천자를 알현하거나 제후들끼리 만나서 맹약을 맺는 일(朝聘盟會)과 관련된 각국의 일에 대해서는 상세하게 진술할 수 없었다. 진나라[의 『승』]과 초나라[의 『도올』]은 모두 좋은 역사서이다. 진나라의 『승』은 [지금] 볼 수 없지만 "조순(趙盾)이 그 임금을 시해했다"[224]는 기록은 『승』 안의 글귀이다. 공자는 [진나라의 사관인] "동호(董狐)는 옛날의 좋은 사관이다. 법을 지켜 은폐하는 일이 없었다"고 했다.[225] 초나라의 『도올』은 볼 수 없지만 "최저(崔杼)가 군주를 시해했다"고 태사가 기록하고는 죽음을 당했다. 남사씨는 태사씨가 모두 죽었다는 소리를 듣고 [자신이 기록할 생각으로] 죽간을 들고 갔다. 남사씨는 초나라의 사관이다.[226] 그러므로 춘추라는 이름은 노나라에서 연유했

역사기록(史記)의 이름으로, 공자가 이것을 이어 덧붙여 기록하거나 삭제하였다"(春秋, 魯史記之名, 孔子因而筆削之).

224) 『춘추』 「선공」(宣公) '2년조', "가을 9월 을축날, 진의 조순이 그 군주 이고를 시해했다"(秋九月乙丑, 晉趙盾弑其君夷皐).

225) 『춘추좌전』 「선공」 '2년조'. 진(晉)의 대신인 조천(趙穿)이 무도한 영공(靈公)을 시해했다. 당시 재상격인 정경(正卿) 조순(趙盾)은 영공이 시해되기 며칠 전 그의 해악을 피해 망명길에 올랐으나 국경을 넘기 직전 이 소식을 듣고 도읍으로 돌아왔다. 그러자 사관(史官)인 동호(董狐)가 공식 기록에 "조순이 군주를 시해했다"고 적었다. 조순이 이 기록을 보고 항의하자, 동호는 조순이 국내에 있었고 도읍으로 돌아와서 범인을 처벌하지 않기 때문에 공식적으로는 시해자라고 말했다. 조순은 그것이 도리에 맞다고 인정했다. 훗날 공자는 이 일에 대해 "동호는 훌륭한 사관이었다. 법을 지켜 올곧게 직필했다. 조순도 훌륭한 대신이었다. 법을 바로잡기 위해 오명을 감수했다"고 논평했다.

226) 『춘추좌전』 「양공」 '25년조' 참조. 최저가 자신의 군주인 제장공(齊莊公)을 죽이자 태사가 죽간에 "최저가 자기 군주를 시해했다"(崔杼弑其君)라고 썼

지만, 진나라와 초나라의 역사에서 채집해 넣은 것이 많으므로 [공자가] '삼가 취했다'는 것은 이 세 역사서를 모두 삼가 취했다는 것이다.

先儒謂夫子之作春秋, 因魯史之舊文, 爲之筆削於其間, 非也. 觀孟子言晉之乘, 楚之檮杌, 魯之春秋, 則是合三書以成之者也. 蓋魯史記本國之事, 與其朝聘盟會所及者, 其於各國不能盡詳也. 晉楚皆良史, 晉之乘不可見, 而書趙盾弑其君, 此乘中之文. 孔子曰, 董狐, 古之良史也. 書法不隱. 楚之檮杌不可見, 而崔杼弑其君, 太史書之見殺, 南史氏聞太史氏盡死, 執簡以往. 南史氏, 乃楚之史官也. 然則春秋之名, 雖因於魯, 而晉楚之史, 採入者必多, 竊取之者, 竊取此三史也.

● 주희는 『춘추』가 노나라 역사책을 기초로 해서 만들었다고 생각했다. 그런데 『맹자』는 "진나라의 『승』, 초나라의 『도올』, 노나라의 『춘추』는 한가지이다. 그 내용은 제환공과 진문공에 관한 것이고 그 글은 사관의 것이다. 공자는 '그 뜻을 내가 삼가 취했다'고 했다"(晉之乘, 楚之檮杌, 魯之春秋, 一也, 其事則齊桓 · 晉文, 其文則史. 孔子曰, '其義則丘竊取之矣)고 한다. 황종희는 이를, 공자가 자신의 역사책을 쓰면서 참고했던 것은 노나라의 역사서뿐만이 아니라고 해석했다. 황종희는 진나라의 조순의 일이라든가 초나라의 최저의 일이 『춘추』에 남아 있는 것이, 공자의 『춘추』가 노나라의 역사서뿐만 아니라 『승』과 『도올』을 참작한 증거라고 주장한다. 노나라의 역사서나 『승』『도올』 모두 한

다. 이에 최저가 태사를 죽였다. 태사의 아우 두 사람이 계속 똑같이 기록하다가 연이어 죽음을 당했다. 태사의 또 다른 아우가 또 그렇게 기록하자 더 이상 죽일 수 없었다. 남사씨는 태사의 형제들이 모두 죽었다는 소식에 죽간을 들고 갔다가 이미 사실대로 기록되었다는 이야기를 듣고 돌아갔다고 한다.

나라의 역사서이기 때문에 이웃나라의 내정에 대해 자세하게 기록하지 않았을 것이기 때문이다. 이 일들은 각국의 역사서에 실렸을 것이고, 『맹자』에 실린 공자의 말대로 공자가 『춘추』를 지을 때 그것들을 참고했을 것이라고 추측하는 것이다.

8-22 군자의 영향 君子之澤章

이 장은 앞장에 이어 "공자가 『춘추』를 짓자 난신적자가 두려워했다"[227)]는 것에 대해 말하고 있다. 전국시대가 이미 140여 년이 이어졌으니, 대략 다섯 세대가 지났다. 두려워하는 마음은 점차 소멸하니 이른바〔군자의 영향은〕"다섯 세대가 지나면 끊긴다"는 것이다.〔그러나〕난신적자는 끊어지지 않고 다시 이어진다. 맹자는 공자를 이어 『춘추』〔와 같은 책〕을 짓고 싶었으나, 그 성인됨이 공자에 미치지 못하기 때문에 "나는 공자의 부류가 되지 못했다"고 했다. 같을 수는 없었지만 『춘추』의 뜻을 취해 사숙하여 질문을 계속 던지며〔『맹자』〕 7편을 만들었다. '도'(徒)란 부류(類)와 뜻이 같다. "양묵을 물리치자고 말할 수 있는 자는 성인의 부류이다"[228)]와 같은 경우이다.

『맹자집주』는 '수업을 하는 스승과 생도'라고 할 때의 '생도'(徒)로 보았는데,[229)] 틀렸다.

---

227) 『맹자』 「등문공 하」 9.
228) 『맹자』 「등문공 하」 9.
229) 『맹자집주』, "그런데 맹자가 태어난 것은 공자가 죽고 채 백 년이 안 되었을 때이다. 그러므로 맹자는 '나는 공자의 문하에서 직접 수업을 듣지는 못했다'라고 말했다"(然則孟子之生, 去孔子未百年也, 故孟子言, 予雖未得親受業於孔子之門). 즉 주희는 '공자 문하에서 직접 수업받는 생도가 되지는 못했다'고

此承上章, 言孔子作春秋而亂臣賊子懼. 蓋至戰國已百四十餘年, 大略五世, 其畏懼之心, 漸已消滅, 所謂五世而斬也. 亂臣賊子, 復接跡於世. 孟子欲繼孔子而作春秋, 其聖不及孔子, 故曰予未得爲孔子徒, 不能如之, 但取春秋之旨私相問難, 作爲七篇而已. 徒, 猶類也, 能言距楊墨者, 聖人之徒也一例. 集註以受業爲師徒之徒, 失之矣.

● "予未得爲孔子徒也, 予私淑諸人也"에 대해 주희는 "나는 공자의 생도(生徒)가 되지 못했다"고 풀었다. 황종희는 "나는 공자와 같은 부류의 성인이 되지는 못했다"고 풀었다.

『공총자』[230]에 맹자와 자사가 문답한 것이 있는데,[231] 그 생졸 연대가 서로 만나지 않는 것을 생각하면, 그것이 위서라는 것은 의심할 바가 없다.

孔叢子有孟子與子思問答, 考其生卒年不相接. 其爲僞書無疑.

● 자사(子思)는 대략 주경왕(周敬王) 37년(기원전 483년)에 태어나 주위열왕(周威烈王) 24년(기원전 402년)까지 살았던 것으로 추정된다. 황종희는 맹자가 주안왕 5년(기원전 397년)에 출생해서 노평공

푼 것이다.

230) 공자(孔子)의 8세손인 공부(孔鮒)가 공자를 비롯한 자사(子思), 자고(子高), 자어(子魚) 등의 언행을 모아 3권 21편으로 엮은 책이라고 한다.

231) 맹가(孟軻)가 자사(子思)에게 '목민'(牧民)에 대해 묻거나(『공총자』孔叢子 상권, 「잡조」雜訓 6), '요순문무'(堯舜文武)의 도(道)'에 대해 물었다(『공총자』 상권, 「거위」居衛)는 이야기가 실려 있다.

원년(기원전 314년)에 죽었다고 추정했다.(『맹자사설』 2-16) 정확한 연대는 확인할 수 없지만 자사와 맹자, 두 사람의 생몰 연대가 대략 이 언저리라는 것에는 현대 학자들이 모두 동의하는 바이다. 즉 자사와 맹자가 살아서 만났을 가능성은 희박하며, 특히 서로 문답할 정도의 나이로 만났을 가능성은 더욱 희박하다.

8-23 가져도 되는 것 可以取章

작게는 주고받는 것, 크게는 살고죽는 일은 의(義) 가운데 자취에 불과하다. 눈앞에서 단지 하나의 의만 본다면 응할 때 자연히 절도에 맞는다. 만약 주고받고 살고죽고 하는 일에 임한 뒤에야 그 가불가를 판별한다면, 이는 모두 [사사로운] 의견으로 일을 처리하는 것이므로 상하게 하는 것이 없을 수 없다.

> 小而取與, 大而生死, 不過義中之跡象. 眼前只見一義, 應之自然合節, 若待臨取與生死, 而後辨其可不可, 總屬意見用事, 不能無傷矣.

● 의는 마음이 가진 이(理)이고, 선한 마음이다. "눈앞에서 단지 하나의 의만 본다"는 것은 이 마음이 갈라지는 일 없이 그 의로운 마음뿐이라는 것이다. 그러한 마음이라면 '주고받는다'든지 '살고죽는다'든지 하는 판단의 대상을 앞에 두고 움직이기 이전에 이미 옳은 길로 움직이고 있을 것이다.

8-24 방몽, 활쏘기를 배우다 逢蒙學射章

옛날에는 활을 담당하는 관리의 통칭이 '예'(羿)였던 것으로, [여기의 예는] 유궁(有窮)씨의 예[232)가 아니다. 유궁예(有窮之羿)는 한착(寒浞)

에게 살해당했으므로 방몽(逢蒙)과 연관될 수 없다. 조기(趙岐)가 주를 잘못 단 후로[233] 『맹자집주』도 이를 따랐다.[234] 하(夏)를 찬탈한 예라면 그 죄는 죽음으로도 용서받지 못할 것이다. 〔그 죄를〕 활을 〔잘못 가르친〕 일과 그 후박을 자잘하게 비교한다면, 이는 삼년의 상은 하지도 못하면서 시마나 소공과 같은 상례를 자세하게 살피는 것이다.[235]

> 古者司射之官, 通名爲羿, 非有窮氏之羿也. 有窮之羿, 爲寒浞所殺, 與逢蒙
> 無與. 自趙岐註誤, 集註因之. 若簒夏之羿, 其罪不容誅, 顧屑屑較厚薄於學射
> 一事, 則是不能三年之喪, 而爲緦小功之察也.

● 조기와 주희는 여기에 등장하는 예는 유궁예라고 생각하지만 황

---

232) 유궁예(有窮羿)는 전설상의 인물로, 하대(夏代)의 부락 가운데 하나였던 유궁씨(有窮氏)의 수령(首領)이었다고 한다. 하나라 정권을 침탈했으나 오래지 않아 백명씨(伯明氏)의 한착(寒浞)에게 살해당했다고 한다. 그 이름이 '후예'(后羿)였다는데, '후'(后)는 하대에 국군(國君)에게 붙이는 칭호이다. 『춘추좌전』「양공」'4년조' 참조.

233) 조기, 『맹자주소』의 주, "예는 유궁후예로, 방몽은 예의 가솔이었다"(羿, 有窮后羿. 羿蒙, 羿之家衆也).

234) 주희의 『맹자집주』는 조기의 주를 그대로 답습했다. "羿, 有窮后羿也. 羿蒙, 羿之家衆也."

235) '삼년의 상은 하지도 못하면서 시마나 소공과 같은 상례를 자세하게 살피는 것이다'의 출전은 『맹자』로, 일의 경중을 판단하지 못하는 것을 풍자하는 말이다. 『맹자』「진심 상」46, "삼년상을 실행하지 않으면서도 시마나 소공 같은 상례를 자세히 살피는 것이다"(不能三年之喪, 而爲緦小功之察也). 시마는 상복을 3개월 입는 상례이고, 소공은 상복을 5개월 입는 상례이다. 삼년상에 비한다면 상복의 예 중에 가벼운 것이다. 삼년상을 제대로 지키지 못하는 사람이 시마와 소공의 예를 자세하게 이해하려고 하는 것은 일의 경중을 헤아리지 못하는 것이다.

종희에 의하면 그렇지 않다. 만약 유궁예였다면 하나라를 찬탈한 그의 죄는 너무 커서, 활을 가르친 잘못은 거론할 가치조차 없을 것이라는 것이 황종희의 생각이다.

『춘추좌전』「양공」 '14년조'에 의하면, 윤공타(尹公佗)가 유공차(庾公差)에게 활쏘기를 배웠고, 유공차는 공손정(公孫丁)에게 활쏘기를 배웠다. 위(衛)나라의 손문자(孫文子)가 위나라의 군주인 헌공을 쫓았을 때 공손정이 헌공의 수레를 몰고 있었다. 유공차가 "활을 쏘면 스승을 배반하게 되고 쏘지 않으면 벌을 받게 되니 활을 쏘되 예(禮)에 맞도록 하겠다"고 하고는 양 멍에에 활을 쏘고는 돌아갔다. 윤공타는 "그대에게는 사부이지만 나하고는 멀다"고 하고는 그를 쫓았다. 공손정은 말고삐를 헌공에게 맡기고 〔윤공타를〕 쏘아 팔을 맞혔다고 한다.

〔이『춘추좌전』의〕 기록은 『맹자』와 많은 부분이 안 맞는다. 공손정은 '자탁유자'가 아닌데다, 위헌공의 수레를 몬 사람 또한 정나라 사람이 아니다. 유공차의 자는 자어(子魚)로[236] '유공지사'가 아니다. 공손정에게 활쏘기를 배운 것은 유공차이지 '윤공타'가 아니다. 유공차와 윤공타는 손문자가 부리는 사람이지, 위나라가 부리는 사람이 아니다. 유공차와 윤공타는 반역 신하의 도당인데 어떻게 '단정한 사람'이라고 할 수 있겠는가.『맹자』에 의거하면 좌씨〔즉『춘추좌전』〕의 거짓이 심하다.

左傳襄十四年, 有尹公佗學射於庾公差, 庾公差學射於公孫丁, 衛孫文子逐

其君獻公, 公孫丁御公, 庾公差曰, 射爲背師, 不射爲戮, 射爲禮乎. 射兩靷而

---

236) 진(晉) 두예(杜預) 주(注), 당(唐) 공영달(孔穎達) 소(疏), 『춘추좌전주소』(春秋左傳注疏)의 '주'에 의하면 "자어(子魚)는 유공차(庾公差)이다".

還. 尹公佗曰, 子爲師, 吾則遠矣. 乃反之, 公孫丁授公轡而射之, 貫臂. 其文多與孟子不合. 公孫丁旣非子濯孺子, 爲衛獻公御, 又非鄭人. 庚公差字子魚, 非庚公之斯. 學射於公孫丁者爲庚公差, 非尹公佗. 庚尹爲孫文子所使, 非衛所使. 庚尹爲叛臣之黨, 豈稱端人. 按以孟子之言, 左氏之誣甚矣.

●『춘추좌전』이『맹자』에 실린 이야기와 등장인물은 같지만 실질적인 내용은 다른 데 대해, 황종희는『맹자』를 신뢰하면서『맹자』에 의거하여『춘추좌전』이 잘못된 것이라고 판단했다. 『맹자』에 의거해 사승관계를 따지면 자탁유자-윤공타-유공사로 내려가는데,『춘추좌전』에 의하면 공손정-유공차-윤공타 순으로 된다.

8-25 서시西子章

세상 사람들은 한 부분을 가지고 다른 사람의 평생을 개관하는 일이 많고, 그 사람 또한 스스로의 한 부분만을 가지고 자신을 믿는 일이 많다. 인의가 어찌 늘 있는 장소가 있겠는가. [인의의 길을] 밟으면 군자가 되고 거스르면 소인이 된다. 그러므로 선을 행하는 자도 자신할 수 없으며, 악을 행하는 자라고 스스로를 버려서는 안 되니, [선과 악이] 다투는 곳은 일념(一念) 사이에 있기 때문이다. 집어올리면 이것이 천리이고 놓아버리면 이것이 인욕이다.

世人多以一節槪人生平, 人亦多以一節自恃. 夫仁義豈有常所. 蹈之則爲君子, 背之則爲小人, 故爲善者不可自恃, 爲惡者不可自棄, 所爭在一念之間耳. 纔提起便是天理, 纔放下便是人欲.

●인의라는 덕은 물건처럼 항상 소유할 수 있는 것이 아니다. 항상

과유불급의 운동을 하는 마음의 상태일 뿐이다. 그러므로 그 마음을 다잡지 않는다면, 그리고 지속적으로 중정의 마음을 유지하도록 노력하지 않는다면 누구라도 군자와 소인을 왕래할 수 있다.

8-26 세상 사람들이 말하는 성天下之言性章

사람의 마음은 측은할 때를 마주하면 저절로 측은할 수 있고, 수오할 때를 마주하면 저절로 수오할 수 있으므로, 억지로 애쓰는 것에 기대지 않아도 자연히 유행한다. 이것이 이른바 '고'(故)이다. 그러나 전광석화처럼 가늘게 흐르다 쉽게 사라지므로, 반드시 불이 처음 타고 샘이 처음 솟듯이 '그것을 체화한'(體之) 뒤에야 '순조롭다'(利)라고 할 수 있다. 순조롭지 못한 이유는 단지 인위적으로 일을 일으켜, 아무 일도 없는데 공연히 쓸데없는 일을 만들어내기 때문이다. 보통 사람에게는 보통 사람의 인위적 작태가 있고 학자에게는 학자의 인위적 작태가 있다. 일단 사귀려는 마음, 칭찬받으려는 마음[237] 때문에 움직이면 이는 보통 사람의 인위적 작태이니, 바로 그 자리에서 버려야 한다. 얕게는 사공(事功)을 구하고 깊게는 현허(玄虛)를 구하는 것, 이는 학자의 인위적 작태로 이른바 '천착'(鑿)이다. 단지 이 작은 지식을 위해 분란을 일으키고, 천착하

---

237) '인위적 작태'의 예로 언급된 '사귀려는 마음,' '칭찬받으려는 마음'은 『맹자』 「공손추 상」 6의 다음 구절에서 유래하는 말이다. "지금 사람이 우물에 빠지려는 어린아이를 문득 보면 누구나 깜짝 놀라고 측은히 여기는 마음을 갖는다. 이는 어린아이의 부모와 사귀기 위해서가 아니며, 동네 사람들에게 칭찬을 받기 위해서도 아니며, 아이의 울음소리가 싫어서 그런 것도 아니다"(今人乍見孺子將入於井, 皆有怵惕惻隱之心, 非所以內交於孺子之父母也, 非所以要譽於鄉黨朋友也, 非惡其聲而然也).

여 통달하기를 구하니, 천하에 시끄럽게 일이 많은 것은 모두 '성'(性)이 밝지 않기 때문이다.

凡人之心, 當惻隱自能惻隱, 當羞惡自能羞惡, 不待勉强, 自然流行, 所謂故也. 然石火電光, 涓流易滅, 必能體之, 若火之始然, 泉之始達, 而後謂之利. 其所以不利者, 只爲起爐作竈, 無事生事. 常人有常人之起作, 學人有學人之起作. 一動於納交要譽, 便是常人之起作, 舍却當下. 淺者求之事功, 深者求之玄虛, 便是學人之起作, 所謂鑿也. 只爲此小智作崇, 鑿以求通, 天下所以嘖嘖多事, 皆因性之不明也.

●『맹자』의 "故者以利爲本. 所惡於智者, 爲其鑿也" 부분에 대한 해석이다. 황종희는 '고'(故)를 기(氣)의 자연스러운 길, 즉 기의 이(理)로 해석했다. 마음의 이를 따르면, 즉 고를 따르면 모든 것이 순조롭다(利). 이 마음의 이에 의거하지 않고 인위적인 작태를 일삼으며 세상을 대하려는 것이 '천착'이며, 이렇게 되면 순조롭지 않다'(不利).

올해 동지에 태양은 모처에 이르러 하늘과 만나고, 매일 하늘에서 1도씩 물러난다. 이듬해의 동지에 태양은 다시 원래 있던 곳으로 돌아간다. 〔태양의 되돌아간 곳이〕 전해와 같은 도수에 있지는 않지만, 그 원래 자리(原處)는 만고불변하니, 그곳이 이른바 '고'(故)이다. 그러므로 동지를 정할 때는 동지 전후에 낮 동안의 해그림자의 가운데를 절취'(折取)해서 동지로 정한다. 또 해의 차이를 견주어 매겨 시각을 추정하니, 이것이 이른바 '그 고를 구한다'(求其故)는 것이다. '천 년의 동지'(千歲之日至)는 앞으로 올 동지를 말하는 것으로, 지금의 미래역이지 역원(曆元)을 말하는 것이 아니다. 역원은 고이며, '앉아서 이룬다'는 것은 앞으로 올 것에 대해 〔안다는〕 것이다. 성(性)은 고(故)가 되니 또한 만고에 변하지 않으며, 이 마음과 이 이(理)는 같다. 그러므로 '순리에 따름'(利)으로써 실천하면 천지의 화육에 참여하게 되니, 이 또한 '앉아서 이룰 수 있다'는 것이다.

今歲冬至, 日行至某處與天會, 每日退天一度. 來歲冬至, 日行復至原處, 雖不在前歲宿度上, 而其原處萬古不變, 所謂故也. 故定冬至者, 取至前後日間晷景折取其中, 定爲冬至, 且以日差比課, 推定時刻, 所謂求其故也. 千歲之日至, 謂將來之日至, 今之未來曆也, 非曆元之謂. 曆元是故, 坐而致者是將來. 性之爲故, 亦萬古不變, 此心此理同也, 利以行之, 則參贊化育, 亦可坐而致矣.

● "天下之言性也, 則故而已矣" 부분에 대한 해설이다. 황종희는 이 번에는 '고'(故)를 '동지에 태양이 머무는 원래의 자리'라고 풀었다. 일 년 뒤의 동지에 태양은 꼭 같은 자리에 머물지는 않지만 원래의 자리, 즉 '고'를 알면 어디쯤에 머물지 알 수 있다. 사람의 성 역시 고와 마찬가지로 본래의 것으로서 변하지 않는다. 하늘(天)의 운행과 마찬가지로 인간의 마음도 이 본래의 것을 잃지 않는다면 천 년 후의 변화도 예측할 수 있다. 황종희의 읽기에 따라 "天下之言性也, 則故而已矣"를 읽으면 다음과 같다. "세상에서 '성'에 대해 말한다면, 그것은 '본래의 자리'일 뿐이다." 변하지 않고 없어지지 않는 이 '고'는 황종희가 8-12 '어린아이의 마음을 잃지 않음'(不失赤子之心章)에서 말한 양지의 '체'(體)에 상응한다.

상산은 '고'(故)에 대해, 장자의 "지혜와 기교를 버린다"(去故與智)[238]의 기교라고 하여 나쁜 뜻으로 풀었다.[239] 그러나 그렇게 되면 '천 년 뒤의 동지'(千歲日至) 구절과 말이 맞지 않는다.

象山解故, 爲莊子去故與智之故, 將故字說壞, 畢竟於千歲日至之節說不去.

● 상산처럼 '고'를 기교라고 해석하면 "기교를 구하여 천 년 뒤의 동지를 앉아서도 알 수 있다"는 말이 되므로 통하지 않는다.

8-27 공행자公行子章

학중여[240]는 『순자』에 의거해 '공행자유자지상'(公行子有子之喪)의 '자지'(子之)를 사람 이름으로 읽고, 연나라의 재상인 자지라고 생각했다. 제나라가 연나라를 정벌하여 쾌(噲)가 죽었고, 자지는 연나라에서 제나라로 돌아와 제나라에 도착한 뒤에 죽었다는 것이다.[241]

---

238) 『장자』 「각의」(刻意), "[외물을] 느낀 후에 응하고 닥친 후에 움직이며 부득이 해야 일어난다. 지혜와 기교를 버리고 하늘의 이를 따른다"(感而後應, 迫而後 動, 不得已而後起. 去知與故, 循天之理).

239) 『상산집』 「상산어록」 권2, "'세상에서 성에 대해 논할 때는 고(故)를 따를 뿐 이다'라는 [맹자의] 구절은 많은 사람들이 분명히 이해하지 못했다. 수미(首 尾)의 문의(文義)와 중간의 '지에 대해 싫어하는 것'에서 '지 또한 크다'까지 의 문의 역시 자명하다. 맹자의 본지를 잃지 않으면서 내가 본 바에 따르면 장 자의 '지혜와 기교를 버린다'의 구절로 풀이하는 게 마땅하다"(論天下之言性 也, 則故而已矣. 此段人多不明. 首尾文義, 中間所惡於智者, 至智亦大矣文義, 亦自明. 不失孟子本旨, 據某所見, 當以莊子去故與智解之).

240) 학중여는 학경(郝敬, 1558~1639)으로 『맹자사설』 안에서 황종희가 자주 긍 정적으로 인용하고 있는 사람이다. 이 부분은 학중여가 아니라 명(明) 진사원 (陳士元)의 『맹자잡기』(孟子雜記)의 인용인데, 황종희가 착각한 듯하다.

241) 이 부분은 다음 진사원의 말과 일치하며, 황종희가 논의를 전개시키면서 끌어 오는 『순자』나 양경의 『주』『연표』 등의 책들도 역시 진사원이 거론하고 있는 것들이다. (명)진사원, 『맹자잡기』(孟子雜記) 권4, '공행자유자지상'(公行子

내 생각은 다음과 같다. 『순자』는 "공행자지가 연나라에 갔는데, 길에서 증원(曾元)을 만났다"고 했고,[242] 양경(楊倞)은 다음과 같이 주를 달았다. "'공행자유자지상(公行子有子之喪)하자, 우사(右師)가 조문갔다'고 하는 『맹자』의 구절에 대해, 조기는 〔공행자는〕 제나라 대부[243]라고 주를 달았다. 자지가 대략 앞이다."[244] 양경이 앞이라고 한 것은 앞선 세대 사람이라는 것인데, 함께 공행씨의 조정에 나갔다는 것이다. 이로써는 자지가 공행씨 조정의 사람임을 증명했을 뿐, 죽은 사람이 자지라는 말을 한 적은 없다. 그러니 『순자』 역시 의거할 만하지 않다. 『사기』는 "증자는 공자보다 46세 어리다"[245]고 했다. 〔증자는〕 주경왕 15년 병신

有子之喪), "뒤에 『순자』를 읽고 나서야 비로소 '子之'가 사람 이름인 줄 알았다. 『순자』 「대략」에서 '공행자가 연에 가서 길에서 증원을 만났다'고 했다. 양경은 주를 달아 말하기를 "『맹자』에서 '公行子, 有子之喪'이라고 했는데, 공행자는 제의 대부 자지(子之)이며 대략 앞 세대 사람이다"라고 했다. 조심스럽게 생각해보면 공행자는 연나라 재상 자지이다. … 자지는 일찍이 5년 동안 연나라 군주를 지냈고 죽기는 제나라에서 죽었다. 제나라 왕은 군주의 예로 그를 대했다. 그래서 『맹자』에 조정에 있었다는 말이 있는 것이다. 만약 그렇다면 『연표』에서 '군주 쾌(噲)와 자지 모두 죽었다'고 하는 것과 『급총기년』(汲冢紀年)에서 '제나라 사람이 자지를 잡아 그 몸을 소금에 절였다'고 한 것은 모두 망언이다(後讀荀子, 始知子之爲人名. 荀子大略篇云, 公行子之之燕, 遇曾元於塗. 楊倞註云孟子曰公行子有子之喪, 公行子齊大夫之. 蓋其先也, 竊疑公行子卽燕相子之. … 蓋子之嘗爲燕君五年, 其死於齊也. 齊王以國君之禮待之, 故孟子有朝廷之說. 若然則年表謂君噲子之皆死汲冢紀年謂齊人禽子之而醢其身均妄也).

242) 『순자』 「대략」(大略) 36.

243) 조기, 『맹자주소』, "公行子, 齊大夫也."

244) 『순자』 「대략」 '공행자지지연'(公行子之之燕) 구절에 대한 (당)양경의 주이다.

245) 『사기』 권67, 「중니제자열전」 7, "증삼은 남무성인으로 자는 자여이다. 공자보다 46세 어렸으며, 공자는 효도에 뛰어나다고 인정했다"(曾參南武城人, 字

년에 태어났고, 공자가 죽었을 때가 경왕 41년 임술년이었으므로, 〔그때〕 증자는 이미 27세였다. 증자가 언제 죽었는지는 알 수 없으나, 그 뒤 50여 년을 넘지 않는다. 『맹자』는 "증원이 증자를 보양했다"[246]고 했고 「단궁」은 "증자가 병으로 앓아 누웠을 때 증원, 증신이 발치에 있었다"[247]고 했으니, 증원은 이미 장년으로, 그 나이가 자사와 비슷할 것이다. 맹자가 자사에게 수업을 들었다고 한 일에 대해, 후대의 유학자들은 그것이 거짓임을 변별하면서 그 연도가 백 년 가까이 떨어졌다고 했으니, 증원 〔역시 맹자와 시대가 떨어졌음을〕 알 수 있다. 자지와 맹자는 동시대인인데 어떻게 증원과 문답을 할 수 있었겠는가. 또 제나라가 연나라를 정벌하여, 『연표』에 의하면 "군주 쾌와 태자, 재상 자지 모두 죽었다"[248]고 했으며, 『급총기년』(汲冢紀年)에는 "제나라 사람이 자지를 잡아 그 몸을 소금에 절였다"[249]고 했는데, 어떻게 제나라로 돌아와 우공(寓公)[250]이 되었겠는가. 학중여[251]가 궤변을 좋아하는 것이 심하다.

郝仲輿據荀子, 以公行子有子之喪, 子之讀爲人名, 卽燕相子之也. 齊伐燕, 噲死, 子之自燕歸齊, 至是死. 按, 荀子, 公行子之至燕, 遇曾元於塗, 楊倞註云, 孟子曰, 公行子有子之喪, 右師往弔. 趙岐云, 齊大夫也. 子之, 蓋其先也.

子輿, 少孔子四十六歲, 孔子以爲能通孝道).
246) 『맹자』 「이루 상」 19.
247) 『예기』 「단궁 상」.
248) 『독사기십표』(讀史記十表) 권3, 「독육국표보」(讀六國表補).
249) 『죽세기년』 하권, "제나라 군사가 자지를 죽이고 그 몸을 소금에 절였다"(齊師殺子之, 醢其身). 『죽서기년』은 281년 지금의 하남성 급현(汲縣)의 무덤에서 발굴되어 『급총기년』(汲冢紀年)으로도 불린다.
250) 우공(寓公)은 나라를 잃고 타국에 망명기식(亡命寄食)하는 임금을 말한다.
251) 주 240 참조.

楊倞所謂其先者, 言其先世, 同出公行氏耳, 引此以證子之之爲公行氏, 未嘗言喪者之卽子之也. 然荀子亦不足憑. 史記, 曾子少孔子四十六歲, 生於周敬王十五年丙申, 孔子卒時, 敬王四十一年壬戌, 曾子已二十七歲矣. 曾子之卒不可考, 然後此不過五十餘年. 孟子言, 曾元養曾子, 檀弓言, 曾子寢疾病, 曾元曾申坐於足, 計曾元已壯年矣, 其年當與子思不相上下. 孟子受業於子思, 後儒略辨其妄, 以爲年不相接者近百年, 則曾元可知. 子之與孟子同時, 安得與曾元問答也. 且齊之伐燕, 年表云, 君噲及太子相子之皆死. 汲冢紀年曰, 齊人擒子之而醢其身, 安得歸齊而爲寓公. 甚矣仲輿之好怪也.

● 여기서 황종희는 ‘公行子有子之喪’의 구절을 둘러싸고, 특히 ‘자지’(子之)를 연(燕)나라의 재상이었던 사람이라고 해석한 데 대해 반박한다. 그런데 그 대상은 학경(郝敬)의 글이 아니라 진사원(陳士元)의 『맹자잡기』(孟子雜記)인 듯하며, ‘학경’은 황종희의 착각이거나 오기(誤記)인 것 같다. 문제가 된 의견은 기본적으로 『순자』에 의거하는데, 황종희는 “공행자지가 연나라에 갔는데 길에서 증원을 만났다”는 『순자』의 구절을 비판하는 방법으로, 자지가 연나라 재상의 이름이라는 설을 반박했다. 증원과 ‘공행자지’와 맹자는 동시대 사람일 수 없다는 것이 황종희가 제시하는 근거이다.

성현은 다른 사람들을 대할 때, [구체적인] 일에 임해서 그 이(理)의 당연함을 논할 뿐이다. 가령 등(滕)나라에 조문하는 왕환을 대할 때는 말을 걸어서는 안 된다는 것만을 말할 뿐이고,[252] 공행자에게 조문하면

---

252) 『맹자』 및 『맹자사설』 4-6 ‘등나라에 문상가다’(出弔於滕章) 참조.

서는 조정의 예라고 말할 뿐이었지, 소인이기 때문에 관계를 끊는다는 뜻을 가진 적은 없다. 이는 후세 사람들이 조정에 서면 먼저 군자와 소인의 경계를 나누고, 모든 일에서 서로 충돌하면서 붕당의 화에 이르게 되는 것과는 다르다. 이런 부분은 아마도 동한의 군자들은 다다른 적이 없는 경지이다.[253]

> 聖賢於人, 只就事論其理之當然者, 如待王驩出弔於滕, 只說不必有言, 弔
> 於公行子, 只說朝廷之禮, 未嘗以其爲小人而有絶之之意, 不若後世立朝, 先分
> 一君子小人之界限, 凡事必相齟齬, 至成朋黨之禍. 此等處恐東漢君子, 尙未能
> 到也.

●『맹자』 이 장에서 다루어진 왕환과의 에피소드는 등나라에 조문

---

253) 후한시대 세 차례에 걸쳐 있었던 '당고(黨錮)의 화(禍)'를 지칭하는 듯하다. 후한(後漢, 25~220) 말년에 사대부와 호족(豪族)이 환관의 독재권력과 투쟁하다 종신금고(終身禁錮)에 처해진 사건이다. 후한 10대 황제 환제(桓帝)는 환관의 힘을 빌려 외척 양기(梁冀)를 살해했고, 이 사건을 계기로 환관이 내정에 간섭하면서 호족, 관료와 대립하게 되었다. 태학(太學) 학생들의 대표로 나선 진번(陳蕃), 이응(李膺) 등은 환관과의 세력다툼에서 패하고, 166년 환제는 국정문란의 죄목으로 이응과 범방 등, 관료 2백여 명을 체포하고 종신금고에 처하였다. 환제가 죽고 외척 두무(竇武)가 영제(靈帝)를 옹립하여 세력을 잡은 뒤, 진번, 이응 등을 중임(重任)하고 168년 환관세력을 일거에 제거하려고 하였으나, 오히려 역습을 당하여 진번이 살해되고 두무는 자살하였다. 두 차례에 걸친 탄압으로 관료과 당인 1백여 명이 살해되고, 6백~7백 명이 금고형에 처해졌다. 172년 환관이 단경(段熲)을 사주하여 당인과 태학생 1천여 명을 체포하게 했다. 176년 당인의 문하생, 부자(父子) 및 형제, 5촌 내의 친척은 모두 면직시키고 금고에 처한다는 조령이 내렸다. 당고는 전후 10여 년이나 계속되다가, 184년 황건(黃巾)의 난이 폭발한 후에야 비로소 당인을 사면하는 조령이 내려졌다.

가면서 동행했던 「공손추 하」의 이야기에 이어 두 번째이다. 왕환과 관련된 두 가지 에피소드로 판단하건대, 성인은 구체적인 일에서 그 일의 온당함을 실천할 뿐이지, 소인이라는 이유로 인간 자체를 거부하지는 않는다고 황종희는 해석한다.

8-28 군자가 소인과 다른 점 君子所以異章

왕심재(王心齋)[254]는 명철보신론(明哲保身論)을 주장했다. 즉 다음과 같다. "몸을 보존할 줄 아는 사람은 반드시 몸을 사랑하고, 몸을 사랑할 줄 알면 감히 타인을 사랑하지 않을 수 없다. 〔내가〕 타인을 사랑할 줄 알면 타인도 반드시 나를 사랑한다. 타인이 나를 사랑하면 나의 몸은 보존된다. 몸을 보존할 줄 아는 사람은 반드시 몸을 공경한다. 몸을 공경할 줄 알면 감히 타인을 공경하지 않을 수 없다. 〔내가〕 타인을 공경하면 타인도 반드시 나를 공경한다. 타인이 나를 공경하면 내 몸은 보존된다. 내 몸이 보존된 연후에 가·국·천하를 보존할 수 있다."[255]

---

254) 왕간(王艮, 1483~1541). 권말 '주요인물 소개' 참고.

255) 이 인용은 『명유학안』에 인용되어 있는 '명철보신론'(明哲保身論)의 일부이다. 그 전문은 다음과 같다. 『명유학안』「태주학안」1 '처사왕심재선생간', "명철(明哲)은 양지(良知)이며, 명철보신(明哲保身)이란 양지양능(良知良能)이다. 몸을 보존할 줄 아는 사람은 반드시 몸을 사랑하고, 몸을 사랑할 줄 알면 감히 타인을 사랑하지 않을 수 없다. 〔내가〕 타인을 사랑할 줄 알면 타인도 반드시 나를 사랑한다. 타인이 나를 사랑하면 나의 몸은 보존된다. 몸을 사랑할 줄 아는 자는 반드시 몸을 공경한다. 몸을 공경할 줄 알면 감히 타인을 공경하지 않을 수 없다. 〔내가〕 타인을 공경하면 타인도 반드시 나를 공경한다. 타인이 나를 공경하면 내 몸은 보존된다. 그러므로 일가(一家)가 나를 사랑하면 나의 몸은 보존되고, 나의 몸이 보존된 뒤라야 일가를 보존할 수 있다. 일국(一國)이 나를 사랑하면 나의 몸은 보존되고 나의 몸이 보존된 뒤라야 일국을

『주역』에서 "몸을 안전히 한 뒤에야 움직인다"[256)]고 했는데 바로 이것이다. 심재의 말은 할 바의 목적이 있어서 하는 것으로, 맹자의 저절로 그러함만 못하다. 마음이란 불과 같아서 불이 타오르면 그림자가 있다. 타인은 그림자이다. 타인이 사랑하고 공경할 정도면 나의 사랑과 공경을 알 수 있으며, 타인이 사랑하지 않고 공경하지 않으면 내가 사랑하지 않고 공경하지 않음을 알 수 있다. 이 그림자가 바르거나 이지러진 것, 혹은 진하고 옅은 것은 모두 불 때문에 그렇다. 군자는 불이 꺼지지 않도록 나무를 계속 넣을 뿐이지, 그림자를 안배하지는 않는다. 〔타인이 내게〕 도리에 맞지 않게 함부로 대하면 스스로를 반성한다(橫逆自反)란 또한

보존할 수 있다. 천하가 나를 사랑하면 나의 몸은 보존되고, 나의 몸이 보존된 뒤라야 천하를 보존할 수 있다. 몸을 보존할 줄 알면서 타인을 사랑할 줄 모르면, 반드시 자신에게만 알맞게 하고 스스로에게만 편리하게 하여 나를 이롭게 하고 타인을 해롭게 하는 데 이른다. 타인이 내게 보복을 하게 되면 나의 몸을 보존할 수 없다. 나의 몸을 보존할 수 없으면 또 어떻게 천하국가를 보존할 수 있는가! 타인을 사랑할 줄 알면서 자신의 몸을 사랑할 줄 모르면 반드시 〔부모를 위해 자식의〕 몸을 삶거나 〔자신의 허벅지를〕 도려내어 목숨을 버리고 몸을 죽이는 데 이른다. 〔목숨을 버리고 몸을 죽이면〕 나의 몸을 보존할 수 없다. 나의 몸을 보존할 수 없으면 또 어떻게 군주와 어버이를 보존할 수 있겠는가"(明哲者, 良知也. 明哲保身者, 良知良能也. 知保身者, 則必愛身. 能愛身, 則不敢不愛人. 能愛人, 則人必愛我, 人愛我, 則吾身保矣. 能愛身者, 則必敬身, 能敬身, 則不敢不敬人. 能敬身, 則人必敬我, 人敬我, 則吾身保矣. 故一家愛我, 則吾身保, 吾身保, 然後能保一家. 一國愛我, 則吾身保, 吾身保, 然後能保一國. 天下愛我, 則吾身保, 吾身保, 然後能保天下. 知保身, 而不知愛人, 必至於適己自便, 利己害人. 人將報我, 則吾身不能保矣. 吾身不能保, 又何以保天下國家哉. 知愛人, 而不知愛身, 必至於烹身割股. 舍殺身, 則吾身不能保矣. 吾身不能保, 又何以保君父哉).

256) 『주역』「계사전 하」.

불이 나무 속에서 급박하게 스스로를 태운 후에야 연기가 나고 빛이 나서 천하를 이롭게 하는 것과 같다. 『시경』에서 "다른 산의 돌로 〔나의〕 옥을 다듬을 수 있다"[257]고 했는데 이런 뜻이다. 만약 세상에 도리에 맞지 않게 함부로 대하는 사람이 없다면, 울지 않는 아이를 돌보는 것처럼 〔군자가 되는 것이〕 쉽지 않겠는가.[258] '시골사람을 면하지 못했다'는 것은, 시골사람은 악인은 아니고 다만 습속에 갇혀 있기 때문에, 시비를 헤아리면서 베푼 데 대한 보답을 받으려는 마음을 갖고 한 번씩 오고가는 것을 당연하게 여긴다. 그러므로 시골사람을 면하는 일이 가장 어렵다. 일용의 범상함 속에서 격식의 틀을 만들어, 스스로는 자못 큰 잘못은 없다고 하지만, 도리어 다른 사람과 자신이 융화하지 못해 하루아침의 근심이 일어나니, 이는 모두 예전 격식의 틀에서 나온 것이다. 시골사람을 면하면 군자이다.

王心齋有明哲保身論, 言知保身者則必愛身, 能愛身則不敢不愛人, 能愛人則人必愛我, 人愛我則我身保矣. 能保身者則必敬身, 能敬身則不敢不敬人, 能敬人則人必敬我, 人敬我則吾身保矣. 吾身保然後能保家國天下. 易曰, 安其身而後動者, 此也. 心齋之言若有所爲而爲之, 不如孟子之自然也. 蓋心如火也, 火輒有影, 人乃其影. 人之愛敬, 則我之愛身可知, 人之不愛不敬, 則吾之不愛不敬可知, 猶影之或正或倒或濃或淡, 無不從火而來. 君子亦惟續火薪傳, 不向影處安排也. 橫逆自反者, 亦如火在木中, 鑽硏急迫, 而後烟生光現以利天下. 詩云, 他山之石, 可以攻玉, 此之謂也. 若世無橫逆, 則不哭孩兒, 誰人不

---

257) 『시경』「소아 · 학명(鶴鳴)」.

258) 울지 않는 아이를 돌보는 일은 쉬운 일이라는 뜻으로 하는 말이다. 자기수련에는 시련이 득이 됨을 설명하기 위해 사용한 말. 『이정유서』권3, "또 말했다. '울지 않는 아이를 누가 못 안겠는가'"(又言 '不哭底孩兒, 誰抱不得').

能抱得. 未免爲鄉人者, 鄉人亦非惡人, 但爲習俗所錮, 只是較量是非, 有心報施, 一往一來, 以爲當然, 是故求免爲鄉人最難, 日用尋常, 做成窠臼, 自謂頗無大過, 顧人己未融, 一朝患作, 皆從昔日窠臼中來. 免爲鄉人, 便是君子.

● '자신에게 함부로 대하는 타인'(橫逆)을 '타산지석'(他山之石), 혹은 '우는 아이'에 비유하여, 자신의 선을 단련하는 데 오히려 도움이 되는 역경들이라고 풀이하고 있다. 이는 '시골사람'에서 벗어나도록 돕는 역경이다. 황종희는 "시골사람을 면하는 일이 가장 어렵고,""시골사람을 면하면 군자"라고 한다. 시골사람이란 타성 속에서 사는 사람을 지칭한다. 타성 속에 사는데다, 스스로는 잘못된 것이 없다고 생각하므로 반성할 기회까지 차단하고 있다는 점에서, 시골사람처럼 되는 일은 악은 아니지만 심각한 잘못이다. 누구나 쉽게 저지를 수 있는 잘못이라는 점에서 더욱 심각하다.

8-29 우임금과 후직의 태평시대禹稷當平世章

'쓰이면 나아가고 내쳐지면 숨는 일'(用行舍藏)에 대해 때에 맞춰 마땅함을 정하면, 끝까지 일의 형세에 따르는 데 빠지지 않는다. 공명을 좇는다면 보통 사람의 출처처럼 세상에 의해 조종된다. 내가 세상을 조정할 수 없으면 이것이 일의 형세에 따르는 데로 떨어지는 것이다. 〔백성이〕 굶주리고 물에 빠지는 것이 나로 말미암으니, 숨거나 나서는 것은 모두 이 마음이다. '문을 닫는 것'이 용이한 일이라고 말하지 마라. 난세에 난을 평정하고자 하는 많은 사람들은 오히려 난을 만든다. 공명(孔明)[259]이 "난세에 성명(性命)을 온전히 하기를 바란다면 제후에게 명성이 닿을 것을 원하면 안 된다"[260]고 했는데, 이 역시 그 다음이다.

用行舍藏, 因時制宜, 終不落事局中. 取辦功名, 若常人之出處爲世所操, 我不能操世, 便是落於事局. 饑溺由己, 隱見皆是此心. 莫說閉戶是容易事, 亂世之時多少欲定亂者, 反以之生亂, 孔明之苟全性命於亂世, 不求聞達於諸侯, 亦其次也.

● 출처에 대한 황종희의 생각을 엿볼 수 있다. 나아가거나 물러나 숨는 것은, 형세에 좌우되는 것이 아니라 어디까지나 스스로의 마음으로 정한 것이라고 황종희는 생각한다. 물러나 숨는 것이 표면적으로는 쉬운 일로 보여도 이 역시 나아가 도를 행하는 것과 다르지 않은 마음의 결정이며, 때에 따라 달라지는 적절함일 뿐임을 강조한다. "'문을 닫는 것'이 용이한 일이라고 말하지 마라. 난세에 난을 평정하고자 하는 많은 사람들은 오히려 난을 만든다." 이는 황종희 자신의 시대와 무관한 말이 아닐 것이다.

8-30 광장匡章章

광장(匡章)이 불효한 죄는 본래 도망할 곳이 없다. 그러나 처를 내보내고 아들의 봉양도 물리친 것은 후회하는 마음에서 나온 것이므로 또한 관대하게 봐줄 만하다. 맹자가 그 죄를 가볍게 여긴 것은 아니지만, 그가

---

259) 공명(孔明)은 제갈량(諸葛亮, 181~234)의 자(字)이다. 호는 와룡(臥龍). 삼국시대 촉한(蜀漢)의 대신이었다. 유비(劉備)의 삼고초려(三顧草廬) 대상으로 유명하며, 유비가 촉한을 창건하는 데 이바지했다. 기계제작과 수리에 능했던 제갈량은 한꺼번에 여러 대의 화살이 발사되는 활을 발명했고 일련의 전술법인 팔진법(八陣法)을 완성했다고 한다.

260) 제갈량, 「출사표」(出師表, 『삼국지』 「촉지」(蜀志) '제갈량전' 수록).

허물을 고쳤기 때문에 버리지 않은 것이다. 그러나 세상에는 한결같이 잘못을 고치지 않고 끝까지 나쁜 짓을 저지르는[261] 자들이 많다.

匡章不孝之罪, 固無所逃, 而出妻屛子, 自悔之心, 亦是可原. 孟子非輕其罪, 但不棄其改過耳. 不然, 世間無改過一路, 則怙終者多矣.

● 광장이 아버지에게 선을 권하다 사이가 멀어진 것은 큰 죄라고 하면서도, 뉘우치고 그 뉘우침을 자신의 삶으로 표현하는 것에 대해서는 높이 평가했다.

세속에서 불효라 하는 것을 선비와 군자는 자연히 범하지 않지만, 그러나 세심히 생각해보면 면할 수 있는 자가 거의 없다. 새벽에 일찍 일어나지 않고 밤늦게 자지 않으면 이것이 "사지를 게을리하는 것"이며, 한가하게 놀면서 술 마시면 이것이 "장기와 바둑, 음주를 좋아하는 것"이며, 재물을 자기 것이라고 여기고 출납을 부모에게 허락받지 않으면 이것이 "재화를 좋아하고 처자만을 위하는 것"이며, 몸과 마음을 점검하지 못한다면 이것이 "이목의 욕구에 따르는 것"이며, 일마다 남을 이기기를 바라며 때로 싸움을 일으킨다면 이것이 "만용을 부리고 싸움을 일삼는 것"이다. [사실은] 세속과의 거리가 한 촌도 되지 않는다.

世俗不孝, 士君子自然不犯, 然細思之, 其能免者無幾. 苟不能夙興夜寐, 便是墮其四支, 閒談湎飮, 便是博奕好飮酒, 以財物爲己有, 出納不稟於父母, 便

---

261) '끝까지 나쁜 짓을 저지른다'는 '怙終'의 번역으로, 출전은 『서경』 「순전」의 "실수와 재난으로 인한 것은 용서했으며 끝내 나쁜 짓을 하는 자는 사형에 처했다"(眚災肆赦, 怙終賊刑).

是好貨財私妻子, 不能檢點身心, 便是從耳目之欲, 凡事必欲勝人, 時有爭氣, 便是好勇鬪狠. 與世俗相去, 其間不能以寸.

● 『맹자』는 광장이 다섯 가지 불효 가운데 어떤 것에도 해당되지 않는다고 말하기 위해 다섯 가지 불효를 열거했다. 이 다섯 가지 불효는 큰 불효처럼 보여 평범한 선비라면 범하지 않을 듯하지만, 사실은 일상에서 늘 범하기 쉬운 불효라고 황종희는 말한다.

부모가 이 몸을 낳고 만들어주는 것은 참으로 어려운 일이다. 지금 내가 선과 불선을 아는 것은 부모 덕인데, 어떻게 도리어 아버지에게 선을 가지고 책망하는가.

父母之生成此身甚難, 即今吾之知善與不善, 還是父母的, 如何反責善於父.

● 광장이 지은 죄는 아버지에게 선을 가지고 책망하다 아버지와 등지게 된 죄이다. 선으로 권하고 불선을 책망하는 것은 친구 사이의 도라고 맹자도 말하지만, 황종희 역시 아버지의 불선을 아들이 따질 수 없다고 말한다.

8-31 증자, 무성에 거하다 曾子居武城章

『주역』에서 말하는 괘의 자리에는, 귀천은 있지만 길흉은 없다. 그러나 마땅한 자리면 길하며 마땅하지 않은 자리면 흉하다. 그래서 "군자의 생각은 그 자리를 벗어나지 않는다"[262]고 한다. 맹사가 이렇게 말한 것은

---

262) 『논어』 「헌문」(憲問).

『주역』의 오묘함을 깊이 보고 체득했기 때문이니, 모든 것이 가한 것도 없고 가하지 않은 것도 없는 한 가지 길에서 나온다.

易卦之位, 有貴賤而無吉凶. 然當位則吉, 不當位則凶, 故君子思不出其位. 孟子言此, 深見體易之妙, 皆從無可無不可一路來.

● 외적이 쳐들어왔을 때 부형의 자리에서 피난한 증자와 신하의 자리에서 머문 자사에 대해 맹자는 두 사람의 도는 "한 가지이며, 자리가 바뀌었으면 똑같이 행동했을 것"이라고 했다. 이 이야기를 황종희는 『주역』에서 말하는 '마땅한 자리'로 풀었다. 『맹자집주대전』「서설」(序說)에서는 맹자와 『주역』에 관한 정자의 말을 인용하고 있다. 정자는 다음과 같이 말했다. "맹자는 '벼슬할 만하면 벼슬했고 멈출 만하면 멈췄으며 오래 할 만하면 오래 했고 서두를 만하면 서둘렀으니, … 공자는 때에 따라 적절하게 한 성인이었다'라고 평했다. 이를 보면 맹자보다 『주역』에 대해 더 잘 아는 사람은 없다." 황종희 역시 자주 맹자와 『주역』을 연결하여 설명한다.

8-32 왕이 선생을 몰래 엿보게 하다 王使人瞷夫子章

"내가 이 인간의 무리가 아니라면 누구와 더불어 살겠는가."[263] 사람들과 다르고자 한다면 허다한 꾸밈이 나오니, 이는 성인이 아니다. 그러므로 성인이란 보통 사람이면서 마음을 편안히 하려는 자이다. 보통 사람이란 성인이면서 마음을 편안히 하려고 하지 않는 사람이다.

吾非斯人之徒與而誰與. 求異於人, 便有許多裝點出來, 便非聖人. 故聖人

---

263) 『논어』「미자」(微子).

者, 常人而肯安心者也. 常人者, 聖人而不肯安心者也.

● 성인과 보통 사람은 같은 부류이면서도 달라진 사람들이다. 그 공통점도 차이점도 마음에 있다. '마음을 편안히 한다'는 것은 자신이 타고난 그대로의 마음, 즉 마음의 자연을 발휘하는 것이다. 이렇게 할 수 있으면 누구나 성인인데, 누구나 그렇게 하지 못하기 때문에 성인과 보통 사람이 갈라진다. 보통 사람은 자신의 자연을 손상시키고 허다한 꾸밈을 덧붙이는 사람이다.

충을 위해 죽고 효를 위해 죽으며
마땅히 죽어야 할 때 죽는 것은
천칙(天則)의 자연을 잃지 않는 것으로,
이것은 명에 바르게 따르는 것(正命)이다.
만약 조금이라도 그 사이에 사의가 끼어
의를 버리고 삶을 좇으며,
도가 아닌데도 부귀를 얻고,
무고한 사람을 죽이고
불의한 짓을 해서 천하를 얻는다면,
이는 유행(流行) 가운데 매몰되어
주재(主宰)가 무엇인지 모르는 것이며,
스스로를 하늘로부터 끊는 것이다.
이는 세상 사람들이 명을
알지 못하기 때문에 하는 짓이다.
• 「사람들이 하는 말」에서

만장 상

9-1 순, 밭에 가서 울다 舜往于田二章[1]

"부모가 나를 사랑하지 않는 것을 내가 어찌하겠는가!" 하는 말은 진실하게 자책하는 것이 아니다. "힘을 다해 밭을 가는 것으로 자식의 직분을 다했다"고 스스로 생각하는 것, 천하의 아들들은 이런 정도에 불과하다. '나는 아들로서 천하 사람들은 따라오지 못할 정도로 잘한다'는 생각이 가슴속에 가로놓여 있으면, 이것이 부모에게 죄를 짓는 것이며 부모가 사랑하지 않는 바가 된다. 순처럼 은미한 곳에서 찾으며 조금의 틈도 허용하지 않아야 부모와 동체(同體)가 될 수 있다.

> 父母之不我愛, 於我何哉, 不是空空自責, 蓋竭力耕田, 自以爲子職已盡, 天
> 下之爲人子者, 不過如此. 我之爲人子, 或有天下人所不及處. 只此一念橫於胸
> 中, 便是得罪於父母, 而爲父母所不愛. 舜之搜索於隱微, 不容絲毫之隔, 纔能

---

1) 황종희가 붙인 제목 뒷부분의 '2장'(二章)은 순임금과 그 아버지에 관한 일화인
『맹자』 「만장 상」의 첫 번째 장구와 두 번째 장구를 의미한다.

與父母同體.

●『맹자』에서 "부모가 나를 사랑하지 않는 것을 내가 어찌하겠는
가!" 하는 것은 공명고(公明高)가 한 말로, 순임금은 그러한 마음인 적
이 없다는 맥락에서 언급되었다. 이 마음에 대해 황종희가 구체적으로
설명했다.

『사기』에서 "〔요임금이〕 두 딸을 〔순의〕 아내로 주어 그 안〔즉 마음〕을
보고, 아홉 아들로 하여금 〔순을〕 섬기게 해 그 밖〔즉 행동〕을 보았다"[2]
고 했는데, 틀렸다.

순의 깊은 덕행은 위에까지 들렸기 때문에 오래 전부터 황제가 알고
있었고, 그 뒤에 2녀 9남으로 섬기게 한 것이다. 만약 그 안과 밖을 보고
나서야 알게 되었다면, 아홉 아들은 물론이고 두 딸을 시집보낸 것 또한
너무 경솔한 처사 아닌가.

　　史記, 二女妻之, 以觀其內, 九男事之, 以觀其外, 非也. 舜之玄德升聞, 久
　爲帝之所知, 而後有二女九男之事. 若必待觀其內外而始知之, 九男無論矣, 不
　亦輕其二女乎.

●주희의 『맹자집주』는 『사기』의 설을 그대로 채용했다. 어떤 사람

---

2) 『사기』 「오제본기」 1, '제순'(帝舜), "순은 스무 살 때 효도로 이름이 났다. 서른
　살에 요제가 쓸 만한 사람인가 물었더니 사악에서 모두 순을 천거하며 쓸 만하
　다고 말했다. 이에 요제는 두 딸을 시집보내 그 안을 보았고 아홉 아들과 함께
　거처하게 해 그 밖을 보았다"(舜年二十以孝聞. 三十而帝堯問可用者, 四嶽咸薦
　虞舜, 曰可. 於是堯乃以二女妻舜以觀其內, 使九男與處以觀其外).

인지 알기 전에 그를 살펴보기 위해 딸을 시집보내는 일은 상식적으로 이해하기 어렵다고 황종희는 지적하고, 『사기』가 틀렸다고 단정한다.

순이 운 것은 밭 갈면서 살고 있을 때로, 아직 요임금을 만나기 전이다. 황제가 9남 2녀를 〔순에게〕 보냈을 때는, 고수가 이미 마음을 열고 허락했다. 맹자는 〔순의〕 마음을 미루어 말한 것일 뿐으로, "근심을 풀기에 부족했다"고 한 것은 모두 정말로 있었던 일은 아니다.

舜之號泣, 在耕田未遇時, 到得帝使九男二女, 瞽瞍已允若矣. 孟子推其心而言之, 謂俱不足以解憂, 非眞有其事也.

● 황종희는 순이 요에게 발탁되고 요가 순에게 9남 2녀를 보냈을 때는 이미 아버지와의 갈등이 해결된 뒤라고 생각한다. 그런데도 순이 효도 문제에 늘 전전긍긍했던 것은 효도의 성격상 그런 것이라 해석한다. 앞에서 말하듯이 '나는 아들로서 천하 사람들은 따라오지 못할 정도로 잘한다'는 생각이 불효이기 때문이다.

『사기』에서 "1년이 지나자 그가 사는 곳에 사람들이 모였고, 2년이 되자 읍을 이루었고, 3년이 되자 도시를 이루었다"[3]고 했는데, 이는 아직 〔요를 돕지〕 않을 때이지만 이미 엄연히 제후였다. 그러므로 백관(百官), 우양(牛羊), 창름(倉廩)이 있었는데, 어떻게 다시 밭을 갈아 먹었겠는가. '창고를 만들고 우물을 파는 일'[4] 역시 백관에게 하게 하는 일이므로

---

3) 『사기』 「오제본기」 1.
4) 『맹자』 「만장 상」 2.

〔고수가 순에게 시켰다는 것〕역시 일의 추세로 있을 수 없는 일이다. 〔맹자와 만장 간의〕 사제 문답은, 〔부모와 자식 관계의〕 구체적인 상황은 백번 달라지더라도 〔부모를 생각하는〕 이 마음은 늘 한 가지임을 보여준 것이다.

史記, 一年所居成聚, 二年成邑, 三年成都, 蓋當其未爲相時, 已儼然爲諸侯矣. 故有百官牛羊倉廩. 豈復並耕而食. 完廩浚井, 亦當使百官爲之, 此事勢所必無者. 師弟設爲問答, 以見境遇百變, 而此心常一.

● 황종희는 고수가 창고를 만들게 하거나 우물을 파게 해서 죽이려고 했던 일은 실제로 없었다고 생각한다. 여기에서 만장과 맹자의 대화는 실제로 부모와의 관계가 어떠하더라도 늘 부모를 생각하는 마음이 부족할까 전전긍긍하는 효자의 마음에 관한 것이라고 황종희는 해석한다.

9-3 상, 날마다 순을 죽이려 하다 象日以殺舜爲事章

"상(象)이 그 나라에서 정치할 수 없게 하고, 천자가 관리에게 그 나라를 다스리게 하고 세를 받게 했다. 그래서 추방했다고도 말한다. 어떻게 그 백성을 학대할 수 있었겠는가." 이는 후대에 번왕(藩王)[5]을 대하는 일에서 보이듯, 금지하고 탄압하여 정치를 못하게 한 것이 아니다. 옛날 제후의 경(卿)은 천자에게 명령을 들었다. 순(舜)은 단정한 사람과 올바른 선비로 하여금 상을 돕고 이끌게 했으므로, 상이 백성들에게 난폭하

---

5) 번왕(藩王)은 종실이든 외성이든 관계없이 봉지(封地)나 봉국(封國)을 가진 친왕(親王) 혹은 군왕(郡王)을 말한다. 일반적으로 병권을 갖고 진을 지킨다.

게 할 수 없었다.

象不得有爲於其國, 天子使吏治其國, 而納其貢稅焉, 故謂之放. 豈得暴彼民哉. 此非禁制使不得爲, 如後世待藩王之事也. 古者諸侯之卿, 命於天子, 舜使端人正士, 輔導於象, 象自無暴民之事.

● 순과 그 아버지, 동생의 사이에 구체적으로 어떤 일이 있었는지를 밝히는 것보다는, 부모형제 사이의 인륜을 중시하는 황종희의 입장을 더 중요하게 생각하고 읽어야 할 구절이다.

9-4 함구몽咸丘蒙章

글자(字)를 '문'(文)이라 하고 구절(句)은 '사'(辭)라 한다. 시를 지은 본의는 '지'(志)라 한다. 북산(北山)의 시에서 '막비'(莫非)라는 글자,[6] 운한(雲漢)의 시에서 '미유'(靡有)라는 글자[7]에 집착하면 사(辭)를 해친다. '왕의 땅이 아닌 것이 없고' '왕의 신하가 아닌 자가 없다'는 것에 대해 말하자면, 그 사는 하나의 전체로서 밖이 없다는 것을 말하는데, 〔그사에 집착한다면〕 그 지가 부모를 봉양하는 데 있음을 어떻게 알겠는가. '남은 유민이 없었다'(靡有孑遺)의 사는 백성들이 모두 없어졌다는 것을 말하므로, 〔그 사에 집착한다면〕 그 지가 가뭄을 걱정하는 데 있다는 것을 어떻게 알겠는가.

주자는 「소서」(小序)[8]를 믿지 않고[9] 많은 경우 사를 풀이해서 누구누

---

6) 『맹자』 본문에 인용된 "詩云, '普天之下, 莫非王土, 率土之濱, 莫非王臣'"으로, 『시경』 「소아·북산지십」의 시이다.

7) 『맹자』 본문에 인용된 "雲漢之詩曰, '周餘黎民, 靡有孑遺'"로, 『시경』 「대아·탕지십」의 시이다.

구에 의해 지어진 것이라고 확정했는데,[10] 마치 근거가 있는 듯하고 맹자의 말에 따른 듯 보이지만,[11] 사로 지를 해쳤다는 혐의를 면하지 못한

---

8) 『시경』 즉 『모시』에는 「관저」의 앞을 비롯해 각 시의 앞머리에 '서'가 붙어 있다. 「관저」 앞에 붙은 '서'는 『시경』 전체의 취지를 총론하고 있기 때문에 「대서」(大序)라 하고 각 시 앞에 붙어 있는 것들은 「소서」(小序)라고 한다. 이 「대서」와 「소서」의 지은이 문제에 관해 크게 두 갈래의 논의가 있다. 한 흐름은 「대서」는 자하(子夏)가 지었고 「소서」는 자하와 함께 모공(毛公)이 지었다는 설이다. 정현의 『모시정의』(毛詩正義)에서 처음으로 언급되었다. 다른 흐름은 「대서」와 「소서」 모두 위굉(衛宏)이 지었다는 설이다. 이는 『후한서』 「유림전」에 근거를 두고 있다.

9) 『주자어류』 80: 43. "나는 스무 살에 『시』를 읽었을 때부터 「소서」가 무의미하다고 생각했다. 「소서」를 버리고 시의 말을 음미하니 오히려 뜻이 통한다고 생각했다. 그때에는 향리의 선생들에게도 물어보았지만 모두 '서(序)는 버릴 수 없다'고 했다. 그래서 나의 의문을 끝내 풀 수 없었다. 뒤에 서른 살이 되어서야 「소서」가 한(漢)나라 유학자들이 지은 것이며 그 오류는 이루 말할 수 없다는 것을 분명하게 알게 되었다"(某自二十歲時讀詩, 便覺小序無意義. 及去了小序, 只玩味詩詞, 卻又覺得道理貫徹. 當初亦嘗質問諸鄕先生, 皆云, 序不可廢, 而某之疑終不能釋. 後到三十歲, 斷然知小序之出於漢儒所作, 其爲繆戾, 有不可勝言. 東萊不合只因序講解, 便有許多牽强處. 某嘗與言之, 終不肯信. 讀詩記中雖多說序, 然亦有說不行處, 亦廢之. 某因作詩傳, 逐成詩序辨說一冊, 其他繆戾, 辨之頗詳).

10) 주희는 「소서」로 경문을 풀이할 것이 아니라 경문에 의거해서 「소서」의 시비를 따져야 한다고 생각했다. 그리하여 시를 지은 사람의 '지'(志)에 의거해서 『시경』을 이해해야 한다고 주장했다. 가령 「관저」편은 후비의 덕을 찬양한 것 같지만(「소서」) 실제로는 문왕을 찬양하기 위한 것이라고 해석하고(『시서변설』), 「도요」(桃夭)편에 대해서도 「소서」에서는 후비가 투기하지 않은 공을 찬양하기 위한 것이라고 설명한 반면, 주희는 문왕의 아름다운 교화가 나라일에 미친 것을 찬양하기 위한 것이라고 해석했다(『시서변설』).

11) 『맹자』 본문에서 말하듯 맹자가 시를 읽는 원칙은 "문(文)으로 사(辭)를 해치지 말고 사(辭)로 지(志)를 해치지 말아야 한다. 〔읽는 자의〕 생각을 〔시작자

다. 동시에 여백공(呂伯恭)[12)과도 이미 맞지 않는다.[13) 학중여(郝仲興)[14)가 「모시서설」(毛詩序說)을 지었는데,[15) 아직까지는 그르다고 할 수 없다.

字曰文, 句曰辭, 作詩之本意曰志. 如北山之詩, 莫非字也, 雲漢之詩, 靡有字也, 執之則害辭矣. 莫非王土, 莫非王臣, 其辭言一統無外也, 豈知其志在養父母乎. 靡有孑遺, 其辭言民類盡矣, 豈知其志在憂旱乎. 朱子不信小序, 多卽辭而定其爲某所作, 似乎有所依據, 若以孟子之言律之, 未免有以辭害志者矣. 同時與呂伯恭已不相合. 郝仲興作毛詩序說, 未爲可非也.

의] 지(志)에 맞추어야만 시(詩)를 이해할 수 있다"(不以文害辭, 不以辭害志. 以意逆志, 是爲得之)는 것이다. 주희 역시 「시서」가 아니라 시 본문을 읽고 작자의 '지'에 의거해서 시를 해석해야 한다는 입장이었으므로 맹자의 주장과 일치하는 듯 보인다.

12) 백공(伯恭)은 여조겸(呂祖謙, 1137~81)의 자(字)이다.『시경』에 관해 조예가 깊었으며『여씨가숙독시기』(呂氏家塾讀詩記)를 지었다. 이 책은 무려 44명의 설을 소개하고 자신의 견해를 밝힌 것이다. 정호(程顥), 정이(程頤)에게 학문을 배웠으며, 유초(游酢), 사량좌(謝良佐), 양시(楊時)와 더불어 '정문(程門) 4제자'로 불렸다.

13) 여조겸과 젊은 날의 주희 역시 「대서」는 자하(子夏)가 지었고 「소서」는 자하와 함께 모공(毛公)이 지었다는 설에 찬동했으나, 훗날 주희는 정초(鄭樵, 1039~1112)를 따라 이 구설을 반박하면서 「대서」와 「소서」 모두 위굉(衛宏)이 지었다는 설을 옹호하기 시작했다. 여조겸의『여씨가숙독시기』에는 주희의 주장이 '주씨왈'(朱氏曰)로 인용되어 있다. 이는 젊은 날의 주희의 주장으로 여조겸도 동의하는 바였는데, 훗날 주희는『시서변설』(詩序辨說)을 통해 그 주장들을 수정하고 바뀐 주장을 피력했다.

14) 학경(郝敬, 1558~1639). 권말 '주요인물 소개' 참고.

15) 학중여(郝仲興)의 「모시서설」(毛詩序說)의 '서'(序)가『경의고』(經義考) 권 119에 수록되어 있다. 이에 의하면 학중여는 「시서」(詩序)와 주희의 주장을 모두 참작하여 절충하려는 입장이다.

●『시경』의 「시서」(詩序)를 둘러싼 논란은 오래된 것인데, 황종희는 주희의 『시집전』 『시서변설』의 입장에는 부정적이다. 황종희는 사(辭)로써 지(志)를 해치면 안 된다는 입장이면서도, 주희에 대해서는 "사로 지를 해쳤다는 혐의를 면하지 못한다"고 비판한다. 작시자의 뜻(志)을 중시했다는 주희의 작업 결과를 인정하지 않는 것이다.

9-5 요, 천하를 순에게 주다 堯以天下與舜章

사시가 운행하고 백물이 생겨나는데, 그 사이의 주재를 하늘(天)이라 한다. 주재라는 것은 순수한 한 덩어리의 허령한 기(氣)로, 사람과 동물에게서 유행한다. 그러므로 백성이 보고 듣는 것은 하늘이 보고 듣는 것이니, 〔백성과 하늘이〕 둘이 아니다. '일을 주관하고' '일이 다스려지는' 데는 말로 할 필요가 없다. 여러 신들이 제사를 받는 것은 오로지 백성들의 정이 화합하고 기뻐하는 것을 보고 안다. 만약 하늘을 소리로써 반응하는 존재라고 하며 징조(符命)의 예시와 예언(讖緯)을 구한다면, 이는 '자세하게 일러주는 것'을 구하는 것과 다를 것이 없다. 하늘이 어떻게 형적에 막혀서 일정한 면적이 있는 것으로 떨어지겠는가.

四時行, 百物生, 其間主宰謂之天. 所謂主宰者, 純是一團虛靈之氣, 流行於人物. 故民之視聽, 卽天之視聽, 無有二也. 主事事治不必言矣, 百神之享, 一從民情之和悅見之, 若以響應言天而求之符命讖緯, 則與求之諄諄然命之者無異矣. 天豈滯於迹象, 墮於方隅者哉.

●백성의 마음이 하늘의 마음이라는 맹자의 주장을, 하늘과 백성이 모두 일기(一氣)의 운행이라는 논리로 설명했다. 만약 소리 내어 말하는 하늘이라면 인격천일 것이고, 그렇다면 한정된 시공을 점하는 존재

가 될 것이다. 황종희의 하늘(天)은 그러한 존재가 아니라 기(氣)의 주
재이다.

9-6 사람들이 하는 말 人有言章

'애써 한 것이 아닌데도 그렇게 되는 것'은 추위와 더위가 그 법칙을
잃지 않고 만물이 각자 그 순서를 갖는 것이다. 다스려짐과 어지러움, 차
고 기움, 사라짐과 생겨남, 번영과 쇠퇴는 순환해서 그치지 않는다. 일월
성신은 섞여서 운행해도 그 도수를 잃지 않고, 유위(有爲)의 자취를 보
이지 않지만 오히려 자연히 천문현상을 이루고 있다. 이를 보면 아득히
어두운 하늘 가운데에도 그것들을 주관하는 것이 없다고 할 수 없다. 이
른바 '하늘'(天)이란 주재(主宰)를 말한다. '오게 하지 않았는데도 오는
것'(莫之致而至)의 '치'(致)는 '군사를 보낸다'(致師)고 할 때의 '보내다'
이다. 만사가 올 때는 내가 오게 한 뒤에 온다. 그러나 세상의 부귀빈천
이나 생사화복은 많은 경우 부르지 않았는데도 저절로 온다. 똑같이 성
인인데 누구는 지위를 얻고 누구는 지위를 얻지 못했으며, 요순은 천수
를 누렸는데 안회는 왜 요절했는가? 모두 오게 한 일이 아니다. 이는 기
의 변화(氣化)가 가지런하지 않아 운수(運數)가 자연히 순수하거나 잡박
하기 때문이다. 사람이 그 가운데 태어나 그 제약을 받지 않을 수 없으니
어쩌지 못할 일이다. 이른바 '명'(命)이란 유행(流行)을 말한다. 유행은
가지런하지 않지만 주재는 일정하니, 충을 위해 죽고 효를 위해 죽으며
마땅히 죽어야 할 때 죽는 것은 천칙(天則)의 자연을 잃지 않는 것으로,
이것은 명에 바르게 따르는 것(正命)[16]이다. 만약 조금이라도 그 사이에

---

16) '명을 바르게 받아들인다'(正命)는 말의 출전은 다음과 같다. 『맹자』「진심 상」

사의가 끼어 의를 버리고 삶을 쫓으며, 도가 아닌데도 부귀를 얻고, 무고한 사람을 죽이고 불의한 짓을 해서 천하를 얻는다면,[17] 이는 유행 가운데 매몰되어 주재가 무엇인지 모르는 것이며, 스스로를 하늘로부터 끊는 것이다. 이는 세상 사람들이 명을 알지 못하기[18] 때문에 하는 짓이다.

莫之爲而爲者, 寒暑之不爽其則, 萬物之各有其序. 治亂盈虛, 消息盛衰, 循環而不已, 日月星辰, 錯行而不失其度, 不見有爲之跡, 顧自然成象, 不可謂冥冥之中無所主之者, 所謂天者, 以主宰言也. 莫之致而至者, 致如致師之致. 萬事之來, 吾有以致之而後至, 乃人世富貴貧賤, 生死禍福, 多有不召而自至者. 同是聖人也, 而得位不得位, 堯舜何以至壽, 顏子何以至夭. 皆無以致之者. 此則氣化不齊, 運數之自爲醇駁. 人生其中, 不能不受制而無可奈何. 所謂命者, 以流行言也. 流行者雖是不齊, 而主宰一定, 死忠死孝, 當死而死, 不失天則之自然, 便是正命. 若一毫私意於其間, 舍義而趨生, 非道而富貴, 殺不辜, 行不義, 而得天下, 汩沒於流行之中, 不知主宰爲何物, 自絶於天, 此世人所以不知命也.

---

2. "그 도를 다하고 죽는 것은 명에 올바르게 따르는 것이며, 죄를 지어 형벌로 죽는 것은 명에 올바르게 따르는 것이 아니다"(盡其道而死者, 正命也, 桎梏死者, 非正命也).

17) '무고한 사람을 죽이고 불의한 짓을 해서 천하를 얻는다'의 출전은 『맹자』 「공손추 상」 2이다. "한 가지라도 불의를 행하고 한 사람이라도 죄없는 이를 죽이는 것은 천하를 얻는다 해도, 〔백이, 이윤, 공자〕 모두 하지 않을 것이다"(行一不義, 殺一不辜, 而得天下, 皆不爲也).

18) '명을 알지 못하다'의 '명을 알다'(知命) 역시 앞의 '정명'(正命)에 이어 「진심 상」 2의 맥락에서 사용된 것이다. "명 아닌 것이 없으니, 그 올바름에 따라야 한다. 그러므로 명을 아는 사람은 위태로운 담장 아래에 서지 않는다"(莫非命也, 順受其正, 是故知命者不立乎巖牆之下).

●맹자는 "오게 하지 않았는데도 오는 것"(莫之致而至)은 명(命)이라고 말한다. 황종희는 "명은 [기의] 유행"이라고 설명한다. 기는 과불급의 운동을 하며, 이 때문에 세속의 성패, 장수와 요절 등이 달라진다. 이 장에서 황종희는 가지런하지 않은 유행을 맞이하는 인간의 자세에 대해 이야기하고 있다. "유행은 가지런하지 않지만 주재는 일정하다." 가지런하지 않은 유행 속에서 인간은 주재를 벗어나지 않을 수 있다. 생사화복은 명이며, 그 유행의 주재를 알고 거기에 바르게 따르는 사람은 그 생사화복을 도의에 따라 받아들인다.

9-7 이윤이 요리로 탕임금의 마음을 사려 하다 伊尹以割烹要湯章

귀산(龜山)[19]은 다음과 같이 말했다. "추우면 옷을 입고 배고프면 밥을 먹고 해 뜨면 일하고 해 지면 쉬는 것이 도 아닌 것이 없다. 이윤(伊尹)은 유신(有莘)의 들판에서 밭을 갈면서 요순의 도를 즐겼다. 요순의 도가 가지고 놀 수 있는 물건이겠는가. 유신의 들에서 밭가는 것이 [요순의 도]일 뿐이다."[20] 이 말에는 본래 병통이 없다.[21]

---

19) 귀산(龜山)은 양시(楊時, 1053~1135)의 호이다. 권말 '주요인물 소개' 참고.

20) 실제로 이 귀산의 말은 『주자어류』에서 인용한 것이고, 주자가 인용했을 글은 다음의 『귀산집』이다. 『주자어류』에 인용할 때는 축약하거나 생략한 부분이 있다. 『귀산집』권20, 「예산집」(祝山集) 20 '서오(書五)·답호강후(荅胡康侯) 1': "如寒而衣, 饑而食, 日出而作, 晦而息, 耳目之視聽, 手足之擧履, 無非道也, 此百姓所以日用而不知. 伊尹耕於有莘之野, 以樂堯舜之道. 夫堯舜之道, 豈有物可玩而樂之乎, 卽耕于有莘之野是已."

21) '이 말에는 본래 병통이 없다'는 '此語本無病'을 번역한 것이다. 이는 뒤의 주에서 인용했듯이 주희가 양귀산의 말을 논평하면서 "이렇게 말하면 오히려 병통이 있다"(恁地說, 卻有病: 『주자어류』58: 21~22)고 했는데, 이 말을 의식

주자가〔이에 대해〕"기(器)만 말하고 도는 빠뜨렸고, 물(物)만 말하고 법칙은 말하지 않았다"[22]고 했는데, 귀산의 견식이 아직 밝게 이해하고 살피는(著察)[23] 경지에 이르지 않았다는 것인가? 이윤이 유신의 들판에 있을 때 꼭 야인과 다르고자 했겠는가. 〔이윤은〕 요순의 사업을 하나하나 다 이해했으며, 또한 일용의 기거에 털끝만큼도 덧붙일 것이 없었다. 주자는 〔귀산의〕 주장이 선종과 가깝다고 생각해 비난했는데,[24] 사실 〔귀산의 주장은〕 "백관의 업무가 본래 한 가지 일도 없다"[25]고 한

한 논평이다.

22) 『주자어류』 58: 21~22, "如龜山云, '寒衣飢食, 出作入息, 無非道. 伊尹耕於有莘之野, 以樂堯舜之道. 夫堯舜之道, 豈有物可玩哉? 卽耕於有莘之野是已.' 恁地說, 卻有病. 物只是物, 所以爲物之理, 乃道也. 龜山以飢食渴飮便是道, 是言器而遺道, 言物而遺則也."

23) '밝게 이해하고 살핀다'는 '著察'의 번역으로, '著察'은 다음에서 나온 말이다. 『맹자』 「진심 상」 5, "행하면서도 밝게 알지 못하며 익히면서도 살피지 못한다. 종신토록 행하면서도 그 도를 모르는 자가 많다"(行之而不著焉, 習矣而不察焉, 終身由之而不知其道者, 衆也).

24) 본문에서 인용한 귀산의 주장에 대해 주희는 다음과 같은 논평을 했다. 『주자어류』 58: 20, "'문왕, 무왕의 도가 아직 땅에 떨어지지 않았다'고 논한 것 또한 진실로 문왕, 무왕의 도를 가리킨다. 그런데 혹자가 일용 사이가 모두 문왕과 무왕의 도라고 한다면, 이는 성현의 말은 저절로 내실이 있음을 모르는 것이다. 뒤에 『장자』가 '구덩이에서는 구덩이를 가득 채우고 골짜기에서는 골짜기를 가득 채웠다'고 하고, 불교가 나타나서는 또한 하지 말아야 할 말들을 모두 했다"(如論 '文武之道未墜於地,' 此亦眞簡指文武之道. 而或者便說日用間皆是文武之道. 殊不知聖賢之言自實. 後來如莊子便說 '在坑滿坑, 在谷滿谷.' 及佛家出來, 又不當說底都說了).

25) 『이정유서』 권6, "백관의 업무를 보거나 수많은 군사를 거느리거나, 물마시거나 팔베개를 하고 자거나, 즐거움은 그 가운데 있다. 만 가지 변화가 모두 사람에게 있으나 사실은 한 가지 일도 없다"(百官萬務, 金革百萬之衆, 飮水曲肱, 樂

정자의 뜻과 한가지이다.

龜山云, 寒衣飢食, 出作入息, 無非道. 伊尹耕於有莘之野, 以樂堯舜之道. 夫堯舜之道, 豈有物可玩哉. 卽耕於有莘之野是已. 此語本無病. 朱子謂其言器而遺道, 言物而遺則, 豈龜山見識, 尙未到著察之地. 伊尹之在莘野, 必欲自異於野人乎, 堯舜之事業, 總然件件理會, 亦於日用起居不加分毫也. 朱子以其說與禪宗相近, 故難之, 其實與程子百官萬務緣來無一事之義一也.

● "이윤은 유신의 들판에서 밭을 갈면서 요순의 도를 즐겼다"는『맹자』의 구절을 둘러싸고 양시와 주희 사이에 의견의 차이가 있었다. 이를 실마리로 하여 황종희는 자신의 의견을 드러냈다. 이윤이 즐겼다는 요순의 도가 "가지고 놀 수 있는 물건이겠는가"라는 양시의 말은 도란 일상과 분리된 것이 아님을 얘기한다. 이에 대해 주희가 선종과 가깝다고 비판한 것은, 일상과 차원을 달리하는 '도'의 존재, '이'의 존재를 강조하고자 한 것이었다. 즉 주희에게 기와 이는 하나일 수 없다. 황종희는 양시의 입장을 지지하며, 정자 역시 양시와 같은 말을 했다고 덧붙인다.

'요순의 도를 즐기는' 자는 요순의 은택이 천하에 미치기를 바란다. 서로 전하는 것은 다만 이 한 마음일 뿐이다. '자신이 밀어서 구렁텅이에 빠뜨린' 것처럼 여기는 것은 인(仁)의 지극함이다. 그 일의 자취는 본래 일정한 것이 없다. 그리하여〔요순이 행했던〕예의범절(揖遜)〔의 방식〕을〔이윤은〕성벌과 주살(征誅)로 바꿀 수 있었다.

在其中, 萬變皆在人, 其實無一事).

樂堯舜之道者, 欲其以堯舜之澤被諸天下耳. 相傳只此一心. 若己納之溝中, 仁之至也. 其事爲之迹, 原無一定, 故能變揖遜爲征誅.

● 요순의 도를 즐기는 자는 궁극적으로는 천하 사람 모두 요순의 은택을 입기를 바란다. 그들이 공유하는 것은 그 마음뿐임을 황종희는 강조한다. 그러므로 그 마음으로 정치에 임한다면 백성들에게 필요한 것이 무엇인가에 대한 판단에 따라 실제 정치의 행태가 달라질 것이다.

9-8 위나라에서의 공자 孔子於衛章

명(命)은 하나이지만, 보통 사람의 명이 있고 성인의 명이 있다. "구하는 데 도가 있고 얻는 것은 명에 달린"[26] 것은 보통 사람의 명이다. "예로써 나아가고 의로써 물러나니 얻고 못 얻는 것은 명에 달렸다"고 하는 것은 성인의 명이다. 보통 사람들의 명은 명에 의해 변화가 온 뒤에야 그것이 명인지 안다. 성인의 명은 예·의와 혼연일체가 되어 얻고 못 얻음에 앞서 있으니, 이래야만 '명을 안다'[27]고 할 수 있다.

---

26) "구하는 데 도가 있고 얻는 것은 명에 달렸다"는 구절은 다음의 『맹자』에서 인용된 것으로, 명예나 부귀 등 인간 외부에 있는 것을 추구하는 경우이다. 『맹자』 「진심 상」 3, "맹자가 말했다. 구하면 얻고 버리면 잃으니, 구하는 것이 얻는 데 도움이 된다. 내게 있는 것을 구하기 때문이다. 구하는 데 도가 있고 얻는 것은 명에 달려 있으니, 구하는 것이 얻는 데 무익하다. 밖에 있는 것을 구하기 때문이다"(孟子曰, 求則得之, 舍則失之, 是求有益於得也, 求在我者也. 求之有道, 得之有命, 是求無益於得也, 求在外者也).

27) '명을 안다'(知命)의 출전은 『맹자』 「진심 상」 2이다. "명 아닌 것이 없으니, 그 올바름에 따라야 한다. 그러므로 명을 아는 사람은 위태로운 담장 아래에 서지 않는다"(莫非命也, 順受其正, 是故知命者不立乎巖牆之下).

命一也, 然有常人之命, 有聖人之命. 求之有道, 得之有命, 此常人之命也. 進以禮, 退以義, 得之不得曰, 有命, 此聖人之命也. 常人之命, 爲命所轉, 到得頭來, 方知是命. 聖人之命, 渾化於禮義, 在得不得之先, 方可謂之知命.

● "이른바 '명'(命)이란 유행을 말하는 것이다. 유행은 가지런하지 않지만 주재는 일정하다"(9-6 「사람들이 하는 말」人有言章)고 황종희는 해석한다. 유행은 세상에서 일어나는 모든 일이다. 보통 사람은 닥쳐야 세상일을 안다. "구하는 데 도가 있고 얻는 것은 명에 달린" 경우는, 명예나 부귀 같은 외적인 것을 구할 때이다. 그래서 황종희는 '보통 사람의 명'이라고 했다. 그러나 성인은 주재에 따라 유행하는 사람이다. 세상일이 어떻게 다가오든지 세상을 사는 자세는 이미 정해져 있다. "예로써 나아가고 의로써 물러나는" 것이 바로 그것이다.

"일을 좋아하는 자들이 지어낸 말이다"라는 〔맹자의 말은〕 괜히 헐뜯는 것이 아니다. 대개 〔일을〕 성급하게 추진하는 자들은 공자가 행한 일을 빌려와 구체적 상황의 변화에 대응하려고 한다.[28] 공자가 잘못이라고 생각하지 않았는데도, 맹자가 〔옹저나 척환의 집에 머물렀다면〕 "어떻게 공자라 할 수 있는가"라고 말한 것은, 임시(假借)의 한 길을 열어두지 않아 문 앞의 길에서 망설이지 못하게 한 것이다.

好事者爲之, 不是毁謗. 蓋躁進者, 借孔子行事, 以爲達權通變. 孔子不以爲

---

28) '변화에 대응한다'는 '達權通變'의 번역으로 '權變'(변통)에 통달한다는 뜻이다. '權變'의 출전은 다음과 같다. 『후한서』「가규전」(賈逵傳), "『좌씨전』은 군(君)과 부(父)의 뜻을 깊이 추구했고 『공양전』은 많은 부분 변통(變通)을 맡았다"(左氏 義深于君父, 公羊 多任于權變).

非, 孟子言如此何以爲孔子, 不開假借一路, 使門前路徑游移不得.

　　학초망(郝楚望)29)은 다음과 같이 말했다. "조기는 '진나라 제후'(陳侯)
의 이름이 주(周)라고 했는데,30) 잘못이다. 『사기연표』에는 '부자가 진
(陳)나라에 왔을 때 민공 6년이었다'라고 되어 있다. 민공은 회공의 아들
로 이름은 월이다. 공자가 진나라에 3년 머무르다 다시 떠나서 위나라로
갔는데, 이때가 민공 8년이다. 민공의 재위기간은 24년으로, 초나라 혜
왕이 진나라를 쳐서 민공을 죽이고 진나라를 멸망시켰고, 정자(貞子)가
진나라 제후와 같이 죽었으므로 '진나라 제후의 주신'(陳侯周臣)이라 한
것이다. '주신'(周臣)은 충신이라는 뜻이다. 『춘추전』에서 위(衛)나라의
종노(宗魯)는 제표(齊豹)에게 '내가 장차 죽음으로써, 충성으로 그대를
섬기겠다'(事子以周)31)고 했다는데, 여기서와 같은 뜻으로 '주'(周)가 충
이라는 증명이 된다."32)
　　학초망의 이 주장은 옳다. 그런데 정자가 앞서 송나라에 있을 때 사성

---

29) 학경(郝敬, 1558~1639). 권말 '주요인물 소개' 참고.
30) 조기, 『맹자주소』의 주, "진후주는 진회공의 아들이다. 진이 초나라에 멸망당했
　　기 때문에 시호가 없이 진후주라고 부른다. 이때 공자가 액난을 만나 현신을 택
　　할 겨를이 없었기 때문에 정자의 집에 묵었다. 정자는 진후주의 신하였다"(陳
　　侯周, 陳懷公子也, 爲楚所滅, 故無諡, 但曰陳侯周. 是時孔子遭阨難, 不暇擇大賢
　　臣, 而主貞子, 爲陳侯周臣也).
31) 제표(齊豹)가 공맹집(孔孟縶)을 죽일 생각을 하고, 자신이 이전에 공맹집에게
　　소개한 종로(宗魯)에게 그와 수레를 타지 말라고 하자 종로가 대답한 말 가운데
　　나온다. "그대는 그대의 일을 하십시오. 나는 장차 이로 인해 죽음으로써 충성
　　으로 그대를 섬길 것입니다. 그러므로 공맹집에게 돌아가야 합니다"(子行事乎,
　　吾將死之, 以周事子, 而歸死於公孟, 其可也: 『춘추좌전』 「소공」 '20년조').
32) 학경이 쓴 이 글의 출처를 찾지 못했다.

(司城)이 되었고 뒤에 떠나서 진나라에서 벼슬했다고 한 것은『맹자주소』[33]의 잘못을 이은 것이다. 이는 사성이 송나라의 관명이기 때문에〔잘못 생각한 것이다. 송나라의〕 사성은 성읍을 관리하는 직책에 불과한데, 진나라에 이 이름이 없다고 어떻게 장담하겠는가. 이미 진나라에서 벼슬하고 있었다면 송나라의 관명을 붙여 일컫지는 않았을 것이다.

郝楚望云, 趙岐以陳侯名周, 誤也. 史記年表, 夫子來陳, 當湣公之六年. 湣公, 懷公子, 名越. 孔子居陳三年, 復去, 適衛, 則湣公之八年也. 湣公在位二十四年, 楚惠王伐陳, 殺湣公, 滅陳, 貞子與陳侯同死者, 故曰陳侯周臣. 周臣, 卽忠臣也. 春秋傳衛宗魯與齊豹云, 吾將死之, 事子以周, 與此同義, 可證周之卽忠也. 郝說是也. 但言貞子先在宋爲司城, 後去仕陳, 此仍注疏之誤, 只因司城爲宋官名, 司城不過掌營城邑, 安知陳無是名乎. 旣已仕陳, 而叙宋之官名, 亦無謂也.

● 공자가 송나라의 환퇴(桓魋)에게 생명의 위협을 받고 있을 때 사성 정자의 집에 기숙했다는 부분을 설명한 "主司城貞子, 陳侯周臣"의 해석에 관한 설명이다. 황종희의 해석에 의하면 "공자는 진(陳)나라의 제후 민공(湣公)의 충신으로, 진에서 사성의 벼슬을 하던 정자의 집에 기숙했다"가 된다. 이는 '주'(周)를 '충'(忠)으로 풀이한 학경의 설을 이어받는 한편, 사성이 송나라의 관명이었다는 조기-주희-학경의 설을 부정한 것이다.

---

33) 조기,『맹자주소』의 주, "사성 정자는 송의 경이다. 크게 어진 사람은 아니었지만 첨악한 죄는 없었기 때문에 시호로 정자(貞子)를 받았다"(司城貞子, 宋卿也, 雖非大賢, 亦無諂惡之罪, 故諡爲貞子). 주희도 "사성정자 역시 송의 어진 대부"(『맹자집주』)라고 했다.

만장 하

10-1 백이는 나쁜 것을 보지 않았다伯夷目不視惡色章

이는 맹자가 학문의 원류를 논한 것이다. 예부터 원래 이들 몇몇 학파가 있었고 후세에 전해졌다. 그 가운데 오직 공자만이 사람의 모범으로서 다시 고칠 것이 없었다. 이는 대충 인품의 우열을 정한 것이 아니다. 백이 일파는 전변해서 세상을 피하는 선비가 되었고, 이윤 일파는 전변해서 공명을 추구하는 선비가 되었다. 유하혜 일파 중 학문을 잘못한 자는 향원이 되었다. 〔이것들은〕 전변하여 생긴 폐해이긴 하지만, 필경 미미하게 발원한 곳에서부터 점점 더 심해져서 여기에 이른 것이다. 사시를 가지고 논한다면, 백이는 추동이 있고 춘하가 없으며, 이윤과 유하혜는 춘하가 있고 추동이 없다. 〔그러나〕 공자는 사시의 기가 모두 갖춰져, 바야흐로 '시'(時)라 칭할 수 있다. 천지 사이의 굳세고 유연한 기는 스스로 각각 지극한 곳이 있어서, 인욕의 사사로움에 간섭받지 않으면 모두 화육에 참여하는 사람이 된다. 세 사람은 소견이 편벽되지는 않으므로 각자 세상에 나와 세상을 구원했다. 백이는 세상에 나와 모질고 게으른 행태를 구제했고, 이윤은 세상에 나와 홀로 깨끗하며 만족하려는 행태를 구제했고, 유하혜는 세상에 나와 각박함을 구제했으니, 〔그들의 성격상〕 그렇지 않을 수 없었다. 공자는 만물을 만들어내는 대장장이(化工)[34]와 같아 그 구제가 만세에 걸쳐 있으니, 한 마디로 이름붙일 수 없다.

此孟子述學問之源流. 古來原有此數派, 傳之於後世. 唯孔子立爲人極, 更不可移易. 不是汎汎定人品之優劣也. 伯夷一派, 流而爲避世之士, 伊尹一派, 流而爲功名之士, 柳下惠一派, 不善學者, 則爲鄕愿而已. 雖是流弊, 畢竟濫觴之處, 過高一層, 以至如此. 以時而論之, 伯夷有秋冬而無春夏, 尹惠有春夏而無秋冬, 孔子則四時之氣俱備, 方可稱之曰時也. 天地間剛柔之氣, 自是各有至處, 不涉以人欲之私, 皆是參贊化育之人. 三子非所見之偏, 蓋各出而救世. 伯夷出而救頑懦, 伊尹出而救獨善自爲, 柳下惠出而救刻薄, 不得不然. 孔子則如化工, 其救在萬世, 不可以一節名之.

● 백이, 이윤, 유하혜는 모두 특정한 성격을 가진 성인으로서 세상에 기여한 바가 있지만, 또한 그 특정한 성격 때문에 그 특성에서 연유한 폐해의 뿌리를 갖고 있었고, 결국은 전변해서 문제가 있는 학파를 이루게 되었다고 황종희는 해석한다. 즉 황종희에 의하면, 백이는 은둔주의, 이윤은 공리주의, 유하혜는 향원을 낳았다. 오직 공자만이 그러한 폐해의 싹을 갖지 않은 성인이다. 황종희는 이들 성인을 사시에

---

34) '만물을 만들어내는 대장장이'로 번역된 '化工'은 '造化爲工'의 축약어로, '造化爲工'은 '조화자(造化者)는 대장장이다'라는 의미이다. 출전은 다음과 같다. 가의(賈誼), 「복조부」(鵬鳥賦), "천지가 화로라면 조화자는 대장장이이며, 음양이 숯이라면 만물은 동이다"(且夫天地爲鑪, 造化爲工, 陰陽爲炭, 萬物爲銅). 「복조부」는 『신서』(新書), 「가의전」(賈誼傳)에 수록되어 있다.

비유해 백이, 이윤, 유하혜가 각각 추동, 춘하에 치우쳐 있는 성인이라면 공자는 사시의 기를 모두 갖춘 성인이라고 평하고 이것이 공자를 "사시에 두루 걸친 성인"(聖之時者)이라고 하는 의미라고 해석했다.

"금(金)으로 소리 내고 옥(玉)으로 거둔다"는 것은 『맹자집주』에서 말하는[35] 대로가 아니다. 지금 대성악(大成樂)은 매번 일성(一聲)을 낼 때마다 여덟 음이 함께 생겨, 가지런하게 일어나고 가지런하게 그치는 것으로, 끊어졌다 이어지는 것을 허용하지 않는다. 그러나 반드시 편종으로 시작하고 편경으로 끝을 내는데, 여덟 소리(八聲)를 합해 일성(一聲)이 되므로, 금(金)과 석(石), 두 소리의 거리는 단지 호리지간이다.

---

35) 주희는 금과 옥이 각각 소성(小成)으로서 소성이 합해져 대성(大成)이 된다고 했는데, 이때 금은 처음에 울리고 옥은 마지막에 울린다고 했다. 『맹자집주』, "음악에는 여덟 음이 있는데 금(金) · 석(石) · 사(絲) · 죽(竹) · 포(匏) · 토(土) · 혁(革) · 목(木)이다. 만약 한 음만을 연주하면 그 한 음이 스스로 시작부터 끝이 되어 하나의 소성을 이룬다. 마치 세 선생의 지식이 하나에 기울어 있어서 그 성취 또한 하나에 기울어 있는 것과 같다. 여덟 음 가운데 금과 석이 중요해서 특히 여러 음의 기강이 된다. 또 금은 처음에 울리고 옥은 끝에 거둔다. 그러므로 팔음을 나란히 연주할 때, 시작 전에 먼저 박종을 쳐서 소리를 퍼뜨리고 끝나기를 기다려서 특경을 쳐서 그 운을 거둔다. 퍼뜨림으로써 시작하고 거둠으로써 마치니, 둘 사이에 맥락이 관통해서 갖춰지지 않은 게 없으니, 여러 소성이 합해져 하나의 대성이 된다. 마치 공자의 지식이 다하지 않음이 없어 덕이 완전한 것과 같다"(蓋樂有八音, 金石絲竹匏土革木. 若獨奏一音, 則其一音, 自爲始終而爲一小成, 猶三子之所知偏於一, 而其所就亦偏於一也. 八音之中, 金石爲重, 故特爲衆音之綱紀. 又金始震而玉終詘然也, 故竝奏八音, 則於其未作, 而先擊鎛鐘, 以宣其聲, 俟其旣闋而後, 擊特磬, 以收其韻. 宣以始之, 收以終之, 二者之間, 脈絡通貫, 無所不備, 則合衆小成而爲一大成, 猶孔子之知無不盡而德無不全也).

'조리'(條理)라고 하는 것은 여러 음을 합해 한 음을 내는 것인데, 한 음 안에 여러 음이 분명하지 않은 적이 없다. 대개 한 소리는 반드시 한 글자를 주로 한다. 가령 '대재선성'(大哉宣聖)의 경우, '대'(大) 자는 이와 같은 조리를 필요로 하며 '재'(哉) 자 역시 이와 같은 조리를 필요로 하는 식으로, 글자마다 서로 구슬 목걸이같이 연결되어 끊어지는 일이 없다. 만약 먼저 박종(鎛鐘)을 치고 뒤에 특경(特磬)을 치는 것이라면 무엇이 어렵겠는가. 하물며 박종과 특경은 옛날에는 없던 악기였음에랴. 〔옛날에〕 음악을 시작하고 마치는 것은 축(柷)과 어(敔)였다.[36]

金聲玉振, 非如註之所云也. 卽今大成樂, 每按一聲, 八音並作, 齊起齊止, 不容斷續. 然必始編鐘而末編磬, 合八聲而成一聲, 故金石二聲相去, 但有毫釐之間. 條理云者, 合衆音以成一音, 一音之中, 衆音未嘗不分明也. 蓋一聲必主一字, 如大哉宣聖之類, 大字要如此條理, 哉字亦要如此條理, 字字相連如貫珠, 無有生澁間斷. 若先擊鎛鐘, 後擊特磬, 何難之有. 況鎛鐘特磬, 古無是器, 而樂之起止, 乃是柷敔也.

● "모아서 크게 이룬다는 것은 금으로 소리 내어 시작하고 옥으로 거두는 것이다. 금의 소리는 시작하는 조리이고 옥을 울리는 것은 마치는 조리이다"(集大成也者, 金聲而玉振之也. 金聲也者, 始條理也, 玉振之也者, 終條理也)에 대한 해석이다. 주희는 금과 옥이 각각 소성(小成)으로서 여러 소성들이 시간차를 두고 합쳐져 대성(大成)이 되고, 이때 금은 처음에 울리고 옥은 마지막에 울린다고 해석했다. 황종희는

---

36) 『서경』 「익직」(益稷), "당하에는 관악기와 도고를 진열하고 〔음을〕 합하고 멈추는 것을 축과 어로 하였다"(下管鼗鼓, 合止柷敔).

시작하는 조리와 마치는 조리가 시간차를 둔 것이 아니라, 대성의 한 음을 내는 과정 중의 일이라고 해석했다. '조리'가 "여러 음을 합해 한 음을 내는 것"이므로 시작하는 조리라고 하면 금성을 주로 하여 여러 음이 화합하는 것이고, 마치는 조리라고 하면 옥성을 주로 하여 여러 음이 화합하는 것이다. 즉 대성이 이루어질 때는 여러 소리가 화합하는데, 하나의 대성이 완성되는 과정에서 주된 소리의 변화, 즉 조리의 변화가 있을 뿐이라는 것이다. 그러므로 대성이란 각자의 소리를 가진 여러 소리들이 모여 화음을 이루어 혼연해지는 것이다.

'공자가 모아서 크게 이루었다'(孔子集大成)는 것은 세 선생이 이룬 조리(條理)를 모았다는 것인데, 〔백이의〕 청렴(淸), 〔이윤의〕 책임(任), 〔유하혜의〕 온화(和)가 바로 조리이다. '시작하는 조리'(始條理)는 청렴·책임·온화의 맥락이 분명하며, '마치는 조리'(終條理)는 청렴·책임·온화가 혼연하여 자취가 없다. 혼연하여 자취가 없으면 이를 바야흐로 '성'(成)이라 한다. 그러나 처음의 맥락이 분명하지 않다면 모호함으로 떨어진다. 마음이 정밀(精)하고 신묘(神)한 것을 성(聖)이라고 하는데, 정밀하고 신묘한 것은 바로 지(智)이다. 지(智)와 성(聖)은 비록 처음과 끝으로 나뉘어도, 실상은 서로 분리될 수 없다. 활을 쏘아 가운데 적중하는 것 역시 기교와 힘이 일시에 갖춰져야 하는 것으로, 만약 이르렀는데도 적중하지 못하면 이는 기교 없는 힘이며 덕을 볼 수 있는 활쏘기가 아니다.

孔子集大成, 集三子之成條理者, 淸任和使是條理也. 始條理, 淸任和之脈絡分明, 終條理, 淸任和渾然無迹. 到得渾然無跡, 方謂之成, 然非始之脉絡分明, 則墮於儱侗. 心之精神謂之聖, 精神卽是智, 智聖雖分始終, 其實相離不得.

射之命中, 亦是巧力一時俱到, 若至而不中, 則是無巧之力, 非觀德之射矣.

● "공자를 일러, 모아서 크게 이룬 자(集大成)라고 한다. … 조리를 시작하는 것은 지(智)의 일이고 조리를 마무리하는 것은 성(聖)의 일이다"(孔子之謂集大成. … 始條理者, 智之事也, 終條理者, 聖之事也) 부분에 대한 해석이다. 앞단락에서는 공자를 '사시에 두루 걸친 성인'(聖之時者)이라고 했는데, 여기에서는 백이의 청렴(淸), 이윤의 책임(任), 유하혜의 온화(和)의 조리를 모은 '집대성자'라고 해석했다. 공자의 성인됨을 음악의 화음에 비유한 것으로, 화음을 이루는 각각의 음은 청렴 · 책임 · 온화가 된다. 『맹자』는 "'조리'를 시작하는 것은 '지'의 일이고 '조리'를 마무리하는 것은 '성'의 일"이라고 했다. 앞단락에서 황종희가 화음을 설명한 것에 따르면, 처음에는 각 음이 선명하다가 마무리하면서 혼연해진다. 황종희는 지와 성을 모두 마음의 상태로 해석했다. 지가 선명하게 분별하는 능력이라면 성은 분별을 넘어서서 혼연하게 조화시키는 능력이다. 그러나 성은 지를 넘어선 경지가 아니다. 활쏘기 비유에 따르면, 지와 성은 동시에 발휘된다. 짐작하자면 성의 경지에 있는 공자는 때로는 청렴하고 때로는 책임감 있으며 때로는 온화할 수 있는 사람이다. 각 음에 주된 조리가 있듯이 그 덕목들이 경우에 따라 더 발휘되는 일이 있을 것이다. 공자는 여러 덕목들을 두루 갖추고 적절하게 때에 맞춰 발휘하는, 한 가지 덕목에 치우치지 않는 더 넓은 지평의 인격을 갖춘 사람이다.

10-2 주나라 왕실의 작록周室班爵祿章

『주례』에 의하면 봉국의 제도는 다음과 같다. 제공(諸公)의 땅은 봉

(封)하는 강역이 사방 5백 리이며, 제후(諸侯)의 땅은 사방 4백 리이며, 제백(諸伯)의 땅은 사방 3백 리, 제자(諸子)의 땅은 사방 2백 리, 제남(諸男)의 땅은 사방 1백 리이다.[37] "공과 후는 사방 1백 리"로 〔분봉받는 땅의 넓이가〕 같다고 하는『맹자』의 설과는 크게 차이가 있지만, 사실은 같지 않은 적이 없다. 세속의 유학자들은 1백 리라는 설에 구애되어『주례』를 망령된 것이라 여기거나,『주례』에 주를 다는 자들은『주례』에 의거해『맹자』를 비난한다. 정전법에 의하면 사방 1리는 정(井)이 되고, 사방 10리는 성(成)이 된다. 사방 1백 리는 동(同)이 되며, 사방 1천 리는 기(圻)가 된다. 천자는 1기(一圻)를 다스리고 제후는 1동(同)을 다스리는데, 이른바 '사방 1백 리'라는 것은 특히 농지(田)만을 계산한 것이다. 만약 산림과 하천과 못, 부용까지 합해 말한다면 공(公)과 후(侯)의 나라는 1백 리에 그치지 않는다. 주공이 노나라에 봉해졌을 때는 사방 1백 리였는데, 태산이 봉토 안에 있었고 전유(顓臾)[38] 또한 나라 안에 있었다. 만약 총 사방 1백 리라고 한다면 〔그 가운데〕 농지는 거의 없을 것이다. 그러므로 비궁(閟宮)의 시에 "산천과 토전과 부용을 주셨다"[39]고 했다.

---

37)『주례』그대로를 인용한 것은 아니다. 황종희가 인용했을『주례』부분은 실제로 다음과 같다.『주례』「지관(地官)·대사도(大司徒)」권10, "凡建邦國, 以土圭土其地而制其域. 諸公之地, 封疆方五百里, 其食者半. 諸侯之地, 封疆方四百里, 其食者參之一. 諸伯之地, 封疆方三百里, 其食者參之一. 諸子之地, 封疆方二百里, 其食者四之一. 諸男之地, 封疆方百里, 其食者四之一."

38) 춘추시대 노(魯)나라 봉강(封疆) 안의 부용국(附庸國)이었다. 춘추 말기에 노의 계강자(季康子)가 전유(顓臾)를 정벌할 계획을 세우자 계손씨(季孫氏)의 재상이었던 염구(冉求)와 계손씨의 가신(家臣)이었던 계로(季路), 즉 자로(子路)가 공자에게 이 일을 보고했고 공자가 엄하게 이들을 비판한 일이『논어』「계씨」(季氏) 16에 실려 있다.

그러므로 『주례』에서 말하는 〔제공의〕 사방 5백 리는 산천과 부용을 합해서 대략 한정하여 말한 것이다. 또한 『예기』에서 말하는, 노나라 땅이 사방 7백 리였다는 것은[40] 산천과 부용이 많아서 주공에게 더 많이 준 것이다. 정전제는 네모반듯해야 하는데, 천하의 지세는 고저가 있기 때문에 산천이나 숲, 산기슭은 땅이 남더라도 정(井)으로 구획하거나 도랑으로 나눌 수 없으니, 동산이나 풀밭, 목지(牧地), 노는 땅(散地)으로 삼고 평평하고 넓은 땅만을 취해 정전(井田)의 대상으로 한다. 그러므로 옛날에 농지를 관리하면서는 각각 지명을 따서 불렀다. 가령 제서(濟西)의 농지,[41] 구음(龜陰)의 농지,[42] 문양(汶陽)의 농지,[43] 숙전(戚田)·허전(許田)·등과 같은 것은 모두 농지로 삼을 수 있는 땅이었으므로, 정(井)과 도랑으로 구획을 하고 그 넓이에 따라 많고 적음을 정하고 지명으로 그 농지의 이름을 삼았다. 봉국은 그 총농지를 계산한 것이니, 공·후는 족히 1동이 되었으며 백·자·남은 그 이하였다.[44]

---

39) 『시경』 「노송(魯頌)·비궁(閟宮)」.

40) 『예기』 「명당위」(明堂位), "주공에게 곡부 땅을 봉하였다. 사방 7백 리의 토지로 병거(兵車) 천 승의 나라였다"(是以封周公於曲阜, 地方七百里, 革車千乘).

41) 제수(齊水)의 서쪽 땅. 『춘추좌씨전』 「선공」 '원년조'에 제나라가 노선공의 보위를 승인한 데 대한 보답으로 노나라가 제나라에 사례로 준 땅이라고 등장한다.

42) 산동(山東) 귀산(龜山) 북쪽의 토지. 『춘추좌전』 「정공」 '10년조'에 제나라가 이전에 침탈했던 운(鄆), 환(讙), 귀음(龜陰)을 돌려줬다는 이야기가 실려 있다.

43) 산동성(山東省) 태안현(泰安縣)의 서남쪽. 문수(汶水)의 북쪽에 위치해서 문양(汶陽)이라 불렸다. 제나라에 빼앗겼다가 기원전 589년 반환되었는데 기원전 583년 진(晉)이 다시 제나라에 반환하도록 했다. 『춘추좌전』 「성공」 '8년조'(기원전 583년)에 진후(晉侯)가 문양(汶陽)을 제나라에 돌려주도록 했다는 이야기가 실려 있다.

44) 이 단락 전체는 송(宋)·원(元) 교체기를 살았던 김이상(金履祥, 1232~1303)

周禮封國之制, 諸公之地, 封疆方五百里, 諸侯之地, 方四百里, 諸伯之地, 方三百里, 諸子之地, 方二百里, 諸男之地, 方百里. 與孟子公侯百里等, 大相懸絶. 其實未嘗不同. 世儒拘於百里之論, 則以周禮爲妄, 註周禮者, 則據之以破孟子. 按井田之法, 方里爲井, 方十里爲成, 方百里爲同, 方千里爲圻. 天子一圻, 諸侯一同, 則所謂方百里者, 特以田計耳. 若合山林川澤附庸言之, 則公侯之國, 不止於百里也. 如周公之封於魯, 爲方百里也, 而泰山在其封內, 顓臾亦在邦域之中. 若曰總方百里, 則土田無幾矣. 故閟宮之詩曰, 錫之山川, 土田附庸. 然則周禮所謂方五百里者, 蓋合山川附庸大約之限言之, 而禮記所謂魯地方七百里者, 則山川附庸之多, 所以厚周公也. 夫以井田之制, 方方整整, 而天下地勢高高下下, 故山川林麓, 雖有餘地, 而不可以畫井畝分溝澮者, 則以爲園地萊地牧地散地耳, 但取其田之平闊者井之. 是以古者治田, 各以其地名, 如濟西之田, 龜陰之田, 汶陽之田, 戚田·許田, 蓋可田之地, 畫爲井洫, 隨其廣狹以爲多寡, 故各以地名其田. 至於封國, 則總其田計之, 公侯則足一同之數, 伯子男以次降焉.

●『주례』와 『맹자』에서 말하는 봉토의 크기가 각각 다른 것을 해명했다. 이 부분은 송말(宋末)의 정주성리학자인 김이상(金履祥)이라는 사람의 글을 거의 그대로 옮겨온 것이다.

―――――――――――――

의 『인산문집』(仁山文集) 3권, 「설(說)·답조지현백리천승설(答趙知縣百里千乘說)」에 실린 부분을 거의 그대로 옮긴 것이다. 그는 이 글을 "『맹자』는 공·후가 1백 리를 똑같이 받는 제도라고 했고, 『주례』는 제공이 사방 5백 리를 분봉받는 등의 제도라 해서 같지 않다"(孟子言, 公侯百里等制, 與周禮諸公封疆方五百等制, 不同)라고 운을 뗀 뒤, "정전법에 따르면…"(按井田之制…)이라는 구절로 말을 시작한다. 김이상에 대해서는 권말 '주요인물 소개' 참고.

『주례』「소」(疏)에서 다음과 같이 말한다. "천자가 공에게 5백 리의 땅을 봉하면, 그 봉국의 세(稅) 가운데 천자는 그 반을 받는다. '후·백은 삼의 일'이란 삼분해서 천자가 그 3분의 1을 받는다는 뜻이다. '자남은 사의 일'이란 사분해서 천자가 그 4분의 1을 받는다는 것이다."[45] 이와 후세의 군현제는 다르지 않다. 군현법은 부세(賦稅)를 도입하여 존류(存留)와 기해(起解)를 두었다. 존류란 군현의 비용을 마련하는 것이고 기해는 조정에 올리는 것이다. 정강성(鄭康成)은 "〔나라의〕 경영에 필요한 경비를 계산하고 나머지는 〔천자의〕 사농(司農)을 위한 곡식으로 한다"[46]라고 했는데, 한대(漢代) 이래는 모두 이와 같았다. 그러나 춘추시대 열국의 세는 모두 패주를 받들 뿐 천자에게 주는 것은 없었다.

周禮疏, 天子封公以五百里之地, 其一國之稅, 天子食其半. 侯伯參之一者, 謂三分之, 天子食其一分, 子男四之一者, 四分之, 天子食其一分. 此與後世郡縣無異. 郡縣之法, 賦稅之入, 有存留, 有起解. 存留者, 以備郡縣之用, 起解者, 以進之朝廷. 康成言, 若今度支經用餘爲司農穀矣, 自漢以來皆然也. 然春秋之時, 列國之稅, 皆奉之霸主, 無與於天子矣.

● 봉국들이 천자에게 바치는 세는 『맹자』 본문에서는 언급하지 않은 부분이다. 황종희는 춘추시대를 제외하고는, 봉건이든 군현이든 자

---

45) 정현(鄭玄) 주, 가공언(賈公彦) 소, 『주례주소』「지관(地官)·대사도(大司徒)」.
46) 『주례주소』「지관·대사도」의 정현 주. "'탁지경용'(度支經用)은 국가의 상사(喪事)에 쓰이는 것이고, '여위사농곡의'(餘爲司農穀矣)는 천자(天子)에게 들어가는 것이므로 한법(漢法)에 의해 주는 것이다"(度支經用, 似國家喪紀所用. 餘爲司農穀矣者, 入天子, 故據漢法以況之). 이에 따르면 제후국에서 쓰는 것을 빼고 나머지는 천자에게 보냈다.

국의 경비만을 세로 거두는 것이 아니라 천자에게 보내는 경비도 또한 세로 거두었다는 점을 지적했다.

반위(班位)와 봉록(俸祿)의 제도는 천자 이하 네 등급이며[47] 국(國)은 제후 이하 여섯 등급이다.[48] 그 아래는 농부가 남는다. 농부의 농지는 1백 묘로, 1백 묘는 균등했지만 상농부(上農夫)에서 하농부(下農夫)까지 다섯 등급의 차가 있었으니 땅의 비옥하고 척박함, 노동력의 강하고 약함에 따랐다. 그러나 옛날 주척(周尺)은 6척을 1보(步)로 삼았으며 1백 보를 1묘(畝)로 삼았다. 지금의 관척(官尺)은 5척을 1보로 삼고 2백 보를 1묘로 삼는다. 주척은 지금 절척(浙尺)의 7촌 4분이다. 지금의 절척은 지금 관척의 1척 1촌 3분에 해당한다. 절장보단하면 옛날의 1백 묘는 지금의 동전(東田) 33묘를 약간 넘는다. 지금의 33묘를 약간 넘는 농지를 한 사람의 장정이 농사짓고, 그 집터와 조세의 납부는 옛날에는 또 공전에서 내었으니, 그 힘이 넉넉한 사람은 아홉 사람을 먹여 살리고도 부족하지 않았고, 약한 사람은 다섯 사람을 먹여 살리고 남음이 있었다.

> 班祿之制, 自天子而下, 凡四等, 國自諸侯而下, 凡六等. 其下惟農, 農田百
> 畝, 百畝均也, 而有上農夫至下農夫五等之差, 則地有肥磽, 力有强弱也. 然古
> 者以周尺六尺爲步, 步百爲畝, 今以官尺五尺爲步, 二百四十步爲畝. 周尺當今

47) 『맹자』 본문에서 말하듯이 "천자가 주관하는 곳은 사방 천 리이며, 공과 후는 모두 사방 백 리이며, 백은 사방 70리이며, 자와 남은 사방 50리로, 네 등급이다"(天子之制, 地方千里, 公侯皆方百里, 伯七十里, 子男五十里, 凡四等).
48) 『맹자』 본문에서 말하듯이 "군주가 한 자리이고, 경이 한 자리이고, 대부가 한 자리이고, 상사가 한 자리이고, 중사가 한 자리이고, 하사가 한 자리로, 여섯 등급이다"(君一位, 卿一位, 大夫一位, 上士一位, 中士一位, 下士一位, 凡六等).

浙尺七寸四分, 今之浙尺當今官尺一尺一寸三分. 絶長補短, 則古者百畝, 當今
東田三十三畝有奇也. 以今三十三畝有奇之田, 一夫耕之, 其屋基與其租稅之
入, 古又出之公田, 宜其力瞻者食九人而無不足, 弱者食五人而亦有餘也.

　　주(周)의 제도는 『맹자』를 주로 삼아서 『주례』의 잘못을 바로잡아야 한
다. 주자는 "맹자는 훗날에 태어나서 왕제를 상세하게 볼 수 없었다"고 하
면서[49] 오히려 『주례』를 가지고 『맹자』를 바로잡으려 했다. 이것은 강절
은 신뢰하면서[50] 문왕의 괘위(卦位)는 의심한 것과[51] 동일한 병통이다.[52]

---

49) 주희는 『주례』와 맹자에 대해 다음과 같이 말했다. 『주자어류』 58: 57, "맹자가
　　삼대의 제도를 논한 것은 많은 부분 『주례』와 맞지 않는다. 맹자는 훗날에 태어
　　나서 왕제를 상세하게 볼 수 없었고 다만 대강을 간략하게 헤아려 말했을 뿐이
　　다"(孟子論三代制度, 多與周禮不合. 蓋孟子後出, 不及見王制之詳, 只是大綱約
　　度而說).
50) 소강절(邵康節)은 복희팔괘도를 '선천도'라 부르고 문왕팔괘도를 '후천도'라고
　　부르면서, 후천도는 선천도의 변역(變易)으로 간주하여 문왕팔괘도를 복희팔
　　괘도에 끼워맞춰 설명했다(소옹, 『황극경세서』 참조). 주희는 이에 전적으로
　　의거하면서 '문왕팔괘도'의 방위에 대해 의문을 표명했다.
51) 주희는 다음과 같이 '문왕팔괘도'에 대해 의문을 표시했다. 『주자어류』 77: 55,
　　"문왕의 팔괘에 대해서는 이해 안 되는 부분이 많다. 가령 이남감북(離南坎北)
　　의 방위가 그렇다. 이(離)와 감(坎)은 남(南)과 북(北)의 방위에 대응하지 않
　　으니, 수(水)와 화(火)가 각각 남과 북에 거해야 한다. 태(兌) 역시 금(金)에
　　속하지 않는다. 지금까지 그것을 습관처럼 보아왔기 때문에 합당한 것처럼 보
　　일 뿐이다"(文王八卦, 不可曉處多, 如離南坎北, 離坎卻不應在南北, 且做水火居
　　南北. 兌也不屬金. 如今只是見他底慣了, 一似合當恁地相似); 『주자어류』 77:
　　48, "'제(帝)는 진(震)에서 나온다'는 것은, 만물을 낳고 키우니 만물의 주재로
　　만물은 이로부터 나온다는 것이다. '손(巽)에서 가지런해진다'는 부분은 이해
　　하지 못하겠다. 이(離)의 가운데는 허명(虛明)하므로 남방(南方)의 괘(卦)가
　　될 수 있다. 곤(坤)이 서남(西南)에 안정되어 있으면 서북방(西北方)에는 있을

374 권5

周之制度, 當以孟子爲主, 以正周禮之失, 朱子謂孟子後出, 不及見王制之詳, 反欲以周禮正孟子, 以與信康節而疑文王之卦位, 同一病痛.

것이 없다. 서방(西方)은 숙살(肅殺)의 기운이 있는 땅인데 어떻게 '만물이 기뻐하는 바'라고 하겠는가. 건(乾)이 서북(西北)인 것 역시 이해할 수 없다. 어떻게 음양(陰陽)이 여기에서 서로 부딪치겠는가. '감(坎)에서 노(勞)한다'고 할 때의 '노(勞)'자는 거성(去聲)으로 위로(慰勞)의 뜻에 가깝다. 만물이 모두 여기에 돌아와 숨는다고 한다면 어디에 위로가 있는가('帝出乎震', 萬物發生, 便是他主宰, 從這裏出. '齊乎巽,' 曉不得. 離中虛明, 可以爲南方之卦. 坤安在西南, 不成西北方無地! 西方肅殺之地, 如何云'萬物之所說'? 乾西北, 也不可曉, 如何陰陽只來這裏相薄? '勞乎坎', '勞'字去聲, 似乎慰勞之意; 言萬物皆歸藏於此, 去安存慰勞他).

52) 실제로 주회가 의문을 표시한 것은 『주역』「설괘전」에 실려 있는 '경문'(經文)이다. 『주역』「설괘전」, "제(帝)는 진(震)에서 나온다. 손(巽)에서 가지런해지고, 이(離)에서 서로 보며, 곤(坤)에서 역사(役事)를 이루고, 태(兌)에서 기뻐하고, 건(乾)에서 싸우며, 감(坎)에서 노(勞)하고, 간(艮)에서 이룬다. 만물은 진(震)에서 시작하니 진은 동방(東方)의 괘이다. 만물은 손(巽)에서 가지런해지니 손은 동남의 괘이다. 가지런해진다(齊)는 것은 만물이 정갈하게 정리된다는 것이다. 이(離)는 밝은 것이다. 만물이 서로 보는 것은 남방의 괘이다. 성인은 남면하여 천하의 일을 듣는다. 밝은 곳을 향하여 다스리는 것은 이 괘에서 취한 것이다. 곤은 땅이다. 만물을 모두 길러주므로 곤에서 역사를 이룬다고 했다. 태는 중추(仲秋, 8월)이다. 만물이 기뻐하는 바이므로 태에서 기뻐한다고 했다. 건에서 싸운다는 것은, 건은 서북의 괘이므로 음양이 서로 부딪치는 것을 말한 것이다. 감은 물로서 정북(正北)의 괘로 노(勞)의 괘이다. 만물이 돌아가는 바이므로 감에서 노하다고 했다. 간은 동북의 괘이다. 만물이 끝을 맺고 처음을 여는 바이므로 간에서 이루어진다고 했다"(帝出乎震, 齊乎巽, 相見乎離, 致役乎坤, 說言乎兌, 戰乎乾, 勞乎坎, 成言乎艮. 萬物出乎震, 震東方也, 齊乎巽, 巽東南也, 齊也者, 言萬物之絜齊也. 離也者, 明也, 萬物皆相見, 南方之卦也, 聖人南面而聽天下, 嚮明而治, 蓋取諸此也. 坤也者, 地也, 萬物皆致養焉, 故曰致役乎坤. 兌, 正秋也, 萬物之所說也, 故曰說言乎兌. 戰乎乾, 乾西北之卦也, 言陰陽相薄也. 坎者, 水也, 正北方之卦也, 勞卦也, 萬物之所歸也, 故曰勞乎坎. 艮東北之卦也, 萬物之所成終而所成始也, 故曰成言乎艮).

● 주희가 『맹자』보다 『주례』를 신뢰한 것이나 『주역』보다 소강절의 주장을 더 신뢰한 것은 같은 종류의 병통이라고 황종희는 비판한다. 현재 '문왕팔괘도'로 남아 있는 것은 『주역』「설괘전」의 설명과 부합하는데도, 주희는 소강절이 그것이 복희팔괘도의 개역(改易)이라고 주장한 것을 더 신뢰하면서 '문왕팔괘도'에서 납득할 수 없는 부분이 많다고 했다. 소강절은 복희팔괘도를 '선천도'라 부르고 문왕팔괘도를 '후천도'라고 부르면서, 문왕팔괘도를 복희팔괘도에 의거해서 설명했다.(소옹, 『황극경세서』 참조)

10-3 벗에 대해 묻다 敢問友章

헌자(獻子)는 친구가 다섯 사람에 불과했고, 비혜공(費惠公)은 사우(師友)가 두 사람에 불과했다. 진평공(晉平公)은 친구가 한 사람뿐이었고 황제인 요(帝堯)도 친구가 한 사람뿐이었으니, 친구를 얻기가 이처럼 어렵다. 세상에서 시끄럽게 친구라고 하는 자들에게 절교의 논의가 있으니 얼마나 이상한 일인가.

> 獻子而友止五人, 費惠公而師友止二人, 晉平公而友止一人, 帝堯而友止一人, 取友之難如此. 世之紛紛以爲友者, 何怪乎有絶交之論也.

● 친구 사귀기가 어려운 이유는 『맹자』에서 말하듯이 권력이나 돈이나 집안 등을 '옆구리에 끼고' 사귀는 일 없이 오로지 '덕'을 친구삼기 때문이다. 쉽게 친구라고 떠들고 또 시끄럽게 절교하는 사람들에게 친구란 『맹자』가 말하는 그러한 친구가 아니기 때문일 것이다.

10-4 교제에 대해 묻다 敢問交際章

군자가 세상에 응대하고 사물을 처리하는 것은, 단지 현재에 있을 뿐이므로 과거를 돌아보거나 미래를 도모하지 않으며, 단지 자신을 지키는데 있을 뿐이므로 타인에게서 이것저것 구하려고 하지 않는다. "사람의무리가 아니라면 내가 누구와 함께 하겠는가"[53] 하는 것은 순전히 한 덩어리의 생의(生意)이다. 만약 한 사람이 오고 한 사물이 이르렀을 때 '의인가 불의인가' 하며 허다하게 헤아리고 허다하게 의심한다면, 전적으로〔이 생의를〕 죽이는 기틀로 일을 하는 것이며, 다른 핑계를 대서 물리치면서 또한 헛되이 다소 변하고 꺾이기까지 한다면, 나 스스로가 먼저 불의에 처하는 것이다. 나라 문 밖의 도둑〔이 주는 것을〕 받느냐 받지 않느냐도 〔의심의 여지 없이 하지 말아야 하는 일인데〕, 어떻게 그 〔도둑〕과함께 왕래하고 또 교제까지 하겠는가.

> 君子應世處物, 只在當下, 更不必追前保往, 只在守己, 更不向人分推求. 吾
> 非斯人之徒與而誰與, 純是一團生意. 若一人之來, 一物之至, 義乎不義乎, 起
> 許多卜度, 懷許多猜疑, 全然殺機用事, 以他辭卻之, 又費多少轉折, 吾先自處
> 於不義矣. 國門之盜, 不在受與不受, 如何與他來往, 況於交際乎.

● 『맹자』의 이 장은 제자 만장이 맹자에게 제후와의 교제에 대해 집요하게 질문하는 내용을 담고 있다. 만장이 보기에 받지 말아야 할 예물을 스승이 받은 일이 있는 듯한 분위기를 풍긴다. 맹자는 제후들이당장에 의롭지 않더라도 가능성을 보고 벼슬하는 경우를 비롯해, 벼슬하는 여러 가지 경우를 얘기했다. 황종희는 사려가 개입하지 않은, '지

---

53) 『논어』 「미자」(微子).

금 여기'의 나의 '생의'에 따라 행동한다는 원칙을 밝혔다.

10-5 벼슬은 가난 때문에 하는 것이 아니다 仕非爲貧也章

삼대(三代)의 융성했던 시대에는 선비들에게 안정된 생업(恒産)이 있었으므로 원래 가난 때문에 벼슬하는 일은 없었다. 그후 불인한 자들이 고위직에 있고 현인들은 아래에 있게 되자 비로소 가난 때문에 벼슬하는 일이 생겼다. 한참 뒤에는 벼슬을 사적인 이익을 영위하는 바탕으로 삼게 되자, 부유해지지 않을까 귀해지지 않을까만 걱정하게 되었다. '도가 행해지지 않는다'는 것은 은택이 백성에게 가지 않고 여론(言)이 위에서 받아들여지지 않는다는 것이다. 그런데도 공덕 없이 녹을 받으면서[54] 떠나지 않는 것은 모두 가난 때문이다. 그러므로 '낮은 데에 머물고' '가난함에 머무는' 일로 그 한계를 엄격히 하는 것이 출처(出處)의 올바름이 된다. '회계를 정당하게 하고,' '소와 양을 무럭무럭 자라게 하는 것'이 낮은 데 머무는 도이다. '지위는 낮은데 말은 높다'고 할 때, 말하는 것이 반드시 국가의 대사는 아니다. 마땅히 할 말이 아닌데 말한다면 [자신의 직분을] 다하지 못하는 것이 있음을 알 수 있다.

三代之盛, 士有恒産, 原無爲貧之仕. 其後不仁而在高位, 賢人在下, 始有爲
貧而仕者. 久之, 以仕爲營私之地, 則惟恐不富, 惟恐不貴矣. 道不行者, 澤不

---

54) '공덕 없이 녹을 받는다'는 '尸位素餐'의 번역이다. 시위(尸位)는 직위만 있고 직무는 없는 것을 가리키고 소찬(素餐)은 하는 일 없이 먹는 밥을 가리킨다. (한)반고, 『한서』「주운전」(朱云傳), "지금 조정의 대신들은 위로는 군주를 바르게 하지 못하고 아래로는 백성을 이익되게 하는 일은 없어, 모두 일은 안하고 밥만 먹고 있다"(今朝廷大臣, 上不能匡主, 下亡以益民, 皆尸位素餐).

加於民, 言不聽於上, 尸位素餐而不去, 則無一非爲貧也, 故以居卑居貧, 嚴其
界限, 未嘗非出處之正. 會計當, 牛羊壯長, 便是居卑之道. 位卑而言高, 所言
未必國家之大事. 非所當言而言, 則於職分有所不盡, 可知矣.

●『맹자』의 이 장은 가난 때문에 벼슬하는 경우의 처신에 관한 이야
기이다. 황종희는 가난 때문에 벼슬하게 되는 배경에 대해 설명했다.
선비가 가난 때문에 벼슬하는 경우는 통상 난세, 즉 "불인한 자들이 고
위직에 있을" 경우이다.

10-7 왜 제후를 만나지 않는가 敢問不見諸侯章

'견문이 많은 것'(多聞)은 '현명한 것'(賢)과는 다르다. 좌사 의상(倚
相)이 『구구』(九丘)와 『팔색』(八索)에 통달한 것,[55] 자산(子産)이 실침
(實沈), 대태(臺駘),[56] 황웅(黃熊)[57]에 대해 답하고, 백종(伯宗)이 양산

---

55) 『춘추좌전』 「소공」 '12년조'에 "좌사 의상은 삼분(三墳)·오전(五典)·팔색
(八索)·구구(九丘)를 잘 이야기했다"(左史倚相, 是能談三墳·五典·八索·
九丘)고 되어 있고 두예(杜預)는 "모두 옛날 책 이름"(皆古書名)이라고 주를
달았다. 의상(倚相)은 춘추시대 초(楚)나라의 좌사(左史)이다. 초령왕(楚靈
王)과 초평왕(楚平王) 기간에 초나라 군신의 존경을 받았다고 한다.
56) 진(晉)의 평공이 병이 났을 때, 평공의 측근은 점쟁이에게 듣기를 병의 원인이
실침(實沈)과 대태(臺駘) 때문이라고 들었다며 자산에게 실상을 문의했다. 자
산은 실침은 삼성의 신이며(參神) 대태는 분수의 신(汾神)으로, 평공의 병과는
관계없는 산천의 신이라고 대답했다. 평공의 병은 출입(出入), 음식(飮食), 애
락(哀樂)과 같은 인간지사 때문이므로 그에 대응한 처치를 해야 한다고 충고했
다. 이 말을 듣고 평공은 "박식한 군자"(博物君子)라고 칭찬했다고 한다. 『춘추
좌전』 「소공」 '원년조' 참조.
57) 진평공이 다시 병이 들자, 자산에게 황웅(黃熊)을 본 꿈 얘기를 했다. 자산은

(梁山)이 무너진 일을 처리한 것[58] 같은 유가 [견문이 많은 것이다.] 후대에 나라를 처음 세울 때 그 제도와 문화(文爲)는 반드시 한 사람에 의지해서 이루어지는데, 모두 이것 [즉 견문이 많음에 의지하는 것]이다. 현명함에는 대소의 차이가 있다. 그러므로 '견문이 많으면' 천자도 스승을 부르지 않으니, [견문이 많은 것이] 현명함보다 더 중요함이 명백하다.

多聞與賢異, 如左史倚相之通九丘八索, 子産之答實沈臺駘黃熊, 伯宗之對梁山崩之類. 後世草創之國, 其制度文爲, 必藉一人以成皆是也. 賢則有大小之殊, 故多聞則天子不召師, 明其重於賢也.

●『맹자』는 군주가 '현명한 사람을 만나려고' 하고 '박식한 사람을 만나려고' 하는 이유와 그때의 예에 대해 논했다. 황종희는 『맹자』의 주제와는 관계없이 '현명함'과 '박식함'의 차이, 나아가 그 경중을 논했다. 황종희는 현명함보다 박식함을 더 중요한 것으로 평가한다. 그에게 '현명함'이란 사람에 따라 '대소의 차이'가 있을 수 있는 것이지만 '박식함'은 그대로 나라의 기틀을 세울 수 있을 정도의 능력을 의미한다.

이는 요임금이 우임금의 부친 곤(鯀)을 죽였는데 그 정령이 황웅으로 변한 것이며, 삼대에 걸쳐 그를 배향했다고 설명해주었다. 진이 그를 제사지내자 평공의 병이 나았다고 한다. 『춘추좌전』 「소공」 '7년조' 참조.

58) 진(晉) 도성 근처의 양산(梁山)이 무너지자 진경공은 급히 대부 백종을 불렀다. 급무용 수레를 타고 가던 백종은 무거운 짐을 지은 수레를 만났고, 수레 주인에게서 예로써 산천의 신에게 제사지내야 한다는 해결책을 듣고, 이를 진경공에게 전해 이에 따르게 했다. 『춘추좌전』 「성공」 '5년조' 참조.

10-8 한 고을의 선한 선비 一鄕之善士章

옛사람들이 남긴 것 가운데 오직 시(詩)와 글(書)만이 볼만하다. 시를 읊고 글을 읽는 것은 바로 '그 사람을 아는 것'이다. '그 세상에 대해 논하'는 것이 읊고 읽는 방법이다. 옛사람들의 시와 글은 빈말이 아니라 [세상의] 성함과 쇠락을 보고 기뻐하고 슬퍼한 것이다. 만약 그 성정(性情)이 세상의 변화와 무관한 채 순간을 부침한다면 좋은 선비라고 할 수 없다. [주희가 해석했듯이] 이미 그 말을 본 뒤에 또 그 행동을 고찰하는 것이 아니다.[59]

> 古人所留者, 唯有詩書可見, 誦詩讀書, 正是知其人, 論其世者, 乃頌讀之法. 古人詩書, 不是空言, 觀其盛衰以爲哀樂. 向使其性情不關於世變, 浮沈蝣蟲, 便不可謂之善士矣. 非旣觀其言, 又考其行也.

● "頌其詩, 讀其書, 不知其人, 可乎. 是以論其世也. 是尚友也"에 대해 주희와 황종희의 해석이 다르다. 주희는 '그 사람을 아는 일'과 '세상에 대해 논하는 것'을 두 가지 일로 해석해서, 그의 글을 보고 다시 그의 행실을 보는 것이라고 해석했다. 황종희는 이것이 두 가지 일이 아니라 당대에 대해 어떻게 생각하고 논평했는지를 파악하는 것이 그

---

59) 다음과 같은 주희의 해석을 비판하는 것이다. 『맹자집주』, "이미 그 말을 살펴보았으면 그 사람됨의 실상을 알아야 하므로, 또 그 행실을 고찰하는 것이다. 천하의 선사(善士)와 벗할 수 있다면 벗할 수 있는 사람이 많을 것이나, 오히려 부족하게 여겨 나시 옛사람을 [벗으로] 취하는 것이다. 이는 벗을 얻는 도에 나아가는 것으로, 한 세대의 선비가 되는 데에 그치지 않는 것이다"(言旣觀其言, 則不可以不知其爲人之實, 是以又考其行也. 夫能友天下之善士, 其所友衆矣, 猶以爲未足, 又進而取於古人, 是能進其取友之道, 而非止爲一世之士矣).

사람의 글을 읽는 방법이고 그를 아는 방식이라고 해석했다. 주희를 따라 읽으면 다음과 같다. "그 시를 읊고 그 글을 읽으면서 그 사람에 대해 모른다면 되겠는가. 그래서 〔그 사람됨을 알기 위해 다시〕 그의 행실을 고찰한다. 이것이 옛사람과 벗하는 방법이다." 한편 황종희를 따라 읽으면 다음과 같다. "그 시를 읊고 그 글을 읽으면서 그 사람에 대해 모를 수 있는가. 〔그의 시와 글 속에서〕 그가 자신의 세상을 어떻게 보았는지 고찰하는 것이 옛사람과 벗하는 방법이다."

사람이 사람인 이유는 측은·수오·사양·시비의 마음이
있다는 것말고는, 이밖에 다른 마음이 없다는 데 있다.
끊임없이 왕래하고 일어나고 스러지면서 만변하는 것은
모두 외물로 인하여 있는 것이지, 마음과는 무관하다.
그러므로 "잃어버린 마음을 찾으라"고는 말해도
'이의의 마음'(理義之心)을 찾으라고는 하지 않는다.
"본심을 잃었다"고는 말해도
이의의 마음을 잃었다고는 말하지 않는다.
'마음이 곧 이'(心卽理)이기 때문이다.
• 「인은 사람의 마음이다」에서

고자 상

11-1 성은 갯버들과 같다 性猶杞柳章

"성은 갯버들과 같고 의(義)는 갯버들로 만든 술잔과 같다"라고 한 고자(告子)의 의도는, 사람이 태어나면서 갖는 것은 오직 이 지각뿐이고 이(理)는 천지만물에 있기 때문에, 배우는 자들은 반드시 천지만물에서 이를 구해 나의 지각과 하나가 되게 한 뒤에야 성인 되는 공부가 된다는 것이다. 그래서 갯버들을 지각에 비유하고 술잔을 천지만물의 이에 비유했다. 갯버들로 술잔을 만드는 것을, 천지만물의 이를 구해 나의 지각에 융회(融會)시키는 것에 비유했다. 이 〔고자의 생각과〕 '안다는 것(知)은 이 일(事)을 아는 것이고 깨닫는 것(覺)은 이 이(理)를 깨닫는 것이므로 반드시 격물궁리(格物窮理)하여 이 지를 다하라(致知)'고 하는 선유(先儒)의 설은 다만 지각에만 의지하라는 것이다. 이렇다면 불교가 주장하는 본심의 이론과 다른 점이 무엇인가. 다만 선유는 성즉리(性卽理)라고 하면서, 성(性)을 지각에 귀속시키고 싶어하지도 않았고, 또 성을 천지만물에 귀속시킬 수도 없었다. 그래서 성은 태어난 당초에 받았다고 하고 지각은 이미 태어난 뒤에 발하는 것이라고 했다. 성은 체(體)이고 지각은 용(用)이라는 것을, 「악기」의 "사람이 태어나서 고요한 것은 천연의 성이고, 대상에 감응해서 움직이는 것은 성의 욕"[1]이라고 하는 구절을 끌어와 논증했다. 〔그들에 의하면〕 고요함(靜)은 천성의 참됨이고 움직임(動)은 지각의 자연이다. 측은·수오·사양·시비는 사람의 마음에 있으므로 그 근원을 위로 한 층 더 찾아올라가 그것을 성이라고 하니, 성은 오히려 아득하고 어렴풋한 곳에 떨어져버렸다. 천리(天理)의 참됨이란 자연히 밝게 깨닫는 것으로, 감응하면 통하여 저절로 조리가 있어 이를 천리라고 한다는 것을 고자는 몰랐다. 선유가 이〔의 인식〕을 지각에 귀속시키지 않은 것은 실은 고자의 주장과 한가지이다. 회옹은 고자의 설이 "순자의 성악설과 같다"고 했지만,[2] 무슨 관계가 있겠는가.

맹자는 고자의 비유가 잘못되었음을 지적했다. 갯버들은 하늘이 낸 것이고 술잔은 사람이 만든 것이니, 갯버들이 처음부터 술잔을 달고 왔겠는가. 그러므로 술잔을 만들고 싶으면 반드시 갯버들을 해치고 망가뜨려야 한다. 인의의 성은 생명과 함께 오니, 이를 따를 뿐이다. 반드시 천지만물에서 구하고자 하면서 자신의 영험한 지각을 믿을 만하지 않다고 생각한다면, 이것이 이른바 "해치고 망가뜨리는 것"이다.

性猶杞柳也, 義猶桮棬也, 告子之意, 以爲人生所有, 唯此知覺, 理則在於天

---

1) 『예기』「악기」, "사람이 태어나서 고요한 것은 천연의 성이고 대상에 감응해 움직이는 것은 성의 욕구이다. 대상이 이르면 앎이 발동하고 그 뒤에 호오가 생겨난다"(人生而靜, 天之性也. 感於物而動, 性之欲也. 物至知知, 然後好惡形焉).
2) 『맹자집주』, "고자는 인간의 성에는 본래 인의가 없고 반드시 손을 대서 바르게 한 뒤에야 인의가 성립한다고 주장하는 것이니, 순자의 성악설과 같다"(告子言人性本無仁義, 必待矯揉而後成, 如荀子性惡之說也).

地萬物, 學者必當求天地萬物之理, 使與我知覺爲一, 而後爲作聖之功, 故以杞柳喩知覺, 以桮棬喩天地萬物之理. 以杞柳爲桮棬, 喩求天地萬物之理融會於我之知覺. 此與先儒知是知此事, 覺是覺此理, 故必格物窮理以致此知, 其徒恃此知覺者, 則釋氏本心之學, 亦復何殊. 第先儒言性卽理也, 旣不欲以性歸之知覺, 又不可以性歸之天地萬物, 於是謂性受於生之初, 知覺發於旣生之後. 性, 體也, 知覺, 用也, 引樂記人生而靜, 天之性也. 感物而動, 性之欲也, 以證之. 靜是天性之眞, 動是知覺之自然, 因惻隱羞惡辭讓是非之在人心, 推原其上一層以謂之性, 性反覺墮於渺茫矣. 告子不識天理之眞, 明覺自然, 隨感而通, 自有條理, 卽謂之天理也, 先儒之不以理歸於知覺者, 其實與告子之說一也. 晦翁謂如荀子性惡之說, 有何交涉, 孟子言其比喩之謬, 杞柳天之所生, 桮棬人之所爲, 杞柳何嘗帶得桮棬來, 故欲爲桮棬, 必須戕賊. 仁義之性, 與生俱來, 率之卽是. 若必欲求之於天地萬物, 以己之靈覺不足恃, 是卽所謂戕賊也.

● 고자에게 가치는 인간 외부에 있다. 고자가 사용한 비유로 말한다면 갯버들에는 가치가 없다. 그러나 맹자는 후천적으로 어떤 것이 만들어지든 그것은 본성과 관련이 없을 수 없다고 생각했다. 갯버들이 없다면 술잔은 만들어지지 않는다. 그래서 맹자는 "당신은 갯버들의 본성을 살려서 술잔을 만들었는가, 아니면 갯버들을 억지로 구부리고 꺾어서 술잔을 만들었는가?"(子能順杞柳之性而以爲桮棬乎. 將戕賊杞柳而後以爲桮棬也)라고 말한다. 가치를 인간 외부에 두었다는 점에서 황종희는 고자와 정주성리학을 같은 구조라고 생각했다. 물론 정주성리학은 '성즉리'(性卽理)를 주장하니, 가치가 외부에 있기는커녕 우주적 진리 자체가 인간 내부에 있다고 말한다. 그러나 마음 깊은 곳에 있는 '성'은 바로 '우주적 진리'(理)와 같은 등급으로 설정되었기 때문에

쉽사리 현실의 인간에게 허용될 수 없었다. 그래서 그들은 외부의 사물을 마주해서(格物) 그 대상을 철저히 탐구하여 알아내는(致知) 방식에 의해 그 완전한 본성을 회복한다는 이론을 만들어냈다. 그러므로 그들에게 이(理)는 깨달음(覺)과 앎(知)의 대상이 된다. 황종희에 의하면 '성'이 바로 '지각'의 능력이다. 그러나 단순한 지각이 아니라 '영험한 지각'(靈覺)으로서, "자연히 밝게 깨달아 감응하면 통하여 저절로 조리가 있게" 된다고 생각한다. 이는 지각의 대상이 아니라, '영험한 지각'이 대상을 대할 때 자연히 발현되는 마음의 결이다.

11-2 성은 단수와 같다 性猶湍水章

'단수'(湍水)는 앞장에서와 같은 뜻으로, 그 선함도 없고 불선함도 없으며, '동쪽으로 흐르고' '서쪽으로 흐르는 것'은 단지 습관 때문에 그렇게 된다는 것을 말한 것이다. 회옹은 선악이 섞여 있다고 했지만,[3] 역시 틀렸다.[4] '동쪽으로 흐르고' '서쪽으로 흐르는 것'은 고자가 선악을 겸해서 습(習)의 예로 말한 것이며, '물을 치고' '물이 격하게 흐르게 한다'는 것은 맹자가 불선한 것만 들어서 습의 예로 말한 것이다. 그 선한 것은

---

3) 『맹자집주』, "단(湍)은 물결이 맴도는 모양이다. 고자는 앞에서 한 말에서 조금 변해서, 선과 악이 섞여 있다는 양웅의 이론에 가까워졌다"(湍, 波流瀠回之貌也. 告子因前說而小變之, 近於揚子善惡混之說).
4) 앞장에서는 고자가 성은 버드나무처럼 선악이 없는 것이라고 주장했다가, 지금은 물이 동으로도 서로도 흐르듯이 선악이 혼재한 것으로 주장했다고 주희는 해석했다. 그러나 고자는 여울물 자체에는 선악이 없고, 동쪽으로 트거나 서쪽으로 트는 인위적 행위 이후에 선악이 생긴다고 생각한 것이다. 황종희는 주희의 이해가 틀렸음을 지적하기 위해, 이 장구 처음을 "'단수'는 앞장에서와 같은 뜻"으로 시작하고 그 다음 문장에서 "틀렸다"는 말로 마무리했다.

습에서 오지만, 또한 그 성이 본래 갖고 있는 바를 끌어낸 것이다.

湍水亦卽前章之意, 言其無善無不善也, 東流西流, 只是爲習所使. 晦翁謂
其善惡混, 亦非. 東流西流, 告子兼善惡以言習, 搏之激之, 孟子單以不善言
習. 其善者卽從習來, 亦是導其性之固有耳.

● 맹자는 "물을 쳐서 이마 위로 튀게 한다"든지 "격하게 흐르게 해
산으로 올라가게 한다"는 예를 '불선함'이 발생하는 환경에 비유했고,
불선함을 유발하는 그 외적인 힘을 '세'(勢)라는 단어로 표현했다. 황
종희는 그것을 '습'(習)이라는 단어로 바꿨다('습'에 대해서는 『맹자
사설』11-7에서 더 자세히 논의된다). 그 '습'은 환경을 포함해 인간을
둘러싸고 일어나는 구체적인 경험 전체를 의미하며, 부정적인 역할뿐
아니라 긍정적인 역할 역시 한다. 그런데 그 '습'이 어떤 영향을 미치
든, 사람의 선함은 어떤 경우에나 본성과 무관할 수 없다는 것을, 맹자
의 뜻을 이어 황종희는 마지막에서 강조한다.

11-3 생명, 이를 성이라 한다 生之謂性章

기(氣)를 벗어난 이(理)는 없고, "생명, 이를 성이라 하니"(生之謂性)
그렇지 않은 적이 없다. 그러나 기는 스스로 유행변화하며, 변화하는 가
운데 한결같이 올바르고 불변한 것이 있으니, 이것이 이른바 이(理)이고
성이다. 고자는 단지 음양오행이 변화하여 만물을 낳은 것을 성이라 했
기 때문에, 흐리멍덩함으로 빠지면서 이미 후세의 선종으로 가는 길을
열어놓았다. 그래서 맹자는 먼저 성을 '흼'에 비유해 고자의 의도를 타신
하고 뒤에는 소와 개의 예를 가지고 명백하게 구별했다. 대개 하늘이 물
(物)을 낳으면 만물이 가지런하지 않다. 그 질(質)[5]이 이미 다르니 성 역

시 다르다. 소와 개의 지각은 저절로 사람의 지각과 다르다. 가령 초목이라면 생의가 있지만 지각이 없다. 가령 기와나 돌이라면 형질은 있지만 생의가 없다. 만약 일괄하여 흐리멍덩한 성으로 말한다면 사람의 도가 모두 소나 개와 같아진다. 만약 불교에 맹자의 질문에 대답하게 한다면, 반드시 '개의 성은 소의 성과 같고 소의 성은 사람의 성과 같다'고 할 것이니, 사람을 속여서 어리둥절하게 하는 그 대답은 또한 고자에게 죄를 짓는 것이다.

> 無氣外之理, 生之謂性, 未嘗不是. 然氣自流行變化, 而變化之中, 有貞一而不變者, 是則所謂理也性也. 告子唯以陰陽五行化生萬物者謂之性, 是以入於儱侗, 已開後世禪宗路逕. 故孟子先喩白以驗之, 而後以牛犬別白之. 蓋天之生物萬有不齊, 其質旣異, 則性亦異, 牛犬之知覺, 自異乎人之知覺. 浸假而草木, 則有生意而無知覺矣. 浸假而瓦石, 則有形質而無生意矣. 若一槪以儱侗之性言之, 未有不同人道於牛犬者也. 假使佛氏而承孟子之問, 必將曰, 犬之性猶牛之性, 牛之性猶人之性也, 其譸張爲幻, 又告子之罪人也.

● "생명을 성이라고 한다"(生之謂性)는 명제는 생명체가 갖는 생존 욕구를 본성이라고 주장하는 고자의 일관된 입장을 드러내는 표현이다. 황종희는 현실적 인간을 선규정하는 초월적 원리의 존재를 부정하므로, 그에게 인간의 본성은 개별적 인간의 탄생과 분리되지 않는다. 그런 의미에서 "생명을 성이라고 한다"는 고자의 주장은 황종희 역시

---

5) 황종희는 『맹자사설』 11-7 '풍년에는 젊은이들이 순박해진다'(富歲子弟多賴章)에서 '질'(質)에 대해 다음과 같이 설명했다. "만약 한 알의 곡식알을 예로 들면, 생의는 성이고 생의가 조용히 유행하는 것이 기이다. 생의가 분명하게 상(象)을 이룬 것이 질(質)이다." 즉 '질'은 구체적인 형체를 갖게 된 단계를 이른다.

받아들일 수 있다. 그런데 황종희는 생명을 갖게 되면서 각각의 생명체는 종에 따라 다른 이(理)를 갖게 된다고 생각한다. 동물의 경우 그것은 지각의 정도차로 나타난다. 생명과 함께 갖게 되는 인간의 지각은 그 자체로 인간적인 특성이다. 이렇듯 똑같은 생명체라도 각 종에 따라 성이 다른데, 고자의 주장은 '생명'이라는 것만을 성의 내용으로 담았기 때문에 종차에 관계없이 모든 생명체의 성을 하나로 만들어버렸다는 것이 황종희의 분석이다.

11-4 식욕과 성욕이 성이다食色性也章

"식욕과 성욕이 성"(食色性也)이라고 하는 고자의 주장은, 단지 음양오행이 변화해서 낳은 것을 성이라 하고, 이른바 '인'(仁)은 따뜻한 기운에 불과한 것으로 선·불선에는 관여하지 않는다고 여기는 것이다. 그가 말하는 '의'(義)는 바로 천지만물의 이(理)가 된다. 고자에 의하면, 마음이 가진 것은 지각에 불과하고, 하늘이 높고 땅이 아래 있으며 만물이 각각 다른 것은 나의 존망으로 유무가 달라지는 것이 아니므로, 반드시 밖에서 구해야 한다.

맹자에 의하면, 내가 있은 후에야 천지만물이 있고, 나의 마음이 천지만물을 구별해야 이가 되니, 이 마음이 보존되면 이 이는 자연히 밝아지므로, 집집마다 찾아다니며 불을 구걸할 필요가 없다.

고자의 주장은 하나의 의견이고, 맹자가 변론한 것 또한 하나의 의견이다. 회옹은 "고자의 말은 자주 궁색해져서, 자꾸 그 말을 바꿔 이기려고 했다"고 말했지만, 이는 오히려 고자의 주장이 귀결하는 바를 알지 못한 것이니, 어찌 그 문제에 대해 결정을 내릴 수 있었겠는가.[6] 다른 날 상산[7]이 죽자 회옹은 "아깝다. 고자가 죽었구나"[8]라고 했다. 상산은 심즉리(心卽理)를 말했으니, 이는 고자와 정면으로 상반된다. 맹자가 고자를 반박한 의도는 〔상산의 심즉리의 뜻과〕 같다. 〔주희가〕 억지로 고자를 연루시키니 고자로서는 원통하지 않겠는가. 후대의 학자들은 가슴에서 시비진위를 가리지 않으니, 난쟁이가 무대 아래서 〔멋모르고 다른 사람들을 따라〕 웃는 것과 정말 다르지 않다.

食色性也, 卽是以陰陽五行化生者爲性, 其所謂仁者, 亦不過煦煦之氣, 不參善不善於其間. 其所謂義, 方是天地萬物之理. 告子以心之所有不過知覺, 而天高地下萬物散殊, 不以吾之存亡爲有無, 故必求之於外. 孟子以爲有我而後有天地萬物, 以我之心區別天地萬物而爲理, 苟此心之存, 則此理自明, 更不必沿門乞火也. 告子之言, 總是一意. 孟子辨之, 亦總是一意. 晦翁乃云, 告子之

---

6) 이 부분에 대한 주희의 논평은 다음과 같다. 『맹자집주』, "이 편의 첫 장에서 제4장에 이르기까지 고자의 변론은 여러 번 꺾였고, 자주 꺾이다 보니 자꾸 말을 바꿔서 이기려고 했을 뿐 스스로 돌이켜 자신의 설에 의문을 품었다는 말을 듣지 못했으니, 이것이 바로 '말에서 이해하지 못했으면 마음에서 알기를 구하지 말라'는 것이리라. 이 때문에 그는 거칠고 소략한 데 그칠 뿐 올바름을 얻지 못했다"(自篇首, 至此四章, 告子之辯, 屢屈, 而屢變其說, 以求勝, 卒不聞其能自反, 而有所疑也. 此正其所謂 '不得於言, 勿求於心者,' 所以卒於鹵莽, 而不得其正也). 맹자가 첫 장에서부터 논평해왔듯이 고자의 입장은 일관되었다. 즉 인간의 본성 차원에서는 선악이 없고, 선악은 인위적인 작업 뒤에 정해진다. 선은 인간 밖에 있기 때문이다. 그것이 갯버들과 술잔, 단수, '생지위성,' '식색성야'로 변주된 것이지, 궁지에 몰려 자기 의견을 바꾼 것이 아니다. 황종희에 의하면, 주희는 고자가 주장하는 것의 핵심을 이해하지 못했고, 결국은 주희 자신과 다르지 않다는 것을 이해하지 못했기 때문에 이처럼 잘못된 논평을 했다.

7) 육구연(陸九淵, 1139~93). 권말 '주요인물 소개' 참고.

8) 『주자어류』124: 48, "상산이 죽었다. 〔주희〕선생은 문인을 이끌고 절에 가서 곡했다. 끝내고 한참 있다 '아깝다, 고자가 죽었구나'라고 했다"(象山死, 先生率門人往寺中哭之. 旣罷, 良久, 曰: "可惜死了告子").

詞屢屈, 而屢變其說以求勝, 是尙不知告子落處, 何以定其案哉. 他日象山死, 晦翁曰, 可惜死了告子. 象山謂心卽理也, 正與告子相反. 孟子之所以辨告子者, 恰是此意. 而硬坐以告子, 不亦冤乎. 後來學者, 胸無涇渭, 眞不異矮人臺下之笑也.

● "식욕과 성욕이 인간의 성이다"(食色性也)와 "인은 안에 있고 의는 밖에 있다"(仁內義外)는 명제는 고자의 본성이론을 단적으로 표현한 것이다. 고자의 입장은 존재론상으로 실재론이며, 윤리론상으로는 윤리학적 자연주의라고 할 수 있다. 즉 그는 형이상학적인 도덕적 가치는 없으며, 관찰 가능한 자연적 대상들만이 존재한다고 생각한다. 도덕적 가치는 인간 밖에 있다고 하니, 사회적 유용성을 가치로 생각했으리라 추측한다. "인은 안에 있고 의는 밖에 있다"를 풀이하면, '인'(仁)이란 식욕과 성욕으로 대표되는데, 생명체의 특징이라는 점에서 "따뜻한 기운"이라고 표현될 만하다. 즉 고자에 의하면, 인간이 내부에 본성적으로 갖는 것은 식욕과 성욕의 생존본능일 뿐이며, 사회질서의 근간이 될 '의'는 인간 외부에 있다.

황종희에 의하면 육상산과 고자는 존재론에서 양극에 서 있는 사람이다. 고자는 주관과 관계없이 객관세계가 존재한다고 생각하는 실재론자이고, 육상산은 철저한 관념론자이다. 황종희에 의하면, 맹자는 "내가 있은 후에야 천지만물이 있고, 나의 마음이 천지만물을 구별해야 이가 된다"고 생각하는 사람이다. 이는 육상산—왕양명 노선에서 해석하는 대로 맹자를 본 것이다. 이 전통은 존재론 엉역에는 관심을 두지 않은 채 가치론의 관점에서 세상을 해석했다. 이들은 가치의 원천인 내 마음이 세상을 제대로 대접해야 비로소 세상은 제자리를 찾고

자신의 존재를 선명히 드러낸다고 주장한다.

　육상산은 지적인 고려가 마음의 힘을 감소시킬 것을 경계했기 때문에 상대적으로 지적인 능력을 경시했다. 마음이 갖는 도덕적 힘을 절대적으로 신뢰한 그는 육경조차도 "내 마음의 각주"일 뿐이라고 말한다. 황종희에 의하면, 주희는 고자가 주장하는 것의 핵심을 이해하지 못했는데, 결국은 마음을 신뢰하지 않고 가치를 외부에 있다고 생각한 점에서 고자가 주희 자신과 다르지 않다는 것을 인정하지 못한 것이다. 그래서 주희는 고자에 대해서도 상산에 대해서도 잘못된 논평을 했다.

　『주자어류』에 다음과 같은 말이 있다. "회옹은 일찍이 금계(金溪)[9]와 '의는 밖에 있다'(義外)는 설에 대해 변론했다. [회옹에 의하면] 내가 일이 이처럼 합당하다고 한다면, [합당함은] 비록 [나의] 밖에 있지만 내 마음에서 합당하다고 여겨 실천하는 것이므로 이는 곧 [나의] 안이며, 성질이 노둔한 사람이 혹 한때 미처 못 봤는데 타인이 말을 하자 비로소 보고 옳다고 여겨 따라 실천했다면 또한 [나의] 안이다. 금계는 그것은 고자의 견해라고 생각했다. [그에 의하면] 스스로에게서 얻어야만 옳다. 만약 타인의 주장을 의라 여겨 행한다면 이것은 밖에서 구하는 것이다. 이렇게 되면 일이 마땅히 이러이러해야 할 때 그에 맞지 않는 일이 생기게 되니, 이는 고자의 견해가 되지 않나 생각했다."[10]

---

9) 금계(金溪)는 강서(江西)성에 있는 지명으로 상산이 태어나고 죽어서 묻힌 곳이다. 주희 당시에 상산을 금계라고 불렀던 듯하다.
10) 『주자어류』 124: 37.

내 생각에 고자의 '의는 밖에 있다'는 의를 밖에서 구해 실천하는 것으로 금계의 말이 옳다. 회옹은 반드시 스스로에게 얻으려 하고 밖에 있는 것은 일체를 내버려두고 불문한다고 말했지만, 아마도 꼭 그 말대로는 아닐 것이다. 고자는 이미 이(理)가 안에 있지 않다고 했으니 형세상 부득불 밖에서 구할 수밖에 없다. 그렇지 않으면 안에서나 밖에서나 기준으로 삼을 바가 없게 되므로, 스스로 자신의 주장을 세울 수 없을 것이다.

語類. 晦翁嘗與金溪辨義外之說. 某謂事之合如此者, 雖是在外, 然於吾心以爲合如此而行之, 便是內也. 且如人有性質魯鈍, 或一時見不到, 因他人說出來, 見得爲是, 從而行之, 亦內也. 金溪以爲此乃告子之見, 直須自得於己方是, 若以他人之說爲義而行之, 是求之於外也. 遂於事當如此處亦不如此, 不知此乃告子之見耳. 愚按, 告子義外, 是求義於外而行之, 金溪之言是也, 晦翁乃謂其必欲自得於己, 而在外者一切置之不問, 恐未必然. 告子旣已爲理不在內, 勢不得不求之於外, 不然, 則內外兩無所主焉, 能自立其說哉.

● 주희는 관념론자인 육상산을 고자와 가깝다고 비판했다. 오직 자신의 마음에서 옳다고 여기는 것만이 참되다는 입장이라면 성인의 말도 '밖에 있는 의'가 되기 때문이다.(『주자어류』124: 37의 다음 구절 참조. "今陸氏只是要自渠心裏見得底, 方謂之內. 若別人說底, 一句也不是. 才自別人說出, 便指爲義外. 如此, 乃是告子之說.") 또한 주희는 "말에서 얻지 못했으면 마음에서 구하지 말라"(不得於言, 勿求於心)는 고자의 주장에 대해 질문하는 제자에게, 육상산이 언어에 밝지 못한 것이 고자와 비슷하다(先生云: "陸子靜不著言語, 其學正似告子 : 『주자어류』124: 14)고도 말한다.

육상산이라면 지적인 활동, 즉 언어에 대한 이해가 마음의 힘을 약화시킬 것을 염려해 언어를 가지고 마음을 어지럽히지 않으려 했겠지만, 고자가 언어에서 해결보지 못한 문제를 마음으로 끌어들이지 않은 이유는 다르다. 다르다는 데서 그치지 않고 정면으로 상반된다. 고자의 마음에는 어떤 가치도, 가치의 기준도 없기 때문이다. 고자의 가치는 사회활동의 결과인 언어에 있다. 그러니 마음에 물어봤자 소용이 없다.

정자[11]의 '성즉리'설은 분명하게 말한 것이지만, 잘 이해해야 한다. 단순히 사람의 성에 대해 말한다면 옳으나, 만물의 성을 포괄해서 말하면 안 된다. 즉 맹자가 성은 선하다고 한 것 역시 사람의 성에 근거해 말한 것이지, 동물을 포괄하는 것이 아니다. 만약 사람과 동물이 모두 천지지리(天地之理)를 받아 성으로 삼고, 사람은 그 완전함을 얻고 동물은 치우친 것을 얻었다고 하면 이는 잘못이다. 이른바 이(理)는 인의예지이다. 금수에게 어떻게 이것이 있는가. 호랑이와 이리가 잔인한 것, 소와 개가 어리석은 것은 모두 성이라 하지 않을 수 없다. 이 지각을 갖추니 이 성을 갖춘다. 회옹은 "사람과 동물의 기(氣)는 서로 가깝지만 이(理)는 전혀 다르다"[12]고 했는데, 이는 회옹이 동물의 지각이 사람의 지각과 다름을, 다름은 기에 먼저 있음을 모른 것이다.

---

11) 정호(程顥, 1032~85)와 정이(程頤, 1033~1107) 형제의 통칭. 권말 '주요인물 소개' 참고.

12) 『주자어류』 4: 9, "만물이 한 가지 근원이라는 데 대해 말하자면, 이는 같으나 기는 다르다. 만물의 몸이 다른 점에서 보면 기는 오히려 서로 가까우나 이는 끊어져 다르다"(論萬物之一原, 則理同而氣異. 觀萬物之異體, 則氣猶相近, 而理絶不同).

이란 순수지선(純粹至善)한 것인데 어떻게 온전하고 치우침이 있겠는가. 사람은 걸주(桀紂)처럼 극악무도하더라도 그것이 악한 짓이라는 것을 모른 적이 없으니, 악에 빠져 있는 가운데에서도 그 이는 또한 완전하다. 동물은 이 마음이 이미 끊어져 있는데 어떻게 치우친 것이라도 있다고 할 수 있겠는가. 전체적으로 논한다면, 하늘은 기의 정밀한 것으로 사람을 낳고 조잡한 것으로 동물을 낳았으니, 일기(一氣)이지만 정밀함과 조잡함이 갈라진다. 그러므로 기질지성(氣質之性)은 단지 동물에 대해서만 말할 수 있고 사람에 대해서는 말할 수 없다. 사람에게 비록 혼명후박(昏明厚薄)의 차이가 있지만 모두 이가 있는 기이다. 금수가 받은 것은 이 없는 기이니, 이는 이가 없는 것이 아니라 그들이 사람과 같을 수 없는 것이 바로 자연의 이이다.

불교는 "움직이는 모든 것은 영(靈)이 있으니, 모두 불성을 갖고 있다"고 했다. 환생해서 다른 존재에 붙어사는 윤회로부터[13] [중생을] 구원하겠다는 그 이론은 벌레와 같은 미물과 제왕(帝王)을 평등하게 만드는 것으로, 혈육인 부모도 금수[의 세계]로 들어가 윤회를 한다고 한다. 이는 사람과 동물이 하나의 기라는 것을 심하게 유추해서, 함께 이 없는 데까지 이르게 한 것이다. 사람이 그 양심을 잃고 금수가 되는 일은 있지만, 금수가 다시 사람이 되는 일은 없다. 환생하여 다른 몸에 붙어 있다는 [주장은] 우연히 한번 보니 자신 역시 갖고 있는 이론인데, 불교의 이론처럼 [윤회를] 멈추지 않고 되풀이한다고 한 적은 없으니, 스스로 또한

---

13) '다른 존재에 붙어 환생하는 윤회'는 '投胎托舍'의 번역이다. '투태'(投胎)란 글자 그대로는 생명체가 죽으면 영혼이 모태로 들어가 다시 태어난다는 뜻으로 불교의 윤회전생을 의미하며, '탁사'(托舍)는 붙어살거나 얹혀산다는 뜻이다.

〔똑같은 이론이라고〕 말하지는 않는다.

程子性卽理也之言, 截得淸楚, 然極須理會, 單爲人性言之則可, 欲以該萬
物之性則不可. 卽孟子之言性善, 亦是據人性言之, 不以此通之於物也, 若謂人
物皆禀天地之理以爲性, 人得其全, 物得其偏, 便不是. 夫所謂理者, 仁義禮智
是也. 禽獸何嘗有是. 如虎狼之殘忍, 牛犬之頑鈍, 皆不可不謂之性, 具此知
覺, 卽具此性. 晦翁言, 人物氣猶相近, 而理絶不同, 不知物之知覺, 絶非人之
知覺, 其不同先在乎氣也, 理者純粹至善者也, 安得有偏全. 人雖桀紂之窮凶極
惡, 未嘗不知此事是惡, 是陷溺之中, 其理亦全, 物之此心已絶, 豈可謂偏者猶
在乎. 若論其統體, 天以其氣之精者生人, 鹿者生物, 雖一氣而有精鹿之判. 故
氣質之性, 但可言物不可言人, 在人雖有昏明厚薄之異, 總之是有理之氣, 禽獸
之所禀者, 是無理之氣, 非無理也, 其不得與人同者, 正是天之理也. 釋氏說,
蠢動含靈, 皆有佛性, 彼欲濟其投胎托舍之說, 蟻蠓之微與帝王平等, 父母之
親, 入禽獸輪迴, 正坐人物一氣, 充類以至無理也. 蓋人而喪其良心入於禽獸者
有矣, 未有禽獸而復爲人者也. 投胎托舍, 偶而一見, 亦自有之, 未有展轉不已
如釋氏之論, 自家亦說不去也.

● 황종희는 주희가 고자와 가깝다고 정리한다. 주희의 학문이야말
로 마음 밖의 이(理)를 구하는 것이기 때문이다. 그 이유는 주희가 '성
즉리'의 '이'를 우주만물의 이라고 하기 때문이다. 내 마음의 이가 또한
우주만물의 이라는 소리는, 내 마음의 이나 개·소의 이나 한가지라는
소리이기도 하다. 정주성리학은 기질지성이라는 것을 만들어내서 이
론과 현실의 간극을 메우고자 했다. 그러나 황종희는 '기질지성'이라
는 단어를 '이는 없이 기질만 갖는 존재의 성'으로 해석한다. "이는 인
의예지이다." 황종희의 주장에 의하면, 각각의 종적 존재는 각각 타고

난 기질에 따라 각자의 성을 갖는데, 인의예지의 이를 갖는 성은 인간의 성뿐이다. 이를 갖는 성은 기질지성이 아니라 '천지지성'이며, 이를 갖지 못하는 동물의 성이라야 '기질지성'이라 할 수 있다.

황종희는 불교의 윤회가 사람과 동물을 모두 이 없는 기의 존재로 설정하는 이론이라는 점에서 정주성리학과 불교를 같은 구조를 가진 이론이라고 생각했다. 즉 불교의 윤회설은 인간이나 벌레나 모두 이 없는 기, 즉 '기질지성'을 가진 존재로 전제한다는 것이다.

11-6 공도자가 성에 대해 묻다 公都子問性章

"성에는 선도 없고 불선도 없다"는 주장은 후세 불교의 "선도 생각지 말고 불선도 생각지 말라"[14]는 주장과 가깝다. 그러나 불교의 "선도 없고 악도 없다"는 주장은 이(理)를 장애로 여겨 다시 구하지 않으니, "성에는 선도 없고 불선도 없다"는 고자의 이론이 밖에서 이를 구하는 것과 다르다.

> 性無善無不善, 後世釋氏不思善不思惡之說近之, 但釋氏無善無惡, 以理爲障, 更不復求, 與告子性無善惡復求理於外者爲異.

● 이 장에서 맹자의 제자 공도자(公都子)는 당시에 얘기되던 몇 가지 본성이론과 함께 맹자의 본성이론에 대해 질문한다. 이에 대해 황종희는 이 이론들을 불교, 양웅(揚雄)의 선악혼설, 한유(韓愈)의 성삼품설 등과 비교하며 정리한 뒤, 이에 덧붙여 주희의 본성이론을 비판

---

14) 혜능, 『육조단경』, "선도 생각지 말고 악도 생각지 말라. 바로 이러한 때 어느 것이 상좌의 본래면목인가"(不思善不思惡, 正當恁麼時, 那箇是上座本來面目).

하면서 자신의 본성이론을 드러낸다.

먼저 "성에는 선도 없고 불선도 없다"는 주장은 표면적으로는 불교와 고자가 공유한다. 그런데 불교는 그 이상 객관적 진리를 구하지 않는다는 점에서 고자와도 다르다고 정리한다. "선도 악도 생각지 말라"는 혜능(慧能)의 말은 선악을 넘어선 실재의 모습을 보라는 것이다. 이 실재의 모습은 굳이 말하자면 '연기'(緣起)이므로 '이'라는 언어로 고착될 수 없다. 한편 고자가 "성에 선악이 없다"고 한 것은 가치가 인간 외부에 있다고 생각하기 때문이다. 황종희는 객관적 진리를 추구하는지 여부가 둘 사이의 차이점이라고 정리한다.

"성은 선이 될 수도 있고 불선이 될 수도 있다"는 주장은 양웅의 '선악혼'(善惡混)설[15]과 가깝다. "선으로 될 수도 있고 불선으로 될 수도 있다"는 주장은 "선도 없고 악도 없다"는 주장과 비슷하지만 '~될 수 있다'라는 말은 성 안에 이 선악의 뿌리와 싹을 갖고 있다는 것이므로, 달라진다.

性可以爲善可以爲不善, 揚子善惡混之說近之. 可以爲善爲不善, 似與無善無惡相類, 但其可以爲者, 於性中藏此善惡根苗, 故不同也.

● "성은 선이 될 수도 있고 불선이 될 수도 있다"는 주장은 양웅의 '선악혼'과 가깝다고 정리했다. 한 사람 안에 선과 악의 요소가 모두

---

15) 양웅(揚雄, 기원전 53~기원후 18), 『법언』「수신」(修身), "사람의 성은 선과 악이 혼재한다. 선함을 닦으면 선인이 되고 악함을 닦으면 악인이 된다. 기라는 것은 선악으로 태워 가는 말과 같구나"(人之性也善惡混, 修其善者則爲善人, 修其惡者則爲惡人, 氣也者, 所以適善惡之馬也與).

있어 어떤 것을 발현시키느냐에 따라 선인과 악인으로 갈라진다는 것이 양웅의 주장이다. 이 주장이 앞의 "선도 없고 악도 없다"는 주장과 다른 점은, 선악의 본성적 요소를 인정한다는 점이다.

"성이 선한 사람도 있고 성이 불선한 사람도 있다"는 주장은 한유의 '성삼품'설[16]과 가깝다. 후대 유학자들의 기질의 설과도 가깝다.

有性善, 有性不善, 韓子三品之說近之, 後儒氣質之說亦近之.

● 한유의 성삼품설은 개인마다 타고난 자질이 다르다는 것이다. 황종희는 이를 정주성리학의 기질지성의 이론과 가깝다고 해석한다. 그들의 기질지성론에 의하면, 인간이 타고나는 기의 청탁후박이 다르므로 개개인은 태어나면서부터 서로 다른 기질을 갖게 되고, 그것이 현실에서 우리가 경험하는 개인차가 된다.

선유가 성(性)과 정(情)에 대해 말하는 것은, 대략 성은 체(體)이고 정은 용(用)이며 성은 정(靜)이고 정은 동(動)이며 성은 미발(未發)이고

---

16) 한유(韓愈, 768~824)의 「원성」(原性) 참조. 그에 의하면 "성이란 생명과 함께 생긴다. 정이란 대상에 접함으로써 생긴다"(性也者, 與生俱生也, 情也者, 接於物而生也). 성은 인(仁)·의(義)·예(禮)·지(智)·신(信), 즉 오덕(五德)을 내용으로 하고, 정(情)은 희(喜)·노(怒)·애(哀)·구(懼)·애(愛)·오(惡)·욕(欲), 즉 칠정(七情)을 내용으로 한다. 성과 정을 사람이 모두 갖기는 하지만 정도는 다르다. 이 차이는 친성적이다. 그는 성(性)에도 상·중·하의 삼품(三品)이 있고 정(情)에도 삼품이 있다고 설명하고, 상등인에게는 '교'(敎)의 방법, 하등인에게는 '제'(制)의 방법으로, 사회적 규범의 방식을 다르게 해야 한다고 주장했다.

정은 이발(已發)이라는 것이다. 정자는 "'사람이 태어나 고요한' 그 이상(以上)에 대해서는 말을 허용하지 않는다. 성에 대해 이야기하면 그것은 이미 성이 아니다"[17]라고 했는데, 이렇다면 성은 허공에 뜬 물건이다.

사실 맹자의 말은 분명하고 쉽다. 측은·수오·공경·시비[의 마음]이 발하고 그것을 인·의·예·지라는 이름으로 부르는 것이므로, 정을 떠나서는 성을 볼 수 없다. 인·의·예·지는 뒤에 일어난 이름이므로 "인·의·예·지는 마음에 뿌리를 두고 있다"[18]고 한 것이다. 만약 측은·수오·공경·시비의 〔마음〕 앞에 그들과 다른, 근원이 되는 것으로서 인·의·예·지가 있다면, 마땅히 '마음은 인의예지에 뿌리를 두고 있다'고 했을 것이다. 그러므로 '성정'(性情) 두 글자는 나눌 수 없으니, 이것이 이기합일(理氣合一)의 설이다. 체라면 정과 성이 모두 체이고 용이라면 정과 성이 모두 용이다. 동정과 미발·이발도 모두 마찬가지이다. '재'(才)란 성의 분량(分量)이다. 측은·수오·공경·시비[의 마음]이 발하는 것은 본래 갖춰져 있기 때문이지만, 전광석화에 불과해서 나는 내 안에 갖고 있을 수 없다. 그러므로 반드시 존양의 공부로 "넓고 깊은 샘이 때에 맞춰 나오는"[19] 듯하는 경지에 이르러야 하며, 그래야 비로소 성의 분량이 다하여 현인을 희구하고 성인을 희구하고 하늘의 경지를 희구하는 데 이른다. 아직 하늘의 경지에 이르지 못했다면, 그 재(才)를 다할 수

---

17) 『근사록』권1, 「도체」(道體).
18) 『맹자』「진심 상」21, "군자가 성으로 삼는 것은 인의예지로서 〔인의예지는〕 마음에 뿌리내리고 있다. 그 드러나는 빛은 얼굴에 밝게 나타나고 등에 가득 차며 사지로 퍼져서 사지가 말하지 않아도 저절로 알게 된다"(君子所性, 仁義禮智, 根於心. 其生色也, 睟然見於面, 盎於背, 施於四體, 四體不言而喩).
19) 『중용』31.

없었기 때문이다. 비유하자면 오곡의 씨는 백성들이 먹을 수 있어야[20] 비로소 성의 아름다움을 볼 수 있다. 만약 싹은 텄지만 여물지 않았거나 여물었지만 익지 않았다면, 성체는 아직 온전하지 않은 것이다.

先儒之言性情者, 大略性是體, 情是用. 性是靜, 情是動. 性是未發, 情是已發. 程子曰, 人生而靜以上, 不容說. 纔說性時, 便已不是性也, 則性是一件懸空之物. 其實孟子之言, 明白顯易, 因惻隱羞惡恭敬是非之發, 而名之爲仁義禮智, 離情無以見性, 仁義禮智是後起之名, 故曰仁義禮智根於心. 若惻隱羞惡恭敬是非之先, 另有源頭爲仁義禮智, 則當云心根於仁義禮智矣. 是故性情二字, 分析不得, 此理氣合一之說也. 體則情性皆體, 用則情性皆用, 以至動靜已未發皆然. 才者性之分量. 惻隱羞惡恭敬是非之發, 雖是本來所具, 然不過石火電光, 我不能有諸己. 故必存養之功, 到得溥博淵泉, 而時出之之地位, 性之分量始盡, 希賢希聖以至希天, 未至於天, 皆是不能盡其才. 猶如五穀之種, 直到烝民乃粒, 始見其性之美, 若苗而不秀, 秀而不實, 則性體尙未全也.

● 주희는 완전한 본체의 세계와 운동하는 현실의 세계를 나누었다. 완전한 세계는 체, 고요함, 미발 등으로 불리고, 운동하는 현실의 세계는 용, 움직임, 이발 등으로 불린다. 완전한 세계는 기가 개입되기 이전이고 현실의 세계는 기와 결합된 이후이다. 정자가 "성에 대해 애기하면 그것은 이미 성이 아니"라고 한 것은, 기가 개입하기 이전의 절대로서 성에 대한 묘사이다. 즉 정주성리학자들은 기의 세계인 현실 배

20) '(곡식을) 백성들이 먹는다'는 '烝民乃粒'의 번역으로 출전은 다음과 같다. 『서경』 「익직」(益稷), "백성들이 곡식을 먹게 되자 만방이 다스려졌다"(烝民乃粒, 萬方作乂).

후에 그 기의 세계를 통합할 근거로서 완전하고 순수한 세계(理)를 상정한다.

황종희는 기와 독립한 순수지선의 세계를 인정하지 않는다. 인의예지는 이(理)이기는 하지만 그것은 현실의 마음을 떠나 마음 이전에 있을 수 없다. 마음은 지각의 운동 능력을 가진 것이고 그 마음의 움직임 뒤에 인의예지라고 부를 만한 바람직한 움직임이 있다. 움직임과 가치는 함께 있다. 완전함은 없다. 태어날 때 받은 기(氣)만큼의 분량이 내 도덕적 능력의 현주소이다. 분명 선의 원천은 내게 있지만 그것은 넘칠 만큼 많은 양이 아니다. 넘치기는커녕 '전광석화'처럼 달아나버린다. 그것을 내게 있도록 하기 위해서는 곡식을 키워 여물게 하듯이 나의 지와 각을 성장시켜야 한다.

인간이 타고날 때 받은 능력이 '재'(才)이고 "재란 성의 분량"이라고 하는 것을 보면, 인간이 선천적으로 받은 능력은 한정된 것이고, 그래서 성장해야 할 것이다. 인간이 천성적으로 갖게 된 도덕적 능력이란, 완전한 것이 아니라 성장의 가능성을 가진, 씨앗 혹은 작은 싹일 뿐이다.

누군가가 "측은 · 수오 · 공경 · 시비는 이발을 잡고 미발을 남겨둔 것으로 머리 없는 학문에 가까운 것이 아닌가" 한다. 대답하기를 "측은 · 수오 · 공경 · 시비의 마음은 일어나야 비로소 있는 것이 아니다. 미발의 때에도 이 넷은 〔마음〕 안에서 유행하지 않은 적이 없다. 설사 유행할 때라 해도 이 넷을 어떤 소리와 냄새로 형용할 수 있겠는가. 만약 형용할 수 없는 것을 두뇌로 삼는다면 화두를 참구(參究)함으로써 본래면목을 구하는 것[21]이 올바른 학문이 될 것이다."

或曰, 惻隱羞惡恭敬是非, 執已發而遺未發, 無乃近於無頭學問乎. 曰惻隱羞惡恭敬是非之心, 不待發而始有也. 未發之時, 此四者未嘗不流行於中, 卽使發之時, 四者有何聲臭之可言乎. 若必以不容說者爲頭腦, 則參話頭以求本來面目者爲正學矣.

● 이 문답은 '미발'에 관한 것이다. 미발이란 마음이 움직이지 않은 상태이고 이발은 움직인 상태인데, 황종희의 경우 마음의 움직임 유무에 따라 공부를 나눌 필요가 없다. 사람이 갖는 선함의 바탕은 느낌(覺)과 앎(知)의 능력이므로, 대상에 접촉하지 않았다고 그 능력이 멈춰 있는 것이 아니다. 그 능력이 현실에서 감정으로 발해야 비로소 측은이니 인이니 하는 이름으로 형용할 수 있다. 만약 정주성리학처럼 그 미발의 상태를 인의예지라고 이름 붙이고 이라고 이름 붙여서 공부의 두뇌처로 삼는다면, 이는 선불교의 화두 공부와 같아진다고 비판한다.

11-7 풍년에는 젊은이들이 순박해진다 富歲子弟多賴章

이 장은 〔『논어』의〕 "성은 서로 가깝지만 습에 의해 멀어진다"(性相近習相遠)[22]에 대한 맹자의 주(注)이다. 손기욱 선생[23]은 다음과 같이 말했다. "만약 풍년과 흉년에 대해 말하면서 젊은이들의 재(才)가 다르다

---

21) 화두의 '화'(話)는 말이라는 뜻이고, '두'(頭)는 머리, 즉 앞서 간다는 뜻이다. 따라서 화두는 말보다 앞서 가는 것, 언어 이전의 소식이라는 뜻을 담고 있다. 화두를 수단으로 해 신리를 깨닫는 작업은, 상식을 뛰어넘는 문답에 대하여 의문을 일으켜 그 해답을 구하는 것이다.

22) 『논어』「양화」(陽貨).

23) 손신행(孫愼行, 1565~1636년). 권말 '주요인물 소개' 참고.

고 하고, 토질(肥磽), 기후(雨露), 인간의 노력(人事)이 다른 것에 대해 말하면서 대맥과 보리의 성이 다르다고 한다면 누가 믿으려고 하겠는가. 이른바 기질지성이라는 것은 형체를 갖고 태어난 이후에 대해 말하는 것이다. 하늘(天)에서 기를 받고, 땅에서 형을 이루고, 풍속에 의해 변한다면, 이것이 바로 토질, 기후, 인간의 노력과 같은 유이다. 이 셋이 모두 공부자가 말한 습(習)이다. 지금 습이라는 것이 뭔지 모르면서 억지로 성과 연결시키고, 또 성에 대해 분명히 설명하지도 못하면서 기질지성의 이론을 멋대로 만들어냈는데, 나는 이런 것 모르겠다. 만약 한 알의 곡식 알을 예로 들면, 생의(生意)는 성(性)이고, 생의가 조용히 유행하는 것이 기(氣)이다. 생의가 분명하게 상(象)을 이룬 것이 질(質)이다. 만약 한 알의 곡식을 두 항으로 나눠, 성은 좋고 기질은 나쁘다고 한다면 되겠는가. 이른바 '잘 돌이킨다'(善反)는 것은 내 성의 선함을 보고 돌이키는 것으로 그래야만 비로소 성을 안다는 것인데, 만약 기질의 불선함을 없애고 하나의 이의지선(理義之善)으로 돌아가려는 것이라면, 이는 사람이 두 성을 갖는 것이다. 둘이라면 과연 성이겠는가."[24]

此章是性相近習相遠注疏. 孫淇澳先生曰, 今若說富歲凶歲, 子弟降才有殊, 說肥磽雨露人事不齊, 而謂麵麥性不同, 人誰肯信. 至所謂氣質之性, 不過就形生後說. 若稟氣於天, 成形於地, 受變於俗, 正肥磽雨露人事類也, 此三者, 皆夫子所謂習耳. 今不知爲習, 而强繫之性, 又不敢明說性, 而特創氣質之性之說, 此吾所不知也. 如將一粒種看, 生意是性, 生意默然流行便是氣, 生意顯然成象便是質, 如何將一粒分作兩項, 曰性好氣質不好. 所謂善反者, 只見吾性之爲善而反之, 方是知性, 若欲去氣質之不善而復還一理義之善, 則是人有二性

---

24) 『명유학안』 「동림학안」 2, '문개손기욱선생신행'(文介孫淇澳先生愼行).

也. 二之, 果可爲性否.

●이 장에서 맹자는 선한 사람과 악한 사람이 섞여 있는 현실에 대해 설명한다. 맹자는 사람이 받은 선한 본성을 재(才)라고 부르고, 그것을 씨앗에 비유한다. 씨앗이 싹을 틔우고 성장하기 위해서는 영양가 있는 토양과 적당한 비에 인간의 노동력도 있어야 한다. 그러한 요소들은 같은 종자의 식물이라도 다른 모습으로 자라게 한다. 그와 마찬가지로 본성 이외의 여러 환경적 요소들이 도덕적으로 차이가 나는 인간들을 만들어낸다고 맹자는 설명한다. 황종희는 손신행의 글을 인용하여 이러한 맹자의 설명이 『논어』의 "성은 서로 가깝지만 습에 의해 멀어진다"(性相近習相遠)에 대한 맹자의 주석이라고 해석한다. 토양, 기후, 인간의 노력이 모두 '습'이다. 이러한 '습'은 종자의 성장에 긍정적일 수도 있고 부정적일 수도 있다. 종자를 잘 길러낼 수도 있지만 말려버릴 수도 있다. 종자가 없다면 아무것도 자랄 수 없으므로 종자는 물론 중요하지만, 후천적 환경 역시 그 못지않게 중요하다.

정주성리학이 '기질지성'이라는 개념을 만들어낸 이유는 현실의 다양한 인간을 설명하기 위해서이다. 이에 대해 황종희는 후천적인 것을 '성'(性)과 연결시킨 것은 어불성설이라고 비판한다. 뿐만 아니라 기질지성을 만들어냄으로써 인간의 '성'에 두 가지가 있다는 주장이 되어버리는데, '나면서 갖는 성질'이라는 의미의 '성'이 두 가지라면 어폐가 있다. 황종희에 의하면 그들이 기질지성이라는 말을 만들어내는 대신에 인간을 설명하기 위해 사용해야 할 개념은 '습'이다.

『주자어류』에 〔다음과 같은 문답이 있다.〕 "묻기를 '이(理)와 의(義)가

내 마음을 기쁘게 한다'고 하는데, 이의는 무엇이고 마음은 무엇입니까?' 대답하기를 '이는 이와 의가 일(事)에 있음을 말한 것이다.'"[25]

내 생각에, 이 이와 의는 하늘이 내려준 재(才)이므로 마음의 공통된 바이다. 만약 [이 이와 의가] 일에 있다면 나는 이렇다고 여겨도 [즉 기쁘게 여겨도] 저 사람은 그렇지 않을 수 있으니, 어떻게 같을 수 있겠는가.

> 語類, 問理義之悅吾心, 理義是何物, 心是何物. 曰此說理義之在事者. 愚按, 此理義, 卽天所降之才也, 故爲心之所同然. 若在於事, 儘有此然而彼不然者, 如何能同.

● 주희에게 이(理)는 내 마음에도 있지만 대상에도 있다. '이가 내 마음을 기쁘게 한다'의 '이'에 대해 주희는 대상에 있는 '이'라고 해석했다. 그러나 이가 마음의 대상이라고 하면, 그 이를 어떻게 누구나 기쁨으로 느낄 수 있겠는가 라고 황종희는 의문을 제기한다. 황종희는 기쁨을 느끼는 것은 주관의 능력이라고 생각한다. 나와 타인에게 마음의 공통성이 있으므로 똑같이 기쁘게 여길 수 있다는 것이다. 황종희에게 이는 마음이 갖는 결이다.

정자(程子)는 다음과 같이 말했다. "어려서부터 선한 자도 있고 어려서부터 악한 자도 있는데, 기품 때문에 그러한 것이다. 선은 본디 성이다. 그러나 악 또한 성이라 하지 않을 수 없다."[26] 장자(張子)[27]는 다음

---

25) 『주자어류』 59: 58.
26) 『근사록』 권1.
27) 장재(張載, 1020~77). 권말 '주요인물 소개' 참고.

과 같이 말했다. "형체가 있은 이후 기질지성이 있으니, 잘 '돌이키면'(反之) 천지지성이 보존된다. 그러므로 기질지성을 군자는 성이라 하지 않는다."[28]

내 생각에, 기질지성은 이미 하늘로부터 받은 것인데 어떻게 돌이키겠는가. 만약 '돌이킨다면', 도리어 거짓된 것이 된다. 천명은 지극히 정미해서 조금의 인위도 붙을 수 없다. 그러므로 사람이 위기에 빠져 설령 아무리 흔들리고 탈진하는 상황이 된다 해도, 이 한 점 양심은 필경 저절로 머리를 내밀려고 한다. 불교[29]에서 하는 말 중에 다음과 같은 것이 있다. "장부가 금강석을 조금 먹으면 끝끝내 소화되지 못하고 몸 밖으로 나와야 하는 것은 무엇 때문인가? 금강석은 몸 속의 오물들과 함께 머물 수 없기 때문이다."[30] 천명지성이 금강석보다 나을 뿐이겠는가. 모든 청탁(淸濁)·편정(偏正)·강유(剛柔)·완급(緩急)이 그것을 구속할 수 없다.

[정주성리학은 천명지성을] 또 본래 맑은 물에 비유해서, "깨끗한 그릇에 담으면 맑고, 깨끗하지 못한 그릇에 담으면 냄새가 난다. 더러운 그릇에 담아서 탁하게 되어도 본연의 맑음은 없어진 적이 없다. 다만 이미 냄새나고 탁하다면 갑자기 맑아지기는 어렵다"[31]고 말한다. 만약 그 주장대로라면 물이 하나의 성이고, 그릇이 하나의 성이 된다. 성이 이처럼 섞인 것이라면 이른바 '무극의 참됨, 음양오행의 정밀함'(無極之眞, 二五

---

28) 『정몽』(正蒙) 「성명」(誠明).

29) '別敎'를 번역한 것이다.

30) 『화엄경』 「여래출현품」.

31) 『주자어류』 4: 66, "先生言氣質之性, 曰: 性譬之水, 本皆淸也. 以淨器盛之, 則淸; 以不淨之器盛之, 則臭; 以汙泥之器盛之, 則濁. 本然之淸, 未嘗不在. 但旣臭濁, 猝難得便淸."

之精)[32]이라 할 만한 것이 어디에 있겠는가. 선유들은 '습'(習)자를 너무 협소하게 생각했다.

출생 이후의 '습'에 대해서는 말할 것도 없고, 사람은 부모로부터 몸을 나눠 받았으니, 태중에 있을 때부터 이미 습이 있다. 그렇지 않다면 옛사람들이 태교를 말한 이유가 무엇이겠는가. 요컨대 〔습은〕 성과는 관계가 없다.

程子曰, 有自幼而善, 有自幼而惡, 是氣稟有然也. 善, 固性也, 然惡亦不可不謂之性也. 張子曰, 形而後有氣質之性, 善反之, 則天地之性存焉. 故氣質之性, 君子有弗性者焉. 愚謂氣質之性, 旣是天賦, 如何可反. 若反之, 反似爲僞. 蓋天命至精, 些少著不得人爲, 故人在陷溺之中, 憑他搏噬紛奪, 此一點良心, 畢竟自要出頭. 別敎有云, 丈夫食少金剛, 終竟不消, 要穿出身外, 何以故. 金剛不與身中雜穢同止. 故天命之性, 豈特如金剛. 一切淸濁偏正剛柔緩急, 皆拘他不得. 如謂水本淸也, 以淨器盛之則淸, 不淨器盛之則臭, 以汙泥之器盛之則濁, 本然之淸, 未嘗不在, 但旣臭濁, 猝難得淸. 果若是, 則水一性也, 器一性也. 性之夾雜如此, 安所稱無極之眞, 二五之精乎. 先儒只緣認習字大狹, 墮地已後之習無論矣. 人乃父母之分身, 當其在胎之時, 已有習矣. 不然, 古人之言胎敎何也. 總之與性無與也.

● 황종희는 본성은 변하는 것이 아니고 두 가지일 수도 없음을 강조하며, 정주성리학의 '기질지성'을 부정한다. 황종희에 의하면, 사람은 기의 존재이므로 기질을 떠나서는 존재할 수 없다. 또한 그 기질은 태중에 있을 때부터 '습'의 영향을 받아 계속적인 변화 속에 있다. 그러

---

32) 주돈이, 『태극도설』.

나 그 기의 '성'은 변하지 않고 망가지지 않는다. 인간의 성은 그 한 가지일 뿐이다.

11-8 우산의 나무 牛山之木章

"새벽녘의 〔나의〕 기(平旦之氣)가 사람들과 공유하는 호오의 감정은 아주 미미하다"라고 하는데, 이는 희로애락이 아직 발하지 않았을 때의 체(體)로서, 성인과 같지 않은 적이 없다. 그런데도 그것에 의지할 수 없는 것은 아직 단련을 거치기 전에 사물을 만나 갑자기 흩어져버려, 마치 가짜 은은 아니지만 오히려 불에 넣을 수 없는 것과 같다. 이는 평일의 뿌리와 그루터기가 오랫동안 선종(禪宗)의 자리였기 때문이다. '새벽녘의 기'는 잠시 오는 객과 같아서 끝내는 반드시 가버린다. 명도(明道)의 사냥하고 싶은 마음[33]이나, 양명(陽明)의 하루 걸러 오는 학질[34]과 같아, 혹은 가까이서 혹은 멀리서 일어나지 않도록 하기 어렵기 때문에 반드시 공부해야 비로소 본체로 돌아간다. 이것이 염암(念菴)[35]이 현성양

---

33) 잊은 듯해도 촉발되면 다시 살아난다는 비유로, 옛날의 습관을 잊기 어렵다는 뜻이다. 『이정유서』권7, "명도는 열여섯일곱 살 때 사냥하기를 좋아했다. 12년 후 해가 저물어 집에 돌아오면서 들판에서 사냥하는 자를 보고는 자기도 모르는 사이 기쁜 마음이 들었다"(明道, 年十六七時, 好田獵. 十二年, 暮歸, 在田野間見田獵者, 不覺有喜心).

34) 『전습록』76, "학질을 앓는 사람에 비유하면, 비록 때로는 발병하지 않지만 병의 근원은 없어진 것이 아니므로 병이 없는 사람이라고 할 수 없다. 반드시 평일에 색을 좋아하고 이익을 좋아하고 명예를 좋아하는 등의 모든 사심을 깨끗하게 일소해서 조금도 남아 있는 것이 없도록 해야 한다"(譬之病瘧之人, 雖有時不發, 而病根原不曾除, 則亦不得謂之無病之人矣. 須是平日好色好利好名等項一應私心, 掃除蕩滌, 無復纖毫留滯).

35) 염암은 나홍선(羅洪先, 1504~68). 권말 '주요인물 소개' 참고.

지(現成良知)를 싫어하는 이유이다.[36]

平旦之氣, 其好惡與人相近也者幾希, 此卽喜怒哀樂未發之體, 未嘗不與聖
人同, 却是靠他不得, 蓋未經鍛鍊, 一逢事物, 便霍然而散, 雖非假銀, 却不可
入火, 爲其平日根株久禪宗席. 平旦之氣, 乃是暫來之客, 終須避去. 明道之獵
心, 陽明之隔瘧, 或遠或近, 難免發露, 故必須工夫, 纔還本體, 此念菴所以惡
現成良知也.

● 앞장에 이어 이 장에서도 『맹자』는 선한 본성과 후천적인 환경,
그 둘의 관계, 선한 본성을 지키고 키우는 방법 등에 대해 논의한다.
여기에서 선한 본성은 '새벽녘의 기'(平旦之氣)에 비유되고, 대낮의 행
위가 그것을 해치는 후천적인 환경에 비유된다. 『맹자』는 '새벽녘의
기'와 같은 이것을 잡아 보존하고 길러야 한다고 말한다. 황종희는 선
한 마음은 '잠시 오는 객'과 같아 공부가 필요하다고 『맹자』의 뜻을 강
조한다. 이러한 맹자의 의도가 왜곡된 것은 유학이 선종의 영향을 받
았기 때문이라고 황종희는 진단한다. 황종희가 보기에, 지금 여기의
나의 양지(良知)가 그대로 완전하게 선한 마음이라고 주장하는 현성
양지론은 선종의 영향을 받은 대표적인 것이다.

세상 사람들은 나날이 밖으로 내달리니, 쉴새없이 헐떡거리고 땀을 흘

---

36) 나홍선은 차례로 왕기의 현성양지설, 섭표의 귀적설에 경도되었으나, 뒤에는
내외와 동정을 일관하는 절대정(絕對靜)의 입장을 구축했다. 특히 왕기의 현성
양지설은, 양지를 다하는 것을 잊고 양지에 안이하게 의존해 광방(狂放)으로
흐르지 않을 수 없다고 비판하고, 양지의 배양과 학문 공부의 상즉성이야말로
양지사상의 본령이라고 주장했다.

리지만 결국 한 곳의 안식처도 없다. 기(氣)의 기틀(機)이 수렴할 때에 이르러 이목을 사용하지 않으면 가관(葭管)에 양기가 돌기 시작하고[37] 생의가 점차 돌아온다. '식'(息)은 사는 것(生)이다. "호오가 다른 사람과 가깝다"는 것은 바로 '새벽녘의 기'를 형용한 것이다.[38] 이 기가 곧 양심인 것이지, 양심이 이 기에서 발현하는 것이 아니다. 다만 이 기를 허령불매하게 하면 일과 사물을 대하는 것이 '낮에도' 자연히 절도에 맞는다.

주자는 오히려 "야기상(夜氣上)에는 아직 공부가 없다. 다만 '낮'에 이해해 갈 뿐이다"[39]라고 했는데, 도치를 면치 못하는 말이다.

'새벽녘의 기'는 적연부동(寂然不動)의 체(體)로, 홀연 꾸짖거나 발로 차는 일을 당하면[40] 바로 느껴서 통한다(感而遂通). '호오가 다른 사람과

---

37) '가관(葭管)에 양기가 돌기 시작'한다는 구절은 '葭管微陽'의 번역이다. 동지(冬至)가 돌아왔다는 말이다. 갈대 줄기 속의 얇은 막을 태워 재를 만든 뒤 이를 율관(律管) 속에 넣어 기후를 점치는데, 양기가 처음 생기는 동지의 절후가 되면 황종관의 재가 날아간다고 한다. 『후한서』「율력지 상」참조.

38) 『맹자』본문의 "其日夜之所息, 平旦之氣, 其好惡與人相近也者, 幾希"에 대한 설명.

39) 『주자어류』59: 71, "야기를 보존할 수 없는 것은 모두 낮에 한 일 때문에 망가지기 때문이다. 이른바 '호오가 다른 사람과 가까운 바가 드물다'는 것은 단지 호오상에서 깨달을 수 있을 뿐이다. 일상생활에서 이것을 분명하게 깨달으면 힘을 쓸 수 있는 곳을 갖게 되고 야기는 함께 보존된다. 야기상에는 아직 공부가 없다. 다만 '낮'에 이해할 뿐이니, [낮(旦晝)]이라는 이 글자가 관건이다. 이 안에 공부가 있다"('不能存得夜氣, 皆是旦晝所爲壞了. 所謂 '好惡與人相近者幾希', 今只要得去這好惡上理會. 日用間於這上見得分曉, 有得力處, 夜氣方與你存. 夜氣上卻未有工夫, 只是去 '旦晝'理會, 這兩字是箇大關鍵, 這裏有工夫).

40) 『맹자』「고자 상」10. 사람은 삶보다 더 중요하게 생각하는 것이 있다는 얘기를 하기 위해 맹자가 끌어들인 비유이다. 절박하게 먹어야 하는 상황이어도, 야단

가까운' 것은 희로애락의 미발이다. '느껴서 바로 통한' 것은 발동한 것이 중절한 것이다. 맹자가 지적하여 사람들에게 이해하도록 해서 유무양단으로 떨어지지 않도록 한 것이다.

世人日逐於外, 喘汗不已, 竟無一安頓處. 到得氣機收斂之時, 不用耳目, 則葭管微陽, 生意漸回. 息, 生也, 好惡與人相近, 正形容平旦之氣. 此氣卽是良心, 不是良心發見於此氣也. 但使此氣虛靈不昧, 以之應事接物, 則旦晝自然合節. 朱子却言, 夜氣上未有工夫, 只是去旦晝理會, 未免倒說了. 平旦之氣, 卽是寂然不動之體, 乍見孺蹴, 卽是感而遂通. 好惡與人相近, 卽是喜怒哀樂之未發. 感而遂通, 卽是發而中節. 孟子指點出來, 使人人可認, 不墮於有無二邊.

●『맹자집주』에서 주희는 "사람의 양심을 비록 잃어버렸더라도 새벽에 사물과 접하기 전 기가 청명할 때 양심은 또한 발현되는 바가 있다"(言人之良心, 雖已放失, … 故平旦未與物接, 其氣淸明之際, 良心, 猶必有發見者)고 했다. '기가 청명할 때 양심이 발현된다'고 한 주희의 표현은, 기와 양심을 다른 것으로 생각했기 때문에 나온 것이다. 이에 반해 황종희는 청명한 기 자체가 양심이라고 말한다. 또한 주희는 '새벽녘의 기'가 낮에 한 격물 공부의 효과라고 생각한다. '새벽녘의 기'는 어디까지나 기이므로("'日夜之所息'底是良心, '平旦之氣'自是氣, 是兩件物事": 『주자어류』 59: 65) 마음을 보존함으로써 맑게 해야 하는 것이지("若存得此心, 則氣常時淸, 不特平旦時淸; 若不存得此心, 雖歇得此時, 氣亦不淸, 良心亦不長": 『주자어류』 59: 68), 평단지기 자체를 길

을 치거나(孺) 발로 차면서(蹴) 주면 달가워하지 않는다는 맥락에서 나왔다.

러야 한다고 생각하지 않는다. 주희는 양심과 평단지기를 별개의 것이라고 보지만, 황종희가 보기에, 평단지기 외에 다른 양심이 있는 것이 아니며, 이것 외에 달리 미발의 체가 있는 것이 아니다. 마음은 기이며, 그 기의 지각이 갖는 능력이 양심이라 불리는 것이기 때문이다.

정자는 "마음은 배(腔子) 속에 있어야 한다"[41]고 했는데, 배란 몸을 가리킨 것으로, 이는 마음을 잡아 보존하는 방법이다. 나는 반대로 "몸은 마음속에 있어야 한다"고 말한다. 지금 사람들은 대개 이목만을 쓰는 데 그치고 마음을 쓴 적이 없다. 몸이 마음 가운데 있음을 안다면 머리털과 피부와 경락이 모두 맑고 밝다. 불교는 "사람이 이 마음을 알아 얻게 되면 대지에는 한 촌의 땅도 없다"[42]고 하는데, 그렇다면 〔마음은〕 어디로 출입할 것인가.

程子言, 心要在腔子裏, 腔子指身也, 此操存之法. 愚則反之曰, 腔子要在心裏. 今人大槪止用耳目, 不曾用心, 識得身在心中, 則髮膚經絡, 皆是虛明. 佛氏有人識得心, 大地無寸土, 何處容其出入.

● 여기에서의 마음은 "잃어버린 마음을 구한다"(求放心)고 할 때의 마음으로, 양심에 해당한다. "마음은 배 속에 있어야 한다"는 정자의

---

41) 『근사록』「존양」의 글이다. '心要在腔子裏'는 "조금이라도 외면에 틈이 생기면 밖으로 달린다(只外面有些隙罅, 便走了)"로 이어진다. 마음이 외물에 끌려 달아나지 않도록 하라는 것, 즉 마음을 잡고 보존하라는 의미이다.
42) '有人識得心, 大地無寸土'은 『주자어류』(126권)에도 인용되고 있는 선어(禪語)로, 깨달으면 온 세상이 빈틈없이 마음으로 꽉 찰 것이라는 뜻이다. 결국 현상세계의 분별을 뛰어넘는다는 의미이다.

말은 마음을 본체로 여기면서 동시에 그 마음이 형체가 있어 일정한 공간을 차지하고 있는 것이라는 뉘앙스를 풍긴다. 황종희에 의하면, 마음은 몸 안에 갇혀 있는 형체를 가진 물건이 아니라 유행하는 것이고, 그것이 제대로 작용하면 몸을 넘어 세상으로 향하고 세상을 이해한다. 즉 세상에 올바른 질서를 부여한다. 그렇게 되면 마음이 몸보다 커지게 되고 "몸이 마음 가운데 있다"는 말도 가능하다. 불교의 마음에 대한 비판도 덧붙이는데, 세상의 차별을 넘어 내 마음뿐이라고 한다면, 다채로운 세상에 눈을 감는 것이며 그 세상의 운동도 포착하지 못하는 것이라고 비판한다.

하늘이 부여한 마음은 생생의 기틀로서 혹시라도 쉬는 때가 없다. 그러므로 잘못된 뒤라도 조금 있다가는 다시 발하는데, 단지 사람이 이를 인정하고 주재로 삼으려고 하지 않을 뿐이다. 이 마음을 알아챌 수 있으면 이것이 기르는 것이고, 그렇게 되면 불이 처음 타듯 샘이 처음 솟듯 스스로 멈출 수 없게 된다. '낮의 소행 때문에 제약되고 없어지더라도' 이 마음을 사용하지 않은 적이 없다. 그러나 금을 철로 만들면(點金成鐵)[43] 그 자리에서 길을 잃게 된다.

> 天心生生之幾, 無時或息. 故放失之後, 少間又發, 第人不肯認定, 以此作主宰耳. 認得此心便是養, 若火之始然, 泉之始達, 自不能已, 且晝牿亡, 未嘗非此心爲之用, 而點金成鐵, 迷却當下矣.

---

43) '점철성금'(點鐵成金)의 패러디이다. '점철성금'은 철을 단련해 금을 만든다는 뜻으로 나쁜 것을 좋게 만드는 일이고, '점금성철'은 좋은 것을 나쁘게 만드는 일이다. 여기에서 '점금성철'은 하늘이 부여한 마음을 낮의 소행 때문에 제대로 쓰지 못하고 망가뜨리는 것을 가리킨다.

● 황종희는 선한 마음은 전광석화 같지만, 또한 끝내 없어지지 않는 것이라고 생각한다. 그러므로 언제라도 사람이 살려내고 키운다면 자신의 기능을 발휘한다.

맹자는 양심을 말하면서, 왜 그것을 하늘이 내려준 올바른 체(降衷之體)라고 하지 않고 '새벽녘의 기'로 형용해서 적상(迹象)에 떨어져 이것이 유행하는 명(命)임을 모르는 것처럼 했는가? 이를 알면 명을 아는 것이다. 이는 태허 어딘들 생의(生意)가 아니겠는가만, 땅으로 내려오지 않으면 생기(生氣)는 흩어져서 수습할 방법이 없는 것과 같다.[44] 불교가 허무를 체로 삼은 것은 명을 몰랐기 때문이다.

> 孟子言良心, 何不指其降衷之體言之, 而形容平旦之氣, 似落於迹象, 不知此卽流行之命也. 知此卽爲知命, 猶之太虛何處不是生意, 然不落土, 則生機散漫, 無所收拾. 佛氏以虛無爲體, 正坐不知命.

● 황종희에게 '명'은 '기의 유행'의 다른 말이다.(『맹자사설』 9-6) '양심'이란 유행의 주재일 뿐이다. 『맹자』는 양심이 유행 가운데의 이(理)라는 것을 모르는 듯이 왜 '새벽녘의 기'라는 말로 묘사했는가? 이렇게 표현하면 형태를 가진 한정된 기라는 오해를 부를 수 있다. 그런데도 『맹자』는 왜 그렇게 표현했는가? '명을 안다'는 것은 그 유행의 주재를 안다는 것이다. 주재는 구체적인 유행 속에서 드러나고, 인간

---

44) 땅을 딛는다는 것은 질(質)을 갖고 형체를 이룬다는 뜻이다(『맹자사설』 11-7 '풍년에는 젊은이들이 순박해진다'(富歲子弟多賴章)의 '稟氣於天, 成形於地, 受變於俗' 구절 참조). 즉 현실의 것이 되었다는 뜻이다. 땅을 딛지 않는 것은 개체를 이루지 못하고 공기로 흩어진다.

에게 의미 있는 유행은 구체적인 삶의 현장이기 때문이다.

11-9 왕이 지혜롭지 못한 것은 이상할 것도 없다 無或乎王之不智章

양명은 일찍이 다음과 같이 말했다. "내가 처음 학문을 시작했을 때는 힘을 다하지 못했다. 뒤에 친구에게 도움을 받으면서 드디어 넘어지지 않게 되었다. 그러므로 선의 실천을 홀로 이룬 적이 없다면 이는 전적으로 '마음을 다하고 뜻을 다하지' 않았기 때문이다. '마음을 다하고 뜻을 다하면' 자연히 군자에게 도움을 구할 수 있게 되고 소인에게 미혹되지 않는다."[45]

진씨가 두 항으로 나눈 것[46]은 잘못이다.

---

45) 황종희가 인용한 꼭 같은 구절은 찾지 못하였으나, 『왕문성전서』(王文成全書) 권34, 부록 3, 「연보」3의 '가정 6년 11월' 부분에 비슷한 이야기가 실려 있다.

46) 호광(胡廣) 편, 『맹자대전』의 주에 수록된 '신안진씨'(新安陳氏)의 주를 가리킨다.(본 출전은 진력(陳櫟, 1252~1334)의 『사서발명』(四書發明). 진력에 대해서는 권말 '주요인물 소개' 참고). 진력은 나쁜 신하를 만나는 왕과, 잡생각에 가득 차 있는 학생의 이야기가 각각 왕이 현명하지 못한 것과 왕이 노력하지 않는 것을 비유한 것이라고 해석했다. 황종희는 이 두 가지 이야기가 모두 노력이 부족한 것의 예라고 해석했다. 『맹자대전』의 주, "이 장은 앞에서는 함께 닦는 일에 대해 늘 힘쓰지 못하는 상황을 비유했고, 뒤에서는 스스로 닦는 일에 대해 그 힘을 오롯이 쓰지 못함을 비유했다. 그 뜻은 맹자가 제나라 왕을 만나는 시간이 적은데, 많은 사특한 사람들이 번갈아 나쁜 영향을 미치기 때문에 제나라 왕이 맹자의 말을 듣고도 전부 믿지 않을 뿐 아니라, 그 마음이 여러 갈래로 갈라진다는 것이다. 그래서 두 가지 비유를 들어 말했다. 앞구절은 왕이 지혜롭지 못함을 말했고, 뒷구절은 왕의 지혜가 남 같지 못한 것이, 본래는 왕에게 번갈아 나쁜 영향을 미치는 사람들의 죄이지만, 또한 왕 스스로 전심치지하지 못하고 잡념을 일으키는 마음의 죄이기도 하다는 것이다"(陳新安櫟曰, 此章, 前一譬, 謂交修者不得常用其力, 後一譬謂自修者不肯專用其力. 意孟子之於齊王, 旣

陽明嘗日, 吾起初爲學, 尙未力, 後來被朋友夾持, 遂放倒不得. 是故爲善未有獨成者, 總是不專心致志. 專心致志, 自能求助於君子, 不爲小人所惑. 陳氏分作兩項, 非也.

● 선한 본성을 키우는 장소로서 양질의 환경과 악질의 환경이 대결한다. 『맹자』는 하루 맹자를 만나고 열흘 나쁜 신하를 만나는 왕, 잡생각에 가득 차 있는 학생과 전심전력하는 학생의 예를 든다. 양쪽 다 타고난 바탕의 문제가 아니라는 것을 다시 확인하면서, 인간의 노력이 중요함을 강조하는 이야기이다. 황종희는 맹자가 말한 '마음을 다하고 뜻을 다하는' 것의 중요성을 설명하면서 양명의 말을 인용해서 같이 선을 실천하는 동반자의 중요성을 강조했다. 황종희가 생각하는 '습' 가운데 가장 중요한 것이 사람임을 엿볼 수 있다.

11-10 물고기는 내가 먹고 싶은 것이다 魚我所欲也章

사람의 학문은 생사문제에 이르지 않으면 끝내 입각점이 안정되지 않는다. 세상 사람들이 가장 견디기 어려운 것은 죽음의 길을 피할 수 없다는 것으로, 공부도 여기에 이르러서는 아무 쓸모가 없어지기 때문이다. 만약 생사의 문제 위에서 연마하려 한다면 마침내 급한 절벽처럼 되어 사람의 힘으로 기어오를 수 없게 된다. 그리하여 생사[의 구별을] 없애서 죽음의 위력이 여기에서 다하게 하여 험저한 것을 바꾸어 평이해지도록

진見時少, 無以勝衆邪之交蔽, 而齊王之於孟子又廳信不專有以分其心於多岐, 故設兩譬以言之. 前言王之不智, 後言智不若, 固羣邪寒之者之罪, 亦自鴻鵠其心之罪也).

하는, 한 가지 뜻만이 남게 된다. 정자는 "음식언어의 도를 다할 수 있다면 거취의 도를 다할 수 있고, 거취의 도를 다할 수 있으면 생사의 도를 다할 수 있다"[47]고 했다. 맹자는 단지 사양하고 받으며 취하고 주는 일 속에서 평이하게 이야기했는데, 그 번잡하고 어려움이 여기에 이르렀다. 불교에서 생사의 일은 매우 중대한 문제였지만 종국에는 두려운 마음을 벗어나지 못했다.

凡人之學問, 不著到於生死, 終是立脚不定. 蓋世間所最不可忍者, 只有死之一路, 功夫到此, 都用不著. 如欲從生死上硏磨, 終如峭壁, 非人力攀援所及, 唯有一義, 能將生死抹去, 死之威力, 至此而窮, 化險阻而爲平易. 程子曰, 能盡飮食言語之道, 則可以盡去就之道, 能盡去就之道, 則可以盡生死之道. 故孟子只將辭受取與之間, 說得平常, 而至煩難者卽此, 而在佛氏生死事大, 終不脫怖心.

●『맹자』의 이 장은 사람이 가장 좋아하고 가장 싫어하는 것은 삶과 죽음이지만, 인간다운 인간은 이 삶과 죽음을 넘어 의를 선택한다는 내용이다. 황종희는 여기에서 음식언어, 거취 등 일상의 삶을 통해 삶과 죽음의 도를 다하는 것이 아니라, 삶과 죽음 그 자체를 문제삼는다면 결국 귀결점은 불교처럼 생사의 구별을 말살함으로써 죽음의 위력으로부터 벗어나려 하는 데 이를 수밖에 없다고 논평한다.

11-11 인은 사람의 마음이다 仁人心也章

인(仁)은 말로 형용할 수 있는 모습이 없다. 맹자는 모습이 없는 가운

---

47) 『성리대전』 권43, 「학」 1 '총론위학지방'.

데서 모습을 드러내어 사람들이 인식하여 취할 수 있도록 했다. 가령 "인의예지는 마음에 뿌리를 두고 있다",[48] "측은지심은 인의 단이다"[49] 등, '인이 사람의 마음'임을 [표현한 것이] 한둘이 아니다. 사람이 사람인 이유는 측은 · 수오 · 사양 · 시비[의 마음이 있다는] 것말고는, 이 밖에 다른 마음이 없다는 데 있다. 끊임없이 왕래하고 일어나고 스러지면서 만변하는 것은 모두 외물로 인하여 있는 것이지, 마음과는 무관하다. 그러므로 "잃어버린 마음을 찾으라"고는 말해도 이의의 마음(理義之心)을 찾으라고는 하지 않는다. "본심을 잃었다"[50]고는 말해도 이의의 마음을 잃었다고는 말하지 않는다. 마음이 곧 이(心卽理)이기 때문이다. 맹자의 말은 이처럼 명백한데, 왜 후대의 유학자들은 인심과 도심을 잘못 이해해서 두 가지로 나눠놓았는가. 그들은 마음이 가진 것은 단지 이 허령지각(虛靈知覺)일 뿐이고 이(理)는 천지만물에 있으므로 반드시 궁리해야 도심이 되며 그렇지 않으면 허령지각도 끝내 인심일 뿐이라고 말한다. 하늘이 내려준 올바른 것이 허령지각이고 그것이 바로 도심이며, 도심이 바로 인심의 본심이고, 은미하기 때문에 위태롭다는 것을 모른다. 이윤(伊尹)은 '먼저 알고'(先知), '먼저 깨닫는다'(先覺)고 했다.[51] 여기에 '이'라는 글자를 덧붙여 '이 이를 알고'(知) '이 이를 깨닫는다'(覺)고 할 수 없다. 대개 이가 없는 지각은 금수[의 경우] 뿐이니, 인심이 어떻게 이와 같겠는가. 어떻게 [사람을 짐승에] 견주어 같다고 할 수 있겠는가.

---

48)『맹자』「진심 상」 21.
49)『맹자』「공손추 상」 6.
50)『맹자』「진심 상」 10.
51)『맹자』「만장 하」 1.

仁無迹象可言. 孟子於無迹象之中, 指出迹象, 人人可以認取, 如仁義禮智
根於心, 惻隱之心仁之端也云云, 仁人心也, 不一而足. 蓋人之爲人, 除惻隱羞
惡辭讓是非之外, 更無別心, 其憧憧往來, 起滅萬變者, 皆因外物而有, 於心無
與也. 故言求放心, 不必言求理義之心, 言失其本心, 不必言失其理義之心, 則
以心卽理也. 孟子之言明白如此, 奈何後之儒者誤解人心道心, 岐而二之. 以心
之所有, 止此虛靈知覺, 而理則歸之天地萬物, 必窮理而纔爲道心, 否則虛靈知
覺終爲人心而已. 殊不知降衷而爲虛靈知覺, 只此道心, 道心卽人心之本心, 唯
其微也故危. 伊尹之言先知先覺, 初不加以知此理, 覺此理一字, 蓋無理之知
覺, 則禽獸矣. 人心顧如是哉. 豈可比而同之乎.

● 잃어버린 인의의 마음을 집나간 개나 닭에 비유하고 학문을 통해
이 잃어버린 마음을 찾아야 한다고 맹자는 말한다. 황종희는 정주성리
학이 마음을 인심과 도심으로 나누고 완전한 본성을 상정했기 때문에
완전한 본성을 찾는 방식이 비현실적이 되었다고 비판한다. 황종희에
의하면, 마음(心)과 이(理)가 별개의 것이 아니라 마음이 세상과 접촉
할 때 관계를 맺어가는 능력이 이이다. 그러므로 마음이라고 하면 이
가 그 안에 당연히 포함되므로 '이의 마음'이라고 할 필요가 없다. 또
한 이윤이 '선지', '선각'이라 할 때는 자신의 마음이 곧 이(心卽理)임
을 깨달았다는 것인데, 후대의 유학자들은 이를 객관 대상에 있는 것
으로 만들었기 때문에 이가 지와 각의 대상이 되었다고 비판한다.

이연평(李延平)[52]은 "인은 사람의 마음이다. 맹자는 마음이 인이라고

52) 이연평은 이동(李侗, 1093~1163). 권말 '주요인물 소개' 참고.

한 것이 아니다"라고 했고, 나문장(羅文莊)[53]은 "연평의 견해는 탁월하다"고 했으며, 당백원(唐伯元)[54]은 "두 선생은 맹자를 이해하는 데 공이 있다"[55]고 했다.

내 생각에, 이는 명백하게 맹자의 뜻과 상반되는데 무슨 공이 있는가.

李延平曰, 仁, 人心也. 孟子不是以心名仁. 羅文莊曰, 延平之見卓矣. 唐伯元曰, 二子可謂有功於孟子. 愚則以爲明與孟子之意相反, 何言功也.

●이연평, 나흠순, 당백원은 모두 '인은 사람의 마음'(仁, 人心也)이라는 『맹자』의 명제에 덧붙여 '마음은 인'이라는 명제는 성립할 수 없다고 주장했다. 그들의 생각을 짐작하면, 마음은 이기(理氣)의 합일체이고, 인은 이이기 때문이다. 황종희에 의하면, 인이 이이기는 하지만 이는 기와 다른 것이 아니라 기의 조리일 뿐이다. '심즉기'(心卽氣)이고 '심즉리'이다. 그러므로 '마음은 인'이다.

선유들이 '잃어버린 마음을 찾는 일'(求放心)은 대개 이목을 버리고 심지(心智)를 버리고, 맑고 깨끗한 본체를 반관(反觀)하는 것이다. 〔이렇게 되면〕 맑고 깨끗한 본체는 공적(空寂)에 떨어지고, 일을 맞이하고 대상에 접하면서 생각이 일어나기를 기다려 거기에서 선악을 판별해내니, 이는 잃어버린 마음을 찾는 데에 대단히 무익하다. 또한 이 공적을

---

53) 나흠순(羅欽順, 1465~1547). 권말 '주요인물 소개' 참고.
54) 당백원(唐伯元, 1540~94). 권말 '주요인물 소개' 참고. 『명유학안』「감천학안」(甘泉學案) 6에 '문선당서대선생백원'(文選唐曙臺先生伯元)이 실려 있다.
55) 이연평의 논평에서부터 당백원의 논평까지 그대로 『명유학안』「감천학안」6 '문선당서대선생백원'에 실려 있다.

지키기 위해서는 "상인들과 여행객도 다니지 않고 임금도 지방을 순시
하지 않는다."56) [정말 이런 것이라면] 맹자가 무엇 때문에 또 '의는 사
람이 다니는 길'이라는 소리를 했겠는가. 대개 마음이 측은한 때를 당하
면 저절로 측은하고 수오한 때를 당하면 저절로 수오하다는 것은, 혼연
하기 때문에 분명히 드러나지는 않지만 사람이라면 분명하게 홀로 아는
바이다.57) 세상을 일신하는 일도58) 모두 이 자연의 유동에서 벗어나지
않아야 이 마음이 보존되어 달아나지 않는다. 만약 조금이라도 제멋대
로 해석하여 새로운 설을 만들어내려 한다면59) 이것이 마음을 잃어버리

---

56) 다음처럼 『주역』의 인용인데, '공적'(空寂)을 지키는 일이 일상의 생활과 절연
  됨을 표현하기 위한 것이다. 『주역』 「복괘(復卦)·상전(象傳)」, "우뢰는 땅 속
  에서 다시 살아나니 선왕(先王)이 동지(冬至)에 폐관(閉關)하고 상인(商人)들
  과 여행객들을 다니지 못하게 하였다. 자신도 지방을 순시하는 것을 삼갔다"
  (雷在地中復, 先王以至日閉關, 商旅不行, 后不省方).

57) '홀로 안다'는 '獨知'의 번역으로, 출전은 『회남자』(淮南子)이고 주희가 『중용』
  의 '신독'(愼獨)을 설명하면서 사용했다. 『회남자』 「병략훈」(兵略訓), "장수는
  반드시 홀로 보고 홀로 아는 자여야 한다. 홀로 본다는 것은 남들은 보지 못하
  는 것을 보는 것이며, 홀로 안다는 것은 남들은 알지 못하는 것을 아는 것이다"
  (夫將者, 必獨見獨知. 獨見者, 見人所不見也, 獨知者, 人所不知也). 『중용』, "그
  러므로 군자는 혼자 있을 때 삼간다"(故君子愼其獨也). 주희의 『맹자집주』, "독
  (獨)이란 사람들은 알지 못하고 나만 홀로 아는 곳이다"(獨者, 人所不知, 而己
  所獨知之地也).

58) '세상을 일신하는 일'은 '旋乾轉坤'의 번역이다. 천지(天地)를 바꾼다는 뜻으
  로 근본적인 사회개혁을 의미한다. (당)한유, 『조주자사사상표』(潮州刺史謝上
  表), "폐하가 즉위한 이래 몸소 송사를 듣고 판단하시니 세상이 일신되었습니
  다"(陛下卽位以來, 躬親聽斷, 旋乾轉坤).

59) '제멋대로 해석하여 새로운 설을 만들어내다'는 '起爐作竈'의 의역으로, 글자
  그대로는 부엌을 만들고 화덕불을 일으킨다는 뜻이다. 다음의 인용에서처럼 육
  상산이 '마음대로 설을 만들어낸다' 혹은 '쓸데없이 작위적인 일을 한다'는 의

는 것이다.

先儒之求放心者, 大槪捐耳目, 去心智, 反觀此澄湛之本體. 澄湛之體, 墮於
空寂, 其應事接物, 仍俟夫念頭起處, 辨其善惡而出之, 則是求放心大段無益
也. 且守此空寂, 商賈不行, 后不省方, 孟子何必又言, 義, 人路乎. 蓋此心當
惻隱時自能惻隱, 當羞惡時自能羞惡, 渾然不著, 於人爲惺惺獨知, 旋乾轉坤,
俱不出此自然之流動, 纔是心存而不放, 稍有起爐作竈, 便是放心.

● 맹자가 "의는 사람이 다니는 길"(義, 人路也)이라고 한 것을 보더
라도 의는 일상생활과 떨어질 수 없는 것이다. 그런데 정주성리학자들
은 인의를 기와 섞일 수 없는 이라고 여겼기 때문에 그 이를 찾는 일이
일상생활과 절연되는 결과를 초래했다고 비판한다.

11-14 사람의 몸人之於身章

백성은 물과 불이 없으면 생활하지 못한다. 먹고 마시는 일은 생명과
함께 일어난다. 산 사람을 봉양하고 죽은 사람을 보내고 하늘과 땅에 제
사지내는 일은 모두 음식을 다루는 일이다. 〔『예기』〕「예운」은 "예의 처
음은 음식에서 시작한다"고 말한다. 그러므로 지극히 거친 것이라도 성
인이 쓰면 예악이 되고 세상 사람이 쓰면 기욕(嗜慾)이 된다. '귀천,' '대
소' 역시 세상 사람들의 분별이다. 몸은 위대하여 그 전체가 신명한데,
먹는 욕심을 내는 것을 중시하여[60] 백해를 나누니, 삼천양지(參天兩

미로 썼는데, 황종희 역시 육상산과 가까운 의미로 자주 사용하는 어구이다.
『상산선생전집』권35, 「오록 하」, "이가 분명하게 이해되지 않으면 차라리 내버
려둘 것이지, 마음대로 설을 만들어내면 안 된다"(見理未明, 寧是放過去, 不要
起爐作竈).

地)[61]의 몸을 손가락 하나, 한 뼘의 피부에 비교하는 것은 너무 심하게 자잘하니, 슬픈 일이다.

民非水火不生活. 飮食之事, 與生俱生, 養生送死, 郊天祭地, 皆取辦於飮食. 禮運曰, 夫禮之初, 始諸飮食. 是故至麤之物, 自聖人用之, 卽爲禮樂, 自世人用之, 卽爲嗜欲. 貴賤大小, 亦從世人爲分別. 身之泰也, 通體神明, 朶頤是尙, 百骸分析, 夫以參天兩地之身, 而較之以一指寸膚, 其細已甚, 哀哉.

●『맹자』는 이 장에서 자신의 손가락, 등, 배 등의 신체 부분을 들어 자신에게 중요한 것을 보존하고 키우는 일에 대해 얘기했다. 내가 가진 중요한 것에는 중요함의 정도가 있다. 모두 지킬 수 없는 경우라면 그 가운데 덜 중요한 것을 버리고 가장 중요한 것을 지켜야 한다는 것이 『맹자』의 요지이다. 즉 『맹자』의 글은 음식의 중요성을 말하기 위한

---

60) '먹는 욕심 내는 것을 중시하다'는 '朶頤是尙'의 의역으로 『주역』의 '효사'에 나오는 말이다. 산뢰이괘(山雷頤卦)의 초구(初九) 효사가 "너의 신령스러운 거북을 버리고 나를 보고 턱을 벌리니 흉하다"(舍爾靈龜, 觀我朶頤, 凶)이다. 위에서는 초구를 향해 덕을 쌓기를 바라는데, 초구는 아래에서 육사(六四)를 향해 길러주기를 바라면서 입을 벌리니, 초구의 욕심이어서 흉하다고 해석한다. '朶頤是尙'은 자기 본분을 모르고 욕심을 내는 것이 흉한 일인데 오히려 숭상한다는 의미이다.

61) '삼천양지'(參天兩地)는 만물의 근원인 천지를 일컫는 말이다. 건곤을 수로 나타낼 때 각각 3과 2가 된다. 그래서 삼천양지는 만물을 만들어내는 천지를 일컫는 말이다. 『주역』「설괘전」(說卦傳), "옛날 성인이 역을 지으면서 그윽히 신명의 도움을 받아 시초풀을 만들었다. 하늘은 3으로 땅은 2로 하여 수를 세우고 음양의 변화를 보고 괘를 세우고, 강유가 발휘되어 효를 낳게 하였다. 도와 덕에 화순하여 의를 다스리고, 궁리진성하여 명에 이르게 하였다"(昔者聖人之作易也, 幽贊於神明而生蓍, 參天兩地而倚數, 觀變於陰陽而立卦, 發揮於剛柔而生爻, 和順於道德而理於義, 窮理盡性以至於命).

것이 아니다. 이 장구는 "음식을 밝히는 사람을 사람들은 천하게 여기는데, 이는 작은 것을 기르고 큰 것을 잃기 때문이다. 음식을 밝히는 사람이 큰 것을 잃지 않는다면 입과 배는 단순히 한 뼘의 살 이상이다"(飮食之人, 則人賤之矣. 爲其養小以失大也. 飮食之人, 無有失也, 則口腹, 豈適爲尺寸之膚哉)로 끝맺는다. 음식을 소홀히 여긴다고 할 수는 없지만, 음식은 큰 것(마음을 의미)이 먼저 충족되고 그것을 해치지 않는 수준에서 충족되어야 할 이차적인 것이다. 그러므로 여기에서 황종희가 삶의 근원을 음식이라고 적극적으로 긍정하는 것은 『맹자』와도 다르다고 할 수 있다. 음식에 대한 이러한 가치 부여는, 가치는 현실의 결(條理)이라고 생각하는 그의 이기론의 표출이다.

11-15 모두 같은 사람이다 鈞是人也章

귀는 듣는 일을 주로 삼고 눈은 보는 일을 주로 삼으니 모두 일에서 떠나지 않는다. 마음은 생각을 체(體)로 삼고 생각은 앎을 체로 삼고 앎은 허령(虛靈)을 체로 삼는다. 일에 붙어 있지 않으면서 본체의 자연에서 발해 다른 것에 의해 움직인 적이 없는 것은 이른바 '비추는 마음'(照心)[62]

---

62) '조심'(照心)은 '망심'(妄心)과 대비시키면서 왕수인이 사용한 개념으로 심즉리로서의 마음을 표현한 것이다. 『전습록』, "편안하고 고요함을 구하는 데 뜻을 두기 때문에 더욱 편안하지 않고 고요하지 않은 것이다. 망심(妄心)은 움직이지만 조심(照心)은 움직이지 않는다. 항상 비추므로 항상 움직이고 항상 고요하다. 이것이 천지가 오래도록 그치지 않는 이유이다. 조심은 본디 비추지만 망심도 또한 비춘다. '그 존재는 둘이 아니므로 사물을 낳는 일을 쉬지 않는다.' 만약 잠시라도 멈추는 일이 있다면 [사물을 낳는 일은] 그치니, 이 경우는 지성무식(至誠無息)의 학문이 아니다"(是有意於求寧靜, 是以愈不寧靜耳. 夫妄心則動也, 照心非動也. 恒照則恒動恒靜, 天地之所以恒久而不已也. 照心固照也,

이다. '먼저 세운다'는 것은 이것을 세우는 것일 뿐이다. 세상 사람들의 마음은 사물을 떠나면 다시 어디에 붙을 곳이 없어 단지 이목에 부림을 받을 뿐이다. 이목은 작지는 않지만 사물에 부림을 받으면 작아진다.

> 耳主於聽, 目主於視, 皆不離事上. 心以思爲體, 思以知爲體, 知以虛靈爲體, 不著於事, 爲發於本體之自然, 而未嘗有所動者, 所謂照心也. 先立者, 立此而已. 世人之心, 離了事物, 更無泊處, 只得徇於耳目, 耳目非小, 徇事物則小矣.

●『맹자』의 이 장은 "대체(大體)를 따르면 대인(大人)이 되고 소체(小體)를 따르면 소인(小人)이 된다"고 말한다. 소체는 이목구비이고 대체는 마음이다. 황종희의 표현에 의하면, 마음은 '허령한 앎'을 그 체(體)로 삼는다. 황종희는 이 마음을 또한 '비추는 마음'(照心)이라고 설명한다. '비추는 마음'은 '망심'(妄心)과 대비시키면서 왕수인이 사용한 개념이다. '비추는 마음'은 사물이 제자리를 갖도록 하는 심즉리로서의 마음을 표현한 것이다. 즉 주체적인 앎에 의해 사물을 이해하는 마음이다. 이 마음을 확립한다면 흔들리지 않고 사물을 마주하겠지만, 그렇지 못하다면 이목에 부림을 받게 되고, 이목은 결국 사물에 부림을 받게 된다.

〔『맹자』에서 말한〕"하늘이 내게 준 것," 「탕고」(湯誥)에서 "상제가 내려준 올바름"[63]이라고 한 것, 유강공이 "백성은 천지의 중정함을 받아

妄心亦照也. 其爲物不貳, 則其生物下息, 有刻暫停, 則息矣, 非至誠無息之學矣).
63) 『서경』 「탕고」(湯誥), "위대하신 상제가 백성들에게 올바름을 내리어 항상된

태어났다"[64]고 한 것은 모두 이 마음을 말한 것이다.

『맹자집주』에 귀, 눈, 마음 셋은 하늘이 준 것이라고 했는데,[65] 틀렸다.

天之所與我者, 與湯誥之惟皇降衷, 劉康公之民受天地之中以生, 皆謂此心也. 集註以耳目心三者, 爲天之所與, 失之矣.

●『맹자』는 "이목의 기관은 생각하지 못하므로 사물에 가려진다. 사물과 사물이 얽히면 거기에 끌려갈 뿐이다. 마음의 기관은 생각한다. 생각하면 얻고 생각하지 않으면 얻지 못한다. 이는 하늘이 내게 부여한 것이다"(耳目之官不思, 而蔽於物. 物交物. 則引之而已矣. 心之官則思, 思則得之, 不思則不得也. 此天之所與我者)라고 말했다. 주희는 마지막 부분의 "하늘이 내게 부여한 것"이 눈, 귀, 마음, 이 셋이라고 해석했는데, 황종희는 「탕고」나 '유강공'의 예를 들어, 맹자가 지칭한 것은 '마음'뿐이라고 반박했다.

11-18 인이 불인을 이기다 仁之勝不仁章

이것이[66] 당시 제후에게 말한 것이라는 신안진씨의 말은[67] 옳다. 예를

성을 갖도록 하셨다"(惟皇上帝, 降衷于下民, 若有恒性).

64) 『춘추좌전』 「성공」 '13년조', "유자가 말했다. '내가 듣기로는 백성이 천지의 중정함을 얻어 태어났으니 이른바 명이다"(劉子曰, 吾聞之, 民受天地之中以生, 所謂命也).

65) 『맹자집주』, "이 셋은 하늘이 내게 준 것인데, 그 중 마음이 가장 크다. 이 마음을 세울 수 있으면 일마다 생각할 수 있어서 이목의 욕구가 그것을 빼앗지 못한다"(此三者, 皆天之所以與我者, 而心爲大, 若能有以立之, 則事無不思, 而耳目之欲, 不能奪之矣).

66) 인(仁)이 불인(不仁)을 이기는 것은 물이 불을 이기는 것과 같아 그 양도 관계

들어 서언왕은 인의 때문에 나라를 잃었고,[68] 송의 양공은 반백의 노인은 사로잡지 않고 아직 정렬하지 않은 군대는 공격하지 않아서, 자신은 패해서 죽고 나라는 망했다.[69] '토지를 넓히는'[70] 일은 잔인하고 거짓을 꾸미는 사람들에게서 많이 나온다. "물이 불을 이기지 못한다"고 한 것은, 당시에 이런 논의가 있었을 것이다. 그래서 맹자가 한 잔의 물로 이런 풍조를 개괄한 것이다.

가 있다고 말한 『맹자』이 장의 내용을 가리킨다.

67) 『맹자대전』 11-18에 인용된 진력의 주를 가리킨다. 진력에 대해서는 권말 '주요인물 소개' 참고. "아마도 이 장은 전국시대의 제후에게 한 말 같고. 한때의 한 가지 일. 한 줄기의 인으로 저들의 잔혹함과 심한 불인함을 이기려 한다면 이기지 못할 뿐 아니라 사람들로 하여금 인이 불인을 못 이긴다고 말하도록 만드니, 오히려 그 잔학함을 도와 끝내는 반드시 망하고 말 것이다"(竊以爲此章恐爲戰國之諸侯言之, 以時暫一念一事之仁, 欲勝彼之殘暴甚不仁, 不惟不能勝, 遂使人謂仁不能勝不仁, 豈非反助其虐, 亦終必滅亡而已矣).

68) 『후한서』「동이전」, 서(徐)나라의 언왕(偃王)은 주나라 목왕(穆王) 때의 사람으로 인의로 나라를 다스렸기 때문에 한수(漢水) 이동의 36개국 제후가 조공을 바쳤다고 한다. 이를 질투한 초(楚)의 문왕(文王)이 병사를 이끌고 쳐들어오자 언왕은 백성을 전쟁으로 고통받게 할 수 없다고 하며 싸우지 않고 자멸했다고 한다.

69) 송양공의 인(仁)에 대해서 『춘추좌전』에서는 다음과 같이 묘사하고 있다. 『춘추좌전』「희공」'22년조', "군자는 상한 사람을 다시 상하게 하지 않으며, 이모(二毛, 반백의 노인)를 사로잡지 않는 법이다. 옛날에는 지세의 험함을 이용해서 승리를 구하지 않았다. 내가 비록 망한 나라의 후예라 하지만, 아직 정렬하지 않은 군대를 향해 북을 울리지는 않겠다"(君子不重傷, 不擒二毛. 古之爲軍也, 不以阻隘也. 寡人 雖亡國之餘, 不鼓不成列).

70) '토지를 넓히는 일'의 무도함에 대해서는 「양혜왕 상」 7의 '벽토지'(辟土地), 「이루 상」 14의 '임토지'(任土地), 「고자 하」 9의 '벽토지' 등, 『맹자』 안에서 자주 언급되었다.

此爲當時諸侯言之. 新安陳氏之說是也. 如徐偃王以仁義而失國, 宋襄公不擒二毛, 不鼓不成列, 而敗死, 而滅國. 鬪土地者, 多出自殘忍詐謀之人. 謂水不勝火, 當時想有此論, 故孟子以杯水槪此一流.

● 물리적 힘을 휘두르는 무도함(不仁)과 도덕이 대결하면 통상적으로 물리적 힘을 가진 무도함이 이긴다. 『맹자』와 황종희 모두 이를 인(仁)과 불인(不仁)의 양의 문제라고 풀었다. 무도함을 이기는 인은 큰 인이어야 한다. 맹자 당시 "인이 불인을 이기지 못한다"고 떠드는 사람들이란, 고작 '한 잔의 물'과 같은 '인'을 가지고 그런 말을 했다는 것이다.

11-19 오곡五穀者章

마음의 인(仁)은 곡식 종자에 유동하는 생의와 같아서, 그 가운데 충만하지만 반드시 심고 물을 주는 노력(功)을 더한 이후에야 비로소 성숙한다. 『주역』에서 "음과 양이 갈마든다"(一陰一陽之道)라고 했는데,[71] 도는 음양을 떠나지 않는다. 그러므로 지(智)는 인(仁)을 떠날 수 없고 인은 지를 떠날 수 없으니 중(中)일 뿐이다. "이를 잇는다"(繼之)는 것은 '계구신독(戒懼愼獨)[72]'의 일이며, "이를 이룬다"(成之)는 것은 '중화위

---

71) 『주역』「계사전 상」, "음과 양이 갈마드는 것을 도라고 한다. 이를 잇는 것이 선이며 이를 이루는 것이 성이다. 인한 자는 보고 인하다 하고 지혜로운 자는 보고 지혜롭다 한다. 백성은 날마다 쓰면서도 알지 못하므로 군자의 길을 가는 사람은 드물다"(一陰一陽之謂道. 繼之者善也, 成之者性也. 仁者見之謂之仁, 知者見之謂之知, 百姓日用而不知, 故君子之道鮮矣).

72) 이 구절은 앞에서 인용한 「계사전」 "음과 양이 갈마드는 것을 도를 도라고 한

육'(中和位育)[73]의 능력이다. 『맹자』에서 말하는 "인에 거하고 의에 의한
다"(居仁由義)[74]는 것과 "일삼음이 있되 잊지 않는다"(有事勿忘)[75]는
것은 '이를 잇는'(繼之) 노력이며, "자신을 돌아보아 성실함"(反身而誠)
과 "만물이 모두 갖춰져 있다"(萬物皆備)[76]는 것은 '이를 이루는'(成之)
모습이다. '이를 잇는다'는 것은 '음과 양이 갈마드는 도'를 잇는 것이므
로 강건함과 부드러움의 한쪽에 치우치지 않아 순수하게 지극한 선이다.
"측은지심은 인의 단"이라고 하지만 아직 선은 아니다. 이를 따라 이어가
서, 측은이 있으면 따라서 수오가 있고, 수오가 있으면 시비지심이 있다.
또한 어떤 생각이든 측은 아닌 것이 없고, 어떤 생각이든 수오·사양·시
비의 마음 아닌 것이 없으니, 때에 맞춰 나오며 마르지 않아야 이것이 선
이다. '이를 이룬다'는 것은 이 '이를 이은' 노력(功)을 이루는 것이다. 이
는 『중용』의 "자신을 이루는 것은 인이며 사물을 이루는 것은 지이다"[77]

다"에 이어지는 구절 '이를 잇는다'를 『중용』의 구절로 풀이한 것이다. 『중용』,
"도는 잠시도 떠날 수 없는 것이니, 떠날 수 있다면 도가 아니다. 그러므로 군
자는 누가 보지 않을 때에도 경계하고 삼가며'(戒愼) 누가 듣지 못할 때에도 두
려워한다(恐懼). 숨겨진 것보다 잘 보이는 것은 없으며 작은 것보다 잘 드러나
는 것은 없다. 그러므로 군자는 홀로 있을 때에 신중히 한다"(道也者, 不可須臾
離也. 可離, 非道也. 是故君子, 戒愼乎其所不睹, 恐懼乎其所不聞. 莫見乎隱, 莫
顯乎微, 故君子愼其獨也).

73) 이 구절은 「계사전」의 '이를 이룬다'는 구절을 『중용』의 구절로 풀이한 것이다.
『중용』, "중화를 이루면 천지가 자리를 잡고 만물이 자란다"(致中和, 天地位焉,
萬物育焉).
74) 『맹자』「이루 상」 10.
75) 『맹자』「공손추 상」 2.
76) 이상 『맹자』「진심 상」 4.
77) 『중용』, "성이란 자신을 이룰 뿐만 아니라 사물을 이루기도 한다. 자신을 이루

를 말한다. 이루지 못하면 하늘이 내려준 온전한 것을 볼 수 없으며, 이루게 되면 바야흐로 '숙'(熟)이라고 한다. 그렇지 않고 싹은 텄지만 여물지 않거나, 여물었지만 익지 않는다면, 끝내 무용해진다.

仁之於心, 如穀種之生意流動, 充滿於中, 然必加藝植漑之功, 而後始成熟. 易言, 一陰一陽之道, 道不離陰陽, 故智不能離仁, 仁不能離智, 中焉而已. 繼之, 卽戒懼愼獨之事, 成之, 卽中和位育之能. 在孟子則居仁由義, 有事勿忘者, 繼之之功, 反身而誠. 萬物皆備者, 成之之候. 繼之者, 繼此一陰一陽之道, 則剛柔不偏, 而粹然至善矣. 如曰惻隱之心, 仁之端也, 雖然, 未可以爲善也, 從而繼之, 有惻隱, 隨有羞惡, 有辭讓, 有是非之心焉, 且無念非惻隱, 無念非羞惡, 辭讓是非之心, 而時出靡窮焉, 斯善矣. 成之者, 成此繼之之功, 卽中庸成己仁也, 成物知也之謂. 向非成之, 則無以見天降之全, 到得成之, 方可謂之熟, 不然, 苗而不秀, 秀而不實, 終歸無用.

● "인은 곡식이 익는 것"(夫仁, 亦在乎熟之而已矣)이라고 한 『맹자』의 말을 이어, 황종희는 『주역』의 '계지'(繼之)와 '성지'(成之)의 개념을 사용하여 인간의 도덕적 노력과 그 결실에 대해 얘기했다. '사단'은 하늘이 준 것이지만 아직 '선'이 아니다. '선'이 될 그 싹을 '이어' 자신의 노력을 더해 '선'을 실천하는 것이 곧 '이은' 것을 '이루는' 것이다. 맹자의 '성선설'을 『주역』으로 풀이했다.

는 것은 인이고 사물을 이루는 것은 지이다. 성의 덕은 안팎을 합한 것이므로 때에 맞게 베풀어야 마땅하다"(誠者 非自成己而已也 所以成物也 成己 仁也 成物 知也 性之德也 合內外之道也 故時措之宜也).

고자 하

12-1 임나라 사람의 질문任人有問章

임나라 사람은[78] '예'를 모르므로 예를 융통성 없는 격식의 틀로 취급했다. 그래서 이런 질문을 한 것이다.[79] 예는 의에 의해 일어난다. [즉 예는] 내 마음이 편안한가 여부를 따라 그 마땅한 것을 저울질해서 나오는 것인데, 어떻게 막혀 통하지 않는 곳이 있겠는가.

> 任人不知禮, 以禮是死板格套, 故有此問. 夫禮以義起, 從吾心之安不安者
> 權衡而出之, 奚有滯而不通之處.

● "밥 먹는 일과 예는 어느 것이 중요한가" 하는 임나라 사람의 질문에, 『맹자』는 밥 먹는 일 가운데 중요한 것과 예 가운데 가벼운 것을

---

78) 『맹자』 이 장에 등장하는 인물로, 이 사람이 옥려자(屋廬子)에게 밥 먹는 것과 예 가운데 어느 것이 중요한가 묻는 것으로 이 장의 이야기가 시작된다.
79) 『맹자』의 이 장에 소개된 "예와 먹는 것 가운데 어느 것이 중요한가"로 시작되는 일련의 질문을 말한다.

비교할 수 없다는 대답을 했다. 황종희는 그것을 결정하는 데는 마음을 옳고 그름의 표준으로 삼아야 한다고 덧붙였다.

12-2 조교曹交章

"사람은 모두 요순처럼 될 수 있다"는 이 한 마디는 맹자가 과거의 성인을 이어 후학에게 열어준 일대 절목(節目)이다. '천천히 어른 뒤에서 걷고' '요가 입었던 복장을 하는 것'은 누구나 할 수 있다. 그렇다면 누구나 요순처럼 될 수 있는 일은 밝게 이해하고 살피는(著察)[80] 사이에 있을 뿐이다. 뒤의 유학자들은 성인 되는 일을 복잡하고 어렵게 여겨서, 혹은 조용히 앉아 마음을 깨끗하게 하는 데(靜坐澄心)에서 구하고, 혹은 사물에 나아가 이치를 궁구하는 데(格物窮理)에서 구하고, 혹은 인생을 초월한 곳(人生以上)에서 구하고, 혹은 내면에서 나오는 미미한 단서를 살피는 데(察見端倪)에서 구했다. 그러나 결국 천 년의 시간과 억조의 사람 속에서 성인의 명맥을 끊어버렸다. 한두 명의 우뚝 뛰어난 선비들은 또 전해지지 않는 비밀스러움을 사사롭게 간직하면서, 1천 5백 년 동안 천지 역시 새는 곳을 얽어매면서 그럭저럭 시일을 보내고 인심(人心) 역시 이곳저곳을 보수하면서 그럭저럭 시간을 보냈다고 말하기에 이르니,[81]

---

80) '밝게 이해하고 살피다'는 '著察'의 번역어로 출전은 다음과 같다. 『맹자』「진심 상」 5, "행하면서도 밝게 알지 못하며 익히면서도 살피지 못한다. 종신토록 행하면서도 그 도를 모르는 자가 많다"(行之而不著焉, 習矣而不察焉, 終身由之而不知其道者, 衆也).

81) 이 구절은 주희가 두보(杜甫)의 시 '가인'(佳人)을 인용하면서 한 말이며, 이에 대해 진량(陳亮)이 이미 비판했다. 『어찬주자전서』(御纂朱子全書) 권63, "그러므로 단지 새는 지붕을 띠로 얽어매어 보수하며 시일을 보낼 뿐이다. 그 사이에

이는 사람이 모두 요순이 될 수 없다고 하는 것이다. 이른바 도는 가까이 있는데 멀리서 구하는 것이며 일은 쉬운 데 있는데 어려운 데서 구하는 꼴이다.[82] 양명의 심학(心學) 이래 사람들은 성인의 혈맥을 잡을 수 있게 되었다. 뒤에 근계(近溪)[83]는 사람들이 행동하고 익히는 바로 거기에서 밝게 이해하고 살피는(著察) 한 길을 가리켜 보임으로써 정말로 사람들이 성인과의 거리가 멀지 않음을 깨닫게 했다. 『맹자』 역시 이 뜻임을 알아야 하니, [성인 되는 일은] 윗사람의 뒤에서 걷고 요임금과 같은 옷을 입는 곳에 있을 뿐임을, 사람들이 쉽게 알 수 있는 곳을 지적해주었으니, 등을 들고 불을 구걸할 일이 있겠는가. 조교(曹交) 역시 뜻있는 선비이다.[84]

간혹 소강의 때가 없는 것은 아니지만 요순삼왕과 주공공자가 전한 도는 하루도 천지에 행해진 적이 없다"(所以只是架漏牽補, 過了時日, 其間雖或不無小康, 而堯舜三王周公孔子所傳之道, 未嘗一日得行於天地之間也:「答陳同父」). 진량, 『용천집』(龍川集) 「갑신답주원회서」(甲辰答朱元晦書), "근세 유학자들은 삼대에 대해 오로지 천리행(天理行)이라고 하고, 한당에 대해서는 오로지 욕행(慾行)이라고 하고 그 사이에 천리에 암합한 자가 있어 오래 갈 수 있었다고 말한다. 이 말을 믿는다면 1천 5백 년 동안, 천지 역시 새는 곳을 얽어매면서 그럭저럭 시일을 보내고 인심 역시 이곳저곳을 보수하면서 그럭저럭 시간을 보낸 것이 된다. 이렇다면 만물은 어떻게 번식하며 도는 어떻게 상존하겠는가"(而近世諸儒逐謂三代專以天理行, 漢唐專以人慾行, 其間有與天理暗合者是以亦能久長. 信斯言也, 千五百年之間, 天地亦是架漏過時, 而人心亦是牽補度日. 萬物何以阜蕃, 而道何以常存乎).

82) 『맹자』 「이루 상」 11.
83) 나여방(羅汝芳, 1515~88). 권말 '주요인물 소개' 참고.
84) '조교'는 "사람이 모두 요순이 될 수 있다는 말이 있습니까?"(人皆可以爲堯舜, 有諸?)라는 질문으로 그 성인 되는 공부에 관심을 보였으며, 맹자에게 스승이 되어 주기를 부탁했다.

"그가 어른을 섬기는 예가 지극하지 못했고 도를 구하는 마음이 돈독하지 않다"는 것을 어디에서 볼 수 있는가? 『맹자집주』는 견강부회이다.[85]

人皆可以爲堯舜一語, 此孟子繼往聖開後學一大節目. 徐行堯服, 人人能之, 卽人人可以爲堯舜也. 只在著察之間耳. 後之儒者, 將聖人看得煩難, 或求之靜坐澄心, 或求之格物窮理, 或求之人生以上, 或求之察見端倪, 遂使千年之遠, 億兆人之衆, 聖人絶響. 一二崛起之士, 又私爲不傳之秘, 至謂千五百年之間, 天地亦是架漏過時, 人心亦是牽補度日, 是人皆不可以爲堯舜矣. 所謂道在邇而求諸遠, 事在易而求諸難. 自陽明之心學, 人人可以認取聖脉, 後來近溪只就人所行所習, 當下指點出著察一路, 眞覺人人去聖不遠. 要知孟子亦是此意, 只在徐行堯服, 人所易知處點出, 何至持燈而乞火也. 曹交亦有志之士, 何以見其事長無禮, 求道不篤. 集註無乃深文歟.

● "'사람은 모두 요순이 될 수 있다'는 이 한 마디는 맹자가 과거의 성인을 이어 후학에게 열어준 일대 절목"이라고 황종희는 말한다. 요순처럼 되는 일은 일상생활에서 실천할 수 있는 일이기 때문이다. 그러나 정주성리학이 초월적인 이(理)를 설정함으로써 보통 사람들이 요순에 가까이 갈 수 있는 길을 차단했다. 그들 말대로라면, 황종희가

---

85) 주희는 조교가 어른을 섬기는 예가 지극하지 못했고 도를 구하는 마음이 돈독하지 않았기 때문에 맹자가 수업하기를 거부했다고 풀이했다. 『맹자집주』, "조교는 웃어른을 섬기는 예도 지극하지 않고 도를 구하는 마음 또한 돈독하지 않았기 때문에, 맹자가 효제를 가르치면서도 그에게 수업할 것은 거절했다. '여력이 있으면 글을 배우라'는 공자의 뜻 또한 '달가워하지 않으면서 가르치는 것'이다"(曹交事長之禮旣不至, 求道之心又不篤, 故孟子敎之以孝弟, 而不容其受業. 蓋孔子餘力學文之意, 亦不屑之敎誨也).

진량의 말을 인용하여 얘기했듯이, 한당(漢唐) 이래의 역사는 어떤 의미도 없는 무기력의 역사가 되고 만다. 황종희는 양명이 성인의 길이 일상에 있음을 알려줌으로써 그 길이 다시 열렸다고 평한다.

오확(烏獲)[에 대해 이야기한] 단락을 상세히 보면 다음과 같은 이야기를 하고 있다. 힘은 억지로 가질 수 있는 것이 아니므로 이길 때도 있고 이기지 못할 때도 있다.[86] 그러나 요순과 같이 되는 일은 그 본체를 사람마다 갖추고 있으므로 힘을 기다릴 것이 없으니, 어떻게 감당하지 못할 근심이 있겠는가. 진씨의 풀이는[87] 분명하지 않다.

詳烏獲一段, 言力非可强而有也, 故有勝有不勝, 至於堯舜, 其本體人人俱有, 無所俟力, 豈有不勝之患. 陳氏之論不明.

---

86) 황종희의 주장을 염두에 두고 『맹자』의 이 부분을 번역하면 다음과 같다. "어떤 사람의 힘이 오리 한 마리와 싸워서 이길 수 없다면 그 사람은 힘이 없는 사람이고, 백 균을 든다고 하는 사람이라면 힘이 있는 사람이다. 그렇다면 오확이 드는 만큼 짐을 든다면 또한 오확만큼 힘 있는 사람일 것이다. [각자 능력이 다른데] 왜 하지 못할 것을 걱정하는가. [능력 안에서 할 수 있는 일이 있는데도] 하지 않는 것일 뿐이다"(有人於此, 力不能勝一匹雛, 則爲無力人矣, 今日擧百鈞, 則爲有力人矣. 然則擧烏獲之任, 是亦爲烏獲而已矣. 夫人豈以不勝爲患哉? 弗爲耳).

87) 『맹자대전』에 인용된 진력의 주를 가리킨다. "'한다'(爲)는 한 단어는 이 장의 핵심이다. 이른바 '弗爲'(하지 않는다)와 아래 단락의 '不爲'(하지 않는다)는 모두 '하는 문제일 뿐이다'(爲之而已)라는 구절과 상응한다. 요의 행동을 하는 것은 귀의하여 구하는 것이니, 행동하고 구하는 것은 '하는'(爲) 방법이다. 오확의 짐을 든다면 이 또한 오확이 되는 것이니, 이를 요순의 일을 한다면 요순이 되는 것에 비유했다"(新安陳氏曰, 爲之一字, 爲此章之要. 所謂弗爲耳, 及下文所不爲也, 皆與爲之而已一句相應, 而行堯之行, 與歸而求之, 行也求也, 蓋所以爲之也. 擧烏獲之任, 是亦爲烏獲, 以譬能爲堯舜之事, 是亦爲堯舜也).

● 신안진씨는 오확처럼 무거운 짐을 드는 사례와 요순처럼 되는 사례 모두 능력의 문제가 아니라 하지 않는 것이 문제라고 풀이했다. 그러나 황종희가 보기에 오확의 능력은 노력해서 가질 수 있는 것이 아니다. 그래서 『맹자』에서도 능력 때문에 할 수 없는 일과 자신의 의지 때문에 할 수 없는 일을 구별한 것이라고 풀이했다. 황종희의 풀이에 의하면 다음과 같이 말할 수 있다. 사람이 가진 어떤 능력은 사람마다 그 크기의 차이가 있어서, 저 사람이 할 수 있는 일을 나는 못하는 경우도 있다. 그런데 요순처럼 되는 일은 누구나 할 수 있는 일이다. 그러므로 요순처럼 되지 않는 것은 못하는 것이 아니라 안하는 종류의 일이다.

12-3 소반小弁章

용상(甬上)[88]에서 『시경』을 강학할 때, '개풍장'(凱風章)[89]에 이르러 만정일(萬貞一)[90]은 집을 편히 여기지 않았다면 어버이의 과실이 작은 것이라고 할 수 없다고 했고, 진개미(陳介眉)[91]는 구설(舊說)[92]을 가지

---

88) 용상(甬上)은 절강성(浙江省) 은현(鄞縣)으로 지금의 영파(寧波)이다. 황종희는 1667년부터 1675년까지 10여 년간 용상에서 강학했으며, 이때 황종희의 문인은 약 60~70명이었다. 이 이야기에 등장하는 만정일과 진개미는 모두 용상에서의 제자이다.

89) 『시경』「국풍」(國風)·「패(邶)·개풍(凱風)」.

90) 만정일(萬貞一)은 만언(萬言, 1637~1705)의 자(字)이다. 호는 관촌(管村)이며 만사년(萬斯年)의 아들이다. 어려서 숙부인 만사대(萬斯大), 만사동(萬斯同)과 함께 황종희에게서 배워 고문(古文)에 능통했다. 1675년 거인(擧人)이 되었다. 저서에 『관촌집』(管村集)이 있다.

91) 진개미(陳介眉)는 진석하(陳錫嘏, 1634~87)의 자(字)이다. 호(號)는 이정(怡

고 이를 반박했다. 나는 정일의 주장이 옳다고 여기면서도 응답하지 못했다. 뒤에 송대 조열지(晁說之)[93]의 「시서지론」(詩序之論)에서 다음과 같은 구절을 보았다. "맹자는 '개풍은 어버이의 과실이 작은 것이다'라고 했는데, 『시서』를 쓴 사람은 '위나라의 음란한 풍조가 유행해서 일곱 아들을 둔 어머니인데도 그 집안〔에 사는 것〕을 편히 여길 수 없었다'[94]고 했다. 그렇다면 일곱 아들의 어머니는 죽은 남편에 대해서는 처의 도가 없는 것이며 일곱 아들에 대해서는 어머니의 도가 없는 것이니 이보다

庭)으로, 황종희의 제자이다. 황종희보다 먼저 죽어 황종희가 「한림원편수이정진군묘지명」(翰林院編修怡庭陳君墓志銘)을 지었다.

92) '구설'은 『시서』(詩序)를 둘러싼 논의의 하나로 「대서」는 자하가 짓고 「소서」는 자하와 함께 모공(毛公)이 지었다는 설이다. 정현의 『모시정의』(毛詩正義)에서 처음으로 언급되었다. 그러므로 진개미가 '구설'에 의거해 만정일을 비판했다는 것은 「소서」의 입장에 의거해, "개풍편은 어버이의 과실이 작은 경우이다 (凱風, 親之過小者也)"라고 한 『맹자』의 견해를 옹호했다는 것이다. 『시서』「패」(邶), "개풍은 효자를 찬미한 것이다. 위나라에 음란한 풍조가 유행해서, 비록 일곱 아들을 둔 어머니였지만 오히려 집을 편히 여기지 못했다. 그래서 일곱 아들이 효도를 다하여 그 어머니의 마음을 위로하여 그들의 뜻을 이룬 것을 찬미하였다"(凱風美孝子也. 衛之淫風流行, 雖有七子之母, 猶不能安其室, 故美七子能盡其孝道, 以慰其母心而成其志爾). 주희 역시 『맹자』와 『시서』의 입장이 같다고 해석했다. 『시서』의 '주자변설'(朱子辨說), "『맹자』의 설로 증명하면 『시서』의 말 역시 역시 옳다. 단 이는 일곱 아들이 자책하는 시이지 일곱 아들을 찬미하기 위해 지은 것이 아니다"(以孟子之說證之, 序說亦是. 但此乃七子自責之辭, 非美七子之作也).

93) 조열지(晁說之, 1059~1129). 자(字)는 이도(以道)로, 제주(濟州) 거야(鉅野)(지금의 산동성 기야) 사람이다. 사마광(司馬光)을 사모해서 자호를 경우생 (景迂生)이라고 했다. 사마광은 『맹자』를 비판하는 「의맹」(疑孟)을 지었는데, 조열지 역시 「저맹」(詆孟)을 지어 『맹자』를 비판했다.

94) 『시서』「패」.

더 큰 과실이 있는가. 맹자의 말이 잘못되었는가? 맹자의 말이 잘못되지
않았으면『시서』가 잘못된 것이다."[95] [이를 읽고 나서] 비로소 정일의
주장이 무엇인지 알았다.

> 甬上講詩至凱風章, 萬貞一言不安其室, 不得謂親之過小, 陳介眉以舊說折
> 之. 余是貞一而未有以應也. 後見宋晁說之詩序之論云, 孟子曰凱風親之過小
> 者也, 而序詩者曰, 衛之淫風流行, 雖有七子之母, 猶不能安其室, 是七子之母
> 者, 於先君無妻道, 於七子無母道, 過孰大焉. 孟子之言妄歟. 孟子之言不妄,
> 則序詩非也. 始恍然於貞一之說.

●시「개풍」은 어머니를 수고롭게만 하고 위로하지 못하는 일곱 아

---

95) 황종희가 인용한 조열지의 글은 다음과 같은 맥락 속에 있다. 즉 이 글에서 조
   열지는『맹자』를 비판한 것이 아니라『시서』를 비판한 것이라 할 수 있다.『경
   우생집』(景迂生集) 권11, 「시지서론」(詩之序論) 4, "맹자, 순경, 좌씨, 가의, 유
   향 등 한의 유학자들은『시』에 대해서 논의한 일이 많다. 그런데『시서』에 대해
   서는 언급한 적이 없는 걸 보면『시서』는 이들보다 늦게 지어진 것이다. 맹자는
   '개풍은 어버이의 과실이 작은 것이다'라고 했는데『시서』를 쓴 사람은 '위나
   라의 음란한 풍조가 유행해서 일곱 아들을 둔 어머니인데도 그 집안〔에 사는
   것〕을 편히 여길 수 없었다'고 했다. 이렇다면 일곱 아들의 어머니는 죽은 남편
   에 대해서는 처의 도가 없는 것이며 일곱 아들에 대해서는 어머니의 도가 없는
   것이니, 이보다 더 큰 과실이 있는가. 맹자의 말이 잘못되었는가? 맹자의 말이
   잘못되지 않았으면『시서』가 잘못된 것이다. 유학자들의 논의와『시서』는 다르
   고 나는『시서』에 한 마디도 잘못된 것이 없다고는 배우지 않았다"(孟子 · 荀
   卿 · 左氏 · 賈誼 · 劉向, 漢諸儒論說及詩多矣, 未嘗有一言以詩序爲議者, 則序之
   所作晚矣. 孟子曰凱風親之過小者也, 而序者曰衛之滛風流行, 雖有七子之母猶不
   能安其室, 是七子之母者, 於其先君無妻道, 於七子無母道, 過孰大焉. 孟子之言
   妄歟. 孟子之言不妄, 則序詩者非也. 諸儒之論與序詩者異, 而謂序無一言非者,
   非余所學也).

들의 마음을 담은 노래이다. 『시서』는 어머니가 음란한 풍조에 휩쓸리려 하자 일곱 아들이 효를 다하여 어머니의 탈선을 막았다는 내용이라고 해석했다. 『맹자』에서는 소반에서 담고 있는 부모의 과실과 비교해, 이 어머니의 과실은 작은 것이라고 평했다. 용상의 강학에서 만정일은 "집을 편히 여기지 않았다면"이 허물이 작지 않다고 했고 진개미는 작다고 했다는데, 당시 이 강학에 있었던 사람들은 『시서』가 『맹자』와 같은 의견이라고 정리하고 있었던 것 같다.(주 92 참조) 그래서 진개미가 『시서』를 근거로 허물이 작다고 주장했던 것이다. 그런데 조열지는 오히려 『시서』에 따라 해석한다면 과오가 큰 것이 된다고 주장했다. 조열지는 『맹자』를 비판하는 「저맹」(詆孟)을 지은 사람이지만, 이 부분에서는 『맹자』를 옹호하는 듯하다.(주 95 참조) 즉 『시서』의 해석이 과하다고 생각한다. 황종희가 조열지의 글을 읽고 만정일의 의도를 이해했다는 것은 다음과 같이 이해한 것이라고 생각된다. 즉 『시서』처럼 「개풍」에서 노래된 어머니가 "그 집을 편히 여기지 않았다"면 그 허물은 작지 않다. 그래서 만정일이 "'집을 편히 여기지 않았다'면 어머니의 과실이 작은 것이라고 할 수 없다"고 한 것이다. 「개풍」에서 노래된 어머니의 과실은 『맹자』의 말대로 작은 것이었음이 분명하며, 그렇다면 "그 집을 편히 여기지 않았다"는 정도는 아니었을 것이다. 즉 '그 집을 편히 여기지 않았다'는 해석은 『시서』의 과도한 해석이다.

12-4 송경宋牼章

전국시대의 군주는 단지 유리함과 불리함만을 알았기 때문에 책사들이 자신의 주장을 실행에 옮길 수 있었다. 유리·불리로 말을 하면 군대는 해산하게 할 수 있으나 인·의로 말을 하면 군대를 꼭 해산하게 할 수 있는 것은 아니다. 그러나 맹자는 반드시 이익을 인 · 의로 바꾸고자 했다. 군대가 해산하지 않으면 인신(人身)에 해가 되지만, 오직 이익의 관점으로 스스로를 보면 심술(心術)에 해가 되기 때문이다.

戰國之君, 但知有利不利, 故策士得行其說. 以利不利說之, 則兵可罷, 以仁義說之, 則兵未必可罷. 然而孟子必欲以仁義易利者, 兵不罷, 則害在人身, 唯利自視, 則害在心術也.

●『맹자』의 이 장은 이익의 관점에서 평화론을 펴는 송경을 비판하는 내용을 담고 있다. 황종희는 이익을 기준으로 한 논의는, 설사 평화를 주장하는 것일지라도 '심술'에 해가 된다고 부언했다.

12-6 명실을 앞세움先名實章

공리(功利)의 학은 반드시 명실(名實)을 핵으로 삼는다. 그래서 당시에 명실을 논하는 자들이 시끄럽게 떠들었다.『순자』에는 다음과 같은 말이 실려 있다. "'모욕을 당해도 치욕으로 여기지 않는다,'[96] '성인은 자신을 사랑하지 않는다,'[97] '도둑을 죽이는 것은 사람을 죽이는 것이 아니다'[98] 등은 이름의 사용에 미혹되어 이름을 어지럽힌 경우이다." "'산과 연못은 평평하다,'[99] '정욕은 적다,'[100] '소, 양, 돼지고기가 더 맛있지 않다,' '큰 종소리가 더 즐거운 것이 아니다' 등은 실상의 사용에 미혹되

---

96) 송견(宋銒)의 주장이다.
97) 누구의 주장인지 불명이다.
98)『묵자』「소취」.
99)『장자』「천하」에 소개된 혜시의 주장이다.
100) 송견의 주장이다.

어서 이름을 어지럽힌 경우이다." "'기둥에 맨 소는 소가 아니다,' '백마
는 말이 아니다'[101] 등은 이름의 사용에 미혹되어 실상을 어지럽힌 경우
이다."[102] 순우곤[103] 역시 이러한 부류였다. 순우곤이 말하는 것은 자취
에 있고 맹자가 말하는 것은 마음에 있다.

功利之學, 必核之以名實, 故當時之辨名實者紛然. 荀子曰, 見侮不辱, 聖人
不愛己, 殺盜非殺人也, 此惑於用名以亂名者也. 山淵平, 情欲寡, 芻豢不加
甘, 大鍾不加樂, 此惑於用實以亂名者也. 非而謁楹有牛, 馬非馬也, 此惑於用
名以亂實者也. 淳于髡亦是此意. 髡之所論在迹, 孟子之所論在心.

●『맹자』의 이 장은 순우곤이 "명실을 앞세우는 것은 '타인의 평가
를 바라는 것'(爲人)이며 명실을 뒤로 하는 것은 스스로를 위한 것(自
爲)이다"(先名實者, 爲人也, 後名實者, 自爲也)라는 말로 운을 떼면서
맹자의 정치적 성과에 의구심을 품는 내용을 담고 있다. 황종희는 모
든 이단은 '공리'를 목표로 하며 그 행태는 '스스로를 위하는 것'(自
爲)이거나 '타인의 평가를 바라는 것'(爲人) 두 가지에서 벗어나지 않
는다고 정리한 적이 있다(6-9 '말하기 좋아함' 好辨章 참조). 이들은
'인의'로 사람을 감동시킬 능력이 없으므로 이상한 이론을 만들어낸다

---

101) 『열자』 「중니」에 등장하는 공손룡(公孫龍)의 명제.
102) 이상 『순자』 「정명」.
103) 성은 순우(淳于), 이름은 곤(髡)이다. 익살과 다변(多辯)으로 유명했다. 천한
　　신분 출신으로 잡학(雜學)했으나, 기지 넘치는 변설로 제후를 섬겨 사명을 다
　　했다. 초(楚)나라가 제나라로 쳐들어왔을 때 조(趙)나라의 병사를 이끌고 이
　　를 구했다고도 한다. 그의 변론은 『전국책』(戰國策)과 『사기』(史記)의 「골계
　　열전」(滑稽列傳)에 기록되어 있다. 또 『맹자』 「이루 상」 17에 맹자와의 논전
　　이 수록되어 있다.

고도 말했다.(7-23 '사람의 근심' 人之患章 참조) 황종희는 순우곤 역시 그 무리 중 하나라고 정리한다. "순우곤이 말하는 것은 자취에 있고 맹자가 말하는 것은 마음에 있다"는 이 장의 마지막 문장은 순우곤과 맹자가 중시하는 가치가 각각 현실적인 결과와 마음으로 달라진다는 것을 설명한다.

12-8 노나라, 신자를 임용하다 魯欲使愼子章

맹자 말년은 노평공(魯平公)의 재위기간이었다. 평공의 아버지 경공(景公)은 29년 동안 재위했고, 경공의 아버지 강공(康公)은 9년, 강공의 아버지 공공(共公)은 22년 동안 재위했다. 노평공 원년은 제민왕(齊湣王) 10년이며, 노경공 21년은 제민왕 원년이다. 노경공 2년은 제선왕(齊宣王) 원년이며, 노공공 원년은 제위왕(齊威王) 4년이었다. 「제세가」(齊世家)[104]에 의하면 노나라가 제나라를 정벌했을 때는 제위왕 6년이었다. 이 이후 제나라가 강대해져서 노나라가 제나라를 정벌하는 일은 볼 수 없었다. 그러니 신자가 장군이었을 때 맹자의 말 때문에 〔정벌을〕 멈췄겠는가!

> 孟子末年, 當魯平公之世. 平公之父爲景公, 二十九年. 景公之父爲康公, 九年. 康公之父共公, 二十二年. 魯平公元年, 爲齊湣王十年, 魯景公二十一年, 爲齊湣王元年. 魯景公二年, 爲齊宣王元年, 魯共公元年, 爲齊威王四年. 據齊世家, 魯之伐齊, 在威王六年. 自後齊强大, 不見魯伐齊之事, 豈愼子將軍因孟子之言而止耶.

---

104) 『사기』 「제세가」.

●『맹자』의 이 장은 노나라의 장군이 되려 하는 신자(愼子)에게, 백성을 가르치지 않은 채 전쟁터로 내몰아서는 안 되며, 그렇게 해서 단번에 제나라를 이긴다고 해도 전쟁을 해서는 안 된다고 훈계하는 내용이다. 황종희는 당시 노나라가 열국 중 어느 정도의 힘을 가진 나라였는지를 가늠하기 위해 연대를 고증했다. 황종희의 계산에 의하면, 노나라가 제나라를 정벌했을 때는 제나라 위왕 6년이고, 노나라는 공공 이전이다. 이는 맹자가 신자에게 조언하고 있는 당시로부터 약 60여 년 전이다. 그때부터 제나라는 세력을 키워왔고 노나라는 기울고 있었으니, 실제로 신자가 정벌을 계획할 만한 사정이 아니었고, 맹자 역시 실제로 정벌을 하려는 신자를 말리기 위한 것은 아니었음을 밝혔다.

노나라가 제나라를 정벌해도 이때부터는 이길 수 없었다. 맹자는 이익과 손해로 말하지 않고 인에 뜻을 두는 것을 주로 했으니, 이는 근본의 학이다. 이때 부강을 구하는 열국〔의 제후들〕은 모두 자기 한 몸의 관점에서 생각한 것이며, 인에 뜻을 둔 자는 민생의 관점에서 생각한 것이다. 민생의 관점에서 생각하면, 중원에 앉아 진나라와 초나라의 조회를 받는 일도 안 될 것이 없다. 자기 한 몸의 관점에서 생각하면 본래 갖고 있던 땅도 깎아야 할 곳이 있다.

魯之伐齊, 自是不能取勝. 孟子不以利害言, 而以志仁爲主, 此根本之學也. 是時列國求富强者, 皆從一己起見, 志仁者從民生起見. 從民生起見, 卽蒞中國朝秦楚, 而無不可. 從一己起見, 卽固有之地, 亦在所當揖.

●당시 노나라는 이미 정벌할 능력이 없었는데, 맹자가 신자와 이런 이야기를 나눈 것은 실제의 정벌 문제를 말리기 위해서가 아니라, 인

의 정치라는 근본 문제에 대해 이야기하기 위해서였다는 해석이다. 황
종희는 이익과 인의 차이를 '나 한 몸'(一己)을 위한 것인가, '민생'(民
生)을 위한 것인가의 차이라고 대비시킨다.

12-10 20분의 1세율二十而取一章

20분의 1세를 시행할 수 없는 이유는, 봉건의 제도가 10분의 1이 아니
면 경영에 부족했기 때문이다. 그러나 당시에는 상부로부터 농지를 받았
으므로 10분의 1을 세로 내도 괜찮았다. 지금은 백성들이 스스로 산 농
지를 반드시 옛날을 모방해 10분의 1을 내라 하니 이미 이치에도 안 맞
는다. 또한 봉건이 변해 군현이 되었다. 그 처치가 적당하려면, 천하의
모든 사람이 한 사람을 먹여 살리는 셈이니 세수가 넉넉할 것이므로 20
분이 1이라도 안 될 것이 없다. 한대(漢代)에는 30분의 1세를 내었어도
부족한 적이 없었다.[105]

> 以二十取一爲不可者, 亦是封建之制, 非什一不足以備用. 然當時田授於上,
> 故稅其十一而無愧. 今以民所自買之田, 必欲倣古之什一, 已爲不倫. 且封建變
> 爲郡縣, 苟處置得宜, 以天下而養一人, 所入不貲, 則二十取一, 何爲不可. 漢
> 氏三十而稅一未, 未見其不足也.

---

105) 기원전 180년 고조의 서자였던 유항(劉恒), 즉 문제(文帝)가 즉위했다. 문제
와 그 뒤를 이은 경제(景帝)의 통치시기(기원전 179~141)는 '문경지치'(文
景之治)라고 칭송된다. 문제는 스스로 검약을 실천하며 관료의 수를 축소시켜
경비를 절약하는 한편 빈농에게 적극적으로 농경을 장려하였다. 문제는 고조
가 정한 전조(田租), 즉 15분의 1 토지세를 30분의 1로 경감하였고, 만년의 12
년간은 완전히 전조를 면제시켰으며 요역도 대폭적으로 경감하였다고 한다.

●『맹자』의 이 장은 정전법으로 대표되는 10분의 1세법은 교육과 정치를 담당하는 군자 집단이 있는 사회를 위한 것이므로 20분의 1세법은 가능하지 않다는 내용이다. 황종희는 『맹자』의 말은 '봉건제'를 배경으로 한 것이므로, '군현제'가 실시되어 '공전'도 없는 당시에는 그대로 적용할 수 없다고 설명했다. 봉건제의 경우에 조세는 제후의 살림을 위해 쓰이고 또 중앙의 천자의 살림에 쓰인다. 그러나 군현제하에서라면 그 세수가 다른 곳으로 새지 않고, 제대로만 관리된다면 모두 중앙의 천자에게 가는 것이므로 세는 훨씬 줄어도 된다는 것이다. 조세제도의 변천에 대해서는 5-3 '등문공, 정치에 대해 묻다'(滕文公問爲國章)를 참조하라.

12-13 노나라, 악정자를 임용하다 魯欲使樂正子章

"백성은 떳떳한 양심을 잡고 있어 아름다운 덕을 좋아한다"[106]고 했으니, 사람은 선을 좋아하지 않은 적이 없다. 다만 사심이 스스로 이기게 되면, 선을 좋아하지 않을 뿐 아니라 또 선을 미워한다. 지금 어떤 사람이 '모씨는 선하다'고 말해주면 분명 '거짓이야'라고 하거나 그렇지 않으면 '그 사람은 본래 선하지 않았어'라고 말한다. 또 어떤 사람이 '모씨는 선하지 않다'고 하면 기쁘게 말하며 즐겨 이야기한다.

민지병이 民之秉彝, 好是懿德, 人未有不好善者, 只爲私心自勝, 不惟不好善, 且從而惡善矣. 今有人語之, 曰某人善, 則必曰僞也, 不然, 則曰是固嘗爲不善矣. 又有人語之, 曰某人不善, 則喜談而樂道之矣.

---

106)『시경』「대아(大雅)·탕지십(蕩之什)」, '증민'(蒸民).

●『맹자』의 내용은 선을 좋아하면 천리 밖의 선비도 선한 얘기를 하러 찾아오지만 선을 좋아하지 않으면 아첨하는 사람들만 꼬이게 될 것이라는 것이다. 황종희는 본래 선한 사람들에게 '사심'이 승해서 그 선한 마음을 가리게 되면, 남이 선한 것도 싫어하게 된다고 말한다. 선도 그 세력을 확대하지만 불선함도 그러한 것이다.

12-15 순, 농사짓다 일어나다 舜發於畎畝章

하늘이 큰 임무를 내려주는 것은, 마음이 분발되고 성질이 참게 됨(動心忍性)[을 경험함]으로써 알게 되니, 그 [임무를] 내려주는 것을 하늘은 무심하게 이루고 변화시키는 것이지, 사람을 선택하여 내려준 적이 없다. 그러나 마음을 분발시키지 못하고 성질을 참을 수 없어 우환 속에서 죽는다면 이는 내려준 것이 아니다. 일찍이 불교가 유무(有無)를 떠나고 무한히 부정을 거듭함으로써[107] 바야흐로 입처(入處)를 얻는 것을 보았다. 지금 처해 있는 상황에 따라 궁극적으로 단련해 나간다면 실제로 도움이 되는 지평인 것이지, [불교처럼] 한갓 언어로 농간을 부리는 데로 향해서는 안 된다.

> 天降大任, 以其動心忍性而知, 其降也, 天無心而成化, 未嘗擇人而降之, 顧不能動忍, 死於憂患, 便是不降. 嘗見釋氏以離四句, 絶百非, 方有入處. 今以境遇窮極鍛鍊出來, 是實受用之地, 不徒向語言脫空去也.

---

107) '유무(有無)를 떠나고 무한히 부정을 거듭함'은 '離四句, 絶百非'의 번역이다. 사구(四句)는 유(有), 무(無), 역유역무(亦有亦無), 비유비무(非有非無)를 말하며, 백비(百非)는 부정을 거듭하는 것을 말한다. 『벽암록』 제73칙.

● 하늘이 나를 단련하기 위해 내려주는 시련은, 나 자신이 단단해짐으로써 그것이 그러한 종류의 시련이라는 것을 안다. 그 시련을 내가 나를 단련하는 기회로 삼지 않았다면 아무 의미도 없다. 즉 하늘이 중요한 것이 아니고 그것을 맞이하는 내가 중요하며, 그것은 실제로 나를 단련시킬 때에만 의미가 있다는 것이다. 그래서 황종희는 마지막에 그 실제적 의미의 단련은 불교의 언어상의 단련과 다르다고 덧붙였다.

권7

진심 상·하

'차마 견디지 못하고'(不忍) '차마 하지 않는'(不爲) 마음은
사람 누구나 갖고 있다. 그러나 전광석화 같고 끊어진
물줄기 같아서 여기에서는 못 견디고 저기에서는 견디고
여기에서는 하지 않고 저기에서는 하는 식으로,
막혀서 유행하지 않을 수 있다. 그러나 진정 때마다
이 마음을 주인으로 삼을 수 있다면 어디에든 이를 수 있다.

• 「사람은 모두 차마 견디지 못하는 마음을 갖고 있다」에서

진심 상

13-1 마음을 다함盡其心者章

맹자가 말하는 '확충'(擴充),[1] '마음을 분발시키고 성질을 참음'(動心忍性),[2] '서(恕)를 힘써 행함'(强恕而行)[3]은 모두 '마음을 다하는'(盡心) 방법이다. 성(性)은 빈 것이므로 그 모습을 생각할 수 없지만, 마음은 사람에게 있으므로 측은·수오·사양·시비를 모두 인식하고 얻을 수 있다. 이 인식하고 얻을 수 있는 것을 그 극까지 추구하면, 비어 있는 가운데 맥락이 분명해져서 성은 보아도 마음은 보지 않는다. 가령 어린아이가 우물에 빠질 때 측은의 마음이 생기는데, 이를 다하지 못하면 전광석화와 같지만, 다하면 뱃속을 채운 것이 모두 측은지심이 되니 성체 아닌 것이 없게 된다.

---

1) 『맹자』「공손추 상」6.
2) 『맹자』「고자 하」15.
3) 『맹자』「진심 상」4.

孟子所謂擴充, 動心忍性, 强恕而行, 皆是所以盡心. 性是空虛無可想像, 心
之在人, 惻隱羞惡辭讓是非, 可以認取. 將此可以認取者, 推致其極, 則空虛之
中, 脈絡分明, 見性而不見心矣. 如孺子入井而有惻隱之心, 不盡則石火電光,
盡之則滿腔惻隱, 無非性體也.

● '마음을 다한다'(盡心)에 대한 황종희의 독특한 해석을 보여준다.
마음은 기(氣)이므로 현실에서 경험할 수 있는 것이고 성(性)은 그 기
가 갖는 성질이다. 그런데 그 성은 전광석화와 같아서 '넓히고 채우거
나'(확충) 분발하고 참는 등의 노력을 요구한다. 그것을 '마음을 다하
는 일'이라고 해석했다. '마음을 다하게' 되면 마음의 흐름이 성 아닌
것이 없게 되어 "성은 보아도 마음은 보지 않는다".

사람은 형상과 빛깔이 있기 때문에 하늘(天)과 간격이 있지만 기는 통
하지 않은 적이 없다. '성을 알고'(知性) '하늘을 아는 것'(知天)은 한 가지
이치이다. 『주역』에서 "이(理)를 궁구하고 성을 다함으로써 명에 이른다"
(窮理盡性以至於命)고 했다.[4] '이를 궁구'하는 것은 '그 마음을 다하는
것'이다. 마음은 이이므로(心卽理) 성을 알고 천을 아는 일이 그 뒤에 이어
진다. 이를 궁구하면 성과 명이 따라온다. 맹자의 말은 『주역』의 말이다.

人與天雖有形色之隔, 而氣未嘗不相通. 知性知天, 同一理也. 易言窮理盡
性以至於命, 窮理者盡其心也, 心卽理也, 故知性知天隨之矣, 窮理則性與命隨
之矣. 孟子之言, 卽易之言也.

---

4) 『주역』「설괘전」 1.

●정주성리학의 대표적 명제 가운데 하나인 '궁리'(窮理) 역시 황종희는 '진심'(盡心)이라고 해석한다. 황종희에게 이는 마음 밖의 이치가 아니라 내 마음이 움직이는 길이므로, 이치를 궁구한다는 것은 결국 이 마음의 길을 밝히는 것이다. 즉 내 마음이 갖는 선한 본성을 키우는 것이다. 정자는 "맹자만큼 『주역』을 잘 아는 사람이 없다"(知易者, 莫如孟子 : 『맹자집주대전』「서설」)고 했는데, 황종희 역시 자주 『주역』을 통해 『맹자』를 해석하며, 여기에서는 "맹자의 말은 『주역』의 말"이라고 한다.

선유는 이를 궁구하는(窮理) 것을 착수처로 삼지 않은 적이 없다. 그러나 선유는 '성즉리'가 공공의 도리이고 마음은 지각이라고 생각해서, 공공의 도리를 안 뒤에야 '마음을 다할'(盡心) 수 있다고 여겼다. 그래서 반드시 '성을 아는 일'(知性)을 '마음을 다하는 일'에 앞세웠다.

그러나 그들이 궁구한 것은 천지만물의 이여서 오히려 눈앞의 측은·수오·사양·시비의 마음이 갖는 이를 잃었다. 사람의 마음은 기가 모인 것이고 그 중추는 지극히 은미하기 때문에, 잊지 않고 조장하지 않으면(勿忘勿助) 이 기가 상존하지만, 조금이라도 안배가 섞이면 갑자기 흩어져서 스스로 주인이 될 수 없다. 그러므로 반드시 보존해야 한다. 적절하게 보존하면 이것이 곧 기르는 것이니, 〔보존과 기름이〕 두 가지 공부가 아니다. 『주역』에 "성을 이루고 보존하고 보존하라"(成性存存)고 했는데[5] 이를 보아도 〔성을 보존하는 것과 기르는 것이〕 하나임을 알 수 있다. 천

---

5) 『주역』「계사전 상」7, "성을 이루고 보존하고 보존하는 것이 도의의 문이다"(成性存存, 道義之門).

하의 이는 모두 마음 밖의 것이 아니므로, 이른바 "보존하기를 오래하면 스스로 밝아져"[6) 마음은 〔그 능력을〕 다한다.

先儒未嘗不以窮理爲入手, 但先儒以性卽理也, 是公共的道理, 而心是知覺, 知得公共的道理, 而後可以盡心, 故必以知性先於盡心, 顧其所窮, 乃天地萬物之理, 反失却當下惻隱羞惡辭讓是非之心之理矣. 人心爲氣所聚, 其樞紐至微, 勿忘勿助, 此氣常存, 稍涉安排, 則霍然而散, 不能自主. 故必須存, 存得恰好處便是養, 不是兩件工夫. 易言成性存存, 可知是一也. 天下之理, 皆非心外之物, 所謂存久自明而心盡矣.

● 정주성리학처럼 이(理)를 외부의 공공의 도리로 여긴다면, 그리고 본성이 바로 그것이라 한다면, 성을 아는 일은 그 외부의 이를 아는 일이고, 그 외부의 이를 전제한 뒤에야 지각으로서 마음의 역할도 정립된다. 그러나 황종희에 의하면 이는 마음 외부의 것이 아니라 마음의 조리이다. 그러므로 정주성리학의 방법에 의한다면, 오히려 마음이 갖는 측은의 이는 놓쳐버리게 된다. 황종희에 의하면, 마음은 이를 가진 기이다. 즉 마음은 이이기도 하지만 기이기도 하다. 기이므로 멈추지 않는 과불급의 운동 속에 있으며, 그 이는 은미하고 불안정하다. 그

---

6) 정명도 「식인」 안의 말.『이정유서』권2 상, "학자들은 반드시 인을 알아야 한다. 인한 사람은 혼연하게 만물과 한 몸이 되니 의와 예·지·신이 모두 인이다. 이 이치를 알고 성과 경으로 보존할 뿐, 방검할 필요도 없고 궁색할 필요도 없다. 만약 마음이 풀어지면 마음을 방검해야 하지만 마음이 나태하지 않으면 방검할 것이 무엇인가. 이를 얻지 못했기 때문에 궁색하는 것이므로, 보존하기를 오래 하면 저절로 밝아지는데 궁색할 필요가 어디 있겠는가"(學者須先識仁. 仁者渾然與物同體, 義禮知信皆仁也. 識得此理, 以誠敬存之而已, 不須防檢, 不須窮索. 若心懈, 則有防心, 苟不懈, 何防之有. 理有未得, 故須窮索, 存久自明, 安待窮索).

러므로 마음은 보존과 성장을 필요로 한다. 마음의 이는 전광석화와 같기 때문에 단단하게 길러야 하고, 그렇기 때문에 기르는 것이 바로 보존하는 길이다. 그것이 황종희가 말하는 '마음을 다함'(盡心)이다.

〔만물을〕 만들어내고 유행하는 이는 만 가지로 가지런하지 않다. 작게 는 궁하고 통하고 얻고 잃는 일이 되고, 크게는 살고 죽고 장수하고 요절 하는 것이 된다. 이 가지런하지 않은 것이 바로 획일이 있는 곳이니, 이 른바 명(命)이다. '명을 세우면'(立命) 유행하는 곳에서 주재를 볼 수 있 고, 〔그럴 수 있으면〕 살고 죽음은 낮과 밤에 불과하다. 모르는 사람들은 의리지명(義理之命)이 있고 기수지명(氣數之命)이 있다고 생각하지만, 하늘(天)에 본디 두 개의 명이 있겠는가.

造化流行之理, 萬有不齊, 小之而爲窮通得喪, 大之而爲生死夭壽. 此不齊 者, 正是其畫一所在, 所謂命也. 立命則從流行處見主宰, 生死不過晝夜耳, 不 知者以爲有義理之命, 有氣數之命, 天固有兩命乎.

● 황종희는 '명' 역시 기의 흐름으로 해석했다.(11-8 '우산의 나무' 牛山之木章 참조) 여기에서는 '명을 세우는 것'(立命)을 그 흐름 속에서 주재를 보는 것이라고 말한다. '의리지명'과 '기수지명'은 각각 '이'와 '운명'이라고 해석할 수 있는데, 황종희는 이것이 둘이 아니라고 말한 다. '명을 세운다'면, 즉 기의 흐름을 알고 스스로 주재에 따라 그 흐름 에 참여하게 된다면, '기수지명'은 곧 '의리지명'이 될 것이다.

13-2 명 아닌 것이 없다 莫非命也章

삶과 죽음은 원래 하나의 길인데, 사람이 삶을 탐하고 죽음을 두려워하는 것은 둘로 나눠 생각하기 때문이다. 예전에 기세배(祁世培)[7]가 선사(先師)에게 다음과 같이 물었다. "사람이 생사 문제를 돌파하지 못하면 아마도 의리 문제에서 깨끗할 수 없을까 두렵습니다." 선사가 대답했다. "만약 생사에서 생사 문제를 돌파하면 어떻게 돌파할 수 있겠는가. 다만 의리에서 맑게 변별해내고 참되게 알 수 있다면, 생사로 말할 수 있는 것이 있겠는가. 의에 비춰보아 살아야 하면 자연히 살고 의에 비춰보아 죽어야 하면 자연히 죽으니, 눈앞에 단지 하나의 의를 보는 데서 그치고 생사가 있음은 보지 않는다."[8] 선사와 세배가 죽은 뒤에 이 말을 굳게 지키고 있다.

> 生死原是一途, 凡人貪生畏死, 所以岐而二之. 昔祁世培問先師曰, 人於生死關頭不破, 恐於義理尙有未淨處. 先師曰, 若從生死破生死, 如何破得. 只從義理辨得淸, 認得眞, 有何生死可言. 義當生自生, 義當死自死, 眼前止見一義, 不見有生死. 在後來先師與世培之死, 允蹈斯言也.

●『맹자』는 이 장에서 명을 바르게 받아들이는 것(正命)에 대해 말하고 있다. 황종희는 유종주(劉宗周)와 기표가(祁彪佳)의 대화를 인용하여, 생사를 비롯한 인간사를 결정하는 기준은 의일 뿐이라고 말한다. 유종주와 기표가는 명(明)의 멸망과 함께 스스로 목숨을 끊었다. 이 둘은 "하나의 의를 보는 데서 그치고 생사가 있음은 보지 않음"을 몸소 보여줬던 것이다.

---

7) 기표가(祁彪佳, 1602~45). 권말 '주요인물 소개' 참고. 『동림열전』 권11에 「기표가전」이 있다.
8) 『명유학안』 「즙산학안」, '충단유염태선생종주'.

'그 도를 다한다'(盡其道)고 할 때의 도는 의(義)다. "그 도를 다하고 죽는 것은 명을 바르게 받아들이는 것"이며, 도가 아님을 알고도 산다면 명을 바르게 받아들이는 것이 아니다. '위험한 담장'이나 '질곡'은 생사를 막론하고 모두 명을 바르게 받아들이는 것이 아니다.

盡其道, 道卽義也. 盡其道而死者, 正命也, 則知非其道而生者之非正命矣. 巖牆, 桎梏, 無論死生, 皆非正命.

● 이 장에서 황종희는 명(命)을 특히 생사 문제와 관련하여 논의했다. 기본적인 입장은 생과 사가 아니라 의리와 도가 행위를 판단하는 기준이라는 것인데, 마지막에 '위험한 담장'이나 '질곡'은 생사의 문제와 관계없이 옳지 않다고 덧붙였다.

13-4 만물이 모두 갖춰져 있다 萬物皆備章

천지간을 채우고 있는 것에 이른바 만물은 없다. 만물은 모두 나로 인한 이름이다. 아버지라면 나의 아버지이고, 임금이라면 나의 임금이다. 임금과 아버지의 두 단어를 미루어서 몸 밖의 것이라고 할 수 있는가. 그러니 실제로 아버지에게 효도하는 마음이 있은 뒤에야 나의 아버지가 성립하며, 실제로 임금에게 충성하는 마음이 있은 뒤에야 나의 임금이 성립한다. 이것이 이른바 "자신을 돌아보아 성실하다"는 것이며, 이렇게 되어야 만물은 만물이 아니고 나는 내가 아니라 혼연한 일체가 되어 이 몸이 천지 사이에 조금의 빈틈도 없이 있음을 볼 수 있다. 어떤 즐거움이 이와 같겠는가.

盈天地間無所謂萬物, 萬物皆因我而名. 如父便是吾之父, 君便是吾之君, 君父二字, 可推之爲身外乎. 然必實有孝父之心, 而後成其爲吾之父, 實有忠君之心, 而後成其爲吾之君. 此所謂反身而誠, 纔見得萬物非萬物, 我非我, 渾然一體, 此身在天地間, 無少欠缺, 何樂如之.

●『맹자』의 "만물은 모두 내게 갖춰져 있다"(萬物皆備於我)를 황종희는 "만물은 모두 나로 인한 이름이다"라고 해석했다. 즉 내 마음이 그 존재를 나와 관련 있는 존재로 인식하고 그에 따라 적절한 대접을 할 때 그 존재는 비로소 그 이름을 갖게 된다는 것이다. '만물은 모두 나로 인한 이름이다'라는 사상은 왕양명과 유종주의 사상을 이은 것이다.

[서를 애써 행함(强恕而行)의] '서'(恕)는 인의 착수처로서, 편안하게 실행하는지 애써서 실행하는지의 나눔이 있는 것은 아니다. '애씀'(强)은 자신을 돌아보는 노력이며, 성실하고자 하는 공부의 법칙이다. 그러므로 성실함 외에 배움이 없으니, 성실함을 세우면 [배움은] 다하는 것이다.

恕, 卽仁之下手處, 非有安强之分. 强之云者, 卽反身之功, 思誠之則也. 故誠外無學, 立誠焉盡之矣.

●'서'(恕)를 주희는 "스스로를 미루어 남에게 미친다"(推己及人)라고 해석했다. 즉 자신의 마음으로 타인의 마음을 미루어 아는 것이다. 그런데 황종희는 그 '서'를 '성실함'(誠)에 수렴시켰다. 자신이 성실한 것과 타인에게 그 마음이 미치는 것이 두 가지 일이 아니라고 생각하기 때문일 것이다. 즉 성실하다는 것은 타인에게 가는 나의 마음이 올바른 방향으로 뻗어가는 것을 의미한다.

13-5 행하면서도 알지 못함行之而不著章

천지간의 도리는 편평하게 펼쳐져 있어서 〔어리석은〕 부부도 함께 알수 있는 것이니, 누군들 문을 통하지 않고 나갈 수 있겠는가. 어린아이가〔부형을〕 사랑하고 공경할 줄 아는 것은 본성을 따라 행하는 것이니, 도는 떠날 수 없다. 공부가 없다고 말해도 공부가 없던 적이 없으며, '조심하고 두려워함'(戒懼)이 없다고 말해도 '조심하고 두려워함'을 떠난 적이 없다. 사람마다 이와 같아서 개개의 존재들이 모두 원만하게 이루어져 있는데, 다만 손과 다리를 망령되게 움직이는 것뿐이다. 보통 사람은 이욕에 의해 움직여서 거꾸로 달리고 거꾸로 행동하는 것을 면하지 못하고, 배우는 사람은 본분을 편안히 여기려고 하지 않으니, '알려고'(著) 하고 '살피려고'(察) 할수록 그 거리가 더욱 멀어진다. 전에 허경암(許敬菴)9)이 "어린 종이 일하는 데 절도에 맞는 것이 모두 도심이다"라고 했는데, 고충헌(高忠憲)10)은 〔그에 대해〕 다음과 같이 말했다. "처음에는 몹시 의심하다가 그 뒤에 체인(體認)이 오래되자, 홀연히 평일의 이른바항상 밝게 깨어 있는 마음이 오히려 잡으려는 뜻임을 깨달았다. 어리석은 백성 가운데도 새가 날고 물고기가 뛰는 것처럼 자연스러운 바가 있어서 하늘에 맡기는 편안함에서 행동하는 자는, 오히려 부지불식간에 하늘의 법칙에 합하는 것이다."11)

天地間道理平鋪, 夫婦可以與知, 誰能出不由戶. 孩提知愛知敬, 率性而行,

---

9) 허부원(許孚遠, 1535~96). 권말 '주요인물 소개' 참고.

10) 고반룡(高攀龍, 1562~1626). 권말 '주요인물 소개' 참고.

11) 허경암과 고충헌의 말은 모두 다음에 기록되어 있다. 고반룡, 『고자유서』권8 상, 「여허경암선생」(與許敬菴先生). 『맹자사설』3-6 '사람은 모두 불인의 마음을 갖고 있다'(人皆有不忍人之心章)에 보다 자세한 내용이 인용되어 있다.

道不可離. 說是無工夫, 未嘗無工夫, 說是無戒懼, 未嘗無戒懼. 人人如此, 個個圓成, 只爲妄動手脚. 凡人動於利欲, 未免倒行逆施, 學人不肯安於本分, 求著求察, 去之所以更遠. 昔許敬菴言童僕之服役中節者, 皆道心也. 高忠憲初甚疑之, 其後體認之久, 忽覺平日所謂惺然常明之心, 還是把捉之意, 而蚩蚩之民, 有如鳶飛魚躍, 出於任天之便者, 反有合於不識不知之帝則耳.

● 『맹자』나 주희의 『맹자집주』가 백성들이 스스로 도에 의해 행동하고 있음을 깨닫지 못하는 것을 비하하는 감이 있는데, 오히려 황종희는 지식인들의 의도보다 백성들의 그러한 자연스러움을 높이 평가하는 듯하다.

13-7 부끄러워하는 마음 恥之於人章

당시 유세하는 선비들은 '임기응변의 기교'(機變之巧)에서 벗어나지 않았으니, 〔그 기교가〕 말하고 행동하는 것에 영향을 미쳐 〔그들은〕 과장되게 떠들면서 열국을 돌아다녔다. 경춘의 무리[12]는 〔종횡가를〕 칭찬하고 부러워해 마지않으면서 한때의 경영과 구제로 삼았으니, 어찌 다시 그 부끄러움을 알겠는가. 〔부끄러워하지 않는 것이〕 '사람 같지 않다'는 것은, 맹자가 금수에 비유한 것이다. 성실하면 사람이고 거짓되면 금수이다.

當時遊說之士, 不出機變之巧, 及其說行, 以此誇耀於列國, 景春之徒, 欣羨之不置, 一時以爲經濟, 豈復知爲恥哉. 不若人, 孟子以禽獸比之也. 誠則是人, 僞則是禽獸.

---

12) 『맹자사설』 6-2 '경춘'(景春章) 참조.

●『맹자』가 '부끄러움'에 대해 논한 부분인데, 황종희는 특히 이를 유세가를 환영하는 당시의 세태와 연결하여 비판했다. 주희는 '不恥不若人'을 '부끄러움을 모르는 것이 남만 같지 못하다'고 해석했는데, 황종희는 '부끄러움을 모르는 것이 사람 같지 않다' 즉 '짐승 같다'고 해석했다.

13-10 문왕을 기다림 待文王章

배움에는 뜻을 세우는 것보다 먼저 해야 할 일이 없으니, 뜻을 세우면 '호걸'이 되고 뜻을 세우지 않으면 '보통의 백성'이 된다. 보통의 백성이 '뒤에 분발해 일어나는 것'은 풀이 바람이 불어야 눕는 것과 같다.[13] 그래서 나는 개탄한다. '낙민'(洛閩)과 같은 대유(大儒)의 문하[14]에서 제대로 보여줄 만한 것도 없이, 근근이 문답과 전주(傳註)만으로 독창성은 없이 남을 모방하기만 하며 대유에 의지해 이름을 내려는 자들이 모두 보통의 백성 무리이다. 그러므로 나는 송대의 문집을 읽을 때 이런 것들과 마주치면 다시는 보고 싶지 않았다. 그러나 안타깝게도 세상의 눈은 속이기 쉽다. 그 사이에서 감히 가부를 따지지 못하는 것이 이 학문을 날로 더 천박하게 하고 있다.

學莫先於立志. 立志則爲豪傑, 不立志則爲凡民. 凡民之後興者, 草上之風

---

13) '草上之風必偃'은『논어』「안연」의 말로,『맹자』「등문공 상」 2에도 인용되어 있다. 바람을 군자에, 풀을 소인에 비유하여 표현했다.

14) '낙민'(洛閩)은 낙학(洛學)과 민학(閩學)을 합해 부른 것으로 정주성리학을 가리킨다. 북송(北宋)의 정호(程顥), 정이(程頤)는 낙양(洛陽) 사람이고, 남송(南宋)의 주희(朱熹)는 복건(福建)에서 강학했기 때문에 이러한 명칭으로 불리게 되었다.

必偃耳. 吾因而有慨. 如洛閩大儒之門下, 碌碌無所表見, 僅以問答傳註, 依樣葫蘆, 依大儒以成名者, 是皆凡民之類也. 故吾讀宋之文集, 遇此等便不欲觀, 無奈世眼易欺, 不敢置可否於其間, 使此學日流於膚淺耳.

●『맹자』는 이 장에서 보통 사람과 호걸을, 문왕과 같은 성인이 있어야 분발해서 일어나는 사람과 그런 성인 없이도 분발하는 사람으로 구별한다. 황종희는 주체적인 사고 없이 타인을 따르는 사람이 보통 사람이라고 해석한다. 그렇다면 주체성과 독창성은 없이 정주성리학을 추종하는 사람들은 모두 보통 사람에 불과하다. 특히 그 학문에 대해 비판하지 못하는 것이 정주성리학을 더욱 천박하게 한다고 지적한다. 이 부분은 정주성리학에 대한 비판이기보다는 주체성 없이 대학설이라고 묵수하는 선비들을 비판한 것이다.

13-11 한위의 부귀를 줌附之以韓魏章

지금 사람들은 빈천은 하찮은 것으로 여기고 부귀는 충만한 것으로 여기니, 〔그러한 자세로〕 어떻게 스스로에게 다다른 적이 있겠는가. 그러므로 평생 쫓기듯 바쁘다. 진실로 이 〔부귀빈천〕에 마음을 두지 않을 수 있다면, 그 뜻은 반드시 둘 곳이 있을 것이다.

今人貧賤則欲然, 貴富則盈滿, 何曾著到自己, 所以忙迫一世. 苟能不以此爲意, 其志必有所在矣.

●『맹자』는 부귀를 하찮게 여기는 사람은 보통 사람보다 뛰어난 사람이라고 했다. 황종희는 부귀에 마음을 두지 않는다면 그 마음은 분명 다른 곳에 둘 곳이 있다고 덧붙였다. 앞부분에서 "〔부귀빈천을 충만

한 것으로 여기니] 어떻게 스스로에게 다다른 적이 있겠는가" 하는 것
을 보아, 부귀빈천에 마음을 두지 않으면 마음이 가는 곳은 '스스로'가
될 것이다.

13-13 패자의 백성 霸者之民章

'패자'는 다만 사공(事功)의 방면에서 부족한 것을 채워주고, '왕자'는
심술(心術) 방면에서 감동하게 하니, 백성들이 응하는 것 역시 판연하게
다르다. '환우'(驩虞)는 백성이 법제에 속박되어 있어 싸우고 난을 일으
키는 일이 없는 것이며, '호호'(皞皞)는 효제충신(孝弟忠信)하며 서로
감화하여 이른바 '반드시 한 세대 뒤에는 인하게 될 것'[15]이라는 것이
이것이다. 왕자는 패자의 일을 행할 수도 있지만 패자는 왕자의 마음을
가질 수 없다. 한당(漢唐)의 다스림은 태평의 시대를 만나 백성들은 '환
우'했지만 끝내 잡패(雜霸)를 면치 못했다. 삼대의 다스림은 그 말기에
이르러서도 고가(故家)의 유속이나 유풍의 선정(善政)으로 인해 오히려
왕자의 기상이 있었다. 후세의 백성은 비참한 처지를 호소하며 '환우'하
기를 구하는 일도 또한 없다. 나는 왕자를 만날 수 없었으나 패자라도 만
날 수 있다면 이 역시 좋겠다.

> 霸者只在事功上補湊, 王者在心術上感動, 民之應之, 亦截然不同. 驩虞者,
> 民爲法制所縛, 無爭鬪作亂之事, 皞皞則孝弟忠信, 相感而化, 所謂必世而後仁
> 者是也. 王者未必不行霸者之事, 而霸者不能有王者之心, 就如漢唐之治, 當
> 其太平之時, 民自驩虞, 終不免於雜霸. 三代之治, 卽其末也, 故家遺俗, 流風

---

15) 『논어』 「자로」, "왕이 나온다면 반드시 한 세대 뒤에는 [세상 사람들이] 인하게
될 것이다"(如有王者, 必世而後仁).

善政, 尚有王者氣象. 後世之民, 但有啼號愁慘, 求雞虞亦無矣. 王者吾不得而
見之, 得見霸者斯可矣.

●● 황종희는 왕(王)과 패(霸)를 마음과 사공의 문제로 가른다. 왕자
역시 사공상으로 노력을 하기 때문에 패자가 하는 일을 왕자가 안하는
것은 아니다. 패자는 사공을 추구하기만 할 뿐 왕자와 같은 마음 상태
는 아니다. 그러나 왕자와 패자가 서로 대립되는 것은 아니다. 그렇기
때문에 패자가 부정적으로 다뤄지지 않고 왕자의 차선으로 평가되고
있다. 1-7 '제나라 환공과 진나라 문공의 일'(齊桓晉文之事章)에서도
비슷한 이야기를 했다.

13-15 사람이 배우지 않고도 할 수 있는 것 人之所不學而能者章

"어버이를 사랑하는 것은 인이요 윗사람을 공경하는 것은 의이다." 어
버이를 사랑한 후에 인의 이름이 있으니, 어버이를 사랑하는 것이 인의
근본이다. 지금 어버이를 사랑하는 것에서 그 발하는 바를 구해 근본을
삼겠다고 한다. 윗사람을 공경하는 일이 있은 후에 의의 이름이 있으니,
윗사람을 공경하는 것이 의의 근본이다. 지금 윗사람을 공경하는 일에서
그 발하는 바를 구해 근본으로 삼으려고 한다. 이것이 선유들에게 "성 가
운데 어디에 효제가 있어서 나오는가"[16]라는 논의가 있는 이유이다. 본

---

16) 『논어』 「학이」, "孝弟也者 其爲仁之本與"에 대한 집주가 대표적이다. 정주성리
학에 의하면 인이 근본이고 효제가 그로부터 나온다. "효제는 인의 한 가지 일
이다. 그래서 〔효제는〕 인을 실천하는 일의 근본이라고는 할 수 있지만 인의 근
본이라고는 할 수 없다. 인이란 성이고 효제는 발용(發用)이다. 성 가운데는 인
의예지의 넷만이 있을 뿐이다. 어디에 효제가 있어 나오겠는가. 그러나 인은 사

성에 대한 학문이 밝지 않은 것은 이 때문이다.

> 親親, 仁也. 敬長, 義也. 有親親而後有仁之名, 則親親是仁之根也. 今欲於
> 親親之上, 求其所發者以爲之根. 有敬長而後有義之名, 則敬長是義之根也. 今
> 欲於敬長之上, 求其所發者以爲之根. 此先儒所以有性中曷嘗有孝弟來之論.
> 性學之不明, 由此故也.

● 황종희가 "어버이를 사랑하는 것이 인의 근본"이라고 말하는 것은, 이 마음이 성장하여 인이 되는 것이라고 생각하기 때문이다. 즉 정주성리학에서 주장하듯이 인의 완성태가 있는 것이 아니라고 생각한다. 정주성리학은 완전한 인이 성으로서 내재한다고 주장하므로, 어버이를 사랑하는 것은 인이라는 근본이 있기 때문이라고 말한다. 즉 그들에게 사랑은 근본이 아니라 인이라는 근본에서 나오는 발용이다.

13-16 순, 깊은 산속에 살다 舜之居深山章

촌사람(野人)이 깊은 산에 있을 때와 순(舜)이 깊은 산에 있을 때, 먹고 숨쉬고 움직이고 쉬고 하는 일은 본래 모두 이 도(道)이다. 순이 촌사람과 다르지 않았을 뿐 아니라 촌사람 역시 순과 다를 수 없다. 촌사람은 사물에 정체되어 부지불식의 체를 앎과 깨달음으로 변화시키는 〔과정을 거쳐야 함을〕 면치 못한다. 순은 가슴속이 훤하게 트여서 조금의 적체도 없었다. 〔그 정도의 차이였다.〕 '선한 말'과 '선한 행위'는 또한 촌사람의

랑을 주로 심고 사랑은 이비이에 대한 사랑보다 큰 것이 없으므로, 효제는 인을 실천하는 근본이라고 하는 것이다"(孝弟, 是仁之一事. 謂之行仁之本則可, 謂是仁之本則不可. 蓋仁, 是性也, 孝弟, 是用也. 性中, 只有箇仁義禮智四者而已, 曷嘗有孝弟來. 然仁主於愛, 愛莫大於愛親, 故曰孝弟也者, 其爲仁之本與).

말과 행위일 뿐이다. '세차서 막을 수 없었다'는 것은 일삼을 바 없는 것을 행하는 것으로, 촌사람의 본분으로 돌아간 것뿐이다.

野人之在深山, 與舜之在深山, 其食息動靜, 本皆是道, 不但舜不異野人, 卽野人亦不能異舜. 野人凝滯於物, 未免將不識不知之體, 化爲知識, 舜則胸中豁豁, 無些子積滯. 善言善行, 亦只野人之言行, 沛然莫禦, 行所無事, 還其野人之本分而已.

●『맹자』의 이 장은 순임금이 촌에서 살 때는 촌사람과의 차이가 조금밖에 없다가(幾希), 선한 말, 선한 행위에 접하자 막혔던 물이 터지듯이 성장했다는 이야기를 한다. 『맹자』의 말은 순임금이나 촌사람이나 다를 바 없다는 얘기를 하려는 것으로 읽히지는 않는다. 그런데 황종희는 촌부나 순임금이나 본질적으로 같은 사람이라는 의미로 해석하고 있다.

13-17 하지 말아야 할 것을 하지 않음無爲其所不爲章

'하지 않고' '바라지 않는 것'은 양지(良知)이고, '함이 없고' '바람이 없는' 것은 치양지(致良知)이다. 본래 이는 곧바로 아는 것으로서 애써 노력할 것이 없다. 그런데 사람들은 오히려 보고 듣는 것이 많아져서 예가 아닌 예, 의가 아닌 의를 모방하니, 어디든 나의 출로(出路) 아님이 없어, '하지 않아야 할 것'은 '할 만한 것'과 비슷해지고 '바라지 말아야 할 것'은 '바랄 만한 것'과 비슷해져서, 초심을 점차 잃어버리기에 이른다. 배우는 자는 스스로의 마음을 속일 수 없는 곳에서 정신 차리고 주인이 되어야 한다. 이러면 이가 성현의 길 위에 있는 사람이다.

不爲不欲, 良知也. 無爲無欲, 致良知也. 本是直捷, 無加勉强, 人却爲聞見多了, 依傍非禮之禮, 非義之義, 無地非我出路, 所不爲者似乎可爲, 所不欲者似乎可欲, 以至初心漸漸失却. 學者但當於自心欺瞞不得處提醒作主, 便是聖賢路上人.

● 『맹자』이 장의 전문은 "해서는 안 될 것을 하지 않고 바라서는 안 될 것을 바라지 않는 것, 이렇게 할 뿐이다(無爲其所不爲, 無欲其所不欲, 如此而已矣)"이다. '하지 않음'(不爲)과 '함이 없음'(無爲)을 구별하고 이를 각각 '양지'와 '치양지'의 일에 배당했다. 앞의 것은 '초심'이며 뒤의 것은 '초심'을 바탕으로 후천적인 실천을 한 결과, 자연스럽게 그 초심이 발휘된 상태이다. 불의(不義)와 무례(無禮)를 알고 피할 수 있는 것은 타고난 '초심' 때문이고, 그 초심을 보존하고 키워가면 자연 하지 않고 바라지 않게 된다. 그런데 세상에서 잘못 얻은 지식과 습속 때문에 '초심'을 잃게 되면 해야 할 것과 하지 말아야 할 것의 구별이 어려워진다.

13-21 넓은 땅과 많은 백성廣土衆民章

'얼굴빛에 나타남'(生色)이란, 이른바 "눈으로 보기만 해도 도가 있음을 알 수 있다"[17]는 것으로, 공부자가 무엇을 행하든 〔제자들과〕 함께하지 않는 일이 없는 오묘함이다.[18] 설사 인의에 대해 고담준론하더라도 요

---

17) '눈으로 보기만 해도 도가 있음을 알 수 있다'는 '目擊道存'의 번역으로『장자』「전자방」(田子方)의 말이다. "중니가 말했다. '그런 사람은 눈으로 보기만 해도 도를 지니고 있음을 알 수 있으므로 말을 할 필요가 없다'"(仲尼曰, 若夫人者, 目擊而道存矣, 亦不可以容聲矣).

18) "행하면서 〔제자들과〕 함께하지 않는 일이 없다"는 것은『논어』「술이」의 다음

리사[19]나 아둔한 서생[20]과 같은 자는 그가 움직이든 가만히 있든 그 가
슴속에 보존한 바를 짐작할 수 있다. 그러므로 배움은 반드시 '얼굴이 환
하고 등에 가득하게' 되는 데까지 이르러야 바야흐로 근저를 갖게 된다.

其生色也. 所謂目擊道存, 夫子無行不與之妙. 向使高談仁義, 而與竈養學
究同, 其動定則中之所存, 便可料算. 故學必到睟面盎背, 方有根柢.

● 마음은 뿌리이다. 생각과 말뿐 아니라 얼굴과 몸도 그 뿌리에 닿
아 있다면 늘 생생하다. 이것이 『맹자』 이 장의 요지이다. 황종희는 거
기에 덧붙여 이러한 성인의 경지는 서툰 서생처럼 자기 안의 것을 감
추지 못한다고 설명한다. 그러므로 좋은 낯빛을 원한다면 좋은 마음을

맥락에서 나온 말이다. "선생이 말씀하셨다. '애들아! 내가 숨기는 것이 있다고
생각하느냐. 나는 숨기는 것이 없다. 내가 행하면서 너희들과 함께 하지 않는
것이 없으니, 이것이 바로 나이다'"(子曰 二三子 以我爲隱乎 吾無隱乎爾 吾無
行而不與二三子者 是丘也).

19) '요리사'는 '竈養'을 번역한 것이다. '조양'(竈養)은 '조하양'(竈下養)를 줄인
말로 글자 그대로는 '부뚜막 아래서 자란다'는 뜻으로 요리사를 비하하는 말인
데, 『후한서』 권41, 「유현유분자열전」(劉玄劉盆子列傳) 1, '유현전'(劉玄傳)에
서 유래했다. 후한의 초대 왕으로 등극한 유현 경시제(更始帝)는 조맹(趙萌)의
딸을 비로 맞아 주색에 빠져 조맹에게 전횡할 기회를 주었다. 조맹은 장사치든
요리사든 누구든 마음에 들면 벼슬을 주었기 때문에 장안에 다음과 같은 노래
가 유행했다고 한다. "중랑장(中郎將)은 부뚜막 아래서 자라니, 기도위(騎都
尉)는 썩은 양의 위이고 관내후(關內侯)는 썩은 양의 머리이다"(竈下養, 中郎
將. 爛羊胃, 騎都尉. 爛羊頭, 關內侯).

20) '과거공부나 하는 쓸모없는 서생'은 '學究'를 의역한 것이다. '학구'(學究)는 넓
게는 독서인을 가리키는 말로 당대(唐代) 과거 응시를 하는 사람을 '학구'라고
한 데서 연유한다. 뒤에는 독서인을 우둔하고 비현실적이라고 조롱하며 일컫는
말로 변해 '노학구'(老學究), '촌학구'(村學究) 등으로 사용했다.

키워야 할 뿐, 다른 길이 없다.

13-22 백이, 주를 피하다 伯夷辟紂章

'5묘 넓이의 집'에 대해 논자들은 모두 옛날에 농지를 받을 때 2묘 반은 농지에 있고 2묘 반은 읍내에 있다는 말을 해서,[21] 습관처럼 자주 들어 그것이 잘못된 것인지 모르게 되었다. 장인(匠人)이 도성을 측량할 때 〔그 넓이는〕 평방 9리에 불과했다.[22] 〔평방 9리이므로〕 9에 9를 곱하면 평방 1리의 81배이고, 평방 1리가 9백 묘이므로 여기에 81배를 곱하면 〔평방 9리는〕 7만 2천 9백 묘에 불과하다. 그 가운데 왕궁이 있고 왼쪽에 종묘(左祖), 오른쪽에 사직단(右社)을 배치하며, 앞에는 조회장(前朝)을 두고 뒤에는 시장(後市)을 두었다. 또 길은 9경(經), 9위(緯)가 있고, 매경(每經)마다 9궤(軌)가 트여 있었다. 또 9경(卿)에서 360관(官)에 이르기까지 각 공서(公署)가 있으며 공경(公卿) 이하 상사(上士)와 중사(中士)에 이르기까지 각각 관사(館舍)가 있었다. 『시경』의 "공청에서 물러나 〔집에서〕 밥을 먹는다"[23], "관사에 간다"[24] 등이 〔이를 말한다.〕 또한 모두 가묘가 있고 빈관(賓館), 신사(神祠), 작방(作坊),[25] 창고, 감옥이 있었다. 이상 여러 항목들은 왕국 가운데에 두니 필히 3분의

---

21) 대표적으로 『맹자』 「양혜왕 상」 3에 대한 주희의 집주이다.

22) 『주례』 「동관고공기」(冬官考工記) 하, "장인이 나라를 측량하는데, 평방 9리이며, 옆에 세 개의 문이 있다"(匠人營國, 方九里, 旁三門).

23) 『시경』 「국풍(國風) · 소남(召南)」, '고양'(羔羊).

24) 『시경』 「국풍(國風) · 정(鄭)」, '치의'(緇衣).

25) '빈관'(賓館)은 빈객이 머무는 숙소, '신사'(神祠)는 신(神)을 제사지내는 사당, '작방'(作坊)은 수공업 공장이다.

2를 차지할 것이므로, 남는 것은 2~3만 묘에 불과하다. 6향(鄕)의 백성들이 7만 5천 가구이고 공업과 상업에 종사하는 백성이 각각 1만 가구 정도 되니, 〔가구당〕 반 묘를 주더라도 세(勢)로 보아 안 될 일인데 하물며 2묘씩을 줄 수 있었겠는가. 『맹자』에서 "가게 하나를 받아 백성이 되고 싶다"고 하며[26] 『예기』에서는 "선비는 1묘의 담 안에"[27]라고 했는데, 이를 보면 2묘 반〔을 읍내의 땅에서 받는다는〕 설은 망령된 것이다. 지금 세상의 눈으로 보면, 소민(小民)이 땅 20보를 가지면 서너 칸 정도의 집을 지어 가정을 이루기에 족하다. 그렇다면 옛날 1묘 1백 보의 땅은 분명 네다섯 가구의 집을 허용할 것이며, 2묘 반의 땅은 10여 가구의 집을 허용할 것이다. 그러니 『맹자』가 '5묘 넓이의 집'이라고 말한 것은 모두 농지에 있었던 것으로, 읍내와 아무 관계없음이 분명하다.

> 五畝之宅, 說者皆云古者授田, 二畝半在田, 二畝半在邑, 習聞而莫知其非也. 匠人營國, 不過方九里. 九九八十一爲方一里者, 八十一方一里之地爲九百畝, 以八十一倍算, 不過七萬二千九百畝耳. 其中, 有王宮有左祖右社前朝後市, 又道涂九經九緯, 每經涂闊九軌. 又九卿以至於三百六十官各有公署, 自公卿而下, 至於上士中士, 各有館舍, 如詩所云退食自公, 適子之館者. 又皆有家廟, 又有賓館, 神祠, 作坊, 倉庫, 獄囚. 以上諸項, 度於王國之中, 必三分去二, 所存不過二三萬畝耳. 而六鄕之民, 七萬五千家, 工商各不下萬家, 卽人給以半畝, 勢所不能, 況二畝半乎. 孟子云, 願受一廛而爲氓, 禮記云, 儒有一畝之宮, 參觀之, 是知二畝半之說妄矣. 以今世目驗之, 小民有地二十

26) 『맹자』 「등문공 상」 4, "먼 곳에 사는 사람이 임금이 인정을 행한다는 소문을 듣고 가게 하나를 받아 백성 되기를 원한다"(遠方之人, 聞君行仁政, 願受一廛而爲氓).

27) 『예기』 「유행」(儒行).

步, 便可造屋三四間, 足以成家矣. 則古者一畝百步之地, 當必容四五家, 二畝半之地, 當必容十餘家也. 然則孟子所云五畝之宅, 皆在田野, 與邑中無與, 明矣.

● 농부의 5묘의 집(五畝之宅)은 뽕나무를 심고 가축을 기를 수 있는 땅으로, 노부모에게 비단옷과 고기반찬을 봉양할 수 있도록 하는 기반이다. 주희는 이 5묘의 땅이 반은 농지에 있고 반은 읍내에 있다는 주장을 했는데, 황종희는 당시의 왕도 안을 구체적으로 고증함으로써 각 가구에 2묘 반의 땅을 줄 수 없음을 논증했다.

13-24 공자, 동산에 오르다 孔子登東山章

"성인의 문하에서 노닌 사람들은 말하기를 어려워한다." 고금의 제자 백가는 그 말이 사람마다 다르지만, 역시 성문의 한 줄기를 반쯤 이해한 채 모방하고 그 뒤에 이론을 만드니, 이 범위를 벗어난 적이 있겠는가. 물에 비유하면, 막혀서 웅덩이가 되고 끊어져서 개천이 되어 파도가 거세게 일어나는 것을 볼 수 없다. 밝음에 비유하면, 횃불처럼 타기는 하지만 비추는 일은 거의 못한다. 이것들이 성인의 학문처럼 여울을 볼 수 있고 반드시 비추는 일을 할 수 있겠는가. 대개 제자(諸子)들은 사사로운 지혜를 내어 한 구석 한 마디를 파서 우물 안 개구리의 눈으로 〔세상을 보아〕 혹 끊기고 혹 이어져 한 조각도 제대로 이루지 못한다. 그러므로 천하에 두루 미칠 수가 없다. 그래서 이른바 〔작은 도에〕 "깊이 빠지면 발을 빼지 못할까 두렵다"[28]고 하는 것이다.

---

28) 『논어』 「자장」, "자하가 말했다. 작은 도라도 반드시 볼만한 구석은 있다. 그러

游於聖人之門者, 難爲言, 古今諸子百家, 言人人殊, 亦必依傍聖門之一支
半解, 而後得成其說, 何曾出此範圍. 譬之於水, 則斷潢絶港, 無波濤洶湧之觀,
譬之於明, 則爝火陽焰, 所照無幾, 能如聖門之觀瀾必照乎. 蓋諸子出其私智,
穿鑿於一隅一曲, 井蛙之見, 或斷或續, 不成片段, 故不可達之天下, 所謂致遠
恐泥也.

● 성인의 학문은 태산 혹은 바다와 같아서, 그 학문을 접해본 사람
들은 웬만한 산이나 물을 보아도 감동하지 않는다. 쉽게 말하지도 않
는다. 여기에서 황종희는 무수하게 이론을 세우고 등장하는 사람들은
성인의 학문을 제대로 이해하지 못한 사람이라고 말한다.

13-25 닭이 울면 일어나다 雞鳴而起章

'이익과 선 사이'는 정말 이른바 "처음에는 털끝 차이였는데 뒤에는 천
리가 되니,"[29] 이 [이익과 선 사이의] 첫걸음이다. 일생 동안의 총명함과
역량은 모두 이 첫걸음이 쓰인 결과이다. 야갈(野葛)이라는 [독이 있는]
뿌리와 인삼은 모두 하나의 뿌리에 붙어사니, 빨리 분별해야만 한다.

利與善之間, 眞所謂毫釐千里, 此是第一步. 一生聰明力量, 都爲此一步所
用. 野葛人參, 共生一本, 辨之不得不早也.

나 깊이 빠지면 헤어나지 못할까 두렵기 때문에 군자는 하지 않는다"(子夏曰,
雖小道, 必有可觀者焉. 致遠恐泥, 是以君子不爲也).
29) "처음에는 털끝 차이였는데 뒤에는 천 리가 된다"는 '毫釐千里'를 번역한 것으
로, 이는 '毫釐之差 千里之繆'의 준말로 본래 『주역』 「계사전」에 실렸던 말이라
고 하는데, 지금의 책에는 남아 있지 않다.

●『맹자』는 순(舜)과 도척(盜跖)의 차이가 선과 이익의 차이라고 했는데, 황종희는 그 차가 호리지간이고 나아가 하나의 뿌리에서 사는 것이라고 말한다. 정치가 백성들의 이익 추구라는 점을 염두에 두고 있기 때문에 한 말일 것이다. 즉 순이나 도척이나 부지런히 이익을 추구하는 같은 겉모습을 가질 수도 있다. 그 차이는 심술(心術)에 있을 뿐이므로, 처음에는 분간되지 않을 수 있지만 갈수록 크게 드러날 것이다.

13-26 양주의 위아楊子取爲我章

양자(楊子), 묵자(墨子), 자막(子莫)은 서로 판연하게 다르지만, 또한 모두 단지 일(事) 위에서 〔행위의 기준을〕 선정했기 때문에, 그래서 과불급이 있다. 일에서 과불급한 것은 나쁜 일이 되고, 생각(念)에 집착하는 곳이 있으면 나쁜 생각(惡念)이 된다. 천지간의 도리는 편평하게 펼쳐져 있어서, 장소는 없어도 규구는 있으니 이른바 '권'(權)이다. 우리들은 항상 한 가지 선한 생각(一善念)이 일어날 때마다, 세세하게 헤아려서 결국에는 많은 생각이 된다. 이 생각이 있으면 여기에 상응하는 짝(比偶)이 있으니, '나를 위하는 주의'(爲我)가 있으면 '타인의 평가를 바라는 주의'(爲人)가 있다. 중간을 세우면 여기에도 상응하는 짝이 생기고, 상응하는 짝이 있으면 '항상 이기는 것'(貞勝)[30]이 〔끝없이 이어진다〕. 가령 한 필의 비단의 경우 곱다고 이야기하면 성긴 것이 있어 그것을 〔고운 것으로〕 드러내고, 또 더 고운 것이 있어 〔고운 것을 성긴 것으로〕 만든다. 그러므로 "털에는 오히려 비교할 만한 짝이 있지만,[31] 짝이 있으면 도

---

30)『주역』「계사전 하」, "길흉은 항상 이기는 것이 있다"(吉凶者, 貞勝者也).

(道)에는 해가 된다"고 하는 것이다.

> 楊子墨子莫雖判然不同, 却都只在事爲上簡點, 所以有過不及. 事之過不
> 及處, 便是惡事, 念之有依著處, 便是惡念, 天地間道理平鋪, 無方所而有規
> 矩, 所謂權也. 吾輩時常動一善念, 細揣之, 終是多這念. 有這念便有比偶,
> 有爲我便有爲人, 有中立比偶生焉, 有比偶便有貞勝. 譬如一匹絹, 纔說細,
> 便有纖者形他, 又有更細者形他. 故曰毛猶有倫, 有倫則害道.

●『맹자』의 "중(中)을 잡는 것은 〔도에〕 가깝지만 중을 잡고 권(權)
이 없으면 하나를 잡는 것과 같다"(執中爲近之. 執中無權, 猶執一也).
에 대한 해설이다. '하나'를 기준으로 정하면 이는 상대적인 기준이 될
뿐이다. '선한 생각'이라도 그것이 고정된 기준이 될 수는 없다. 상대적
일 수밖에 없기 때문이다. 그러므로 진정한 중도는 가치의 척도인 마
음을 생생하게 하는 것일 뿐이며, 그 마음의 능력인 '권'을 유지하는
것일 뿐이다.

13-27 굶주린 사람에게는 모든 것이 달다飢者甘食章

옛사람은 도를 가깝고 절실하게 보아 천지간을 채운 모든 것을 변화시
켰으니, 부귀빈천에 대해서 무엇을 더 말하겠는가. 그래서 〔군자가〕 "지
나가는 곳은 교화된다"[32]고 한 것이다. 세상 사람들은 다만 부귀빈천이
가득 찬 것을 보고 자신의 처지를 바꿀 수 없는 것만을 큰일이라고 여겨

---

31) 『중용』 33, "『시』에서, 덕은 터럭처럼 가벼운데 터럭은 오히려 비교할 만한 짝
    이 있다. 그러나 상천의 일은 소리도 없고 냄새도 없다고 하니, 지극하다"(詩
    云, 德輶如毛, 毛猶有倫, 上天之載, 無聲無臭, 至矣).
32) 『맹자』「진심 상」13.

서, 맹자가 '배고픔'과 '목마름'이라는 두 단어로 개괄한 것은 너무 가볍다고 느낀다.

> 古人見道親切, 將盈天地間一切都化了, 更說甚富貴貧賤, 故曰所過者化.
> 世人但見富貴貧賤之充塞, 更轉身不得, 以爲莫大之事, 孟子以飢渴二字括之,
> 便覺甚輕.

● '배고픔'과 '목마름'은 올바른 미각을 방해하는 장애 상황이다. 마찬가지로 '가난'과 '천함'은 올바른 마음씀을 방해할 수 있다. 맹자가 '배고픔'과 '목마름'으로 판단에 영향을 주는 장애를 대표하게 한 것은, 도는 그처럼 가깝고 절실한 것에 기반을 두고 있기 때문이라는 것이 황종희의 해석이다.

13-29 노력함有爲者章

이 이(理)는 본래 간이직절(簡易直截)해서, 인(仁)을 원하면 인이 이르니,[33] 어리석은 부부라도 더불어 알고 더불어 실천할 수 있다.[34] 어찌하여 세상의 배우는 자들은 "도가 가까이 있는데 멀리서 구하고 일이 쉬운 데 있는데 어려운 데서 구하는가."[35] 스스로 나누고 분리시키는(支

---

33) 『논어』「술이」, "인은 멀리 있는가? 내가 인을 원하면 인이 이에 이른다"(仁遠乎哉. 我欲仁, 斯仁至矣).

34) 『중용』, "군자의 도는 크고도 은미해서 부부의 어리석음으로도 더불어 알 수 있지만 그 지극함에 이르면 성인이라도 역시 모르는 바가 있으며, 부부의 불초함으로도 실천할 수 있지만 그 시극함에 이르면 성인이라도 또한 할 수 없는 바가 있다"(君子之道, 費而隱. 夫婦之愚, 可以與知焉, 及其至也, 雖聖人, 亦有所不知焉, 夫婦之不肖, 可以能行焉, 及其至也, 雖聖人, 亦有所不能焉).

35) 『맹자』「이루 상」11.

離) 이론을 만들어 스스로 속박하여, 늙어 죽도록 의존할 곳이 없다. 이렇다면 '아홉 길을 파도 샘에 이르지 못하는 자'가 어떻게 옛날의 재주를 다 버리고 자신을 돌아보아 자족할 수 있겠는가.

> 此理本是易簡直截, 欲仁仁至, 夫婦之愚可以與知與能, 奈何世之學者, 道在邇而求諸遠, 事在易而求諸難. 自爲支離之說, 以自纏繞, 窮年卒歲, 靡所底麗, 是以有掘井九軔而不及泉者, 何如盡捐故技, 反身而自足乎.

●『맹자』의 글은 타고난 선함을 현실에서 실현하기 위해서는 쉽지 않은, 꾸준한 노력이 필요하다는 내용이다. 황종희가 말한 '스스로 나누고 분리시키는'(支離) 이론을 만들어 늙어 죽을 때까지 자족할 줄 모르는 사람은 구체적으로 정주성리학을 가리킨다. 인은 그들의 주장대로 지리(支離)한 공부 뒤에 얻을 수 있을 것이 아니라 어리석은 부부가 날마다 만지는 그런 것, 이미 자기 안에 있는 것이라는 것이 황종희의 생각이다.

13-30 요와 순은 성대로 행했다 堯舜性之也章

'성대로 행했다'(性之)는 것은 성실함(誠)으로 인해 밝게(明) 된 것으로, [이러한 경우는] 애쓰지 않아도 적중하고 생각하지 않아도 얻는다.[36] '몸으로 실천했다'(身之)는 것은 밝음(明)으로 인해 성실하게(誠) 된 것으로,[37] 애쓴 뒤에 적중하고 생각한 뒤에 얻는다.[38] 성실함에는 깊고 얕

---

36) 『중용』 20, "성(誠)한 사람은 애쓰지 않아도 적중하며 생각하지 않아도 얻는다"(誠者, 不勉而中, 不思而得).
37) 이상 '성실함'(誠)과 '밝음'(明)의 관계는 『중용』의 다음 맥락에서 해석한 것이다. 『중용』 21, "성실함으로 인해 밝아지는 것을 성(性)이라 하고, 밝음으로 인

음이 없으니 모두 중정함에서 나온다. '오래 빌리고 돌려주지 않는' 것은 제왕의 성실함으로 귀결되지 않는다. 〔오래 빌리고 돌려주지 않으니〕 "어떻게 없다는 것을 알겠는가!" 그러므로 오패(五霸)는 끝내 자신들이 갖고 있지 않다는 것을 몰랐다. 그들의 과업과 업적은 볼 만한 것이 있고 명예와 명성은 빌릴 만한 것이 있지만, 밖에 있는 것을 자기의 소유로 삼은 것이다. 혹은 자신이 하고 싶지 않았더라도 일의 형세에 밀려 그렇게 하지 않을 수 없었던 것이니, 어떻게 자기가 가진 것이겠는가.

> 性之, 爲自誠而明, 不勉而中, 不思而得. 身之, 爲自明而誠, 勉而後中, 思而後得. 誠無淺深, 皆由中而出也. 久假而不歸者, 不歸於帝王之誠. 烏知其非有, 則以五霸終不知其非己有也. 彼方有功業可見, 有聲名可借, 以其在外者爲己之所有也. 不然, 雖己所不欲爲, 遷於事勢, 而不得不爲, 豈己之所有哉.

● 『맹자』의 '성대로 행했다'(性之)와 '몸으로 실천했다'(身之)를 『중용』의 '성실함으로 인해 밝게 됨'(自誠明)과 '밝음으로 인해 성실하게 됨'(自明誠)과 연결하여 설명했다. "'성실함'에는 깊고 얕음이 없다"고 하니, '성대로 행한 것'과 '몸으로 실천했다' 사이에는 성실함을 성취하

해 성실해지는 것을 교(敎)라고 한다. 성실하면 밝고 밝으면 성실하다"(自誠明, 謂之性, 自明誠, 謂之敎, 誠則明矣, 明則誠矣).

38) 주희가 『논어정의』(論語精義) 「옹야」(雍也)의 다음 구절에 대해 논평하면서 한 말이다. "哀公問, 弟子孰爲好學. 孔子對曰, 有顔回者, 好學. 不遷怒, 不貳過, 不幸短命死矣. 今也, 則亡, 未聞好學者也." 이에 대해 주희가 안회를 성인과 구별하여 수식한 말이다. "성인은 생각하지 않아도 얻고 애쓰지 않아도 적중하며 움직임이 모두 도에 들어맞는다. 안자는 반드시 생각한 후에 얻고 반드시 애쓴 뒤에 적중한다"(蓋聖人, 則不思而得, 不勉而中, 從容中道. 顔子, 則必思而後得, 必勉而後中).

는 시간 차이는 있을 것이지만, 성취한 후라면 질적인 차이는 없다. 그러나 오패처럼 밖의 것을 '빌린'(假)다면 시간이 아무리 지나도 자신의 성실함으로 귀결되지 않는다.

13-31 이윤이 말하다 伊尹曰章

'이윤의 뜻'은 백성을 구제하는 것을 주로 삼으니, 이른바 "백성이 귀하고 임금은 가볍다"는 것이다.[39] 태갑(太甲)을 동(桐) 지역으로 쫓아낸 것과 걸(桀)을 남소(南巢)로 추방한 것은[40] 그 뜻이 하나이다. 만약 걸이 개과천선했다면 다시 세웠을 것이며, 태갑이 현명해지지 않았다면 다시 돌아오게 하지 않았을 것이다. 후세 사람들은 천하를 이익이 있는 곳으로 보기 때문에 찬탈하려는 마음이 생긴다.

> 伊尹之志, 以救民爲主, 所謂民爲貴君爲輕也. 放太甲於桐, 與放桀於南巢, 其義一也. 向使桀能遷善改過, 未嘗不可復, 立太甲不能賢, 豈可又反之乎. 後世之視天下, 以爲利之所在, 故篡奪之心生焉.

● 태갑을 잠시 중앙에서 쫓아냈던 이윤이나 걸왕을 내몰았던 성탕의 정신은 백성을 구원한다는 점에서 한가지이다. '이윤의 뜻'이 없이 왕을 몰아낸다면 '찬탈'이라고 『맹자』는 말했다. 황종희는 정치를 영리사업으로 보기 때문에 찬탈하는 마음이 일어난다고 덧붙였다. 맹자나 황종희에 의하면, 정치는 영리가 아니라 구세제민이어야 한다.

---

39) 『맹자』「진심 하」 14, "民爲貴, 社稷次之, 君爲輕."
40) 걸(桀)을 남소(南巢)로 추방한 것은, 하(夏)의 마지막 왕 걸(桀)을 추방하고 상(商)을 세운 탕(湯)임금의 이야기이다. 『서경』「상서(商書)·탕서(湯誓)」, "성탕이 걸을 남소로 추방했다"(成湯放桀于南巢).

13-34 중자에게 의롭지 않게 제나라를 준다면 仲子不義與之齊國章

후대의 인심은 이욕에 얽매여서 이익이 있는 곳을 가장 중요한 일이라 생각한다. 제나라를 받는 것의 이익은 더 이상 바랄 수 없을 정도의 이익이다. 세상에서 명예를 좋아하는 사람 또한 나라를 사양하는 것을 뛰어난 행동으로 여기며 성인이 아니면 할 수 없는 일이라 생각한다. 그러나 일상생활과 인륜 문제에 이르면 소소한 말단지엽이라 여겨 관심 갖는 것을 달갑게 여기지 않는다. 이와 같으면 송인(宋人)이 자기 엄마의 이름을 부른 것과 같이 [고지식한 배움 때문에 근본을 잃는 것이다].[41] 성인이 되는 것이 반드시 사리에 어그러지고 무리와 떨어져 허유(許由)의 무리로 돌아가는 것이라면 요순은 셀 수도 없을 것이다. 건곤이 어그러지지 않고 인류가 멸망하지 않는 이유는 모두 친척·군신·상하의 태화(太和)가 보존되고 조화되어, 사람은 누구나 요순이 될 수 있기 때문이다. 당시 허자(許子)가 모두 농사를 짓자고 하고[42] 중자(仲子)가 어머니를 떠난 것은[43] 모두 묵자 무리의 행위로서, 맹자가 물리쳤던 바이다. 『전국책』에 의하면 조위후가 제나라의 사자에게 다음과 같이 말했다. "오릉중

---

41) 『전국책』 24권, 「위삼」(魏三)에 나오는 다음의 고사에서 연원하여, 고지식해서 기본적인 사고력을 발휘하지 못하는 것을 비유한다. 3년간 공부하고 돌아온 아들이 어머니의 이름을 부르면서, 그 이유로 세상에서 가장 현명하다고 여기는 요순도 이름을 부르고 가장 거대하다고 여기는 천지도 이름을 부르는데 어머니의 이름을 못 부를 것이 없다고 했다. 어머니는 배운 것을 모두 실행하지는 않으니, 배운 것의 실천을 잠시 보류하라고 조언했다.

42) '허행'(許行)에 관해서는 『맹자』 「등문공 상」 4 및 『맹자사설』 5-4 '허행'(許行章) 참고.

43) '중자'(仲子)에 대해서는 『맹자』 「등문공 하」 10, 『맹자사설』 6-10 '진중자'(陳仲子章) 참고.

자는 아직도 살아 있느냐? 그 사람은 위로는 왕의 신하가 되지 않고 아래로는 집안을 다스리지 않고 중간으로는 제후들과 교제하려 하지 않으니, 이는 백성들을 이끌고 쓸모없이 되려는 것인데, 왜 지금까지 죽이지 않았는가?"[44]

後世人心, 汨沒於利欲, 故利之所在, 視爲極重之事. 齊國之利, 尤爲非望. 而世之好名者, 亦遂以讓國爲絶行, 非聖人不能, 至於日用倫常之間, 視爲瑣瑣末節, 不屑關懷, 如此則是宋人之名母. 而爲聖人者, 必乖戾絶群, 歸之許由之輩, 堯舜爲不足數矣. 乾坤之所以不毀, 人類之所以不滅, 全在親戚君臣上下太和保合, 人皆可以爲堯舜矣. 當時許子之竝耕, 仲子之離母, 皆墨子之徒, 孟子所以距之也. 戰國策趙威后謂齊使者曰, 於陵仲子尙存乎. 是其爲人也, 上不臣於王, 下不治其家, 中不索交諸侯, 此率民而出於無用者, 何爲至今不殺乎.

● 『맹자』는 진중자의 의로움을 의심하며, 실제로 그는 가장 큰 의로움을 해친 사람이라고 생각한다. 황종희 역시 친척, 군신, 상하 등 일상의 인륜이 천하를 유지시키는 기본이라고 생각한다. 중자를 비난하면서 사회를 떠난 점에서는 은둔자인 허유의 무리라고 비판하고, 또 부모를 떠난 점에서는 묵자의 무리라고 비판했다.

13-36 범땅에서 제나라로 가다 自范之齊章

환한 얼굴과 듬직한 등은[45] 〔천하를 집삼아〕 넓은 데 거처하는 자의[46]

---

44) 『전국책』 권11, 「제책」(齊策) 4.
45) '환한 얼굴과 듬직한 등'은 '睟面盎背'의 번역으로 다음에 나오는 말이다. 『맹자』 「진심 상」 21, "其生色也睟然, 見於面, 盎於背, 施於四體, 四體不言而喩."
46) '넓게 거처'한다는 '廣居'의 번역어로, '광거'는 '대장부'의 기상을 표현하는 맥

기상이다. 이보다 아래의 기상은 모두 머무는 곳에 따라 변한다. 나는 일찍이 오늘날의 사대부들에게 대개 시정의 기운이 많다고 한 적이 있는데, 이는 모두 거처하는 곳 때문에 나빠져서 그렇다. 학당의 기운을 벗어나지 않을 수 있는 사람은 열 가운데 한둘도 없으니, 세풍이 타락한 것이 이와 같다.

睟面盎背, 廣居之氣象也. 下此之氣象, 皆因所居而變. 余嘗言今日士大夫, 大概多市井之氣, 并其所居者而失之矣, 有能不脫學堂之氣, 則十無一二也. 世風之下如此.

●『맹자』의 내용은 거처와 보양이 사람을 바꿔놓는다는 것이다. 황종희는 천하를 집으로 삼는 대장부가 아니라면 누구나 거처하는 곳의 영향을 받는다고 해석한다.

13-38 형색形色章

'형색'은 기(氣)이고, '천성'은 이(理)이다. 귀가 있으면 저절로 잘 들을 수 있고, 눈이 있으면 저절로 잘 볼 수 있다. 입과 코 모두 그러하니, 이와 기가 합하여 하나(理氣合一)이다. 마음은 형색 가운데 큰 것이고 이목구비는 지엽이다. '성인이 타고난 형색을 실현'(踐形)할 때는 먼저 그 큰 것을 실천하면 작은 것이 뒤따른다.

形色, 氣也. 天性, 理也. 有耳便自能聰, 有目便自能明, 口與鼻莫不皆然,

락에서 나온 말이다.『맹자』「등문공 하」2, "居天下之廣居, 立天下之正位, 行天下之大道, 得志, 與民由之, 不得志, 獨行其道. 富貴不能淫, 貧賤不能移, 威武不能屈, 此之謂大丈夫."

理氣合一也, 心是形色之大者, 而耳目口鼻其支也. 聖人踐形, 先踐其大者, 而小者從之.

● 황종희의 해석에 따라『맹자』본문에 대해 이해하면 다음과 같이 말할 수 있다. 마음과 이목구비의 '형색'은 각각의 기능을 가지며, 그것이 이이다. 성인이 형색을 실천한다는 것은 마음을 비롯한 그 기관들을 잘 쓴다는 것이고, 그 핵심적 의미는 타고난 선한 결대로 그 마음의 기능을 발휘한다는 것이다. 즉 황종희의 해석에 의하면,『맹자』의 '타고난 형색을 실현함'(踐形)은 타고난 선한 마음을 잘 발휘하는 것이다. 형색 가운데 큰 것인 마음을 잘 발휘하면 이목구비의 형색은 마음을 따른다.

13-41 도는 높다 道則高矣章

도는 형체가 없다. 의(義)를 정밀히 해서 신묘함(神)의 경지에 들어서는 것은[47] 곧 물 뿌리고 비질하고 사람을 접대하는 일의 영역에 있고, 솜씨는 규구(規矩) 안에 있으며, "위로 통달하는 것이 곧 낮은 곳에서 배우는 데에 있다"(上達即在下學).[48] 〔신묘함의 경지, 솜씨, 위로 통달함은〕

---

47) '의(義)를 정밀히 해서 신묘함(神)의 경지에 들어선다'는 '精義入神'의 번역이며, 출전은 다음과 같다.『주역』「계사 하」 5, "의(義)를 정밀히 해서 신묘한 경지에 이르는 것은 씀을 지극히 하기 위해서이며, 씀을 이롭게 하여 몸을 편안히 하는 것은 덕을 높이기 위해서이다"(精義入神, 以致用也. 利用安身, 以崇德也).

48) '위로 통달하는 것이 곧 낮은 곳에서 배우는 데에 있다'(上達即在下學)에서 '상달'과 '하학'의 개념은『논어』의 다음 구절에서 유래한다.『논어』「헌문」(憲問) 37, "낮은 곳에서 배워 위로 통달하니, 나를 아는 자는 하늘인가"(下學而上達, 知我者, 其天乎).

언설을 용납지 않는다. 〔그런데〕 일단 말로 드러내게 되면 겉모습만 보고 즐기는 것이 되어 근본이 안정되지 않는다. 『장자』(莊子)에 "북명(北溟)에 곤(鯤)이라는 물고기가 있는데 변해서 붕(鵬)이 되었다. 9만 리를 날아가는데 바람이 그 아래 있었다"는 말이 있다.[49] 그러나 스스로 변화하도록 내버려둔 것이다. 만약 〔누군가가〕 변화하게 했다면 붕이 될 수 없었을 것이다.

道無形體. 精義入神, 卽在灑掃應對之內, 巧卽在規矩之中, 上達卽在下學, 不容言說, 一經道破, 便作光景玩弄, 根本便不帖帖地. 莊子曰, 北溟有魚曰鯤, 化而爲鵬, 九萬里風斯在下. 然聽其自化也, 使之化, 則非能鵬也.

● 『맹자』의 이 장은 도를 성취하는 것이 하늘에 오르는 것처럼 어려워 보통 사람들을 의기소침하게 할 수 있지만, 큰 목수가 초보자 목수를 위해 먹줄을 고치지 않듯이, 군자 역시 중도를 지키고 있으면 능력 있는 사람은 따른다는 내용이다. 황종희는 이 장구를 설명하기 위해 곤이라는 물고기에서 붕이라는 새가 되었다는 『장자』의 이야기를 끌어들인다. 도를 성취하는 일이나 붕이 되는 일이나 모두 '스스로' 성장하는 일이기 때문이다. 또한 그 성장은 일상에서 벗어나는 것이 아니라 일상에 뿌리를 내리는 것이다.

13-42 도를 몸에 따르게 하다 以道殉身章

'도를 자신의 몸에 따르도록 하는'(以道殉身) 자는 임금을 섬기면서 그 몸을 바칠 수 있다. 이 몸은 내가 가질 수 있는 것이 아니라고 〔생각하

---

49) 『장자』「소요유」.

기 때문이다). '몸이 도를 따르도록 하는'(以身殉道) 자는 세상이 이미 도를 잃었으므로 도가 나로부터 보존되게 하며 천하가 다 아니라고 해도 신경 쓰지 않는다. '도를 [꺾어] 타인을 따르도록 하는'(以道殉人) 자는 시대의 풍습과 대중의 대세를 도라 여기며, 따라 좇으면서 종신토록 도가 어디에 있는지 알지 못한다.

以道殉身者, 事君能致其身,[50] 此身非吾之所得有也. 以身殉道者, 世旣喪道, 道自吾存, 天下非之而不顧也. 以道殉人者, 時風衆勢, 便以爲道, 逐隊趨之, 終身不識道之所在.

● '도를 자신의 몸에 따르도록 하는 것'(以道殉身)과 '몸이 도를 따르도록 하는'(以身殉道) 것은 각각 치세와 난세에 대처하는 군자의 자세이다. 이미 군자의 자세를 말하는 것이므로 '도가 나를 따르게 한다'는 표현도 가능하다. 온몸으로 도를 실천한다는 의미를 강하게 표현한 것이다. 그래서 황종희는 '임금을 섬기면서 그 몸을 바칠 수 있다'고 해석했다.

13-45 군자가 동물을 대함 君子之於物章

불교의 윤회설이 흥한 이래로 사람과 동물은 혼연히 하나가 되어, 사람이 유전하여 동물이 되고 동물이 유전하면 사람이 된다고 한다. 한 사람의 몸에 과거·현재·미래가 있다니, 얼마나 많은 부모가 있는지 알

---

50) '임금을 섬기면서 그 몸을 바칠 수 있다'는 '事君能致其身'의 번역으로 『논어』 「학이」에 나오는 말이다. "부모를 섬기는 데는 그 힘을 다하고 임금을 섬기는 데는 그 몸을 다한다"(事父母, 能竭其力, 事君, 能致其身).

수 없다. 혹 전생의 부모가 현세의 개나 말이고, 현세의 처와 종이 혹 전생의 부모이다. 그러므로 현재의 부모 보기를 우연히 서로 만나 휙 하고 왔다가 가는 것으로 볼 뿐이다. 백 번 천 번 태어나 백 명 천 명의 부모가 있으니 누구를 친애할 것인가? 어버이에게 효도한다는 일념은 이로부터 끊어진다. 예부터 불교를 물리치려는 사람은 이와 같이 천리를 해치는 부분을 오히려 내버려둔 채 말하지 못한 것은 무엇 때문인가. 오늘날 세상에서 원료범(袁了凡)의 공과격(功過格)[51]을 받들며 행하는 사람들은 꼬물거리는 곤충들의 삶을 가지고 어버이를 거스르고 타인을 모함하는 일을 변상하면서, 이에 방자하게 악을 행하고 내게 어떤 공이 있으므로 [그 악을] 변제할 수 있다고 생각한다. 여기에 이르면 오히려 "불인을 조장하는 것이 심하다."[52]

自佛氏輪迴之說興, 人物渾然一途, 人轉爲物, 物轉爲人, 一人之身, 其過去現在未來, 不知多少父母. 或前生之父母, 爲吾今世之犬馬, 今世之妻孥, 或是前生之父母, 故其視現在之父母, 不過適然之相值, 颺然來去. 此多生百千之父母, 何者爲親. 孝親一念, 從此斬絶. 古來闢佛者, 於此等傷害天理處, 反置之不道, 何也. 及袁了凡設功過格, 今世奉行之者, 以蟲螺蠢動之生, 準折其忤親陷人之事, 於是肆然爲惡, 以爲吾有某功可抵也, 又與於不仁之甚者矣.

---

51) 예전부터 중국의 민가에서 전해내려오는 일종의 권선서로, 사람의 일상행위를 공(功)과 과(過)로 나누어 열거한 후 각각의 행위에 점수를 매겨 매일 자신의 행위를 스스로 채점하게 되어 있다. 많은 종류와 판본(版本)이 있는데 송(宋)의 범중엄(范仲淹)의 것과, 명(明)의 원황(袁黃), 즉 원료범(袁了凡)의 것이 유명하다.
52) 『맹자』 「고자 상」 18.

●『맹자』의 이 장은 육친, 백성, 동물에 대한 군자의 사랑이 차등적이라는 내용을 담고 있다. 유학은 불교의 윤회가 육친에 대한 특별한 사랑을 부정한다고 비판한다. 여기에서 황종희 역시 그들의 윤회가 육친과 동물을 같은 차원에 놓았다고 비판한다.

진심 하

14-3 『서경』을 모두 믿음盡信書章

「무성」은 다음과 같이 말한다. "갑자날 새벽에 수(受)가 그 군사들을 수풀처럼 이끌고 목야(牧野)에 모였지만, 우리 군사들에게 전혀 대적하지 못했다. 앞에 있던 무리들이 창을 거꾸로 들고 뒤를 공격하여 달아나게 하니 피가 흘러 절굿공이가 떠다녔다."[53] 이는 상(商)나라 사람들이 서로를 죽인 것이다. 맹자가 "지극한 인으로 지극한 불인을 정벌하니 어찌 그 피가 절굿공이가 떠나니도록 흐르겠는가"라고 한 것은, 무왕(武王)이 정벌한 것임을 분명히 말한 것이다. 이 두 뜻이 서로 어긋나니 맹자가 본 「무성」은 공안국(孔安國)이 정리한 『고문[상서]』(古文[尚書])의 「무성」[54]이 아님을 알 수 있다. 이는 『고문[상서]』가 거짓이라는 것을 또

---

53) 『상서』「무성」.「무성」은 『금문상서』에는 없고 『고문상서』에만 실려 있던 16편 중의 하나이다.
54) 공안국(孔安國)은 전한(前漢) 때의 학자로 공자의 후손이다. 노공왕(魯恭王)

한 번 증명하는 것이다.

武成云, 甲子昧爽, 受率其旅若林, 會於牧野, 罔有敵於我師, 前徒倒戈, 攻

於後以北, 血流漂杵. 是商人自相殺也. 孟子言以至仁伐至不仁, 何其血之流

杵, 是明言武王殺之. 兩意相背, 則知孟子所見之武成, 非孔安國古文之武成

也. 古文之僞, 此亦一證.

●『맹자』가 인용한 「무성」편에 의하면 '절굿공이' 운운하는 것은 실
제의 일이 아니라 무왕의 정벌은 그 지경에 이르지 않았다는 맥락에서
사용된 표현이다. 그런데 현재 『상서』의 한 편으로 전해지는 「무성」에
는, 상나라 안의 내란으로 인해 정말로 피가 '절굿공이'가 떠다닐 정도
로 넘쳤다는 내용이 실려 있다. 황종희는 이것이 『고문상서』가 위작이
라는 하나의 증거라고 생각한다.

14-5 목수와 수레 만드는 기술자梓匠輪輿章

규구를 사용하는 데 익숙해지면 솜씨(巧)가 생긴다. 솜씨는 규구 가운
데 있으니, 이는 "위로 통달하는 일은 낮은 곳에서 배우는 가운데에 있
다"(上達卽在下學之中)는 것과 같다.[55] 배우는 자가 일상과 인륜을 떠나
인생을 초월한 곳에서 [도를] 구한다면 이는 규구를 떠나 솜씨를 구하는
것이다. 장주의 '수레바퀴 깎는 일'의 비유는[56] 인의를 버리고 도덕을 구

유여(劉餘)가 공자의 옛 집 벽을 허물고 『고문상서』를 얻었는데 공안국이 이를
정리하고 주해를 달았다. 오래지 않아 실전(失傳)되었다.

55) 『맹자사설』 13-41 '도는 높다'(道則高矣章)에 "巧卽在規矩之中, 上達卽在下
學"라는 표현이 있는데, 여기에서 한두 글자만 바꿔 반복되었다.

56) 『장자』 「천도」에, 책을 읽고 있는 제환공에게 목수 윤편(輪扁)이 하는 말 안에

하려는 것으로, 마치 술지게미를 버리고 옛사람의 불가전의 비법을 구하려는 것과 같다. 이는 맹자의 뜻과는 상반된다.[57]

規矩熟而巧生, 巧卽在規矩之中, 猶上達卽在下學之中. 學者離却人倫日用, 求之人生以上, 是離規矩以求巧也. 莊周斲輪之喩, 欲舍仁義以求道德, 舍糟粕以求古人之不可傳, 正與孟子之意相反.

나오는 구절이다. 윤편이 말했다. "신(臣)은 신의 경험에서 그리 생각한 것입니다. 수레바퀴를 깎을 때, 많이 깎으면 헐거워서 〔굴대가〕 튼튼하지 않고, 덜 깎으면 〔굴대가〕 들어가지 않습니다. 헐겁지도 않고 빡빡하지도 않게 하는 것은 손짐작으로 알고 마음으로 알 뿐, 말로 할 수 있는 것이 아닙니다. 〔비결은〕 말로 표현할 수 없는 바로 그 사이에 있습니다. 신은 그 비결을 자식에게 말로 전수하지 못하고, 신의 자식도 신에게서 말로 전수받을 수 없습니다. 그래서 신은 칠십이 되어서도 늙도록 수레바퀴를 깎고 있습니다. 옛사람도 전하지 못한 채로 죽었습니다. 그래서 임금님이 읽고 있는 것은 옛사람의 술지게미일 뿐이라고 하는 것입니다"(輪扁曰: '臣也以臣之事觀之. 斲輪, 徐則甘而不固, 疾則苦而不入. 不徐不疾, 得之於手, 而應於心, 口不能言. 有數存焉於其間, 臣不能以喩臣之子, 臣之子亦不能受之於臣. 是以行年七十而老斲輪, 古之人與其不可傳也死矣. 然則君之所讀者, 故人之糟魄夫').

57) 장자의 비유가 맹자의 뜻과 상반된다는 말은『맹자집주』가 이 구절을 장자의 이 비유를 인용하여 푼 데 대한 반박이다. '술지게미'(糟粕)는『장자』안의 말로, 서책을 비하하면서 비유한 말이다. 술지게미는 술을 짜고 남은 찌꺼기이다. 서책 역시 정수는 빠진 찌꺼기에 불과하다는 의미로 비유하였다.『맹자집주』, "윤씨는 다음과 같이 말했다. 규구는 법도이므로 남에게 일러줄 수 있지만 솜씨는 그 사람에게 있으므로 대장(大匠)이라도 어찌할 수가 없다. 하학(下學)은 말로 전해줄 수 있지만, 상달(上達)은 반드시 마음으로 깨달아야 한다. 장주(莊周)가 말한 수레바퀴 깎는 이야기의 뜻도 이와 같다"(尹氏曰, 規矩法度, 可告者也. 巧則在其人, 雖大匠, 亦末如之何也已. 蓋下學, 可以言傳, 上達, 必由心悟. 莊周所論斲輪之意, 蓋如此).

●『맹자』이 장은 목수와 같은 기술자가 타인에게 규구의 사용법은 가르쳐줄 수 있어도 솜씨 있는 자가 되게 만들 수는 없다는 내용이다. 즉 솜씨는 가르쳐줄 수 없다는 내용이다. 주희는 이 구절을 윤편(輪扁)의 글을 인용하여 설명하면서 『장자』의 수레바퀴 깎는 일과 같다고 해석했다. 『장자』는 옛사람이 남긴 책을 '술지게미'에 비유하면서 비결은 전할 수 없다는 말을 했고, 주희는 "하학(下學)은 말로 전해줄 수 있지만, 상달(上達)은 반드시 마음으로 깨달아야 한다"고 말했다. 황종희는 이 둘의 입장을 '불가전의 비법'을 얻으려는 것이라고 해석했다. 황종희가 주장하려는 것은, "솜씨는 규구 가운데 있으며," "위로 통달하는 일은 낮은 곳에서 배우는 가운데에 있다"(上達即在下學之中)는 것이다. 그에 의하면, 솜씨와 규구, 하학과 상달은 다른 차원의 것이 아니다. 설사 언어로 표현되지 못하는 것일지라도 그것이 일상과 인륜을 떠난 것일 수는 없다. 규구를 버리고는 솜씨를 얻을 수 없으며, 하학을 떠나서는 상달을 성취할 수 없다는 것이다.

14-11 명예를 좋아하는 사람好名之人章

나라를 사양하는 사람은 반드시 그 사욕이 깨끗하게 사라져 성실함이 겉으로 드러난 후에야 그 일을 할 수 있다. 만약 일시적으로 억지로 꾸미다가 명예를 좋아하는 마음이 일어나면, 이익을 좋아하는 모습이 안에 숨어 있다 부지불식간에 어떻게 할 수 없는 곳에서 갑자기 밖으로 나온다. 이는 사냥하는 것을 보고 마음이 움직이듯이,[58] 수십 년 된 마음이

---

58) 정명도(程明道)의 일화이다. 잊은 듯해도 촉발되면 다시 살아난다는 비유로, 옛날의 습관을 잊기 어렵다는 뜻이다. 『이정유서』권7, "명도는 열여섯일곱 살

어디에 엎드려 있는지 알지 못하니, 쉽게 없애버릴 수 없다.

讓國之人, 必其私欲淨盡, 誠中形外而後能之. 若夫矯强一時, 好名起見, 則好利之見埋藏於內, 不知不覺, 從不及檢點處, 忽然發露出來. 猶如見獵心動, 數十年之心, 不知伏在何所, 未易削除也.

●『맹자』의 이 장 전문은 다음과 같다. "명예를 좋아하는 사람은 천 승의 나라도 사양할 수 있지만, 진정 그러한 사람이 아니라면 밥 한 그 릇, 국 한 사발에도 〔달라진〕 낯빛이 드러난다." 진정 그러한 사람에 대해 황종희는 '그 사욕이 깨끗하게 사라져 성실함이 겉으로 드러난 사람'이라고 풀이했다.

14-14 백성이 귀하다 民爲貴章

『주례』「소」에서 다음과 같이 말한다. "사(社)는 다섯 토지의 총신(總 神)이다. 구룡(句龍)이[59] 생전에 후토관(后土官)이[60] 되어 토지사업에

되던 해 사냥하기를 좋아했다. 12년 후 해가 저물어 집에 돌아오면서 들판에서 사냥하는 자를 보고는 자기도 모르는 사이 기쁜 마음이 들었다"(明道, 年十六 七時, 好田獵. 十二年, 暮歸, 在田野間見田獵者, 不覺有喜心).

59) 『춘추좌전』「소공」'29년조', "공공씨의 아들로 구룡이라는 사람이 있었는데 후토가 되었다"(共工氏, 有子曰句龍, 爲后土).

60) '후토'는 오행을 관장하는 관리 가운데 토(土)를 관장하는 관리였다. 『춘추좌 전』「소공」'29년조', "그러므로 이에 오행의 관리를 두었으니, 이를 오관이라 한다. … 목(木)을 담당하는 관리를 구망(句芒), 화(火)를 담당하는 관리를 축 융(祝融), 금(金)을 담당하는 관리를 욕수(蓐收), 수(水)를 담당하는 관리를 현명(玄冥), 토(土)를 담당하는 관리를 후토(后土)라고 했다"(故有五行之官, 是謂五官. … 木正曰句芒, 火正曰祝融, 金正曰蓐收, 水正曰玄冥, 土正曰后土).

공을 세워 죽어서 사(社)로 배향되었다. 직(稷)은 오곡의 우두머리인데, 직을 신(神)의 이름으로 세웠다. 기(棄)는[61] 요임금 때의 직관(稷官)이었다. 곡식농사를 수립해서 백성에게 도움을 주어 죽어서 직(稷)으로 배향되었는데 이름은 전정(田正)이었다."[62] 이를 보면 후토나 전정은 모두 사람이었다가 귀신이 된 자(人鬼)이고, 사와 직은 조화의 자취와 형상이다. 천지간에 한 존재도 귀(鬼)와 신(神)을 갖지 않은 것은 없다. 그러나 그 공용이 사람에게 미칠 때는, 동류(同類)가 아니라면 상통할 수 없다. 사와 직, 두 기는 거칠게 요동하는데 어떻게 불러서 오게 할 수 있겠는가. 그래서 반드시 이미 죽은 구룡과 기의 인귀에 의탁해서, 나와 동류가 되어 그 뜻과 기를 소통시키도록 해야 한다. 그러므로 배향한다는 것은 단순히 〔인귀의〕 공에 보답하기 위한 것만이 아니다. 유우씨(有虞氏)가 황제에게 체제(禘祭)를 지내고 곡(嚳)에게 교제(郊祭)를 지내며, 하우씨(夏后氏)가 황제(黃帝)에게 체제를 지내고 곤(鯀)에게 교제를 지내며, 은인(殷人)이 곡(嚳)에게 체제를 지내고 명(冥)에게 교제를 지내며, 주인(周人)이 곡(嚳)에게 체제를 지내고 직(稷)에게 교제를 지낸 것처럼 하늘과 땅에 제사지내는 뜻 또한 있다.[63] 나와 조종(祖宗)[64]은 같은 기

---

61) 주(周)의 시조, 후직(后稷)이다.

62)『주례주소』권10,「대사도」의 (당)가공언 소.

63)『예기』「제법」(祭法), "제사지내는 법에 유우씨(有虞氏)는 황제에게 체제를 지내고 곡(嚳)에게 교제를 지내며, 전욱(顓頊)을 시조로 모시고 요(堯)를 종(宗)으로 삼는다. 하후씨(夏后氏) 역시 황제(黃帝)에게 체제를 지내고 곤(鯀)에게 교제를 지내며 전욱을 시조로 삼고 우(禹)를 종으로 삼는다. 은인(殷人)은 곡(嚳)에게 체제를 지내고 명(冥)에게 교제를 지내며 설(契)을 시조로 모시고 탕(湯)을 종으로 삼는다. 주인(周人)은 곡(嚳)에게 체제를 지내고 직(稷)에게 교제를 지내며 문왕(文王)을 시조로 삼고 무왕(武王)을 종으로 삼는다"(祭法, 有

(氣)이므로 그 배향에 의지해서 천지와 상통한다.

선유는 이를 통해 조부(祖父)를 숭배한다고 하는데, 이는 일단만을 본 것이다. 구룡이 사로 배향된 것, 기가 직으로 배향된 것은 왕자(王者)의 사와 직을 말하는 것이다. 그 밑으로 한 나라, 한 동네에 모두 사직이 있는데, 배향하는 것을 왕의 사(王社)와 같이 할 필요는 없다. 죽어서 사에 제사지내는 것은 모두 배향이다. 지금의 성황이나 토곡은 모두 옛날 사람 중에 이름난 사람으로 채워져 있다. 그런데 문문산(文文山)이 북평성황(北平城隍)이 되고, 주신(周新)이 절강성황(浙江城隍)이 되고, 여진(呂珍)이 소흥성황(紹興城隍)이 되고, 정호신(鄭虎臣)이 회계토곡(會稽土穀)이 된 일 등은 모두 보고 들을 수 있는 일로, 유명하지 않은 사람이 성황이나 토곡이 된 경우이다. 이 경우도 역시 구룡이나 기를 배향하는 것과 같은 방식으로 배향한다. 성황이나 토곡의 신령은 인귀가 아니라면 〔천지의 기를〕 움직이게 할 수 없다. 이로 보건대, '가뭄이나 수해'가 일어나면 신령이 소멸하므로, 제사해도 받을 수 없으니 '사직을 바꾸는 것'이 안 될 것이 없다.

> 周禮疏云, 社者, 五土之總神, 以句龍生時爲后土官, 有功於土, 死配社而食. 稷者, 五穀之長, 立稷以表神名. 棄爲堯時稷官, 立稼穡之事, 有功於民, 死乃配稷而食, 名爲田正. 按此則后土也, 田正也, 皆是人鬼, 社稷乃是造化之迹象. 天地間無一物不有鬼神, 然其功用之及人, 非同類則不能以相通. 社稷二氣, 發揚莽蕩, 如何昭格, 故必假已死龍棄之人鬼, 與我同類而通其志氣. 是故

虞氏禘黃帝而郊嚳祖, 顓頊而宗堯. 夏后氏亦禘黃帝而郊鯀, 祖顓頊而宗禹. 殷人禘嚳而郊冥, 祖契而宗湯. 周人禘嚳而郊稷, 祖文王而宗武王).
64) '조'(祖)는 시조(始祖)를, '종'(宗)은 공덕(功德)이 큰 조상을 가리킨다.

配食者, 非僅報其功也. 卽如郊天祭地, 有虞氏禘黃帝而郊嚳, 夏后氏禘黃帝而郊鯀, 殷人禘嚳而郊冥, 周人禘嚳而郊稷, 亦是此意. 吾與祖宗同氣, 藉其配食, 以與天地相通. 先儒謂以此崇其祖父, 只見得一端耳. 句龍之配社, 棄之配稷, 亦以王者之社稷而言. 下此一國一鄕, 莫不有社稷, 則其配食者, 不必同於王社, 凡沒而祭於社者, 皆是配食. 今之城隍土穀, 莫不以古來著名者實之, 如文文山之爲北平城隍, 周新之爲浙江城隍, 呂珍之爲紹興城隍, 鄭虎臣之爲會稽土穀之類, 皆在耳目間, 非著名之者爲城隍土穀也, 亦猶句龍, 棄之配食一方耳. 蓋城隍土穀之威靈, 非人鬼不能運動也. 由是言之, 旱乾水溢, 則威靈漸減, 祭不能享, 其變置社稷也, 有何不可.

●『맹자』의 이 장은 "백성이 귀하고 사직이 그 다음이며 군주는 가볍다"(民爲貴, 社稷次之, 君爲輕)는 말로 시작하여 백성의 마음을 얻는 일이 정치에서 가장 중요함을 설파했다. 황종희는 '사'와 '직'의 유래와, 이들에게 제사지내는 의미에 대해 설명했다. 즉 사직에서 제사지내는 것은, 조상을 숭배하는 데서 그치는 것이 아니라 인귀를 매개로 하여 천지와 소통하려는 것이다.

14-16 인은 사람이다 仁也者人也章

'인'(仁)은 하늘의 주된 뜻이니(主意), 사람을 기다려 응결하면 이는 기를 떠나지 않는다. 이에 의거해 가면 '길'(道)이 된다. 저들이[65] 태어나기 이전(未生之前)에서 구하려는 것은 내가 말하는 도가 아니다.

仁者天之主意, 待人而凝, 理不離氣也. 由是而之焉之爲道, 彼欲求之於未

---

65) 기(氣)와 얽히기 전의 순수지선한 이(理)를 상정하는 정주성리학을 가리킨다.

生之前者, 非吾之所謂道也.

●『맹자』이 장의 전문은 "인은 사람이다. 〔인과 사람을〕합해 말하면 도이다"(仁也者, 人也. 合而言之, 道也)이다. 황종희는 기의 존재인 사람이 인을 따라 나아가면 그것이 바로 도라고 설명했다. 즉 이는 기를 떠나지 않는다.

14-24 입과 맛있는 음식 口之於味章

이목구비는 기가 유행하는 것이다. 기를 떠나면 이(理)가 될 것이 없으므로 '성'(性)이라고 한다.[66] 그러므로 성이라 하면 이와 기가 섞여 있는 것이고, 기 가운데 주재의 명(主宰之命)을 가리키면 이것이 성인 것이다. 그러므로 이목구비의 유행을 성이라고 하지는 않는다.

세상 사람들은 강상윤리의 법칙을 천지만물이 갖는 공공의 이라고 생각하고 그것을 사용해 세상 가르침을 아우르기 때문에 명(命)이라고 한다. 그래서 후대 유학자들의 이를 궁구한다는(窮理) 학문은 반드시 공공처에서 추구하면서, 내가 가진 것은 오직 지각뿐이라고 한다.

〔그러나〕맹자가 말한 이 이는 사람이 본래 갖고 있는 것으로, 성의 참됨을 지적한 것이니 천지만물 위에서 구하지 않는다. 그래서 명이라 하지 않는다.

그러나 〔저 후대의 유학자들은〕앞부분은 기질지성(氣質之性)이고 뒷

---

66) "글자〔의 구성으〕로 보면 태어나면서 갖는 마음(生心)이 성(性)이다"(於文生心爲性):『맹자사설』3-6, '사람은 모두 불인의 마음을 갖고 있다'(人皆有不忍人之心章). 즉 '성'이라는 글자 자체가 '성'이 기와 이가 함께 있음을 표현한 말이라는 의미이다.

부분은 의리지성(義理之性)이라 하니,[67] 성이 둘이 있는가.

耳目口鼻, 是氣之流行者. 離氣無所爲理, 故曰性也. 然卽謂是爲性, 則理氣渾矣, 乃就氣中指出其主宰之命, 這方是性. 故於耳目口鼻之流行者, 不竟謂之爲性也. 綱常倫物之則, 世人以此爲天地萬物公共之理, 用之範圍世敎, 故曰命也. 所以後之儒者窮理之學, 必從公共處窮之, 而吾之所有者唯知覺耳. 孟子言此理是人所固有, 指出性眞, 不向天地萬物上求, 故不謂之命也. 顧以上段是氣質之性, 下段是義理之性, 性有二乎.

● 『맹자』의 이 장은 이목구비의 감각과 선성(善性)이 각각 어떻게 성(性)·명(命)과 교차적으로 관계를 맺고 있는지에 대해 말한다. 『맹자』의 내용을 정리하면, 실제로는 이목구비의 욕구는 성이고 인의예지는 명이지만, 군자는 인의예지를 성으로 삼고 이목구비의 욕구를 명으로 삼는다는 것이다. 황종희에 의하면 '성'이라고 할 때는 이기합일체의 주재를 가리키는 것이므로 "이목구비를 성이라 할 수 없다"고 풀이하며, "인의예지는 밖의 명령이 아니라 내 안의 참됨이므로 명"이 아니라고 풀이한다.

14-25 호생불해浩生不害章

좋아하는 것은 반드시 선에 있고, 싫어하는 것은 반드시 악에 있다. 성이 본래 이와 같아서, 대상을 느껴 움직이면 욕과 불욕이 있고 그 성체(性體)를 잃지 않는다면 바랄 만한 것은 선에 있으니, 이는 지(知)가 하

---

67) 『맹자』의 이 장에서 논의된 이목구비의 욕구와 인의예지의 덕을 정주성리학에서는 '기질지성'과 '의리지성'으로 구분한다고 황종희가 해석한 것이다.

는 일이다. 선은 형질이 없어서 잡을 수 없다. 내가 바랄 만하다고 해서 그 모습을 상상하는 데로 떨어진다면 끝내는 내가 가진 것이 아니게 된다. 안자(顔子)가 '가슴에 정성스럽게 받드는'(拳拳服膺)[68] 것과 같이 하는 것이 인을 지키는 것이다. 내게 있도록 하는 것이 배우는 자들에게 제일의 관문이다. 성인이 되는 기반이 여기에 있으며, 성실함과 거짓됨이 여기에서 갈린다. 이로부터 나아가면 미(美)와 대(大)와 신(神)과 성(聖)으로 날로 새로워질 수 있으며 〔이때〕 비로소 공부를 보탤 수 있게 된다.

> 好必於善, 惡必於惡, 性本如是, 感物而動, 則有欲有不欲, 能不失其性體,
> 而可欲在善, 是知及之也. 善無形質, 不可把捉, 我卽可欲之而落於想像, 終非
> 己有, 如顔子之拳拳服膺, 是仁守之也. 有諸己, 是學者第一關, 作聖之基在
> 是, 誠僞之分在是. 從此以往, 美大神聖, 日新又新, 始有工夫可加耳.

●『맹자』의 이 장에서는 "바랄 만한 것을 선이라 한다"로 시작해서 신(信)·미(美)·대(大)·성(聖)·신(神) 등의 개념을 규정하고 있다. 황종희는 선을 좋아하고 악을 싫어하는 것은 '성의 본체'(性體)라고 해석한다. 즉 내 마음은 자연스럽게 선을 바란다. 황종희에 의하면 이 성체를 지켜 '내게 있도록' 하는 일이 배우는 자들에게 제일의 관문이다. 이는 선을 좋아하는 성체를 지켜 내게 있도록 하는 것이다. 그 성체, 그 마음을 보존하여 내게 있도록 하는 것이 '신'(信)이며 여기까

---

68)『중용』8, "안회의 사람됨은 중용을 택하여 하나의 선을 얻으면 가슴에 정성스럽게 받들어 잃지 않았다"(子曰, 回之爲人也, 擇乎中庸, 得一善則拳拳服膺而弗失之矣).

지는 천부적인 것을 보존하는 것이므로, 황종희는 아직 후천적인 노력 즉 '공부'가 베풀어진 단계가 아니라고 설명한다. 그 이후 즉 크게 되고, 성스럽게 되고, 신묘하게 되기 위해서는 공부를 해야 한다.

14-27 포루의 징세 有布縷之征章

'포루의 징세'(布縷之征)는 당(唐)나라 때 '조'(調)라고 부른 것에 해당한다. 땅(地)에서 나온 것을 내는 것으로, 땅에 뽕나무와 마를 심었다. 후대로 내려오면서 땅(地)과 농지(田)를 섞어 양세(兩稅), 즉 하세(夏稅)와 추량(秋糧)을 징수했다. 누에는 여름에 나오기 때문에 하세라고 불렀다. '곡식의 징세'(粟米之征)는 당나라에서 '조'(租)라 부른 것에 해당한다. '노동력의 징세'(力役之征)는 당나라 때 '용'(庸)이라 부른 것이다.

> 布縷之征, 唐之所謂調也, 出之於地, 以地植桑麻耳, 後來地與田渾, 兩稅之夏稅秋糧, 以蠶成於夏, 故謂之夏稅. 粟米之征, 唐之所謂租也. 力役之征, 唐之所謂庸也.

●『맹자』가 말한 세 가지의 세제를 당나라의 조용조(租庸調) 세제에 비추어 설명했다.

삼대의 전성시기에는 정전제(井田之制)가 있어 백성들은 협조해서 공전을 경작했을 뿐, 〔나라에서〕 곡식을 징세하는 일은 없었다. '노동력의 징세'는『주례』의 부법(賦法)에 근거하면 다음과 같다. 30명의 남자가 말 1필, 갑사(甲士) 1명, 보졸(步卒) 2명을 감당한다. 3백 명의 남자가 혁차(革車) 1승, 갑사 10명, 보졸 20명을 감당하며, 3천 명의 남자가 혁차 10승, 갑사 1백 명, 보졸 2백 명을 감당한다. 3만 명의 남자가 혁차 1백 승,

갑사 1천 명, 보졸 2천 명을 감당한다. 건차(巾車)[69]가 있어 수레를 내고, 마질(馬質)[70]이 있어 말을 내고, 우인(牛人)[71]이 있어 소를 바치고, 사병(司兵)[72]이 있어 병기를 낸다. 사갑(司甲), 사과순(司戈楯), 사궁시(司弓矢)[73]는 각 그 기구를 내었으니 민간에서 거둔 적은 없다. 1승(一乘)은 30인에게 부과하였고 공공부역에 그쳤으며 한 해에 사흘을 넘지 않았으니, [백성들에게] 어찌 폐를 끼칠 수 있었겠는가. '포루의 징세'는 5묘의 택지 담장 밑에 뽕나무를 심어 한 척의 견을 내는 것에 불과했으니, 대개는 쉬운 일이었다. 그러므로 다른 일과 같이 해도 문제될 것이 없었다.

맹자의 말에 의하면, 맹자 당시 부법이 백성을 괴롭힌 것은 삼대의 제

---

69) 수레를 관장하는 관직 이름이다. 『주례』 「춘관」(春官), "건차는 관청의 수레에 관한 행정을 관장하여 수레의 사용과 수레에 꽂는 깃발을 판단하고 등급을 매기며 출입을 감독한다"(巾車, 掌公車之政令, 辨其用, 與其旗物, 而等叙之, 以治其出入).

70) 말을 관리하고 가격을 정하는 직책이다. 『주례』 「하관」(夏官), "마질은 말을 관리하고 등급을 매긴다. 말은 셋으로 종류를 나눈다. 첫째는 융마이며 둘째는 전마이며 셋째는 노마로, 모두 각각 가격이 있다"(馬質, 掌質馬, 馬量三物, 一日戎馬, 二日田馬, 三日駑馬, 皆有物賈).

71) 소를 기르고 관리하는 관직이다. 『주례』 「지관」(地官), "우인은 국가의 공적인 소를 길러 국가의 정령에 대비한다"(牛人, 掌養國之公牛, 以待國之政令).

72) 병기를 관장하던 관직이다. 『주례』 「하관」(夏官), "사병은 오병과 오순을 관장한다. 각 병기를 변별하여 등급을 매겨서 군사에 대비한다"(司兵, 掌五兵五盾, 各辨其物, 與其等, 以待軍事).

73) 『주례』 「하관」에 '사갑'은 궐문이다. "사과순은 창과 빙패를 관장하고 분배하며"(司戈盾, 掌戈盾之物, 而頒之), "사궁시는 육궁과 사노와 팔시의 법을 관장한다. 좋은 물건을 변별하여 지키고 보관하여 내주고 거두는 일을 관리한다"(司弓矢, 掌六弓四弩八矢之法, 辨其名物, 而掌其守藏, 與其出入).

도가 모두 없어졌기 때문이다. 여러 가지 세를 거두는 것은 모두 호구에 의지해 정치를 했기 때문이다. 그래서 태평성대에 호를 편제할 때에는 모든 호를 편제한 것이 아니라, 장정과 힘쓸 자가 있어 부역을 감당할 수 있는지를 반드시 조사한 뒤에 호적에 기록했다. 귀한 자, 천한 자, 노인, 유아, 폐약자를 가려서 이 다섯은 호적에 기록하지 않고 부역을 부담시키지 않았다. '천한 자'란 가난해서 스스로 생존할 수 없는 자이다.

초(楚)의 위오(蔿敖)[74]는 정치하면서 "대대적으로 호구조사를 실시하여 밀린 빚을 탕감했다"(大戶已責)고 하고,[75] 조(趙)의 윤탁(尹鐸)은 진양을 다스리면서 "세금을 감면했다"(損其戶數)고 한다.[76] 그래서 정치는 가학이 되지 않았고 백성은 원망하지 않았다. 당(唐) 개보(開寶)의 전성시대에는[77] 호가 천만이 등재되지 않았는데, 실제로 논한다면 절동(浙

---

74) 춘추시대 초(楚)나라의 수리가(水利家)이다. 위씨(蔿氏)로 이름이 오(敖)이다.

75) 『춘추좌전』 「성공」 '2년조', "호구를 대대적으로 조사해, 밀린 이자를 탕감해주고, 홀아비에게 혜택이 미치게 하고, 곤궁한 자를 구제하고, 죄인을 사면했다"([楚共王] 乃大戶, 已責, 逮鰥, 救乏, 赦罪).

76) 『국어』(國語) 「진어」(晉語) 9권, "조의 간자가 윤탁에게 진양을 다스리게 했다. 윤탁이 물었다. 누에에서 실을 뽑듯 [세금을 징수]할까요? [백성을] 보호할까요? 간자는 보호하라고 했다. 윤탁은 세금을 감면했다"(趙簡子, 使尹鐸爲晉陽, 請日以爲繭絲乎, 抑爲保障乎. 簡子日保障哉. 尹鐸損其戶數).

77) 당의 개원(開元), 천보(天寶)의 시대를 가리키는 것으로 보인다. 즉 당현종(唐玄宗)의 치세였던 713년부터 756까지의 43년간이다. 현종은 치세기간에 두 개의 연호를 썼는데 앞의 29년은 개원(開元)을 썼고 뒤의 14년은 천보(天寶)를 썼다. 정치와 문화 방면에서 성대를 이루었으므로 보통 이 시기를 '개원의 치'라고 하는데, 이 시기를 염두에 두고 황종희가 '개보'라고 썼을 것이라 짐작한다. 현종은 송경(宋璟)과 장열(張說) 등 현명한 재상의 보필을 받아 괄호(括戶; 누락된 호구를 조사하여 호적에 등재하는 일)를 실시하여 세를 부담할 가호를 조사하고 확대했다.

東)과 절서(浙西) 양도의 땅에 그 호가 어찌 천만에 머물렀겠는가. 하층민 가운데 판적에 등재되지 않은 경우가 많았던 것이다.

황패(黃霸)는 거짓으로 호구를 늘렸는데, 역시 단지 누락된 부분을 찾아서 책에 채워넣은 것으로, 없는 것을 있다고 한 것은 아니었다.[78] 제갈량(諸葛亮)은 유비(劉備)에게 "형주 주민은 적지 않은데 기록에 올라와 있는 수는 적습니다. 유민들을 모두 기록하게 하십시오"라고 했다.[79] 이

---

78) 황패(黃霸, ?~기원전 51년)는 서한(西漢) 사람으로, 영천(潁川) 태수(太守)로 있으면서 환과빈궁(鰥寡貧窮)을 구제하는 등, 목민관의 일을 잘해 영명한 관리로 이름이 났다. 『한서』 「순리전」(循吏傳)에서 다음과 같이 그 사람됨을 칭찬했다: "선제(宣帝) 때 양주(揚州) 자사(刺史)에 발탁되었으며 현량시(賢良試)에 일등으로 급제하여 영천 태수가 되었다. 교화(敎化)에 힘쓰고 가혹한 형벌은 뒤로 하였다. 밖으로는 관대하고 안으로는 영명하여 관리와 백성의 마음을 얻었다. 호구수가 해마다 늘어나 정치가 천하 제일이었다"(宣帝時擢揚州刺史 以賢良高第爲潁川太守. 力行敎化 而後誅罰. 外寬內明 得吏民心 戶口歲增 治爲天下第一). 그런데 그는 뇌물을 바쳐 승진하기도 했으며(『한서』 「순리전」), 다음과 같이 그의 정치를 비난하는 사람도 왕왕 있다. 소식(蘇軾), '오중전부탄'(吳中田婦嘆), "공수나 황패가 조정에 가득하면 백성들은 더욱 괴로우니 차라리 하백의 아내가 되는 것이 더 낫네"(黃滿朝人更苦, 不如却作河伯婦).; (송)허응룡 편찬, 『동간집』(東澗集) 권10, 「책문」(策問) '태학사시책문'(太學私試策問), "황패가 영천의 수령을 했을 때와 진경이 평원의 수령을 했을 때의 경우는 한때를 잘 다스렸다고 생각한다. 그러나 8만여 구를 제멋대로 거짓으로 불리는 사기를 저질렀으니, 24년을 단단하게 지키고 막는 계책이 될 수는 없었다"(意一時吏治, 皆如黃霸之守潁川, 眞卿之守平原. 然八萬餘口, 猶得以肆其僞增之欺, 二十四年猶不能堅爲守禦之計).

79) (명)양시위, 『제갈충무서』(諸葛忠武書) 권2, "제갈량이 말했다. '형주는 사람이 적지 않지만 호적에 올라 있는 사람은 적습니다. 평상시에 세를 징수하겠다고 하면 인심이 좋아지지 않을 것입니다. 진남장군에게 말해서 나라 안의 미등록자들로 하여금 모두 호적을 스스로 채우도록 하면, 이로 인해 사람이 많아질 것입니다.' 유비는 이 계책을 따라 해서 많은 무리가 드디어 강해졌다"(亮曰,

는 모두 쇠퇴한 세상의 일이니, 백성을 곤궁하게 하지 않고 호구를 늘리고 싶다면, 한갓 옛날 관습을 그대로 따라서는 안 된다.

三代盛時, 井田之制, 民但助耕公田, 未嘗征其粟米也. 力役之征, 據周禮賦法, 三十夫使出馬一匹, 甲士一人, 步卒二人. 三百夫出革車一乘, 甲士十人, 步卒二十人, 三千夫出革車十乘, 甲士百人, 步卒二百人. 三萬夫出革車百乘, 甲士千人, 步卒二千人. 有巾車以授車, 有馬質以授馬, 有牛人以共牛, 有司兵以授兵, 有司甲司戈楯司弓矢以各授其器, 未嘗取具於民間也. 一乘賦三十人, 止供力役, 一歲不過三日, 豈足爲擾. 布縷之征, 五畝之宅, 樹牆下以桑, 不過尺絹, 大段易辦, 故竝用之而無害. 據孟子之言, 其時賦法之厲民, 盡破三代之制矣. 然數者之征, 皆憑戶口爲政, 所以盛世之編戶, 非戶戶而編之也, 必閱其有丁有力能充賦役者, 而後著之於籍. 辨其貴賤老幼廢弱者, 此五者皆籍所不書, 賦役不及焉. 賤謂貧不能自存者, 楚薳敖之爲政也, 曰大戶已責. 趙尹鐸之治晉陽也, 曰損其戶數, 所以政不苛而民不怨也. 卽如唐開寶全盛之時, 戶不登千萬, 若以實論之, 浙東西兩道之地, 其戶豈止千萬哉. 蓋下戶之不登於版籍者多矣. 黃霸僞增戶口, 亦只是搜括遺漏, 塡之於冊, 非以無爲有也. 諸葛亮謂劉先主曰, 荊州非少人也, 而著籍者少, 令遊戶皆自實. 此皆衰世之事, 故欲民無困, 其於戶口當加之意焉, 切不可徒仍舊貫也.

● 『맹자』는 세 가지 세(포루, 곡식, 부역) 중에 군자는 한 가지만 쓰고 두 가지는 느슨하게 한다는 내용이다. 그렇게 하지 않으면 백성들이 살 수 없기 때문이다. 황종희는 태평성대와 쇠퇴한 시대의 호구조

今荊州非少人也, 而著籍者寡, 平居發調, 則人心不悅. 可語鎭南, 令國中凡有游戶, 皆使自實, 因錄以益衆可也.' 備從其計, 故衆遂强).

사와 징세의 예를 들어, '백성을 곤궁하게 하지 않고 호구를 늘리는' 방법에 대해 고민할 것을 촉구한다.

14-31 사람은 모두 차마 견디지 못하는 마음을 갖고 있다
人皆有所不忍章

'차마 견디지 못하고'(不忍) '차마 하지 않는'(不爲) 마음은 사람 누구나 갖고 있다. 그러나 전광석화 같고 끊어진 물줄기 같아서,[80] 여기에서는 못 견디고 저기에서는 견디고 여기에서는 하지 않고 저기에서는 하는 식으로, 막혀서 유행하지 않을 수 있다. 〔그러나〕 진정 때마다 〔이 마음을〕 주인으로 삼을 수 있으면 어디에든 이를 수 있다. '남을 해치려 하지 않고,' '벽에 구멍을 뚫고 담장을 넘는 일을 하지 않고,' '남에게 멸시당하지 않으려는' 마음이 있다면, 막히고 갇혔던 사람에게도 이 마음이 항상 존재하여 소멸하지 않은 것이니, 한번 돌이키기만 하면 이것이다. 그러나 이 마음의 종양[81]이 너무 깊어지면, 세상 사람들은 거친 것만 알고 세밀한 것은 모르기 때문에, 거친 것은 모두 볼 수 있지만 세밀한 것은 그렇지 않다. 〔세밀한 것에 대해서는〕 '말을 해서 탐하거나' '말하지 않음으로써 탐하는' 것이 일상적인 응대이다. 사람이 집에 재물을 숨기면 담을 뚫어 훔치고, 사람이 사려를 가슴에 숨기면 숨어 있는 것을 찾아내어 보인다. 동일하게 기심(機心)[82]을 쓰는 것인데, 사람에게 보이지 않는다

---

80) '끊어진 물줄기'는 '斷潢絶港'의 번역으로, 근원에 닿을 방법이 없는 작은 물웅덩이나 개천을 말한다.

81) '종양'은 '流注'의 번역이다. '유주'는 한의학 용어로 다발성(多發性)의 심부(深部) 농양(膿瘍)이다. 정해진 부위 없이 아무 곳에서나 발생할 수 있기 때문에 붙은 이름이다.

고 같은 종류가 아니라고 할 수 있겠는가.

不忍不爲之心, 人皆有之, 但石火電光, 斷潢絶港, 不忍於此或忍於彼, 不爲
於此或爲於彼, 壅塞而不流行, 苟能時時以此爲主, 則達矣. 至於無欲害人, 無
爲穿窬, 無受爾汝, 卽甚蔽錮之人, 此心常在, 無有減熄, 苟一返之而是矣. 然
此心流注甚深, 世人知其麤不知其細, 麤者人所共見, 其細者如以言餂, 以不言
餂, 若是乎應對之常. 人藏財物於家, 穴牆而取之, 人藏思慮於胸, 鉤隱而出
之. 同一機心用事, 豈以人所不見, 謂之不同類哉.

● 담을 뚫거나 담을 넘어가서 남의 물건을 훔치는 것이 불의라는 것
은 누구나 안다. 그러나 '말해야 할 때 하지 않거나' '말하지 말아야 할
때 말함으로써' 탐욕을 채우는 것은 얼른 눈에 띄지 않는다. 『맹자』는
이 장에서 이 두 가지가 똑같이 도둑질이라고 말했다. 황종희는 이러
한 일이 일어나는 것은 〔남의 불행을〕 '차마 견디지 못하고' 〔불의를〕
'차마 하지 않는' 마음이 전광석화 같거나 혹은 끊어진 물줄기 같기 때
문이라고 해석한다. 그 마음이 끊어진 것이 심하면, 말로써 불의를 저
지르는 것에 대해서는 하는 사람이나 보는 사람이나 서로 눈치채지 못
하는 일도 허다하게 된다는 것이다.

---

82) '기심'(機心)은 『장자』에 나오는 말로 기계로 인해 생기는 마음이다. 『장자』
「천지」, "기계가 있으면 반드시 기계로 인한 일이 있게 되고, 기계로 인한 일이
있으면 반드시 기심(機心)이 생긴다. 기심이 마음에 자리잡으면 순백함이 갖추
어지지 않고, 순백함이 갖추어지지 않으면 신생(神生)이 안정되지 못하고, 신
생이 안정되지 못하면 도(道)를 실을 수 없다"(有機械者, 必有機事, 有機事者,
必有機心. 機心存於胸中, 則純白不備., 純白不備 則神生不定, 神生不定者, 道之
所不載也).

14-33 요와 순은 성대로 행했다 堯舜性者也章

이는〔유학은〕성(性)과 명(命)의 합일을 위한 학문이다. 요, 순, 탕, 무는 날 때부터 아는 것(生之)과 배워 아는 것(學之)의 차이가 있을 뿐, 모두 성을 따라 실천한 자들이다. '예에 맞는다', '죽은 사람을 위해 운다', '간사하지 않다', '신의를 지킨다' 등은 성을 다하기 위한 것이다. 오게 하지 않았는데도 오는 것은 명이다.[83] 만약 '산 사람을 위해', '작록을 위해', '내 행위를 옳다고 알리기 위해'서라면, 이는 이르도록 하고 싶은 것이 있어서 이르게 한 것이니, 명의 본연이 아니며, 성에도 다하지 않은 것이 있는 것이다. 요, 순, 탕, 무는 이른바 '성을 다해 명에 이른'[84] 자이다.

> 此爲性命一之學. 堯舜湯武, 不過生知學知之異, 皆率性而行者也. 中禮哭死, 不回, 必信, 所以盡性, 莫之致而致之爲命. 若爲生干祿正行, 則是有所致而欲致之也, 非命之本然, 而於性有所不盡矣. 堯舜湯武, 所謂盡性以至於命者也.

● 성을 다한다는 것은 타고난 선한 마음에 따라 사는 것이므로 거기에는 어떤 의도도 없다. 그러므로 자신의 성을 다한다면 자연히 명에 이를 것이다. 명은 기의 유행이기 때문이다. 성을 다한다는 것은 자신의 자연을 온전하게 실현하는 것이며, 이는 또한 천지의 자연에 온전하게 참여하는 것이다.

---

83)『맹자』「이루 상」6.
84)『주역』「설괘전」, "이를 궁구하고 성을 다하여 명에 이른다"(窮理盡性, 以至於命).

14-35 욕심을 적게 하는 것이 마음 기르기의 가장 좋은 방법이다

養心莫善於寡欲章

『태극도설』에서는 "고요함을 가장 중요한 것으로 삼아 사람의 표준을 세운다"(主靜立人極)고 했다. 이 고요함은 '움직임과 고요함'의 그 고요함과는 판연하게 다르다. 그래서 「자주」(自註)에서 "무욕이므로 고요하다"고 했다.[85] 본래 "인한 자는 고요하다"(仁者靜)는 『논어』 구절에 조기[86]가 단주를 여기에 옮긴 것이다.[87] 그런데 염계(濂溪)는 무욕을 말했으나 맹자는 '욕을 적게 함'(寡欲)에 대해 말했다. 염계의 선천지학(先天之學)에는 움직이면서도 움직이지 않는 것이 있으니, 하나의 '욕'자도 붙을 수 없었다.[88] 맹자의 '마음 기르기'(養心)〔의 요점은〕, 배우는 자의 공부는 '욕'이라는 글자를 떠날 수 없다는 것이다. 마음이 향하는 것을 욕이라 한다. 만약 예기하려(正) 하고 잊으려(忘) 하고 조장(助長)하려 한다면, 이는 모두 욕이 많은 것이다. 다만 성과 경으로 보존한다면 이것이 욕을 적게 하는 것이다. 대개 성과 경 역시 욕이니, 배우는 자는 잘 보아야 한다.

太極圖說曰. 主靜立人極. 此之靜, 與動靜之靜判然不同, 故自註云無欲故

---

85) 「태극도」(太極圖). 『성리대전서』 권1 수록.

86) 다음의 주에서 보듯이 '조기'는 '공안국'의 잘못이다.

87) 『논어』 「옹야」의 다음 구절이다. "선생이 말했다. 지자는 물을 좋아하고 인자는 산을 좋아한다. 지자는 움직이고 인자는 고요하다. 지자는 즐겁고 인자는 장수한다"(子曰, 知者樂水, 仁者樂山. 知者動, 仁者靜, 知者樂, 仁者壽). 이 가운데 '仁者靜' 구절에 붙은 주가 "孔曰無欲故靜"이라고 되어 있다. 그러므로 조기(趙岐)가 아니라 공(孔)씨, 즉 공안국(孔安國)의 주이다. 『논어주소』 권6 참조.

88) 주돈이의 '무욕'에 대해서는 「양심정설」(養心亭說)(『주원공집』 권2) 참조. 이 글에서 주돈이는 맹자의 과욕(寡欲)을 넘어서 무에 이르고 그 지점에서 성(誠)을 확립한 사람을 성인으로, 명(明)에 통달한 사람을 현인으로 생각하고 있다.

靜. 本是趙岐論語仁者靜之註, 移之於此. 然濂溪言無欲, 而孟子言寡欲者, 周
子先天之學, 動而有不動者存, 著不得一欲字, 孟子養心, 是學者工夫, 離不得
欲字. 心之所向謂之欲, 如欲正欲忘欲助長, 皆是多欲, 但以誠敬存之, 便是寡
欲. 蓋誠敬亦是欲也, 在學者善觀之而已.

●『맹자』의 이 장은 '욕심 적게 하기'가 '마음 기르기'의 가장 좋은
방법이라는 내용이다. 황종희는 염계, 즉 주돈이(周敦頤)의 '무욕'과
맹자의 '욕심 적게 하기'(寡欲)를 비교하면서, 『맹자』에 의한다면, '욕
심' 혹은 '욕망'은 없을 수 없다는 점을 강조한다. "마음이 향하는 것이
욕"이기 때문이다. '성'(誠)하고 '경'(敬)하려는 것조차도 욕망이다. 다
만 "성과 경으로 보존"하려는 것이 '욕심 적게 하기'라고 설명한다.

14-37 공자, 진나라에 머물다 孔子在陳章

세상에 도가 번갈아 사라지고 성왕이 일어나지 않자, 천하의 사람과
억조의 민중은 모두 공허하게 기댈 곳 없이 세상을 살 수가 없었다. 그래
서 세상의 관습이 숭상하는 것을 들어올려 학술을 세웠다. [사람들은] 다
만 통행될 수 있을까를 논할 뿐 심술(心術)의 근원을 추구할 필요는 없
었다. 그래서 세태를 헤아리고 인정에 부합하면서 세속에서는 좋은 사람
이 되고 조정에서는 비루한 사람이 되었다. 조정의 자격, 관부의 오래된
법도, 왕래할 때의 사정, 서리들이 만들어놓은 관례 등에 미봉책이 빈틈
없이 가득 차게 되었다. 오랜 시간 동안 법망(文網)과[89] 세상의 법규 속
에서 썩어 문드러진 것들이 모두 '향원'(鄕愿)이 끊어지지 않고 이어지

---

89) '문망'(文網)은 법망(法網) 혹은 금법(禁法)의 의미이다.

는[90] 바탕이 되었다. 현자가 있어도 세속에 영합하여 그 범위를 깨고 나오지 못하며, 만약 세상을 흔드는 일을 하려 하면 온 세상 사람들이 모두 괴수(怪魁)라고 비난한다. 시문에는 또 시문의 향원이 있으니, 한필(漢筆)[91]과 당시(唐詩)의 허황된 것만을 답습한다. 독서에는 또 독서의 향원이 있으니, 성패와 시비, 강습하고 기록하는 것들에 모두 정해진 이론이 있다. 도학에는 또 도학의 향원이 있어, 읽는 것이 사서, 『통서』『태극도설』『근사록』『동명』『서명』『주자어류』에 지나지 않고, 서원을 건립하고 사서를 주 달아 간행하고 어록을 편집할 뿐, 하늘이 무너지고 땅이 갈라져도 나와는 상관없는 일이다. 공자가 미워한 것의 그 화가 여기에 이르렀다. '광자'(狂者)와 '견자'(狷者)는 세속을 편안히 여기지 못하는 자이므로 향원을 면할 수 있으니, 성인이 되는 길 위에 있다고 할 수 있다.

世道交喪, 聖王不作, 天下之人, 兆民之衆, 要不能空然無所挾以行世, 則遂以擧世之習尙, 成爲學術. 但論其可以通行, 不必原其心術, 揣摩世態, 陪奉人情, 在世路則爲好人, 在朝廷則爲鄙夫. 凡朝廷之資格, 官府之舊規, 往來之情面, 胥吏之成例, 彌縫周至, 無有罅漏. 千百年來, 糜爛於文網世法之中, 皆鄕

---

90) '이어지다'는 '薪傳'의 번역이다. '신전'은 불이 꺼지지 않도록 나무를 계속하여 넣는다는 뜻으로, 서로 전하여 끊어지지 않음을 말한다. 『장자』「양생주」, "땔나무가 다 타도 불은 이어져서 꺼질 줄 모른다"(窮於爲薪, 火傳, 不知其盡也).

91) '필'(筆)은 '필기'(筆記)의 준말인 듯하며, '필기'는 수필(隨筆), 필담(筆談), 잡지(雜識), 일기(日記), 찰기(札記) 등으로도 불리는 문체 가운데 하나이다. 정형의 형식이 없어, 견문잡록이나 고증변증 등도 들어갈 수 있다. 그 시원은 위진이며, 당송을 거치면서 발전했고 명청에 일세를 풍미했다. 여기에서 황종희가 '한필'이라고 한 것은 송의 전시(錢時, 1175~1244)가 한(漢)의 역사에 대해 평론한 『양한필기』(兩漢筆記)를 가리키는 듯하다.

愿之薪傳也. 卽有賢者, 頭出頭沒, 不能決其範圍, 苟欲有所振動, 則擧世目爲
怪魁矣. 以是詩文有詩文之鄕愿, 漢筆唐詩, 襲其膚廓. 讀書有讀書之鄕愿, 成
敗是非, 講貫紀聞, 皆有成說. 道學有道學之鄕愿, 所讀者止於四書通書太極圖
說近思錄東西銘語類, 建立書院, 刊註四書, 衍輯語錄, 天崩地拆, 無落吾事.
夫子之惡之, 亦逆料其禍必至於是也. 狂狷是不安於流俗者, 免爲鄕人, 方有作
聖之路.

● 향원에 대한 이야기이다. 향원이란 심술(心術)에 근원을 두지 않
고 겉으로 보이는 것에 힘을 써 세속에 영합하는 사람이다. 황종희는
도학이 일어나지 않기 때문에 미봉과 부패 속에서 향원이 이어진다고
설명한다. 황종희가 향원으로 지목하며 비판하는 것을 보면 그가 생각
하는 바람직한 선비상을 그려낼 수 있다. 그가 생각하는 바람직한 선비
는 세속에 영합하지 않을 뿐 아니라 정해진 이론을 답습하는 일도 하지
않는다. 나아가 세상의 일에 적극적으로 참여하는 사람이어야 한다.

14-38 요순에서 탕에 이르기까지 由堯舜至於湯章

이는 『맹자』의 「자서」에 해당하는 것으로, 『장자』의 「천하」나 사마천의
「육가요지」(六家要旨)와 마찬가지이다. 도는 천지간에 있으며 사람이 모
두 갖추고 있으니 깊고 아득하게 그침이 없다. 이는 한 사람의 존망에 의
해 증감하는 것이 아니다. 그러므로 상산은 "도는 천지간에 주원회와 육
자정이 있다고 늘어나는 것도 아니고 없다고 줄어드는 것도 아니다"라고
했다.[92] 그러나 늘고 주는 것은 없지만 밝고 어두운 것은 있다. 정(貞)과

---

92) 『상산집』 「상산어록」 권2.

원(元)이 만날 때는[93] 반드시 등장하여 이 도를 주장하며 천하에 크게 밝히는 자가 있다. 쌓이기가 오래된 후에 기가 모이니 5백 년은 먼 것이 아니다. 요순 이래 그 주기가 어그러지지 않았지만, 맹자 이후에 다시 한 번 국면이 바뀌어 5백 년의 주기도 아득해서 기대할 수 없게 되었다. "그런데도 〔공자의 도를 보거나 들은 사람이〕 없단 말인가"라고 한 것은, 맹자가 감히 '보아 안다'고 자처하지 않은 것이다. '역시 없는 것인가'라고 한 것은 5백 년 뒤에도 꼭 '들어 아는' 자가 있는 것은 아니라는 것이다. 맹자는 이미 스스로 알고 있었으니, 한유[94]가 "맹자가 죽은 뒤에 그 도를 전할 수 없었다"[95]고 한 말을 듣고 후대에 믿게 된 것이 아니다.

논자들은 맹자가 죽고 1천 5백 년이 지나 주돈이가 나왔고, 하남의 두 정씨가 그 전승을 이었다고 말한다. 그러나 〔한유의 말대로[96]〕 '대개는

---

93) 『주역』에서 말하는 천도의 원리 '원형이정'(元亨利貞) 가운데 조화(造化)는 원(元)에서 일어나 정(貞)에서 멈춘다. 정과 원이 만나는 때는 그 운동이 다시 이어 일어나는 때이다.

94) 한유(韓愈, 768~824년). 당나라의 문장가·정치가·사상가. 당송팔대가의 한 사람으로 자는 퇴지(退之), 호는 창려(昌黎)이며, 시(諡)는 한문공(韓文公). 당시의 불교 승려의 특권에 반대하며 유교적 일상윤리와 사회질서를 중시하였다. 유종원(柳宗元), 유우석(劉禹錫) 등, 동시대의 무신론(無神論)과 대립하면서 맹자의 후예를 자처했다.

95) 한유는 유학의 도통에 대해 다음과 같이 말했다. "한유가 말했다. 요는 이를 순에게 전하고, 순은 이를 우에게 전하고, 우는 이를 탕에게 전하고, 탕은 이를 문무주공에게 전했다. 문무주공은 공자에게 전했고, 공자는 맹가에게 전했다. 맹가가 죽은 뒤 그것을 전할 수 없었다. 순자와 양웅은 〔일부분을〕 선택했으나 정밀하지 않았고, 말은 했으나 상세하지 않았다"(韓子曰, 堯以是傳之舜, 舜以是傳之禹, 禹以是傳之湯, 湯以是傳之文武周公. 文武周公傳之孔子, 孔子傳之孟軻, 軻之死, 不得其傳焉. 荀與揚也, 擇焉而不精, 語焉而不詳). 『맹자대전』「서설」에서 재인용.

순정하지만 조금 하자가 있어' 끝내 삼대〔의 문화〕에 이를 수 없다면, 세상의 운은 점점 하강한다는 것인가. 오초려(吳草廬)[97]는 다음과 같이 말했다. "요순 이상은 도의 원(元)이고, 요순 이하는 도의 형(亨)이다. 수사노추(洙泗魯鄒)[98]는 도의 이(利)이고 염낙관민(濂洛關閩)[99]은 그 정(貞)이다."[100]

그러나 나는 그렇게 생각하지 않는다. 요순은 원이고 탕이 형이며, 문왕은 이이고 공맹이 정이다. 만약 후대의 현자들을 논한다면 주돈이와 정씨가 원이고 주희와 육상산이 형이며, 왕양명이 이이고 즙산이 정이다. 정 뒤의 원은 누가 될 것인가.

此是孟子自序, 如莊子之天下, 史遷之六家要指一例. 道之在天地間, 人人同具, 於穆不已, 不以一人之存亡爲增損. 故象山云, 且道天地間有箇朱元晦陸子靜, 便添得些子, 無了後便減得些子. 然無添減而却有明晦. 貞元之會, 必有出而主張斯道者以大明於天下, 積久而後氣聚, 五百歲不爲遠也. 堯舜以來, 其

---

96) 이는 한유가 맹자 뒤의 순자와 양웅에 대해 한 평가이다. "〔한유는〕 또 말했다. 맹가는 순정하고도 순정한 사람이었다. 순자와 양웅은 대개는 순정했지만 조금 하자가 있었다"(又曰, 孟氏醇乎醇者也, 荀與揚大醇而小疵).『맹자대전』「서설」에서 재인용.

97) 오초려는 오징(吳澄, 1249~1333). 권말 '주요인물 소개' 참고.

98) 수(洙)와 사(泗)는 모두 노(魯)나라의 물 이름이다. 수사는 곧 공자와 그 제자들이 출생한 곳이라는 뜻을 갖는다. 추(鄒)는 맹자가 출생한 곳이다. 그러므로 수사노추(洙泗魯鄒)는 춘추전국시대 공맹의 유학을 가리킨다.

99) 염(濂)은 염계(濂溪)에 살았던 주돈이(周敦頤), 낙(洛)은 낙양(洛陽)에 살았던 정씨 형제, 즉 정호(程顥)와 정이(程頤), 관(關)은 관중(關中)에 살았던 장재(張載), 민(閩)은 복건(福建)에서 강학했던 주희를 가리킨다. 그리하여 염락관민은 주희가 집대성한 정주성리학을 가리킨다.

100)『오문정집』(吳文正集)「부록」, '행장'(行狀).

期不爽, 至孟子而後, 又一變局, 五百歲之期, 杳不可問. 然而無有乎爾, 孟子不敢以見知自居也. 則亦無有乎爾, 言五百歲之後, 未必有聞知也. 蓋孟子已自前知, 不待韓子言軻死不得其傳而後信也. 說者謂孟子歿千五百年而周子出, 河南兩程子爲得其傳. 雖然, 大醇而小疵, 終不及於三代, 豈世運之遞降乎. 吳草廬曰, 堯舜而上, 道之元也, 堯舜而下其亨也, 洙泗魯鄒其利也, 濂洛關閩其貞也. 余以爲不然. 堯舜其元也, 湯其亨也, 文王其利也, 孔孟其貞也. 若以後賢論, 周程其元也, 朱陸其亨也, 姚江其利也, 蕺山其貞也, 孰爲貞下之元乎.

● 황종희의 말대로 이 장을 『맹자』의 「자서」라고 할 수 있다면 또한 『맹자사설』의 「자서」라고도 할 수 있을 듯하다. 마지막에 유종주를 '정'으로 자리매김하며 '정' 다음의 '원'에는 스스로를 놓은 것이 아니겠는가. 황종희에 의하면, 도는 늘어나거나 줄어들지는 않지만 밝고 어두운 것은 있다. 어둠은 끝내 어둠이 아니라 밝음을 준비하는 시간이라고 믿는다면, 역사가 나락으로 떨어질 수도 있다는 공포에 사로잡히는 대신, 밝음을 준비할 수 있을 것이다. 『명이대방록』에서 황종희는 암흑시대에 때를 기다리는 현자인 자신을 '명이'(明夷)의 괘에 빗대었다.

주요인물 소개

고반룡(高攀龍, 1562~1626) 자(字)는 운종(雲從) 또는 존지(存之), 별호(別號)는 경일(景逸)이다. 시호는 충헌(忠憲). 스승 고헌성(顧憲成)과 함께 동림학파(東林學派)를 일으켜 동림당(東林黨)의 영수가 되었다. 그리하여 당시 고고(高顧)라고 병칭되었다. 정주학을 따르면서도 '심즉리'(心卽理)설, '치양지'(致良知)설에 찬성하는 한편, 양명학의 폐단에 대해서도 비판했다. 주자의 사창법을 본받아 향촌사회 질서유지에 노력했다. 위충현(魏忠賢)과 정치투쟁을 하다 결국 자살했다. 저서에 『고자유서』(高子遺書), 『주역간설』(周易簡說), 『춘추공의』(春秋孔義), 『정몽석』(正蒙釋), 『고본대학』(古本大學), 『사자요서』(四子要書), 『주자절요』(朱子節要), 『이정절요』(二程節要) 등이 있다. 『명유학안』(明儒學案) 「동림학안」 1에 '충헌고경일선생반룡'(忠憲高景逸先生攀龍)이 실려 있다.

고헌성(顧憲成, 1550~1612) 자는 숙시(叔時), 호는 경양(涇陽), 시호는 단문(端文)이다. 1580년 진사에 합격하여 관직생활을 시작했다. 인사고사를 둘러싸고 내각을 비판하다 좌천되었고, 태자 문제로 만력황제의 뜻을 거스르는 상소를 올려 파직당했다. 낙향하여 양시(陽時)의 동림학원(東林學院)을 재건하여 고반룡(高攀龍)과 강학활동을 하였다. 실천적 지향이 강하고 정치비판과 인물평 등은 당시에 큰 영향력을 가졌으며, 그를 중심으로 동림당(東林黨)이 결성되었다. 학문적으로는 주자학에 의해 양명말류의 폐단을 시정하려는 입장이었다. 동림선생 혹은 경양(涇陽)선생이라고 불렸다. 저서에 『소심재차기』(小心齋箚記), 『경고장고』(涇皐藏稿) 등이 있다. 『명유학안』 「동림학안」 1에 '단문고경양선생헌성'(端文顧涇陽先生憲成)이 있다.

기표가(祁彪佳, 1602~45) 자는 호자(虎子) 또는 유문(幼文)이고, 호는 세배(世培)이며, 시호는 충민(忠敏)이다. 명대의 정치가이자 연극평론가이다. 아버지 기승(祁承)은 유명한 장서가였는데, 그의 '담생당'(澹生堂)의 장서는 흩어지면서 상당 부분 황종희의 손에 들어갔다고 한다. 유종주의 제자로, 남경 홍광 정권이 무너지자 절식하고 죽었다. 희곡이론집 『원산당곡품』(遠山堂曲品)을 남겼다. (청)진정(陳鼎) 찬(撰), 『동림열전』(東林列傳) 권11에 「기표가전」(祁彪佳傳)이 있다.

김이상(金履祥, 1232~1303) 원대(元代)의 주자학자로, 자는 길보(吉甫), 호는 인산(仁山)이다. 박식하면서도 정밀했다고 한다. 그가 지은 『대학장구소의』(大學章句疏義)는 『대학장구』와 『대학혹문』을 절충한 역저이며, 『논어맹자집주고증』(論語孟子集註考證)은 『논어집주』와 『맹자집주』의 의문을 정리한 것이다. 『염락풍아』(濂洛風雅)는 북송의 주돈이로부터 원대의 왕강중(王剛仲)에 이르기까지 48가(家)의 글들을 선집한 것이다. 『인산집』(仁山集)이 남아 있다. (청)주식(朱軾) 찬(撰), 『사전삼편』(史傳三編) 권8에 '김이상'(金履祥) 항목이 있다.

나여방(羅汝芳, 1515~88) 자는 유덕(惟德), 호는 근계(近溪)이다. 태주학파(泰州學派) 안균(顏鈞)을 따라 왕간(王艮)의 학문과 인연을 맺었다. 나여방의 특징은 있는 그대로(當下)에 즉하여 내버려두는(放下) 태도에 있었다. 효(孝)·제(弟)·자(慈)의 세 가지로 생명이 표현되어야 비로소 종적으로는 상·하·고·금, 횡적으로는 가·국·천하를 만들어내고, 주·객과 체·용, 잊지 않음(勿忘)·조장하지 않음(勿助長)의 입장을 종합할 수 있다고 생각했다. 분명한 교설과 열정적인 교화에 의해 광대한 대중의 지지를 얻었다. 『명유학안』「태주학안」3에 '참정나근계선생여방'(叅政羅近溪先生汝芳)이 실려 있다.

나홍선(羅洪先, 1504~68) 자는 달부(達夫), 호는 염암(念庵), 시호는 문공(文恭)이다. 양명을 사숙하였으며, 섭표(攝豹)와 함께 이른바 '귀적파'(歸寂派)의 중요인물이다. 왕기의 양지현성설에 기운 적도 있었지만, 이윽고는 섭표의 귀적설을 따랐다. 그러나 섭표의 귀적설이 내면에 치우치는 면이 있음을 비판하며 '내외동정일여'(內外動靜一如)의 입장을 피력했다. 학문적 활동을 벗어나 단번에 성명에 도달하려는 현성설은 양명사상의 잘못된 전승이라고 비판하며, 양지의 배양과 학문적 노력을 상즉시키는 것이 양명사상의 본지라고 주장했다. 유종주와 황종희가 높이 평가했다. 『명유학안』「강우상전학안」(江右相傳學案) 3에 '문공나염암선생홍선'(文恭羅念菴先生洪先)이 있다.

나흠순(羅欽順, 1465~1547) 자는 윤승(允升), 호는 정암(整菴), 시호는 문장(文莊)이다. 운동하는 기(氣)의 조리가 이(理)라고 하는 '이기혼일'(理氣混一)의 입장에서, 이와 기를 대립시키고 이를 중시하는 정주성리학을 비판했다. 형질을 가진 다양한 개별적인 것(分殊)이야말로 현실의 모습이며 이는 그곳에 관통하여 내재하는 조리성(理一)이라는, 독자적인 이일분수론을 전개했다. 초월적 실재를 부정하는 입장에서, 호거인(胡居仁)과 같은 동시대인뿐 아니라 주렴계, 정이천, 주자 등을 비판했다. 당시의 진백사, 왕양명 등의 사상에 대해서는 마음 자체를 윤리의 기준으로 하는 심성일물론(心性一物論)이라고 비판하며, 성에 객관적인 윤리 기준으로서의 선험성을 부여하여 마음과 성을 구별했다. 왕양명과는 만년에 『주자만년정론』(朱子晩年定論)을 둘러싸고 논쟁을 벌였다. 저서에 『곤지기』(困知記), 『정암선생존고』(整菴先生存稿)가 있다. 『명유학안』「제유학안」(諸儒學案)에 '문장나정암선생흠순'(文莊羅整菴先生欽順)이 실려 있다.

당백원(唐伯元, 1540~94) 자는 인준(仁峻)이고 호는 서대(曙臺)이다. 양명학은 육경과 공문의 학문이 아니라고 하면서, 왕수인을 공묘에 종사하는 것을 반대하는 상소를 올린 적이 있다. 또한 욕망을 부정적으로 취급하는 정주성리학에도 반대하면서, 타인과 더불어 욕망하는 것이 '중화위육'(中和位育)의 도(道)라고 주장했다. 지선(至善)의 성(性)과 유선유악(有善有惡)의 심(心)을 구별하고 '반신수덕'(反身修德)을 중요시하는 점에서 정주성리학의 노선 위에 있다고 할 수 있다. 저서에 『취경당집해』(醉經堂集解), 『논학서』(論學書) 등이 있다. 『명유학안』「감천학안」 6에 '문선당서대선생백원'(文選唐曙臺先生伯元)이 있다.

당중우(唐仲友, 1136~88) 자는 여정(與政)이며, 열재선생(說齋先生)으로 불렸다. '금화학파'(金華學派)의 창시인으로 진량(陳亮), 엽적(葉適) 등의 사상에 동조했다. 『송유학안』에서 전조망은 "영가학파가 강학할 때 가장 적극적으로 동조한 사람이었으나 왕래가 그다지 없었던 것은 이해하기 어렵다"고 하면서 '영가학파'로 묶지 않고 따로 '열재학안'(說齋學案)을 만들었다. 주희는 1182년 열 차례에 걸쳐 상주를 올려 당중우를 탐관오리로 탄핵했으며, 주희의 탄핵사건 후에 당중우는 다시 벼슬하지 않았다. 『송원학안』에 의하면 그 학문은 "하나의 주장이나 한 사람의 의견을 오로지 따르지 않고 마음속에 감춰두었다가 성인의 경에 비춰보아 맞으면 취하고 의심스러우면 뺐다." 『송원학안』 「열재학안」에 '제형당열재선생중우'(提刑唐說齋先生仲友)가 실려 있다.

당추(唐樞, 1497~1574) 자는 유중(惟中), 호는 자일(子一)이고, 사람들이 일암선생(一庵先生)이라고 불렀다. 가정(嘉靖) 연간에 이복달(李福達)을 탄핵하는 상소를 올려 삭직당하고 융경(隆慶) 초에 복직된 경력이 있다. 어려서 담약수(湛若水)에게 배웠으며, 뒤에는 담학(湛學)과 왕학(王學)을 화합시키는 양지학(良知學)에 대해 논했다. 『명유학안』 「감천학안」 4에 '주정당일암선생추'(主政唐一菴先生樞)가 있다.

반흥사(潘興嗣, 약 1023~1100) 자는 연지(延之)이다. 경사(經史)에 정통하고 시문(詩文)을 잘해서 존경받았다. 왕안석(王安石), 증공(曾鞏) 등과 교류했다. 평생 벼슬에 나아가지 않고 불교에 귀의하였다. 예장(豫章, 지금의 강서성 남창)에 은거, 독서와 거문고를 즐기면서 스스로를 '청일거사'(淸逸居士)라 불렀다. 저서에 『서산문집』(西山文集), 『시화보유』(詩話補遺)가 있다.

소옹(邵雍, 1011~77) 자는 강절(康節)이며 시호는 요부(堯夫)이다. 이지재(李之才)로부터 도상, 상수에 의해 『역』을 해석하는 전통을 이어받아, 수십 년 간의 연구 끝에 '선천역'(先天易)이라 불리는 역학이론을 수립했다. 30세 이후에 낙양으로 이주해 안락와(安樂窩)라는 암자에 살면서 스스로 안락선생이라 부르며 유유자적한 생활을 보냈다. 낙양에 은거해 있던 사마광, 부필(富弼) 등과 교유했으며, 정호, 정이, 장재 등과 학문적 벗이었다. 평생 관직에 나아가지 않고 은일(隱逸)했으나, 사상적으로는 유학자를 자임했다. 그의 주저인 『황극경세서』는 우주의 생성과 전개를 통찰하면서 편년으로 치란성세를 기록했다. 존재하는 모든 것의 근본에는 통일성이 있으며, 이 통일적 원리는 우주뿐만 아니라 인간의 마음에도 똑같이 적용된다는 그의 사상은 정주성리학의 형성에 근간이 되었다. 후에 북송오자(北宋五子)의 한 사람으로 꼽혔다. 『송원학안』 「백원학안」(百源學案)에 '강절소요부선생옹'(康節邵堯夫先生雍)이 실려 있다.

소철(蘇轍, 1039~1112) 자는 자유(子由)로, 소순(蘇洵)의 아들이고 동파(東坡) 소식(蘇軾)의 동생이다. 당송팔대가(唐宋八大家)의 한 사람으로서 정치사상이나 문학면에서 형과 아버지의 영향을 많이 받았다. 신법(新法)에 반대하는 서(書)를 올려 좌천되거나 탄핵되는 일을 경험했다. 구법당(舊法黨)이 세력을 얻은 뒤 다시 복직되었지만 사직하고 허(許), 곧 지금의 하남성(河南省) 허창현(許昌縣)에 별장을 짓고 창작생활을 하며 말년을 보냈다. 『춘추집해』(春秋集解), 『노자해』(老子解), 『고사』(古史), 『난성집』(欒城集) 등의 저작이 있다. 『송원학안』 「소씨촉학략」(蘇氏蜀學略)에 '문정소영빈선생철'(文定蘇穎濱先生轍)이 있다.

손신행(孫愼行, 1565~1636) 자는 문사(聞斯), 호는 기욱(淇澳)이다. 저서에 『중용신독의』(中庸愼獨義), 『사좌편』(史左編), 『현연재집』(玄宴齋集) 등이 있다. 『명유학안』 「동림학안」 2에 '문개손기욱선생신행'(文介孫淇澳先生愼行)이 있다.

송기(宋祁, 998~1061) 시호는 경문(景文)이며, 자는 자경(子京)이다. 형 상(庠)과 동시에 진사가 되어 사람들이 대, 소로 구별하며 이송(二宋)이라 불렀다. 사관수찬(史館修撰)으로서 『당서』(唐書)를 책임편찬하고, 뒤에 한림학사(翰林學士)가 되었다. 「명당노침의」(明堂路寢議)(『경문집』景文集 권42, 「의」議)를 지어, 명당과 노침이 이름은 다르지만 그 체제는 한가지임을 논했다.

심작철(沈作喆, 약 1147년 전후 활동) 자는 명원(明遠), 호는 우산(寓山), 호주(湖州) 사람. 『우간』(寓簡) 10권을 지었다.

안균(顔鈞, 1504~96) 자는 자화(子和), 호는 산농(山農) 또는 초부(樵夫)이다. 왕심재(王心齋)의 영향을 받았으며 나여방(근계)의 스승으로, 태주학파의 인물이다. 인간의 성은 본래 영묘한 것으로 학문이나 수양을 필요로 하지 않으며, 재화를 탐하고 색을 좋아하는 것도 인간의 자연으로, 그러한 욕망을 부정하는 것은 인이 아니라고 주장했다. 선유들이 남긴 도덕 규범에 속박되지 말고 스스로의 성에 따라 행동하라고 외쳤다. 과격한 사상과 유협적인 행동 때문에 체제측의 비난을 불러 투옥되어 생명의 위협을 받은 일도 있다.

양시(楊時, 1053~1135) 호는 귀산(龜山)이며, 자는 중립(中立)이다. 왕안석(王安石) 등의 신법당을 비난하고 왕안석의 작위를 박탈했지만, 나중에 신법당이 다시 득세하게 되자 도리어 관직에서 쫓겨났다. 만년에는 귀산(龜山)에 은거하여 귀산선생이라 불렸다. 정호(程顥), 정이(程頤)에게 학문을 배웠으며, 유초(游酢), 여대림(呂大臨), 사량좌(謝良佐)와 더불어 '정문(程門) 4제자'

로 불렸다. 주희(朱熹)의 학문은 간접적으로 그의 사상을 계승하고 있다. 저작으로 『이정수언』(二程粹言), 『귀산집』(龜山集) 등이 있다. 『송원학안』「귀산학안」(龜山學案)에 '문정양귀산선생시'(文靖楊龜山先生時)가 있다.

여곤(呂坤, 1536~1618)   자는 숙간(叔簡), 호는 신오(新吾) 또는 거위재(去僞齋)이다. 36세에 진사가 된 뒤 지방관을 역임했는데, 권력에 굴복하지 않고 공평무사한 태도로 일관하며 백성을 자애롭게 대했다고 한다. 뒤에 중앙으로 진출했는데, 그의 기탄없는 태도는 모함하는 사람들을 낳고 이 때문에 사직했다. 그 뒤에 40년 동안 재야에서 폭넓게 강학하여 많은 저술을 했는데, 그 가운데 많은 양을 스스로 불태웠다. 대표작 『신음어』(呻吟語)가 남아 있다.

엽적(葉適, 1150~1223)   자는 정칙(正則), 호는 수심(水心)이다. 시호는 충정(忠定)이다. 영가학파(永嘉學派)의 대표로서, 성리(性理)를 공담하는 것을 반대했다. '사공'(事功)의 학문을 제창하고 과격한 중원회복론을 주장하며, 주희, 육구연과 대립했다. 전통적인 '중본억말'(重本抑末)정책을 비판하면서 상업을 중시하고 상인의 지위를 높여야 한다고 주장했다. 철학적으로는 "사물이 있는 곳에 도가 있다"(物之所在, 道則在焉)는 입장으로, 실제로 사물을 고찰하여 의리를 정해야 한다고 주장했다. 정주성리학에서 높이 평가하는 증자(曾子), 자사(子思), 맹자(孟子) 등에 대해 대담한 비판을 했다. 저서 『습학기언』(習學記言), 『수심문집』(水心文集), 『수심별집』(水心別集)이 남아 있다. 『송원학안』「수심학안」(水心學案)에 '충정엽수심선생적'(忠定葉水心先生適)이 있다.

예사의(倪士毅, 약 1330년을 전후해서 활동)   자는 중굉(仲宏)이다. 기문산(祁門山)에 은거하며 강학했으므로 학자들이 도천선생(道川先生)이라고 불렀다. 저서에 『작의요결』(作義要訣)과 『사서집석』(四書輯釋)이 전해진다. 『사서집석』은 명대에 『사서대전』에 대거 흡수되었다. 『송원학안』「창주제유학안」(滄洲諸儒學案)에 '은군예도천선생사의'(隱君倪道川先生士毅)가 있다.

오징(吳澄, 1249~1333)   자는 유청(幼淸)이며, 만년에는 백청(伯淸)이라 불렸다. 원대를 대표하는 사상가이다. 남송 치하에서 태어나 정문해(程文海)에게 정주성리학을 배우고 도통을 이을 자로 자임했다. 31세에 남송이 멸망한 뒤, 원조 치하에서 재야에 있다가 정문해 등의 거듭되는 권유에 의해 53세에 원조에 출사했다. 풍부한 학식으로 허형(許衡)과 함께 원의 대유(大儒)로 병칭되었다. 오징의 사상은 정주성리학을 기조로 하면서, 태극, 이기 등에 부분적 수정을 가하고, 나아가 육상산 심학의 장점을 적극적으로 도입하여 정주성리학의 활성화를 도모했다. 『송원학안』「초려학안」(草廬學案)에 '문정오초려선생징'(文正吳草廬先生澄)이 있다.

왕간(王艮, 1483~1541) 자는 여지(汝止)이고, 호는 심재(心齋)이다. 왕간의 학문은 '성'(性)을 깨닫는 것을 으뜸으로 삼았다. 하나를 세워 그 이치를 안다면 현재 그대로 완성된 것이며 자유자재하다(見見成成自自在在)고 주장했다. 즉 현성양지(現成良知)를 주장했다. 내 몸에서 돌이켜 구하는 것이 또한 내 몸을 바르게 하여 지선에 머물게 하는 것이라고 하는 격물설(格物說)과, 명철(明哲)은 양지이고 명철보신(明哲保身)은 양지양능으로, 이른바 사려하지 않아도 알고 배우지 않아도 할 수 있는 것이라는 명철보신론(明哲保身論)을 개진했다. 황종희는 『명유학안』「태주학안」(泰州學案) '서'(序)에서 왕간과 왕기(王畿, 호는 용계龍谿)가 주축이 된 태주학파에 대해 다음과 같이 평했다. "양명선생의 학문은 태주(心齋)와 용계에 의해 천하에 유행하게 되었고, 또한 태주와 용계에 의해 점점 그 전승을 잃게 되었다. … 태주 뒤의 사람들은 대부분 맨손으로 용과 뱀을 잡았다. 이어서 안산농(顏山農), 하심은(何心隱) 일파에 이르면 마침내 더 이상 명교(名敎)가 통제할 수 있는 것이 아니었다." 『명유학안』「태주학안」에 '처사왕심재선생간'(處士王心齋先生艮)이 있다.

왕서(王恕, 1416~1508) 자는 종관(宗貫)이며, 호는 개암(介菴) 또는 석거(石渠)이다. 삼원학파(三原學派)를 창시했다. 『석거의견』(石渠意見)과 『습유』(拾遺), 『보결』(補缺)을 남겼다. 그 밖에 『왕단의공주의』(王端毅公奏議), 『역대명신간의』(歷代名臣諫議) 등이 있다. 『명유학안』「삼원학안」(三原學案)에 '단의왕석거선생서'(端毅王石渠先生恕)가 실려 있다.

왕시괴(王時槐, 1522~1605) 자는 자직(子直), 호는 당남(塘南)이다. 왕수인의 재전제자인 유문민(劉文敏)을 사사했다. 그 학문은 '투성'(透性)을 종(宗)으로 삼고 '연기'(研幾)를 요체로 삼았다고 한다. '투성'이란 성에 투철하라는 것으로, 그에게 성은 '선천지리'(先天之理)로서 언어를 용납하지 않는 것이었다. 그러므로 성의 노정을 통해 파악할 수 있을 뿐이었다. 『명유학안』「강우왕문학안」(江右王門學案)에 '태상왕당남선생시괴'(太常王塘南先生時槐)가 있다.

왕안석(王安石, 1021~1086) 자는 개보(介甫), 호는 반산(半山)이다. 1069~76

년에 신법(新法)이라는 혁신정책을 단행한 것으로 유명하다. 왕안석은 실용주의적인 경향이 강한 신법당(新法黨)에 속해 있었고, 이들은 대토지를 소유한 구법당(舊法黨)과 대립하고 있었다. 1058년 인종(仁宗)에게 그의 정치적 구상과 정치이론의 기초를 서술한 「만언서」(萬言書)를 올렸다. 1069년 참지정사(參知政事)가 되어 다양한 내용의 개혁정책을 실행에 옮겼다. 농민들이 고리대에 시달리지 않도록 한 대부정책인 청묘법(青苗法), 부세(賦稅)를 고르게 하기 위한 방전균세법(方田均稅法), 공납제를 대신한 균수법(均輸法) 등이 개혁정책의 골자였다. 개혁의 기본 골격은 신종(神宗)이 살아 있는 동안은 그대로 유지되었지만, 신종이 죽은 뒤에 개혁반대파들에 의해 폐지되었다. 왕안석은 유교경전에 대해서도 실용적인 응용을 중시하여, 『시경』(詩經), 『서경』(書經), 『주례』(周禮)를 독창적으로 해석하여 신의(新義)라 부르고 과거시험의 기본서로 채택하려는 시도도 했다. 또한 우아하고 깊이 있는 글로 당송팔대가 중 한 사람으로 꼽힌다. 『송원학안』 「형공신학략」(荊公新學略)에 '문공왕임천선생안석'(文公王臨川先生安石)이 있다.

왕자중(王自中, 1140~99) 자는 도보(道甫) 또는 도부(道夫)이다. 자호는 후헌거사(厚軒居士)이다. 여느 남송의 선비들처럼 경세치용(經世致用)의 이상을 품었고, 그의 학술은 사공의 경향이 농후했다. 이 점에서 영가학파(永嘉學派)의 종지(宗旨)와 상당히 일치한다고 평가된다. 진량(陳亮)은 자부심이 강한 사람이었지만 왕자중에 대해서는 존경을 표했으며, 왕자중의 서법(書法)을 좋아했다고 한다. 뒤에 엽적(葉適)은 진량과 왕자중을 함께 기리는 「진동보왕도보묘지명」(陳同甫王道甫墓志銘)을 지었다. 병법 연구서인 『손자신략』(孫子新略), 역대의 역사와 제도의 변천을 쓴 『역대연기』(歷代年紀), 『왕정기원』(王政紀原), 표계(表啓)·주찰(奏札)·시가(詩歌) 등을 엮은 『후헌집』(厚軒集) 등을 썼으나 전해지는 것은 없다. 『송원학안』 「용천학안」(龍川學案)에 '지주왕후헌선생자중'(知州王厚軒先生自中)이 있다.

요노(饒魯, 대략 1256년경 전후에 활동) 자는 백여(伯輿) 또는 중원(仲元)이며, 호는 쌍봉(雙峯)이다. 쌍봉선생으로 불린다. 주자의 사위인 황간(黃幹)의 문하로서 석동서원(石洞書院)을 세우고 강학하였다. 그의 학문은 주자를 근본으로 하기는 하였으나, 주자의 학설을 그대로 고수하지만은 않았다. 『오경강의』(五經講義), 『어맹기문』(語孟紀聞), 『근사록주』(近思錄注) 등을 저술하였다. 『송원학안』「쌍봉학안」(雙峯學案)에 '문원요쌍봉선생노'(文元饒雙峯先生魯)가 있다.

유종주(劉宗周, 1578~1645) 자는 기동(起東), 호는 염태(念台)이다. 예부주사 (禮部主事), 이부좌시랑(吏部左侍郎)을 역임했으며, 남경(南京)의 좌도어사 (左都御史)를 지냈다. 관직에 있으면서 직언을 자주 하여 황제와 권신의 미움 을 사 녹봉이 깎이거나 좌천이 되곤 했는데, 오히려 그 때문에 청류(淸流)의 명사로서 명성이 높았다. 황존소가 죽으면서 아들에게 유종주에게 배울 것을 당부했고, 황종희는 아버지의 명을 받들어 소흥에서 강학하던 유종주의 문하 에서 공부했다. 명(明)의 멸망 후 식음을 끊고 죽었다. 그의 학문은 왕양명(王 陽明)의 학통을 계승하면서 신독설(愼獨說)을 제창하였다. 황종희 외에도 진 확(陳確)을 제자로 두었다. 저작『유자전서』(劉子全書)와『유자전서유편』(劉 子全書遺編)이 있다.『명유학안』「즙산학안」(蕺山學案)에 '충단유염태선생종 주'(忠端劉念台先生宗周)가 있다.

육구연(陸九淵, 1139~93) 자는 자정(子靜), 호는 상산(象山), 시호는 문안(文 安)이다. 자신의 마음을 활발히 약동하게 하는 것을 가장 중요하게 생각하여 "우주는 나의 마음이며 나의 마음이 곧 우주"라는 말을 했다. 그는 나아가 "육 경이 모두 나의 각주"라고 하여 마음에 의해 경전의 권위도 뛰어넘었으며, 행 위의 규범도 마음의 위력에 의해 정해진다고 주장했다. 마음보다 이(理)를 중 시하는 주희의 성즉리설에 대해 심즉리설을 제창하여 주희와 남송의 학계를 양분했다. 육구연은 개별적 지식의 추구, 정신기능의 세분, 경전 주석의 정리 등을 모두 지엽말단의 것이라고 여겼다. 그가 죽은 뒤 그 저작들은『상산선생 전집』(象山先生全集)으로 정리되어 출판되었다. 1530년 그의 위패가 명조(明 朝)의 중앙 유교사원에 모셔졌다.『송원학안』「상산학안」(象山學案)에 '문안 육상산선생구연'(文安陸象山先生九淵)이 있다.

이동(李侗, 1093~1163) 자는 원중(愿中)이며, 연평(延平)선생이라 불렸다. 양 시(楊時)의 고족제자 나종언(羅從彦)을 사사하여『춘추』,『중용』,『논어』,『맹 자』에 관한 강의를 들었다. 또한 정좌공부의 중요성을 전수했다. 윤리도덕의 근원이 천리로서 인심의 깊은 곳에 엄존한다고 보고, 그 천리를 묵좌징심(默 坐澄心)의 공부에 의해 체인하는 것을 수양의 목표로 삼았다. 평생 벼슬하지 않고 초야에 있었으며, 주희를 제자로 가짐으로써 그의 학풍이 후세에 전해졌다. 주회와의 사이에 주고받은 왕복서간을 주회가 펴낸『연평답문』과『연평집』이 남아 있다.『송원학안』「예장학안」(豫章學案)에 '문정이연평선생동'(文靖李延平先生侗)이 있다.

이재(李材, 1529~1607)　자는 맹성(孟誠), 호는 견라(見羅)이다. 학자들은 견라(見羅)선생이라고 불렀다. 추수익(鄒守益)의 문하로, 허부원(許孚遠)과 함께 현성왕학을 반대하는 두 원류를 이루었다. 정주성리학과도 다르고 양명학과도 다른 '성종'(性宗)을 주창하며 '지수'(止修)의 학'을 입론했다. '심통성정'에서 마음(心)은 불안정한 채로 성에 교착된다고 비판하고, '심성혼일'의 양지심학은 불안정한 것이라고 비판했다. 그는 성을 미발로, 마음을 이발로 분별하고, 불안정한 마음과 격리된 성이 마음을 통어하고 부동의 주체를 확립시킨다고 생각했다. 이 성(性)에 머물며 몸을 닦는 것이 '지수의 학'이다. 저서에『정학당고』(正學堂稿),『관아당고』(觀我堂稿)가 있다.『명유학안』「지수학안」(止修學案)에 '중승이견라선생재'(中丞李見羅先生材)가 있다.

장식(張栻, 1133~80)　자는 경부(敬夫), 호는 남헌(南軒)이다. 호굉(胡宏)에게 배워 그의 사상을 계승했다. 장식은 성을 미발, 마음을 이발로 보았다. 미발의 세계는 사람이 오감에 의해 지각할 수 없는 것으로 수양의 대상이 아니며, 이발의 세계만을 수양의 대상으로 삼았다. 이발의 세계에 발현된 천리를 찰식하고 함양하여 그것을 차례로 충실하게 해가면 이윽고는 천리 자체를 체득할 수 있다고 주장했다. 주회(朱熹)는 장식과 만나 그의 사상에 영향을 받아「이발미발설」(已發未發說)을 썼다. 저서에『남헌역설』(南軒易說),『남헌집』(南軒集)이 있다.『송원학안』「남헌학안」(南軒學案)에 '선공장남헌선생식'(宣公張南軒先生栻)이 있다.

장재(張載, 1020~77)　자는 자후(子厚)이며, 통칭은 횡거(橫渠)선생이다. 38세에 진사가 되어 관직을 역임하다 왕안석의 신법(新法)에 반대하여 관직을 그만두고 독서와 강학으로 여생을 보냈다. 손자(孫子), 오자(吳子)의 군사학·도불 등을 섭렵하다 육경에서 실학의 이념을 찾았다. 낙양에서 이정(二程)과 함께『역』을 배우며 도학에의 지향을 확인하고 "역(易)으로 종(宗)을 삼고 중용(中庸)으로 체(體)를 삼고 공맹(孔孟)으로 법(法)을 삼는" 학풍을 수립하며 관학(關學)의 단초를 열었다. 실학이념의 탐구는『역설』(易說),『정몽』(正蒙),『경학리굴』(經學理窟) 등으로 결실을 맺었다.『정몽』(正蒙),「태화」(太和)를 중심으로 궁극적 본질로서 '태허즉기'(太虛卽氣)의 개념을 세우고, 천지만물은 이 태화기가 운동변화한 결과이며, 이는 또한 인간도덕의 근거라고 주장했다. 천인합일사상과 기질변화를 중심으로 하는 학문론을 전개했으며, 그 구체적 방법으로서 궁리(窮理)·허심(虛心)·득리(得理)를 제시했다. 그의 우주론은 주희(朱熹)가 이어받아 발전시켰으며, 왕부지(王夫之) 역시 다른 방면에서 그의 철학을 계승·발전시켰다. 『송원학안』「횡거학안」(橫渠學案)에 '헌공장횡거선생재'(獻公張橫渠先生載)가 있다.

정이(程頤, 1033~85) 자는 정숙(正叔), 호는 이천(伊川)으로, 정호(程顥)의 동생이다. 호안정(胡安定)을 사사했다. 형이 죽은 뒤 어린 황제 철종(哲宗)의 강관(講官)으로 출사했으며, 국자감의 조례 개정에 종사했다. 소동파(蘇東坡) 일파의 촉학(蜀學)과 싸우다 사천(四川)으로 유배당하기도 했다. 인간은 인의예지신의 오성(五性)을 갖추고 있으나 희로애구애오욕(喜怒哀懼愛惡欲)의 칠정(七情)이 움직이면 그 성이 손상되므로 정을 다스리기 위해 존심양성(存心養性)해야 한다고 주장했다. 이 입장은 사(邪)를 막으면 성(誠)은 저절로 보존되며, 경(敬)은 '주일무적'(主一無敵)이라는 설이 되었다. 48세 이후에는 장횡거설을 흡수하여 '궁리'(窮理)를 주장했다. 정이는 거경과 궁리, 성과 정, 이와 기의 대립을 통일할 것을 주장하며, 주희에 선행해서 이(理)의 철학을 제창했다. 그의 문집과 어록은 주희에 의해 정리되었다. 주희는 정이의 설을 주축으로 하여 자신의 설을 대성시켰다. 『송원학안』「이천학안」(伊川學案)에 '정공이천선생이'(正公伊川先生頤)가 있다.

정호(程顥, 1032~1107) 자는 백순(伯淳)이며, 명도(明道)선생이라 불렀다. 15~16세 때 주돈이(周敦頤)에게 배우며 강한 영향을 받고 과거의 학문이 아닌 도를 추구하는 학문을 했다. 그의 사상은 물아일체(物我一體)를 기조로 한다. 그 특색은 아(我)와 물(物)의 단순한 합일을 주장하는 것이 아니라, 둘을 구별하는 발상조차도 버리고 철저한 깨달음을 얻는 데 있었다. 이 만물일체의 인(仁)사상은 도학을 관류하는 생각으로, 육구연이나 명의 왕수인에게도 큰 영향을 주었다. 어록은 주희가 편집한 『정씨유서』(程氏遺書), 『정씨문집』(程氏文集) 등으로 묶였다. 『송원학안』「명도학안」(明道學案)에 '순공정명도선생호'(純公程明道先生顥)가 있다.

주돈이(周敦頤, 1017~73) 자는 무숙(茂叔), 호는 염계(濂溪)이다. 저서『태극

도설』(太極圖說)은 우주생성의 원리를 밝힌 것이다. 혼돈의 우주 본체를 '무극(無極)이면서 태극(太極)'이라고 설명하고, 태극의 '일동일정(一動一靜)'의 운동에 의해 음양 · 오행 · 만물로 이어지는 우주의 발생을 설명했다. 만물 가운데 인간은 가장 영묘한 존재이지만, 오성(五性)이 물(物)에 의해 움직이면 선악이 교차하므로 '주정무욕'(主靜無欲)을 종지로 하여 '성'(誠)을 보존하는 수양을 해야 한다고 주장했다. 마음을 다하여 수양하면 누구나 성인이 될 수 있다고 주장하는 이 수양론은 『통서』(通書)에 피력되었으며, 유학이 공유하는 궁극의 목표가 되었다. 그의 학설은 『역』과 『중용』의 사상을 주로 하여 도가의 본체론, 불교의 수양법도 가미된 것으로, 정주성리학의 성격 형성에 지대한 영향을 미쳤다. 『송원학안』 「염계학안」(濂溪學案)에 '원공주염계선생돈이'(元公周濂溪先生敦頤)가 있다.

주여등(周汝登, 1547~1629) 호는 해문(海門)이다. 나여방(羅汝芳)을 사사하여 '무선무악설'(無善無惡說)을 종지로 했다. 『명유학안』 「발범」(發凡)에서 황종희는 주여등에 대해 다음과 같이 평했다. "종래 이학의 책 가운데 먼저 주해문의 『성학종전』(聖學宗傳)이 있고 근래에는 손종원의 『이학종전』이 있는데, 이들 책에는 유학자들의 학설이 자못 갖춰져 있다. … 해문은 선학을 주장하며 금과 은과 동과 철을 어지럽혀 하나의 그릇으로 만들었으니, 이는 해문 한 사람의 종지이지 〔그의 책에 실린〕 각 학파의 종지가 아니다." 『명유학안』 「태주학안」에 '상보주해문선생여등'(尙寶周海門先生汝登)이 실려 있다.

주희(朱熹, 1130~1200) 자는 원회(元晦), 호는 회암(晦庵)이다. 24세부터 복건성 · 강서성 · 호남성 등의 지방관을 역임하다 65세에 황제의 정치고문관으로 승진했으나, 한탁주(韓侂胄) 일파의 책동으로 '위학'(僞學)의 오명을 쓰고 45일 만에 해임되었다. 어려서 아버지 주송(朱松) 밑에서 도학에 입문하였고, 아버지 사망 후에는 건안(建安)의 세 선생, 즉 호적계(胡籍溪), 유백수(劉白水), 유병산(劉屛山)을 사사하며 '위기'(爲己)의 학'을 배웠다. 이연평(李延平)과 만남으로써 선(禪)을 버리고, 호남학(湖南學)의 뛰어난 학자 장남헌과의 교유를 통해 마음의 작용에 대한 성찰을 심화했으며, 이윽고는 정론을 확립하고 사상가로서 자립하게 된다. 그의 가장 큰 사상적 과제는 마음과 객관세계의 대립을 어떻게 지양할 것인지에 관해서였다. '거경궁리'(居敬窮理)란 사회적 책임을 방기하는 불교의 '자사'(自私)적 태도와, 외부에 마음을 빼앗겨 마음의 수양을 게을리하여 주체성의 방기를 가져오는 태도를 모두 거부하는 방법론이었다. 즉 거경을 통해 주체성을 확립하고 궁리를 통해 사물에 내재하는 이(理)를 구명한다는 것이다. 저서에 『사서집주』(四書集註), 『근사록』(近思錄), 『시집전』(詩集傳), 『주역본의』(周易本義), 『서집전』(書集傳), 『초사집주』(楚辭集註), 『의례경전통해』(儀禮經傳通解), 『문공가례』(文公家禮), 『자치통감강목』(資治通鑑綱目), 『소학서』(小學書), 『명신언행록』(名臣言行錄) 등이 있다. 또한 시문을 모은 『주문공문집』(朱文公文集), 문인과의 좌담을 기록한 『주자어류』(朱子語類) 등도 있다. 『송원학안』 「회옹학안」(晦翁學案)에 '문공주회암선생희'(文公朱晦庵先生熹)가 있다.

진덕수(眞德秀, 1178~1235) 자는 경원(景元)인데, 후에는 경희(景希)로 고쳤다. 서산(西山)선생이라 불렸다. 정주학이 '위학'(僞學)으로 금지되었던 시기에 벼슬길에 나아가, 삼강오륜의 중요성을 진언하다 파면되었다. 재야에서 절개를 굽히지 않고 주희와 이정의 학을 재흥시키기 위해 진력했다. 주희 사후 '위학(僞學)의 금(禁)'을 해제시키기 위해 노력하여 성공했다. 그가 특히 심혈을 기울인 것은 『대학』의 구명으로, 『대학연의』(大學衍義)를 지어 주희의 '전체대용'(全體大用) 사상을 발양했다. 『논어』, 『맹자』, 『대학』, 『중용』과 주돈이(周敦頤), 정이(程頤), 정호(程顥), 주희(朱熹) 등이 '마음'에 대해 논한 것을 편집하고 여기에 자신의 찬어(贊語)와 주석을 단 『심경』을 편찬하기도 했다. 『송원학안』 「서산진씨학안」(西山眞氏學案)에 '문충진서산선생덕수'(文忠眞西山先生德秀)가 있다.

진량(陳亮, 1143~94) 자는 동보(同甫)이며, 호는 용천(龍川)이다. 어렸을 때부터 병법에 흥미를 가져 고대 용병술에 관한 책인 『작고론』(酌古論)을 지었다. 동시에 『대학』, 『중용』 등을 읽기를 권유받았으나 흥미를 느끼지 못했다고 한다. 1163~64년경 금과의 화해가 성립하자, 화해에 불만을 품고 「중흥론」(中興論)을 상주하여 북송 이래의 영토를 회복할 것을 주장했으나 채용되지 않았다. 이후 고향으로 돌아가 학문과 저술에 전념했다. 맹자 이후로는 당의 왕통(王通)만을 높이 평가했다. 그에게 성인의 학은 정치·경제·군사적 위기에서 국가를 구하고 민중의 생활을 안정시키는 것이었다. 이 입장에서 '사공'주의에 속한다. 주희보다 13세 연상으로 교우관계를 가졌지만, 개인의 수양에 중점을 두는 주희의 경향에 동조하지는 않았다. 고향 영강(永康)에서 학문을 전했으므로 영강학파라고 불린다. 저서에『용천문집』(龍川文集)이 있다.『송원학안』「용천학안」(龍川學案)에 '문의진용천선생량'(文毅陳龍川先生亮)이 있다.

진력(陳櫟, 1252～1334) 자는 수옹(壽翁)이다. 정우(定宇)선생이라 불렸다. 주희의 학문을 받들어, 송이 망하자 은거하여 저술에 전념했다.『정우집』(定宇集)을 남겼다.『송원학안』「창주제유학안」(滄洲諸儒學案)에 '향거진정우선생력'(鄉舉陳定宇先生櫟)이 있다.

진헌장(陳獻章, 1428～1500) 자는 공보(公甫)이며, 백사(白沙)선생으로 불렸다. 오여필(吳與弼)에게서 배우고 귀향하여 학문에 정진했다. 그의 학문은 정좌에 의해 마음을 '허명정일'(虛明靜一)하게 하여 천지우주에 충만한 인간주체를 확립하고자 하는 것이었다. 나에 의해 천지를 세우고, 모든 현상을 나로부터 나오게 하고, 우주를 내게 있도록 하는 경지를 목표로 했다. 마음의 주체를 확립하려 한 백사의 학은 심학(心學)이라고 불린다. 송대 육구연의 심학의 영향을 받았다. 선학이라는 비판을 받기도 했지만, 심학이 양명학에 의해 새로운 체계를 세우게 되자, 백사의 학은 그 선구로서 높이 평가받았다. 저서에『백사자전집』이 있다.『명유학안』「백사학안」(白沙學案), '문공진백사선생헌장'(文恭陳白沙先生獻章)에서 소개되고 있다.

진상도(陳祥道, 1053～93) 자는 용지(用之)이다. 왕안석(王安石)의 제자로서, 그의 사상은 경전을 말할 때는 반드시 새로운 뜻을 밝히고, 선유(先儒)의 주장과 옛 설들을 배척하는 데 힘쓴다는 왕안석의 방법을 계승하였다고 한다. 원우(元祐, 1086～93) 연간에『예서』를 완성하여 조정에 바쳤다.『송원학안』「형공신학략」(荊公新學略)에 '정우진선생상도'(正字陳先生詳道)가 있다.

추원표(鄒元標, 1551～1624) 자는 이첨(爾瞻), 호(號)는 남고(南皐)이다. 강서(江西) 사람으로 감찰어사라는 중앙관리가 되었을 때 황존소를 이끌었다. 무석(無錫) 동림서원의 사례를 따 북경에도 수선(首善)서원을 창건하여 강학했는데, 이 때문에 "당파를 결성하여 명예를 추구한다"는 탄핵을 받아 사임하고 낙향했다.『명유학안』「강우상전학안」8에 '충개추남고선생원표'(忠介鄒南皐先生元標)가 있다.

학경(郝敬, 1558～1639) 자는 중여(仲輿), 호는 초망(楚望)이다. 명의 유학자. 시정을 비판하다 핍박받아 귀향하여, 저술에 전념했다. 저서에『구경해』(九經解),『산초당집』(山草堂集),『지언』(知言),『시습신지』(時習新知)가 있다. 경학의 대가이다. 『시습신지』는 수필집으로 학경의 사상을 알 수 있는 글이다. 젊었을 때 불교와 노장에 심취했다가 중년에는 이학에 종사하고, 만년에 훈고학으로 돌아와 이단과 송명이학을 비판했다. 하학(下學)을 강조하여 실사실행을 주장하며 송명심학은 하학을 잃고 이단의 허무에 빠졌다고 비판했다. 육왕심학뿐 아니라 정주성리학도 비판했다.

허부원(許孚遠, 1535~1604) 자는 맹중(孟中), 호는 경암(敬庵)이며, 시호는 공간(恭簡)이다. 담약수(湛若水)의 문인으로, 양명과 담약수 학설을 조정한 당추(唐樞)를 사사했다. 주왕(朱王)의 두 학문을 조화시켜 자신의 설을 세웠는데, 주자보다도 성명의 엄존성과 순수성을 주장했으며, 이기적인 욕망을 끊고 성으로 복귀하는 극기의 학을 세웠다. 친구 이재(李材)와 함께 왕수인 아류들의 광란을 가라앉히는 임무를 맡아서, 고헌성(顧憲成), 유종주(劉宗周) 등의 학문을 이끌어냈다. 유종주는 허부원의 제자이다. 저서에 『경화당집』(敬和堂集)이 있다. 『명유학안』 「감천학안」 5에 '시랑허경암선생부원'(侍郎許敬菴先生孚遠)이 실려 있다.

황존소(黃尊素, 1584~1626) 황종희의 아버지로, 자는 진장(眞長)이다. 동림당의 성원으로 명말(明末) 정치투쟁의 와중에 죽은 '칠군자'(七君子)의 한 사람이다. 『명유학안』 「동림학안」 4에 '충단황백안선생존소'(忠端黃白安先生尊素)가 실려 있다.

『맹자』 원문

* 『맹자』 전체 원문을 실었으며 장구의 일련번호와 장구명은 이 책 『맹자사설』 주
해에 따랐다. 황종희가 비워놓은 장구도 보충해서 실었으며, 보충해서 실은 장구명
은 주해자가 붙였다. 그 경우는 한문 이름이 달려 있지 않은 것으로 구별된다.

권1(양혜왕 상·하)

1-1 맹자, 양혜왕을 만나다(孟子見梁惠王章)

孟子見梁惠王. 王曰, "叟! 不遠千里而來, 亦將有以利吾國乎?" 孟子對曰, "王! 何
必曰利? 亦有仁義而已矣. 王曰, '何以利吾國?' 大夫曰, '何以利吾家?' 士庶人曰,
'何以利吾身?' 上下交征利而國危矣. 萬乘之國, 弑其君者, 必千乘之家, 千乘之國,
弑其君者, 必百乘之家. 萬取千焉, 千取百焉, 不爲不多矣. 苟爲後義而先利, 不奪不
饜. 未有仁而遺其親者也, 未有義而後其君者也. 王亦曰仁義而已矣, 何必曰利?"

1-2 연못가의 양혜왕(王立於沼上章)

孟子見梁惠王. 王立於沼上, 顧鴻鴈麋鹿, 曰, "賢者亦樂此乎?" 孟子對曰, "賢者而
後樂此, 不賢者雖有此, 不樂也. 詩云, '經始靈臺, 經之營之, 庶民攻之, 不日成之.
經始勿亟, 庶民子來. 王在靈囿, 麀鹿攸伏, 麀鹿濯濯, 白鳥鶴鶴. 王在靈沼, 於牣魚
躍.' 文王以民力爲臺爲沼, 而民歡樂之, 謂其臺曰靈臺, 謂其沼曰靈沼, 樂其有麋鹿
魚鼈. 古之人與民偕樂, 故能樂也. 湯誓曰, '時日害喪, 予及女偕亡.' 民欲與之偕亡,
雖有臺池鳥獸, 豈能獨樂哉?"

1-3 양혜왕의 정치(寡人之於國也章)

梁惠王曰, "寡人之於國也. 盡心焉耳矣. 河內凶, 則移其民於河東, 移其粟於河內.

河東凶亦然. 察鄰國之政, 無如寡人之用心者. 鄰國之民不加少, 寡人之民不加多, 何也?" 孟子對曰, "王好戰, 請以戰喩. 填然鼓之, 兵刃旣接, 棄甲曳兵而走. 或百步而後止, 或五十步而後止, 以五十步笑百步, 則何如?" 曰, "不可, 直不百步耳, 是亦走也." 曰, "王如知此, 則無望民之多於鄰國也. 不違農時, 穀不可勝食也, 數罟不入洿池, 漁鼈不可勝食也, 斧斤以時入山林, 材木不可勝用也. 穀與漁鼈不可勝食, 材木不可勝用, 是使民養生喪死無憾也. 養生喪死無憾, 王道之始也. 五畝之宅, 樹之以桑, 五十者可以衣帛矣. 雞豚狗彘之畜, 無失其時, 七十者可以食肉矣. 百畝之田, 勿奪其時, 數口之家可以無飢矣. 謹庠序之敎, 申之以孝悌之義, 頒白者不負戴於道路矣. 七十者衣帛食肉, 黎民不飢不寒, 然而不王者, 未之有也. 狗彘食人食而不知檢, 塗有餓莩而不知發, 人死則曰, '非我也, 歲也.' 是何異於刺人而殺之, 曰, '非我也, 兵也.' 王無罪歲, 斯天下之民至焉."

1-4 사람을 죽이는 정치

梁惠王曰, "寡人願安承敎." 孟子對曰, "殺人以梃與刃, 有以異乎?" 曰, "無以異也." "以刃與政, 有以異乎?" 曰, "無以異也." 曰, "庖有肥肉, 廐有肥馬, 民有飢色, 野有餓莩, 此率獸而食人也. 獸相食, 且人惡之, 爲民父母, 行政, 不免於率獸而食人, 惡在其爲民父母也? 仲尼曰, '始作俑者, 其無後乎!' 爲其象人而用之也. 如之何其使斯民飢而死也?"

1-5 천하 막강의 진나라(晉國天下莫强章)

梁惠王曰, "晉國, 天下莫强焉, 叟之所知也. 及寡人之身, 東敗於齊, 長子死焉, 西喪地於秦七百里, 南辱於楚. 寡人恥之, 願比死者壹洒之, 如之何則可?" 孟子對曰, "地方百里而可以王. 王如施仁政於民, 省刑罰, 薄稅斂, 深耕易耨, 壯者以暇日修其孝悌忠信, 入以事其父兄, 出以事其長上, 可使制梃以撻秦楚之堅甲利兵矣. 彼奪其民時, 使不得耕耨以養其父母. 父母凍餓, 兄弟妻子離散. 彼陷溺其民, 王往而征之, 夫誰與王敵? 故曰, '仁者無敵.' 王請勿疑!"

1-6 양양왕(梁襄王章)

孟子見梁襄王, 出, 語人曰, "望之不似人君, 就之而不見所畏焉. 卒然問曰, '天下惡乎定?' 吾對曰, '定於一.' '孰能一之?' 對曰, '不嗜殺人者能一之.' '孰能與之?' 對曰, '天下莫不與也. 王知夫苗乎? 七八月之間旱, 則苗槁矣. 天油然作雲, 沛然下雨, 則苗浡然興之矣. 其如是, 孰能禦之? 今夫天下之人牧, 未有不嗜殺人者也. 如有不嗜殺人者, 則天下之民皆引領而望之矣. 誠如是也, 民歸之, 由水之就下, 沛然孰能禦之?'"

1-7 제나라 환공과 진나라 문공의 일(齊桓晉文之事章)

齊宣王問曰, "齊桓晉文之事可得聞乎?" 孟子對曰, "仲尼之徒無道桓文之事者, 是以後世無傳焉, 臣未之聞也. 無以則王乎?" 曰, "德何如則可以王矣?" 曰, "保民而王, 莫之能禦也." 曰, "若寡人者, 可以保民乎哉?" 曰, "可." 曰, "何由知吾可也?" 曰, "臣聞之胡齕, 曰, 王坐於堂上, 有牽牛而過堂下者, 王見之, 曰, '牛何之?' 對曰, '將以釁鐘.' 王曰, '舍之! 吾不忍其觳觫, 若無罪而就死地.' 對曰, '然則廢釁鐘與?' '何可廢也? 以羊易之!' 不識有諸?" 曰, "有之." 曰, "是心足以王矣. 百姓皆以王爲愛也, 臣固知王之不忍也." 王曰, "然, 誠有百姓者. 齊國雖褊小, 吾何愛一牛? 即不忍其觳觫, 若無罪而就死地, 故以羊易之也." 曰, "王無異於百姓之以王爲愛也. 以小易大, 彼惡知之? 王若隱其無罪而就死地, 則牛羊何擇焉?" 王笑曰, "是誠何心哉? 我非愛其財而易之以羊也. 宜乎百姓之謂我愛也." 曰, "無傷也, 是乃仁術也, 見牛未見羊也. 君子之於禽獸也, 見其生, 不忍見其死, 聞其聲, 不忍食其肉. 是以君子遠庖廚也." 王說曰, "詩云, '他人有心, 予忖度之.' 夫子之謂也. 夫我乃行之, 反而求之, 不得吾心. 夫子言之, 於我心有戚戚焉. 此心之所以合於王者, 何也?" 曰, "有復於王者曰, '吾力足以擧百鈞, 而不足以擧一羽, 明足以察秋毫之末, 而不見輿薪', 則王許之乎?" 曰, "否." "今恩足以及禽獸, 而功不至於百姓者, 獨何與? 然則一羽之不擧, 爲不用力焉, 輿薪之不見, 爲不用明焉, 百姓之不見保, 爲不用恩焉. 故王之不王, 不爲也, 非不能也." 曰, "不爲者與不能者之形何以異?" 曰, "挾太山以超北海, 語人曰, '我不能.' 是誠不能也. 爲長者折枝, 語人曰, '我不能.' 是不爲也, 非不能也. 故王之不王, 非挾太山以超北海之類也, 王之不王, 是折枝之類也. 老吾老, 以及人之老, 幼吾幼, 以及人之幼, 天下可運於掌. 詩云, '刑于寡妻, 至于兄弟, 以御于家邦.' 言擧斯心加諸彼而已. 故推恩足以保四海, 不推恩無以保妻子. 古之人所以大過人者, 無他焉, 善推其所爲而已矣. 今恩足以及禽獸, 而功不至於百姓者, 獨何與? 權然後知輕重, 度然後知長短. 物皆然, 心爲甚. 王請度之! 抑王興甲兵, 危士臣, 搆怨於諸侯, 然後快於心與?" 王曰, "否, 吾何快於是? 將以求吾所大欲也." 曰, "王之所大欲可得聞與?" 王笑而不言. 曰, "爲肥甘不足於口與? 輕煖不足於體與? 抑爲采色不足視於目與? 聲音不足聽於耳與? 便嬖不足使令於前與? 王之諸臣皆足以供之, 而王豈爲是哉?" "否, 吾不爲是也." 曰, "然則王之所大欲可知已, 欲辟土地, 朝秦楚, 莅中國而撫四夷也. 以若所爲求若所欲, 猶緣木而求魚也." 王曰, "若是其甚與?" 曰, "殆有甚焉. 緣木求魚, 雖不得魚, 無後災. 以若所爲求若所欲, 盡心力而爲之, 後必有災."
曰, "可得聞與?"曰, "鄒人與楚人戰, 則王以爲孰勝?"曰, "楚人勝."曰, "然則小固
不可以敵大, 寡固不可以敵衆, 弱固不可以敵强. 海內之地方千里者九, 齊集有其一.
以一服八, 何以異於鄒敵楚哉? 蓋亦反其本矣. 今王發政施仁, 使天下仕者皆欲立於
王之朝, 耕者皆欲耕於王之野, 商賈皆欲藏於王之市, 行旅皆欲出於王之塗, 天下之
欲疾其君者皆欲赴愬於王. 其若是, 孰能禦之?"王曰, "吾惛, 不能進於是矣. 願夫子
輔吾志, 明以教我. 我雖不敏, 請嘗試之."曰, "無恒産而有恒心者, 惟士爲能. 若民,
則無恒産, 因無恒心. 苟無恒心, 放辟邪侈, 無不爲已. 及陷於罪, 然後從而刑之, 是
罔民也. 焉有仁人在位罔民而可爲也? 是故明君制民之産, 必使仰足以事父母, 俯足
以畜妻子, 樂歲終身飽, 凶年免於死亡, 然後驅而之善, 故民之從之也輕. 今也制民之
産, 仰不足以事父母, 俯不足以畜妻子, 樂歲終身苦, 凶年不免於死亡. 此惟救死而恐
不贍, 奚暇治禮義哉? 王欲行之, 則盍反其本矣, 五畝之宅, 樹之以桑, 五十者可以衣
帛矣. 雞豚狗彘之畜, 無失其時, 七十者可以食肉矣. 百畝之田, 勿奪其時, 八口之家
可以無飢矣. 謹庠序之教, 申之以孝悌之義, 頒白者不負戴於道路矣. 老者衣帛食肉,
黎民不飢不寒, 然而不王者, 未之有也."

2-1 장포, 맹자를 만나다(莊暴見孟子章)

莊暴見孟子, 曰, "暴見於王, 王語暴以好樂, 暴未有以對也."曰, "好樂何如?"孟子
曰, "王之好樂甚, 則齊國其庶幾乎!"他日, 見於王曰, "王嘗語莊子以好樂, 有諸?"
王變乎色, 曰, "寡人非能好先王之樂也, 直好世俗之樂耳."曰, "王之好樂甚, 則齊其
庶幾乎! 今之樂猶古之樂也."曰, "可得聞與?"曰, "獨樂樂, 與人樂樂, 孰樂?"曰,
"不若與人."曰, "與少樂樂, 與衆樂樂, 孰樂?"曰, "不若與衆."臣請爲王言樂. 今
王鼓樂於此, 百姓聞王鐘鼓之聲, 管籥之音, 擧疾首蹙頞而相告曰, '吾王之好鼓樂,
夫何使我至於此極也? 父子不相見, 兄弟妻子離散.'今王田獵於此, 百姓聞王車馬之
音, 見羽旄之美, 擧疾首蹙頞而相告曰, '吾王之好田獵, 夫何使我至於此極也? 父子
不相見, 兄弟妻子離散.'此無他, 不與民同樂也. 今王鼓樂於此, 百姓聞王鐘鼓之聲,
管籥之音, 擧欣欣然有喜色而相告曰, '吾王庶幾無疾病與, 何以能鼓樂也?'今王田獵
於此, 百姓聞王車馬之音, 見羽旄之美, 擧欣欣然有喜色而相告曰, '吾王庶幾無疾病
與, 何以能田獵也?'此無他, 與民同樂也. 今王與百姓同樂, 則王矣."

2-2 문왕의 동산(文王之囿章)

齊宣王問曰, "文王之囿方七十里, 有諸?" 孟子對曰, "於傳有之." 曰, "若是其大乎?"
曰, "民猶以爲小也." 曰, "寡人之囿方四十里, 民猶以爲大, 何也?" 曰, "文王之囿方
七十里, 芻蕘者往焉, 雉兎者往焉, 與民同之. 民以爲小, 不亦宜乎? 臣始至於境, 問
國之大禁, 然後敢入. 臣聞郊關之內有囿方四十里, 殺其麋鹿者如殺人之罪. 則是方
四十里爲阱於國中. 民以爲大, 不亦宜乎?"

2-3 이웃나라와 사귀는 방법을 묻다(問交鄰國章)

齊宣王問曰, "交鄰國有道乎?" 孟子對曰, "有. 惟仁者爲能以大事小, 是故湯事葛,
文王事昆夷. 惟智者爲能以小事大, 故太王事獯鬻, 句踐事吳. 以大事小者, 樂天者
也, 以小事大者, 畏天者也. 樂天者保天下, 畏天者保其國. 詩云, '畏天之威, 于時保
之.'" 王曰, "大哉言矣! 寡人有疾, 寡人好勇." 對曰, "王請無好小勇. 夫撫劍疾視曰,
'彼惡敢當我哉!' 此匹夫之勇, 敵一人者也. 王請大之! 詩云, '王赫斯怒, 爰整其旅,
以遏徂莒, 以篤周祜, 以對于天下.' 此文王之勇也. 文王一怒而安天下之民. 書曰,
'天降下民, 作之君, 作之師, 惟曰其助上帝寵之. 四方有罪無罪惟我在, 天下曷敢有
越厥志?' 一人衡行於天下, 武王恥之. 此武王之勇也. 而武王亦一怒而安天下之民.
今王亦一怒而安天下之民, 民惟恐王之不好勇也."

2-4 설궁(雪宮章)

齊宣王見孟子於雪宮. 王曰, "賢者亦有此樂乎?" 孟子對曰, "有. 人不得, 則非其上
矣. 不得而非其上者, 非也, 爲民上而不與民同樂者, 亦非也. 樂民之樂者, 民亦樂其
樂, 憂民之憂者, 民亦憂其憂. 樂以天下, 憂以天下, 然而不王者, 未之有也. 昔者齊
景公問於晏子曰, '吾欲觀於轉附朝儛, 遵海而南, 放於琅邪, 吾何修而可以比於先王
觀也?' 晏子對曰, '善哉問也! 天子適諸侯曰巡狩. 巡狩者, 巡所守也. 諸侯朝於天子
曰述職. 述職者, 述所職也, 無非事者, 春省耕而補不足, 秋省斂而助不給. 夏諺曰,
吾王不遊, 吾何以休? 吾王不豫, 吾何以助? 一遊一豫, 爲諸侯度. 今也不然, 師行而
糧食, 飢者弗食, 勞者弗息, 睊睊胥讒, 民乃作慝. 方命虐民, 飮食若流. 流連荒亡,
爲諸侯憂. 從流下而忘反謂之流, 從流上而忘反謂之連, 從獸無厭謂之荒, 樂酒無厭
謂之亡. 先王無流連之樂, 荒亡之行, 惟君所行也.' 景公悅, 大戒於國, 出舍於郊. 於
是始興發補不足. 召大師曰, '爲我作君臣相說之樂!' 蓋徵招角招是也. 其詩曰, '畜君
何尤?' 畜君者, 好君也."

2-5 명당(明堂章)

齊宣王問曰, "人皆謂我毀明堂, 毀諸? 已乎?" 孟子對曰, "夫明堂者, 王者之堂也.

王欲行王政, 則勿毀之矣." 王曰, "王政可得聞與?" 對曰, "昔者文王之治岐也, 耕者九一, 仕者世祿, 關市譏而不征, 澤梁無禁, 罪人不孥. 老而無妻曰鰥, 老而無夫曰寡, 老而無子曰獨, 幼而無父曰孤. 此四者, 天下之窮民而無告者. 文王發政施仁, 必先斯四者. 詩云, '哿矣富人, 哀此煢獨.'" 王曰, "善哉言乎!" 曰, "王如善之, 則何爲不行?" 王曰, "寡人有疾, 寡人好貨." 對曰, "昔者公劉好貨, 詩云, '乃積乃倉, 乃裹餱糧, 于橐于囊. 思戢用光. 弓矢斯張, 干戈戚揚, 爰方啓行.' 故居者有積倉, 行者有裹囊也, 然後可以爰方啓行. 王如好貨, 與百姓同之, 於王何有?" 王曰, "寡人有疾, 寡人好色." 對曰, "昔者太王好色, 愛厥妃. 詩云, '古公亶父, 來朝走馬, 率西水滸, 至于岐下, 爰及姜女, 聿來胥宇.' 當是時也, 內無怨女, 外無曠夫. 王如好色, 與百姓同之, 於王何有?"

2-6 군주의 책임

孟子謂齊宣王曰, "王之臣有託其妻子於其友而之楚遊者, 比其反也, 則凍餒其妻子, 則如之何?" 王曰, "棄之." 曰, "士師不能治士, 則如之何?" 王曰, "已之." 曰, "四境之內不治, 則如之何?" 王顧左右而言他.

2-7 오래된 나라(故國章)

孟子見齊宣王, 曰, "所謂故國者, 非謂有喬木之謂也, 有世臣之謂也. 王無親臣矣, 昔者所進, 今日不知其亡也." 王曰, "吾何以識其不才而舍之?" 曰, "國君進賢, 如不得已, 將使卑踰尊, 疏踰戚, 可不愼與? 左右皆曰賢, 未可也, 諸大夫皆曰賢, 未可也, 國人皆曰賢, 然後察之, 見賢焉, 然後用之. 左右皆曰不可, 勿聽, 諸大夫皆曰不可, 勿聽, 國人皆曰不可, 然後察之, 見不可焉, 然後去之. 左右皆曰可殺, 勿聽, 諸大夫皆曰可殺, 勿聽, 國人皆曰可殺, 然後察之, 見可殺焉, 然後殺之. 故曰, 國人殺之也. 如此, 然後可以爲民父母."

2-8 걸과 주를 내몰다(放桀伐紂章)

齊宣王問曰, "湯放桀, 武王伐紂, 有諸?" 孟子對曰, "於傳有之." 曰, "臣弑其君, 可乎?" 曰, "賊仁者謂之'賊', 賊義者謂之'殘'. 殘賊之人謂之'一夫'. 聞誅一夫紂矣, 未聞弑君也."

2-9 집짓기(爲巨室章)

孟子見齊宣王, 曰, "爲巨室, 則必使工師求大木. 工師得大木, 則王喜, 以爲能勝其任也. 匠人斲而小之, 則王怒, 以爲不勝其任矣. 夫人幼而學之, 壯而欲行之, 王曰, '姑舍女所學而從我', 則何如? 今有璞玉於此, 雖萬鎰, 必使玉人彫琢之. 至於治國家,則曰, ‘姑舍女所學而從我’, 則何以異於敎玉人彫琢玉哉?”

2-10 연나라를 치다(伐燕章)

齊人伐燕, 勝之. 宣王問曰, “或謂寡人勿取, 或謂寡人取之. 以萬乘之國伐萬乘之國, 五旬而擧之, 人力不至於此. 不取, 必有天殃. 取之, 何如?” 孟子對曰, “取之而燕民悅, 則取之. 古之人有行之者, 武王是也. 取之而燕民不悅, 則勿取. 古之人有行之者, 文王是也. 以萬乘之國伐萬乘之國, 簞食壺漿以迎王師, 豈有他哉? 避水火也. 如水益深, 如火益熱, 亦運而已矣.”

2-11 제나라의 정벌

齊人伐燕, 取之. 諸侯將謀救燕. 宣王曰, “諸侯多謀伐寡人者, 何以待之?” 孟子對曰, “臣聞七十里爲政於天下者, 湯是也. 未聞以千里畏人者也. 書曰, ‘湯一征, 自葛始.’ 天下信之, 東面而征, 西夷怨, 南面而征, 北狄怨, 曰, ‘奚爲後我?’ 民望之, 若大旱之望雲霓也. 歸市者不止, 耕者不變, 誅其君而弔其民, 若時雨降. 民大悅. 書曰, ‘徯我后, 后來其蘇.’ 今燕虐其民, 王往而征之, 民以爲將拯己於水火之中也, 簞食壺漿以迎王師. 若殺其父兄, 係累其子弟, 毁其宗廟, 遷其重器, 如之何其可也? 天下固畏齊之强也, 今又倍地而不行仁政, 是動天下之兵也. 王速出令, 反其旄倪, 止其重器, 謀於燕衆, 置君而後去之, 則猶可及止也.”

2-12 추나라와 노나라의 싸움

鄒與魯鬨. 穆公問曰, “吾有司死者三十三人, 而民莫之死也. 誅之, 則不可勝誅, 不誅, 則疾視其長上之死而不救, 如之何則可也?” 孟子對曰, “凶年饑歲, 君之民老弱轉乎溝壑, 壯者散而之四方者, 幾千人矣, 而君之倉廩實, 府庫充, 有司莫以告, 是上慢而殘下也. 曾子曰, ‘戒之戒之! 出乎爾者, 反乎爾者也.’ 夫民今而後得反之也. 君無尤焉! 君行仁政, 斯民親其上, 死其長矣.”

2-13 제나라와 초나라 사이에 낀 등나라

滕文公問曰, “滕, 小國也, 間於齊·楚. 事齊乎? 事楚乎?” 孟子對曰, “是謀非吾所能及也. 無已, 則有一焉, 鑿斯池也, 築斯城也, 與民守之, 效死而民弗去, 則是可爲也.”

2-14 태왕처럼 하라

滕文公問曰, “齊人將築薛, 吾甚恐, 如之何則可?” 孟子對曰, “昔者大王居邠, 狄人侵之, 去之岐山之下居焉. 非擇而取之, 不得已也. 苟爲善, 後世子孫必有王者矣. 君子創業垂統, 爲可繼也. 若夫成功, 則天也. 君如彼何哉? 强爲善而已矣.”

2-15 소국인 등나라(滕小國章)

滕文公問曰, "滕, 小國也, 竭力以事大國, 則不得免焉, 如之何則可?" 孟子對曰, "昔者大王居邠, 狄人侵之. 事之以皮幣, 不得免焉, 事之以犬馬, 不得免焉, 事之以珠玉, 不得免焉. 乃屬其耆老而告之曰, '狄人之所欲者, 吾土地也. 吾聞之也, 君子不以其所以養人者害人. 二三子何患乎無君? 我將去之.' 去邠, 踰梁山, 邑于岐山之下居焉. 邠人曰, '仁人也, 不可失也.' 從之者如歸市. 或曰, '世守也, 非身之所能爲也. 效死勿去.' 君請擇於斯二者."

2-16 노나라 평공(魯平公章)

魯平公將出, 嬖人臧倉者請曰, "他日君出, 則必命有司所之. 今乘輿已駕矣, 有司未知所之, 敢請." 公曰, "將見孟子." 曰, "何哉, 君所謂輕身以先於匹夫者? 以爲賢乎? 禮義由賢者出, 而孟子之後喪踰前喪. 君無見焉!" 公曰, "諾." 樂正子入見, 曰, "君奚爲不見孟軻也?" 曰, "或告寡人曰, '孟子之後喪踰前喪,' 是以不往見也." 曰, "何哉, 君所謂踰者? 前以士, 後以大夫, 前以三鼎, 而後以五鼎與?" 曰, "否, 謂棺槨衣衾之美也." 曰, "非所謂踰也, 貧富不同也." 樂正子見孟子, 曰, "克告於君, 君爲來見也. 嬖人有臧倉者沮君, 君是以不果來也." 曰, "行, 或使之, 止, 或尼之. 行止, 非人所能也. 吾之不遇魯侯, 天也. 臧氏之子焉能使予不遇哉?"

권2(공손추 상·하)

3-1 제나라에서 벼슬한다면(當路於齊章)

公孫丑問曰, "夫子當路於齊, 管仲·晏子之功, 可復許乎?" 孟子曰, "子誠齊人也. 知管仲晏子而已矣. 或問乎曾西曰, '吾子與子路孰賢?' 曾西蹴然曰, '吾先子之所畏也.' 曰, '然則吾子與管仲孰賢?' 曾西艴然不悅, 曰, '爾何曾比予於管仲? 管仲得君如彼其專也, 行乎國政如彼其久也, 功烈如彼其卑也, 爾何曾比予於是.'" 曰, "管仲, 曾西之所不爲, 而子爲我願之乎?" 曰, "管仲以其君霸, 晏子以其君顯. 管仲·晏子猶不足爲與?" 曰, "以齊王, 由反手也." 曰, "若是, 則弟子之惑滋甚. 且以文王之德, 百年而後崩, 猶未洽於天下, 武王周公繼之, 然後大行. 今言王若易然, 則文王不足法與?" 曰, "文王何可當也? 由湯至於武丁, 賢聖之君六七作, 天下歸殷久矣, 久則難變也. 武丁朝諸侯, 有天下, 猶運之掌也. 紂之去武丁未久也, 其故家遺俗, 流風善政, 猶有存者, 又有微子·微仲·王子比干·箕子·膠鬲, 皆賢人也, 相與輔相之, 故久而後失之也. 尺地, 莫非其有也, 一民, 莫非其臣也, 然而文王猶方百里起, 是以難也. 齊人有言曰, '雖有智慧, 不如乘勢, 雖有鎡基, 不如待時.' 今時則易然也. 夏后·殷·周之盛, 地未有過千里者也, 而齊有其地矣, 雞鳴狗吠相聞, 而達乎四境, 而齊有其民矣. 地不改辟矣, 民不改聚矣, 行仁政而王, 莫之能禦也. 且王者之不作, 未有疏於此時者也, 民之憔悴於虐政, 未有甚於此時者也. 飢者易爲食, 渴者易爲飲. 孔子曰, '德之流行, 速於置郵而傳命.' 當今之時, 萬乘之國行仁政, 民之悅之, 猶解倒懸也. 故事半古之人, 功必倍之, 惟此時爲然.'

3-2 호연지기(浩然章)

公孫丑問曰, "夫子加齊之卿相, 得行道焉, 雖由此霸王, 不異矣. 如此, 則動心否乎?" 孟子曰, "否, 我四十不動心." 曰, "若是, 則夫子過孟賁遠矣." 曰, "是不難, 告子先我不動心." 曰, "不動心有道乎?" 曰, "有. 北宮黝之養勇也, 不膚撓, 不目逃, 思以一毫挫於人, 若撻之於市朝, 不受於褐寬博, 亦不受於萬乘之君, 視刺萬乘之君, 若刺褐夫, 無嚴諸侯, 惡聲至, 必反之. 孟施舍之所養勇也, 曰, '視不勝猶勝也, 量敵而後進, 慮勝而後會, 是畏三軍者也. 舍豈能爲必勝哉? 能無懼而已矣.' 孟施舍似曾子, 北宮黝似子夏. 夫二子之勇, 未知其孰賢, 然而孟施舍守約也. 昔者曾子謂子襄曰, '子好勇乎? 吾嘗聞大勇於夫子矣, 自反而不縮, 雖褐寬博, 吾不惴焉, 自反而縮, 雖千萬人, 吾往矣.' 孟施舍之守氣, 又不如曾子之守約也." 曰, "敢問夫子之不動心與告子之不動心, 可得聞與?" "告子曰, '不得於言, 勿求於心, 不得於心, 勿求於氣.' 不得於心, 勿求於氣, 可, 不得於言, 勿求於心, 不可. 夫志, 氣之帥也, 氣, 體之充也. 夫志至焉, 氣次焉, 故曰, '持其志, 無暴其氣.'" "旣曰, '志至焉, 氣次焉.' 又曰, '持其志, 無暴其氣.' 何也. 曰, "志壹, 則動氣, 氣壹, 則動志也, 今夫蹶者趨者, 是氣也, 而反動其心." "敢問夫子惡乎長?" 曰, "我知言, 我善養吾浩然之氣." "敢問何謂浩然之氣?" 曰, "難言也. 其爲氣也, 至大至剛, 以直養而無害, 則塞於天地之間. 其爲氣也, 配義與道, 無是, 餒也. 是集義所生者, 非義襲而取之也. 行有不慊於心, 則餒矣. 我故曰, 告子未嘗知義, 以其外之也. 必有事焉, 而勿正心, 勿忘, 勿助長也. 無若宋人然, 宋人有閔其苗之不長而揠之者, 芒芒然歸, 謂其人曰, '今日病矣! 予助苗長矣!' 其子趨而往視之, 苗則槁矣. 天下之不助苗長者寡矣. 以爲無益而舍之者, 不耘苗者也, 助之長者, 揠苗者也, 非徒無益, 而又害之." "何謂知言?" 曰, "詖辭知其所蔽, 淫辭知其所陷, 邪辭知其所離, 遁辭知其所窮. 生於其心, 害於其政, 發於其政, 害於其事. 聖人復起, 必從吾言矣." "宰我·子貢, 善爲說辭, 冉牛·閔子·顏淵善言德行. 孔子兼之, 曰, '我於辭命, 則不能也.' 然則夫子旣聖矣乎?" 曰, "惡! 是何言也? 昔者子貢問於孔子曰, '夫子聖矣乎?' 孔子曰, '聖則吾不能, 我學不厭而敎不倦也.' 子貢曰, '學不厭, 智也, 敎不倦, 仁也. 仁且智, 夫子旣聖矣.' 夫聖, 孔子不居, 是何言也?" "昔者竊聞之, 子夏·子游·子張皆有聖人之一體, 冉牛·閔子·顏淵則具體而微, 敢問所安." 曰, "姑舍是." 曰, "伯夷·伊尹何如?" 曰, "不同道. 非其君不事, 非其民不使, 治

則進, 亂則退, 伯夷也. 何事非君, 何使非民, 治亦進, 亂亦進, 伊尹也. 可以仕則仕,
可以止則止, 可以久則久, 可以速則速, 孔子也. 皆古聖人也, 吾未能有行焉, 乃所願,
則學孔子也." "伯夷·伊尹於孔子, 若是班乎?" 曰, "否, 自有生民而來, 未有孔子也."
曰, "然則有同與?" 曰, "有. 得百里之地而君之, 皆能以朝諸侯, 有天下, 行一不義,
殺一不辜, 而得天下, 皆不爲也. 是則同." 曰, "敢問其所以異." 曰, "宰我·子貢·有若,
智足以知聖人, 汙不至阿其所好. 宰我曰, '以予觀於夫子, 賢於堯舜遠矣.' 子貢曰,
'見其禮而知其政, 聞其樂而知其德, 由百世之後, 等百世之王, 莫之能違也. 自生民
以來, 未有夫子也.' 有若曰, '豈惟民哉? 麒麟之於走獸, 鳳凰之於飛鳥, 太山之於邱
垤, 河海之於行潦, 類也. 聖人之於民, 亦類也. 出於其類, 拔乎其萃, 自生民以來,
未有盛於孔子也.'"

3-3 왕도와 패도
孟子曰, "以力假仁者霸, 霸必有大國, 以德行仁者王, 王不待大. 湯以七十里, 文王
以百里. 以力服人者, 非心服也, 力不贍也, 以德服人者, 中心悅而誠服也, 如七十子
之服孔子也. 詩云, '自西自東, 自南自北, 無思不服.' 此之謂也."

3-4 인하면 영화롭게 된다
孟子曰, "仁則榮, 不仁則辱, 今惡辱而居不仁, 是猶惡濕而居下也. 如惡之, 莫如貴
德而尊士, 賢者在位, 能者在職, 國家閒暇, 及是時, 明其政刑. 雖大國, 必畏之矣.
詩云, '迨天之未陰雨, 徹彼桑土, 綢繆牖戶. 今此下民, 或敢侮予?' 孔子曰, '爲此詩
者, 其知道乎! 能治其國家, 誰敢侮之?' 今國家閒暇, 及是時, 般樂怠敖, 是自求禍
也. 禍福無不自己求之者. 詩云, '永言配命, 自求多福.' 太甲曰, '天作孼, 猶可違,
自作孼, 不可活.' 此之謂也."

3-5 빼어난 사람이 합당한 자리에 있음(俊傑在位章)
孟子曰, "尊賢使能, 俊傑在位, 則天下之士, 皆悅, 而願立於其朝矣, 市, 廛而不征,
法而不廛, 則天下之商皆悅, 而願藏於其市矣, 關, 譏而不征, 則天下之旅皆悅, 而願
出於其路矣, 耕者, 助而不稅, 則天下之農皆悅, 而願耕於其野矣, 廛, 無夫里之布,
則天下之民皆悅, 而願爲之氓矣. 信能行此五者, 則鄰國之民仰之若父母矣. 率其子
弟, 攻其父母, 自生民以來未有能濟者也. 如此, 則無敵於天下. 無敵於天下者, 天吏
也. 然而不王者, 未之有也."

3-6 사람은 모두 불인의 마음을 갖고 있다(人皆有不忍人之心章)
孟子曰, "人皆有不忍人之心. 先王有不忍人之心, 斯有不忍人之政矣. 以不忍人之心,

行不忍人之政, 治天下可運於掌上. 所以謂人皆有不忍人之心者, 今人乍見孺子將入於井, 皆有怵惕惻隱之心, 非所以內交於孺子之父母也, 非所以要譽於鄉黨朋友也, 非惡其聲而然也. 由是觀之, 無惻隱之心, 非人也, 無羞惡之心, 非人也, 無辭讓之心, 非人也, 無是非之心, 非人也. 惻隱之心, 仁之端也, 羞惡之心, 義之端也, 辭讓之心, 禮之端也, 是非之心, 智之端也. 人之有是四端也, 猶其有四體也. 有是四端而自謂不能者, 自賊者也, 謂其君不能者, 賊其君者也. 凡有四端於我者, 知皆擴而充之矣, 若火之始然, 泉之始達. 苟能充之, 足以保四海, 苟不充之, 不足以事父母."

3-7 화살 만드는 사람과 갑옷 만드는 사람
孟子曰, "矢人豈不仁於函人哉? 矢人惟恐不傷人, 函人惟恐傷人. 巫匠亦然. 故術不可不愼也. 孔子曰, '里仁爲美. 擇不處仁, 焉得智?'夫仁, 天之尊爵也, 人之安宅也. 莫之禦而不仁, 是不智也. 不仁·不智, 無禮·無義, 人役也. 人役而恥爲役, 由弓人而恥爲弓, 矢人而恥爲矢也. 如恥之, 莫如爲仁. 仁者如射, 射者正己而後發, 發而不中, 不怨勝己者, 反求諸己而已矣."

3-8 자로의 허물을 말해주다(子路人告之以有過章)
孟子曰, "子路人告之以有過則喜. 禹聞善言則拜. 大舜有大焉, 善與人同, 捨己從人, 樂取於人以爲善. 自耕稼陶漁, 以至爲帝, 無非取於人者. 取諸人以爲善, 是與人爲善者也. 故君子莫大乎與人爲善."

3-9 백이(伯夷章)
孟子曰, "伯夷, 非其君不事, 非其友不友. 不立於惡人之朝, 不與惡人言, 立於惡人之朝, 與惡人言, 如以朝衣朝冠坐於塗炭. 推惡惡之心, 思與鄉人立, 其冠不正, 望望然去之, 若將浼焉. 是故諸侯雖有善其辭命而至者, 不受也. 不受也者, 是亦不屑就已. 柳下惠不羞汙君, 不卑小官, 進不隱賢, 必以其道, 遺佚而不怨, 阨窮而不憫. 故曰, '爾爲爾, 我爲我, 雖袒裼裸裎於我側, 爾焉能浼我哉?'故由由然與之偕而不自失焉, 援而止之而止. 援而止之而止者, 是亦不屑去已." 孟子曰, "伯夷隘, 柳下惠不恭. 隘與不恭, 君子不由也."

4-1 하늘의 때와 땅의 이로움(天時不如地利章)
孟子曰, "天時不如地利, 地利不如人和. 三里之城, 七里之郭, 環而攻之而不勝. 夫環而攻之, 必有得天時者矣, 然而不勝者, 是天時不如地利也. 城非不高也. 池非不深也, 兵革非不堅利也, 米粟非不多也, 委而去之, 是地利不如人和也. 故曰, 域民不以封疆之界, 固國不以山谿之險, 威天下不以兵革之利. 得道者多助, 失道者寡助. 寡助之至, 親戚畔之, 多助之至, 天下順之. 以天下之所順, 攻親戚之所畔, 故君子有不戰, 戰必勝矣."

4-2 맹자, 제나라 왕을 만나려 하다(孟子將朝王章)

孟子將朝王, 王使人來曰, "寡人如就見者也, 有寒疾, 不可以風. 朝, 將視朝, 不識可使寡人得見乎?" 對曰, "不幸而有疾, 不能造朝." 明日, 出弔於東郭氏. 公孫丑曰, "昔者辭以病, 今日弔, 或者不可乎?" 曰, "昔者疾, 今日愈, 如之何不弔?" 王使人問疾, 醫來. 孟仲子對曰, "昔者有王命, 有采薪之憂, 不能造朝. 今病小愈, 趨造於朝, 我不識能至否乎?" 使數人要於路, 曰, "請必無歸, 而造於朝!" 不得已而之景丑氏宿焉. 景子曰, "內則父子, 外則君臣, 人之大倫也. 父子主恩, 君臣主敬. 丑見王之敬子也. 未見所以敬王也." 曰, "惡! 是何言也! 齊人無以仁義與王言者, 豈以仁義爲不美也? 其心曰, '是何足與言仁義也'云爾, 則不敬莫大乎是. 我非堯舜之道, 不敢以陳於王前, 故齊人莫如我敬王也." 景子曰, "否, 非此之謂也. 禮曰, '父召, 無諾, 君命召, 不俟駕.'固將朝也, 聞王命而遂不果, 宜與夫禮若不相似然." 曰, "豈謂是與? 曾子曰, '晉楚之富, 不可及也, 彼以其富, 我以吾仁, 彼以其爵, 我以吾義, 吾何慊乎哉?'夫豈不義而曾子言之? 是或一道也. 天下有達尊三, 爵一, 齒一, 德一. 朝廷莫如爵, 鄕黨莫如齒, 輔世長民莫如德. 惡得有其一以慢其二哉? 故將大有爲之君, 必有所不召之臣, 欲有謀焉, 則就之. 其尊德樂道, 不如是, 不足與有爲也. 故湯之於伊尹, 學焉而後臣之, 故不勞而王, 桓公之於管仲, 學焉而後臣之, 故不勞而霸. 今天下地醜德齊, 莫能相尙, 無他, 好臣其所敎, 而不好臣其所受敎. 湯之於伊尹, 桓公之於管仲, 則不敢召. 管仲且猶不可召, 而況不爲管仲者乎?"

4-3 진진(陳臻章)

陳臻問曰, "前日於齊, 王餽兼金一百, 而不受, 於宋, 餽七十鎰而受, 於薛, 餽五十鎰而受. 前日之不受是, 則今日之受非也, 今日之受是, 則前日之不受非也. 夫子必居一於此矣." 孟子曰, "皆是也. 當在宋也, 予將有遠行, 行者必以贐, 辭曰, '餽贐.'予何爲不受? 當在薛也, 予有戒心, 辭曰, '聞戒, 故爲兵餽之.'予何爲不受? 若於齊, 則未有處也. 無處而餽之, 是貨之也. 焉有君子而可以貨取乎?"

4-4 맹자, 평륙에 가다(孟子之平陸章)

孟子之平陸, 謂其大夫曰, "子之持戟之士, 一日而三失伍, 則去之否乎?" 曰, "不待三." "然則子之失伍也亦多矣. 凶年饑歲, 子之民, 老羸轉於溝壑, 壯者散而之四方者, 幾千人矣." 曰, "此非距心之所得爲也." 曰, "今有受人之牛羊而爲之牧之者, 則必爲之求牧與芻矣. 求牧與芻而不得, 則反諸其人乎? 抑亦立而視其死與?" 曰, "此則距心之罪也." 他日, 見於王曰, "王之爲都者, 臣知五人焉. 知其罪者, 惟孔距心." 爲王誦之. 王曰, "此則寡人之罪也."

4-5 지와

孟子謂蚳鼃曰, "子之辭靈丘而請士師, 似也, 爲其可以言也. 今旣數月矣, 未可以言與?" 蚳鼃諫於王而不用, 致爲臣而去. 齊人曰, "所以爲蚳鼃則善矣, 所以自爲則吾不知也." 公都子以告曰, "吾聞之也, 有官守者, 不得其職則去, 有言責者, 不得其言則去. 我無官守, 我無言責也, 則吾進退, 豈不綽綽然有餘裕哉?"

4-6 등나라에 문상가다(出弔於滕章)

孟子爲卿於齊, 出弔於滕, 王使蓋大夫王驩爲輔行. 王驩朝暮見, 反齊滕之路, 未嘗與之言行事也. 公孫丑曰, "齊卿之位, 不爲小矣, 齊滕之路, 不爲近矣, 反之而未嘗與言行事, 何也?" 曰, "夫旣或治之, 予何言哉?"

4-7 맹자, 노나라에서 장례를 치르다(孟子自齊葬於魯章)

孟子自齊葬於魯, 反於齊, 止於嬴. 充虞請曰, "前日不知虞之不肖, 使虞敦匠事. 嚴, 虞不敢請. 今願竊有請也, 木若以美然." 曰, "古者棺槨無度, 中古棺七寸, 槨稱之. 自天子達於庶人, 非直爲觀美也, 然後盡於人心. 不得, 不可以爲悅, 無財, 不可以爲悅. 得之爲有財, 古之人皆用之, 吾何爲獨不然? 且比化者無使土親膚, 於人心獨無恔乎? 吾聞之也, 君子不以天下儉其親."

4-8 제나라, 연나라를 정벌하다(齊人伐燕章)

沈同以其私問曰, "燕可伐與?" 孟子曰, "可, 子噲不得與人燕, 子之不得受燕於子噲. 有仕於此, 而子悅之, 不告於王而私與之吾子之祿爵, 夫士也, 亦無王命而私受之於子, 則可乎? 何以異於是?" 齊人伐燕. 或問曰, "勸齊伐燕, 有諸?" 曰, "未也, 沈同問 '燕可伐與?', 吾應之曰, '可', 彼然而伐之也. 彼如曰, '孰可以伐之?' 則將應之曰, '爲天吏, 則可以伐之.' 今有殺人者, 或問之曰, '人可殺與?' 則將應之曰, '可.' 彼如曰, '孰可以殺之?' 則將應之曰, '爲士師, 則可以殺之.' 今以燕伐燕, 何爲勸之哉?"

4-9 연나라 사람들, 반란을 일으키다(燕人畔章)

燕人畔. 王曰, "吾甚慙於孟子." 陳賈曰, "王無患焉. 王自以爲與周公孰仁且智?" 王曰, "惡! 是何言也!" 曰, "周公使管叔監殷, 管叔以殷畔, 知而使之, 是不仁也, 不知而使之, 是不智也. 仁智, 周公未之盡也, 而況於王乎? 賈請見而解之." 見孟子問曰, "周公何人也?" 曰, "古聖人也." 曰, "使管叔監殷, 管叔以殷畔也, 有諸?" 曰, "然."

曰, "周公知其將畔而使之與?"曰, "不知也." "然則聖人且有過與?"曰, "周公, 弟也, 管叔, 兄也. 周公之過, 不亦宜乎? 且古之君子, 過則改之, 今之君子, 過則順之. 古之君子, 其過也, 如日月之食, 民皆見之, 及其更也, 民皆仰之. 今之君子, 豈徒順之, 又從而爲之辭."

4-10 맹자, 객경에서 물러나다(孟子致爲臣章)

孟子致爲臣而歸. 王就見孟子, 曰, "前日願見而不可得, 得侍同朝, 甚喜, 今又棄寡人而歸, 不識可以繼此而得見乎?"對曰, "不敢請耳, 固所願也."他日, 王謂時子曰, "我欲中國而授孟子室, 養弟子以萬鍾, 使諸大夫國人皆有所矜式. 子盍爲我言之!"時子因陳子而以告孟子, 陳子以時子之言告孟子. 孟子曰, "然, 夫時子惡知其不可也? 如使予欲富, 辭十萬而受萬, 是爲欲富乎? 季孫曰, '異哉子叔疑! 使己爲政, 不用, 則亦已矣, 又使其子弟爲卿. 人亦孰不欲富貴? 而獨於富貴之中有私龍斷焉.' 古之爲市也, 以其所有易其所無者, 有司者治之耳. 有賤丈夫焉, 必求龍斷而登之, 以左右望, 而罔市利. 人皆以爲賤, 故從而征之. 征商自此賤丈夫始矣."

4-11 주읍에서 머무르다(宿於晝章)

孟子去齊, 宿於晝. 有欲爲王留行者, 坐而言. 不應, 隱几而臥. 客不悅曰, "弟子齊宿而後敢言, 夫子臥而不聽, 請勿復敢見矣."曰, "坐! 我明語子. 昔者魯繆公無人乎子思之側, 則不能安子思, 泄柳·申詳無人乎繆公之側, 則不能安其身. 子爲長者慮, 而不及子思, 子絕長者乎? 長者絕子乎?"

4-12 맹자, 제나라를 떠나다

孟子去齊. 尹士語人曰, "不識王之不可以爲湯武, 則是不明也, 識其不可, 然且至, 則是干澤也. 千里而見王, 不遇故去, 三宿而後出晝, 是何濡滯也? 士則玆不悅."高子以告. 曰, "夫尹士惡知予哉? 千里而見王, 是予所欲也, 不遇故去, 豈予所欲哉? 予不得已也. 予三宿而出晝, 於予心猶以爲速, 王庶幾改之! 王如改諸, 則必反予. 夫出晝, 而王不予追也, 予然後浩然有歸志. 予雖然, 豈舍王哉! 王由足用爲善, 王如用予, 則豈徒齊民安, 天下之民擧安. 王庶幾改之! 予日望之! 予豈若是小丈夫然哉? 諫於其君而不受, 則怒, 悻悻然見於其面, 去則窮日之力而後宿哉?"尹士聞之, 曰, "士誠小人也."

4-13 충우, 길에서 묻다(充虞路問章)

孟子去齊, 充虞路問曰, "夫子若有不豫色然. 前日虞聞諸夫子曰, '君子不怨天, 不尤人.'"曰, "彼一時, 此一時也. 五百年必有王者興, 其間必有名世者. 由周而來, 七百有餘世矣. 以其數, 則過矣, 以其時考之, 則可矣. 夫天未欲平治天下也, 如欲平治天下, 當今之世, 舍我其誰也? 吾何爲不豫哉?"

4-14 맹자, 제나라를 떠나 휴땅에 머물다
孟子去齊, 居休. 公孫丑問曰, "仕而不受祿, 古之道乎?" 曰, "非也, 於崇, 吾得見王, 退而有去志, 不欲變, 故不受也. 繼而有師命, 不可以請. 久於齊, 非我志也."

권3(등문공 상·하)

5-1 성이 선함을 말하다(道性善章)
滕文公爲世子, 將之楚, 過宋而見孟子. 孟子道性善, 言必稱堯舜. 世子自楚反, 復見孟子. 孟子曰, "世子疑吾言乎? 夫道一而已矣. 成覸謂齊景公曰, '彼, 丈夫也, 我, 丈夫也, 吾何畏彼哉?' 顏淵曰, '舜, 何人也? 予, 何人也? 有爲者亦若是.' 公明儀曰, '文王, 我師也, 周公豈欺我哉?' 今滕, 絶長補短, 將五十里也, 猶可以爲善國. 書曰, '若藥不瞑眩, 厥疾不瘳.'"

5-2 등나라의 세자
滕定公薨, 世子謂然友曰, "昔者孟子嘗與我言於宋, 於心終不忘. 今也不幸至於大故, 吾欲使子問於孟子, 然後行事." 然友之鄒問於孟子. 孟子曰, "不亦善乎! 親喪, 固所自盡也. 曾子曰, '生, 事之以禮, 死, 葬之以禮, 祭之以禮, 可謂孝矣.' 諸侯之禮, 吾未之學也, 雖然, 吾嘗聞之矣. 三年之喪, 齊疏之服, 飦粥之食, 自天子達於庶人, 三代共之." 然友反命, 定爲三年之喪. 父兄百官皆不欲, 曰, "吾宗國魯先君莫之行, 吾先君亦莫之行也. 至於子之身而反之, 不可. 且志曰, '喪祭從先祖.' 曰, '吾有所受之也.'" 謂然友曰, "吾他日未嘗學問, 好馳馬試劍. 今也父兄百官不我足也, 恐其不能盡於大事, 子爲我問孟子!" 然友復之鄒問孟子. 孟子曰, "然不可以他求者也. 孔子曰, '君薨, 聽於冢宰, 歠粥, 面深墨, 卽位而哭, 百官有司莫敢不哀, 先之也.' 上有好者, 下必有甚焉者矣. 君子之德, 風也, 小人之德, 草也. 草上之風, 必偃. 是在世子." 然友反命. 世子曰, "然, 是誠在我." 五月居廬, 未有命戒. 百官族人, 可謂曰知. 及至葬, 四方來觀之, 顏色之戚, 哭泣之哀, 弔者大悅.

5-3 등문공, 정치에 대해 묻다(滕文公問爲國章)
滕文公問爲國. 孟子曰, "民事不可緩也. 詩云, '晝爾于茅, 宵爾索綯, 亟其乘屋, 其始播百穀' 民之爲道也, 有恒産者有恒心, 無恒産者無恒心. 苟無恒心, 放辟邪侈, 無不爲已. 及陷乎罪, 然後從而刑之, 是罔民也. 焉有仁人在位, 罔民而可爲也? 是故賢君必恭儉禮下, 取於民有制. 陽虎曰, '爲富不仁也, 爲仁不富矣.' 夏后氏五十而貢, 殷人七十而助, 周人百畝而徹, 其實皆什一也. 徹者, 徹也, 助者, 藉也. 龍子曰, '治地莫善於助, 莫不善於貢.' 貢者, 校數歲之中以爲常. 樂歲, 粒米狼戾, 多取之而不爲虐, 則寡取之, 凶年, 糞其田而不足, 則必取盈焉. 爲民父母, 使民盻盻然, 將終歲勤動, 不得以養其父母, 又稱貸而益之, 使老稚轉乎溝壑, 惡在其爲民父母也? 夫世祿, 滕固行之矣. 詩云, '雨我公田, 遂及我私.' 惟助爲有公田. 由此觀之, 雖周亦助也. 設爲庠序學校以敎之. 庠者, 養也, 校者, 敎也, 序者, 射也. 夏曰敎, 殷曰序, 周曰庠, 學則三代共之, 皆所以明人倫也. 人倫明於上, 小民親於下. 有王者起, 必來取法, 是爲王者師也. 詩云, '周雖舊邦, 其命維新.' 文王之謂也. 子力行之, 亦以新子之國!" 使畢戰問井地. 孟子曰, "子之君將行仁政, 選擇而使子, 子必勉之! 夫仁政, 必自經界始. 經界不正, 井地不均, 穀祿不平, 是故暴君汙吏必慢其經界. 經界旣正, 分田制祿可坐而定也. 夫滕, 壤地褊小, 將爲君子焉, 將爲野人焉. 無君子, 莫治野人, 無野人, 莫養君子. 請野九一而助, 國中什一使自賦. 卿以下必有圭田, 圭田五十畝, 餘夫二十五畝. 死徙無出鄉, 鄉田同井, 出入相友, 守望相助, 疾病相扶持, 則百姓親睦. 方里而井, 井九百畝, 其中爲公田. 八家皆私百畝, 同養公田, 公事畢, 然後敢治私事, 所以別野人也. 此其大略也, 若夫潤澤之, 則在君與子矣."

5-4 허행(許行章)

有爲神農之言者許行, 自楚之滕, 踵門而告文公曰, "遠方之人聞君行仁政, 願受一廛而爲氓." 文公與之處. 其徒數十人, 皆衣褐, 捆屨, 織席以爲食. 陳良之徒陳相, 與其弟辛, 負耒耜而自宋之滕, 曰, "聞君行聖人之政, 是亦聖人也, 願爲聖人氓." 陳相見許行而大悅, 盡棄其學而學焉. 陳相見孟子, 道許行之言, "滕君則誠賢君也, 雖然, 未聞道也. 賢者與民並耕而食, 饔飧而治. 今也滕有倉廩府庫, 則是厲民而以自養也, 惡得賢?" 孟子曰, "許子必種粟而後食乎?" 曰, "然." "許子必織布而後衣乎?" 曰, "否, 許子衣褐." "許子冠乎?" 曰, "冠." "奚冠?" 曰, "冠素." 曰, "自織之與?" 曰, "否, 以粟易之." 曰, "許子奚爲不自織?" 曰, "害於耕." 曰, "許子以釜甑爨, 以鐵耕乎?" 曰, "然." "自爲之與?" 曰, "否, 以粟易之." "以粟易械器者, 不爲厲陶冶, 陶冶亦以其械器易粟者, 豈爲厲農夫哉? 且許子何不爲陶冶, 舍皆取諸其宮中而用之, 何爲紛紛然與百工交易? 何許子之不憚煩?" 曰, "百工之事固不可耕且爲也." "然則治天下獨可耕且爲與? 有大人之事, 有小人之事. 且一人之身, 而百工之所爲備, 如必自爲而後用之, 是率天下而路也. 故曰, 或勞心, 或勞力, 勞心者治人, 勞力者治於人, 治於人者食人, 治人者食於人, 天下之通義也. 當堯之時, 天下猶未平, 洪水橫流, 氾濫於天下, 草木暢茂, 禽獸繁殖, 五穀不登, 禽獸偪人, 獸蹄鳥跡之道交於中國. 堯獨憂之, 擧舜而敷治焉. 舜使益掌火, 益烈山澤而焚之, 禽獸逃匿. 禹疏九河, 瀹濟漯而注諸海, 決汝漢, 排淮泗而注之江, 然後中國可得而食也. 當是時也, 禹八年於外, 三過其門而不入, 雖欲耕, 得乎? 后稷敎民稼穡, 樹藝五穀, 五穀熟而民人育. 人之有道也, 飽食·煖衣·逸居而無敎, 則近於禽獸. 聖人有憂之, 使契爲司徒, 敎以人倫, 父子有親, 君臣有義, 夫婦有別, 長幼有序, 朋友有信. 放勳曰, '勞之來之, 匡之直之, 輔之翼之, 使自得之, 又從而振德之.' 聖人之憂民如此而暇耕乎? 堯以不得舜爲己憂, 舜以不得禹·皐陶爲己憂. 夫以百畝之不易爲己憂者, 農夫也. 分人以財謂之惠, 敎人以善謂之忠, 爲天下得人者謂之仁. 是故以天下與人易, 爲天下得人難. 孔子曰, '大哉堯之爲君! 惟天爲大, 惟堯則之, 蕩蕩乎民無能名焉! 君哉舜也! 巍巍乎有天下而不與焉!' 堯舜之治天下, 豈無所用心哉? 亦不用於耕耳. 吾聞用夏變夷者, 未聞變於夷者也. 陳良, 楚産也, 悅周公·仲尼之道, 北學於中國. 北方之學者, 未能或之先也. 彼所謂豪傑之士也. 子之兄弟事之數十年, 師死而遂倍之! 昔者孔子沒, 三年之外, 門人治任將歸, 入揖於子貢, 相嚮而哭, 皆失聲, 然後歸. 子貢反, 築室於場, 獨居三年, 然後歸. 他日, 子夏·子張·子游以有若似聖人, 欲以所事孔子事之, 强曾子. 曾子曰, '不可, 江漢以濯之, 秋陽以暴之, 皜皜乎不可尙已.' 今也南蠻鴃舌之人, 非先王之道, 子倍子之師而學之, 亦異於曾子矣. 吾聞出於幽谷遷於喬木者, 未聞下喬木而入於幽谷者. 魯頌曰, '戎狄是膺, 荊舒是懲.' 周公方且膺之, 子是之學, 亦爲不善變矣." "從許子之道, 則市賈不貳, 國中無僞, 雖使五尺之童適市, 莫之或欺. 布帛長短同, 則賈相若, 麻縷絲絮輕重同, 則賈相若, 五穀多寡同, 則賈相若, 屨大小同, 則賈相若." 曰, "夫物之不齊, 物之情也, 或相倍蓰, 或相什百, 或相千萬. 子比而同之, 是亂天下也. 巨屨小屨同賈, 人豈爲之哉? 從許子之道, 相率而爲僞者也, 惡能治國家?"

5-5 묵가 이지(墨者夷之章)

墨者夷之因徐辟而求見孟子. 孟子曰, "吾固願見, 今吾尙病, 病愈, 我且往見, 夷子不來!" 他日, 又求見孟子. 孟子曰, "吾今則可以見矣. 不直, 則道不見, 我且直之. 吾聞夷子墨者, 墨之治喪也, 以薄爲其道也, 夷子思以易天下, 豈以爲非是而不貴也, 然而夷子葬其親厚, 則是以所賤事親也." 徐子以告夷子. 夷子曰, "儒者之道, 古之人若保赤子, 此言何謂也? 之則以爲愛無差等, 施由親始." 徐子以告孟子. 孟子曰, "夫夷子信以爲人之親其兄之子爲若親其隣之赤子乎? 彼有取爾也. 赤子匍匐將入井, 非赤子之罪也. 且天之生物也, 使之一本, 而夷子二本故也. 蓋上世嘗有不葬其親者, 其親死, 則擧而委之於壑. 他日過之, 狐狸食之, 蠅蚋姑嘬之. 其顙有泚, 睨而不視. 夫泚也, 非爲人泚, 中心達於面目, 蓋歸反虆梩而掩之. 掩之誠是也, 則孝子仁人之掩其親, 亦必有道矣." 徐子以告夷子. 夷子憮然爲閒曰, "命之矣."

6-1 진대(陳代章)

陳代曰, "不見諸侯, 宜若小然, 今一見之, 大則以王, 小則以霸. 且志曰, '枉尺而直尋.' 宜若可爲也." 孟子曰, "昔齊景公田, 招虞人以旌, 不至, 將殺之. 志士不忘在溝壑, 勇士不忘喪其元. 孔子奚取焉? 取非其招不往也. 如不待其招而往, 何哉? 且夫枉尺而直尋者, 以利言也. 如以利, 則枉尋直尺而利, 亦可爲與? 昔者趙簡子使王良與嬖奚乘, 終日而不獲一禽. 嬖奚反命曰, '天下之賤工也.' 或以告王良. 良曰, '請復之.' 强而後可, 一朝而獲十禽. 嬖奚反命曰, '天下之良工也.' 簡子曰, '我使掌與女乘.' 謂王良. 良不可, 曰, '吾爲之範我馳驅, 終日不獲一, 爲之詭遇, 一朝而獲十. 詩云, 「不失其馳, 舍矢如破.」 我不貫與小人乘, 請辭' 御者且羞與射者比, 比而得禽獸, 雖若丘陵, 弗爲也. 如枉道而從彼, 何也? 且子過矣, 枉己者, 未有能直人者也."

6-2 경춘(景春章)

景春曰, "公孫衍·張儀豈不誠大丈夫哉? 一怒而諸侯懼, 安居而天下熄." 孟子曰, "是焉得爲大丈夫乎? 子未學禮乎? 丈夫之冠也, 父命之, 女子之嫁也, 母命之, 往送之門, 戒之曰, '往之女家, 必敬必戒, 無違夫子!' 以順爲正者, 妾婦之道也. 居天下之廣居, 立天下之正位, 行天下之大道, 得志, 與民由之, 不得志, 獨行其道. 富貴不能淫, 貧賤不能移, 威武不能屈, 此之謂大丈夫."

6-3 군자의 벼슬살이

周霄問曰, "古之君子仕乎?" 孟子曰, "仕. 傳曰, '孔子三月無君, 則皇皇如也, 出疆必載質.' 公明儀曰, '古之人三月無君, 則弔.'" "三月無君則弔, 不以急乎?" 曰, "士之失位也, 猶諸侯之失國家也. 禮曰, '諸侯耕助以供粢盛, 夫人蠶繅, 以爲衣服. 犧牲不成, 粢盛不潔, 衣服不備, 不敢以祭. 惟士無田, 則亦不祭.' 牲殺·器皿·衣服不備, 不敢以祭, 則不敢以宴, 亦不足弔乎?" "出疆必載質, 何也." 曰, "士之仕也. 猶農夫之耕也, 農夫豈爲出疆舍其耒耜哉?" 曰, "晉國亦仕國也, 未嘗聞仕如此其急. 仕如此其急也, 君子之難仕, 何也?" 曰, "丈夫生而願爲之有室, 女子生而願爲之有家, 父母之心, 人皆有之. 不待父母之命 媒妁之言, 鑽穴隙相窺, 踰牆相從, 則父母國人皆賤之. 古之人未嘗不欲仕也, 又惡不由其道. 不由其道而往者, 與鑽穴隙之類也."

6-4 팽경(彭更章)

彭更問曰, "後車數十乘, 從者數百人, 以傳食於諸侯, 不以泰乎?" 孟子曰, "非其道, 則一簞食不可受於人, 如其道, 則舜受堯之天下, 不以爲泰, 子以爲泰乎?" 曰, "否, 士無事而食, 不可也." 曰, "子不通功易事, 以羨補不足, 則農有餘粟, 女有餘布, 子如通之, 則梓匠輪輿皆得食於子. 於此有人焉, 入則孝, 出則悌, 守先王之道, 以待後之學者, 而不得食於子, 子何尊梓匠輪輿而輕爲仁義者哉?"曰, "梓匠輪輿, 其志將以求食也, 君子之爲道也. 其志亦將以求食與?"曰, "子何以其志爲哉? 其有功於子, 可食而食之矣. 且子食志乎? 食功乎?"曰, "食志."曰, "有人於此, 毀瓦畵墁, 其志將以求食也. 則子食之乎?"曰, "否."曰, "然則子非食志也, 食功也."

6-5 소국 송나라(宋小國也章)

萬章問曰, "宋, 小國也, 今將行王政, 齊楚惡而伐之, 則如之何?"孟子曰, "湯居亳, 與葛爲鄰, 葛伯放而不祀. 湯使人問之曰, '何爲不祀?'曰, '無以供犧牲也.'湯使遺之牛羊. 葛伯食之, 又不以祀. 湯又使人問之曰, '何爲不祀?'曰, '無以供粢盛也.'湯使亳衆往爲之耕, 老弱饋食, 葛伯率其民, 要其有酒食黍稻者奪之, 不授者殺之. 有童子以黍肉餉, 殺而奪之. 書曰, '葛伯仇餉.'此之謂也. 爲其殺是童子而征之, 四海之內皆曰, '非富天下也, 爲匹夫匹婦復讐也.'湯始征, 自葛載,'十一征而無敵於天下. 東面而征, 西夷怨, 南面而征, 北狄怨, 曰, '奚爲後我?'民之望之, 若大旱之望雨也. 歸市者弗止, 芸者不變, 誅其君, 弔其民, 如時雨降. 民大悅. 書曰, '徯我后, 后來其無罰!'有攸不惟臣, 東征, 綏厥士女, 篚厥玄黃, 紹我周王見休, 惟臣附于大邑周.'其君子實玄黃于篚以迎其君子, 其小人簞食壺漿以迎其小人, 救民於水火之中, 取其殘而已矣. 太誓曰, '我武惟揚, 侵于之疆, 則取于殘, 殺伐用張, 于湯有光.'不行王政云爾, 苟行王政, 四海之內皆擧首而望之, 欲以爲君, 齊楚雖大, 何畏焉?"

6-6 대불승

孟子謂戴不勝曰, "子欲子之王之善與? 我明告子. 有楚大夫於此, 欲其子之齊語也, 則使齊人傳諸? 使楚人傳諸?"曰, "使齊人傳之."曰, "一齊人傳之, 衆楚人咻之, 雖日撻而求其齊也, 不可得矣, 引而置之莊嶽之間數年, 雖日撻而求其楚, 亦不可得矣. 子謂薛居州, 善士也, 使之居於王所. 在於王所者, 長幼卑尊皆薛居州也, 王誰與爲不善? 在王所者, 長幼卑尊皆非薛居州也, 王誰與爲善? 一薛居州, 獨如宋王何?"

6-7 제후를 만나지 않는 이유(不見諸侯何義章)

公孫丑問曰, "不見諸侯何義?"孟子曰, "古者不爲臣不見. 段干木踰垣而辟之, 泄柳閉門而不納, 是皆已甚, 迫, 斯可以見矣. 陽貨欲見孔子而惡無禮, 大夫有賜於士, 不得受於其家, 則往拜其門. 陽貨矙孔子之亡也, 而饋孔子蒸豚, 孔子亦矙其亡也, 而往拜之. 當是時, 陽貨先, 豈得不見? 曾子曰, '脅肩諂笑, 病于夏畦.'子路曰, '未同而言, 觀其色赧赧然, 非由之所知也.'由是觀之, 則君子之所養, 可知已矣."

6-8 대영지(戴盈之章)

戴盈之曰, "什一, 去關市之征, 今玆未能, 請輕之, 以待來年, 然後已, 何如?" 孟子曰, "今有人日攘其鄰之雞者, 或告之曰, '是非君子之道.' 請損之, 月攘一雞, 以待來年, 然後已.' 如知其非義, 斯速已矣, 何待來年?"

6-9 말하기 좋아함(好辯章)

公都子曰, "外人皆稱夫子好辯, 敢問何也?" 孟子曰, "予豈好辯哉? 予不得已也. 天下之生久矣, 一治一亂. 當堯之時, 水逆行, 氾濫於中國, 蛇龍居之, 民無所定, 下者爲巢, 上者爲營窟. 書曰, '洚水警余.' 洚水者, 洪水也. 使禹治之. 禹掘地而注之海, 驅蛇龍而放之菹, 水由地中行, 江·淮·河·漢是也. 險阻旣遠, 鳥獸之害人者消, 然後人得平土而居之. 堯舜旣沒, 聖人之道衰, 暴君代作, 壞宮室以爲汙池, 民無所安息, 棄田以爲園囿, 使民不得衣食. 邪說暴行又作, 園囿·汙池·沛澤多而禽獸至. 及紂之身, 天下又大亂. 周公相武王誅紂, 伐奄三年討其君, 驅飛廉於海隅而戮之, 滅國者五十, 驅虎·豹·犀·象而遠之, 天下大悅. 書曰, '丕顯哉, 文王謨! 丕承哉, 武王烈! 佑啓我後人, 咸以正無缺.' 世衰道微, 邪說暴行有作, 臣弑其君者有之, 子弑其父者有之. 孔子懼, 作春秋. 春秋, 天子之事也. 是故孔子曰, '知我者其惟春秋乎! 罪我者其惟春秋乎!' 聖王不作, 諸侯放恣, 處士橫議, 楊朱·墨翟之言盈天下. 天下之言不歸楊, 則歸墨. 楊氏爲我, 是無君也, 墨氏兼愛, 是無父也. 無父無君, 是禽獸也. 公明儀曰, '庖有肥肉, 廄有肥馬, 民有飢色, 野有餓莩, 此率獸而食人也.' 楊墨之道不息, 孔子之道不著, 是邪說誣民, 充塞仁義也. 仁義充塞, 則率獸食人, 人將相食. 吾爲此懼, 閑先聖之道, 距楊墨, 放淫辭, 邪說者不得作. 作於其心, 害於其事, 作於其事, 害於其政. 聖人復起, 不易吾言矣. 昔者禹抑洪水而天下平, 周公兼夷狄, 驅猛獸而百姓寧, 孔子成春秋而亂臣賊子懼. 詩云, '戎狄是膺, 荊舒是懲, 則莫我敢承.' 無父無君, 是周公所膺也. 我亦欲正人心, 息邪說, 距詖行, 放淫辭, 以承三聖者, 豈好辯哉? 予不得已也. 能言距楊墨者, 聖人之徒也."

6-10 진중자(陳仲子章)

匡章曰, "陳仲子豈不誠廉士哉? 居於陵, 三日不食, 耳無聞, 目無見也. 井上有李, 螬食實者過半矣, 匍匐往, 將食之, 三咽, 然後耳有聞, 目有見." 孟子曰, "於齊國之士, 吾必以仲子爲巨擘焉. 雖然仲子惡能廉? 充仲子之操, 則蚓而後可者也. 夫蚓, 上食槁壤, 下飮黃泉. 仲子所居之室, 伯夷之所築與? 抑亦盜跖之所築與? 所食之粟, 伯夷之所樹與? 抑亦盜跖之所樹與? 是未可知也." 曰, "是何傷哉? 彼身織屨, 妻辟纑, 以易之也. 曰, "仲子, 齊之世家也, 兄戴, 蓋祿萬鍾, 以兄之祿爲不義之祿而不食也, 以兄之室爲不義之室而不居也, 辟兄離母, 處於於陵. 他日歸, 則有饋其兄生鵝者, 己頻顣曰, '惡用是鶃鶃者爲哉?' 他日, 其母殺是鵝也, 與之食之. 其兄自外至, 曰, '是鶃鶃之肉也.' 出而哇之. 以母則不食, 以妻則食之, 以兄之室則弗居, 以於陵則居之, 是尙爲能充其類也乎? 若仲子者, 蚓而後充其操者也."

권4(이루 상·하)

7-1 이루(離婁章)

孟子曰, "離婁之明, 公輸子之巧, 不以規矩, 不能成方圓, 師曠之聰, 不以六律, 不能正五音, 堯舜之道, 不以仁政, 不能平治天下. 今有仁心仁聞而民不被其澤, 不可法於後世者, 不行先王之道也. 故曰, 徒善不足以爲政, 徒法不能以自行. 詩云, '不愆不忘, 率由舊章.' 遵先王之法而過者, 未之有也. 聖人旣竭目力焉, 繼之以規矩準繩, 以爲方圓平直, 不可勝用也, 旣竭耳力焉, 繼之以六律正五音, 不可勝用也, 旣竭心思焉, 繼之以不忍人之政, 而仁覆天下矣. 故曰, 爲高必因丘陵, 爲下必因川澤, 爲政不因先王之道, 可謂智乎? 是以惟仁者宜在高位. 不仁而在高位, 是播其惡於衆也. 上無道揆也, 下無法守也, 朝不信道, 工不信度, 君子犯義, 小人犯刑, 國之所存者幸也. 故曰, 城郭不完, 兵甲不多, 非國之災也, 田野不辟, 貨財不聚, 非國之害也. 上無禮, 下無學, 賊民興, 喪無日矣. 詩曰, '天之方蹶, 無然泄泄.' 泄泄猶沓沓也. 事君無義, 進退無禮, 言則非先王之道者, 猶沓沓也. 故曰, 責難於君謂之恭, 陳善閉邪謂之敬, 吾君不能謂之賊."

7-2 자와 컴퍼스는 네모와 원의 극치이다(規矩方員之至章)

孟子曰, "規矩, 方員之至也, 聖人, 人倫之至也. 欲爲君, 盡君道, 欲爲臣, 盡臣道. 二者皆法堯舜而已矣. 不以舜之所以事堯事君, 不敬其君者也, 不以堯之所以治民治民, 賊其民者也. 孔子曰, '道二, 仁與不仁而已矣.' 暴其民甚則身弑國亡, 不甚則身危國削, 名之曰'幽'·'厲,' 雖孝子慈孫, 百世不能改之. 詩云, '殷鑒不遠, 在夏后之世.' 此之謂也."

7-3 삼대의 천하(三代之得天下章)

孟子曰, "三代之得天下也以仁, 其失天下也以不仁. 國之所以廢興存亡者亦然. 天子不仁, 不保四海, 諸侯不仁, 不保社稷, 卿大夫不仁, 不保宗廟, 士庶人不仁, 不保四體. 今惡死亡而樂不仁, 是猶惡醉而强酒."

7-4 자신의 인을 돌아보라(愛人不親反其仁章)

孟子曰, "愛人不親, 反其仁, 治人不治, 反其智, 禮人不答, 反其敬. 行有不得者皆反求諸己, 其身正而天下歸之. 詩云, '永言配命, 自求多福.'"

7-5 천하국가

孟子曰, "人有恒言, 皆曰, '天下國家.' 天下之本在國, 國之本在家, 家之本在身."

7-6 정치는 어렵지 않다(爲政不難章)

孟子曰, "爲政不難, 不得罪於巨室, 巨室之所慕, 一國慕之, 一國之所慕, 天下慕之, 故沛然德教溢乎四海."

7-7 천하에 도가 있다(天下有道章)

孟子曰, "天下有道, 小德役大德, 小賢役大賢, 天下無道, 小役大, 弱役强. 斯二者, 天也. 順天者存, 逆天者亡. 齊景公曰, '旣不能令, 又不受命, 是絶物也.' 涕出而女於吳. 今也小國師大國而恥受命焉, 是猶弟子而恥受命於先師也. 如恥之, 莫若師文王. 師文王, 大國五年, 小國七年, 必爲政於天下矣. 詩云, '商之孫子, 其麗不億. 上帝旣命, 侯于周服. 侯服于周, 天命靡常. 殷士膚敏, 祼將于京.' 孔子曰, '仁不可爲衆也. 夫國君好仁, 天下無敵.' 今也欲無敵於天下而不以仁, 是猶執熱而不以濯也. 詩云, '誰能執熱, 逝不以濯?'"

7-8 어질지 못한 사람과 함께 이야기할 수 없다(不仁者可與言哉章)

孟子曰, "不仁者可與言哉? 安其危而利其菑, 樂其所以亡者. 不仁而可與言, 則何亡國敗家之有? 有孺子歌曰, '滄浪之水淸兮, 可以濯我纓, 滄浪之水濁兮, 可以濯我足.' 孔子曰, '小子聽之! 淸斯濯纓, 濁斯濯足矣. 自取之也.' 夫人必自侮, 然後人侮之, 家必自毁, 而後人毁之, 國必自伐, 而後人伐之. 太甲曰, '天作孽, 猶可違, 自作孽, 不可活.' 此之謂也."

7-9 걸과 주, 천하를 잃다(桀紂之失天下章)

孟子曰, "桀紂之失天下也, 失其民也, 失其民者, 失其心也. 得天下有道, 得其民, 斯得天下矣, 得其民有道, 得其心, 斯得民矣, 得其心有道, 所欲與之聚之, 所惡勿施, 爾也. 民之歸仁也, 猶水之就下·獸之走壙也. 故爲淵敺魚者, 獺也, 爲叢敺爵者, 鸇也, 爲湯武敺民者, 桀與紂也. 今天下之君有好仁者, 則諸侯皆爲之敺矣. 雖欲無王, 不可得已. 今之欲王者, 猶七年之病求三年之艾也. 苟爲不畜, 終身不得. 苟不志於仁, 終身憂辱, 以陷於死亡. 詩云, '其何能淑, 載胥及溺.' 此之謂也."

7-10 스스로에게 난폭하게 구는 자(自暴者章)

孟子曰, "自暴者, 不可與有言也, 自棄者, 不可與有爲也. 言非禮義, 謂之自暴也, 吾身不能居仁由義, 謂之自棄也. 仁, 人之安宅也, 義, 人之安路也. 曠安宅而弗居, 舍正路而不由, 哀哉!"

7-11 도는 가까이 있다(道在爾章)

孟子曰, "道在邇而求諸遠, 事在易而求諸難, 人人親其親·長其長而天下平."

7-12 아랫자리에 처함(居下位章)

孟子曰, "居下位而不獲於上, 民不可得而治也. 獲於上有道, 不信於友, 弗獲於上矣. 信於友有道, 事親弗悅, 弗信於友矣. 悅親有道, 反身不誠, 不悅於親矣. 誠身有道, 不明乎善, 不誠其身矣. 是故誠者, 天之道也, 思誠者, 人之道也. 至誠而不動者, 未之有也, 不誠, 未有能動者也."

7-13 백이, 주를 피하다(伯夷辟紂章)

孟子曰, "伯夷辟紂, 居北海之濱, 聞文王作, 興曰, '盍歸乎來! 吾聞西伯善養老者.' 太公辟紂, 居東海之濱, 聞文王作, 興曰, '盍歸乎來! 吾聞西伯善養老者.' 二老者, 天下之大老也, 而歸之, 是天下之父歸之也. 天下之父歸之, 其子焉往? 諸侯有行文王之政者, 七年之內, 必爲政於天下矣."

7-14 염구, 계씨의 재상이 되다(求也爲季氏宰章)

孟子曰, "求也爲季氏宰, 無能改於其德, 而賦粟倍他日. 孔子曰, '求非我徒也, 小子鳴鼓而攻之可也.' 由此觀之, 君不行仁政而富之, 皆棄於孔子者也, 況於爲之强戰? 爭地以戰, 殺人盈野, 爭城以戰, 殺人盈城, 此所謂率土地而食人肉, 罪不容於死. 故善戰者服上刑, 連諸侯者次之, 辟草萊·任土地者次之."

7-15 사람에게 있는 것(存乎人者章)

孟子曰, "存乎人者, 莫良於眸子. 眸子不能掩其惡. 胸中正, 則眸子瞭焉, 胸中不正, 則眸子眊焉. 聽其言也, 觀其眸子, 人焉廋哉?"

7-16 공손한 사람은 남을 업신여기지 않는다(恭者不侮人章)

孟子曰, "恭者不侮人, 儉者不奪人. 侮奪人之君, 惟恐不順焉, 惡得爲恭儉? 恭儉豈可以聲音笑貌爲哉?"

7-17 물에 빠진 형수를 잡아 건짐(男女授受章)

淳于髡曰, "男女授受不親, 禮與?" 孟子曰, "禮也." 曰, "嫂溺, 則援之以手乎?" 曰, "嫂溺不援, 是豺狼也. 男女授受不親, 禮也, 嫂溺, 援之以手者, 權也." 曰, "今天下溺矣, 夫子之不援, 何也?" 曰, "天下溺, 援之以道, 嫂溺, 援之以手. 子欲手援天下乎?"

7-18 군자는 자식을 직접 가르치지 않음(君子之不敎子章)

公孫丑曰, "君子之不敎子, 何也?" 孟子曰, "勢不行也. 敎者必以正, 以正不行, 繼之以怒. 繼之以怒, 則反夷矣. '夫子敎我以正, 夫子未出於正也.' 則是父子相夷也. 父子相夷, 則惡矣. 古者易子而敎之, 父子之間不責善. 責善則離, 離則不祥莫大焉."

7-19 위대한 섬김(事孰爲大章)

孟子曰, "事孰爲大? 事親爲大, 守孰爲大? 守身爲大. 不失其身而能事其親者, 吾聞之矣, 失其身而能事其親者, 吾未之聞也. 孰不爲事? 事親, 事之本也, 孰不爲守? 守身, 守之本也. 曾子養曾晳, 必有酒肉, 將徹, 必請所與, 問有餘, 必曰, '有.' 曾晳死, 曾元養曾子, 必有酒肉, 將徹, 不請所與, 問有餘, 曰, '亡矣.' 將以復進也. 此所謂養口體者也. 若曾子, 則可謂養志也. 事親若曾子者, 可也."

7-20 사람의 잘못을 일일이 지적할 수 없다(人不足與適章)

孟子曰, "人不足與適也, 政不足閒也, 唯大人爲能格君心之非. 君仁, 莫不仁, 君義, 莫不義, 君正, 莫不正. 一正君而國正矣."

7-21 예상하지 못한 칭찬(有不虞之譽章)

孟子曰, "有不虞之譽, 有求全之毁."

7-22 쉽게 하는 말(人之易其言章)

孟子曰, "人之易其言也, 無責耳矣."

7-23 사람의 근심(人之患章)

孟子曰, "人之患在好爲人師."

7-24 악정자, 자오를 따라오다(樂正子從於子敖章)

樂正子從於子敖之齊. 樂正子見孟子. 孟子曰, "子亦來見我乎?" 曰, "先生何爲出此言也?" 曰, "子來幾日矣?" 曰, "昔者." 曰, "昔者, 則我出此言也, 不亦宜乎?" 曰, "舍館未定." 曰, "子聞之也, 舍館定, 然後求見長者乎?" 曰, "克有罪."

7-25 악정자를 꾸짖다

孟子謂樂正子曰, "子之從於子敖來, 徒餔啜也. 我不意子學古之道而以餔啜也."

7-26 세 가지 불효(不孝有三章)

孟子曰, "不孝有三, 無後爲大. 舜不告而娶, 爲無後也, 君子以爲猶告也."

7-27 인의 실제(仁之實章)

孟子曰, "仁之實, 事親是也, 義之實, 從兄是也, 智之實, 知斯二者弗去是也, 禮之實, 節文斯二者是也, 樂之實, 樂斯二者, 樂則生矣, 生則惡可已也, 惡可已, 則不知足之蹈之手之舞之."

7-28 천하가 크게 기뻐하다(天下大悅章)

孟子曰, "天下大悅而將歸己, 視天下悅而歸己, 猶草芥也, 惟舜爲然. 不得乎親, 不可以爲人, 不順乎親, 不可以爲子. 舜盡事親之道而瞽瞍底豫, 瞽瞍底豫而天下化, 瞽瞍底豫而天下之爲父子者定, 此之謂大孝."

8-1 순, 제풍에서 태어나다(舜生於諸馮章)

孟子曰, "舜生於諸馮, 遷於負夏, 卒於鳴條, 東夷之人也. 文王生於岐周, 卒於畢郢, 西夷之人也. 地之相去也, 千有餘里, 世之相後也, 千有餘歲. 得志行乎中國, 若合符節, 先聖後聖, 其揆一也."

8-2 자산, 정나라의 정사를 맡다(子産聽鄭國之政章)

子産聽鄭國之政, 以其乘輿濟人於溱洧. 孟子曰, "惠而不知爲政. 歲十一月, 徒杠成, 十二月, 輿梁成, 民未病涉也. 君子平其政, 行辟人, 可也, 焉得人人而濟之? 故爲政者, 每人而悅之, 日亦不足矣."

8-3 임금이 신하를 대하는 태도(君之視臣章)

孟子告齊宣王曰, "君之視臣如手足, 則臣視君如腹心, 君之視臣如犬馬, 則臣視君如國人, 君之視臣如土芥, 則臣視君如寇讎." 王曰, "禮, 爲舊君有服, 何如斯可爲服矣?" 曰, "諫行言聽, 膏澤下於民, 有故而去, 則君使人導之出疆, 又先於其所往, 去三年不反, 然後收其田里. 此之謂三有禮焉. 如此, 則爲之服矣. 今也爲臣, 諫則不行, 言則不聽, 膏澤不下於民, 有故而去, 則君搏執之, 又極之於其所往, 去之日, 遂收其田里. 此之謂寇讎. 寇讎, 何服之有?"

8-4 죄 없는 선비를 죽임(無罪而殺士章)

孟子曰, "無罪而殺士, 則大夫可以去, 無罪而戮民, 則士可以徙."

8-5 인한 군주

孟子曰, "君仁, 莫不仁, 君義, 莫不義."

8-6 예 아닌 예(非禮之禮章)

孟子曰, "非禮之禮, 非義之義, 大人弗爲."

8-7 중용의 사람이 그렇지 못한 사람을 기름(中也養不中章)

孟子曰, "中也養不中, 才也養不才, 故人樂有賢父兄也. 如中也棄不中, 才也棄不才, 則賢不肖之相去, 其間不能以寸."

8-8 하지 않는 일(人有不爲章)

孟子曰, "人有不爲也, 而後可以有爲."

8-9 남의 험담(言人之不善章)

孟子曰, "言人之不善, 當如後患何?"

8-10 중니는 너무 심한 것은 하지 않았다(仲尼不爲已甚章)

孟子曰, "仲尼不爲已甚者."

8-11 반드시 타인의 믿음을 기대하지 않는다(言不必信章)

孟子曰, "大人者, 言不必信, 行不必果, 惟義所在."

8-12 어린아이의 마음을 잃지 않음(不失赤子之心章)

孟子曰, "大人者, 不失其赤子之心者也."

8-13 산 사람을 부양함(養生章)

孟子曰, "養生者不足以當大事, 惟送死可以當大事."

8-14 군자, 깊이 탐구하다(君子深造章)

孟子曰, "君子深造之以道, 欲其自得之也. 自得之, 則居之安, 居之安, 則資之深, 資之深, 則取之左右逢其原, 故君子欲其自得之也."

8-15 넓게 배움(博學章)

孟子曰, "博學而詳說之, 將以反說約也."

8-16 선으로 타인을 복종시킴(以善服人章)

孟子曰, "以善服人者, 未有能服人者也. 以善養人, 然後能服天下. 天下不心服而王者, 未之有也."

8-17 내실 없는 말

孟子曰, "言無實不祥. 不祥之實, 蔽賢者當之."

8-18 중니, 자주 물을 찬미하다(仲尼亟稱於水章)

孟子曰, "原泉混混, 不舍晝夜, 盈科而後進, 放乎四海. 有本者如是, 是之取爾. 苟爲無本, 七八月之間雨集, 溝澮皆盈, 其涸也, 可立而待也. 故聲聞過情, 君子恥之."

8-19 사람이 금수와 다른 점(人之所以異章)

孟子曰, "人之所以異於禽獸者幾希, 庶民去之, 君子存之. 舜明於庶物, 察於人倫, 由仁義行, 非行仁義也."

8-20 우임금, 맛있는 술을 싫어하다(禹惡旨酒章)

孟子曰, "禹惡旨酒而好善言. 湯執中, 立賢無方. 文王視民如傷, 望道而未之見. 武王不泄邇, 不忘遠. 周公思兼三王, 以施四事, 其有不合者, 仰而思之, 夜以繼日, 幸而得之, 坐以待旦."

8-21 왕의 자취가 사라지다(王者之迹熄章)

孟子曰, "王者之迹熄而詩亡, 詩亡然後春秋作. 晉之乘, 楚之檮杌, 魯之春秋, 一也, 其事則齊桓·晉文, 其文則史. 孔子曰, '其義則丘竊取之矣.'"

8-22 군자의 영향(君子之澤章)

孟子曰, "君子之澤五世而斬, 小人之澤五世而斬. 予未得爲孔子徒也, 予私淑諸人也."

8-23 가져도 되는 것(可以取章)

孟子曰, "可以取, 可以無取, 取傷廉, 可以與, 可以無與, 與傷惠, 可以死, 可以無死,死傷勇."

8-24 방몽, 활쏘기를 배우다(逢蒙學射章)

逢蒙學射於羿, 盡羿之道, 思天下惟羿爲愈己, 於是殺羿. 孟子曰, "是亦羿有罪焉." 公明儀曰, "宜若無罪焉." 曰, "薄乎云爾, 惡得無罪? 鄭人使子濯孺子侵衛, 衛使庾公之斯追之. 子濯孺子曰, '今日我疾作, 不可以執弓, 吾死矣夫!' 問其僕曰, '追我者誰也?' 其僕曰, '庾公之斯也.' 曰, '吾生矣.' 其僕曰, '庾公之斯, 衛之善射者也, 夫子曰吾生, 何謂也?' 曰, '庾公之斯學射於尹公之他, 尹公之他學射於我. 夫尹公之他, 端人也, 其取友必端矣.' 庾公之斯至, 曰, '夫子何爲不執弓?' 曰, '今日我疾作, 不可以執弓.' 曰, '小人學射於尹公之他, 尹公之他學射於夫子. 我不忍以夫子之道反害夫子. 雖然, 今日之事, 君事也, 我不敢廢.' 抽矢, 扣輪, 去其金, 發乘矢而後反."

8-25 서시(西子章)

孟子曰, "西子蒙不潔, 則人皆掩鼻而過之, 雖有惡人, 齊戒沐浴, 則可以祀上帝."

8-26 세상 사람들이 말하는 성(天下之言性章)

孟子曰, "天下之言性也, 則故而已矣. 故者以利爲本. 所惡於智者, 爲其鑿也. 如智者若禹之行水也, 則無惡於智矣. 禹之行水也, 行其所無事也. 如智者亦行其所無事也, 則智亦大矣. 天之高也, 星辰之遠也, 苟求其故, 千歲之日至, 可坐而致也."

8-27 공행자(公行子章)

公行子有子之喪, 右師往弔. 入門, 有進而與右師言者, 有就右師之位而與右師言者. 孟子不與右師言, 右師不悅曰, "諸君子皆與驩言, 孟子獨不與驩言, 是簡驩也." 孟子聞之, 曰, "禮, 朝廷不歷位而相與言, 不踰階而相揖也. 我欲行禮, 子敖以我爲簡, 不亦異乎?"

8-28 군자가 소인과 다른 점(君子所以異章)

孟子曰, "君子所以異於人者, 以其存心也. 君子以仁存心, 以禮存心. 仁者愛人, 有禮者敬人. 愛人者, 人恒愛之, 敬人者, 人恒敬之. 有人於此, 其待我以橫逆, 則君子必自反也, 我必不仁也, 必無禮也, 此物奚宜至哉? 其自反而仁矣, 自反而有禮矣, 其橫逆由是也, 君子必自反也, 我必不忠. 自反而忠矣, 其橫逆由是也, 君子曰, '此亦妄人也已矣. 如此, 則與禽獸奚擇哉? 於禽獸又何難焉?' 是故君子有終身之憂, 無一朝之患也. 乃若所憂則有之, 舜, 人也, 我, 亦人也. 舜爲法於天下, 可傳於後世, 我由未免爲鄉人也, 是則可憂也. 憂之如何? 如舜而已矣. 若夫君子所患則亡矣. 非仁無爲也, 非禮無行也. 如有一朝之患, 則君子不患矣."

8-29 우임금과 후직의 태평시대(禹稷當平世章)

禹·稷當平世, 三過其門而不入, 孔子賢之. 顔子當難世, 居於陋巷, 一簞食, 一瓢飮,
人不堪其憂, 顔子不改其樂, 孔子賢之. 孟子曰, "禹·稷·顔回同道. 禹思天下有溺者,
由己溺之也, 稷思天下有餓者, 由己餓之也, 是以如是其急也. 禹·稷·顔子易地則皆
然. 今有同室之人鬪者, 救之, 雖被髮纓冠而救之, 可也, 鄕鄰有鬪者, 被髮纓冠而往
救之, 則惑也, 雖閉戶可也."

8-30 광장(匡章章)

公都子曰, "匡章, 通國皆稱不孝焉, 夫子與之遊, 又從而禮貌之, 敢問何也?" 孟子曰,
"世俗所謂不孝者五, 惰其四支, 不顧父母之養, 一不孝也, 博弈好飮酒, 不顧父母之
養, 二不孝也, 好貨財, 私妻子, 不顧父母之養, 三不孝也, 從耳目之欲, 以爲父母戮,
四不孝也, 好勇鬪很, 以危父母, 五不孝也. 章子有一於是乎? 夫章子, 子父責善而不
相遇也. 責善, 朋友之道也, 父子責善, 賊恩之大者. 夫章子, 豈不欲有夫妻子母之屬
哉? 爲得罪於父, 不得近, 出妻屛子, 終身不養焉. 其設心以爲不若是, 是則罪之大
者, 是則章子已矣."

8-31 증자, 무성에 거하다(曾子居武城章)

曾子居武城, 有越寇. 或曰, "寇至, 盍去諸?" 曰, "無寓人於我室, 毁傷其薪木." 寇
退, 則曰, "修我牆屋, 我將反." 寇退, 曾子反. 左右曰, "待先生如此其忠且敬也, 寇
至, 則先去以爲民望, 寇退, 則反, 殆於不可." 沈猶行曰, "是非汝所知也. 昔沈猶有
負芻之禍, 從先生者七十人, 未有與焉." 子思居於衛, 有齊寇. 或曰, "寇至, 盍去
諸?" 子思曰, "如伋去, 君誰與守?" 孟子曰, "曾子·子思同道. 曾子, 師也, 父兄也,
子思, 臣也, 微也. 曾子子思易地則皆然."

8-32 왕이 선생을 몰래 엿보게 하다(王使人瞷夫子章)

儲子曰, "王使人瞷夫子, 果有以異於人乎?" 孟子曰, "何以異於人哉? 堯舜與人同耳."

8-33 부끄러운 남편

齊人有　妻一妾而處室者, 其良人出, 則必饜酒肉而後反. 其妻問所與飮食者, 則盡
富貴也. 其妻告其妾曰, "良人出, 則必饜酒肉而後反, 問其與飮食者, 盡富貴也, 而
未嘗有顯者來, 吾將瞷良人之所之也." 蚤起, 施從良人之所之, 徧國中無與立談者.
卒之東郭墦間, 之祭者, 乞其餘, 不足, 又顧而之他. 此其爲饜足之道也. 其妻歸, 告

其妾, 曰, "良人者, 所仰望而終身也, 今若此." 與其妾訕其良人, 而相泣於中庭, 而良人未之知也, 施施從外來, 驕其妻妾. 由君子觀之, 則人之所以求富貴利達者, 其妻妾不羞也, 而不相泣者, 幾希矣.

권5(만장 상·하)

9-1 순, 밭에 가서 울다1(舜往于田二章)

萬章問曰, "舜往于田, 號泣于旻天, 何爲其號泣也?" 孟子曰, "怨慕也." 萬章曰, "'父母愛之, 喜而不忘, 父母惡之, 勞而不怨.' 然則舜怨乎?" 曰, "長息問於公明高曰, '舜往于田, 則吾旣得聞命矣, 號泣于旻天, 于父母, 則吾不知也.' 公明高曰, '是非爾所知也.' 夫公明高以孝子之心, 爲不若是恝, 我竭力耕田, 共爲子職而已矣, 父母之不我愛, 於我何哉? 帝使其子九男二女, 百官牛羊倉廩備, 以事舜於畎畝之中, 天下之士多就之者, 帝將胥天下而遷之焉. 爲不順於父母, 如窮人無所歸. 天下之士悅之, 人之所欲也, 而不足以解憂, 好色, 人之所欲, 妻帝之二女, 而不足以解憂, 富, 人之所欲, 富爲天下, 而不足以解憂, 人之所欲, 貴爲天子, 而不足以解憂. 人悅之·好色·富貴, 無足以解憂者, 惟順於父母可以解憂. 人少, 則慕父母, 知好色, 則慕少艾, 有妻子, 則慕妻子, 仕則慕君, 不得於君則熱中. 大孝終身慕父母. 五十而慕者, 予於大舜見之矣."

9-2 순, 밭에 가서 울다2(舜往于田二章)

萬章問曰, "詩云, '娶妻如之何? 必告父母.' 信斯言也, 宜莫如舜. 舜之不告而娶, 何也?" 孟子曰, "告則不得娶. 男女居室, 人之大倫也. 如告, 則廢人之大倫, 以懟父母, 是以不告也." 萬章曰, "舜之不告而娶, 則吾旣得聞命矣, 帝之妻舜而不告, 何也?" 曰, "帝亦知告焉則不得妻也." 萬章曰, "父母使舜完廩, 捐階, 瞽瞍焚廩. 使浚井, 出, 從而揜之. 象曰, '謨蓋都君咸我績, 牛羊父母, 倉廩父母, 干戈朕, 琴朕, 弤朕, 二嫂使治朕棲.' 象往入舜宮, 舜在牀琴. 象曰, '鬱陶思君爾.' 忸怩. 舜曰, '惟玆臣庶, 汝其于予治.' 不識舜不知象之將殺己與?" 曰, "奚而不知也? 象憂亦憂, 象喜亦喜." 曰, "然則舜僞喜者與?" 曰, "否, 昔者有饋生魚於鄭子産, 子産使校人畜之池. 校人烹之, 反命曰, '始舍之, 圉圉焉, 少則洋洋焉, 攸然而逝.' 子産曰, '得其所哉! 得其所哉!' 校人出, 曰, '孰謂子産智? 予旣烹而食之, 曰, 得其所哉, 得其所哉.' 故君子可欺以其方, 難罔以非其道. 彼以愛兄之道來, 故誠信而喜之, 奚僞焉?"

9-3 상, 날마다 순을 죽이려 하다(象日以殺舜爲事章)

萬章問曰, "象日以殺舜爲事, 立爲天子則放之, 何也?" 孟子曰, "封之也, 或曰, 放焉." 萬章曰, "舜流共工于幽州, 放驩兜于崇山, 殺三苗于三危, 殛鯀于羽山, 四罪而天下咸服, 誅不仁也. 象至不仁, 封之有庳. 有庳之人奚罪焉? 仁人固如是乎. 在他人則誅之, 在弟則封之?"曰, "仁人之於弟也, 不藏怒焉, 不宿怨焉, 親愛之而已矣. 親之, 欲其貴也, 愛之, 欲其富也. 封之有庳, 富貴之也. 身爲天子, 弟爲匹夫, 可謂親愛之乎?" "敢問或曰放者, 何謂也?"曰, "象不得有爲於其國, 天子使吏治其國而納其貢稅焉, 故謂之放. 豈得暴彼民哉? 雖然, 欲常常而見之, 故源源而來, '不及貢, 以政接于有庳.' 此之謂也."

9-4 함구몽(咸丘蒙章)

咸丘蒙問曰, "語云, '盛德之士, 君不得而臣, 父不得而子.' 舜南面而立, 堯帥諸侯北面而朝之, 瞽瞍亦北面而朝之. 舜見瞽瞍, 其容有蹙. 孔子曰, '於斯時也, 天下殆哉, 岌岌乎!' 不識此語誠然乎哉?" 孟子曰, "否, 此非君子之言, 齊東野人之語也. 堯老而舜攝也. 堯典曰, '二十有八載, 放勳乃徂落, 百姓如喪考妣, 三年, 四海遏密八音.' 孔子曰, '天無二日, 民無二王.' 舜旣爲天子矣, 又帥天下諸侯以爲堯三年喪, 是二天子矣." 咸丘蒙曰, "舜之不臣堯, 則吾旣得聞命矣. 詩云, '普天之下, 莫非王土, 率土之濱, 莫非王臣.' 而舜旣爲天子矣, 敢問瞽瞍之非臣, 如何?"曰, "是詩也, 非是之謂也, 勞於王事而不得養父母也. 曰, '此莫非王事, 我獨賢勞也.' 故說詩者, 不以文害辭, 不以辭害志. 以意逆志, 是爲得之. 如以辭而已矣, 雲漢之詩曰, '周餘黎民, 靡有孑遺.' 信斯言也, 是周無遺民也. 孝子之至, 莫大乎尊親, 尊親之至, 莫大乎以天下養. 爲天子父, 尊之至也, 以天下養, 養之至也. 詩曰, '永言孝思, 孝思維則.' 此之謂也. 書曰, '祇載見瞽瞍, 夔夔齊栗, 瞽瞍亦允若.' 是爲父不得而子也?"

9-5 요, 천하를 순에게 주다(堯以天下與舜章)

萬章曰, "堯以天下與舜, 有諸?" 孟子曰, "否, 天子不能以天下與人." "然則舜有天下也, 孰與之?"曰, "天與之." "天與之者, 諄諄然命之乎?"曰, "否, 天不言, 以行與事示之而已矣."曰, "以行與事示之者, 如之何?"曰, "天子能薦人於天, 不能使天與之天下, 諸侯能薦人於天子, 不能使天子與之諸侯, 大夫能薦人於諸侯, 不能使諸侯與之大夫. 昔者, 堯薦舜於天, 而天受之, 暴之於民, 而民受之, 故曰, 天不言, 以行與事示之而已矣."曰, "敢問薦之於天, 而天受之, 暴之於民, 而民受之, 如何?"曰, 使之主祭, 而百神享之, 是天受之, 使之主事, 而事治, 百姓安之, 是民受之也. 天與之, 人與之, 故曰, 天子不能以天下與人. 舜相堯二十有八載, 非人之所能爲也, 天也. 堯崩, 三年之喪畢, 舜避堯之子於南河之南, 天下諸侯朝覲者, 不之堯之子而之舜, 訟獄者, 不之堯之子而之舜, 謳歌者, 不謳歌堯之子而謳歌舜, 故曰, 天也. 夫然後之中國, 踐天子位焉. 而居堯之宮, 逼堯之子, 是簒也, 非天與也. 太誓曰, '天視自我民視, 天聽自我民聽.' 此之謂也."

9-6 사람들이 하는 말(人有言章)

萬章問曰, "人有言, '至於禹而德衰, 不傳於賢, 而傳於子.' 有諸?" 孟子曰, "否, 不然也, 天與賢則與賢, 天與子則與子. 昔者, 舜薦禹於天, 十有七年, 舜崩, 三年之喪畢, 禹避舜之子於陽城, 天下之民從之, 若堯崩之後不從堯之子而從舜也. 禹薦益於天, 七年, 禹崩, 三年之喪畢, 益避禹之子於箕山之陰. 朝覲訟獄者不之益而之啓, 曰, '吾君之子也.' 謳歌者不謳歌益而謳歌啓, 曰, '吾君之子也.' 丹朱之不肖, 舜之子亦不肖. 舜之相堯·禹之相舜也, 歷年多, 施澤於民久. 啓賢, 能敬承繼禹之道. 益之相禹也, 歷年少, 施澤於民未久. 舜·禹·益相去久遠, 其子之賢不肖, 皆天也, 非人之所能爲也. 莫之爲而爲者, 天也, 莫之致而至者, 命也. 匹夫而有天下者, 德必若舜禹, 而又有天子薦之者, 故仲尼不有天下. 繼世以有天下, 天之所廢, 必若桀紂者也, 故益·伊尹·周公不有天下. 伊尹相湯以王於天下, 湯崩, 太丁未立, 外丙二年, 仲壬四年, 太甲顚覆湯之典刑, 伊尹放之於桐, 三年, 太甲悔過, 自怨自艾, 於桐處仁遷義, 三年, 以聽伊尹之訓己也, 復歸于亳. 周公之不有天下, 猶益之於夏·伊尹之於殷也. 孔子曰, '唐虞禪, 夏后殷周繼, 其義一也.'"

9-7 이윤이 요리로 탕임금의 마음을 사려 하다(伊尹以割烹要湯章)

萬章問曰, "人有言, '伊尹以割烹要湯.' 有諸?" 孟子曰, "否, 不然, 伊尹耕於有莘之野, 而樂堯舜之道焉. 非其義也, 非其道也, 祿之以天下, 弗顧也, 繫馬千駟, 弗視也. 非其義也, 非其道也, 一介不以與人, 一介不以取諸人. 湯使人以幣聘之, 囂囂然曰, '我何以湯之聘幣爲哉? 我豈若處畎畝之中, 由是以樂堯舜之道哉?' 湯三使往聘之, 旣而幡然改曰, '與我處畎畝之中, 由是以樂堯舜之道, 吾豈若使是君爲堯舜之君哉? 吾豈若使是民爲堯舜之民哉? 吾豈若於吾身親見之哉? 天之生此民也, 使先知覺後知, 使先覺覺後覺也. 予, 天民之先覺者也, 予將以斯道覺斯民也. 非予覺之, 而誰也?' 思天下之民匹夫匹婦有不被堯舜之澤者, 若己推而內之溝中. 其自任以天下之重如此, 故就湯而說之以伐夏救民. 吾未聞枉己而正人者也, 況辱己以正天下者乎? 聖人之行不同也. 或遠, 或近, 或去, 或不去, 歸潔其身而已矣. 吾聞其以堯舜之道要湯, 未聞以割烹也. 伊訓曰, '天誅造攻自牧宮, 朕載自亳.'"

9-8 위나라에서의 공자(孔子於衛章)

萬章問曰, "或謂孔子於衛主癰疽, 於齊主侍人瘠環, 有諸乎?" 孟子曰, "否, 不然也,好事者爲之也. 於衛主顏讎由. 彌子之妻與子路之妻, 兄弟也. 彌子謂子路曰, '孔子主我, 衛卿可得也.' 子路以告. 孔子曰, '有命.' 孔子進以禮, 退以義, 得之不得曰'有命.' 而主癰疽與侍人瘠環, 是無義無命也. 孔子不悅於魯衛, 遭宋桓司馬將要而殺之, 微服而過宋, 是時孔子當阨, 主司城貞子, 爲陳侯周臣. 吾聞觀近臣, 以其所爲主, 觀遠臣, 以其所主. 若孔子主癰疽與侍人瘠環, 何以爲孔子?"

9-9 백리해

萬章問曰, "或曰, '百里奚自鬻於秦養牲者五羊之皮食牛以要秦穆公.' 信乎?" 孟子曰, "否, 不然, 好事者爲之也. 百里奚, 虞人也. 晉人以垂棘之璧與屈産之乘假道於虞以伐虢. 宮之奇諫, 百里奚不諫. 知虞公之不可諫而去之秦, 年已七十矣, 曾不知以食牛干秦穆公之爲汙也, 可謂智乎? 不可諫而不諫, 可謂不智乎? 知虞公之將亡而先去之, 不可謂不智也. 時擧於秦, 知穆公之可與有行也而相之, 可謂不智乎? 相秦而顯其君於天下, 可傳於後世, 不賢而能之乎? 自鬻以成其君, 鄕黨自好者不爲, 而謂賢者爲之乎?"

10-1 백이는 나쁜 것을 보지 않았다(伯夷目不視惡色章)

孟子曰, "伯夷, 目不視惡色, 耳不聽惡聲. 非其君, 不事, 非其民, 不使. 治則進, 亂則退. 橫政之所出, 橫民之所止, 不忍居也. 思與鄕人處, 如以朝衣朝冠坐於塗炭也. 當紂之時, 居北海之濱, 以待天下之淸故. 故聞伯夷之風者, 頑夫廉, 懦夫有立志. 伊尹曰, '何事非君? 何使非民?' 治亦進, 亂亦進, 曰, '天之生斯民也, 使先知覺後知, 使先覺覺後覺. 予, 天民之先覺者也. 予將以此道覺此民也.' 思天下之民匹夫匹婦有不與被堯舜之澤者, 若己推而內之溝中, 其自任以天下之重也. 柳下惠不羞汙君, 不辭小官. 進不隱賢, 必以其道. 遺佚而不怨, 阨窮而不憫. 與鄕人處, 由由然不忍去也. '爾爲爾, 我爲我, 雖袒裼裸裎於我側, 爾焉能浼我哉?' 故聞柳下惠之風者, 鄙夫寬, 薄夫敦. 孔子之去齊, 接淅而行, 去魯, 曰, '遲遲吾行也, 去父母國之道也.' 可以速則速, 可以久則久, 可以處則處, 可以仕則仕, 孔子也." 孟子曰, "伯夷, 聖之淸者也, 伊尹, 聖之任者也, 柳下惠, 聖之和者也, 孔子, 聖之時者也. 孔子之謂集大成. 集大成也者, 金聲而玉振之也. 金聲也者, 始條理也, 玉振之也者, 終條理也. 始條理者, 智之事也, 終條理者, 聖之事也. 智, 譬則巧也, 聖, 譬則力也. 由射於百步之外也. 其至, 爾力也, 其中, 非爾力也."

10-2 주나라 왕실의 작록(周室班爵祿章)

北宮錡問曰, "周室班爵祿也, 如之何?" 孟子曰, "其詳不可得而聞也, 諸侯惡其害己也, 而皆去其籍, 然而軻也嘗聞其略也. 天子一位, 公一位, 侯一位, 伯一位, 子男同一位, 凡五等也. 君一位, 卿一位, 大夫一位, 上士一位, 中士一位, 下士一位, 凡六等. 天子之制, 地方千里, 公侯皆方百里, 伯七十里, 子男五十里, 凡四等. 不能五十里, 不達於天子, 附於諸侯, 曰附庸. 天子之卿受地視侯, 大夫受地視伯, 元士受地視子男. 大國地方百里, 君十卿祿, 卿祿四大夫, 大夫倍上士, 上士倍中士, 中士倍下士, 下士與庶人在官者同祿, 祿足以代其耕也. 次國地方七十里, 君十卿祿, 卿祿三大夫, 大夫倍上士, 上士倍中士, 中士倍下士, 下士與庶人在官者同祿, 祿足以代其耕也. 小國地方五十里, 君十卿祿, 卿祿二大夫, 大夫倍上士, 上士倍中士, 中士倍下士, 下士與庶人在官者同祿, 祿足以代其耕也. 耕者之所獲, 一夫百畝, 百畝之糞, 上農夫食九人, 上次食八人, 中食七人, 中次食六人, 下食五人. 庶人在官者, 其祿以是爲差."

10-3 벗에 대해 묻다(敢問友章)

萬章問曰, "敢問友." 孟子曰, "不挾長, 不挾貴, 不挾兄弟而友. 友也者, 友其德也, 不可以有挾也. 孟獻子, 百乘之家也, 有友五人焉, 樂正裘, 牧仲, 其三人, 則予忘之矣. 獻子之與此五人者友也, 無獻子之家者也. 此五人者, 亦有獻子之家, 則不與之友矣. 非惟百乘之家爲然也, 雖小國之君亦有之. 費惠公曰, '吾於子思, 則師之矣, 吾於顔般, 則友之矣, 王順·長息則事我者也.' 非惟小國之君爲然也, 雖大國之君亦有之. 晉平公之於亥唐也, 入云則入, 坐云則坐, 食云則食, 雖蔬食菜羹, 未嘗不飽, 蓋不敢不飽也. 然終於此而已矣. 弗與共天位也, 弗與治天職也, 弗與食天祿也, 士之尊賢者也, 非王公之尊賢也. 舜尙見帝, 帝館甥于貳室, 亦饗舜, 迭爲賓主, 是天子而友匹夫也. 用下敬上, 謂之貴貴, 用上敬下, 謂之尊賢. 貴貴尊賢, 其義一也."

10-4 교제에 대해 묻다(敢問交際章)

萬章問曰, "敢問交際何心也." 孟子曰, "恭也." 曰, "'却之却之爲不恭', 何哉?" 曰, "尊者賜之, 曰, '其所取之者義乎, 不義乎?' 而後受之, 以是爲不恭, 故弗却也." 曰, "請無以辭却之, 以心却之, 曰, '其取諸民之不義也', 而以他辭無受, 不可乎?" 曰, "其交也以道, 其接也以禮, 斯孔子受之矣." 萬章曰, "今有禦人於國門之外者, 其交也以道, 其餽也以禮, 斯可受禦與?" 曰, "不可, 康誥曰, '殺越人于貨, 閔不畏死, 凡民罔不譈.' 是不待教而誅者也. 殷受夏, 周受殷, 所不辭也, 於今爲烈, 如之何其受之?" 曰, "今之諸侯取之於民也, 猶禦也. 苟善其禮際矣, 斯君子受之, 敢問何說也?" 曰, "子以爲有王者作, 將比今之諸侯而誅之乎? 其教之不改而後誅之乎? 夫謂非其有而取之者盜也, 充類至義之盡也. 孔子之仕於魯也, 魯人獵較, 孔子亦獵較. 獵較猶可, 而況受其賜乎?" 曰, "然則孔子之仕也, 非事道與?" 曰, "事道也." "事道奚獵較也?" 曰, "孔子先簿正祭器, 不以四方之食供簿正." 曰, "奚不去也?" 曰, "爲之兆也. 兆足以行矣, 而不行, 而後去, 是以未嘗有所終三年淹也. 孔子有見行可之仕, 有際可之仕, 有公養之仕. 於季桓子, 見行可之仕也, 於衛靈公, 際可之仕也, 於衛孝公, 公養之仕也."

10-5 벼슬은 가난 때문에 하는 것이 아니다(仕非爲貧也章)

孟子曰, "仕非爲貧也, 而有時乎爲貧, 娶妻非爲養也, 而有時乎爲養. 爲貧者, 辭尊居卑, 辭富居貧. 辭尊居卑, 辭富居貧, 惡乎宜乎? 抱關擊柝. 孔子嘗爲委吏矣, 曰, '會計當而已矣.' 嘗爲乘田矣, 曰, '牛羊茁壯長而已矣.' 位卑而言高, 罪也, 立乎人之本朝, 而道不行, 恥也."

10-6 제후가 군자를 대하는 예

萬章曰, "士之不託諸侯, 何也?" 孟子曰, "不敢也. 諸侯失國, 而後託於諸侯, 禮也, 士之託於諸侯, 非禮也." 萬章曰, "君餽之粟, 則受之乎?" 曰, "受之." "受之何義也?" 曰, "君之於氓也, 固周之." 曰, "周之則受, 賜之則不受, 何也?" 曰, "不敢也." 曰, "敢問其不敢何也?" 曰, "抱關擊柝者皆有常職以食於上, 無常職而賜於上者, 以爲不恭也." 曰, "君餽之, 則受之, 不識可常繼乎?" 曰, "繆公之於子思也, 亟問, 亟餽鼎肉. 子思不悅. 於卒也, 摽使者出諸大門之外, 北面稽首再拜而不受, 曰, '今而後知君之犬馬畜伋.' 蓋自是臺無餽也. 悅賢不能擧, 又不能養也, 可謂悅賢乎?" "敢問國君欲養君子, 如何斯可謂養矣?" 曰, "以君命將之, 再拜稽首而受. 其後廩人繼粟, 庖人繼肉, 不以君命將之. 子思以爲鼎肉使己僕僕爾亟拜也, 非養君子之道也. 堯之於舜也, 使其子九男事之, 二女女焉, 百官牛羊倉廩備, 以養舜於畎畝之中, 後擧而加諸上位, 故曰, 王公之尊賢者也."

10-7 왜 제후를 만나지 않는가(敢問不見諸侯章)

萬章曰, "敢問不見諸侯, 何義也?" 孟子曰, "在國曰市井之臣, 在野曰草莽之臣, 皆謂庶人. 庶人不傳質爲臣, 不敢見於諸侯, 禮也." 萬章曰, "庶人, 召之役, 則往役, 君欲見之, 召之, 則不往見之, 何也?" 曰, "往役, 義也, 往見, 不義也. 且君之欲見之也, 何爲也哉?" 曰, "爲其多聞也, 爲其賢也." 曰, "爲其多聞也, 則天子不召師, 而況諸侯乎? 爲其賢也, 則吾未聞欲見賢而召之也. 繆公亟見於子思, 曰, '古千乘之國以友士, 何如?' 子思不悅, 曰, '古之人有言曰, 事之云乎? 豈曰友之云乎?' 子思之不悅也, 豈不曰, '以位則子君也, 我臣也, 何敢與君友也? 以德則子事我者也, 奚可以與我友?' 千乘之君求與之友而不可得也, 而況可召與? 齊景公田, 招虞人以旌, 不至, 將殺之. 志士不忘在溝壑, 勇士不忘喪其元. 孔子奚取焉? 取非其招不往也." 曰, "敢問招虞人何以?" 曰, "以皮冠, 庶人以旃, 士以旂, 大夫以旌. 以大夫之招招虞人, 虞人死不敢往, 以士之招招庶人, 庶人豈敢往哉? 況乎以不賢人之招招賢人乎? 欲見賢人而不以其道, 猶欲其入而閉之門也. 夫義, 路也, 禮, 門也. 惟君子能由是路, 出入是門也. 詩云, '周道如底, 其直如矢, 君子所履, 小人所視.'"萬章曰, "孔子, 君命召, 不俟駕而行, 然則孔子非與?"曰, "孔子當仕有官職, 而以其官召之也."

10-8 한 고을의 선한 선비(一鄕之善士章)
孟子謂萬章曰, "一鄕之善士斯友一鄕之善士, 一國之善士斯友一國之善士, 天下之善士斯友天下之善士. 以友天下之善士爲未足, 又尙論古之人. 頌其詩, 讀其書, 不知其人, 可乎? 是以論其世也. 是尙友也."

10-9 동성의 경과 이성의 경
齊宣王問卿. 孟子曰, "王何卿之問也?"王曰, "卿不同乎?"曰, "不同, 有貴戚之卿, 有異姓之卿."王曰, "請問貴戚之卿."曰, "君有大過則諫, 反覆之而不聽, 則易位."王勃然變乎色. 曰, "王勿異也. 王問臣, 臣不敢不以正對."王色定, 然後請問異姓之卿. 曰, "君有過則諫, 反覆之而不聽, 則去."

권6(고자 상·하)

11-1 성은 갯버들과 같다(性猶杞柳章)
告子曰, "性猶杞柳也, 義猶桮棬也, 以人性爲仁義, 猶以杞柳爲桮棬."孟子曰, "子能順杞柳之性而以爲桮棬乎? 將戕賊杞柳而後以爲桮棬也? 如將戕賊杞柳而以爲桮棬, 則亦將戕賊人以爲仁義與? 率天下之人而禍仁義者, 必子之言夫!"

11-2 성은 단수와 같다(性猶湍水章)
告子曰, "性猶湍水也, 決諸東方則東流, 決諸西方則西流. 人性之無分於善不善也, 猶水之無分於東西也."孟子曰, "水信無分於東西, 無分於上下乎? 人性之善也, 猶水之就下. 人無有不善, 水無有不下. 今夫水, 搏而躍之, 可使過顙, 激而行之, 可使在山. 是豈水之性哉? 其勢則然也. 人之可使爲不善, 其性亦猶是也."

11-3 생명, 이를 성이라 한다(生之謂性章)
告子曰, "生之謂性."孟子曰, "生之謂性也, 猶白之謂白與?"曰, "然." "白羽之白也, 猶白雪之白, 白雪之白猶白玉之白與?"曰, "然." "然則犬之性猶牛之性, 牛之性猶人之性與?"

11-4 식욕과 성욕이 성이다(食色性也章)

告子曰, "食色, 性也. 仁, 內也, 非外也, 義, 外也, 非內也." 孟子曰, "何以謂仁內義外也?" 曰, "彼長而我長之, 非有長於我也, 猶彼白而我白之, 從其白於外也, 故謂之外也." 曰, "異於白馬之白也, 無以異於白人之白也, 不識長馬之長也, 無以異於長人之長與? 且謂長者義乎? 長之者義乎?" 曰, "吾弟則愛之, 秦人之弟則不愛也, 是以我爲悅者也, 故謂之內. 長楚人之長, 亦長吾之長, 是以長爲悅者也, 故謂之外也." 曰, "耆秦人之炙, 無以異於耆吾炙, 夫物則亦有然者也, 然則耆炙亦有外歟?"

11-5 의는 안에 있는가

孟季子問公都子曰, "何以謂義內也?" 曰, "行吾敬, 故謂之內也." "鄕人長於伯兄一歲, 則誰敬?" 曰, "敬兄." "酌則誰先?" 曰, "先酌鄕人." "所敬在此, 所長在彼, 果在外, 非由內也." 公都子不能答, 以告孟子. 孟子曰, "敬叔父乎? 敬弟乎? 彼將曰, '敬叔父.' 曰, '弟爲尸, 則誰敬?' 彼將曰, '敬弟.' 子曰, '惡在其敬叔父也?' 彼將曰, '在位故也.' 子亦曰, '在位故也. 庸敬在兄, 斯須之敬在鄕人.'" 季子聞之, 曰, "敬叔父則敬, 敬弟則敬, 果在外, 非由內也." 公都子曰, "冬日則飮湯, 夏日則飮水, 然則飮食亦在外也?"

11-6 공도자가 성에 대해 묻다(公都子問性章)

公都子曰, "告子曰, '性無善無不善也.' 或曰, '性可以爲善, 可以爲不善, 是故文武興, 則民好善, 幽厲興, 則民好暴.' 或曰, '有性善, 有性不善, 是故以堯爲君而有象, 以瞽瞍爲父而有舜, 以紂爲兄之子, 且以爲君, 而有微子啓·王子比干.' 今曰'性善,' 然則彼皆非與?" 孟子曰, "乃若其情, 則可以爲善矣, 乃所謂善也. 若夫爲不善, 非才其罪也. 惻隱之心, 人皆有之, 羞惡之心, 人皆有之, 恭敬之心, 人皆有之, 是非之心, 人皆有之. 惻隱之心, 仁也, 羞惡之心, 義也, 恭敬之心, 禮也, 是非之心, 智也. 仁義禮智, 非由外鑠我也, 我固有之也, 弗思耳矣. 故曰, '求則得之, 舍則失之.' 或相倍蓰而無算者, 不能盡其才者也. 詩曰, '天生蒸民, 有物有則. 民之秉夷, 好是懿德.' 孔子曰, '爲此詩者, 其知道乎! 故有物必有則, 民之秉彝也, 故好是懿德'"

11-7 풍년에는 젊은이들이 순박해진다(富歲子弟多賴章)

孟子曰, "富歲, 子弟多賴, 凶歲, 子弟多暴, 非天之降才爾殊也, 其所以陷溺其心者然也. 今夫麰麥, 播種而耰之, 其地同, 樹之時又同, 浡然而生, 至於日至之時, 皆熟矣. 雖有不同, 則地有肥磽, 雨露之養 人事之不齊也. 故凡同類者, 擧相似也, 何獨至於人而疑之? 聖人, 與我同類者. 故龍子曰, '不知足而爲屨, 我知其不爲蕢也.' 屨之相似, 天下之足同也. 口之於味, 有同耆也, 易牙先得我口之所耆者也. 如使口之於味也, 其性與人殊, 若犬馬之與我不同類也, 則天下何耆皆從易牙之於味也. 至於味, 天下期於易牙, 是天下之口相似也. 惟耳亦然. 至於聲, 天下期於師曠, 是天下之耳相似也. 惟目亦然. 至於子都, 天下莫不知其姣也. 不知子都之姣者, 無目者也. 故曰, 口之於味也, 有同耆焉, 耳之於聲也, 有同聽焉, 目之於色也, 有同美焉. 至於心, 獨無所同然乎? 心之所同然者何也? 謂理也, 義也. 聖人先得我心之所同然耳. 故理義之悅我心, 猶芻豢之悅我口."

11-8 우산의 나무(牛山之木章)

孟子曰, "牛山之木嘗美矣, 以其郊於大國也, 斧斤伐之, 可以爲美乎? 是其日夜之所息, 雨雲之所潤, 非無萌蘗之生焉, 牛羊又從而牧之, 是以若彼濯濯也. 人見其濯濯也, 以爲未嘗有材焉, 此豈山之性也哉? 雖存乎人者, 豈無仁義之心哉? 其所以放其良心者, 亦猶斧斤之於木也, 旦旦而伐之, 可以爲美乎? 其日夜之所息, 平旦之氣, 其好惡與人相近也者幾希, 則其旦晝之所爲, 有梏亡之矣. 梏之反覆, 則其夜氣不足以存, 夜氣不足以存, 則其違禽獸不遠矣. 人見其禽獸也, 而以爲未嘗有才焉者, 是豈人之情也哉? 故苟得其養, 無物不長, 苟失其養, 無物不消. 孔子曰, '操則存, 舍則亡, 出入無時, 莫知其鄕.' 惟心之謂與?"

11-9 왕이 지혜롭지 못한 것은 이상할 것도 없다(無或乎王之不智章)

孟子曰, "無或乎王之不智也. 雖有天下易生之物也, 一日暴之, 十日寒之, 未有能生者也. 吾見亦罕矣, 吾退而寒之者至矣, 吾如有萌焉何哉? 今夫奕之爲數, 小數也, 不專心致志, 則不得也. 奕秋, 通國之善奕者也. 使奕秋誨二人奕, 其一人專心致志, 惟奕秋之爲聽. 一人雖聽之, 一心以爲有鴻鵠將至, 思援弓繳而射之, 雖與之俱學, 弗若之矣. 爲是其智弗若與? 曰, 非然也."

11-10 물고기는 내가 먹고 싶은 것이다(魚我所欲也章)

孟子曰, "魚我所欲也, 熊掌亦我所欲也, 二者不可得兼, 舍魚而取熊掌者也. 生亦我所欲也, 義亦我所欲也, 二者不可得兼, 舍生而取義者也. 生亦我所欲, 所欲有甚於生者, 故不爲苟得也, 死亦我所惡, 所惡有甚於死者, 故患有所不辟也. 如使人之所欲莫甚於生, 則凡可以得生者, 何不用也? 使人之所惡莫甚於死者, 則凡可以辟患者, 何不爲也? 由是則生而有不用也, 由是則可以辟患而有不爲也, 是故所欲有甚於生者, 所惡有甚於死者. 非獨賢者有是心也, 人皆有之, 賢者能勿喪耳. 一簞食, 一豆羹, 得之則生, 弗得則死, 嘑爾而與之, 行道之人弗受, 蹴爾而與之, 乞人不屑也, 萬鍾則不辯禮義而受之. 萬鍾於我何加焉? 爲宮室之美, 妻妾之奉, 所識窮乏者得我與? 鄕爲身死而不受, 今爲宮室之美爲之, 鄕爲身死而不受, 今爲妻妾之奉爲之, 鄕爲身死而不受, 今爲所識窮乏者得我而爲之, 是亦不可以已乎? 此之謂失其本心."

11-11 인은 사람의 마음이다(仁人心也章)

孟子曰, "仁, 人心也, 義, 人路也. 舍其路而不由, 放其心而不知求, 哀哉! 人有雞犬放, 則知求之, 有放心而不知求. 學問之道無他, 求其放心而已矣."

11-12 무명지

孟子曰, "今有無名之指屈而不信, 非疾痛害事也, 如有能信之者, 則不遠秦楚之路, 爲指之不若人也. 指不若人, 則知惡之, 心不若人, 則不知惡, 此之謂不知類也."

11-13 자신을 기르는 방법

孟子曰, "拱把之桐梓, 人苟欲生之, 皆知所以養之者. 至於身, 而不知所以養之者, 豈愛身不若桐梓哉? 弗思甚也."

11-14 사람의 몸(人之於身章)

孟子曰, "人之於身也, 兼所愛. 兼所愛, 則兼所養也. 無尺寸之膚不愛焉, 則無尺寸之膚不養也. 所以考其善不善者, 豈有他哉? 於己取之而已矣. 體有貴賤, 有大小. 無以小害大, 無以賤害貴. 養其小者爲小人, 養其大者爲大人. 今有場師, 舍其梧檟, 養其樲棘, 則爲賤場師焉. 養其一指而失其肩背, 而不知也, 則爲狼疾人也. 飮食之人, 則人賤之矣, 爲其養小以失大也. 飮食之人無有失也, 則口腹豈適爲尺寸之膚哉?"

11-15 모두 같은 사람이다(鈞是人也章)

公都子問曰, "鈞是人也, 或爲大人, 或爲小人, 何也." 孟子曰, "從其大體爲大人, 從其小體爲小人." 曰, "鈞是人也, 或從其大體, 或從其小體, 何也?" 曰, "耳目之官不思, 而蔽於物. 物交物, 則引之而已矣. 心之官則思, 思則得之, 不思則不得也. 此天之所與我者. 先立乎其大者, 則其小者不能奪也. 此爲大人而已矣."

11-16 하늘이 준 벼슬

孟子曰, "有天爵者, 有人爵者. 仁義忠信, 樂善不倦, 此天爵也, 公卿大夫, 此人爵也. 古之人修其天爵, 而人爵從之. 今之人修其天爵, 以要人爵, 旣得人爵, 而棄其天爵, 則惑之甚者也, 終亦必亡而已矣."

11-17 귀한 것은 내게 있다

孟子曰, "欲貴者, 人之同心也. 人人有貴於己者, 弗思耳矣. 人之所貴者, 非良貴也.

趙孟之所貴, 趙孟能賤之. 詩云, '旣醉以酒, 旣飽以德.' 言飽乎仁義也, 所以不願人之膏粱之味也, 令聞廣譽施於身, 所以不願人之文繡也."

11-18 인이 불인을 이기다(仁之勝不仁章)

孟子曰, "仁之勝不仁也, 猶水勝火. 今之爲仁者, 猶以一杯水救一車薪之火也, 不熄, 則謂之水不勝火, 此又與於不仁之甚者也, 亦終必亡而已矣."

11-19 오곡(五穀者章)

孟子曰, "五穀者, 種之美者也, 苟爲不熟, 不如荑稗. 夫仁, 亦在乎熟之而已矣."

11-20 활쏘기를 가르침

孟子曰, "羿之敎人射, 必志於彀, 學者亦必志於彀. 大匠誨人必以規矩, 學者亦必規矩."

12-1 임나라 사람의 질문(任人有問章)

任人有問屋盧子曰, "禮與食孰重?"曰, "禮重." "色與禮孰重?"曰, "禮重."曰, "以禮食, 則飢而死, 不以禮食, 則得食, 必以禮乎? 親迎, 則不得妻, 不親迎, 則得妻, 必親迎乎?" 屋盧子不能對, 明日之鄒以告孟子. 孟子曰, "於答是也, 何有? 不揣其本, 而齊其末, 方寸之木可使高於岑樓. 金重於羽者, 豈謂一鉤金與一輿羽之謂哉? 取食之重者與禮之輕者而比之, 奚翅食重? 取色之重者與禮之輕者而比之, 奚翅色重? 往應之曰, '紾兄之臂而奪之食, 則得食, 不紾, 則不得食, 則將紾之乎? 踰東家牆而摟其處子, 則得妻, 不摟, 則不得妻, 則將摟之乎?'"

12-2 조교(曹交章)

曹交問曰, "人皆可以爲堯舜, 有諸?"孟子曰, "然." "交聞文王十尺, 湯九尺, 今交九尺四寸以長, 食粟而已, 何如則可?"曰, "奚有於是? 亦爲之而已矣. 有人於此, 力不能勝一匹雛, 則爲無力人矣, 今曰擧百鈞, 則爲有力人矣. 然則擧烏獲之任, 是亦爲烏獲而已矣. 夫人豈以不勝爲患哉? 弗爲耳. 徐行後長者謂之弟, 疾行先長者謂之不弟. 夫徐行者, 豈人所不能哉? 所不爲也. 堯舜之道, 弟孝而已矣. 子服堯之服, 誦堯之言, 行堯之行, 是堯而已矣. 子服桀之服, 誦桀之言, 行桀之行, 是桀而已矣."曰, "交得見於鄒君, 可以假館, 願留而受業於門."曰, "夫道若大路然, 豈難知哉? 人病不求耳. 子歸而求之, 有餘師."

12-3 소반(小弁章)

公孫丑問曰, "高子曰, '小弁, 小人之詩也." 孟子曰, "何以言之?"曰, "怨."曰, "固哉! 高叟之爲詩也! 有人於此, 越人關弓而射之, 則己談笑而道之, 無他, 疏之也. 其兄關弓而射之, 則己垂涕泣而道之, 無他, 戚之也. 小弁之怨, 親親也. 親親, 仁也. 固矣夫, 高叟之爲詩也!"曰, "凱風何以不怨?"曰, "凱風, 親之過小者也, 小弁, 親之過大者也. 親之過大而不怨, 是愈疏也, 親之過小而怨, 是不可磯也. 愈疏, 不孝也, 不可磯, 亦不孝也. 孔子曰, '舜其至孝矣, 五十而慕.'"

12-4 송경(宋牼章)

宋牼將至楚, 孟子遇之石丘, 曰, "先生將何之?"曰, "吾聞秦楚構兵, 我將見楚王說而罷之. 楚王不悅, 我將見秦王說而罷之. 二王我將有所遇焉."曰, "軻也請無問其詳, 願聞其指. 說之將如何?"曰, "我將言其不利也."曰, "先生之志則大矣, 先生之號則不可. 先生以利說秦楚之王, 秦楚之王悅於利, 以罷三軍之師, 是三軍之士樂罷而悅於利也. 爲人臣者懷利以事其君, 爲人子者懷利以事其父, 爲人弟者懷利以事其兄, 是君臣父子兄弟終去仁義, 懷利以相接, 然而不亡者, 未之有也. 先生以仁義說秦楚之王, 秦楚之王悅於仁義, 而罷三軍之師, 是三軍之士樂罷而悅於仁義也. 爲人臣者懷仁義以事其君, 爲人子者懷仁義以事其父, 爲人弟者懷仁義以事其兄, 是君臣父子兄弟去利, 懷仁義以相接也, 然而不王者, 未之有也. 何必曰利?"

12-5 맹자, 추나라에 머물다

孟子居鄒, 季任爲任處守, 以幣交, 受之而不報, 處於平陸, 儲子爲相, 以幣交, 受之而不報. 他日, 由鄒之任, 見季子, 由平陸之齊, 不見儲子. 屋廬子喜曰, "連得間矣." 問曰, "夫子之任, 見季子, 之齊, 不見儲子, 爲其爲相與?"曰, "非也, 書曰, '享多儀, 儀不及物曰不享, 惟不役志于享.' 爲其不成享也."屋廬子悅. 或問之. 屋廬子曰, "季子不得之鄒, 儲子得之平陸."

12-6 명실을 앞세움(先名實章)

淳于髡曰, "先名實者, 爲人也, 後名實者, 自爲也. 夫子在三卿之中, 名實未加於上下而去之, 仁者固如此乎?"孟子曰, "居下位, 不以賢事不肖者, 伯夷也, 五就湯, 五就桀者, 伊尹也, 不惡汚君, 不辭小官者, 柳下惠也. 三者不同道, 其趨一也. 一者何也? 曰, 仁也. 君子亦仁而已矣. 何必同?"曰, "魯繆公之時, 公儀子爲政, 子柳子思爲臣, 魯之削也滋甚, 若是乎, 賢者之無益於國也!"曰, "虞不用百里奚而亡, 秦穆公用之而覇. 不用賢則亡, 削何可得與?"曰, "昔者王豹處於淇, 而河西善謳, 緜駒處於高唐, 而齊右善歌, 華周杞梁之妻善哭其夫而變國俗. 有諸內, 必形諸外. 爲其事而無其功者, 髡未嘗覩之也. 是故無賢者也, 有則髡必識之."曰, "孔子爲魯司寇, 不用, 從而祭, 燔肉不至, 不稅冕而行. 不知者以爲爲肉也, 其知者以爲爲無禮也. 乃孔子則欲以微罪行, 不欲爲苟去. 君子之所爲, 衆人固不識也."

12-7 오패와 오늘날의 제후

孟子曰, "五霸者, 三王之罪人也, 今之諸侯, 五霸之罪人也, 今之大夫, 今之諸侯之
罪人也. 天子適諸侯曰巡狩, 諸侯朝於天子曰述職. 春省耕而補不足, 秋省斂而助不
給. 入其疆, 土地辟, 田野治, 養老尊賢, 俊傑在位, 則有慶, 慶以地. 入其疆, 土地
荒蕪, 遺老失賢, 掊克在位, 則有讓. 一不朝, 則貶其爵, 再不朝, 則削其地, 三不朝,
則六師移之. 是故天子討而不伐, 諸侯伐而不討. 五霸者, 摟諸侯以伐諸侯者也, 故
曰, 五霸者, 三王之罪人也. 五霸, 桓公爲盛. 葵丘之會, 諸侯束牲載書而不歃血. 初
命曰, 誅不孝, 無易樹子, 無以妾爲妻. 再命曰, 尊賢育才, 以彰有德. 三命曰, 敬老
慈幼, 無忘賓旅. 四命曰, 士無世官, 官事無攝, 取士必得, 無專殺大夫. 五命曰, 無
曲防, 無遏糴, 無有封而不告. 曰, 凡我同盟之人, 旣盟之後, 言歸于好. 今之諸侯皆
犯此五禁, 故曰, 今之諸侯, 五霸之罪人也. 長君之惡其罪小, 逢君之惡其罪大. 今之
大夫皆逢君之惡, 故曰, 今之大夫, 今之諸侯之罪人也."

12-8 노나라, 신자를 임용하다(魯欲使愼子章)

魯欲使愼子, 爲將軍. 孟子曰, "不敎民而用之, 謂之殃民. 殃民者, 不容於堯舜之世.
一戰勝齊, 遂有南陽, 然且不可"愼子勃然不悅曰, "此則滑釐所不識也." 曰, "吾明告
子. 天子之地方千里, 不千里, 不足以待諸侯. 諸侯之地方百里, 不百里, 不足以守宗
廟之典籍. 周公之封於魯, 爲方百里也, 地非不足, 而儉於百里. 太公之封於齊也, 亦
爲方百里也, 地非不足也, 而儉於百里. 今魯方百里者五, 子以爲有王者作, 則魯在所
損乎, 在所益乎? 徒取諸彼以與此, 然且仁者不爲, 況於殺人以求之乎? 君子之事君
也, 務引其君以當道, 志於仁而已."

12-9 임금을 섬기는 길

孟子曰, "今之事君者曰, '我能爲君辟土地, 充府庫.' 今之所謂良臣, 古之所謂民賊
也. 君不鄕道, 不志於仁, 而求富之, 是富桀也. '我能爲君約與國, 戰必克.' 今之所
謂良臣, 古之所謂民賊也. 君不鄕道, 不志於仁, 而求爲之强戰, 是輔桀也. 由今之道,
無變今之俗, 雖與之天下, 不能一朝居也."

12-10 20분의 1세율(二十而取一章)

白圭曰, "吾欲二十而取一, 何如?" 孟子曰, "子之道, 貉道也. 萬室之國, 一人陶, 則
可乎?" 曰, "不可, 器不足用也." 曰, "夫貉, 五穀不生, 惟黍生之, 無城郭·宮室·宗廟·
祭祀之禮, 無諸侯幣帛饔飧, 無百官有司, 故二十取一而足也. 今居中國, 去人倫, 無

君子, 如之何其可也? 陶以寡, 且不可以爲國, 況無君子乎? 欲輕之於堯舜之道者, 大貉小貉也, 欲重之於堯舜之道者, 大桀小桀也."

12-11 백규의 치수
白圭曰, "丹之治水也愈於禹." 孟子曰, "子過矣. 禹之治水, 水之道也, 是故禹以四海爲壑. 今吾子以鄰國爲壑. 水逆行謂之洚水. 洚水者, 洪水也. 仁人之所惡也. 吾子過矣."

12-12 군자의 진실함
孟子曰, "君子不亮, 惡乎執?"

12-13 노나라, 악정자를 임용하다(魯欲使樂正子章)
魯欲使樂正子爲政. 孟子曰, "吾聞之, 喜而不寐." 公孫丑曰, "樂正子强乎?" 曰, "否." "有知慮乎?" 曰, "否." "多聞識乎?" 曰, "否." "然則奚爲喜而不寐?" 曰, "其爲人也好善." "好善足乎?" 曰, "好善優於天下, 而況魯國乎? 夫苟好善, 則四海之內皆將輕千里而來告之以善, 夫苟不好善, 則人將曰, '訑訑, 予旣已知之矣.' 訑訑之聲音顔色距人於千里之外. 士止於千里之外, 則讒諂面諛之人至矣. 與讒諂面諛之人居, 國欲治, 可得乎?"

12-14 군자의 진퇴
陳子曰, "古之君子何如則仕?" 孟子曰, "所就三, 所去三. 迎之致敬以有禮, 言, 將行其言也, 則就之. 禮貌未衰, 言弗行也, 則去之. 其次, 雖未行其言也, 迎之致敬以有禮, 則就之. 禮貌衰, 則去之. 其下, 朝不食, 夕不食, 飢餓不能出門戶, 君聞之, 曰, '吾大者不能行其道, 又不能從其言也, 使飢餓於我土地, 吾恥之.' 周之, 亦可受也, 免死而已矣."

12-15 순, 농사짓다 일어나다(舜發於畎畝章)
孟子曰, "舜發於畎畝之中, 傅說擧於版築之間, 膠鬲擧於魚鹽之中, 管夷吾擧於士, 孫叔敖擧於海, 百里奚擧於市. 故天將降大任於是人也, 必先苦其心志, 勞其筋骨, 餓其體膚, 空乏其身, 行拂亂其所爲, 所以動心忍性, 曾益其所不能. 人恒過, 然後能改, 困於心, 衡於慮, 而後作, 徵於色, 發於聲, 而後喩. 入則無法家拂士, 出則無敵國外患者, 國恒亡. 然後知生於憂患而死於安樂也."

12-16 가르침의 방법
孟子曰, "敎亦多術矣, 予不屑之敎誨也者, 是亦敎誨之而已矣."

권7(진심 상・하)

13-1 마음을 다함(盡其心者章)

孟子曰, "盡其心者, 知其性也. 知其性, 則知天矣. 存其心, 養其性, 所以事天也. 夭
壽不貳, 修身以俟之, 所以立命也."

13-2 명 아닌 것이 없다(莫非命也章)

孟子曰, "莫非命也, 順受其正, 是故知命者, 不立乎巖牆之下. 盡其道而死者, 正命
也, 桎梏死者, 非正命也."

13-3 구함과 버림

孟子曰, "求則得之, 舍則失之, 是求有益於得也, 求在我者也. 求之有道, 得之有命,
是求無益於得也, 求在外者也."

13-4 만물이 모두 갖춰져 있다(萬物皆備章)

孟子曰, "萬物皆備於我矣. 反身而誠, 樂莫大焉. 强恕而行, 求仁莫近焉."

13-5 행하면서도 알지 못함(行之而不著章)

孟子曰, "行之而不著焉, 習矣而不察焉, 終身由之而不知其道者, 衆也."

13-6 부끄러움이 없음

孟子曰, "人不可以無恥, 無恥之恥, 無恥矣."

13-7 부끄러워하는 마음(恥之於人章)

孟子曰, "恥之於人大矣, 爲機變之巧者, 無所用恥焉. 不恥不若人, 何若人有?"

13-8 어진 선비

孟子曰, "古之賢王好善而忘勢, 古之賢士何獨不然? 樂其道而忘人之勢, 故王公不致
敬盡禮, 則不得亟見之. 見且由不得亟, 而況得而臣之乎?"

13-9 덕을 존중하고 의를 즐김

孟子謂宋句踐曰, "子好遊乎? 吾語子遊. 人知之, 亦囂囂, 人不知, 亦囂囂." 曰, "何
如斯可以囂囂矣?" 曰, "尊德樂義, 則可以囂囂矣. 故士窮不失義, 達不離道. 窮不失
義, 故士得己焉, 達不離道, 故民不失望焉. 古之人, 得志, 澤加於民, 不得志, 修身

見於世. 窮則獨善其身, 達則兼善天下."

13-10 문왕을 기다림(待文王章)
孟子曰, "待文王而後興者, 凡民也. 若夫豪傑之士, 雖無文王獨興."

13-11 한위의 부귀를 줌(附之以韓魏章)
孟子曰, "附之以韓魏之家, 如其自視欿然, 則過人遠矣."

13-12 백성
孟子曰, "以佚道使民, 雖勞不怨. 以生道殺民, 雖死不怨殺者."

13-13 패자의 백성(霸者之民章)
孟子曰, "霸者之民驩虞如也, 王者之民皥皥如也. 殺之而不怨, 利之而不庸, 民日遷善而不知爲之者. 夫君子所過者化, 所存者神, 上下與天地同流, 豈曰小補之哉?"

13-14 백성의 마음을 얻음
孟子曰, "仁言不如仁聲之入人深也, 善政不如善敎之得民也. 善政, 民畏之, 善敎, 民愛之. 善政得民財, 善敎得民心."

13-15 사람이 배우지 않고도 할 수 있는 것(人之所不學而能者章)
孟子曰, "人之所不學而能者, 其良能也, 所不慮而知者, 其良知也. 孩提之童, 無不知愛其親者, 及其長也, 無不知敬其兄也. 親親, 仁也, 敬長, 義也, 無他, 達之天下也."

13-16 순, 깊은 산속에 살다(舜之居深山章)
孟子曰, "舜之居深山之中, 與木石居, 與鹿豕遊, 其所以異於深山之野人者幾希, 及其聞一善言, 見一善行, 若決江河, 沛然莫之能禦也."

13-17 하지 말아야 할 것을 하지 않음(無爲其所不爲章)
孟子曰, "無爲其所不爲, 無欲其所不欲, 如此而已矣."

13-18 외로운 신하와 서자
孟子曰, "人之有德慧術知者, 恒存乎疢疾. 獨孤臣孽子, 其操心也危, 其慮患也深, 故達."

13-19 신하의 종류

孟子曰, "有事君人者, 事是君則爲容悅者也, 有安社稷臣者, 以安社稷爲悅者也, 有天民者, 達可行於天下而後行之者也, 有大人者, 正己而物正者也."

13-20 군자의 세 가지 즐거움

孟子曰, "君子有三樂, 而王天下不與存焉. 父母俱存, 兄弟無故, 一樂也, 仰不愧於天, 俯不怍於人, 二樂也, 得天下英才而教育之, 三樂也. 君子有三樂, 而王天下不與存焉.

13-21 넓은 땅과 많은 백성(廣土衆民章)

孟子曰, "廣土衆民, 君子欲之, 所樂不存焉, 中天下而立, 定四海之民, 君子樂之, 所性不存焉. 君子所性, 雖大行不加焉, 雖窮居不損焉, 分定故也. 君子所性, 仁義禮智根於心, 其生色也睟然, 見於面, 盎於背, 施四體, 四體不言而喩."

13-22 백이, 주를 피하다(伯夷辟紂章)

孟子曰, "伯夷辟紂, 居北海之濱, 聞文王作, 興曰, '盍歸乎來, 吾聞西伯善養老者.' 太公辟紂, 居東海之濱, 聞文王作, 興曰, '盍歸乎來, 吾聞西伯善養老者.' 天下有善養老, 則仁人以爲己歸矣. 五畝之宅, 樹牆下以桑, 匹婦蠶之, 則老者足以衣帛矣. 五母雞, 二母彘, 無失其時, 老者足以無失肉矣. 百畝之田, 匹夫耕之, 八口之家可以無飢矣. 所謂西伯善養老者, 制其田里, 教之樹畜, 導其妻子使養其老. 五十非帛不煖, 七十非肉不飽, 不煖不飽, 謂之凍餒. 文王之民無凍餒之老者, 此之謂也."

13-23 풍족하게 하는 정치

孟子曰, "易其田疇, 薄其稅斂, 民可使富也. 食之以時, 用之以禮, 財不可勝也. 民非水火不生活, 昏暮叩人之門戶求水火, 無弗與者, 至足矣. 聖人治天下, 使有菽粟如水火. 菽粟如水火, 而民焉有不仁者乎?"

13-24 공자, 동산에 오르다(孔子登東山章)

孟子曰, "孔子登東山而小魯, 登太山而小天下, 故觀於海者難爲水, 遊於聖人之門者, 難爲言. 觀水有術, 必觀其瀾. 日月有明, 容光必照焉. 流水之爲物也, 不盈科不行, 君子之志於道也, 不成章不達."

13-25 닭이 울면 일어나다(雞鳴而起章)

孟子曰, "雞鳴而起, 孶孶爲善者, 舜之徒也, 雞鳴而起, 孶孶爲利者, 蹠之徒也. 欲知舜與蹠之分, 無他, 利與善之閒也."

13-26 양주의 위아(楊子取爲我章)

孟子曰, "楊子取爲我, 拔一毛利而天下, 不爲也. 墨子兼愛, 摩頂放踵, 利天下, 爲之. 子莫執中. 執中爲近之. 執中無權, 猶執一也. 所惡執一者, 爲其賊道也, 擧一而廢百也."

13-27 굶주린 사람에게는 모든 것이 달다(飢者甘食章)

孟子曰, "飢者甘食, 渴者甘飮, 是未得飮食之正也, 飢渴害之也. 豈惟口腹有飢渴之害? 人心亦皆有害. 人能無以飢渴之害爲心害, 則不及人不爲憂矣."

13-28 유하혜

孟子曰, "柳下惠不以三公易其介."

13-29 노력함(有爲者章)

孟子曰, "有爲者辟若掘井, 掘井九軔而不及泉, 猶爲棄井也."

13-30 요와 순은 성대로 행했다(堯舜性之也章)

孟子曰, "堯舜, 性之也, 湯武, 身之也, 五霸, 假之也. 久假而不歸, 惡知其非有也."

13-31 이윤이 말하다(伊尹曰章)

公孫丑曰, "伊尹曰, '予不狎于不順, 放太甲于桐, 民大悅. 太甲賢, 又反之, 民大悅.' 賢者之爲臣也, 其君不賢, 則固可放與?" 孟子曰, "有伊尹之志, 則可, 無伊尹之志, 則簒也."

13-32 군자의 일

公孫丑曰, "詩曰, '不素餐兮'. 君子之不耕而食, 何也?" 孟子曰, "君子居是國也, 其君用之, 則安富尊榮, 其子弟從之, 則孝弟忠信. '不素簒兮,' 孰大於是?"

13-33 선비의 일

王子墊問曰, "士何事?" 孟子曰, "尙志." 曰, "何謂尙志?" 曰, "仁義而已矣. 殺一無罪非仁也, 非其有而取之非義也. 居惡在? 仁是也, 路惡在? 義是也. 居仁由義, 大人之事備矣."

13-34 중자에게 의롭지 않게 제나라를 준다면(仲子不義與之齊國章)

孟子曰, "仲子, 不義與之齊國而弗受, 人皆信之, 是舍簞食豆羹之義也. 人莫大焉亡親戚君臣上下. 以其小者信其大者. 奚可哉?"

13-35 천하와 아버지

桃應問曰, "舜爲天子, 皐陶爲士, 瞽瞍殺人, 則如之何?" 孟子曰, "執之而已矣." "然則舜不禁與?" 曰, "夫舜惡得而禁之? 夫有所受之也." "然則舜如之何?" 曰, "舜視棄天下猶棄敝蹝也. 竊負而逃, 遵海濱而處, 終身訢然, 樂而忘天下."

13-36 범땅에서 제나라로 가다(自范之齊章)

孟子自范之齊, 望見齊王之子, 喟然嘆曰, "居移氣, 養移體, 大哉居乎! 夫非盡人之子與?" 孟子曰, "王子宮室·車馬·衣服·多與人同, 而王子若彼者, 其居使之然也, 況居天下之廣居者乎? 魯君之宋, 呼於垤澤之門. 守者曰, '此非吾君也, 何其聲之似我君也?' 此無他, 居相似也."

13-37 사람을 사귀는 방법

孟子曰, "食而弗愛, 豕交之也, 愛而不敬, 獸畜之也. 恭敬者, 幣之未將者也. 恭敬而無實, 君子不可虛拘."

13-38 형색(形色章)

孟子曰, "形色, 天性也, 惟聖人然後可以踐形."

13-39 장례기간

齊宣王欲短喪. 公孫丑曰, "爲朞之喪, 猶愈於已乎?" 孟子曰, "是猶或紾其兄之臂, 子謂之姑徐徐云爾, 亦敎之孝弟而已矣." 王子有其母死者, 其傅爲之請數月之喪. 公孫丑曰, "若此者何如也?" 曰, "是欲終之而不可得也. 雖加一日愈於已, 謂夫莫之禁而弗爲者也."

13-40 군자가 가르치는 방식

孟子曰, "君子之所以敎者五, 有如時雨化之者, 有成德者, 有達財者, 有答問者, 有私淑艾者. 此五者, 君子之所以敎也."

13-41 도는 높다(道則高矣章)

公孫丑曰, "道則高矣美矣, 宜若似登天然, 似不可及也, 何不使彼爲可幾及而日孳孳也?" 孟子曰, "大匠不爲拙工改廢繩墨, 羿不爲拙射變其彀率. 君子引而不發, 躍如也. 中道而立, 能者從之."

13-42 도를 몸에 따르게 하다(以道殉身章)

孟子曰, "天下有道, 以道殉身, 天下無道, 以身殉道, 未聞以道殉乎人者也."

13-43 등경

公都子曰, "滕更之在門也, 若在所禮, 而不答, 何也?" 孟子曰, "挾貴而問, 挾賢而問, 挾長而問, 挾有勳勞而問, 挾故而問, 皆所不答也. 滕更有二焉."

13-44 적절하지 못함

孟子曰, "於不可已而已者, 無所不已. 於所厚者薄, 無所不薄也. 其進銳者, 其退速."

13-45 군자가 동물을 대함(君子之於物章)

孟子曰, "君子之於物也, 愛之而弗仁, 於民也, 仁之而弗親. 親親而仁民, 仁民而愛物."

13-46 일의 경중

孟子曰, "知者無不知也, 當務之爲急, 仁者無不愛也, 急親賢之爲務. 堯舜之知而不徧物, 急先務也, 堯舜之仁不徧愛人, 急親賢也. 不能三年之喪, 而緦 小功之察, 放飯流歠, 而問無齒決, 是之謂不知務."

14-1 어질지 못한 양혜왕

孟子曰, "不仁哉梁惠王也! 仁者以其所愛及其所不愛, 不仁者以其所不愛及其所愛." 公孫丑問曰, "何謂也?" "梁惠王以土地之故, 糜爛其民而戰之, 大敗, 將復之, 恐不能勝, 故驅其所愛子弟以殉之, 是之謂以其所不愛及其所愛也."

14-2 의로운 전쟁

孟子曰, "春秋無義戰. 彼善於此, 則有之矣. 征者, 上伐下也, 敵國不相征也."

14-3 『서경』을 모두 믿음(盡信書章)

孟子曰, "盡信書, 則不如無書. 吾於武成, 取二三策而已矣. 仁人無敵於天下, 以至仁伐至不仁, 而何其血之流杵也?"

14-4 전쟁을 잘하는 죄

孟子曰, "有人曰, '我善爲陳, 我善爲戰.' 大罪也. 國君好仁, 天下無敵焉. 南面而征, 北狄怨, 東面而征, 西夷怨, 曰, '奚爲後我?' 武王之伐殷也, 革車三百兩, 虎賁三千 人. 王曰, '無畏! 寧爾也, 非敵百姓也.' 若崩厥角稽首. 征之爲言正也, 各欲正己也, 焉用戰?"

14-5 목수와 수레 만드는 기술자(梓匠輪輿章)

孟子曰, "梓匠輪輿能與人規矩, 不能使人巧."

14-6 순임금

孟子曰, "舜之飯糗茹草也, 若將終身焉, 及其爲天子也, 被袗衣, 鼓琴, 二女果, 若固 有之."

14-7 남의 아버지를 죽이는 일

孟子曰, "吾今而後知殺人親之重也, 殺人之父, 人亦殺其父, 殺人之兄, 人亦殺其兄. 然則非自殺之也, 一間耳."

14-8 국경의 관문

孟子曰, "古之爲關也, 將以禦暴, 今之爲關也, 將以爲暴."

14-9 자신이 도를 행하지 못한다면

孟子曰, "身不行道, 不行於妻子, 使人不以道, 不能行於妻子."

14-10 덕을 갖춘 사람

孟子曰, "周于利者凶年不能殺, 周于德者邪世不能亂."

14-11 명예를 좋아하는 사람(好名之人章)

孟子曰, "好名之人能讓千乘之國, 苟非其人, 簞食豆羹見於色."

14-12 인하고 현명한 사람을 믿지 않음

孟子曰, "不信仁賢, 則國空虛, 無禮義, 則上下亂, 無政事, 則財用不足."

14-13 불인한 자의 한계

孟子曰, "不仁而得國者, 有之矣, 不仁而得天下, 未之有也."

14-14 백성이 귀하다(民爲貴章)

孟子曰, "民爲貴, 社稷次之, 君爲輕. 是故得乎丘民而爲天子, 得乎天子爲諸侯, 得乎諸侯爲大夫. 諸侯危社稷, 則變置. 犧牲旣成, 粢盛旣絜, 祭祀以時, 然而旱乾水溢, 則變置社稷."

14-15 성인은 백세의 스승

孟子曰, "聖人, 百世之師也, 伯夷 柳下惠是也. 故聞伯夷之風者, 頑夫廉, 懦夫有立志, 聞柳下惠之風者, 薄夫敦, 鄙夫寬. 奮乎百世之上, 百世之下, 聞者莫不與起也. 非聖人而能若是乎? 而況於親炙之者乎?"

14-16 인은 사람이다(仁也者人也章)

孟子曰, "仁也者, 人也. 合而言之, 道也."

14-17 공자가 노나라를 떠날 때

孟子曰, "孔子之去魯, 曰, '遲遲吾行也, 去父母國之道也.' 去齊, 接淅而行, 去他國之道也."

14-18 공자, 곤란을 당하다

孟子曰, "君子之戹於陳蔡之間, 無上下之交也."

14-19 맥계

貉稽曰, "稽大不理於口." 孟子曰, "無傷也. 士憎玆多口. 詩云, '憂心悄悄, 慍于羣小.' 孔子也. '肆不殄厥慍, 亦不隕厥問.' 文王也."

14-20 현자의 밝음

孟子曰, "賢者以其昭昭使人昭昭, 今以其昏昏使人昭昭."

14-21 길

孟子謂高子曰, "山徑之蹊, 間介然用之而成路, 爲間不用, 則茅塞之矣. 今茅塞子之心矣."

14-22 우임금과 문왕의 음악

高子曰, "禹之聲尙文王之聲." 孟子曰, "何以言之." 曰, "以追蠡." 曰, "是奚足哉? 城門之軌, 兩馬之力與."

14-23 제나라의 기근

齊饑. 陳臻曰, "國人皆以夫子將復爲發棠, 殆不可復." 孟子曰, "是爲馮婦也. 晉人有馮婦者, 善搏虎, 卒爲善士. 則之野, 有衆逐虎. 虎負嵎, 莫之敢攖. 望見馮婦, 趨而迎之. 馮婦攘臂下車. 衆皆悅之, 其爲士者笑之."

14-24 입과 맛있는 음식(口之於味章)

孟子曰, "口之於味也, 目之於色也, 耳之於聲也, 鼻之於臭也, 四肢於安佚也, 性也, 有命焉, 君子不謂性也. 仁之於父子也, 義之於君臣也, 禮之於賓主也, 智之於賢者也, 聖人之於天道也, 命也, 有性焉, 君子不謂命也."

14-25 호생불해(浩生不害章)

浩生不害問曰, "樂正子何人也?" 孟子曰, "善人也, 信人也." "何謂善? 何謂信?" 曰, "可欲之謂善, 有諸己之謂信, 充實之謂美, 充實而有光輝之謂大, 大而化之之謂聖, 聖而不可知之之謂神. 樂正子, 二之中, 四之下也."

14-26 묵적과 양주

孟子曰, "逃墨必歸於楊, 逃楊必歸於儒. 歸, 斯受之而已矣. 今之與楊 墨辯者, 如追放豚, 旣入其苙, 又從而招之."

14-27 포루의 징세(有布縷之征章)

孟子曰, "有布縷之征, 粟米之征, 力役之征. 君子用其一, 緩其二. 用其二而民有殍, 用其三而父子離."

14-28 제후의 보배

孟子曰, "諸侯之寶三, 土地, 人民, 政事. 寶珠玉者, 殃必及身."

14-29 분성괄

盆成括仕於齊, 孟子曰, "死矣盆成括!" 盆成括見殺, 門人問曰, "夫子何以知其將見殺?" 曰, "其爲人也小有才, 未聞君子之大道也, 則足以殺其軀而已矣."

14-30 맹자, 등나라에 가다

孟子之滕, 館於上宮. 有業屨於牖上, 館人求之弗得. 或問之曰, "若是乎從者之廋也." 曰, "子以是爲竊屨來與?" 曰, "殆非也. 夫子之設科也, 往者不追, 來者不拒. 苟以是心至, 斯受之而已矣."

14-31 사람은 모두 차마 견디지 못하는 마음을 갖고 있다(人皆有所不忍章)

孟子曰, "人皆有所不忍, 達之於其所忍, 仁也, 人皆有所不爲, 達之於其所爲, 義也. 人能充無欲害人之心, 而仁不可勝用也, 人能充無穿踰之心, 而義不可勝用也, 人能充無受爾汝之實, 無所往而不爲義也. 士未可以言而言, 是以言餂之也, 可以言而不言, 是以不言餂之也. 是皆穿踰之類也."

14-32 비근한 말과 심원한 뜻

孟子曰, "言近而指遠者, 善言也, 守約而施博者, 善道也. 君子之言也, 不下帶而道存焉, 君子之守修其身, 而天下平. 人病舍其田而芸人之田——所求於人者重, 而所以自任輕."

14-33 요와 순은 성대로 행했다(堯舜性者也章)

孟子曰, "堯舜, 性者也, 湯武, 反之也. 動容周旋中禮者, 盛德之至也. 哭死而哀, 非爲生者也. 經德不回, 非以干祿也. 言語必信, 非以正行也. 君子行法, 以俟命而已矣."

14-34 유세

孟子曰, "說大人, 則藐之, 勿視其巍巍然. 堂高數仞, 榱題數尺, 我得志, 弗爲也. 食前方丈, 侍妾數百人, 我得志, 弗爲也. 般樂飮酒, 驅騁田獵, 後車千乘, 我得志, 弗爲也. 在彼者, 皆我所不爲也, 在我者, 皆古之制也, 吾何畏彼哉?"

14-35 욕심을 적게 하는 것이 마음 기르기의 가장 좋은 방법이다(養心莫善於寡欲章)

孟子曰, "養心莫善於寡欲. 其爲人也寡欲, 雖有不存焉者, 寡矣, 其爲人也多欲, 雖有存焉者, 寡矣."

14-36 증자의 효

曾晳嗜羊棗. 而曾子不忍食羊棗. 公孫丑問曰, "膾炙與羊棗孰美?" 孟子曰, "膾炙哉!" 公孫丑曰, "然則曾子何爲食膾炙而不食羊棗?" 曰, "膾炙所同也, 羊棗所獨也. 諱名不諱姓, 姓所同也, 名所獨也."

14-37 공자, 진나라에 머물다(孔子在陳章)

萬章問曰, "孔子在陳曰, '盍歸乎來! 吾黨之小子狂簡, 進取, 不忘其初. 孔子在陳, 何思魯之狂士?" 孟子曰, "孔子'不得中道而與之, 必也狂獧乎! 狂者進取, 獧者有所不爲也.' 孔子豈不欲中道哉? 不可必得, 故思其次也." "敢問何如斯可謂狂矣?" 曰, "如琴張 曾晳 牧皮者, 孔子之所謂狂矣." "何以謂之狂也?" 曰, "其志嘐嘐然, 曰, '古之人, 古之人.' 夷考其行, 而不掩焉者也. 狂者又不可得, 欲得不屑不絜之士而與之, 是獧也, 是又其次也. 孔子曰, '過我門而不入我室, 我不憾焉者, 其惟鄕原乎! 鄕原, 德之賊也.'"曰, "何如斯可謂之鄕原矣?"曰, "何以是嘐嘐也? 言不顧行, 行不顧言, 則曰, 古之人, 古之人. 行何爲踽踽涼涼? 生斯世也, 爲斯世也, 善斯可矣.'閹然媚於世者, 是鄕原也."萬章曰, "一鄕皆稱原人焉, 無所往而不爲原人, 孔子以爲德之賊, 何哉?"曰, "非之無擧也, 刺之無刺也, 同乎流俗, 合乎汚世, 居之似忠信, 行之似廉潔, 衆皆悅之, 自以爲是, 而不可與入堯舜之道, 故曰'德之賊'也. 孔子曰, 惡似而非者, 惡莠, 恐其亂苗也, 惡佞, 恐其亂義也, 惡利口, 恐其亂信也, 惡鄭聲, 恐其亂樂也, 惡紫, 恐其亂朱也, 惡鄕原, 恐其亂德也. 君子反經而已矣. 經正, 則庶民興, 庶民興, 斯無邪慝矣."

14-38 요순에서 탕에 이르기까지(由堯舜至於湯章)

孟子曰, "由堯舜至於湯, 五百有餘歲, 若禹皐陶則見而知之, 若湯則聞而知之. 由湯至於文王, 五百有餘歲, 若伊尹萊朱則見而知之, 若文王則聞而知之. 由文王至於孔子, 五百有餘歲, 若太公望散宜生則見而知之, 若孔子則聞而知之. 由孔子而來至於今, 百有餘歲, 去聖人之世若此其未遠也, 近聖人之居若此其甚也, 然而無有乎爾, 則亦無有乎爾."

인간의 선함에 대한 믿음과 정치

■ 옮긴이의 말

화상(畵像) 속의 황종희는 꼬챙이처럼 말랐다. 뼈의 굴곡만 두드러진 그 얼굴은 해골과 별반 다르지 않다. 우리가 누리는 쾌락 혹은 즐거움을 육신의 살이 대변한다고 한다면, 그는 한 점의 즐거움, 한 점의 쾌락도 없었던 사람이다.

그는 명나라의 몰락과 함께 아버지와 스승의 죽음을 견뎌야 했다. 그는 명을 회생시키려는 희망을 마지막까지 놓지 않고 무장운동을 계속했다. 그것이 50대 초반까지 이어졌으며, 그때까지 청군을 피해 가솔들을 이끌고 고양산천을 떠돌아다녀야 했다. 오늘날 그의 이름은 주로 그가 남긴 저서 때문에 기억된다. 그런데 그의 저술 작업은 그 50대에 비로소 시작된 것이다. 그가 남긴 책들 어떤 것을 보더라도 그가 얼마나 많은 책을 얼마나 치밀하게 읽었는지 단번에 알 수 있다.

평생 세상과 타협한 적이 없었을 것 같은 탁오 이지(李贄)도 "뜻은 따뜻하게 입고 배불리 먹는 것에 있으면서도 스스로 백이, 숙제에 버금간다고 생각하고, 본디 제나라 사람과 같으면서도 몸에 높은 도덕을 지닌

척하며, 터럭 하나도 뽑지 않을 것이 명백하면서도 양주는 인을 해치는 자라고 한다"고 스스로를 묘사했다. 이글을 보면서, 이탁오 같은 뼛속까지 반골인 사람도 벗어날 수 없는 속물됨인데, 내가 어찌 벗어날 수 있으랴 하는, 속물의 안도감을 느낀다.

그런데 황종희에게는 그런 방심(放心)이 한순간도 없었을 듯하다. 나라 잃은 백성으로서 살았던 약 50년의 삶은, 그의 아버지나 스승의 죽음에 필적하는 의미를 갖는 것이어야 했을 것이다. 그의 삶은 그 주위 사람들의 이른 죽음보다 결코 덜 비장한 것이 아니었다. 그가 남긴 흔적에서 "따뜻하게 입고 배불리 먹는 것"은 한 번도 꿈꿔보지 않았을 사람의 긴장과 엄숙함을 느낀다.

평생 개인적인 감정은 절제하고 살아서인지 혹은 쉽게 흘리지 않는 사람이어서인지, 그의 『맹자사설』을 번역하고 또 해설까지 붙인 마당에도 그가 친한 사람으로 느껴지지는 않는다. 그러나 좋은 세상에 대한 그의 열망과 인간의 본성에 대한 냉정한 통찰은 진하게 각인되어 있다. 그는 도덕적으로 허약한 인간의 현실을 직시했다. 그러한 인간들의 탐욕과 어리석음이 권력을 둘러싸고 만들어내는 참사에 절망하는 대신, 그 참사가 다시 되풀이되지 않도록 하는 방법을 찾기 위해, 그는 살아남았다.

역사의 비극을 만들어내는 것이 인간이라면 그 비극을 반성하고 그 재발을 막으려고 하는 것도 인간이다. 황종희는 인간의 허약함을 인정하면서도 인간의 선함과 그 선함의 가능성에 대한 믿음 역시 잃지 않았다.

『맹자』는 신기한 책이다. 황종희처럼 유학의 경계에 서 있는 사람에게도 영감을 주며 새로운 의미로 다시 태어난다. 『맹자』가 전하는 정치적 메시지가 '선한 사람에 의한 선의의 정치'라고 한다면, 『맹자』는 그 '선의'가 어떤 것인가를 보여주는 책이다. 그러나 세상일은 선의가 큰 힘을 발휘하기에는 너무 복잡하다. 선의와는 다른 힘들이 훨씬 더 큰 힘을 발휘하는 것 같고, 개중에는 '악의'라고 부를 만한 것도 있는 듯하다. 공자나 맹자는 자신들의 선의와 관계없이 벌어지는 세상일을 '명'(命)의 영역으로 몰아넣었다.

진정 그 선의가 현실적으로 의미를 갖도록 하기 위해서는, '내가 어쩔 수 없는' 명의 영역을 '어쩔 수 있는' '인위'의 영역으로 바꿔나가야 하는 것일까? 탐욕·권력·정치, 이런 것들은 여전히 인간을 살게 하고 또 죽게 한다. 황종희는 내가 아는 사람 가운데 가장 절박하고 가장 치열하게 그 문제와 대결했던 사람이다.

이 주해서를 내놓기 위해 몇 년 동안 애를 쓰기는 했지만, 황종희의 박학함을 다 살려놓지는 못했다. 그러나 이마저도 인터넷이 지금처럼 발달하지 않았다면 할 수 없었을 작업이다. 내가 대학원을 다녔을 때만 해도 고전의 출전을 찾기 위해 '인득'(引得, index)이라고 이름 붙은 책을 사용했다. 도서관에서 그 '인득'에 의지해 이 책 저 책을 찾아다녀야 했다. 지금은 사고전서도 디지털화되어 있고, 웬만한 서적은 모두 인터넷을 치면 그 실마리를 잡을 수 있다.

몇 번 책을 출간하면서 이렇게 개인적인 면을 채워야 했다. 다른 책들이 흔히 하듯이, 내가 감사할 사람들을 꼽다보니 금긋기가 너무 어려웠다. 괜히 빠트려서 누군가 섭섭하게 만드느니 그냥 입 다물자는 것이 지금까지의 방침이다. 한 살 한 살 나이가 들면서 나를 살게 하고 나를 키우는 사람들이 한계 없이 퍼져 있음을, 다행히도 점점 깨닫고 산다. 그러나 이번만은 이 주해서의 탄생에 직접적으로 도움을 주신 한 분에게 고 마음을 전하고 싶다. 자문교열을 맡아준 김경희 선생은 자신의 원고인 양, 의문 나는 것은 사전까지 찾아가며 읽고 고쳐주셨다. 당장 이 책뿐만 아니라 앞으로 혹 내가 볼 자문교열의 품질에도 영향을 미칠 본보기였다. 바쁜 시간 할애해서 쏟아 주신 정성에 감사드린다.

2011년 5월
이혜경

찾아보기

598

황종희 黃宗羲, 1610~95

중국 절강성(浙江省) 여요(餘姚) 출신, 자는 태충(太冲), 호는 남뢰(南雷) · 이주(梨州)이다. 스스로의 삶을 차례로 당인(黨人), 유협(遊俠), 유림(儒林)으로 규정할 정도로, 명청교체의 혼란기에 태어나 파란만장한 삶을 살았다. 청대 고증학의 비조, 절동사학(浙東史學)의 창시자, 중국 최초의 철학사인『명유학안』(明儒學案)의 저자 등, 그의 이름 앞에는 언제나 걸출한 학자임을 보여주는 수식어가 붙는다. 격량의 시대 한가운데에서도 강학(講學)을 통해 수많은 제자를 길러내고, 장서(藏書)가 있는 곳이면 어디든지 찾아가 구해볼 정도로 학문 연구에 몰두하여 중요한 저술을 남겼기 때문이다.

황종희는 어릴 때부터 늘 은밀하게 정치모임을 갖는 아버지를 보며 자랐다. 아버지 황존소(黃尊素, 1584~1626)는 동림당(東林黨)의 당원으로서 부패권력에 맞서 싸운 정치투사였고, 황종희가 17세 되던 해 환관당의 모함으로 체포되어 고문 끝에 옥사했다. 그 뒤 황종희는 아버지의 유언에 따라 유종주(劉宗周)를 스승으로 모시지만, 그 역시 명조의 멸망이 돌이킬 수 없음을 확인하고는 식음을 끊고 20여 일 만에 죽었다. 황종희는 가산을 털어 세충영(世忠營)이라는 항청 무장세력을 조직하여 마지막까지 저항했지만, 모든 노력은 무위로 돌아가고 명조는 끝내 회복되지 못했다.

황종희가 학문에 침잠하게 된 것은 그 이후부터였다. 그는 망조의 유민으로서 자신의 숙명적 책무를 자각했다. 그것은 권력 남용에 의한 '피의 역사'가 되풀이되지 않도록 하는 일이었고, 그러기 위해 그는 인간과 역사, 참된 정치에 대해 고민했다. 중국사상사에 큰 획을 긋는 그의 저술들은 그렇게 탄생했다. 정치에 대한 고뇌가 응집된 것이『명이대방록』(明夷待訪錄)이고, 역사의 전망을 담은 것이『명유학안』이라면,『맹자사설』에는 인간본성의 가능성과 한계에 대한 사유가 응축되어 있다.

이혜경 李惠京

서울대학교 독어독문학과를 졸업했다. 같은 학교 대학원에서 동양철학 전공으로 석 · 박사과정을 수료한 뒤, 일본 교토 대학에서 중국근대사상사에 관한 논문으로 박사학위를 받았다. 현재 서울대 인문학연구원 HK연구교수로 재직하고 있다. 지은 책으로『천하관과 근대화론: 양계초를 중심으로』『량치차오: 문명과 유학에 얽힌 애증의 서사』『맹자, 진정한 보수주의자의 길』등이 있고, 옮긴 책으로『역사 속에 살아 있는 중국 사상』『송명유학사상사』(공역) 등이 있으며, 그 외 동아시아 근대화에 관련된 논문을 다수 발표했다.

'문명텍스트' 발간에 부쳐

서울대학교 인문학연구원 HK문명연구사업단은 2007년 11월 한국연구재단의 인문학 장기 지원 프로젝트에 선정되어 출범했다. 한국, 아시아, 나아가 세계를 위해 제 역할을 하는 한국 인문학을 정립하겠다는 야심찬 기획을 가지고, 문학·사학·철학 전공자들은 물론이고 사회과학·자연과학·공학 전공자들까지 한 지붕 아래 모였다.

한국 인문학의 한 단계 도약을 위한 핵심 과제로 우리 사업단이 주목한 것은 문명에 대한 새로운 이해이다. 문명이란 장구한 세월 동안 인류가 일구어낸 정신적·물질적 성과들의 종합이며, 다른 문명들과 서로 영향을 주고받으며 진화해온 복합적인 실체이다. 오늘날 우리가 맞닥뜨리는 수많은 문제의 이면에는 과거 여러 문명들의 갈등과 융합이라는 거대한 흐름이 놓여 있다. 세계화 시대에 그 흐름은 더욱 분명하게 모습을 드러내고 있다. 이에 대한 심층적인 이해가 선행되지 않는다면, 미래에 대한 유효적절한 준비와 대응은 불가능하다. 문명을 핵심 화두로 삼은 이유가 여기에 있다.

문명에 대한 새로운 인식을 위해, 우리는 고전을 비롯한 문명의 주요 텍스트를 주해하는 작업이 선행되어야 한다고 판단했다. 인문학의 고전적 방식이라 할 수 있는 텍스트 주해를 문명 연구의 방편으로 택한 데는 이유가 있다. 첫째, 고전이란 당대의 문화와 문명을 형성하는 데 뿌리가 된 핵심적인 텍스트로서, 역사를 통해 계속적으로 사유의 단서를 던지며 생명력을 발휘해왔다고 믿기 때문이다. 고전은 단지 과거 문명을 이해하는 데 필요한 사료에 그치지 않고,

현대 문명을 비추어보고 미래를 전망하는 데에도 힘을 갖는다. 둘째, 인문학이란 인류가 남긴 다양한 텍스트를 통해 인간과 사회에 대한 이해를 넓히고 그 확장된 인식을 새로운 텍스트에 담아내는 학문이라는 믿음 때문이다. 주해는 고전적 텍스트에 대한 현대적 재해석이다. 대상과 방법에 따라 학문이 다양해지고 전문화된 오늘날, 인문학이 자기 길을 제대로 가야만 학문 전체와 인류에 공헌할 수 있다고 믿는다.

'문명텍스트' 시리즈는 우리 사업단의 다양한 인문학 연구자들이 각자 자신의 영역에서, 과거와 현대 문명의 정수와 그에 대한 인식을 담은 중요한 텍스트를 선정하여 번역하고 주해한 결과물이다. 인류 문명의 핵심을 파악할 수 있는 고전적 텍스트들을 학술적으로 엄정하게 풀이하면서도 현대 우리말로 쉽게 옮기는 것이 우리의 목표이다. 이는 짧지 않은 시간의 노동을 요하면서도 성취가 바로 눈에 보이지 않는 우직한 작업이지만, 인류의 유산을 한국화하는 이러한 작업이 주체적으로 세계 문명을 사유하고 새로운 문명을 개척하는 데 발판이 되리라 믿는다. 동서고금의 주요 텍스트들에 대한 독창적이고 의미 있는 주해서가 수백 권 누적되어, 우리 학계는 물론 시민사회 일반에 중요한 정신적 자산이 되기를 기대한다.

2011년 5월
서울대학교 인문학연구원 HK문명연구사업단장